D1717728

Heil und Zerstörung

Carl Polónyi

Heil und Zerstörung

Nationale Mythen und Krieg
am Beispiel Jugoslawiens 1980–2004

 BWV • Berliner Wissenschafts-Verlag

Bibliografische Information der Deutschen Nationalbibliothek

Die Deutsche Nationalbibliothek verzeichnet diese Publikation in der
Deutschen Nationalbibliografie; detaillierte bibliografische Daten sind im
Internet über http://dnb.d-nd.de abrufbar.

ISBN 978-3-8305-1724-5

D188

© 2010 BWV • BERLINER WISSENSCHAFTS-VERLAG GmbH
Markgrafenstraße 12–14 • 10969 Berlin
E-Mail: bwv@bwv-verlag.de • Internet: http://www.bwv-verlag.de

Vorwort

Die vorliegende Arbeit hat 1997 mit der Lektüre des Buchs *Kultur der Lüge*, einer Sammlung von Essays zur gewaltsamen Aufteilung Jugoslawiens der Schriftstellerin Dubravka Ugrešić, die mir mein Freund Paul Schuster, ein aus Siebenbürgen stammender Schriftsteller, geschenkt hatte, begonnen. Ugrešić hat die Veränderungen im Jugoslawien der 80er und 90er Jahre des 20. Jahrhunderts sehr genau beobachtet. Durch ihre Sensibilität für Sprache, vor allem diejenige, mit der die Stimmung für einen Krieg angeheizt wird, hat sie mir den entscheidenden Zugang zum Thema eröffnet. Neben den Anregungen des Religionswissenschaftlers Klaus Heinrich und des Kulturwissenschaftlers Klaus Theweleit haben mich ihre Gedanken die ganze Arbeit hindurch begleitet.

Die genaueste und gründlichste Kritik hat sie durch meinen Doktorvater Prof. Holm Sundhaussen erfahren. Zudem verdanke ich seinen Büchern *Geschichte Jugoslawiens 1918–1980* und *Experiment Jugoslawien* einen kritischen und zugleich wertschätzenden Blick auf die komplizierte Entstehung Jugoslawiens und den beeindruckenden Versuch im sozialistischen Jugoslawien, mit einem schwierigen historischen Erbe in der Zeit des Kalten Kriegs eine eigenständige Politik zu verfolgen und dabei auch immer wieder aus den eigenen Fehlern zu lernen.

Eine große Unterstützung, um diese Arbeit, die neben der historischen Quellenforschung auch psychoanalytische und religionswissenschaftliche Aspekte einbezieht, abschließen und im Sommer 2007 an der Freien Universität Berlin als Dissertation verteidigen zu können, waren die Hinweise und Ermutigungen des Religionswissenschaftlers PD Dr. Lorenz Wilkens und des Historikers Prof. Bedřich W. Loewenstein. Ich bedaure sehr, dass ich Herrn Loewenstein nicht früher kennengelernt habe. Seine Überlegungen, etwa in *Wir und die anderen*, wären sonst noch in diese Arbeit eingeflossen.

Sehr fruchtbar waren auch die Gespräche mit meinem Vater Stefan Polónyi sowie meinen Freunden Paul Schuster, Anna-Katharina Eifeld, Thomas Mirow, Horst Hanke, Wolfram Ette und Joachim Barmann. Georgia Kretsi und Eva Gjoni haben mir mit der Schreibung und Übersetzung albanischer Namen geholfen, und Ingrid Schuster hat mich durch ihre sehr gründliche Textkorrektur auf viele unvermutete Fehler hingewiesen.

Besonders danke ich Renata Lučić. Indem sie eigene Erlebnisse mit mir geteilt hat, sind das Entsetzliche und der Wahnsinn des Krieges in Bosnien für mich wirklicher geworden. Ihre Hilfe bei den Übersetzungen ist für mich von großem Wert gewesen.

Ohne die Anstöße, Ermutigungen und die Unterstützung von Georgia Kretsi, Raquel Reng, Maria Elisabeth Risse, Birgit Stenger, Katharina Sütterlin, Wolfram

Ette und meinem Vater wäre es mir wohl nicht möglich gewesen, diese Arbeit als Dissertation abzuschließen.

Berlin, Juni 2009

Inhaltsverzeichnis

Das Vergangene ist nicht tot.
Es ist nicht einmal vergangen.

William Faulkner

Einleitung

Anfang der 80er Jahre, kurz nach Titos Tod, wurde der Kosovo-Mythos von einigen serbischen Nationalisten in Jugoslawien wieder als Herzstück der serbischen Nation propagiert. In der Mitte des Jahrzehnts war er einer der zentralen Bezugspunkte der schnell wachsenden serbisch-nationalistischen Opposition gegen die sozialistische Regierung und bildete dann den neuralgischen Mittelpunkt der schließlich zum Krieg führenden Konfrontationen mit den anderen Nationalitäten. Auch in der westlichen Berichterstattung von den jugoslawischen Kriegen hat dieser Mythos immer wieder eine merkwürdige *Faszination* ausgeübt, wie etwas Exotisches aus einer fernen Weltgegend oder aus längst vergangenen Zeiten und doch anziehend, als ginge es um etwas verborgenes Eigenes.[1]

Die Faszination kam aber auch daher, dass dieser Mythos offenbar Menschen in den Krieg treiben konnte, selbst wenn sich seine Wirkungen einem Begreifen weitgehend entzogen. Um diese Wirkungen geht es hier. Dabei steht im Hintergrund die allgemeinere Frage: Warum führen Menschen begeistert Krieg, obwohl sie doch wissen könnten, dass es immer nur eine kleine Gruppe ist, die dadurch etwas gewinnt, während viele Haus, Heimat, Freunde, Verwandte, Gesundheit oder sogar das eigene Leben verlieren?

Auch diese Arbeit „erklärt" nicht, wie Menschen zu Menschenschlächtern werden – solchen Entwicklungen gegenüber bin ich weiterhin fassungslos. Ich unternehme hier lediglich den Versuch, etwas von der gesellschaftlichen Dynamik deutlich zu machen, die in solches Schlachten führt.

Bei einer solchen Fragestellung liegt es nahe, von der bereits vorhandenen umfangreichen Literatur zum Nationalismus auszugehen. Diese versucht in der Regel nicht nur, die Entstehung des Nationalismus zu beschreiben, sondern auch zu erklären, woher sein großer Erfolg rührt und wie er immer wieder eine so enorm zerstörerische Dynamik entfalten konnte. Ich bin jedoch nach der Lektüre immer unbefrie-

---

[1] „In dem, was fasziniert durch die reale Geschichte hindurch, sind unerledigte Konflikte, nicht ausgetragene Spannungen, ist das nicht gelöste Problem jeweils präsent." (Heinrich: *Floß der Medusa*, S. 15).

digt geblieben, denn auch die besten Darstellungen, die ich gelesen habe, haben mir die zerstörerischen Wirkungen des Nationalismus kaum begreiflicher gemacht.

Ich möchte diesen Mangel an drei grundlegenden Büchern zum Thema beispielhaft darstellen: Eric J. Hobsbawms *Nations and nationalism since 1780*, Ernest Gellners *Nationalismus. Kultur und Macht* und Benedict Andersons *Die Erfindung der Nation*. Hobsbawms und Gellners Ausführungen richten sich vor allem gegen den Nationalismus als Ideologie und die falschen Vorstellungen über moderne Gesellschaften, zu denen diese Ideologie ganz allgemein geführt habe. Sie versuchen zu beweisen, dass der Nationalismus – ganz entgegen den Behauptungen von nationalistischer Seite – weder etwas Ursprüngliches noch etwas Natürliches sei, dass er sich vielmehr erst in den letzten gut zweihundert Jahren herausgebildet habe beziehungsweise erfunden und konstruiert worden sei. Dabei fragen sie nach den Bedingungen, unter denen beziehungsweise aus denen Nationalismus entstanden ist. Ihre keineswegs deckungsgleichen Ergebnisse zeigen, dass eine Vielzahl von Faktoren daran beteiligt war, vor allem die durch die industrielle Revolution bewirkten tiefgreifenden wirtschaftlichen und sozialen Veränderungen, allen voran die Entwicklung von Standardsprachen durch Buchdruck und Buchhandel sowie die große Ausweitung staatlicher Verwaltung und von Schulen. Für Hobsbawm ist der wichtigste Aspekt jedoch nicht einer der Veränderung: Er misst der Existenz von Staaten vor der Entwicklung von Nationalismus die größte Bedeutung zu, denn ihren Grenzen folgten ganz überwiegend auch die von Nationalisten beschworenen nationalen Identitäten. Anderson bestätigt diese Sicht, wenn er für die Staaten Lateinamerikas zeigt, dass deren Grenzen mit den alten kolonialen Verwaltungsgrenzen übereinstimmen. Hobsbawm macht zudem deutlich, wie mannigfaltig die Entwicklung von Nationalstaaten und nationalen Bewegungen bis heute gewesen ist und wie wenig sie sich unter einem einzigen Modell zusammenfassen lässt.

Wie aber ist unter diesen Bedingungen ausgerechnet der *Nationalismus* entstanden, wie hat gerade diese Form von Gemeinschaftsvorstellung eine solch große Wirkung erzielen können? Alle drei Autoren betonen das Konstruierte des Nationalismus: Ideen, die unter den Bedingungen einer bestimmten Zeit in den Köpfen einiger Menschen entstanden sind, die sie dann mit Erfolg verbreiten konnten. Damit befinden sie sich in Widerspruch zu den massenhaft geäußerten Gefühlen von Nationalisten und Menschen, die sich von einer nationalistischen Bewegung haben mitreißen lassen. Ihnen ist die Nation etwas *Natürliches*, etwas ihnen selbst zutiefst *Wesentliches*. Selbst führende Nationalisten, die entscheidend an der Ausarbeitung nationalistischer Ideen beteiligt gewesen sind, fühlten sich von diesen Ideen *ergriffen* und hatten nicht das Gefühl, sie selbst hätten diese Ideen ergriffen oder erfunden. Was von einem Standpunkt außerhalb nationalistischer Bewegungen fast immer einen konstruierten, mitunter sogar hanebüchen zusammengestückelten Eindruck macht, wird von den Beteiligten häufig als Offenbarung des eigenen Wesens erlebt oder stellt zumindest ein Erlebnis starker und tiefer Ergriffenheit dar.

Die drei Autoren begegnen solchen Äußerungen kritisch und versuchen, sie zu widerlegen beziehungsweise als Rationalisierungen zu entlarven. Gellner richtet sich vor allem gegen die Behauptung, Nationen habe es schon immer gegeben, sie gehörten sozusagen zur Natur des Menschen. Dabei sieht er zwar deutlich, dass diese Auffassung eigentlich keine Theorie ist (S. 22) – man müsste ergänzen: sondern ein Glaube –, er behandelt sie jedoch im Folgenden als solche. Vielleicht ist er doch davon überzeugt, man könne den Nationalismus auf diese Weise wirksamer bekämpfen. Denn einen Kampf mit dem Nationalismus – beziehungsweise den Nationalisten – führt Gellner, was im Übrigen nicht verwundert bei einem Menschen, der als Jugendlicher vor den deutschen Besatzern aus seiner Heimatstadt Prag hatte fliehen müssen. Es ist ein durchaus existenzieller Kampf, wie etwa an der Bemerkung deutlich wird: „Die Schlange des ‚Nationalismus' mag" zurzeit des Wiener Kongresses 1815 „noch unsichtbar gewesen sein, aber sie hatte sich bereits eingeschlichen." (S. 73) Damit ist der Nationalismus mit dem Teufel assoziiert. Im Weiteren schreibt ihm Gellner einen „inneren Drang zur Bösartigkeit" zu (S. 95) und nennt ein Kapitel ‚Das mörderische Gift des Nationalismus'.

Ein Phänomen, das ich immer wieder beobachtet habe: Jemand, der mit Rationalität gegen vermeintlich „Irrationales" vorgehen will, rutscht im Verlauf des Kampfes selbst in mythische Bilder hinein.

Ein anderes, mit dem der Natürlichkeit eng zusammenhängendes Bild ist das des ‚Erwachens'[2]. Gemeint ist damit die Bewusstwerdung, dass man aufs Innigste schon immer mit der eigenen Nation verbunden gewesen sei, auch wenn man davon nichts gewusst oder gemerkt habe. Das gilt nicht nur für den Einzelnen, sondern auch für die Völker als ganze, denn es ist unbestreitbar, dass sie sich während des allergrößten Teils ihrer Geschichte nicht als Nationen begriffen haben; die Vorstellung der ‚Nation' als einer Einheit von staatlichem Territorium, Bevölkerung und kultureller Eigenheit war ihnen fremd. So spottet Gellner auch über diese Vorstellung, sie sei bloß ein Trick: die Nationalisten würden die störende Tatsache, dass Nationen ein sehr junges Phänomen in der Menschheitsgeschichte seien, damit geradebiegen, dass diese eben nur „asleep" gewesen seien (in der englischen Fassung auf S. 8; die deutsche Übersetzung bringt ärgerlicherweise einen verniedlichend ironischen Ton herein, wenn es auf S. 24 heißt, der Nationalist argumentiere, „der Nationalismus habe lediglich geschlummert"). Dabei ist ihm durchaus bewusst, dass das ‚Erwachen' zu einem neuen, eigentlichen Leben eins der zentralen Bilder der Religionen ist. Allerdings erwähnt er dies nur, um das nationalistische ‚Erwachen' vom religiösen – er erwähnt hier lediglich den Buddhismus und rückt es so bereits in die Ferne – abzusetzen (S. 23f.).

Anderson verfährt in dieser Hinsicht ähnlich. Er ist sich bewusst, dass viele unterschiedliche Elemente zur Popularität dieser Trope, wie er es nennt, beigetragen haben, nennt dann aber nur die folgenden: Erstens hätten die älteren europäischen

---

[2] Ich setze mythische Begriffe durchweg in einfache Anführungszeichen, um sie hervorzuheben. Bei einigen wird die mythische Aufladung nicht auf Anhieb ersichtlich sein, sich jedoch im Lauf der Arbeit, vor allem im 4. Kapitel, mehr und mehr erschließen.

Nationen damit die unübersehbare Tatsache kompensiert, dass sie sich später ihres Nationseins bewusst geworden seien als die „barbarischen" der Neuen Welt; der Schlaf schließe ein waches Davor ein, das sehr weit zurück in der Zeit liegen könne. Zweitens sei so der Zusammenhang zur Sprache hergestellt worden, der es ermöglicht habe, die Unabhängigkeit der nationalen Gemeinschaften, die sich durch eine gemeinsame Volkssprache definierten, in mehrsprachigen, dynastischen Reichen zu fordern, denn diese Trope habe es der der Intelligenz und der Bourgeoisie erlaubt, ihre häufig ganz neue Vorliebe für die jeweilige Landessprache als „die ‚Wiederentdeckung' von etwas darzustellen, das ihnen in der Tiefe des eigenen Wesens schon immer vertraut gewesen sei." (S. 167–169) Anderson nimmt hier lediglich den Wunsch, sich zu rechtfertigen, als Grund an. Ich bezweifle nicht, dass das eine Rolle gespielt hat. ‚Erwacht zu sein' schildert jedoch zuerst einmal ein subjektives Erleben, und so aufgeladen, wie dieses Bild immer wieder verwendet worden ist, scheint wesentlich mehr darin zu stecken.

Äußerungen wie die vom ‚Erwachen' werden nicht ernst genommen, die Autoren fragen nicht, was denn in ihnen zum Ausdruck komme, von welcher Wirklichkeit – und sei es die Wirklichkeit des je eigenen Erlebens – hier die Rede sei. Stattdessen werden Gründe aus der gesellschaftlichen Lage konstruiert.

Auch fällt keinem der drei Autoren auf, wie häufig insgesamt die Körperbilder sind, wenn von der eigenen Nation die Rede ist, obwohl sie sie selbst erwähnen, etwa Anderson, der vom radikal-nationalistischen ungarischen Dichter Sándor Petöfi, einem führenden Kopf der Revolution von 1848, berichtet, er habe die Minoritäten einmal als „Geschwüre auf dem Körper des Vaterlands" bezeichnet.[3] Gellner schreibt sogar:

> Nationalisten behaupten, ihre eigene Kultur ob ihrer Einzigartigkeit zu lieben; sie sei, so sagen sie, von einer besonderen Anmut. Wenn sie darüber nachdenken, stellen sie fest, daß ihre Gefühle sehr tief in ihrem Herzen verankert sind, und eben aus diesem Grund sind sie Patrioten. So weit – so gut." (S. 156f.)

Dabei bleibt es dann. Welcher Art diese Liebe sei oder wie etwas so Abstraktem wie der Nation etwas so Körperliches wie Anmut zugesprochen werden könne, fragt er nicht. Allein bei Hobsbawm ist mir kein nationalistisches Zitat mit einem Körperbild aufgefallen. Allerdings verwendet er selbst ein Körperbild, wenn er zu den „politics of identity" – nicht nur denen nationaler Identität – und dem Hunger nach „law and order", diesen verständlichen Reaktionen auf verschiedene Aspekte sozialer Desorganisation, schreibt: „Both are symptoms of sickness rather than diagnoses, let alone therapy." (S. 177) Worin die Krankheit besteht, sagt er nicht. Die Krankheit, unter der die Gesellschaft leidet, ist zudem ein existenzielles Bild. Die Nationalisten verschiedenster Couleur haben es immer wieder bevorzugt genutzt: Der kranke Gesellschaftskörper müsse geheilt, operiert und durch Wegschneiden schlechter, nicht zu ihm gehöriger Anteile gereinigt werden. So weit geht Hobs-

---

[3] Anderson, S. 93, nach Ignotus: *Hungary*, S. 59.

bawm nicht, und in seiner nüchternen Sprache ist ein solches Bild eine Ausnahme. Dass auch er es verwendet, scheint auf eine tiefere Realität – oder anders gesagt: eine andere Ebene der Realität – hinzuweisen. Möglicherweise haben nationalistische Propagandisten einen besseren Zugang zu ihr, was einen Hinweis geben könnte auf ihren häufig so großen Erfolg in Fällen gesellschaftlicher ‚Krankheit‘.

Dass Nationalismus vor allem in gesellschaftlichen Krisen – laut *Herkunftswörterbuch* des Duden im Deutschen zuerst als Fremdwort in der Bedeutung von „Höhe- und Wendepunkt einer Krankheit" gebraucht – wirksam wird, ist auch den beiden anderen Autoren nicht fremd, ebenso wenig entgeht allen dreien, dass die Entwicklung des Nationalismus in die Zeit zunehmender Säkularisierung fällt und der Nationalismus selbst religiöse Züge trägt. So sieht Hobsbawm sehr wohl, dass der Verfall älterer sozialer und politischer Bindungen die Formulierung und Propagierung neuer Formen sozialer Loyalität – „a 'civic religion'" – erforderlich gemacht habe (S. 84f.), Utopien, die den Menschen wieder Hoffnung hätten geben können (S. 144), besonders in Zeiten der Schwäche und Angst (S. 170), wenn die bisher bestehende Gesellschaftsordnung zusammenbreche (S. 173; ganz ähnlich a. Gellner, S. 86f.). Er zeigt sogar, dass etwa im Fall der Frankokanadier oder der Waliser nach dem Verfall des kirchlichen Einflusses der nationalistische wuchs (172f.), aber er fragt nicht danach, welche Bedürfnisse, welche Ängste, Hoffnungen und Sehnsüchte diesen Wechsel beförderten oder gar erforderlich machten und in welcher Weise es dem Nationalismus gelang, besser als die Kirchen auf diese neuen – und vielleicht auch alten – Bedürfnisse zu antworten. Was macht denn die Identifikation eines Staats mit einem ‚Volk‘ oder einer ‚Nation‘ so passend und modern („convenient and fashionable", S. 84)?

Auch Gellner bemerkt, dass das Zeitalter des Nationalismus zugleich das der Säkularisierung ist (S. 129), dass für die nationalistische ‚Rückkehr zu den Wurzeln‘ „ein tief empfundenes Bedürfnis, zu der Quelle der eigenen Vitalität und wahren Identität zurückzufinden", genügt habe (S. 121), und er legt den Gedanken nahe, dass ein Nationalist „eine bestimmte Kultur/Nation als eine Art Heiligtum verehrt" (S. 152). Ansonsten sieht er in der Religion, das heißt in einer ihrer christlichen Spielarten, dem Protestantismus, lediglich einen der förderlichen Faktoren. Dieser habe den Einzelnen in ein unmittelbares, nicht mehr durch einen Priester vermitteltes Verhältnis zu Gott gestellt, weshalb er habe lesen können müssen, um selbst die Heilige Schrift zu studieren; damit aber habe er die Volkssprache zur Hochsprache gemacht (S. 127). Es ist immer wieder verblüffend, wie die Autoren zwar existenzielle Bedürfnisse als etwas Wesentliches am Nationalismus kurz streifen, diese in der Analyse aber übergehen. Religion wie Nationalismus scheinen Gefühle dann merkwürdig entzogen, beide wirken leer.

Anderson geht auch in dieser Hinsicht weiter als die beiden anderen Autoren. Er schlägt vor, Nationalismus „begrifflich nicht wie ‚Liberalismus‘ oder ‚Faschismus‘" zu behandeln, „sondern wie ‚Verwandtschaft‘ oder ‚Religion‘" (S. 15). Er sieht auch zutreffend, dass es hierbei um „Antworten auf die überwältigende Last menschlichen Leidens – Krankheit, Verstümmelung, Schmerz, Alter und Tod" gehe.

„Gleichzeitig antwortet religiöses Denken auf verschiedene Weise auch auf dunkle Ahnungen von Unsterblichkeit – im allgemeinen, indem es das Unausweichliche in eine Überzeitlichkeit (Karma, Erbsünde etc.) transformiert." (S. 18).

Im Folgenden geht Anderson der Frage nach, wie sich die Wahrnehmung der Menschen seit dem Mittelalter verändert habe, welche Probleme dies aufgeworfen und welche neuen Identitäten diese Entwicklung nahegelegt habe – ein reicher Fundus origineller und anregender Ideen. Ökonomische Veränderungen, soziale und naturwissenschaftliche „Entdeckungen" und die Beschleunigung der Kommunikation hätten drei grundlegende kulturelle Modelle nach und nach ausgehöhlt: 1) „die Vorstellung einer besonderen Schriftsprache als privilegierter Zugang zu einer ontologischen Wahrheit, weil jene ein untrennbarer Teil dieser Wahrheit sei"; 2) „der Glaube, die Gesellschaft sei naturwüchsig um und unter Oberhäupter gruppiert", da diese, ähnlich der heiligen Sprache, die Menschen mit Gott verbänden; 3) „eine Zeitvorstellung, in der Kosmologie und Geschichte ununterscheidbar waren". Gemeinsam hätten diese drei Modelle den Leiden des Lebens einen Sinn gegeben und „auf verschiedene Weise Erlösung von ihnen versprochen" (S. 37f.). Die Autorität der Heiligen Sprache sei ebenso relativiert worden wie die der Oberhäupter und an die Stelle einer Zeitauffassung der „Gleichzeitigkeit von Vergangenheit und Zukunft in einer unmittelbaren Gegenwart" sei nun die einer „homogenen und leeren Zeit" getreten, die gleichmäßig ablaufe und via Kalender und Uhr weit voneinander existierende Menschen und Gesellschaften nebeneinander stelle und so miteinander verbinde.[4] Diese Perspektive habe in den Zeitungen und Romanen des 18. Jahrhunderts Gestalt gewonnen. Indem sie die Gleichzeitigkeit des Handelns verschiedener Menschen und die vielfältigen und ihnen meist unbekannten Verbindungen zwischen ihnen wahrnehme (S. 29f.), sei sie ebenso quasi göttlich wie die Karte Mercators, die einen Blick vom Himmel auf die Welt darstelle (S. 181; vgl. a. S. 147–154). Als Folge dieser Veränderungen hätten Sinn, Macht und Zeit neu miteinander verknüpft werden müssen (S. 38).

Im Laufe des Buchs führt er eine Fülle von Aspekten und Details an, die diese Veränderungen konkretisieren oder mit ihnen einhergegangen sind. Ich greife hier nur die für unsere Frage wichtigsten heraus. So hätten beispielsweise die vielen Entdeckungen anderer Kulturen die Religion relativiert. Ein Pluralismus sei allmählich ins Bewusstsein vieler Europäer gedrungen und das Christentum habe seinen universalen Charakter verloren. Es sei nicht mehr die einzige Religion, sondern nur noch die beste unter anderen gewesen. Alternativen zum Bestehenden seien vorstellbar geworden (S. 23f. u. 64f.).

Immer wieder sind es der Buchdruck und das Druckgewerbe, die als Ursache hinter dem Bewusstseinswandel stehen:[5] durch Relativierung der alten heiligen Spra-

---

[4]   S. 29, wobei er sich auf Benjamin: *Illuminationen*, S. 276 bezieht.

[5]   Vgl. hierzu auch Michael Gieseckes Überlegungen in *Sinnenwandel, Sprachwandel, Kulturwandel*.

chen (S. 66); dadurch, dass das Volk besser erreicht werden konnte, auch weil von der zur Schriftlichkeit erhobenen Sprache ein neuer Glanz ausging (S. 74); dadurch, dass sich durch Gedrucktes aus einem Geschehen wie der Französischen Revolution ein „Ding", ein Modell machen ließ, das man nachahmen konnte – Anderson spricht von „Diebstahl" (S. 75f.).

Aber auch die Politik des Staats veränderte das Bewusstsein: Eine Jugend wuchs heran, die durch das neu eingeführte Bildungssystem gegangen war, also eine Ausbildungsreise bis in die Hauptstadt oder eine Universitätsstadt zurückgelegt hatte, und die nun in den nationalistischen Ideen einen Ausdruck ihrer eigenen, neuen Erfahrungen finden und sich durch sie von ihren Eltern absetzen konnte, die all dies nie erfahren hatten. Anderson zeigt das am Beispiel der Kolonien (S. 104–116), aber es dürfte ähnlich auch auf viele europäische Staaten zutreffen, vor allem jene im 19. Jahrhundert neu gegründeten national ausgerichteten Staaten, die oft überhaupt erst begannen, auf ihrem Territorium ein solches Bildungssystem aufzubauen.

Hinzu kam die Herstellung einer Identität des Individuums mit seiner eigenen Geschichte durch Fotografien, Geburtsurkunde, Tagebücher, Briefe, medizinische Berichte und Ähnliches, was sich auch in Biografien und biografischen Romanen niedergeschlagen hat. Mithilfe dieser Mittel erzählt es sich eine Kontinuität bis zu den frühesten Phasen seines Daseins, an die es sich nicht einmal mehr erinnern kann. In ganz ähnlicher Weise stelle die Nation eine Identität über Zeit und Raum her, die nicht einmal durch Geburt und Tod begrenzt scheine (S. 176).

Durch dieses Vorgehen ist Anderson der einzige der drei Autoren, der sich ein Stück weit ins Innere der Menschen vorwagt. Wenn die Nation keine Realität aus sich selbst heraus hat, sondern eine Vorstellung ist,[6] als solche aber sehr wohl real ist und nun durch sie auch äußere Realitäten geschaffen werden wie Grenzen, Institutionen, Zeichen und Sprachen, dann gilt es tatsächlich, sich bei ihrer Erforschung den Veränderungen in der Wahrnehmung zuzuwenden.

Auch wenn Andersons Ausführungen viele Hinweise darauf geben, warum sich gerade die Nation im Lauf der letzten gut zweihundert Jahre so gut zur Identifikation angeboten hat, wird doch nur wenig greifbarer, wie durch sie für die Menschen eine Linderung ihrer Leiden oder gar eine Erlösung von ihnen erreicht werden oder zumindest glaubhaft in Aussicht gestellt werden kann. Der Gedanke, Nationalismus eher wie Religion und Verwandtschaft zu behandeln, bleibt weitgehend unausgeführt. Insgesamt behandelt Anderson den Nationalismus eher in einem anthropologischen Sinn, „als eine Form des In-der-Welt-Seins, der wir alle unterworfen sind" (S. 179). Damit bleibt auch unklar, weshalb der Nationalismus immer wieder eine so gewalttätige Wirkung entfaltet und wie es zu „Rückfällen" kommen kann, in denen alte nationale Gräben wieder aufgerissen werden und Menschen aufeinander schießen, die seit Jahrzehnten Nachbarn sind.

---

[6] Wie genau und schön ist hier der englische Originaltitel *Imagined Communities* und wie viel weniger trifft der deutsche Titel demgegenüber Andersons Anliegen!

Dabei scheint diese Frage nicht nur mich umzutreiben, auch für die drei Autoren ist sie offenbar ein wesentlicher Antrieb ihrer Forschung gewesen. Hobsbawm etwa beginnt sein *Nations and nationalism since 1780* mit dem Schreckensszenario einer verwüsteten, menschenleeren Welt. Die existenzielle Bedrohung der Selbstvernichtung ist wahr geworden. Ein außerirdischer Forscher benötigte nun einiges Wissen über den Nationalismus, um diese Katastrophe zu verstehen. Das – die ganze Menschheit – vernichtende Potenzial des Nationalismus also macht es in Hobsbawms Augen so dringlich, ihn zu erforschen.

Bei Gellner haben wir bereits gesehen, dass er sich in einem existenziellen Kampf mit dem Nationalismus befindet. Und auch Anderson wird bei der Erforschung des Nationalismus und seiner Entstehung unter anderem von dessen Gewalttätigkeit umgetrieben. Am Ende der Einleitung zur *Erfindung der Nation* fragt er in Bezug auf den Nationalismus: „Wie kommt es, daß die kümmerlichen Einbildungen der jüngeren Geschichte (von kaum mehr als zwei Jahrhunderten) so ungeheure Blutopfer gefordert haben?" (S. 16) Diese Frage ist für ihn das zentrale Problem, vor das uns der Nationalismus stelle, und auf S. 122 nimmt er sie wieder auf. Seine Antworten aber sind lediglich verstreute Splitter. Unmittelbar bevor er die Frage das erste Mal stellt, meint er, es sei die Brüderlichkeit in einer „kameradschaftlichen" Gemeinschaft von Gleichen gewesen, die dazu geführt habe, sich bereitwillig zu opfern. Später bringt er die Bereitwilligkeit, sich zu opfern, mit der „Natürlichkeit" der Nation in Verbindung. Diese komme daher, dass man die eigene nationale Zugehörigkeit nicht wählen könne, da sie etwas Unabänderliches habe. Daher nähmen die meisten gewöhnlichen Menschen auch an, hinter ihr steckten keine Interessen. Dank dieser scheinbaren Interesselosigkeit[7] könne die Nation Opfer verlangen. Und: „Der Gedanke des höchsten Opfers ist, vermittelt über das Unausweichliche, an die Idee der Reinheit gebunden." (S. 124f.) Schließlich ruft er angesichts von Menschen, die gemeinsam zum Beispiel die Nationalhymne singen, aus: „Welch Gefühl der Selbstlosigkeit erweckt dieser Einklang!" (S. 126)

Die Erklärung wirkt etwas dünn, vor allem die Leidenschaft, mit der in Bezug auf die Nation immer wieder von Opfern geredet, und der Jubel, mit dem auf diese Reden geantwortet wird, scheint etwas mehr Antrieb zu brauchen als „Interesselosigkeit", „Unausweichlichkeit" und „Reinheit". Etwas ist angetippt, wird aber nicht

---

[7] Ein wenig zutreffender Begriff in diesem Zusammenhang, denn Interessen werden von Nationalisten gerade ganz ausdrücklich vertreten: die der Nation. Was Anderson hier anscheinend meint, ist das scheinbare Fehlen von Einzel- und Gruppeninteressen. Im ‚Interesse der Nation' erscheinen alle partikularen zu einem einzigen verschmolzen – gegen die vielen bösen ‚der Feinde'. Statt um ‚Interesselosigkeit' handelt es sich vielmehr um ‚Selbstlosigkeit', die suggeriert und von den Einzelnen gefordert wird. Das Aufgehen des Einzelnen in der Nation hebe ihn aus seiner Individualität in ein neues reineres Sein – so die Verheißung. Dieser Schritt ist für sich bereits ein Opfer, dessen Wahrhaftigkeit fallweise noch durch das tatsächliche Opfer des eigenen Lebens zu erweisen ist.

18

ausgeführt. Dabei stehen wir, wo es um „Opfer", „Reinheit" und „Unausweichliches" geht, im Zentrum von Religion. Auch das aber thematisiert Anderson nur am Rand.

Der springende Punkt scheint mir in allen drei Arbeiten zu sein, dass die Autoren zwar bemerken, dass starke Gefühle in den nationalistischen Bewegungen eine große Rolle spielen, sich aber scheuen, diese in ihre Untersuchung mit einzubeziehen. So betont etwa Hobsbawm, der Nationalismus lasse sich nicht nur als etwas von den Herrschenden Gemachtes verstehen, er sei ein zweiseitiges Phänomen, bei dem die Annahmen, Hoffnungen, Bedürfnisse, Sehnsüchte und Interessen der gewöhnlichen Leute eine entscheidende Rolle spielten (S. 10), und im 2. Kapitel (‚Popular protonationalism') will er sich ausdrücklich diesem Blick von unten zuwenden, weil der ab 1880 eine so starke Bedeutung gewonnen habe (S. 45). Von Hoffnungen, Bedürfnissen, Sehnsüchten und Interessen ist dann allerdings kaum die Rede. Stattdessen warnt er gegen Ende des Kapitels: „We know too little about what went on, or for that matter what still goes on, in the minds of most relatively inarticulate men and women, to speak with any confidence about their thoughts and feelings towards the nationalities and nation-states which claim their loyalties." (S. 78)

Es stimmt: Da, wo Menschen ihre Gedanken und Gefühle nicht in irgendeiner Weise ausdrücken, können wir über diese nur mutmaßen. Aber gibt es tatsächlich nur so wenige Äußerungen? Wir kennen sehr häufig, und vor allem in neuester Zeit, annähernd die Zahlen von Massenveranstaltungen sowie den Inhalt der dort gehaltenen Reden, wir kennen Slogans, Zeitungsartikel und Leserbriefe, wir wissen einiges darüber, welche Parolen und Bilder immer wieder bemüht wurden und welche Stimmung in der Öffentlichkeit herrschte. Wir können sowohl bei den veröffentlichten oder aufgezeichneten Äußerungen als auch bei den Reaktionen Veränderungen bemerken.

Ich vermute andere Hemmnisse, wenn man sich als Wissenschaftler mit Gefühlen befasst. Man betritt ein heikles Gebiet. Gefühle sind keine messbaren äußeren Fakten, ebenso wenig wie Körperempfindungen oder Motivationen. Sie scheinen nicht verlässlich, und das Gleiche gilt von den Aussagen, die wir über sie treffen können. Indem wir sie aber aus der Analyse ausschließen, bleiben wir unweigerlich im Äußerlichen.

Da gerade auch historische Forschung durch die Frage nach den Gründen von Entwicklungen und Ereignissen motiviert ist, würde sie nichtssagend, wollten Historiker auf die innere Seite der Wirklichkeit verzichten.[8] Tatsächlich tun sie das auch

---

[8] Sehr treffend hat das in seinen Büchern immer wieder Ken Wilber beschrieben, etwa in *Eros, Kosmos, Logos*. Hilfreich sind in diesem Zusammenhang seine vier Quadranten, die mit den beiden Gegensatzpaaren innen–außen und individuell–kollektiv vier Felder erfahrbarer und erforschbarer Wirklichkeit beschreiben: innen und individuell (Gefühle, Empfindungen, Motive); außen und individuell (der Körper des Individuums und seine Äußerungen); innen und kollektiv (gesellschaftliche Werte, Stimmungen, Moden); au-

nicht. Notwendigerweise müssen sie bei der Erklärung der Gründe von der äußeren Wirklichkeit auf die innere schließen – einen anderen Weg gibt es nicht. Wir können schlichtweg nur aufgrund der Äußerungen eines anderen Menschen einen Eindruck davon gewinnen, was in ihm vorgeht. Wir tun das allerdings nicht nur mit dem Verstand, sondern in erster Linie durch Einfühlung: Wir nehmen wahr, was seine Äußerungen in uns auslösen. Im Gespräch können wir unsere Eindrücke, etwa durch Nachfragen, überprüfen. Dabei geben uns andere, nichtverbale Aspekte wie der Klang der Stimme, die Betonung, der Redefluss, Mimik und Gestik zusätzliche Informationen, von denen uns die meisten nicht einmal bewusst sind, obwohl wir trotzdem auf sie reagieren. Würde das alles nicht einigermaßen funktionieren, gäbe es keine menschliche Kommunikation.

Haben wir es mit vergangenen Geschehnissen und Entwicklungen zu tun, stehen wir allerdings vor dem Problem, dass ein überprüfendes Gespräch mit den Akteuren in der Regel gar nicht mehr möglich ist, uns also die nicht verbalen Informationen nicht zur Verfügung stehen. Ja, das Unternehmen muss uns unmöglich erscheinen, da wir doch kaum wissen können, wie etwa ein Leibeigener im 15. Jahrhundert oder ein Legionär zurzeit des Augustus empfunden hat und ob die inneren Entsprechungen, die wir aufgrund der meist spärlichen Äußerungen, die uns vorliegen, vermuten, tatsächlich irgendetwas von der damaligen inneren Wirklichkeit treffen.

Hier kann uns möglicherweise eine Erfahrung aus der Literatur weiterhelfen. Die Stücke des Aischylos sind rund zweieinhalbtausend Jahre alt und können uns doch immer noch ansprechen. Ähnliches gilt für die Ilias oder das Gilgamesch-Epos, die noch älter sind. Bei genauer Lektüre können wir dabei durchaus befremdet sein, etwa vom Zorn des Achills, der zu Beginn der Ilias verherrlichend besungen wird.[9] Zugleich aber kann uns eine solche genaue Lektüre auch in diese Andersartigkeit hineinführen. Der andere Stellenwert des Zorns und der Gewalt sowie die andere Beziehung des Göttlichen zu ihnen können auf diese Weise deutlich werden. Indem wir uns in den Text vertiefen, nähern wir uns dieser uns erst einmal fernen Denk- und Empfindungsweise. Unser erstes Hilfsmittel ist also die genaue Lektüre, die möglichst jedes Element einzubeziehen sucht. Je mehr wir hiervon aufnehmen und innerhalb eines Gesamtbildes, das wir uns freilich erst selbst zusammensetzen müssen, verstehen, je dichter also dieses Gesamtbild wird, umso näher dürfte es dem damaligen Geschehen kommen.

Zudem wird eine Lektüre umso reichhaltiger sein, je mehr sie von Kenntnissen über die jeweilige Zeit und Region getragen ist. Man muss in beide „eingetaucht" sein. Bei historischen Fragestellungen erhält man auf diese Weise ebenso einen Ein-

---

ßen und kollektiv (die Gesetze und der institutionelle Aufbau einer Gesellschaft, ihre Wirtschaftsdaten, die Zahl ihrer Museen usw.). Jeder dieser Quadranten erfordert eigene Herangehensweisen.

[9] Vgl. die anregenden Gedanken von Peter Sloterdijk zu Anfang seiner Einleitung in *Zorn und Zeit*, S. 9–26.

druck der einzelnen Akteure wie für Stimmungen in der Bevölkerung; Assoziationen zwischen einzelnen Aspekten der gesellschaftlichen Entwicklung können sich einstellen.

Das grundlegende Problem bleibt allerdings bestehen: Wir sind es, die das Vergangene so oder so verstehen, indem wir es uns vergegenwärtigen. Es sind *unsere* Assoziationen und Einfälle, und natürlich können wir uns irren. Unser Verstehen des Anderen wird immer Annäherung bleiben, und jederzeit kann auf ein tiefes Verständnis ein großes Befremden folgen. Spüren wir diesem Eindruck beispielsweise in Bezug auf den Zorn des Achills nach, so kann uns eine Ähnlichkeit zu unserem eigenen Zorn als Kind oder Jugendlichem auffallen. Durch ein ganzes Netz gesellschaftlicher Mechanismen haben wir einen anderen, kontrollierteren Umgang mit unserem Zorn gelernt, als er in der griechischen Adelskultur des 8. vorchristlichen Jahrhunderts üblich war. Je nachdem, welche Saite in uns durch die Lektüre angerührt wird, kann uns die Kraft des Achills und die Rohheit, die in dieser Kraft liegt, faszinieren oder auf eine andere Art berühren. Unsere Gefühlsreaktionen erzählen sicher in erster Linie etwas über unsere eigene Gesellschaft und über uns selbst. Und doch gehen auch von diesen alten Texten und ihren Figuren Gefühlsimpulse aus. Sie lassen uns eben nicht kalt und bleiben uns nicht einfach unverständlich.

Würden wir nicht zumindest annähernd ähnliche grundlegende Gefühle und Gedanken annehmen, würde Geschichte ebenso wie die Lektüre alter Gedichte und die Aufführung alter Dramen ihren Sinn weitgehend verlieren: verstehen, wie das Heutige und wir Heutigen geworden sind. Von solchen grundlegenden Gemeinsamkeiten gehen wir bei jeder menschlichen Kommunikation genauso aus wie die Entdecker und Eroberer des 15. bis 19. Jahrhunderts bei ihren Begegnungen mit den Bewohnern bis dahin unbekannter Kontinente und Inseln, wobei sie unwillkürlich einfach vom Bekannten auf das Unbekannte übertrugen. Aber schon Hernán Cortés lernte mithilfe seiner Übersetzerin und Geliebten Doña Marina, einer gebürtigen Aztekin, die als Sklavin an die Mayas verkauft worden war, dass die Azteken zwar anders als er und seine Soldaten dachten, ihr Denken aber nachvollziehbar war, denn je mehr er verstand, was sie dachten und fühlten, umso mehr war er in der Lage, Listen gegen sie zu ersinnen.[10]

Auch heute sind wir genötigt, andere Menschen kennenzulernen und uns in sie hineinzuversetzen, um sie zu verstehen – Menschen aus weit entfernten Kulturen ebenso wie unseren schrulligen Nachbarn. Dabei schließen wir von ihren eigenen Aussagen *und* unserer eigenen Wahrnehmung ihrer Äußerungen (und den Wider-

---

[10] Vgl. hierzu die schöne Studie ,Erobern' von Tzvetan Todorov in *Die Eroberung Amerikas*, S. 69–151, zu Doña Marina vor allem S. 123f. Beispiel: Die Azteken fürchten sich vor den Berittenen und ihren Pferden, da sie Pferde nicht kennen und beide anfangs für ein einziges Wesen halten. Cortés lässt daher in der Nacht nach einer Schlacht die Kadaver der getöteten Tiere sorgfältig vergraben und hält so diese Vorstellung aufrecht. (S. 136)

sprüchen dazwischen) auf ihre Antriebe und Absichten. Auch Historiker tun das. Meist gehen sie davon aus, dass Menschen vom Willen getrieben werden, Macht zu haben, wobei dies meist eng mit einem Streben nach Reichtum verknüpft wird. Diese Einschätzung verwundert nicht, haben es Historiker doch traditionell mit der Entwicklung von Staaten und anderen politischen Gebilden sowie deren Führern zu tun. Auch ein Blick auf den Alltag unserer und anderer Gesellschaften scheint diese Einschätzung zu bestätigen. Geschichte erscheint so als ein „Spiel" oder „Kampf", in dem verschiedene Akteursgruppen um Macht und Einfluss ringen.

Ein zweiter Blick auf den Alltag (und in die Literatur, angefangen mit der *Ilias*) aber macht stutzig und wirft die Frage auf, ob das Streben, die begehrte Frau oder den begehrten Mann für sich zu gewinnen und die Verwicklungen, die sich daraus ergeben, nicht doch höher oder zumindest ähnlich gewichtig einzuschätzen wären. Ovid hat in den *Metamorphosen* die gesamte Götter-, Natur- und Menschheitsgeschichte darauf aufgebaut, und auch die Psychoanalyse scheint diese Vermutung vehement zu bestätigen. Zudem macht uns das erotische Begehren mit dem sogenannten „Irrationalen" bekannt. Liebende sind berühmt und berüchtigt dafür, dass sie mit dem größten Kraftaufwand Unternehmungen betreiben, die ihren „eigentlichen" (zweckrationalen) Zielen völlig zuwiderzulaufen scheinen. Mehr als sonst sind wir ihnen gegenüber darauf angewiesen, von ihnen selbst die Gründe ihres Handelns mitgeteilt zu bekommen. Oft sind wir auch danach kaum klüger. Erst indem wir uns tiefer in sie hineinversetzen und auch die offenkundigen Widersprüche ernst nehmen, das heißt befragen und sprechen lassen, werden wir nach und nach etwas von dem verstehen, was den anderen treibt.

In Bezug auf politisches Handeln mag dieser Aspekt auf den ersten Blick verwundern. Sollte Andersons Gedanke, Nationalismus sei eher wie Religion und Verwandtschaft zu behandeln, aber etwas Wesentliches treffen, so erscheint er nicht mehr ganz so abwegig. Weitere Triebkräfte und Motive sind bei ihm ebenfalls bereits angeklungen, etwa die Angst vor dem Tod und einem misslingenden Leben. Eng damit verbunden ist das Bedürfnis nach Sinn und Identität (nach Erkenntnis der Eigentümlichkeit des eigenen Wesens sowie nach Zugehörigkeit – Wir-Identität). Auch hiermit ist das erotische Begehren verknüpft. Von diesen Triebkräften und ihren wechselseitigen Verbindungen wird im 4. Kapitel ausführlicher die Rede sein. In Bezug auf den Nationalismus wird uns immer wieder die Frage beschäftigen: Auf welche Bedürfnisse antwortet eine solche Bewegung, was verspricht sie den Menschen und was vermag sie ihnen zu geben? Um sie beantworten zu können, müssen wir die Äußerungen der Beteiligten ernst nehmen, und zwar gerade da, wo sie absonderlich, widerwärtig oder auf andere Weise irritierend wirken – also genau an solchen Stellen, an denen Gellners Text so merkwürdig aufgeladen wirkt.

Das alles wird exemplarisch an der Entwicklung in Jugoslawien, besonders in Serbien, von 1980 bis 1991 untersucht. Ich beginne jedoch sehr viel früher, da hier – wie anderswo auch – die Nationalisten auf weit zurückliegende Geschehnisse zurückgegriffen und diese als Fundament ihrer Überzeugungen benutzt haben. Deshalb werde ich im ersten Kapitel die Entstehung des serbischen Nationalmythos um die

Schlacht auf dem Amselfeld 1389 aus älteren Legenden und Sagen skizzieren. Dabei geht es um die Fragen: Was ist ein Mythos und worin unterscheidet er sich von einer Sage oder einer Legende? (1.2.) Wie hat sich der Kosovo-Mythos aus älteren Legenden und Sagen entwickelt? In welchem Verhältnis stehen diese zu den damaligen Geschehnissen? Welche Absichten hatten ihre Verfasser beziehungsweise Aufzeichner? Was wird in ihnen über das historische Geschehen hinaus zum Ausdruck gebracht? (1.3.) Warum und in welcher Weise eignet sich gerade dies für die Entwicklung eines nationalen Mythos? (1.4.) Dabei zeigt sich, dass die Legenden und Sagen sowie der nationale Mythos auch als Mittel der Analyse genutzt werden können. Gerade die Konstellationen und Bewegungsformen ihrer Figuren können Aufschluss über Grundkonflikte und -probleme der jeweiligen Gesellschaft geben. Diese sind häufig zugleich solche der jeweiligen Zivilisation oder sogar der Menschheit insgesamt; Adorno und Horkheimer haben mit ihrer Analyse des Odysseus' in der *Dialektik der Aufklärung* dafür ein schönes Beispiel gegeben.

Auch das zweite Kapitel ist noch ein auf das eigentliche Thema hinführendes. Hier geht es darum, was aus dem Mythos wurde, als man an seine Verwirklichung ging. Mit der Eroberung des Kosovo war sein Auftrag, die „Wieder"herstellung der nationalen Einheit Serbiens, zwar noch nicht ganz, aber im wesentlichsten Teil erfüllt. Wie gestaltete sich nun diese Einheit? Auf welche Schwierigkeiten stieß der Versuch? Welche Rolle spielten dabei die durch den Mythos geschaffenen Voreinstellungen? In welcher Weise wirkten die dabei gemachten Erfahrungen auf den Mythos selbst zurück?

Im dritten Kapitel wende ich mich den elf Jahren von Titos Tod 1980 bis zum Beginn der innerjugoslawischen Kriege im Sommer 1991 zu. Dabei greife ich stark auf Zeitungs- und Zeitschriftenartikel der Zeit zurück, um nicht einseitig post festum auf die Entwicklung zu blicken. Unter 3.2. geht es allgemein um die sich zunehmend verschärfende wirtschaftliche, politische, ideologische und gesellschaftliche Krise und die sich immer mehr zu Antagonismen entwickelnden Lösungsversuche der Republikführer, was ich insgesamt als *existenzielle Krise* behandele. Unter 3.3. untersuche ich die Rolle, die der Kosovo-Mythos hierbei spielte, wobei ich einzelne gesellschaftliche Gruppen (Teile der orthodoxen Geistlichkeit: 3.3.2. und der Intellektuellen: 3.3.3.) ausführlicher darstelle. Schließlich geht es in 3.3.4. um seine politische Nutzung seit der Machtübernahme Slobodan Miloševićs. Dabei wird auch deutlich werden, welche Bilder im Zentrum der nationalistischen Aufladung der Öffentlichkeit gestanden haben.

Im vierten Kapitel werde ich mich diesen Bildern ausführlicher widmen. Was eigentlich kommt zum Ausdruck, wenn von ‚Verrat', ‚Genozid', ‚Einheit' und anderem die Rede ist? Nach und nach wird deutlich werden, was für ein enges Geflecht diese Bilder miteinander bilden, wobei jedes von ihnen mehrfach aufgeladen ist. Auch die starken Gefühle, die mit ihnen einhergehen, werden dadurch begreiflicher.

Dieses Geflecht mythischer Bilder ist im Wesentlichen übertragbar auf andere Nationalstaaten. Besonders solche werden darin wiederzuerkennen sein, die selbst mit Problemen der ‚Amputation‘, des Systembruchs, der immer die Frage des ‚Verrats‘ akut werden lässt, oder einer existenziellen Krise zu tun haben. Weniger offensichtlich sind die Ähnlichkeiten mit ‚gesättigten‘, ‚gesetzten‘ Nationalstaaten, deren Bürger, Politiker und Intellektuelle solchen Bildern in der Regel verständnislos gegenüberstehen, voll des Bewusstseins, man selbst habe derlei ‚mittelalterliche‘ Vorstellungen längst hinter sich gelassen. Daher habe ich ein fünftes Kapitel angefügt, das der Frage nachgeht: Was geschieht mit Staaten – in diesem Fall besonders mit Deutschland –, die in einen solchen nationalen Konflikt eingreifen? Welche Bilder benutzen sie, um einen Krieg zu führen? Was sagen diese Bilder über die innere Situation dieser Staaten aus? Wie wirkt sich ihr Eingreifen auf den nationalen Konflikt aus? Dabei erweist sich, dass ein wesentliches Problem dieses Eingreifens darin bestanden hat – und zum Teil bis heute besteht –, dass die Beteiligten seitens der EG/EU und der USA den nationalen Kern der Konflikte um Jugoslawien, wie ich ihn in den vorangegangenen Kapiteln entwickle, weitgehend unbeachtet gelassen haben.

Das Jahr 2004 als Ende dieser Arbeit ist eher willkürlich gewählt. Mir kam es darauf an, skizzenhaft einige Aspekte dieses Eingreifens darzustellen. 2004 markiert mit dem Eintritt Sloweniens in die EU im Mai und den gewalttätigen Unruhen im Kosovo im März zwei wesentliche Aspekte der gewaltsamen Aufteilung Jugoslawiens: die erfolgreiche eigenstaatliche Entwicklung der beiden reichsten Republiken und die Blockade der ärmeren in ungelösten nationalen Konflikten.

Da es zu unserem Hauptthema unzählige Zeitzeugen, auch unter den Akteuren, gibt, hätten anhand von Interviews die hier entwickelten Thesen überprüft werden können. Voraussetzung hierfür wäre eine behutsame Rückführung zu den damaligen Gefühlen und Motiven gewesen. Das hätte den Rahmen dieser Arbeit allerdings vollends gesprengt. So bleiben für eine Überprüfung vorerst nur der intersubjektive Dialog und die Anwendung in der Praxis, auf die ich kurz in den ‚Schlussfolgerungen‘ eingehe.

Schließlich ist seit der Fertigstellung der Arbeit viel geschehen, was die Lage in den Nachfolgestaaten Jugoslawiens weiter verändert hat, vor allem hat sich das Kosovo am 17. Februar 2008 mit beträchtlicher internationaler Zustimmung für unabhängig erklärt. Das hat das in den ‚Schlussfolgerungen‘ diskutierte alternative Vorgehen weitgehend obsolet gemacht. Ich stelle es trotzdem vor, da es zum einen deutlich macht, dass in dieser Lage auch anders hätte gehandelt werden können, und zum anderen einen Umgang mit nationalen Konflikten beschreibt, der auch anderswo hilfreich sein könnte.

Erstes Kapitel

Die Schlacht auf dem Amselfeld und ihre Überlieferung

1.1. Was wissen wir von der Schlacht?

Am 28. Juni 1389 – dem 15. nach dem alten julianischen Kalender – trafen zwei Heere auf dem Amselfeld aufeinander, ein christliches unter dem serbischen Fürsten Lazar und ein osmanisches, das Sultan Murad I. anführte. Die christlichen Herrscher verteidigten ihre Gebiete gegen die seit über drei Jahrzehnten auf dem Balkan vordringenden Osmanen. Lazar war der mächtigste unter den serbischen Fürsten, zumal ihn die Serbische Orthodoxe Kirche unterstützte. Serbischer König war er gleichwohl nicht, denn das Königreich war bereits in den vorangegangenen drei Jahrzehnten zerfallen.[1]

Die als gesichert geltenden Fakten zur Schlacht sind dürftig:

> The fighting was intense, and there were heavy losses on both sides. Both Lazar and Murat were killed. At the end of the battle the Turks were left in possession of the field. Murat was succeeded by his son Bayezit, who was commanding some of the Turkish forces at the battle; he then took what remained of his army back to the Ottoman heartlands to secure his succession. Lazar was succeeded by his young son Stefan Lazarević, who, acting under the guidance of his mother, the widowed Queen Milica, later agreed to become a Turkish vassal.[2]

Nicht einmal der Ausgang der Schlacht kann als sicher gelten. So gibt es vor allem einige frühe Quellen, die von einem serbischen Sieg sprechen.[3] Die Gründe, die

---

[1]   Emmert: *Serbian Golgotha*, S. 19. In den Quellen wird er allerdings oft als Zar bezeichnet.

[2]   Malcolm: *Kosovo*, S. 61.

[3]   So die Anweisungen des Rats von Venedig vom 23.7.1389 an ihren Botschafter, Andrea Bembo, den sie nach Konstantinopel und Adrianopel sandten; der Brief des bosnischen Königs Tvrtko an die Stadt Trogir zum „Sieg über die Türken" am 1. August (beide in Subotić: *Yugoslav Popular Ballads*, S. 75 u. Braun: „*Kosovo*", S. 9–11); der Brief der florentinischen Senatoren vom 20. Oktober (Emmert, a. a. O., S. 45f.; Braun, S. 14f.); die Chronik des Franzosen Philippe de Mézières wenige Jahre später (Emmert, S. 49f., nach de Mézières: *Songe du vieil Pelerin*; a. in: de Mézières: ,Epistre lamentable et consolatoire', wo der Ausgang allerdings nicht so eindeutig dargestellt wird; hier ist nur von hohen Verlusten auf beiden Seiten die Rede); die ersten erhaltenen byzantinischen Reaktionen (Grégoire: ,L'Opinion byzantine et la bataille de Kossovo' u. Ćirković: ,Dimitrije Kidon o kosovskom boju'; diese u. die folgenden Angaben nach Malcolm, a. a. O., S. 75); einige frühe serbische religiöse Texte, die *pohvale* oder Gedenk-Lobreden (Ra-

Noel Malcolm hierfür anführt, leuchten ein: Zum einen war der Sultan in der Schlacht getötet worden, was besonders für die byzantinischen Autoren von Interesse gewesen ist – nicht von Interesse war hingegen, was in oder mit einem entfernten slawischen Fürstentum passierte. Zum anderen blieb die osmanische Armee nicht in der Gegend; Bayezid hatte genug damit zu tun, seine Nachfolge als Sultan zu sichern.[4]

Nach Malcolm sehen die meisten modernen Historiker den Ausgang der Schlacht als unentschieden an, allerdings mit zwei wichtigen Einschränkungen:

> The first is that, in technical military terms, the battle can still be described as an Ottoman victory, because it was the Serbian army which broke and ran and the Turkish one which ended the day in possession of the field. And the second is that, while the Serbs had expended all their military strength, the Turks were able to come back again and again in later years with ever-larger armies.[5]

Auch die Bedeutung der Schlacht wird durchaus unterschiedlich bewertet. Viele sehen die Folgen der Schlacht an der Marica 1371 als viel gravierender an. Damals wurde eine komplette serbische Armee in Bulgarien vernichtet. Die serbisch beherrschten Teile Mazedoniens gingen an die Osmanen und diesen öffnete sich wohl bereits damals der Weg zur weiteren Eroberung des Balkans. Der Zerfall des serbischen Reichs hatte bereits nach dem Tod Zar Dušans 1355 begonnen. Andererseits waren die Auswirkungen der Schlacht auf dem Amselfeld längst nicht so katastrophal, wie sie in den Überlieferungen erscheinen. Serbien erholte sich danach und erlebte durch die vielen gebildeten Flüchtlinge aus dem Byzantinischen Reich sogar eine kulturelle Blüte. Bis 1459 konnte es eine gewisse Unabhängigkeit wahren.[6]

In den ersten anderthalb Jahrhunderten nach der dauerhaften Einverleibung ins Osmanische Reich 1455 verbesserten sich für die meisten Bewohner der Region die Lebensumstände sogar. Selbst christliche Ritter wurden als *Spahis* in das osmanische Lehnssystem integriert, ohne dass sie deshalb hätten konvertieren müssen. Das Rechtssystem war in dieser Zeit verhältnismäßig verlässlich und im Großen und Ganzen weniger drakonisch als anderswo in Europa. Für die Bauern waren die Vorteile – sehr viel weniger Frondienste, zum Teil konnten sie durch Barzahlungen abgegolten werden, der Bauer konnte das Land verlassen, wenn er dem Spahi dafür

---

dojičić: ,Pohvala knezu Lazaru sa stihovima', S. 248); sowie die volkstümlichen Erzählungen, die ein slowenischer Kosovo-Reisender in den 30er Jahren des 16. Jahrhunderts hörte (Curipeschitz: *Itinerarium der Botschaftsreise des Josef von Lamberg und Niclas Jurischitz durch Bosnien, Serbien, Bulgarien nach Konstantinopel 1530*, S. 49). In keiner der frühen kirchlichen Quellen ist, im Gegensatz zu Schriftstücken aus Florenz und Siena, von einer Ermordung Murads die Rede (Emmert, a. a. O., S. 74).

Die Übersetzung serbokroatischer Titel ist im Literaturverzeichnis zu finden.

[4] Malcolm, a. a. O., S. 75f.

[5] Ebd., S. 76.

[6] Ebd., S. 58; Emmert, a. a. O., S. 2f. und die Diskussion auf S. 25f.

eine Strafe zahlte – so überzeugend, dass sie von jenseits der Grenzen ins Osmanische Reich einwanderten. Auch die Städte wuchsen bis zum Ende des 15. Jahrhunderts erheblich, Handel und Handwerk florierten. Dass es im 16. Jahrhundert Grundschulen, Bibliotheken und berühmte osmanische Schriftsteller aus dem Kosovo gab, zeigt, dass es sich keineswegs um ein „dunkles Zeitalter" handelte.[7]

Dass dies in den Legenden anders dargestellt ist, spiegelt die religiöse Katastrophe einer Niederlage gegenüber den „Ungläubigen" wider. In den Sagen hingegen dürften sich spätere Erfahrungen, vor allem des späten 18. und 19. Jahrhunderts zeigen, in denen das Osmanische Reich immer mehr an Macht verlor, militärisch zunehmend in die Defensive und in den Bereichen Wirtschaft, Staatsfinanzen und Verwaltung ins Hintertreffen geriet, was zu einem wachsenden Druck auf die christliche Bevölkerung, gerade auch was die Steuerbelastung angeht, führte.

1.2. Exkurs: Grundlegendes zur Unterscheidung von Mythos, Sage und Legende

Die Quellenlage wird zusätzlich dadurch erschwert, dass die Legendenbildung sehr bald nach der Schlacht einsetzte und die historischen Fakten in ihrem Sinn verändert hat. Welcher Sinn aber steckt in dieser und in ähnlichen Formen der Überlieferung? Allgemein gilt im historiografischen Umgang mit ihnen, sie kritisch an dem zu messen, was sich über die historischen Fakten sagen lässt:

> [...] wenn man als Wissenschaftler von Mythen redet, dann soll man die Mythenkritik nicht aussparen, man soll sagen, in welcher Weise Mythen selektiv sind, was sie abblenden und weglassen; man soll sagen, daß sie sich gegen die Überprüfung im Diskurs sperren und gegen Argumente wie gegen Evidenz immun sind; man soll klar zwischen ihrem Realitätsgehalt und ihrer Verzerrungsleistung unterscheiden; man soll nicht mythisch über Mythen sprechen, sondern wissenschaftlich, d. h. im Geist der Aufklärung.[8]

---

[7]   Malcolm: *Kosovo*, S. 97–105.

[8]   Kocka: ‚Faszination und Kritik', S. 392. Ähnlich auch Čolović 1994: ‚Mythen des Nationalismus', S. 21: „Die Kritik der politischen Mythologie ist aufgerufen, die gesellschaftlich nützlichen Funktionen der Mythen in Krisenzeiten zu erkennen und zu erklären und diese Funktionen von den Effekten zu unterscheiden, welche die Mythen bewirken, wenn sie vor den Karren kriegslüsterner nationaler Demagogen gespannt werden." Leider löst er das nicht ein. Er bemerkt lediglich, das Problem des Mythischen erscheine heute „als Problem des Ortes, genauer der Angemessenheit". Und er schließt die Hoffnung an, dass „eine der größten Ebben der Rationalität" nicht ewig dauere.

Mit Legenden und Sagen wird in der Regel ähnlich verfahren. Eine solche Forderung nach historischer Analyse des Wahrheitsgehalts der Texte ist weitgehend Folge ihrer Instrumentalisierung, vor allem durch religiöse und politische Propagandisten seit dem 19. Jahrhundert. Erst das kritische Quellenstudium hat zu Kriterien geführt, historische Fakten, wie unsicher diese auch immer sein mögen, Verfälschungen gegenüberzustellen. Da Wissenschaftlichkeit einer der obersten Werte moderner Gesellschaften geworden ist, haben auch Propagandisten stets versucht, ihre Behauptungen wissenschaftlich zu untermauern – wie es vordem religiös geschah. Allein, die wissenschaftliche Kritik solcher Propaganda hat diese zwar gestört, aber kaum getroffen.[9] Um die Bedeutung von Mythen, Sagen und Legenden und vor allem ihre Brauchbarkeit für Propaganda besser zu begreifen, scheint es notwendig, genauer danach zu fragen, was in ihnen eigentlich zur Sprache kommt.

Wohl bedingt durch die zerstörerische Rolle, die diese Überlieferungen in gewalttätigen Konflikten der Gegenwart spielen, hat das Interesse an derartigen Fragestellungen in letzter Zeit etwas zugenommen. Es fällt jedoch auf, wie verschwommen die Begriffe auch dann noch oft sind. So schreibt etwa die ansonsten sehr klar analysierende Olga Zirojević:

> Das, was nach Meinung von M. Maticki ‚dem System der Gesänge über die Amselfelder Schlacht (dem Amselfeld-Zyklus als Heldenepos) ermöglichte fortzudauern, was dazu beitrug, daß dies tatsächlich am längsten in der Erinnerung unseres Volkes blieb, war sicherlich das archetypische System, das lange vor der Amselfelder Schlacht im kollektiven Bewußtsein angenommen und wirksam war.[10]

Das „archetypische System" – wenn man überhaupt von einem solchen sprechen will – wird gerade nicht von irgendeinem „Bewusstsein" angenommen.[11] Der Begriff der Archetypen macht nur dann Sinn, wenn man in ihnen „das zeitlich und räumlich Ubiquitäre"[12] sieht, das aber unbewusst wirkt. Die so entstehenden Bilder und Geschichten bilden sich *wie von selbst* und verfügen über ein eingeschränktes Reper-

---

9 Etwa wenn Slobodan Milošević in seiner Rede zur 600-Jahr-Feier der Kosovo-Schlacht ausdrücklich einräumt, es sei heute „schwer zu sagen, was an der Kosovo-Schlacht historische Wahrheit und was Legende ist", um gleich hinzuzufügen: „Heute ist das aber auch nicht mehr wichtig." (Siehe im Anhang S. 488.)

10 ‚Das Amselfeld im kollektiven Gedächtnis', S. 49, nach Maticki: ‚Slovar kosovske bitke (Kosovo polje)', S. 176.

11 S. hierzu Jung: *Die Archetypen und das kollektive Unbewußte*, bes. Kap. I: ‚Über die Archetypen des kollektiven Unbewußten' und Kap. II: ‚Über den Begriff des kollektiven Unbewußten'.

12 Drewermann: *Tiefenpsychologie und Exegese*, Bd. 1, S. 301. An anderer Stelle betont er sogar, sie seien älter als alles Menschliche: „[…] sie sind am ehesten zu verstehen als die frühesten Fixierungsstellen des Psychischen innerhalb der Evolution" (S. 270). Das sind gewagte Thesen. Ich werde auf S. 47f. noch näher auf sie eingehen.

toire, was einem leicht als „eine begrenzte Anzahl von Allgemeinplätzen"[13] erscheinen kann. Ein solcher Umgang mit der Wirklichkeit ist dann schnell in das primitivere Bewusstsein einer früheren Kulturstufe verlegt: „Die Identifizierung mit den mythischen oder epischen Helden ist eine wohlbekannte Erscheinung in traditionellen Gesellschaften (folkloristisch-mythisches Bewußtsein)."[14] Dass dies Etikettierungen aus Hilflosigkeit sind, zeigt sich auch darin, dass Bezeichnungen wie „archetypisches System", „folkloristisch-mythisches Bewusstsein" oder „magisch-animistisch-traditionelle[n] Denkungs- und Lebensart"[15] merkwürdig in der Luft hängen bleiben und nicht zum Ausgangspunkt einer Analyse gewählt werden.

Was aber erzählen die Legenden und Sagen, die sich um die Schlacht auf dem Amselfeld bilden, eigentlich, wenn es offensichtlich *nicht* die historischen Fakten sind? Was bewirken derartige Geschichten? Vielleicht lassen sich so bereits erste Hinweise darauf finden, wie sie über so lange Zeiträume hinweg immer wieder großen Einfluss ausüben konnten.

Legenden und Sagen? Wenn von den Geschichten um die Kosovo-Schlacht die Rede ist, besonders wenn es um deren gegenwärtige Wirkungen geht, fällt schnell das Wort „Kosovo-Mythos". Mythos, Legende, Sage und mehr noch die Adjektive mythisch, legendär, sagen- und märchenhaft werden meist synonym gebraucht, auch in anderen Zusammenhängen. Der Religionswissenschaftler Hartmut Zinser stellt in seinem Aufsatz ‚Theorien des Mythos' fest, dass keine der verschiedenen Theorien des Mythos bislang Anspruch auf allgemeine Anerkennung erheben könne.[16] Das habe mit dem verschiedenartigen Material zu tun.

> Tatsächlich wird man konstatieren müssen, daß
> 1. Mythen, die ein literarisches Genre darstellen, deutlich zu unterscheiden sind
> 2. von Mythen, die heilige Texte, von deren Rezitation eine unmittelbare Wirkung auf gesellschaftliche und natürliche Prozesse erwartet wird, zu sein beanspruchen,
> 3. von Mythen, die als eine Art Verfassung oder Grundgesetz angeführt werden, und diese wiederum
> 4. von Mythen, in denen individuelle psychische Konflikte kollektiv verbindlich verhandelt werden, sowie
> 5. von Mythen, in denen in vorwissenschaftlicher Weise etwas über die Geschichte eines Volkes ausgesagt ist, um nur diese Beispiele zu nennen.[17]

Zinser zieht daraus den Schluss, dass man weder einen allgemeinen Begriff noch eine allgemeine Theorie des Mythos verwenden könne.[18]

---

[13] Zirojević: ‚Das Amselfeld im kollektiven Gedächtnis', S. 56.

[14] Ebd., S. 49.

[15] Čolović: *Bordell der Krieger*, S. 124.

[16] Zinser: ‚Theorien des Mythos', S. 147–161.

[17] Ebd., S. 157f.

[18] Ebd., S. 158.

Der Philosoph Kurt Hübner kommt beim Vergleich von Theorien des Mythos zu einer anderen Folgerung. Trotz beträchtlicher Unterschiede hält er als Gemeinsamkeiten fest:

> Erstens: Eine mythische Welt hat ihre Wurzeln in der Erfahrung einer göttlichen Gegenwart, etwas Numinosem.

> Zweitens: Der Mythos stellt auf dieser Grundlage ein geschlossenes System des Denkens und Erfahrens dar, das die ganze Lebenswirklichkeit umfaßt, aber vollständig von unserem Denk- und Erfahrungssystem abweicht.

> Drittens: Wir müssen dieses System historisch verstehen, das heißt, aus seinen historischen Bedingungen, und dürfen uns dabei nicht von heutigen Vorstellungen oder Vorurteilen leiten lassen.

> Viertens: Gelingt uns das, dann können mythische Erfahrungen wieder verständlich, wenn nicht gar wiederbelebt werden.[19]

Während Zinser unter dem Begriff „Mythos" eine verwirrende Vielfalt von Texten konstatiert, weil er ganz positivistisch vorgeht und weder versucht, etwas vom Bewegungsmoment von Mythen zu erfassen, noch herauszufinden, auf welche Probleme Mythen antworten, präsentiert Hübner uns eine recht vage Denk- und Erfahrungsweise, die der unseren offenbar völlig fremd ist. Dass Mythen in modernen nationalistischen Bewegungen eine zentrale Rolle gespielt haben und bis heute spielen, erscheint unter dieser Annahme völlig unverständlich. Hübners vierte These zeigt allerdings eine gewisse Faszination für ‚den Mythos', die sich auch im Titel seines Aufsatzes findet. Solche Texte bewegen sich sprachlich und von ihrem Denken her bereits selbst in der Nähe mythisierender Texte, wie sie von Nationalisten geschrieben werden. Das wird besonders deutlich in der verschwommenen Sprache, die mitunter den Gegenstand zu verlieren scheint, etwa wenn Hübner den Mythos davor retten will, der Welt der Märchen zugeordnet zu werden.[20]

Beide Herangehensweisen helfen also in Bezug auf die Ausgangsfrage, welcher Sinn in derartigen Formen der Überlieferung stecke, wenig weiter. Vielleicht gibt das Wort selbst mehr Aufschluss.

> Nun ist *Mythos* selber ein sehr vieldeutiges Wort. Eigentlich heißt es ja nur eben dieses, nämlich „Wort"; es ist dann, genauer gesagt, „Erzählung", „Geschichte"; und in der Sprache, in der es aufgeladen worden ist – übrigens recht spät erst aufgeladen, keine selber archaische Angelegenheit –, heißt es dann: die Geschichten, die man erzählt von Göttern und Halbgöttern und den Unterirdischen.[21]

Und den *daimones*, fügt der Religionsphilosoph Klaus Heinrich in der Anmerkung noch hinzu. Er fährt fort:

---

[19] ‚Die moderne Mythos-Forschung – eine noch nicht erkannte Revolution', S. 243.

[20] Ebd., S. 241.

[21] Heinrich: *Floß der Medusa*, S. 11, nach Platons Definition in: *Politeia*, St. 392 A.

30

Und das sind Geschichten, in denen nicht nur das Verhalten der Beteiligten festgelegt wird, sondern das aller ihrer Nachfahren und Nachfolger mit. Es wird geprägt in ‚jener‘ Zeit, in der sich diese Geschichten abgespielt haben, und später kann, ja muß man immer wieder hineinspringen in diese patterns. So weit der Zwangscharakter der Sache. Aber das hat nicht nur Zwangscharakter. Denn Mythen werden nicht in einer verbindlichen und normativen Form erzählt, sondern in zahlreichen, zuletzt die Unendlichkeit erreichenden Formen; sie variieren, und sie versuchen, die Geschichten, die sie erzählen – durch die sie *Geschichte* blockieren –, auch zugleich, qua Variation, wieder von diesem Zwang freizumachen.

Das heißt mit anderen Worten: jene Variationen dort rücken ab von der Verbindlichkeit der Kulte, die sie begleiten; es sind zu gleicher Zeit Befreiungsunternehmungen, allerdings immer wieder stockende und scheiternde – sehr realistische und sehr veristische: in den Mythen wird nicht verdrängt, sondern werden uns die Verdrängungsprozesse selbst vorgeführt, und wir können daraus lernen, die Geschichte der Gattung Mensch besser zu verstehen, vielleicht sie besser fortzusetzen als die an ihr scheiternden Heroen und Heroinen des Mythos.[22]

Der einzelne Mythos setzt einen Ursprung fest, aus dem das Gegenwärtige gefolgt sei. Wirksam ist in diesem Ursprung eine Sehnsucht nach Einheit, der Einheit des Seienden überhaupt und vor allem der Menschen mit dem Göttlichen oder, wie der Theologe und Religionsphilosoph Paul Tillich es genannt hat, mit dem „Triebgrund der Wirklichkeit“. Aber auch der Ursprung ist jeweils schon ein in sich gespaltener, wie Heinrich an Hesiod gezeigt hat. Dort stehen ohne Erklärung drei Ursprungsfiguren nebeneinander: Chaos, Gaia und Eros.[23] Der Mythos versucht also, in seinem Begründungsunternehmen eine ersehnte Einheit herzustellen, ohne die Erfahrung, dennoch gespalten zu sein, zu leugnen. Damit klingt zugleich die Geschlechterspannung als zentrale menschliche Erfahrung dieser Ambivalenz an – sie ist einer der wesentlichen Stoffe der Mythen. Von dieser Bewegung her, die Ordnung der Welt immer wieder ins Lot zu bringen und dort zu halten, indem sie die Spannungen balancieren, beziehen die Mythen ihre Anziehungs- und Schubkraft.[24] Dabei sind sie selbst der Spannung ausgesetzt zwischen Verfestigung und damit vermeintlicher Sicherung, was in Richtung der Kulte geht, und dem Antworten auf

---

[22]   Ebd., S. 11f.

[23]   *Anfangen mit Freud*, S. 79 mit Bezug auf Hesiod: *Theogonie*, 116–122. Dabei ziehen sich die Spaltungen und die mit ihnen entstehenden Ambivalenzen bis in die einzelnen Figuren selber: In Chaos und Gaia sieht Heinrich die Spaltung der mütterlichen Macht in den (verschlingenden) Schoß und die (nährende) Brust; und auf Gaia selbst (der Erde) wütet das Chaos und gähnt der unterweltliche Tartaros-Schoß.

[24]   Heinrich: *Floß der Medusa*, S. 30. „Die Geschlechterspannung […] ist durchaus nicht die Spezialität einer erotischen und sexuellen Sphäre. Sie ist die Spannung des zweigeschlechtlichen Lebens in unserer Zivilisation, von der sexuellen bis in die intellektuelle, vom leiblichen bis zum wortsprachlichen Erkennen. Sie besteht bekanntlich nicht nur zwischen den Geschlechtern, sondern auch im einzelnen Individuum […].“ (Ebd., S. 206)

die ständigen Verschiebungen der Balance, die es immer wieder notwendig machen, die Erzählung abzuändern.

Die von Zinser festgestellten Unterscheidungen erweisen sich hiermit vor allem als formal und gehen an der Übereinstimmung im Wesentlichen vorbei. In den Punkten 2–5 wird jeweils etwas begründet, was von grundlegender gesellschaftlicher Bedeutung ist, sei es die gesellschaftliche Ordnung selbst (3, aber auch 5), die Beeinflussung gesellschaftlicher oder natürlicher Prozesse (2) oder der Umgang mit zentralen psychischen Konflikten (4). Punkt 1 hingegen behandelt einen ganz anderen Aspekt, die literarische Schaffung von Mythen, wozu in gewisser Weise nahezu alle antiken gehören würden, die uns erst in ihrer literarischen Form überliefert sind, im engeren Sinn dann Texte wie Vergils *Äneis* oder ein Teil von Wagners Opernlibretti.

Eine Bedeutung zu begründen, heißt hier übrigens gerade nicht sie zu erklären:

> die Funktion des Mythos ist es nicht, Erklärungen zu liefern, sondern Gewißheit zu geben, nicht, Neugierde zu befriedigen, sondern Vertrauen in Macht einzuflößen, nicht, Geschichten zu erfinden, sondern jene Ereignisse festzuhalten und herauszuheben, die im kontinuierlichen Strom des Alltagslebens für die Gültigkeit des Glaubens zu zeugen vermögen.[25]

Sie können dies allerdings nur, wenn sie in oben angeführter Weise auf zentrale menschliche Fragen antworten. Daher trifft es den Kern einer Mythenauslegung, wenn Eugen Drewermann bemerkt, es gehe „wesentlich um die Betrachtung der Gefühle, die gerade die Anfangsmotive [...] beim ersten Lesen und Hören wachrufen".[26]

Es scheint, dass das, was hier ausgedrückt wird, kaum anders ausgedrückt werden kann:

> Niemals hätten die biblischen Autoren – und andere – zu einer symbolischen Sprechweise ihre Zuflucht genommen, wenn sie Sachverhalte hätten mitteilen wollen, deren Bedeutung sie subjektiv in Gänze zu erfassen vermocht hätten; sie hätten dann in begrifflicher Terminologie wiedergeben oder allenfalls in allegorischer Sprache verdeutlichen und ausmalen können, was sie zu sagen hatten. Ein Symbol hingegen ist stets dort erforderlich, wo etwas nur geahnt und gerade nicht begrifflich ausgesprochen werden kann.[27]

Von daher die Nähe der Mythen zum Traum, wodurch es nahelag, dass sich Psychoanalytiker sehr früh mit ihnen zu beschäftigen begannen. Umgekehrt ist ein Mythos, der des Ödipus, zentral für die psychoanalytische Theoriebildung gewesen.

---

[25] Malinowski: ‚Magie, Wissenschaft und Religion', S. 68.

[26] In: *Tiefenpsychologie und Exegese*, Bd. 1, S. 206.

[27] Ebd., S. 219.

Damit wird auch deutlicher, dass das von Hübner festgestellte vollständige Abweichen des mythischen Denkens von unserem wissenschaftlich geprägten nicht nur und vielleicht auch nicht in erster Linie darin besteht, dass dieses Denken in der Erfahrung einer göttlichen Gegenwart gründet. Es geht hierbei um ein Denken, das gerade das thematisiert, was die Gesellschaftswissenschaften meist als irrational beiseite schieben beziehungsweise der Psychologie überantworten: Wie ist angesichts existenzieller Bedrohungen, wie denen, zerrissen oder ausgelöscht zu werden, eine Balance zu halten und das Leben zu wagen?

In welchem Verhältnis stehen nun die Mythen zu den Legenden und Sagen?

> [...] so wie in diesen [neben den Mythen spricht Drewermann hier von Märchen] der archetypische Symbolismus, so überwiegt in den Sagen und Legenden die Person des Helden und des Heiligen – seine innere Psychodynamik sowie die Haltungen und Verhaltensweisen derer, die ihm begegnen, stehen also interpretativ im Vordergrund.[28]

Drewermann führt weiter aus, dass in der Sage der als vorbildlich dargestellte Held an der Welt leide und versuche, sie mit der Stärke seines Ichs in Ordnung zu bringen. Auch in der Legende tritt ein geläuterter Mensch in einer ungeläuterten Welt auf, aber er lässt sich in seinem Handeln im Wesentlichen von göttlichen Kräften tragen und handelt weniger aus der Kraft seiner Person als der Held der Sage. Sowohl der Heilige als auch der Held sind meist Korrekturen oder sogar Antithesen zu der gesellschaftlichen Situation ihrer Zeit und damit stärker zeitbezogen als die Ewigkeit beanspruchenden Mythen. Auch Sagen und Legenden sind allerdings keineswegs in einem wissenschaftlichen Sinn historisch, geht es doch in ihnen darum, das Wesentliche aus einem einmaligen geschichtlichen Geschehen herauszudestillieren und zu gestalten.[29] Das aber heißt, dass sich potenziell jeder Mensch – zumindest der jeweiligen Epoche – in ihnen wiederfinden kann. Dann stellen die einzelnen Figuren Anteile der Psyche dar, deren Konflikte thematisiert werden, das heißt die Gefahren, in die der Held gerät, und die Versuchungen, denen sich der Heilige ausgesetzt sieht, werden als zentrale ihrer Zeit behandelt.

Der oft nahezu synonyme Gebrauch von Mythos, Sage und Legende hat jedoch auch etwas mit diesen selbst zu tun. Sie sind nicht scharf gegeneinander abgegrenzt. Sind die Herakles-Geschichten nun Mythos oder Sage und die Dichtung des Parzivals Sage oder Legende? Das Psychische ist nicht in Bezirke aufgeteilt, es ist eher fluid, es konzentriert sich unterschiedlich, und mitunter kommt es auf den Zuhörer oder Leser an, welchen Aspekt er stärker betont. Diese Fluidität wird auch in den Erzählungen um die Schlacht auf dem Amselfeld deutlich.

---

[28]   Ebd., S. 391.

[29]   Ebd., S. 416–418 (Held und Heiliger), S, 424 (Korrekturen der gesellschaftl. Situation), S. 153 (nicht „historisch").

1.3. Die Entwicklung der Legenden und Sagen zur Schlacht

1.3.1. Die Legenden

Bereits etwa ein Jahr nach der Schlacht wurden Lazars Gebeine in das von ihm gegründete Kloster Ravanica überführt. Zugleich wurden erste kirchliche Texte verfasst, die der Verherrlichung des nun zu einem Heiligen erklärten Fürsten dienen sollten. Die orthodoxe Kirche hatte sich bereits in den innerserbischen Machtkämpfen auf Seiten Lazars gestellt, jetzt gestaltete sie ihn zu einer Symbolfigur aus, die die Herrschaft seines Hauses und so auch den Einfluss der orthodoxen Kirche weiterhin sichern sollte. Als mit der Zeit der osmanische Einfluss weiter wuchs und sich schließlich Lazars Sohn Stefan als Vasall dem Sultan unterordnete, galt es, den Zusammenhalt, besonders den des Adels, zu stärken. Zugleich musste eine theologische Erklärung für die Niederlage der Christen gegen die Gottlosen, die sich immer weniger übersehen ließ, gegeben werden. Nach dem Ende der Lazarević galt es, die Reichsidee, an die die Kirche gebunden war, zu retten. Wie volkstümlich diese Legenden über die Jahrhunderte waren und ob es neben den kirchlichen Texten auch mündliche Varianten gab, lässt sich kaum sagen, da darüber bis ins 19. Jahrhundert keine Quellen vorliegen.

Aus der Zeit zwischen 1390 und 1419 sind zehn kirchliche Texte zur Schlacht überliefert.[30] So heißt es beispielsweise in einer Hagiografie, die nach dem Herbst 1390, aber wahrscheinlich noch vor dem Feuer in Ravanica im August 1398 geschrieben worden ist:

> I rather shed my blood
> Than draw near to
> Or bow down to
> The cursed and evil
> Murderer, Hagar.
> You are the only one
> Emperor, my lord
> Jesus Christ
> To whom and for whom
> I lay down my soul.
> On the fifteenth, the sons of destruction
> Killed the pious Lazar with a sword
> Together with a multitude of thousands
> Of those who fought with him.

---

[30] Zirojević: ‚Das Amselfeld im kollektiven Gedächtnis‘, S. 45. Ein Verzeichnis der Predigten, Lobreden und hagiografischen Arbeiten in Serbien aus der ersten Zeit nach der Schlacht bei Emmert: *Serbian Golgatha*, S. 186. Auf serbisch veröffentlicht und mit einer literaturwissenschaftlichen Analyse versehen bei Trifunović: *Srpski srednjovekovni spisi o knezu Lazaru i kosovskom boju*.

And so his servants, one in spirit,
Met their end with their lord.[31]

In einem anderen kirchlichen Text heißt es:

You are the good shepherd who offered his soul for us. How shall we praise you? With which language is it worthy to celebrate you? O praiseworthy martyr, Lazar, come unseen to us and stand in our midst. Show us the songs of praise so that we will not be like sheep who have no shepherd. You are our shepherd; you cared for your flock which Christ the Lord gave to you. Do not surrender us to a shepherd whom we do not know. Do not scatter your flock which you gathered and for whose sake you shed your holy blood.[32]

Indem die kirchlichen Autoren Lazar zu einem Märtyrer und Nachfolger Christi, ja im zweiten Text sogar zu einer zweiten Christusfigur machen, können sie die Niederlage in einen Sieg verwandeln. Das Opfer des eigenen Lebens ist gerade Zeichen der Überlegenheit. Indem Lazar hier nicht als ein Gefallener im Kampf um Macht und eigene Interessen erscheint, sondern sein Tod als ein für andere erlittener dargestellt wird, kann er zu einer Figur werden, die Einheit stiftet.[33] Dabei antwortet das Bild des hütenden und schützenden Hirten auf die gerade in einer Umbruchzeit starken Ängste vor der Zukunft: Was auch immer geschehen mag, Lazar wird die Gläubigen als göttlicher Beistand nicht verlassen.[34]

Zum späteren Mythos trägt nur die in einigen dieser Texte auftauchende Rede Lazars bei, die er vor der Schlacht an seine Truppen gehalten hat. Aus dem darin beschworenen Märtyrertod entwickelte sich später die Wahl des himmlischen König-

---

[31] Emmert, a. a. O., S. 63, nach dem *Prološko žitije kneza Lazara*, in Radojičić: ‚Pohvala knezu Lazaru sa stihovima‘, S. 251.

[32] Aus dem anonymen *Pohvalno slovo knezu Lazaru*, in: ‚Pohvala knezu Lazaru‘, hg. v. Daničić, S. 360, übers. v. Emmert, a. a. O., S. 66.

[33] Diese Figur hat auf osmanischer Seite durchaus ihre Entsprechung: Nach den Darstellungen türkischer Geschichtsschreiber öffnete das bewusste Opfer Sultan Murads den Weg nach Europa und befestigte das Osmanische Reich. (Zirojević: ‚Das Amselfeld im kollektiven Gedächtnis‘, S. 53)

[34] ‚Der gute Hirte‘ ist ein gutes Beispiel dafür, wie Symbole überdeterminiert sind. Es ist bezeichnend, dass sich ‚die Schafe‘ nach dem ‚Hirten‘ sehnen sollen. Schützt er sie auch gegen manche Gefahren, so ist es am Ende doch er, der sie schlachtet. Der allgütige Gott wie der allgütige Fürst bekommen so einen bedrohlichen doppelten Boden, und es wird fraglich, ob es so angeraten ist, sich selbst als Schaf zu verstehen.

Ich bin selbst so sehr an die festgelegte Bedeutung dieses Symbols gewöhnt gewesen, dass mir dieser doppelte Boden nicht aufgefallen ist. Ich verdanke den Hinweis Thomas Mirow. Aus ihrer Erstarrung gelöste und zum Sprechen gebrachte Symbole haben eine Menge von den Untergründen unserer Kultur zu erzählen.

reichs.[35] So werden in Patriarch Danilos' des Jüngeren *Slovo o knez Lazaru* (Erzählung von Prinz Lazar) von 1392 mehrere miteinander verknüpfte Motive für den Märtyrer-/Heldentod gegeben: 1) Ehre statt Schande: „It is better to die in battle than to live in shame."[36] 2) Durch den Tod ewiges Leben gewinnen angesichts des letztlich unausweichlichen Todes, auch dadurch dass er frei gewählt wird, also die Angst vor ihm überwunden ist: „We die so that we may live forever. […] We give our lives freely so that after this we will be a vivid example to others. We do not fear the horror which has come to us nor the rage of those cursed enemies who lunge at us." 3) Die letztliche Einheit aller in diesem Tod und in Christus: „O comrades and fellow soldiers, in order to praise Christ we must assume the burdens of former soldiers who are now with Christ. We are one humanity, subject to the same passions. And a single grave will be ours. And a single field will receive our bodies and bones so that the colony of heaven will receive us in glory."[37]

Die Wahl zwischen ehrenvollem Tod und Leben in Schande ist nach Malcolm ein „rhetorical commonplace".[38] Das trifft zu, aber indem er nicht weiter nach der Wirkung solcher rhetorischen Allgemeinplätze fragt, entgeht ihm, dass gerade ihre Wirkung offenbar besonders stark ist. Weiter wäre dann zu fragen, warum das so ist. In der schnellen Formel von den rhetorischen Allgemeinplätzen scheint sich auch eine Geringschätzung des Alltäglichen und Allgemeinen auszudrücken. ‚Lieber ehrenvoller Tod als Leben in Schande' (eine andere Fassung wäre: ‚Freiheit oder Tod') ist so etwas wie eine Grundformel nicht nur mythischer Erzählungen. Es ist eine existenzielle Frage, die hier aufgeworfen wird, und wer sie sich stellen muss (oder sich ihr), der droht zerrissen zu werden. Dass sie *nicht* allgemein beantwortet werden kann, aber trotzdem eine Spannung beschreibt, die, zumindest in übertragener Form, ziemlich universell sein dürfte, macht sowohl ihre Anziehung aus als auch ihre Brauchbarkeit für verschiedene politische Operationen in den Köpfen. Die Le-

---

[35] Zur Ansprache an die Truppen: Malcolm: *Kosovo*, S. 77. Zur Wahl des himmlischen Königreichs: Emmert, a. a. O., S. 1. Zur weiteren Entwicklung des Bildes vgl. ebd., S. 19, 20, 25, 31, 67 u. 69.

[36] Emmert, a. a. O., S. 63, übers. nach der Textfassung in Ćorović: ‚Siluan i Danilo II, srpski pisci XIV–XV veka', S. 83–103, hier S. 89f.

[37] Emmert, a. a. O., S. 64, nach Trifunović: *Srpski srednjovekovni spisi*, S. 90.

[38] Malcolm: *Kosovo*, S. 80. Zirojević weist daraufhin, dass diese Formel bereits in der serbischen Fassung des sehr populären mittelalterlichen *Alexanderepos* zu finden ist (‚Das Amselfeld im kollektiven Gedächtnis', S. 50, wobei hier versehentlich „im 16. Jahrhundert" steht; im Orig., S. 209 spricht sie aber vom 14. Jh.). Sie gehört zum ritterlichen Ethos und ist nicht auf die Christen beschränkt. Bei Konstantin dem Philosophen ist es Murads Sohn Bayezid, der sie vor der Schlacht gegen Timurlenk benutzt (siehe die russische Fassung in der Nikon-Chronik, *Polnoe Sobranie Russkich Letopisej*, Bd. 11, Anhang, S. 247, zit. v. Braun: „*Kosovo*", S. 75 und die serbische in ‚Konstantin filosof i njegov život Stefana Lazarevica despota srpskog', S. 273, zit. ebd., S. 76).

gende Lazars gibt zumindest vor, dass sich die Frage *eigentlich* nur eindeutig beantworten lasse.

Auch wenn es bei den Legenden um Texte im kirchlichen beziehungsweise dynastischen Interesse geht, versuchen sie doch auf wesentliche existenzielle Fragen der Situation nach der Niederlage zu antworten. Vor allem geht es darum, wie man sich selbst, seiner Klasse, seiner Religion, seiner Familie und den mit ihnen verbundenen Werten treu bleiben kann angesichts drohender Unterwerfung. Auch das Bild von Lazars Tod ist sprechend: Nicht nur er verliert seinen Kopf, auch das Volk verliert mit Lazar den seinen, es wird kopflos. Dieser zweifachen Kopflosigkeit zu begegnen, ist ein zentrales Anliegen der Legenden. Lazar ist dabei einerseits Vorbild des sich opfernden Kämpfers, so lange Opfer noch Sinn haben. Andererseits stellt er als Geopferter und Vergöttlichter aber auch einen Beistand für jene Zeit dar, da die Niederlage besiegelt sein wird. Mit ihm wird so etwas wie die Glut unter der Asche geschaffen.

1.3.2. Die Sagen

Die Sagen sind uns als Erzählungen oder Lieder erst aus dem 18. beziehungsweise 19. Jahrhundert bekannt, auch wenn sie bereits in früherer Zeit Spuren in Chroniken hinterlassen haben. Ihre Entwicklung ist daher über weite Strecken lediglich in Bruchstücken bekannt.[39]

Fürst Lazar scheint in ihnen eine weniger bedeutende Rolle gespielt zu haben als in den Legenden. Stattdessen steht Miloš Obilić (anfangs Kobilić), der mutmaßliche Mörder Murads, im Vordergrund.[40] Vladimir Bovan meint, Miloš sei von Anfang an die Hauptperson der mündlichen Überlieferung,[41] wofür spricht, dass er ganz den Typ des Helden repräsentiert.

---

[39] Zu einer möglichen Herkunft aus den französischen *chansons de geste* s. Banašević: ‚Le cycle de Kosovo et les chansons de geste'. Dagegen argumentiert Matić: *Naš narodni ep i naš stih*. Angeführt werden beide von Butler: *Monumenta Serbocroatica*, S. 375f.

[40] Malcolm: *Kosovo*, S. 72f., nach dem der Name erstmals in einer zwischen 1413 und 1421 geschriebenen bulgarischen Quelle aufgetaucht sei. Nach Subotić: *Yugoslav Popular Ballads*, S. 75 war das aber bereits in einer türkischen Quelle der Fall: „In the firman of Sultan Bayezid, issued in the middle of the month of Shaaban, year 791 (July, 1389), to the Kadi of Brusa, where Murad's body had been transferred for burrial".

[41] Angeführt v. Zirojević: ‚Das Amselfeld im kollektiven Gedächtnis', S. 46, die sich bezieht auf Bovan: ‚Usmena tradicija o kosovskoj bici na Kosovu', S. 331. Zur möglichen historischen Identität des Miloš (K)Obilić siehe die akribische Untersuchung von Malcolm: *Kosovo*, S. 71–74, nach der es recht plausibel erscheint, dass jener ein ungarischer Ritter war, den Lazars Schwiegersohn Nicolas Garai geschickt hatte (S. 71–74). Redjep vermutet hingegen eher, dass der Mörder Murads aus dem Kleinadel stammte und erst von der Überlieferung zum angesehensten Ritter gemacht wurde (‚Die Kosovo-Legende

Bereits der Geschichtsschreiber Konstantin, der sich seit 1411 am Hof von Lazars Sohn aufhielt, hat in seiner Darstellung in den 30er Jahren des 15. Jahrhunderts alle Elemente versammelt: Ein zu Unrecht vor den Seinen beschuldigter Adliger kommt mit List bis vor den Sultan und bringt ihn um, was seine Ehre wiederherstellt.[42] Dass List im Spiel war, ist möglicherweise ein weiterer Hinweis auf die Überlegenheit der Osmanen. Es scheint hoffnungslos gewesen zu sein, in der Feldschlacht bis zu Murad vorzudringen, um ihn zu töten. Möglich auch, dass der Attentäter mit der Ermordung *vor* der Schlacht versuchte, die Osmanen zum Abzug zu bewegen und so die sicher scheinende Niederlage zu verhindern.

Der Heldengestalt des Miloš Obilić steht der Verräter Vuk Branković gegenüber. Dieser war innerhalb Serbiens nach seinem Schwiegervater Lazar der mächtigste Fürst.[43] Dabei erscheint es erst einmal anachronistisch, im Zusammenhang von mittelalterlichen Feudalstaaten von ‚Verrat' zu sprechen, wie auch Malcolm betont. Jeder Feudalherr stand in einem ständigen Konkurrenzverhältnis zu allen anderen, er war bemüht, die eigene Position durch Bündnisse zu stärken und Schwächen der Gegner auszunutzen, und richtete sich dabei nicht nach irgendwelchen sprachlichen oder staatlichen Zugehörigkeiten.[44] Von diesem machtpolitischen Gesichtspunkt aus waren alle Beteiligten gleich und ein Bündnis mit den Osmanen einzugehen oder eine von diesen verursachte Schwäche eines christlichen Konkurrenten auszunutzen, kein Verrat. Die christlichen Herrscher bemühten sich auch kaum um Einigkeit gegen die Bedrohung durch die Osmanen. Jeder sah auf seinen eigenen Vorteil, und nur wenn die Gefahr unmittelbar dazu zwang, waren diejenigen, die sich von ihr am meisten bedroht fühlten, bereit, sich zusammenzuschließen.

Verraten werden konnte allerdings sehr wohl ein Bündnis, wovon damals auch ausgiebig Gebrauch gemacht wurde, und von einem anderen Standpunkt als dem dynastischer Interessen bedeutete es sehr wohl Verrat, die eigenen Gebiete und vor allem ihre Bevölkerung nicht mit aller Kraft gegen die Osmanen zu verteidigen, denn Macht ist nie bloß Macht, sondern muss sich immer legitimieren, will sie nicht zur bloßen Tyrannei verkommen. Die Macht der christlichen Feudalherren aber legitimierte sich zum einen aus dem Schutz ihrer Untertanen und zum anderen aus dem Schutz und der Förderung des christlichen Glaubens. Die eigenen Machtinteressen in einer Weise zu verfolgen, dass man die eigenen oder eines anderen Herr-

---

und die *Geschichte über die Kosovo-Schlacht'*, S. 300). Die osmanischen Chronisten scheinen nicht gewusst zu haben, wer Murad getötet hat, wofür auch spricht, dass sie nicht angegeben haben, was anschließend mit dem Attentäter geschah (ebd., S. 68 mit Bezug auf Olesnicki: ‚Turski izvori o kosovskom boju', S. 94f.).

[42]   Konstantin von Kostenec: *Den serbiske Despot Stefan Lazarevićs liv og levned*, S. 88, angeführt v. Malcolm: *Kosovo*, S. 69.

[43]   Spremić: ‚Die Kosovo-Schlacht', S. 240f., der auch das gute Verhältnis zwischen beiden betont (S. 240).

[44]   Malcolm: *Kosovo*, S. 59f.

schers christliche Untertanen der Herrschaft der Ungläubigen preisgab, war also durchaus Verrat. Lediglich von einem „nationalen Verrat" lässt sich für diese Zeit nicht sprechen.

In dieser Sicht sind der ritterliche Lazar und der ritterliche Miloš, die beide ihr Leben opfern, vorbildlich, Branković als bekanntester Überlebender der Schlacht hingegen unritterlich.[45] Er ist ein Verräter, weil er klug eigene Interessen über den Opfertod gestellt hat.

Bereits aus den ersten Jahrzehnten nach der Schlacht gibt es Bemerkungen, die auf einen Verrat hinweisen.[46] Aber erst in Mavro Orbinis 1601 gedrucktem einflussreichen *Il regno degli slavi* (Das Königtum der Slawen) wird Branković – der Verräter wird immer mit dem Nachnamen genannt, der Held vertraulich mit dem Vornamen – als Verräter dargestellt. Diese Chronik ist allerdings, über zwei Jahrhunderte nach der Schlacht, stark von der oralen Überlieferung geprägt. Wie in älteren Erzählungen eines Verrats, etwa im Rolandslied, geht es um die dramatische, das

---

[45] Vgl. Spremić, a. a. O., S. 245. Damit ist ein wichtiger Aspekt genannt. Leider fragt Spremić nicht danach, was die Figur eines Verräters über die Jahrhunderte so zentral machte. Er endet vielmehr mit einer Hymne auf das serbische Volk, diesen „Riese[n], dem kein Kabinettsangehöriger gewachsen ist" (S. 251), einigen allgemeinen Bemerkungen über die große Bedeutung der Volksüberlieferung für die Historiografie, ohne dass diese Behauptung in irgendeiner Weise belegt würde (S. 251f.), und Miloš Obilić als dem „Held aus dem Volk" (wo er der Sage nach doch ein Schwiegersohn Lazars war!, S. 252). Der Text ist ein gutes Beispiel dafür, wie genaue wissenschaftliche Analyse, die sich aber nicht den traumhaften Inhalten der Mythen, Sagen und Legenden öffnet, unversehens umschlagen kann in ein abstraktes Schwelgen im Nationalen.

[46] Als Spekulation in der serbischen Klosterchronik aus Peć, die wohl dreizehn Jahre nach der Schlacht geschrieben worden ist (Malcolm: *Kosovo*, S. 65). In der kaum sieben Jahre später verfassten *História* Jacob Xalabíns ist von einem Schwiegersohn Lazars die Rede, der nach dessen Tod das Schlachtfeld verlassen haben soll (Spremić, a. a. O., S. 250, der sich auf das Ende des 16. Kapitels der *História de Jacob Xalabín*, hg. v. Pacheco bezieht; s. a. *La História de Jacob Xalabín*, hg. v. Miquel y Planas, S. 147, Z. 21–26; Spremić hält diese Version der Geschichte für die wahrscheinlichste). Hinweise auf ein Verratsmoment a. bei Konstantin: *Den serbiske Despot*, S. 93 (vgl. a. Ćirković: ‚Serbia on the Eve of the Battle of Kosovo', S. 4, angeführt v. Malcolm: *Kosovo*, S. 65); in einem Text, den ein ehemaliger serbischer Janitschar in den 90er Jahren des 15. Jahrhunderts geschrieben hat (Malcolm, ebd., der sich auf Mihailović: *Memoirs of a Janissary*, S. 47 bezieht; Spremić, a. a. O., S. 249, nach Živanović: *Konstantin Mihailović iz Ostrovice*, S. 18–20); ein anonymer venetianischer oder dalmatinischer Autor in einer Übersetzung der Chronik des Byzantiners Ducas (Emmert: *Serbian Golgotha*, S. 98–100; Spremić: ‚Die Kosovo-Schlacht', S. 249, der die Quelle nach dem Originaltext bei Dinić zitiert: ‚Dukin prevodilac o boju na Kosovu', S. 65).

heißt vor allem auch psychologische Ausgestaltung. Danach gehört Brankovićs Verrat zum festen Bestandteil der Geschichte.[47]

Welchen Aufschluss geben unsere historischen Kenntnisse des 14. und 15. Jahrhunderts über einen Verrat? Nach der Schlacht sahen einige Herrscher die Möglichkeit, sich an den Besitzungen serbischer Fürsten zu bereichern, vor allem von Ungarn aus. Noch über 50 Jahre später ist es János Hunyadi, der Vojvode Siebenbürgens, der Vuk Brankovićs Sohn Djuradj einige südungarische Besitzungen raubt.[48] Der osmanischen Gefahr im Süden stand immer wieder eine aus dem Norden gegenüber. Auch die Küste war nicht sicher. Als Hunyadi 1448 fast am gleichen Ort wie Lazar auf dem Amselfeld von Murad II. geschlagen wurde, konnte ihm sein Verbündeter Skanderbeg nicht rechtzeitig zu Hilfe kommen, da er in erneute Kämpfe mit den Venezianern verwickelt war. Djuradj hingegen rächte sich auf die übliche Weise: Er kämpfte auf Seiten der Osmanen und trug entscheidend zu deren Sieg bei, wohl auch durch einen geheimen ausführlichen Bericht über die Truppenstärke von Hunyadis Armee.[49]

Verrat allenthalben also. Da verwundert es nicht mehr, dass er in der Volksüberlieferung zum zentralen Aspekt wurde. Und wie in den traumartigen Kompositionsverfahren der Märchen, Sagen, Legenden und Mythen üblich, arbeitet sie mit Verdichtungen – nicht nur, weil aus großer zeitlicher Ferne manche früheren Ereignisse in eins verschwimmen, wie man es für Marin Bizz' Verschmelzung von Vuk Branković mit seinem Sohn Djuradj annehmen könnte. Die wesentlichen Ähnlichkeiten der verschiedenen Schlachten und des an ihnen beteiligten Personals sind stark genug, um in den Sagenfiguren miteinander verschmolzen zu werden. So erklärt Malcolm die Figur Milošs aus einer Verschmelzung Hunyadis mit einem ungarischen Schwiegersohn Lazars, und auch die beiden Amselfelder Schlachten selbst wurden zu einer einzigen.

---

[47] Orbini: Malcolm: *Kosovo*, S. 66; Zirojević: ‚Das Amselfeld im kollektiven Gedächtnis', S. 47; Spremić, a. a. O., S. 250. Dramatische Ausgestaltung: Malcolm, S. 66. Brankovićs Verrat als fester Bestandteil: Spremić, S. 250.

[48] Bereicherungen nach der Schlacht: Spremić, a. a. O., S. 246. Hunyadi: Malcolm, a. a. O., S. 89, der sich bezieht auf Engel: ‚János Hunyadi: The Decisive Years of His Career, 1440–1444', S. 112f.

[49] Malcolm, a. a. O., S. 89f. Den geheimen Bericht erwähnt Orbini. Gestützt wird dies durch M. Kostić: ‚Opis vojske Jovana Hunjadija pri polasku u boj na Kosovu', S. 85f.

Von Verrat ist auch in osmanischen Quellen die Rede: So im Bericht des osmanischen Geschichtsschreibers Neşri, bei dem Murads Feldzug unter anderem mit einer komplizierten Geschichte aus gebrochenen Verträgen und Verschwörung, in der der Serbo-Albaner Gjergj Balsha, Lazar und Tvrtko mitspielen, begründet wird. (Malcolm: *Kosovo*, S. 62, der sich bezieht auf Reinert: ‚From Niš to Kosovo Polje', S. 191–194)

Der historische Vuk Branković kommt als Verräter allerdings kaum infrage.[50] Er hätte nach gewonnener Schlacht von Bayezid besonders ausgezeichnet worden sein müssen. Dabei scheint er sich aber im Gegenteil dagegen gewehrt zu haben, ein Vasall der Osmanen zu werden. Selbst als er es 1392, nach dem Tod des bosnischen Königs Tvrtko, doch wurde, hat er, anders als Lazars Sohn Stefan und andere Vasallen der Region, nicht an Bayezids beiden Balkanfeldzügen von 1395 und 1396 teilgenommen. Er starb schließlich sogar als Gefangener der Osmanen, nachdem er sich gegen sie erhoben hatte, und der größte Teil seines Territoriums fiel an Lazars Sohn Stefan.[51] Von einem anachronistischen „nationalen Standpunkt" aus gesehen müsste also viel eher Vuk Branković als Held dastehen und Stefan Lazarević als Verräter.

Worin aber soll nun der Sage nach Brankovićs Verrat bestanden haben? Konstantin aus Ostrovica schildert ihn in der *Türkischen Chronik* vom Ende des 15. Jahrhunderts, in der von Branković als Person noch gar keine Rede ist, folgendermaßen:

> Die Herren, die dem Fürsten Lazar wohlgesonnen waren, kämpften mannhaft und standhaft an seiner Seite, die anderen aber schauten, durch die Finger sehend, der Schlacht zu; und durch ihre Untreue und Abtrünnigkeit und den Neid böser Leute war die Schlacht am Freitag mittag verloren.[52]

In Orbinis *Regno degli slavi* heißt es, Branković habe seinen Schwiegervater in Geheimverhandlungen mit den Osmanen verraten – wie, das bleibt im Dunkeln. Nach der ausgestalteten Endfassung der Sage, der *Priča o boju kosovskom* (Geschichte von der Kosovo-Schlacht),[53] ist er nach dem vermeintlichen Überlaufen von Miloš und dessen beiden Gefährten, die ihn in Wahrheit zu seinem Anschlag auf den

---

[50] Die Legende hätte wahrscheinlich eine andere Form erhalten, wäre es Vuk gelungen, die Führung der orthodoxen Kirche nach der Schlacht auf seine Seite zu bringen (Spremić, a. a. O., S. 246f.).

[51] Malcolm: *Kosovo*, S. 67, der sich stützt auf Fine: *Late Medieval Balkans*, S. 412 u. 425; Holton/Mihailovich: *Serbian Poetry from the Beginnings to the Present*, Anm. auf S. 98; Spremić, a. a. O., S. 248.

[52] Braun: *„Kosovo"*, S. 43 nach der krit. Ausg. v. Jan Łoś, Krakau 1912, XVI. Abschnitt.

[53] Der eigentliche Titel ist *Žitije kneza Lazara, Miloša Obilica i ostale gospode koja su bila na polju Kosovu* (Lebensgeschichte des Fürsten Lazar, Miloš Obilićs und der übrigen Adelsherren, die auf dem Amselfeld waren), aber da sie die abschließende Fassung der Sage ist, wird sie in der wissenschaftlichen Literatur häufig *Priča o boju kosovskom* genannt. Anfang des 18. Jahrhunderts, möglicherweise schon Ende des 17., von einem unbekannten Autor in Boka Kotorska (Montenegro) verfasst, liegt sie in insgesamt 36 Fassungen vor (Redjep: ‚Die Kosovo-Legende und die *Geschichte über die Kosovo-Schlacht*‘, S. 289; Žirojević: ‚Das Amselfeld im kollektiven Gedächtnis‘, S. 47). In der klösterlichen Tradition geschrieben, ist sie eine Mischung aus Legende, die das Gedächtnis an den Heiligen Lazar bewahrt, und Sage, die die Ruhmestaten seiner Ritter, besonders Miloš Obilićs, verherrlicht.

Sultan begleiteten, mit seinen Soldaten geflohen, wobei die Zahlen in den einzelnen Fassungen zwischen 700 und 100 000 schwanken.[54] Der Vorwurf des Verrats bleibt blass, eher wäre von Uneinigkeit zu sprechen. Genaueres aber wird nicht ausgestaltet, so als müsste der Verrat selbst ein Geheimnis bleiben, genauer: in der Schwebe gehalten werden. Lediglich in dem Lied ‚Auszug und Schlacht‘ ist davon die Rede, dass Vuk Branković mit 12 000 Kriegern zum Sultan übergelaufen sei.[55]

Auch darin klingt die Christusgeschichte an: Was verriet Judas eigentlich? Nach Walter Jens erfüllte er nur die Schrift.[56] Branković erfüllt hier die psychologische und existenzielle Notwendigkeit. Es ist Verrat im Spiel – also muss er personifiziert werden.

Verrat ist die Erklärung der unfassbaren, der unmöglichen Niederlage. Eine Niederlage ist zwangsläufig eine unmögliche, wenn der Feind per se schlecht oder minderwertig ist. Der Fehler kann dann nur in den eigenen Reihen bestanden haben. Ein modernes Beispiel ist die Behauptung eines ‚Dolchstoßes‘ gegen die ‚im Felde unbesiegten deutschen Soldaten‘, die völkische Kreise nach der deutschen Niederlage im Ersten Weltkrieg lancierten. Die kirchliche Erklärung des Opfers ist für Menschen, die nicht von einem starken Glauben an ein Jenseits erfüllt sind, offenbar nicht ausreichend. Dieses Jenseits ist zu schwach, die diesseitigen Belastungen zu balancieren. Die Einheit mit Gott und allen (guten) Menschen, die Lazar in seinem Opfertod den Legenden nach erlangt, können viele nicht oder nur unzureichend teilen. Gerade die Notwendigkeit von Einheit ist jedoch das größte Problem, das eine Niederlage aufwirft, solange ihre Folgen andauern. Man ist nun tief in die eigene Schwäche gestoßen, statt eine (vermeintliche) Erweiterung der eigenen Kräfte zu erleben.[57] Man empfindet sich als getrennt von sich selbst, wofür man sich schämt. Diese Scham vertieft noch die Trennung von den Menschen, die einen umgeben.

Eine Möglichkeit, damit umzugehen, ist die Begegnung mit eben diesen Gefühlen und den *eigenen* Schritten, die in die Niederlage geführt haben, was heißt, durch die Scham hindurchzugehen, wobei die Sagen als Spiegel dienen können. Eine andere ist, sich in kindliche Allmachtsfantasien und ein rigoroses Schwarzweißdenken zurückfallen zu lassen, indem man sich ganz mit den Helden identifiziert und sich selbst als ebensolchen träumt. Auch dazu scheinen Sagen einzuladen. Miloš und noch mehr Prinz – beziehungsweise Kraljević – Marko, der zwar nicht an der

---

[54] Redjep, a. a. O., S. 299f. Völlig selbstverständlich behauptet wird diese Flucht hingegen von Djilas: *Njegoš*, S. 349 – allerdings ohne Quellenangabe –, was darauf hinweist, dass dies die allgemein verbreitete Vorstellung des Verrats ist.

[55] *Serbische Volkslieder*, S. 24.

[56] Jens: *Der Fall Judas*.

[57] Vermeintlich, da eine wirkliche Erweiterung der eigenen Möglichkeiten nur über eine Begegnung mit dem Gegner erfolgen kann, nicht über seinen Ausschluss als Feind und den Sieg über ihn – eine vor allem innere Begegnung, wie ich im 3. Kapitel versuchen werde zu zeigen.

Schlacht teilnahm, aber zum Umkreis der Sage gehört und eher noch populärer als Miloš war, stellen in dieser Hinsicht wahre Superman-Figuren dar. Sie haben notwendig den erzbösen Gegenspieler zur Folge, weniger aus ästhetischen Gründen, sondern aus psychischen. Die Fantasie der eigenen Allmacht muss notwendig immer unvollständig bleiben, da, außer im Wahnsinn, die tatsächliche Ohnmacht nicht übersehen werden kann. Daher muss der überragende Held immer sterben, das heißt seiner Schattenseite, die ihn – im doppelten Wortsinn – verrät, erliegen. Vorangegangen aber ist der Verrat (die Verdrängung) eben dieser Schattenseite. Die Sage frönt also nicht der Allmachtsfantasie, sondern thematisiert sie.

Am stärksten ausgestaltet sind diese psychologischen Seiten in der *Priča o boju kosovskom*.[58] Miloš Obilić ist hier der allen überlegene Held, mit dem sich Vuk Branković nicht im Entferntesten messen kann. Wiederholt gebraucht er von sich Bilder wie Adler, Falke oder Windhund, die alle eine Beute erjagen, wobei diese mal Branković symbolisiert, mal die Osmanen. Mit zwei anderen Helden, Milan Topličanin und Ivan Kosančić, kämpft er allein im osmanischen Lager, nachdem er den Sultan ermordet hat. Dabei hat er es nicht einmal nötig, sich als Überläufer auszugeben. Die Türken selbst sind überzeugt davon, dass er einer ist, und selbst seine Beschimpfungen können sie nicht davon abbringen. Bezeichnenderweise ist es eine Frau, in manchen Fassungen sogar eine Albanerin,[59] die seine Gefangennahme und damit seinen Tod herbeiführt:

> [...] but in that moment a woman's voice cried out to the Turks, "Sad Turks, you cannot catch the falcon without a net because he has armor on. Therefore, pile up swords and feathered shields in front of Miloš and his horse in order to stop them." So the Turks cut down Miloš' horse, but Miloš jumped from the horse. And with his spear he leapt a distance of thirty elbows, and then forty elbows, but on his third jump his spear broke. Then Miloš fell into the hands of the Turks as though he were dead, but the Turks tied him and led him alive to the tsar's tent.[60]

Der Held fällt durch eine Frau, die seine ihm selbst verborgene Schwäche kennt: Ein Falke ist nicht zu besiegen, es sei denn er verhedderte sich. Miloš scheitert an einem Übermaß an Waffen, an der eigenen Überschätzung seiner Männlichkeit und Stärke. Am Ende ist es der Phallus ‚Speer‘, der im ‚dritten Sprung‘, dem Sprung der Hybris, bricht. Nicht verwundet ist er gleichwohl wie tot, ein Bewusstloser.[61]

---

[58] Emmert: *Serbian Golgotha*, S. 111, der sich dabei auf Redjep: *Priča o boju kosovskom u literaturi* bezieht, die sich hier mit der Entstehung der Sage auseinandersetzt und 21 der überlieferten Fassungen miteinander verflicht (S. 37–145). Ich beziehe mich im Folgenden auf die daraus von Emmert konstruierte Fassung (S. 111–120).

[59] Emmert, a. a. O., S. 206, Anm. 75.

[60] Ebd., S. 117.

[61] Vgl. das Ende von Prinz Marko, der den gleichen Typus repräsentiert. Auch ihm verkündet eine weibliche Gestalt, eine Vila, eine Feengestalt, den Tod. (‚Marko Kraljević i vila‘, in: Karadžić: *Srpske narodne pjesme*, Bd. 2, Nr. 37, S. 207–211; ‚Tod des

Dieses Scheitern des Helden an seiner eigenen überragenden Männlichkeit zieht Drewermanns Einschätzung in Zweifel, der Held der Sage sei ein in sich heiler Mensch, der am Zustand der Welt scheitere. Zwar stehen in der Sage Drachenkampf, Begegnung mit dunklen Mächten und Hochzeit eher am Anfang, also all das, was das Märchen als Thema der individuellen Reifung zum Thema hat, aber gerade in der Beziehung zu seiner Frau ist der Held nicht heil. Das heißt letztlich, dass er auch in sich selbst ein Gleichgewicht zwischen „männlichen" und „weiblichen" Anteilen nicht herzustellen vermag; seine gesteigerte Männlichkeit ist zugleich Verleugnung des Weiblichen auch in ihm. Damit überschätzt er seine Männlichkeit. Zur ihm gemäßen Partnerin kommt der Held nicht (Siegfried heiratet Kriemhild, nicht Brünhild). Auch Prinz Marko tötet seinen Drachen – einen Mohren – und befreit eine Königstochter – die Tochter des Sultans, die ihn liebt. Allerdings liebt er sie nicht und tötet sie schließlich sogar, was er in einigen Versionen bereut.[62] Auch von Miloš gibt es entsprechende Geschichten.[63] Das gestörte Verhältnis zu Frauen und zu den eigenen ‚weiblichen‘ Anteilen ist verbunden mit einem zweiten Konflikt, dem zwischen Held und König. Anders als im Märchen kann der Sagenheld zwar Königssohn sein, aber nie wird er wirklich König. Immer ist da ein Agamemnon, Aigistheus, Gunter oder eben Lazar. So wie die Frau des Helden nicht ihm gemäß ist, er also in dieser Hinsicht einsam ist, so ist er auch ohne Freunde. Der König, dem er wie ein Freund beisteht, erwidert seine Treue nicht.[64] Dieser Konflikt zwischen der tatsächlichen eigenen Fähigkeit, König zu sein, und den realen Umständen, die ihn eben daran hindern, ist zwar ein von außen hervorgerufener, aber wieder weist die tiefenpsychologische Deutung, nach der es in einem solchen Konflikt *auch* um einen zwischen verschiedenen Anteilen der individuellen Psyche geht, auf einen ungelösten inneren: Das Selbst des ‚Helden‘ hat sich von der Unterordnung unter die zu einem Ideal gesteigerte Männlichkeit nicht befreien können, ihr muss es dienen.

Doch kommen wir zu den Frauen, von denen bisher noch so gut wie gar nicht die Rede war. Immer wieder sind sie es – Gattinnen oder Mütter –, die die Männer davon abzuhalten versuchen, in den Tod zu gehen.[65] Besonders ausgestaltet ist dies in

---

Königssohnes Marko‘, in: ders.: *Volkslieder der Serben*, Bd. 1, S. 240–246; ‚Prince Marko and the Vila‘, in: Holton/Mihailovich: *Serbian Poetry*, S. 108–111; vgl. a. T. Popović: *Prince Marko*, S. 246–250)

[62] So in ‚Marko Kraljević i kći kralja arapskoga‘ (Marko Kraljević und die Tochter des arabischen Königs), in: Karadžić: *Srpske narodne pjesme*, Nr. 63, S. 365–368. Zu diesem Komplex s. Popović, a. a. O., S. 203 u. 219–223.

[63] Popović, a. a. O., S. 205.

[64] Vgl. in Bezug auf Marko: Popović, a. a. O., S. 125 u. 174. Noch nach der Gefangennahme macht Lazar Miloš Vorwürfe und gibt ihm die Schuld an der verlorenen Schlacht. (Emmert: *Serbian Golgotha*, S. 119)

[65] Die Mutter des Haiducken Nenad in ‚Predrag und Nenad‘ (Holton/Mihailovich, a. a. O., S. 123 nach Karadžić, a. a. O., Nr. 15, S. 69–75); Stevan Musićs Frau, die durch einen

‚Zar Lazar und Zarin Milica'. Die Zarin bittet ihren Mann, wenigstens einen ihrer neun Brüder bei ihr zu lassen, „damit ich bei ihm schwören kann". Lazar gestattet ihr in einer der Varianten, einen der Brüder auszuwählen (S. 62). Allein, sie findet keinen. Boško lehnt ab, denn die Kameraden würden ihn einen Feigling schimpfen. Sieben der Brüder würdigen die Schwester nicht einmal eines Blicks (S. 63). Auch der letzte, Vojine, will sein Leben für das „Kreuz des Ruhms" und seinen Glauben geben „mit all seinen Brüdern". Milica fällt daraufhin in Ohnmacht, was Lazar sieht und was ihm die Tränen in die Augen treibt. Er befiehlt dem Diener Golubane, die Zarin in den weißen Turm zu bringen und bei ihr zu bleiben. Dem ersten Befehl gehorcht der Diener noch, aber sobald er sie in den Turm gebracht hat, wird er von seinem Herzen überwältigt und jagt den anderen zum Kosovo nach (S. 64). Es ist da eine Anziehung und Verbindung unter Männern wirksam, gegenüber der die Frauen buchstäblich ohnmächtig sind. Diese Verbindung entsteht nicht nur durch moralischen Druck und die Angst, als Feigling verschrien zu werden, wobei dieser Aspekt nicht zu unterschätzen ist, denn er bedeutet den Verlust der Männlichkeit, einen sozialen Tod also. Wie aber kann es auch noch das Herz sein, das diese Männer zueinander und in die Schlacht ruft? Das Herz, das die Sprache der Liebe und des Lebens spricht, das vor tödlicher Gefahr warnt? Wie die sieben Brüder sogar Milicas Blick ausweichen, wie es den Diener drängt, den anderen nachzueilen, das wirkt auch wie eine Flucht, eine Flucht vor den Frauen und dem Leben, deren verschlingende Ambivalenzen sie nicht ertragen. Die Schlacht, das ist die Einheit gegen das Andere. Alles Bedrohliche ist außen und kann endlich bekämpft werden – so das Bild. Es hat etwas Erlösendes. Es erlöst von den Ambivalenzen, dem Zerrissen- und Verschlungenwerden – häufig um den Preis des eigenen Lebens.[66] Es scheint, dass es diese Verbindung ist zwischen der Einheit der Männer und der Erlösung, die sie ihnen bietet, die Männer den Krieg ‚lieben' lässt.

Aber das Bild selbst ist nur Ideal, ist nur Sehnsucht. Die Ambivalenz holt einen ein. Der Verrat lauert überall, nicht einmal in der Brüdergemeinschaft kann man der Einheit sicher sein. Das ist wohl der eigentliche Grund für Brankovićs Verrat; er ist

---

Traum gewarnt wird in ‚Musić Stevan' (Subotić: *Yugoslav Popular Ballads*, S. 59f. nach Karadžić, Nr. 46, S. 289–294).

[66] Was aus Frauen wird, die diese Sehnsucht unterstützen, wird in ‚Tod der Mutter der Jugovići' an einer Frau gezeigt, die in erschreckender Weise zu dieser Heldentruppe passt. Von Gott mit Falkenaugen und Schwanenflügeln ausgestattet, fliegt sie zum Amselfeld und sieht dort ihre neun toten Söhne und den toten Mann. Sie nimmt die bei ihnen stehenden neun Falken, neun guten Pferde und neun wilden Löwen, die Bilder ihrer Kraft, mit nach Hause, aber ihr „Herz entlässt keine Träne". Das setzt sich fort, bis ihr zwei Raben die Hand eines der Söhne in den Schoß werfen. Sie erkennt diese erst, als es ihr die Schwiegertochter sagt. Sogar dann kann sie noch nicht weinen, wird aber von den zurückgehaltenen Tränen so gebläht, dass sie zerbirst. (Butler: *Monumenta Serbocroatica*, S. 392–396; Subotić, a. a. O., S. 67–69, dort jedoch recht frei übersetzt; Holton/Mihailovich, a. a. O., S. 99–102; alle nach Karadžić: ‚Smrt majke Jugovića', in: a. a. O., Nr. 47, S. 294–297)

auch eine Chiffre für die Unmöglichkeit der unverbrüchlichen Einheit – im Gegensatz zu einer stets neu zu gewinnenden Einheit, wie sie in der ständig gestörten Balance der Geschlechterspannung zu finden wäre. Am Ende muss der Tod stehen. Er allein bewahrt vor der Enttäuschung, dass es die unverbrüchliche Einheit nicht gibt. Im Bild des gemeinsamen Todes und eines ewigen Jenseits der Gemeinschaft kann sie halluziniert werden. Daher wird mit jeder Beschwörung unverbrüchlicher Einheit bereits das eigene Requiem angestimmt. Sie ist der Auftakt zu einer Bewegung der Selbstvernichtung – in die viele andere mit hineingerissen werden.

Der Verrat in den Sagen um die Kosovo-Schlacht entsteht aus der Konkurrenz des Helden Miloš und seines Widersachers Branković. In der *Priča o boju kosovskom* stehen auch dahinter noch zwei Frauen, Töchter Lazars und Gattinnen der beiden.[67] Während Milošs Frau Jela stolz darauf ist, dass ihr Gatte von Lazar am meisten geschätzt wird, fühlt sich ihre Schwester Vidosava eben dadurch zurückgesetzt und schlägt ihr das Gesicht blutig. Miloš erfährt davon und warnt Branković mit großspurigen Worten, besser auf seine Frau achtzugeben.

Damit ist auch gesagt: Die verwundbarste Stelle des Mannes ist die Frau. Das Thema beginnt mit Adam und Eva und zieht sich durch Mythen, Sagen und Märchen. Es trifft den Kern der patriarchalen Gesellschaft. Der Mann, der die Frau als seinen Besitz oder doch zumindest als unterlegen ansieht, muss all das, was an ihm selbst ‚weiblich‘ ist, verleugnen. Ganze Bereiche des Lebens sind ihm damit verschlossen.[68] Er kann sie nur von außen beherrschen, zugleich aber sind sie ihm unheimlich, eine ständige unberechenbare Bedrohung. Zum Beispiel ist dem Mann gesellschaftlich der offene Kampf zugewiesen, während der Frau nur Klatsch und Intrige bleiben. Diesen aber steht der Mann wehrlos gegenüber. Andererseits ist der Frau der offene Kampf, selbst der verbale, verwehrt, wodurch sie zu Ränken getrieben wird. Daran gehindert, offen eigene Stärke zu entwickeln und auch gesellschaftlich einzusetzen, ist sie tendenziell auf die Prothese eines ihre Stärke repräsentierenden Mannes angewiesen. Sie kann psychisch noch so kraftvoll und ihrem Mann überlegen sein, gesellschaftlich wird sie fast immer ihm untergeordnet bleiben. Es ist diese Grundstruktur, die im ‚Verrat‘ der Mythen, Sagen und Märchen thematisiert wird, auch wenn die gesellschaftliche Wirklichkeit einen mehr oder weniger großen Spielraum belässt.

Die patriarchalische Gesellschaft ist damit bereits eine im Kern zutiefst gespaltene, in der der Mann die Frau als Gegenüber und damit als Mensch verraten hat. Dieser erste Verrat und der stets drohende zweite, die Rache für den ersten, sind für

---

[67]   Emmert: *Serbian Golgotha*, S. 111f.

[68]   Besonders krass zeigt das Bourdieu: ‚Ehre und Ehrgefühl‘, S. 34–39 am Beispiel einer nordafrikanischen Gesellschaft. Die Grundstruktur von getrennten Lebensbereichen der Geschlechter, die zugleich eine gegenseitige Abhängigkeit vor- und festschreiben, lässt sich verallgemeinern.

sie konstitutiv.[69] In höchstem Maß aktiviert wird diese Drohung im Fall eines äußeren Angriffs. Einem Angriff kann umso klarer begegnet werden, je mehr sich die Angegriffenen einig sind. Im Kern bedeutet das, mit sich selbst eins zu sein, das heißt, sich und die anderen erkannt zu haben. Je weniger das der Fall ist, umso größer die Gefahr, dass Unerkanntes und Verdrängtes zu entscheidenden Schwächen werden. Es ist deutlich geworden, dass Branković im militärischen Sinn nichts verrät und dass er auch nicht zu den Osmanen überläuft. In seinem Verrat personifiziert sich die Gespaltenheit der serbisch-christlichen Seite.[70]

Konkret werden in der *Priča o boju kosovskom* mit den idealen Seiten einer ritterlichen Herrschaft wie der Lazars auch deren Schattenseiten gezeigt. Lazar erscheint als misstrauischer Vater, dem es kaum jemand recht machen kann. Selbst seinem Liebling Miloš gegenüber genügt eine einzige Verleumdung, um sein Vertrauen zu erschüttern. Mehr noch als die Schwiegersöhne sind die Töchter Konkurrentinnen um seine Wertschätzung, die sie als schwachen Ersatz für eine Liebe, die er nicht geben kann, von ihm zu bekommen versuchen. Selber ein Mann von hohen Grundsätzen, merkt er nicht, dass kaum jemand diesen genügen kann. Wer an ihnen scheitert, kommt nicht auf den ‚rechten Platz an seiner Seite‘ oder wird von diesem verdrängt – wie später der verleumdete Miloš. Es ist das Porträt einer Herrschaft, die sehr ambitioniert eine ritterliche Moral zu verwirklichen sucht und zwangsläufig an dem scheitern muss, was sie als schlecht verwirft. Die Sage zeichnet damit ein Bild in erstaunlicher Balance ambivalenter Bestrebungen: Einerseits zeigt sie in Miloš ein heldisches Ideal, andererseits macht sie zugleich auch die Verstrickungen deutlich, in die gerät, wer sich ihm verschreibt.

Warum aber wird das als Familienkonflikt erzählt? Zum Teil wird geantwortet, dies seien Archetypen, also vererbte, grundlegende, seelische Figuren, und gerade die engste Familie gehöre zu ihnen. Die Annahme von Archetypen erscheint jedoch nicht zwingend. In jeder Kultur erzählen sich Menschen ihre grundlegenden Konflikte als Familiengeschichten, weil sie im Leben eines jeden die ersten Konflikte sind und damit die Basis aller weiteren bilden. Unverarbeitete Familienkonflikte können sich im späteren Leben als Übertragungen auswirken, die in der Kindheit entwickelten Muster prägen dann wie automatisch das Verhalten des Erwachsenen. Eine gesellschaftliche Notlage durch eine Familiengeschichte zu erklären ermög-

---

[69] Dabei wird in der Regel die Reihenfolge vertauscht: Der als Rache befürchtete Verrat der Frau wird als ursprünglich dargestellt und so zur Ursache der Unterordnung der Frau unter den Mann.

[70] Diese wäre eingehender zu analysieren, als das hier möglich ist. Eine solche Analyse hätte sich mit den Bedingungen von Macht und Herrschaft in den damaligen Feudalstaaten der Region zu beschäftigen, ihrer Legitimierung durch das Christentum, als dessen Verwirklicher und Beschützer sich die Feudalherren zumindest darstellten, und der schweren Bedrohung dieser Ansprüche durch eine Macht wie die Osmanen, die in gleicher absoluter Weise, Heil zu bringen, beanspruchten, sich zusätzlich aber von der Euphorie einer expansiven Dynamik vorwärts getragen fühlten.

licht, jene auf grundlegende menschliche Konflikte zurückzuführen, die damit jeder oder nahezu jeder nachvollziehen kann. Die Geschichte hält dabei eine erstaunlich freundliche Balance: Einerseits legt der geschilderte Familienkonflikt jedem, schon dadurch, dass er beim Hören von ihm berührt wird, nahe, sich selbst damit auseinanderzusetzen, die Geschichte wirkt dabei wie ein Spiegel; andererseits ist es eben eine fremde Geschichte, noch dazu eine von einem Herrscherhaus, die es einem erlaubt, sie von sich selbst fernzuhalten. Die Geschichte bietet auch keine Lösung für den Konflikt an. Sie stellt nur dar, zeigt die Konfliktlinien, die über das einmalige historische Ereignis hinaus bestehen. Diese finden sich letztlich auch in der Psyche jedes Einzelnen, wobei dann die Figuren der Geschichte verschiedene seelische Anteile und Bestrebungen repräsentieren.

Zentral für die Wirkung der Geschichte ist, wie sehr die Zuhörenden mit ihr übereinstimmen, also inwieweit sie sich mit ihren eigenen Schwierigkeiten darin wiederfinden können. Dabei fand in der oralen Kultur wohl dadurch eine Auswahl statt, dass Varianten erzählt wurden, die die Aspekte der Geschichte unterschiedlich betonten, neue hinzufügten oder andere wegließen. Diese Varianten dürften unterschiedlich beliebt und somit auch unterschiedlich weit verbreitet gewesen sein, wobei sich im Lauf der Zeit wohl der eine oder andere Akzent verschoben hat.

Da die meisten Lieder im Verlauf des 19. Jahrhunderts aufgeschrieben wurden, verwundert es nicht, dass sich bereits in einigen Spuren eines Übergangs zum Nationalismus finden lassen, etwa wenn eines Adeligen Diener seiner Frau auf ihre Warnungen, mit Lazar ins Kosovo zu ziehen, nicht mehr mit Treue dem Fürsten und dem Glauben gegenüber antwortet, sondern mit seiner Verpflichtung gegenüber den serbischen Ahnen, dem serbischen Blut und der serbischen Erziehung, die hier das Fundament bilden für den Lazar geleisteten Schwur.[71] Möglicherweise ist mit dieser Entwicklung auch verbunden, dass Kobilić als Nachname für Miloš als unpassend angesehen wurde. Waren im Mittelalter zumindest unter ungarischen Soldaten noch schamanistische Praktiken lebendig und das Pferd das wichtigste Totemtier, „Sohn einer Stute" zu sein also nichts Ehrenrühriges,[72] wurde Miloš im 18. Jahrhundert von zwei serbischen Historikern, V. Petrović und P. Julinać, erstmals Obiljević beziehungsweise Obilić genannt, ein Name, der an „obilje" (Überfluss) erinnert und den inzwischen wohl als unehrenhaft angesehenen Namen ersetzen sollte.

Erst in den Liedern, die Stefanović Vuk Karadžić, der große serbische Philologe, Sprachreformer, Dichter und Übersetzer, in der ersten Hälfte des 19. Jahrhunderts aufgezeichnet hat, hatte sich auch Lazars Wahl zwischen ehrenvollem Tod und ei-

---

[71] ‚Musić Stevan', in Subotić: *Yugoslav Popular Ballads*, S. 60. Der Schwur wird in dem Lied mehrmals wiederholt.

[72] Malcolm: *Kosovo*, S. 74. Kobilić bedeutet „Sohn einer Stute". In der *Priča o boju kosovskom* beklagt sich Miloš darüber, dass Vidosava ihm nachsage, seine Mutter sei eine Stute, wo doch jeder wisse, dass er Obilić und nicht Kobilić heiße (Emmert: *Serbian Golgotha*, S. 112).

nem Leben in Schande zu der heute bekannten zwischen irdischem und himmlischem Königreich gewandelt. Zum Zeichen seiner Entscheidung für das himmlische empfängt das gesamte Heer die Kommunion (für viele die letzte) nicht in einer Kirche aus Marmor, sondern in einer neu errichteten aus reiner Seide und Scharlach – es ist die wahre Unvergänglichkeit, für die sich Lazar entscheidet.[73] Damit verschiebt sich der Akzent vom Religiösen zum Politischen noch etwas mehr: Dem sich opfernden Helden winken nicht nur Ruhm und ewiges Leben – das Königreich, das den Bezugspunkt nationaler Bestrebungen darstellt, wird ebenfalls ewig; dass es als himmlisches gesehen wird, bezeichnet seine Latenz – wie das Reich Gottes wird es dereinst auf die Erde kommen und die ursprünglich gewollte gute Ordnung (wieder-) herstellen.

Welche Bedeutung hatten diese Überlieferungen nun bei der Befreiung von den Osmanen und dem Aufbau eines serbischen Nationalstaats?

1.4. Die Verwandlung der Legenden und Sagen in einen nationalen Mythos

Das 19. Jahrhundert ist in ganz Europa das des Nationalismus und des Kampfes um Nationalstaaten. Davon war auch Serbien beeinflusst. Durch den Frieden mit Russland von Küçük Kainarci 1774, die serbischen Aufstände von 1804 und 1815 und den daraus allmählich entstehenden serbischen Staat sowie die griechischen Befreiungskriege 1821–1828 wurde der weitere Zerfall des Osmanischen Reichs immer wahrscheinlicher. Bereits nach dem ersten Aufstand wurden im russisch-osmanischen Frieden von Adrianopel/Edirne 1812 dem Pašaluk Belgrad begrenzte Autonomierechte zugestanden. Nach dem zweiten erkannte die Hohe Pforte dessen Führer Miloš Obrenović als serbischen Fürsten an. Auch wenn im Innern eine weitgehend eigenständige Politik betrieben werden konnte, blieben osmanische Truppen bis 1867 im Land, und erst mit dem russisch-osmanischen Friedensvertrag von San Stefano/Yeşilköy am 3. März 1878 wurde Serbien vollständig unabhängig, wobei es noch Gebiete hinzugewann. Die Anerkennung dieser Unabhängigkeit erfolgte endgültig im Juli 1878 auf dem Berliner Kongress. Zum Königreich wurde Serbien 1882.

---

[73] ‚Prolast carstva srpskoga' (The Fall of the Serbian Empire), in: Butler: *Monumenta Serbocroatica*, S. 378–382 nach Karadžić: *Srpske narodne pjesme*, Bd. 2, Nr. 45, S. 286–289. Auch diese Wahl aber vermag die Niederlage nicht restlos zu begründen, und so wird, völlig unvermittelt, nachdem die großen Heldentaten der Serben aufgezählt sind, die eigentlich unausweichlich zum Sieg hätten führen müssen, der Fluch laut: „Gott, töte Vuk Branković!" Er habe seinen Schwiegervater auf dem Amselfeld verraten (Butler, S. 382).

Hier soll der Übergang zu einer nationalistischen Auffassung der gesellschaftlichen Wirklichkeit zum einen am Beispiel von Njegošs *Bergkranz* veranschaulicht, zum anderen anhand staatlicher Maßnahmen und Aktionen von Teilen der Bevölkerung chronologisch nachgezeichnet werden.

1.4.1. Njegošs *Bergkranz*

Schon Njegošs Vorgänger Petar I. Petrović, der von 1784–1830 Bischof von Montenegro war, hatte begonnen, die verschiedenen montenegrinischen Stämme zu einen, um einen modernen Staat zu errichten. Petar II. Petrović Njegoš setzte dieses ehrgeizige Unternehmen fort.[74]

Sein 1847 fertiggestellter *Bergkranz* ist als Mittel in diesem Kampf konzipiert. Er soll „ein historisches Ereignis Ende des 17. Jahrhunderts" schildern, so der Untertitel: die Vernichtung der *Poturica*, der zum Islam konvertierten Christen beziehungsweise vor allem die langwierigen und schwierigen Vorbereitungen bis zum Losschlagen.[75] Njegoš hat dazu eine Form gewählt, die dramatische und epische Elemente mischt. Dabei werden in Beratungen, Reden, Kolos, Träumen und einer Reihe von Konflikten Gründe für und Einwände gegen den Befreiungskampf thematisiert, dessen Notwendigkeit im Verlauf immer dringlicher wird. Er folgt einem Ausschnitt des Jahreszyklus und endet an Neujahr, als die Kämpfe erfolgreich beginnen.

Die Kosovo-Schlacht selbst wird im *Bergkranz* nirgends ausführlich geschildert, sondern nur angerufen. Sie wird als *der* historische wie religiöse Bezugspunkt überhaupt vorausgesetzt. Mit ihr begann alles Unglück (Z.135f., 987f., 1739, 2097)[76], zugleich aber liefert sie mit ihren Helden, allen voran Miloš Obilić, das Vorbild für die Gegenwart (beispielsweise Z. 1821–1828). Diese gelten als quasi göttliche Instanz, vor der sich alle nach ihrem Tod zu rechtfertigen haben, auch die zum Islam Konvertierten (Z. 75–78 u. 296–299). Zugleich wird der Tod im Kampf geheiligt, denn er beglückt die damals gefallenen Helden. Das gilt ganz besonders für den großen

---

[74] Zirojević: ‚Das Amselfeld im kollektiven Gedächtnis', S. 52.

[75] Ob die christlichen Montenegriner tatsächlich ein solches einmaliges Massaker verübt haben oder es sich um einen längeren Prozess handelte, ist ungeklärt. Auch ob es, wie von Njegoš im *Gorski vijenac* angegeben, Ende des 17. Jahrhunderts oder erst im ersten Jahrzehnt des 18. Jahrhunderts (1707) stattfand, ist unentschieden (Einleitung v. Schmaus in: Petrović Njegoš: *Der Bergkranz*, S. XXV; vgl. a. die Einleitung von Mihailovich in: Petrović Njegoš: *The Mountain Wreath*, S. X, der hier vager bleibt).

[76] Die Zeilenangaben folgen der üblichen Zählung. Die deutschen Zitate stammen aus der Übersetzung von Schmaus. Da dieser recht frei übersetzt hat, bezieht sich die Zeilenangabe auf das Original in folgender Ausgabe: Petar II. Petrović Njegoš: *Gorski vijenac*, Književnost Crne Gore od XII do XIX vijeka, eingerichtet v. Aleksandar Mladenović, Cetinje 1996.

Schlag, der im *Bergkranz* besungen wird (Z. 2649–2652). Wie gewohnt ist der himmlische Lohn fürs kriegerische Sterben hoch: „Und [Herr] gedenk all unsrer Recken, / Daß im Himmel ihre Seelen herrschen, / Wie ihr Name auf der Erde herrscht" (Z. 2663–2665). Lazars legendäre Wahl des himmlischen Königreichs wird hier ganz wörtlich genommen; ein historisches Bewusstsein im modernen Sinn ist also nicht vorhanden. In der Gegenwart wiederholt sich nur das Vergangene (etwa Z. 379–384 u. 784f.), und die Natur zeigt an, was unter den Menschen als Wirkung göttlicher Macht geschieht (Z. 171–180, 2218f. u. 2222f., 2557–2565).

Im Mittelpunkt aller Anrufung der Schlacht steht der Verrat, vor allem wenn ihn das Volk verzweifelt und zornig im Kolo beklagt (zum Beispiel Z. 17f., 198–223). Die Niederlage und die jahrhundertelange osmanische Fremdherrschaft werden als Strafe Gottes mit apokalyptischen Zügen aufgefasst (Z. 249–252).

Auch in der Gegenwart ist Verrat das alles beherrschende Thema. Mit Verrat ist nicht nur gemeint, in der Schlacht überzulaufen, sondern jegliche Zusammenarbeit mit den Osmanen, vor allem der Übertritt zum Islam, der als Verrat schlechthin gesehen wird (Z. 258–260 u. 306–310). Selbst die christlichen Montenegriner, die mit den Muslimen in einem freundschaftlichen Verhältnis stehen, sind Verräter (Z. 1759–1765 u. 1898f.).

Mehrfach wird die Unmöglichkeit einer Annäherung oder gar Vermischung betont: „Türk und Serbe nimmer sich vertragen, / Eher könnte süß das Meer noch werden" (Z. 1830f.). Oder: „Doch wozu dem Erzfeind sich gesellen? / Wenn in einem Kessel man sie kochte, / Würde sich die Brühe doch nicht mischen" (Z. 1893–1895). Der erste Satz steht gegen Anfang der Szene, in der ein muslimischer Brautzug vorüberzieht, der zweite gegen Ende derselben Szene. Vermischungen, von denen hier die Rede ist, beziehen sich also auch ganz direkt auf Ehen. Überhaupt werden die Muslime, was die Ehe angeht, wie Tiere gesehen. Sie lebten wie das Vieh, eine Trauung kennten sie nicht (Z. 1766–1768). Daran knüpft die Behauptung an, sie würden ihre Frauen nicht wie Menschen achten, sondern in ihnen nur Lustobjekte sehen (Z. 1769–1782; vgl. hierzu a. Z. 897–910). Geachtet werden die Frauen allerdings auch von den Montenegrinern nicht, und so erscheint dieses Urteil eher als Projektion. Wenig später wird dies noch unterstrichen: Im Wortwechsel sind Christ und Muslim gleichermaßen auf Brautraub an der gegnerischen Seite aus (Z. 1832–1854; zum Spaß am Brautraub vgl. a. Z. 448–452).

Das im *Bergkranz* gezeichnete Frauenbild ist sehr ambivalent, wobei Bedrohung durch Frauen und Gewalt gegen sie im Zentrum stehen. So fürchtet Serdar Janko, dass ihn ein Alpdruck nicht schlafen lassen könne (Z. 1227–1241). Nach Schmaus, dem deutschen Übersetzer, wurde der Alpdruck mit Hexen in Verbindung gebracht, die entweder reuig waren oder, da noch nicht verheiratet, noch keine richtigen Hexen. Die Hexen selbst galten als Blutsauger.[77] Vuk Mićunović tritt hier als Aufklärer

---

[77] Petrović Njegoš: *Der Bergkranz*, Anm. S. 146. Nach Schneeweis' *Serbokroatischer Volkskunde* wurde zwischen Mahren (*more*), Mädchen, die Alpträume verursachen und

auf, der von solchem Aberglauben nichts hält. Wie häufig im *Bergkranz* ist Njegoŝs eigene Haltung nicht klar herauszulesen. An dieser Stelle scheint es ihm um eine vertiefte Aufklärung zu gehen. Die auf das Gespräch folgende Wirklichkeit verbindet beide Ansichten und korrigiert sie zugleich. Vuk Mandušić wird tatsächlich von einem Traum gequält, sodass er im Schlaf spricht. Knez Janko horcht ihn aus und erfährt, dass eine geheime und unmögliche Liebe ihn gefangen hält, die wohl das Werk des Teufels oder der Hexerei sein muss (Z. 1265–1307). *Das* also ist die Art, wie Frauen Männern das ‚Blut‘, das heißt die Kraft, aus dem Leib saugen. Und noch genauer: Es ist die männliche Fantasie, die hier in einem Traum zum Ausdruck kommt und in der es um die Abhängigkeit von einer idealisierten Frau geht. Wie das Mädchen mit aufgelösten Haaren am Feuer sitzt – eine Szene, die im Traum als erinnerte Wirklichkeit erscheint –, ist sie bereits selbst eine Traumgestalt.

An einer vermeintlichen Brautraubgeschichte erweist sich die Wankelmütigkeit der Frau. Die christliche Frau ist hier nämlich gar nicht geraubt worden, sondern dem Muslim freiwillig und aus Liebe gefolgt (Z. 477–479). Das klingt harmlos, ist aber bereits Verrat. Die Nachsicht, die hier noch zum Ausdruck kommt und immer auch verbunden ist mit Geringschätzung und untergeordneter gesellschaftlicher Stellung der Frauen, kann leicht umschlagen. So folgte ihre Ermordung geradezu zwangsläufig, auch wenn der Sprecher sie nachträglich bedauert und die Tat sogar schändlich findet (Z. 494–496). Ungewollt ist sie nur insoweit gewesen, als ihm der Wunsch unbewusst ist. Der Affekt, mit dem er die Geschichte erzählt und der sich gegen die Vermischung richtet, zielt aber auf diesen Tod.

Auch in der zentralen, aktuell stattfindenden Verratsgeschichte spielt eine Frau die Hauptrolle (Z. 2095–2217).[78] Eine große Gruppe, Abordnung dreier Stämme, beschuldigt eine Frau, mit Hexerei einen Zwist unter ihnen herbeigeführt zu haben. Sie bezichtigt sich selbst, eine Hexe zu sein. Wieder wird der Aberglaube mit Ironie aufgeklärt. Der kluge Bischof Danilo weiß aus seinen Büchern (!), dass es keine Hexen gibt (Z. 2178–2183). Die „Lüge" wird ihr nicht abgenommen und sie wird gezwungen, die Wahrheit zu erzählen, dass sie von den Osmanen erpresst worden ist, die Hexe zu spielen und die montenegrinischen Stämme zu entzweien (Z. 2196–2217). Ihre Selbstanklage und der von den Osmanen auf sie ausgeübte mörderische Druck rehabilitieren sie teilweise. Eine feige Alte bleibt sie trotzdem und allein ihr Vorhaben, Zwist unter den Montenegrinern zu säen, lässt die Leute auf sie losgehen,

---

Schlafenden das Blut aussaugen, und Hexen (meist *veštice*, eigentl. „wissende Frauen"), die u. a. ihren Mitmenschen das Herz im Schlaf herausfressen und Zwietracht stiften, unterschieden. (S. 22, 23, 24) Auf ihre Rolle als Säerin von Zwietracht werden wir gleich noch stoßen.

[78] Ein relativierter Verrat allerdings, denn sie kommt aus Bar, von der Küste, ist also keine echte Montenegrinerin, wie Djilas in seinem *Njegoš*, S. 379 unterstreicht.

um sie zu steinigen. Nur mit Mühe wird sie von den Stammesführern gerettet (nach Z. 2217).[79]

Das ähnelt stark der Sagenfassung der Kosovo-Schlacht, in der Lazars Töchter Jela und Vidosava, die Gattinnen von Miloš Obilić und Vuk Branković, aus Neid und Eifersucht Entzweiung und Zwietracht verursachen.[80] Das alte Eva-Thema wird damit wieder aufgenommen. Ich werde auf den Zusammenhang von Geschlechterspannung, Entzweiung und Verrat im Abschnitt ‚Verrat' des 4. Kapitels noch zurückkommen. Darüber hinaus veranschaulicht die Szene, wie leicht *unter den Montenegrinern selbst* Streit ausbrechen und sie aufeinander losgehen können (siehe besonders Z. 2106–2123).

Auch dafür, dass man eine ‚verhexte', das heißt bedrohliche und in ihrer Bedrohlichkeit steckengebliebene Situation nur mit Entschiedenheit und Gewalt auflösen könne, wird eine Frau als Beispiel angeführt. Im fruchtlosen Streit mit den islamischen Stammesführern erzählt einer der christlichen von einer Frau, die vom Teufel besessen schien. Nichts habe genützt, bis er sie schließlich verprügelt habe (Z. 834–847). Natürlich ist sie eine „Schwägerin". Ebenso müsse auch der Konflikt mit den Muslimen „gelöst" werden. „Beider Glaube wird im Blute schwimmen, / Der nicht untergehet, wird sein der beßre" (Z. 866f).[81]

Der Kampf ist freilich trotz aller Zuversicht längst noch nicht entschieden. Es besteht immer die Gefahr, dass das ganze Unternehmen durch Verrat scheitert. Aber was könnte verraten werden? Die Szene mit der vermeintlichen Hexe hat bereits gezeigt, dass die Osmanen gewarnt sind. Ihr Versuch, mehrere Stämme gegeneinander aufzubringen, ist bereits eine Gegenmaßnahme (Z. 2200–2217). Auch die erbitterte Stimmung auf der gemeinsamen Versammlung der christlichen und islamischen Stammesführer dürfte die andere Seite aufhorchen lassen. In jedem Fall entspricht die Betonung des Verrats im Text nicht einem tatsächlich zu befürchtenden Verrat. Besonders deutlich wird das im gemeinsamen Schwur für die kommenden Kämpfe (Z. 2407–2437), der fast ausschließlich aus Flüchen gegen Verrat besteht. Der Ver-

---

[79]   Petrović Njegoš: *Der Bergkranz*, S. 93.

[80]   Vgl. S. 46f.

[81]   Eine positive Frau ist die Schwester des toten Batrić, der, noch nicht zwanzigjährig, schon siebzehn oder achtzehn Türkenköpfe im Kampf geholt habe (Z. 1997f.). Sie folgt ihrem Bruder freiwillig in den Tod, nachdem sie das Land als „ganz vertürkt" verflucht hat (Z. 1962). Es ist die einzige Stelle, an der eine Frau positiv zu Wort kommt und nicht nur im Lob eines Mannes. Zugleich wird die Liebe der Schwester über die der Ehefrau gestellt, die nur kurz und spät mit ihren zwei kleinen Kindern erwähnt wird (Z. 1956f.). Das folgt aus den exogamen Heiratsregeln, bei denen die Ehefrau immer eine ‚Fremde' ist. Außerdem wird darin eine nicht ganz verhohlene Aggression gegen die Frauen spürbar: Sie sind es, die *nicht* ihr Leben opfern müssen. Auch das gehört zu den Begründungen ihrer Minderwertigkeit. Aber es bleibt dabei, dass sie die männlichen Helden überleben, normalerweise.

räter wird zu einem Menschen ohne Nachkommenschaft verdammt, zu einem für alle Zeiten Ausgestoßenen. Der Schwur erscheint als Beschwörung, um mit einer Fluchdrohung gegen den Verrat zu feien. Der Verrat ist hier konstitutiv für die Gemeinschaft. Wie wir gesehen haben, ist jede freundschaftliche Verbindung mit „dem Anderen", für das „die Türken" stehen, Verrat. Damit aber droht er zu jeder Zeit in jedem Einzelnen.

In der Weihnachtsrede des blinden Abts Stefan (Z. 2486–2520) werden die Zwietracht und der Kampf einander entgegengesetzter Kräfte zum Weltprinzip schlechthin, wobei er mit der hellsichtigen Beobachtung schließt, dass diese Zwietracht bis in den Einzelnen hineinreicht: „Stets ist Ärgernis der Mensch dem Menschen: / Selber sieht der Affe sich im Spiegel" (Z. 2519f.). Wieder hält Njegoš die Aussage der Rede in der Schwebe, indem er sie von Bischof Danilo ironisch kommentieren lässt: „Gut das Feuer und der Wein noch besser; / Hast ein wenig dich erhitzt, mein Vater, / Und nun siehst und hechelst du die Welt durch"[82] (Z. 2521–2523). Zum zweiten Mal erscheint der Feuereifer des Abts als Rausch, wenn nicht sogar als direkte Folge des Alkohols. Seine Weltsicht wird, indem sie als manische Fixierung sichtbar wird, leicht gebrochen.

Abt Stefan hat hier ein Thema wieder aufgenommen, das. er bereits in seiner nächtlichen Rede angeschlagen hat (Z. 2253–2360). Diese ist die zentrale und längste der ganzen Dichtung. Im Anschluss wird er als Weiser verehrt (Z. 2361–2379). In ihr hat er in allem scheinbar unbegreiflichen Chaos der gegenwärtigen Existenz als einzig klares Prinzip den Kampf erkannt, der jedoch von göttlichem Geist siegreich beherrscht werde (Z. 2298–2314). Höchsten Wert hat der heldische und opferreiche Kampf (Z. 2318–2347). Die Rede gipfelt im Opfertod der Kreuzes- und Kranzträger, wobei der (Berg-)Kranz sich hier eindeutig als Dornenkranz erweist (Z. 2348–2355). Nicht der Einzelne, sondern Ehre und Volkstum werden daraus auferstehen, es ist die Wiedergeburt des Volkes (einige Zeit später wird man Nation sagen). Dafür soll und muss gestorben werden (Z. 2356). Der von den Heiden verhöhnte (Opfer-)Altar werde einst wieder Gottes Gnade erlangen (Z. 2359f.).

Ironischerweise sind unter diesen Worten alle eingeschlafen. Die letzten hören sie wohl nicht mehr. Hörten sie sie, es würde sie kaum abschrecken. Es ist das Hohe Lied der Schlacht und des Schlachtens. Aber gesagt ist hier auch: Man muss schon schlafen und wie im Traum sein, um solchem Aufruf zu folgen. Dies wird in der folgenden Szene noch ein wenig fortgeführt, wenn sich die erwachten Kämpfer ihre Träume erzählen: *Alle* (es sind „dreißig bis vierzig") haben von Obilić geträumt (Z. 2380–2386). Gibt es einen stärkeren Ausdruck der Einheit?

Eine feine Ironie kommt auch in der Metapher zum Ausdruck, mit der Serdar Vukota zuvor den blinden Abt lobt. Seine Blindheit ist ihm gerade Zeugnis seines Sehertums, denn wer sieht, ist ständig durch das Gesehene abgelenkt. „Doch den

---

[82] Die wortgetreue Übersetzung müsste für die letzte Zeile lauten: „Und du filterst die Welt durch ein Sieb." (Vgl. Petrović Njegoš: *Gorski vijenac*, S. 150.)

Blinden hindern nicht die Augen, / Unverwandt folgt er nur einem Pfade / Wie ein Trunkner, der am Zaun sich festhält." (Z. 2377–2379) Es ist die andere Stelle, an der der Abt und sein Sehertum mit Trunkenheit in Verbindung gebracht werden.

Der erfolgreiche Beginn der Massaker an den Muslimen wird als größte Ruhmestat gefeiert (Z. 2639–2647). Abt Stefan gedenkt mit allen Anwesenden der Helden des Volkes: „Heute wird es sie zuhöchst erfreuen, / Niemals so seit Kosovo wie heute." (Z. 2651f.)

Allerdings ist noch nicht ganz klar, was für ein staatliches Gebilde aus diesen Kämpfen hervorgehen soll. Eine „Brüdergemeinschaft" soll es sein, eine montenegrinische, eine serbische, möglicherweise sollen auch die Christen in Bosnien und Albanien dazugehören (Z. 2345–2347), Dalmatiner und Kroaten werden ebenfalls genannt (Z. 1450f.). Noch ist von einer Nation nicht die Rede und die Zugehörigkeiten sind nicht eindeutig. Ethnische und religiöse Kriterien sind vermischt. Die Christen nennen sich „Montenegrer" und ihre muslimischen Stammesbrüder meist „Türken". Dann aber können sie eben auch wieder Stammesbrüder sein, die nur den falschen Glauben haben. Reinheit ist hier eher eine Sache des wahren Glaubens, aber die Frage geschlechtlicher Vermischung steht bereits im Zentrum. Es gibt bereits Verfestigungen, die mit biologischen Metaphern ausgedrückt werden und nicht durch Konversion zu beseitigen sein werden, etwa wenn es heißt: „Was einmal des Teufels Milch gesogen, / Bleibt für alle Zeiten ihm verschworen." (Z. 685f.) Ähnlich singt auch das Volk im Kolo: Da wird die Konversion mit dem Durchbeißen der Mutterbrust ausgedrückt (Z. 695f.). Dem Bruder nach dem Blut zu trachten, ist dann die Folge (Z. 702). Auch diese Bilder weisen wieder darauf hin, dass der Verrat im Innern lauert, dass er so etwas wie ein natürliches Phänomen und ihm kaum beizukommen ist.

Dass er die Ambivalenzen nicht aufhebt, macht die Stärke und auch die Schönheit des *Bergkranzes* aus. Sie sind vor allem in den beiden zentralen und mit der größten Individualität gezeichneten Figuren, Bischof Danilo und Abt Stefan, zu finden.

Die Ambivalenzen des Kampfes sind zugleich durchzogen von den Ambivalenzen der Geschlechterspannung, die zu ihrem Fundament gehören. Unter dem Verrat im Kampf lauert der Verrat der Vermischung mit „dem Anderen", mit den aus der eigenen Person ausgetriebenen und dem Feind zugeschriebenen Aspekten wie Feigheit, Wollust, Wohlleben, Weibischsein, Wankelmütigkeit und Nachgiebigkeit gegenüber dem eigenen Herzen. Im Kampf gegen den äußeren Feind wird zugleich einer gegen den inneren geführt, und die Nation, die hier entstehen soll, ist nicht nur Ergebnis dieses Kampfes, sondern zugleich seine ideale Verwirklichung. Sie ist die

Form einer die Stämme transzendierenden Gemeinschaft von Männern unter den Bedingungen von Buchdruck, Nationalsprache und beginnendem Schulsystem.[83]

Es ist dieser Versuch einer männlichen Geburt, der Geburt einer Nation,[84] der die Verbindung von *Frau* und *Verrat* in der mythischen Form gegenüber der Sage noch verstärkt. Die männliche Geburt als die proklamierte bessere, wichtigere, eigentlich gesellschafts- und kulturbildende tritt hier in ein scharfes Konkurrenzverhältnis zu den wirklichen, den weiblichen Geburten. Die Angst vor Verrat ist somit auch hier wieder Angst vor der Rache der Frauen.

Die Herstellung der nationalen Gemeinschaft allen *inneren* Widerständen zum Trotz ist das zentrale Thema des *Bergkranzes*: eine mit Fragezeichen belegte mörderische Ethik des Kampfes, die auf einer manichäischen Teilung der Welt in die Kräfte des Guten und des Bösen gründet; der Befreiungskampf gegen die Osmanen ist dem untergeordnet.

Letztlich ist die treibende Kraft für den Kampf das Volk selbst. Anders als in der griechischen Tragödie, in der es als Chor das Handeln der Helden ängstlich, fragend und moralisierend begleitet, sind die von Njegoš regelmäßig eingefügten Kolos eine fortgesetzte Klage über das Leiden seit der Kosovo-Schlacht und ein sich steigernder Aufruf zum Kampf. Das Volk ist abergläubisch wie seine Stammesführer, aber diesem Aberglauben wird immer auch eine Wahrheit abgewonnen. Njegoš versteht es, hier eine Balance zwischen Volksglauben und Aufklärung zu halten und beide miteinander zu verbinden. Dabei ironisiert er beide Positionen, die des Aberglaubens wie die der Aufklärung, die der Kampfbegeisterung wie die des Zögerns.

Erst in einer romantischen nationalen Literatur wie dem *Bergkranz* werden die Sagen und Legenden um die Kosovo-Schlacht zum Mythos,[85] indem sie der Nation,

---

[83] Njegoš gab den Auftrag, das erste montenegrinische Elementarlehrbuch zu erstellen (Djilas: *Njegoš*, S. 276).

[84] Einen Hinweis darauf gibt bereits die Etymologie: *Nation* geht auf lat. *natio* „das Geborenwerden; das Geschlecht; der (Volks)stamm, das Volk" zurück, das zu *nasci* („geboren werden, entstehen") gehört. Ganz ähnlich serb.-kroat. *narod* („Volk, Nation"), das eine Bildung zu *rod* („Geschlecht; Abstammung; Herkunft; Stamm; Frucht") ist und auf *roditi* („gebären") zurückgeht. Die Sprache wie auch die Ikonografie sind voller Beispiele dafür, dass das, was da geboren wird, 'die Nation', ein 'Körper' ist oder sein soll, zu dem sich ihre 'Mitglieder' (*members*, *membres*) oder 'Angehörigen' vereinen. In diesem Sinn wird hier auch der Begriff 'Bewegung' verwendet; mit 'Bewegungen' sind die des 'Volkskörpers' gemeint, zu denen auch (soziale) Bewegungen im herkömmlichen Sinn gehören können, wenn sie sich in dieser Weise verstehen. Angeregt hat diese Gedanken Klaus Theweleit, vor allem mit seinen *Männerphantasien*. Männlich ist die Geburt, weil sie ganz überwiegend von Männern vollzogen, erlebt und beschworen wird. (Vgl. S. 204–214 d. vorl. Arbeit.)

[85] Es ist viel darüber gespöttelt worden, die Serben seien die einzigen, die sich ausgerechnet eine Niederlage zum nationalen Mythos gewählt hätten (etwa Gellner: *Nationalismus*, S. 79 u. 172). Wer so redet, lässt die Bedeutung des Nibelungenlieds für den deut-

die erst noch entstehen soll, einen Ursprung zuweisen und die Helden der Ursprungsgeschichte zu Göttern machen. Diese Vergöttlichung ist durch die Heiligen- und Heldenverehrung der vorangegangenen Jahrhunderte vorbereitet und begründet jetzt die neue gesellschaftliche Ordnung, der dieser Ursprung auch in Zukunft Dauerhaftigkeit verbürgen soll. Indem das eigene Leben als natürliche Wiederkehr der Vergangenheit gesehen wird und damit den zwiespältigen und Opfer fordernden Mächten des Ursprungs unterworfen bleibt, ist es unerlöst, wobei es keinen Begriff von einer möglichen Erlösung, allenfalls eine Hoffnung darauf gibt (Z. 660f.).

Der nationalpolitische Erfolg des *Bergkranzes* war enorm. Die Menschen wuchsen mit seinen Versen auf und sollen sie besser gekannt haben als die Hymne der Tauffeier und besser sogar als das Vaterunser.[86] Njegoš verstärkte die Wirkung des Textes noch, indem er der montenegrinischen Mütze einige Elemente hinzufügte, die an die Schlacht auf dem Amselfeld erinnern sollten, und „den Mutigsten unter den Mutigen" eine goldene Obilić-Medaille verleihen ließ.[87]

> „In Trauer nach dem Amselfeld sind sie", erzählt über die Montenegriner Ljuba Nenadović, so daß sich hier niemand schmückt (nicht einmal mit einer Blume); die Frauen tragen ein schwarzes Kopftuch und „wenn man mit ihnen spricht, hat man den Eindruck, daß die Amselfelder Schlacht gestern gewesen ist."[88]

Mit dem Kosovo-Mythos zu leben setzte sich über Generationen fort. Die Klagegesänge erhielten die Bedeutung, „lebendige Chroniken des Umfeldes, ihrer Geschichte, ihrer Erinnerung zu sein", noch „vor vierzig Jahren begaben sich Hirtenmädchen in Gruppen auf den Berg, die Amselfelder Helden zu beklagen, dann die gefallenen Krieger von Skadar 1912, nicht ihre Verwandten, sondern überhaupt".[89]

---

schen Nationalismus oder den des Rolandslieds oder Vercingetorix' für den französischen außer Acht. Wer eine alte Herrschaftsform angreift und eine neue errichten will, kennt die Bedeutung von Märtyrern. Der gewaltsame Tod muss nicht nur gerächt werden, er muss auch einen Sinn bekommen (‚sie dürfen nicht umsonst gestorben sein'), was offenbar einer der stärksten Antriebe im Politischen ist. Die Toten werden durch die ‚gerechte Sache', als deren Diener und Kämpfer sie nun hingestellt werden, nicht nur geheiligt und verherrlicht, wodurch man ihre Aura auf eben diese Sache übertragen kann, sie werden durch den Kampf der Lebenden, so er erfolgreich ist, auch erlöst, und man selbst tritt nicht nur in ihre Nachfolge, was mit großer Bescheidenheit immer wieder betont wird, sondern man übersteigt sie auch in der siegreichen Vollendung ihres Kampfes. Wer die eigene Sache zur Sache ‚großer Toter' macht, schließt sich damit an diese ‚großen Toten' an und injiziert sich bereits zu Lebzeiten Unsterblichkeit.

[86]   Zirojević: ‚Das Amselfeld im kollektiven Gedächtnis', S. 52, mit Verweis auf Babović: ‚Kosovski mit u Njegoševom »Gorskom vijencu«', S. 111.

[87]   Zirojević, a. a. O., S. 52.

[88]   Ebd., Anm. 6, mit Verweis auf Djurić: *Ksovski boj u srpskoj književnosti*, S. 372.

[89]   Zirojević, a. a. O., S. 52, Anm. 6 nach Mikitenko: ‚Kosovska tradicija u narodnoj tužbalici', S. 272.

Der Kosovo-Schwur, die bewusste Entscheidung für das himmlische Reich, wurde, ausgehend vom *Bergkranz*, die ganze zweite Hälfte des 19. Jahrhunderts über institutionalisiert: als wichtigster Grund für die Niederlage neben dem Verrat Vuk Brankovićs und als nationales Programm der Rache für die Niederlage und die Errichtung eines großen serbischen Staats.[90] Heldentod, himmlisches Reich und notwendig kommendes irdisches Reich (der Nationalstaat) wurden also aufs Engste miteinander verknüpft.

Der Aufbau eines montenegrinischen Staats musste in einem Bürgerkrieg gegen starke Widerstände der Stammesführer durchgesetzt werden, die sich gegen die Minderung ihrer Macht und Unabhängigkeit und gegen das Entrichten von Steuern wehrten, die sie schon den Osmanen verweigert hatten. Die Niederschrift des *Bergkranzes* fällt in die Zeit zweier solcher Aufstände.[91] Bezeichnenderweise wählt Njegoš als einigendes Moment für einen Staat nicht seine Fürsten- oder eine zukünftige Königsherrschaft, sondern die Nation. Einmal nach innen stabilisiert, entwickelte sich Montenegro in der Folgezeit immer mehr zum „Piemont des Serbentums", eine Rolle, die später Serbien für Jugoslawien übernehmen sollte. Nach 1878 verstärkte sich die romantische Tradition weiter und das Amselfeld wurde zum häufigen Motiv der montenegrinischen Dichtung. Um Fürst Nikola I. Petrović Njegoš (1860–1910) entwickelte sich ein Kult, den er für sich zu nutzen verstand. Nach Zirojević zeigte die Erklärung anlässlich seiner 1910 erfolgten Proklamation zum montenegrinischen König (er blieb es bis 1918), wie sehr der Kult um die Kosovo-Schlacht zu einem der konstitutiven Elemente des nationalen Selbstbewusstseins geworden war.[92]

Bezeichnend für die starke und allgemeine Wirkung des *Bergkranzes* ist auch folgendes Zitat Ivo Andrićs in Djilas' *Njegoš*:

> Alle, die in diesen Bergen geboren waren, kamen mit einem Widerschein von Kosovo in ihrem Blick zur Welt … Njegoš ist der Prototyp des Kriegers von Kosovo. Sowohl als Dichter als auch als Herrscher und Mensch ist er die Personifikation des Kampfes vom Amselfeld, der Niederlage und der unbeugsamen Hoffnung. Er ist, wie jemand sagte, der „Jeremias von Kosovo" und gleichzeitig auch ein aktiver, verantwortungsvoller Kämpfer für die „Beseitigung des Fluchs" und der Realisation der Idee des Obilić.[93]

---

[90] Ebd., S. 50; Bataković: *The Kosovo Chronicles*, S. 208.

[91] Vgl. Djilas: *Njegoš*, S. 212–215, 221 u. 229–237.

[92] Zirojević, a. a. O., S. 52f.

[93] S. 349, ohne Angabe der Quelle. Und Djilas fügt hinzu: „Das Unglück und das Böse sind unser Schicksal, ebenso auch der Kampf dagegen. Kosovo ist ein Teil unserer Existenz." Das schreibt der Mann als gestürzter kommunistischer Führer 1957–1959 im Gefängnis. Dreißig Jahre vor der Serbischen Akademie, Milošević und vielen anderen fällt er aus der sozialistischen Wirklichkeit – und landet in den Sagen und Mythen, denen er sich mit großem Pathos widmet.

1.4.2. Die Bildung der serbischen Nation

Dabei war es um die Mitte des 19. Jahrhunderts durchaus möglich, die eigene Tradition kritisch zu sehen und nicht zu verherrlichen. Jovan Sterija Popović (1806–1856), wohl einer der bedeutendsten Schriftsteller der ersten Hälfte des 19. Jahrhunderts, Rechtsanwalt, Professor und schließlich Minister in der neuen serbischen Regierung,[94] stellte die Frage nach dem Verrat 1855 in seinem Gedicht ‚Turci' (Die Türken) auf hilfreiche Weise anders:

> The wise man looks not only to his past;
> He knows that Serbs themselves lost Serbia's fame.
> Why do these poor ones rage against the flood,
> When they themselves have wrecked their own home's roof?
> Just ask old Zvečan, ask fertile Marica,
> Ask Goleš where the Serbian crown has gone.
> Vlkan, Vuk, Vukašin, and other wolves
> Have washed away all traces of her fame.
> Her palace quarrels, her corrupted army,
> Her spinelessness brought waste to all of us.
> Who offered Europe to the Turkish eye?
> Who tought him how to lead his men in war?
> Who heard advisers while the walls were smashed?
> This rotten rage is child of aging mother.

Das Gedicht endet mit folgender Strophe:

> Why strive to find a land that's free of sin?
> For people do their evil everywhere,
> And neither birth nor dress nor speech change it.
> The heart is source and home for every sin,
> The place which virtue flees, where lust stirs passions,
> Where fury prospers, vice and evil serve.
> Yes, 'Make in me a pure, clean heart, O God',
> But yet there'll be plots, lust, war, and destruction.[95]

Dazwischen stellt Popović die Spanier den Türken gegenüber, die ihrerseits auch nicht besser seien, wie in Lateinamerika zu sehen. Aber er zieht daraus nicht den nationalistischen Schluss, dass eben weder Muslime noch Katholiken, sondern nur die Orthodoxen gute Menschen seien. Seine Kritik ist eine universale.

Leider fand Popović wenig Nachahmer. Den erstarkenden serbischen Staat wollten dessen Führer und führende Schicht gerne als den anderen europäischen Nationen „ebenbürtig" sehen, das heißt zum einen als nationalen Einheitsstaat, wo-

---

[94] Holton/Mihailovich: *Serbian Poetry from the Beginnings to the Present*, S. 68.

[95] Ebd., S. 74f., übers. v. Dragana Perović u. Holton. S. a. Popovićs ‚Laments on Kosovo Field' von 1854 (ebd., S. 73), das in einem im doppelten Wortsinn resignativen Ton geschrieben ist.

bei noch unklar war, wie diese Nation eigentlich aussehen sollte,[96] zum anderen möglichst groß und mächtig. Hinzu kam, dass die führende Schicht verschwindend klein war. Vom serbischen Adel war schon lange nichts mehr übrig, und die Bevölkerung war sehr weitgehend eine bäuerliche bis hinein in die „Städte", die noch 1834 kaum mehr als Marktflecken waren.[97]

Fast parallel zu den Bestrebungen in Montenegro wurde im aufstrebenden Fürstentum Serbien die Ausrichtung am mittelalterlichen serbischen Reich zum Bestandteil der Politik. 1844 verfasste Innenminister Ilija Garašanin, der in den 60er Jahren auch Außen- und Premierminister werden sollte und die serbische Politik Mitte des 19. Jahrhunderts entscheidend geprägt hat, den *Načertanije* (Entwurf), ein Geheimprogramm, das die „Wiedergeburt" des mittelalterlichen Reichs von Zar Dušan – also unter Einschluss des Kosovo, Mazedoniens, Bosnien-Herzegowinas, Nordalbaniens und einiger weiterer Gebiete – als „heiliges historisches Recht" und Fortsetzung des durch die Ankunft der Türken auf dem Balkan „unterbrochenen Prozesses" bezeichnet. Dabei versuchte er, auf das Problem eine Antwort zu finden, dass Serbien in der angestrebten Einflusssphäre zweier Großmächte, des Habsburger Reichs und Russlands, lag. Um zu überleben, müsse es wachsen.[98] Das war ange-

---

[96] Vor allem ging es um die Frage, wer denn Serbe sei: nur die Orthodoxen oder auch die bosnischen Muslime und die kroatischen Katholiken? Was war mit den Mazedoniern, die auch noch vom zum Staat werdenden Bulgarien und von Griechenland für sich reklamiert wurden? Der Begriff „Mazedonien" selbst wurde erst zu Beginn des Jahrhunderts in antiken Schriften „wiederentdeckt" (Sundhaussen: *Geschichte Jugoslawiens: 1918–1980*, S. 21).

[97] Ebd., S. 18; Sundhaussen nimmt für Belgrad 7000, für die zweitgrößte Stadt, Šabas, 3000 Einwohner an.

[98] Der *Načertanije* wurde erst 1906 veröffentlicht, und zwar von Milenko Vukićević in der Zeitschrift der Radikalen Volkspartei *Delo*, 38, S. 321–336 unter dem Titel ‚Program spoljne Ilije Garašanin na koncu 1844g'. Eine engl. Übersetzung findet sich bei Hehn: ‚The Origins of Modern Pan-Serbism', S. 158–169. Garašanin stützte sich dabei auf die Überlegungen des polnischen Emigrantenführers Adam Czartoryski, ein starkes Serbien bzw. eine südslawische Föderation zu schaffen, um den russischen und habsburgischen Expansionsbestrebungen auf dem Balkan einen Riegel vorzuschieben und in der Folge auch Polen die Unabhängigkeit zu ermöglichen. Franje Zah, ein panslawistischer Tscheche, der 1830 am polnischen Aufstand teilgenommen hatte, formulierte daraus einen Plan, den Garašanin weitgehend übernahm, wobei er die jugoslawisch-autonomistische Struktur des zu schaffenden Staates durch die zentralistische eines Großserbiens ersetzte. (Hehn, S. 153 u. 155)

Wiedergeburt, heiliges historisches Recht: ebd., S. 160; unterbrochener Prozess: 159; Serbiens Probleme und seine Lösung: S. 158f.

Die Gebiete des Osmanischen und des Habsburger Reichs, die Garašanin aufzählt, um die dortige Bevölkerung für das Bündnis mit bzw. den Anschluss an Serbien zu gewinnen, umfassen widersprüchlicherweise allerdings weder das Kosovo noch Mazedonien – vermutlich, weil diese zum damaligen Zeitpunkt von noch geringer Bedeutung waren,

sichts der Machtverteilung und der Interessen in der Region eine zutreffende Analyse. Ein direkter Einfluss der Schrift auf die serbische Politik ist schwer nachzuweisen, auf jeden Fall aber spiegelt sie die sich um die Mitte des 19. Jahrhunderts in der serbischen Gesellschaft verbreitende Auffassung wieder, große Teile der Südslawen seien Serben, eine Auffassung, die bis zum Zweiten Weltkrieg einflussreich geblieben ist.[99]

Auch Vuk Stefanović Karadžićs 1836 geschriebener und 1849 veröffentlichter Text ,Srbi svi i svuda' (Alle Serben überall) hat die serbische nationale Identität stark geprägt.[100] In dieser Schrift teilt er die serbokroatische Sprache[101] anhand des unterschiedlichen Fragepronomens „was" (što, ča, kaj) in drei Sprachgruppen, die er mit Serben, Kroaten und Slowenen gleichsetzt, wodurch er den geografischen Raum des Kroatentums erheblich einschränkt, während der des Serbentums auch die muslimischen Südslawen umfasst. Die Selbstbeschreibung der jeweiligen Menschen interessiert ihn dabei nicht, ein damals allerdings durchaus übliches Vorgehen. Der Raum, den er auf diese Weise als serbisch besiedelt ausmachte, umfasst das heutige Serbien samt dem Kosovo, Bosnien-Herzegowina, Montenegro und das heutige Kroatien. Ob es in Albanien und Mazedonien Serben gebe, wisse man nicht verlässlich, meint er.[102]

Die Hauptrichtung der von der serbischen Regierung angestrebten Expansion[103] lag erst einmal im Westen und galt Bosnien-Herzegowina, womit auch ein Zugang zur Adria angestrebt wurde. Der Norden kam aufgrund der Stärke Habsburgs nicht in Betracht, wodurch neben Bosnien-Herzegowina auch der Süden und Südwesten mit dem Kosovo, den Sandšaks von Novi Pazar und Niš sowie Mazedonien ins Blickfeld gerieten. Sie waren im *Načertanije* noch nicht ausdrücklich erwähnt worden, obwohl sie zu den Kerngebieten von Dušans mittelalterlichem Reich gehört hatten.[104] Auch die seit den 60er Jahren des 19. Jahrhunderts zunehmende Konkur-

---

ging es Garašanin doch stark um einen Zugang zur Adria, um auf diese Weise für den Außenhandel nicht mehr von Österreich-Ungarn abhängig zu sein. (S. 167) Darüber hinaus war er stark an Bulgarien als dem größten slawischen Land innerhalb des Osmanischen Reichs interessiert. (S. 161–165)

[99] Hehn, a. a. O., S. 157; Müller: *Staatsbürger auf Widerruf*, S. 115.

[100] Zuerst in: ders.: *Kovcežić za istoriju, jezik i obicaje Srba sva tri zakona*. Neuere Veröffentlichung in *Izvori velikosrpske agresije*, S. 81–98.

[101] Mittlerweile wird aus nationalistischen Gründen streng zwischen Kroatisch, Bosnisch und Serbisch unterschieden. Sprachwissenschaftlich handelt es sich aber weiterhin um eine Sprache mit unterschiedlichen Dialekten. Das Slowenische zählt allerdings, anders als bei Karadžić, nicht dazu.

[102] ,Srbi svi i svuda', S. 81; diese Stelle dt. bei Behschnitt: *Nationalismus bei Serben und Kroaten 1830–1914*, S. 72.

[103] Subjektiv ging es wohl um Wiederherstellung und gerechte Rache, nicht um Expansion.

[104] Müller, a. a. O., S. 119

renz mit bulgarischen nationalistischen Bestrebungen um Mazedonien verstärkte das öffentliche Interesse am Kosovo („Altserbien").[105] Mit der habsburgischen Besetzung Bosnien-Herzegowinas 1878 war dann auch die Expansion nach Westen blockiert; sie konzentrierte sich nun sehr weitgehend auf den Süden und Südwesten.

Erst im Zuge dieser Entwicklung erhielt der Kosovo-Mythos nach und nach auch für den serbischen Staat eine zentrale Bedeutung. Wie die Bevölkerungen der jeweiligen Gebiete, vor allem die Albaner, von der serbischen Regierung gesehen und welche Haltung sie ihnen gegenüber einnahm, änderte sich maßgeblich durch diese Verschiebungen der serbischen Expansionsziele.[106] Der Kosovo-Mythos hat hier nicht prägend gewirkt, sondern wurde als politisches Mittel aus dem vorhandenen Brauchtum gewonnen. Dass Intellektuelle den Boden hierfür schon früh bereitet hatten, erleichterte eine solche Verwendung. So waren seit den 20er Jahren mehrere Theaterstücke aus dem Fundus der Kosovo-Sagen geschaffen worden: 1827 Sima Milutinovićs *Tragedija Obilić*, das erste Stück zum Thema, das allerdings erst 1937 in Leipzig veröffentlicht wurde, Jovan Popovićs *Miloš Obilić ili Boj na Kosovu* (Miloš Obilić oder die Schlacht auf dem Kosovo) 1828, Isidor Nikolićs *Car Lazar* 1835, Matija Bans gleichnamiges Stück 1858 und Jovan Subotićs *Miloš Obilić* 1866. Zur 500-Jahr-Feier der Schlacht kam noch Miloš Cvetićs *Lazar* hinzu.[107]

Ein anderer wesentlicher Grund für das verstärkte nationale Interesse am Kosovo-Mythos lag darin, dass das Volk den Monarchen als Souverän zunehmend ersetzte. Damit wurde es immer dringlicher, dieses Volk auch zu definieren, was offenbar der Abgrenzung gegenüber einem „negativen signifikanten Anderen" (Dietmar Müller) bedarf, zu dem nun „die Türken" oder „die Muslime" allgemein und nach und nach „die Albaner" im Besondern wurden. Da durch die Besetzung Bosnien-Herzegowinas durch Österreich-Ungarn eine territoriale Erweiterung in diese Richtung auf absehbare Zeit unmöglich geworden war, entfiel auch die Notwendigkeit, vom Islam und von Muslimen so zu sprechen, dass sich die bosnischen Muslime von der serbischen Nation nicht ausgeschlossen fühlen würden.[108] Neben der Abgrenzung von Bevölkerung und Territorium ging es dabei um das eigene Selbstverständnis und um die Werte, für die man letztlich auch zu kämpfen und zu sterben bereit war.

---

[105] Ebd., S. 126f.

[106] Ebd., S. 120–138.

[107] Emmert: *Serbian Golgotha*, S. 124.

[108] Müller, a. a. O., S. 125. Zum negativen signifikanten Anderen s. a. S. 17. Müller geht auch vom Vorhandensein „positiver signifikanter Anderer" aus, in unserem Fall dem deutschen Nations- und dem französischen Staatsmodell. Wirkliche Andere aber sind das nicht, sondern eben Modelle, die zudem außerhalb des eigenen Landes verwirklicht worden sind. Die Albaner sind hingegen tatsächlich „die Anderen", und zwar als Nachbarn, innerhalb wie außerhalb des „eigenen" Landes.

Einen Höhepunkt erreichte die serbische nationalistische Mobilisierung der Bevölkerung zur 500-Jahr-Feier und übersprang dabei auch die bestehenden Staatsgrenzen. Die Behörden in der Donaumonarchie versuchten, die Feier so zu begrenzen, dass sie nicht in nationalistische Demonstrationen ausuferte,[109] was ihnen jedoch nicht überall gelang. In den von Serben bewohnten Gebieten der ungarischen Krone beteiligte sich eine Vielzahl von Vereinen, vor allem Gesangsvereine, an der Vorbereitung. Dabei wurden die Pläne und Programme in den verschiedenen Zeitungen bekannt gemacht. Zum Teil blieb das erwartete Echo allerdings aus. Ein Zentralausschuss in Ungarn befand die eingegangenen Lieder und Hymnen für die Feier als nicht ausreichend. Einige Orte wurden wegen ihrer schwachen Beteiligung gerügt.[110] In Zagreb hingegen wurde der orthodoxe Gottesdienst von vielen Menschen besucht, und die Jugoslawische Akademie der Künste und Wissenschaften beging den Jahrestag der Schlacht mit einer feierlichen Sitzung.[111]

Auch die zentralen Feiern in Serbien waren ein Erfolg der nationalistischen Bewegung. Es gab eine große Feier in Belgrad samt Requiem für die Gefallenen auf dem Amselfeld und eine Hauptfeier in Kruševac, wo der König den Grundstein für ein Denkmal zu Ehren der Helden vom Amselfeld legte. Am nächsten Tag wurde mit dem Bau einer Pulverkammer begonnen, die der König ausdrücklich dem Gedenken an die Helden der Schlacht widmete und die zugleich dem weiteren Kampf gegen die Türken dienen sollte.[112] Die Feiern rückten die Befreiung des Kosovo ins Zentrum der nationalen Wünsche[113] und beschworen die Einheit aller Serben, egal unter welcher Herrschaft sie lebten.[114]

Die Zeitungen und das Druckgewerbe spielten in alldem eine große Rolle. Sie berichteten nicht nur über die Planung und Durchführung der Feiern, sondern auch über die Gegenmaßnahmen der Behörden und die Aktivitäten in anderen von Serben bewohnten Gebieten. Vor allem fanden jetzt Bilder der Schlacht und ihrer Helden

---

[109] Kraljačić: ‚Der 500. Jahrestag der Kosovo-Schlacht in Bosnien und Herzegowina‘, S. 357f., 369–372 u. 378; Pejin: ‚Die Begehung des 500. Jahrestages der Kosovo-Schlacht in Ungarn und die Verbreitung der Kosovo-Legende‘, S. 369. In Bosnien und der Herzegowina scheint diese Politik auch recht erfolgreich gewesen zu sein. (Kraljačić, S. 360f.) Der Bischof der Batschka befürchtete, dass das Datum zusätzlich durch den 100. Jahrestag der Französischen Revolution aufgeladen würde. (Pejin, S. 371)

[110] Pejin, a. a. O., S. 364–367, der sich für den Zentralausschuss auf *Branik* aus Novi Sad vom 28.3./9.4.1889 (Nr. 37) stützt und für die schwache Beteiligung auf *Javor* aus Novi Sad, Nr. 22, S. 350f.

[111] Zirojević: ‚Das Amselfeld im kollektiven Gedächtnis‘, S. 58; Pejin, a. a. O., S. 379; Emmert: *Serbian Golgotha*, S. 128.

[112] Zirojević, a. a. O., S. 58.

[113] So in *Zastava*, Novi Sad, Nr. 18, 1.2.1889, nach Pejin, a. a. O., S. 365.

[114] Die Einheit wurde auch durch die Losung im serbischen Wappen beschworen: „Samo sloga Srbina spasava" (Nur die Einheit rettet den Serben).

weite Verbreitung. Die Zeitung *Golub* (Taube) kümmerte sich dabei um die Jugend und förderte gezielt deren Orientierung an der Kosovo-Legende. Obwohl die Feiern zum Teil hinter den Erwartungen zurückgeblieben waren, verstärkten sie die nationalistische Stimmung. So veränderte *Golub* zum Beispiel 1890 seine Vignette zu einer Darstellung des Kosovo-Mädchens mit dem Guslar und dem schlafenden Prinzen Marko. Nach 1889 erschienen eine ganze Reihe von Kalendern, Almanachen und Zeitschriften, die voll waren mit Liedern, Gedichten, Bildern und ausführlichen Schilderungen. Diese Publikationen wurden zum Teil in hohen Auflagen verbreitet, wie *Orao* (Der Adler) oder *Srpski velikokikindski kalendar* (Der serbische Kalender von Großkikinda). Dabei war die Botschaft vor allem „die Unvermeidlichkeit des Kampfes und der Selbstaufopferung wie auch, daß ein Serbe, wo er auch sei, nicht vermeiden kann, gegen Ungerechtigkeit, Gewalt und nationale Unterdrückung Widerstand zu leisten". Die Verbreitung über die Druckerzeugnisse führte zu einer Popularisierung, wie sie bis dahin nicht bestanden hatte. Die Lieder wurden mit Instrumentalbegleitung auf Festen und in Gaststätten gesungen. Auch die *Matica srpska* behandelte die Kosovo-Legende oft in ihren Publikationen. Vor allem die Jugend lernte aus ihnen die Geschichten und Gedichte, wobei die heroische Vergangenheit bewusst für Zukunftsvisionen genutzt wurde. So wehrte sich etwa Jaša Tomić gegen Kritik an seinem gläubigen Umgang mit der Volksdichtung: „Töten Sie jemandem seine Vergangenheit, und Sie gefährden seine Zukunft." Einzelne Texte wurden in mehreren Jahrgängen wiederholt. Die Popularität der Legende schlug sich auch in Theaterproduktionen nieder. Laiengruppen, die gewöhnlich von Lehrern oder Priestern geleitet wurden, nahmen sich an diesen Aufführungen ein Vorbild. Pejin nimmt an, dass die Kinder vom Theater am stärksten beeinflusst wurden. In einer Zeit, da es weder Kino noch Fernsehen gab, ist seine Wirkung sehr stark gewesen, zumal die Schauspieler während der Gastspiele in Privathäusern untergebracht waren und über die Aufführung hinaus die Kinder für die einzelnen Helden begeisterten, beispielsweise indem sie ihnen Passagen ihrer Rollen beibrachten.[115]

Dabei verband sich der Kosovo-Mythos mit dem parallel zu ihm entwickelten Kult des Heiligen Veit. Vid (Veit) oder Svetovid (der starke Veit) ist eine slawische kriegerische Gottheit gewesen.[116] In früher Zeit hatte die orthodoxe Kirche seinen Feiertag, den 15. Juni (der 28. nach dem gregorianischen Kalender), dem alttestamentarischen Propheten Amos gewidmet und schon kurz nach der Schlacht auf dem

---

[115] Pejin, a. a. O., S. 376 (Bilder zur Schlacht, die Zeitung *Golub*), S. 379–383 (Kalender usw.), S. 381 (die Botschaft von Kampf u. Selbstaufopferung), S. 386 (Popularität der Lieder), S. 385 (wiederholte Publikation), S. 387f. (*Matica srpska*), S. 385 (Zitat v. Tomić, die Übersetzung ist meine eigene nach dem serb. Text auf S. 160; zit. wird hier aus Ristić: *Nadalj*, S. 24), S. 388f. (Theaterproduktionen u. Laiengruppen) u. S. 390 (Wirkung auf Kinder).

[116] Zirojević, a. a. O., S. 53 nach Čajkanović: *O vrhovnom bogu u staroj srpskoj religiji*, S. 3 u. 143 (die genaue Literaturangabe findet sich nur in der serbischen Originalausgabe, S. 215, Anm. 33).

Amselfeld wurde an ihm der kanonisierte Fürst Lazar verehrt. Seit den sechziger Jahren des 19. Jahrhunderts wurde der Veitstag (Vidovdan) immer populärer. Sogar eine politisch-kulturelle Zeitschrift, *Vidovdan*, widmete sich der Verbreitung dieses nationalen Kults. 1879 erschien in Belgrad ein Artikel unter der Überschrift ‚Der Tag des Veit‘, in dem es heißt: „Der Tag des Veit müßte geradezu ein Tag der allgemeinen Volksbuße, des Fastens und des Gebets sein. Wir gedenken unserer Helden, aber es ist auch ein Gedenken an Gott" – in dieser Reihenfolge. Aber erst 1890 ist der Veitstag als offizieller Feiertag verzeichnet, an dem „der serbischen Krieger gedacht wird, die für den Glauben und das Vaterland gefallen sind."[117]

Neben dieser offiziellen Entwicklung gab es eine alte und vielfältige Volkstradition um den Veitstag. So gab der Hausherr am Vorabend jedem einen Strauß Pfingstrosen, worauf die Beschenkten antworteten: „Ich werde wie jener sein, der sein Blut auf dem Amselfeld vergoß." Die Amselfelder Pfingstrosen sollen aus dem vergossenen Blut der Amselfelder Helden gewachsen sein; die roten aus serbischem und die blauen aus türkischem. Von winzigen Blumen, die auf dem Amselfeld wuchsen und kleine Tropfen abgaben, hieß es, sie seien die Tränen der Verletzten, die um ihr verlorenes Reich weinten.[118]

„Vid-" ist die Wurzel zu „viditi" (sehen), und so war der Name des Heiligen Anregung für verschiedene auf das Sehen bezogene Vorstellungen. Beispielsweise war es sehr wichtig, was man an diesem Tag sah, denn es konnte eine Prophezeiung sein. Ein zusätzliches Hilfsmittel hierfür war ein Gras, das „vid", „vidac", „vidovčica", „vodova trava" oder ähnlich heißt. Damit wurden Augenleiden geheilt. Dem gleichen Zweck diente das Veits-Gewässer. Ein Priester segnete das ihm entnommene Quellwasser, mit dem sich dann die Menschen wuschen. Es sollte das ganze Jahr über vor Krankheit schützen.[119]

Diese Beispiele geben einen Eindruck, wie die Sagen und Legenden um die Schlacht ins bäuerliche Brauchtum, das auch von heidnischen Vorstellungen geprägt war, eingegangen waren. In der „nationalen Tradition", die sich nun das Bürgertum schuf, spielt es nur eine Rolle am Rand. Zugleich gab es gerade unter den Gebildeten eine Tendenz, sich von Mythisierungen abzusetzen und einen wissenschaftlichen

---

[117]   Beide Zitate: Zirojević, a. a. O., S. 54. Auf der folgenden Seite heißt es allerdings: „Seit 1913 wird an diesem Festtag die Erinnerung an die gefallenen Krieger wachgerufen", zu denen in Montenegro später auch die Opfer des Genozids in Kroatien während des Zweiten Weltkriegs gezählt wurden (nach: Bojović: ‚O Vidovdanu u Crnoj Gori‘, S. 398).

[118]   Ebd., S. 53.

[119]   Ebd., die sich für das Veits-Wasser auf Kanić: *Srbija, zemlja i stanovništvo od rimskog doba do kraja XIX veka*, S. 326 bezieht (genau Angabe nur in der Originalausgabe, S. 216, Anm. 38). Dieser Brauch soll auch heute noch lebendig sein. Vgl. a. Bataković: ‚Die Bedeutung der mündlichen Überlieferungen über Kosovo für die Weiterexistenz des serbischen Volkes in Kosovo und Metohija im XIX. Jahrhundert‘, S. 349.

Blick auf die Vergangenheit zu richten. Kurz vor der 500-Jahr-Feier schrieb Ilarion Ruvarac seine Abhandlung *O knezu Lazaru* (Über Fürst Lazar) und Ljubomir Kovačević seinen *Vuk Branković*. Sie versuchten, durch die Analyse der Quellen zu einer wirklichkeitsgetreueren Vorstellung der Schlacht zu kommen, und verwarfen viel von der bekannten Überlieferung, vor allem Brankovićs Verrat. Die Ergebnisse stießen bei vielen auf Widerstand und Ablehnung, einigen galt Ruvarac sogar als „Verräter der serbischen Nationalität".[120] Aber die wissenschaftliche Sicht auf die Schlacht änderte er grundlegend. Bis auf wenige Ausnahmen wurden seine Ergebnisse allgemein anerkannt.[121]

Derartige wissenschaftliche Forschung tat der immer mehr Menschen erfassenden nationalen Begeisterung allerdings keinen Abbruch, zumal auch sie zu einem verstärkten Interesse an der Überlieferung führte. So wurden die lokalen Überlieferungen erst in dieser Zeit aufgeschrieben.[122] Aber auch viele Künstler der unterschiedlichsten Kunstgattungen versuchten, den Überlieferungen eine moderne nationale Form zu geben. Als 1904 der erste Film in Serbien gedreht wurde, *The Coronation of King Peter the First*, überredete man den englischen Regisseur, Frank Mottershaw, einen historischen Umzug einzufügen, der Miloš Obilić, die neun Jugovići und Fürst Lazar darstellen sollte.[123]

Die Identifikation mit den Taten und dem Leiden der Helden der Kosovo-Schlacht schuf eine Projektionsfläche für die eigenen Erlebnisse,[124] jeder konnte in Bildern der eigenen Größe, Stärke, Tapferkeit und Güte schwelgen. Das galt vor allem für männliche Jugendliche. Auf diese Weise wurden einige Generationen in eine Erregung versetzt, dass sie darauf brannten, endlich ihren Vorbildern nachzueifern. Zum Teil verschmolz man dabei die Gegenwart mit der glorreichen Vergangenheit.[125]

---

[120] Zirojević, a. a. O., S. 58; Emmert: *Serbian Golgotha*, S. 7 (dort a. das Zitat).

[121] Emmert, a. a. O., S. 7 u. S. 147, Anm. 15. Als eine Ausnahme nennt er Panta S. Srećković: ‚Pregled istoijskih izvora o knezu Lazaru i Kraljeviću Marku'.

[122] Bataković: ‚Die Bedeutung der mündlichen Überlieferung', S. 347.

[123] Malcolm: *Kosovo*, S. 79, nach Zirojević: ‚Kosovo u istorijskom pamćenju', *Republika*, 1.–15.3.1995, S. 19f.

[124] Pejin: ‚Die Begehung des 500. Jahrestages', S. 384.

[125] So wenn der serbische Fürst Mihailo (1839–1842 u. 1860–1868) als neuer Nemanjić (Ristić: *Dečanski spomenici*) oder Fürst Miloš (1815–1839 u. 1858–1860) als Messias angesehen wurde (Boué: *Recueil d'itinéraires dans la Turquie d'Europe*, S. 198). Nach der Beschießung Belgrads 1862 sollen die serbischen Christen im Osmanischen Reich gebetet haben, dass die Niederlage auf dem Amselfeld gesühnt werde (Mekenzi/Irbi: *Putovanje po slovenskim zemljama Turske u Evropi*, S. 223f.). Alle Angaben nach Bataković, a. a. O., S. 351f.

Im Kosovo selbst wirkte die serbische Regierung zurzeit der osmanischen Herrschaft vor allem über Bildungseinrichtungen, deren Zentrum seit 1871 das Priesterseminar in Prizren war. Der Kern der dabei vermittelten nationalen Ideologie war der Kosovo-Schwur.[126]

---

[126] Bataković, a. a. O., S. 344f.

Zweites Kapitel

Die reale Politik gegenüber dem Kosovo bis zum Ende des Zweiten Weltkriegs

Dieses Kapitel gibt einen Überblick, wie die verschiedenen serbischen und später jugoslawischen Regierungen versuchten, ihre mit dem Kosovo-Mythos begründete nationalistische Politik umzusetzen. Dabei soll vor allem deutlich werden, wie sich das Verhältnis zwischen Serben und Kosovo-Albanern seit dem letzten Viertel des 19. Jahrhunderts gestaltete und womit es aufgeladen wurde.

2.1. Die Entwicklung bis zur „Rückeroberung" des Kosovo

Ein großer Schritt auf dem Weg zur „Wiederherstellung der serbischen Nation" war die Eroberung des Sandžaks Niš im russisch-osmanischen Krieg von 1877/78 durch serbische Streitkräfte, die von Freischärlerverbänden unterstützt wurden. Anfang 1878 machte die Vorhut der serbischen Armee sogar bei Gračanica im Kosovo Halt. Im Kloster wurde daraufhin ein Gottesdienst zu Ehren der Befreier und eine Gedenkmesse für die alten Helden gefeiert.[1] Doch das war voreilig, denn das Kosovo konnte in diesem Krieg noch nicht „befreit" werden.

Serbische reguläre und irreguläre Truppen zerstörten im Sandžak vielfach systematisch die Lebensgrundlagen der muslimischen Bevölkerung. So wurden deren Häuser und in der Stadt Niš zwölf der 15 Moscheen zerstört, und die Bauern wurden daran gehindert, die Ernte einzubringen. Auch serbische Zivilisten beteiligten sich an den Gewalttaten. Aus den von serbischen Truppen eroberten osmanischen Gebieten wurden zudem viele Albaner vertrieben, zum Teil im sehr kalten Dezember 1877, sodass viele Kinder und Alte in der Kälte umkamen.[2] Zu Anfang des Jahres

---

[1] Ebd., S. 346 mit Bezug auf Vukanović: *Srbi na Kosovu*, S. 407.

[2] Pllana: ‚Les raisons et la manière de l'exode des refugiés albanais du territoire du sandjak de Nish à Kosove (1877–1878)', S. 189f., der sich auf die Aussage des Lehrers Josif H. Kostić in dessen Buch *Oslobod[j]enje grada Leskovac*, d. 1–15 bezieht (Vertreibungen im Dezember); Müller: *Staatsbürger auf Widerruf*, S. 131–133, der sich bezieht auf einen Bericht des britischen Konsuls in Serbien, G. F. Goulde (nach *The Truth on Kosovo*, S. 116 u. Stokes: *Politics as Development*, S. 165f.), auf ‚Iz nove Srbije', S. 364 von Rakić, der die Pusta Reka zwei Jahre nach Kriegsende bereiste, auf einen russischen General, der einen der Freiwilligenverbände anführte, N. I. Bobrikov, (*U Srbiji iz uspomena o ratu 1877–1878 god.*, S. 144) sowie auf den serbischen liberalen Politiker Alimpije Vasiljević, der berichtet, er sei gegen die Vertreibung der Albaner gewesen, doch

1878 rechtfertigte Fürst Milan Obrenović dieses Vorgehen als Einführung von „civic culture, state order, and national enlightenment".[3] Eine größere Rolle als diese vermeintlichen zivilisatorischen Absichten dürfte gespielt haben, dass Milan durch die Eroberung „Neuserbiens" dem Ziel, Zar Dušans Reich wiederherzustellen, einen großen Schritt nähergekommen war und die regierenden Nationalliberalen hofften, ihrer Klientel neue Posten verschaffen und ihren potenziellen Wählern billiges Ackerland anbieten zu können.[4]

Die schätzungsweise 50 000–65 000 vertriebenen Albaner und anderen Muslime, siedelten sich jedoch zum größten Teil jenseits der neuen serbischen Südgrenze im Kosovo an, was das Verhältnis zwischen den Ethnien nun auch dort so feindselig werden ließ, dass nach und nach etwa 60 000 der dort lebenden Serben nach Serbien flohen.[5] Mit ihrem brutalen Vorgehen gegenüber der Zivilbevölkerung reagierten die serbischen Truppen und die mit ihnen ziehenden Freischärler zum Teil allerdings auch auf die Zerstörungen der Osmanischen Armee an serbischem Eigentum in der Gegend um Zajecar und Knjaževac 1876, nachdem Serbien und Montenegro einen Krieg vom Zaun gebrochen hatten. Als Folge dieses Krieges und des Aufstands in Bosnien 1875 sollen etwa 400 000 Menschen nach Serbien geflüchtet sein.[6] Diese Entwicklung stellt eine fatale und bis heute nachwirkende Wende im Verhältnis zwischen Serben und Albanern dar, waren Letztere doch noch bis in die 60er Jahre des 19. Jahrhunderts hinein als potenzielle Verbündete im Kampf gegen das Osmanische

---

alle anderen hätten dem Fürsten beigepflichtet, man müsse sie vertreiben (Stokes, a. a. O., S. 344, Anm. 88 nach den Memoiren von Vasiljević im Archiv von Serbien: PO-102-136, S. 70).

[3] Stokes, a. a. O., S. 166.

[4] Müller, a. a. O., S. 137.

[5] Muslimische u. albanische Flüchtlinge: die Angaben des Walis des Vilayet Kosovo und eines dortigen Muftis, wie sie von dem Assistenten Alvarez des englischen Generalkonsuls in Saloniki, J. E. Blunt, berichtet worden sind (diese nannten 90 000 bis 100 000 bzw. 70 000 Personen). (Nach *The Truth on Kosovo*, S. 118f.) Serbische Flüchtlinge: M. Kostić: ‚Iz istorije kolonizacije Južne Srbije krajem prošlog veka', S. 240. Vgl. a. Malcolm: *Kosovo*, S. 229, der allerdings darauf hinweist, dass auch ökonomische Gründe für den Exodus eine Rolle gespielt haben, da Serbien 1878 seine volle Souveränität erlangte, während das Kosovo wirtschaftlich stagnierte (S. 229f.). Clewing neigt auf S. 46 von ‚Mythen und Fakten zur Ethnostruktur in Kosovo' eher einer von ihm als „wohlinformiert" bezeichneten zeitgenössischen Quelle zu, die die Gesamtzahl der albanischen Vertriebenen auf 83 000 geschätzt hat (nach Uka: *Dëbimi i shqiptarëve nga Sanxhaku i Nishit dhe vendosja e tyre në Kosovë, 1878–1912*, Bd. 1/2, S. 25–28).

[6] Vgl. Müller, a. a. O., S. 123f., Anm. 88 (Zerstörungen) u. S. 130 (Flüchtlinge), wobei er sich für Letztere auf Protić: ‚Migrations Resulting from Peasant Upheavals in Serbia during the 19th Century', S. 94 bezieht. Müller zieht allerdings keine Verbindung zwischen diesen Vorkommnissen und den serbischen Gewalttaten.

Reich gesehen worden.[7] Nun wurden sie auf serbischer Seite mit den „Türken" gleichgesetzt und waren damit Teil der Dynamik aus Rache und Gegenrache, deren Anfang sich schwer bestimmen lässt, die aber über den niedergeschlagenen serbischen Aufstand von 1804 und den erfolgreicheren von 1815 bis ins 18. Jahrhundert, über die Sagen und andere mündliche Überlieferungen möglicherweise bis zur gescheiterten habsburgischen Eroberung Ende des 17. Jahrhunderts zurückreicht.

1878 markiert zudem das Ende zweier Illusionen der serbischen Führung: Zum einen wurde deutlich, dass die slawisch sprechende Bevölkerung im Osmanischen Reich nicht darauf wartete, sich durch einen Aufstand von der vermeintlichen Unterdrückung zu befreien, zum anderen hatte sich Serbien als zu schwach erwiesen, das mittelalterliche serbische Reich aus eigener Kraft wiederzuerrichten.[8]

Seit den späten 70er Jahren des 19. Jahrhunderts kam der Name „Stara Srbija" (Altserbien) für das Kosovo auf, zuweilen wurde seine Bevölkerung auch als „staro-Srbi" (Altserben) bezeichnet. Vor allem den Eliten in West- und Mitteleuropa wollten serbische Autoren nun beweisen, dass das Kosovo im Grunde serbisch besiedelt sei. Dazu wurde die These vertreten, bei der Mehrzahl der albanischen Bevölkerung handele es sich in Wahrheit um islamisierte Serben, sogenannte „Arnautaši", die aufgrund äußeren Drucks nach und nach auch ihre Sprache und Kultur aufgegeben hätten. Sie geht wohl auf Ami Boué zurück und wurde von Spiridion Gopčević verbreitet. Vor allem im Umfeld der Balkankriege und des Ersten Weltkriegs lieferte sie eine wesentliche Begründung für die serbischen Expansionsziele, die auch auf einen Zugang über Nordalbanien zur Adria zielten.[9]

Zudem wurden die Albaner als unzivilisiert dargestellt, etwa von Niko Županić:

> Was die politische Reife und die kulturelle Entwicklung betrifft, sind die Albanesen noch weit davon entfernt, das Maturitätszeugnis zu erhalten. In dieser Beziehung sind sie noch die *reinsten Kinder* und als solche brauchten sie einen

---

[7]   Ebd., S. 120f.

[8]   Ebd., 124f.

[9]   Ebd., S. 179–184, der für die Bezeichnungen „Altserbien" auf zahlreiche Autoren der Zeit verweist: den Archimandriten Sava, Sima Andrejević, Jovan Hadži-Vasiljević, Dimitrije Aleksijević (mit seinem Buch *Staro-Srbi*) und Gopčević. Die Arnautaschen-These gehe wohl auf Boués 1840 veröffentlichtes Buch *Die europäische Türkei*, Bd. 1, S. 346 zurück und sei von Gopčević, etwa in seinem Werk *Makedonien und Alt-Serbien* (beispielsweise S. 211), verbreitet worden. Begründung für Expansionsziele: Cvijić: ,Die ethnographische Abgrenzung der Völker auf der Balkanhalbinsel', S. 116–118. Aufgegriffen hat sie auch Djordjević (Georgevitch) in *Die Albanesen und die Großmächte*, S. 4.

Nach Malcolm hat es eine Übernahme des Serbischen durch Albanischsprachige durchaus gegeben, ebenso wie umgekehrt. Es gebe jedoch keine Hinweise, dass dies massenhaft geschehen sei (*Kosovo*, S. 196–198).

Gouverneur, der sie zu einem zukünftigen politischen Leben erzieht, wenn nötig auch durch Züchtigung.[10]

Aufgrund „der Verwandtschaft, der Geschichte und der Gewohnheiten" komme für eine solche erzieherische Rolle besonders Serbien infrage. Waren der politische Hauptfeind, wie bei Županić, allerdings die Osmanen, so sind es sie, die als die unzivilisiertesten Nachbarn erscheinen, etwa wenn er sie als „gänzlich rohen, asiatischen, fanatischen, unter der untersten Stufe der Civilisation stehenden Volksstamm", der 500 Jahre nach seiner Landung in Europa „fast auf derselben Culturstufe" stehe wie damals, beschreibt. Zumeist wurde diese niedrigste Kulturstufe von serbischen Autoren allerdings den Albanern zugeschrieben. Zugleich wurden sie als Wilde dargestellt, was in der Behauptung des Gelehrten und serbischen Ministerpräsidenten Vladan Djordjević gipfelt, die wenigen „echten" Albaner, die „Arnauten", seien noch im 19. Jahrhundert den Urmenschen so ähnlich gewesen, dass sie mitunter Schwänze gehabt hätten – erschienen in einer Broschüre, die sich an das westeuropäische, vor allem deutsche Publikum wandte.[11] Da wundert es nicht, dass ihnen mitunter sogar das Menschsein abgesprochen wurde, etwa wenn Gopčević glaubt, dass „die serbischen und albanischen Mohamedaner [...] *nicht* in den Untergang der türkischen Herrschaft verflochten werden; man hofft sie wieder zu Christen und zu – *Menschen* zu machen."[12]

---

[10] *Altserbien und die albanesische Frage*, S. 47, Hervorh. dort.

[11] Georgevitch (Djordjević): *Die Albanesen und die Großmächte*, S. 4, der sich auf *Albanesische Studien*, I, S. 229 des österreichischen Konsuls von Hahn, den er als „beste[n] Kenner Albaniens" bezeichnet, beruft. Djordjević treibt in diesem Buch allerdings nur selten derartige Blüten. Insgesamt ist es der Versuch, den Albanern alles Wesentliche für eine Nationsbildung abzusprechen: nationales Selbstbewusstsein (S. 4), eine gemeinsame Sprache (S. 7–9), eine gemeinsame Religion und Kultur (S. 4), ein Alphabet (S. 10–13), eine nationale Literatur (S. 13), ein nationales Lied (S. 15), eine eigene Geschichte (S. 23). Nicht einmal von einheitlicher Rasse seien sie (S. 5). All dies weiß er mit Hinweisen auf die einschlägige, vielfach deutschsprachige Literatur zu begründen. Dahinter steht die damals ganz selbstverständliche Idee, Nationen seien etwas immer schon Vorhandenes, dessen sich die Menschen erst jetzt – aber eben anhand geschichtlicher Zeugnisse – bewusst würden, was den Albanern unmöglich sei, weil es ein albanisches Reich nie gegeben habe.

Weitere Charakterisierungen der Albaner als Wilde bei Müller, a. a. O., S. 186f.

[12] Gopčević: *Die Türken und ihre Freunde und die Ursachen der serbisch-bulgarischen Erhebung*, S. 40 (Hervorh. dort). Ansonsten hält er die Albaner allerdings für „der Civilisation zugänglich [...], da sie gleich den Montenegrinern ein kräftiges Naturvolk sind." (Ebd.) Vuk Stefanović Karadžić, dem es noch fremd war, die Albaner als ein negatives Gegenbild der Serben zu entwerfen, sah sie als positives Beispiel, da sie zwar drei unterschiedlichen Konfessionen angehörten, die gemeinsame Sprache und Kultur jedoch als das wichtigste einigende Band verstanden (,Srbi svi i svuda', S. 83f.).

Diese Sicht war bereits 1880 so stark verbreitet, dass Rakić, der damals das noch vom Krieg von 1877 und den anschließenden Vertreibungen der Albaner gezeichnete „Neuserbien", also den ehemaligen Sandžak von Niš, bereiste, erstaunt notierte:

> Wir haben wirklich falsch über die Albaner gedacht, und wenn nicht wir, so doch ich selbst. In Belgrad dachte ich, der Albaner sei ein Wilder, der nichts arbeitet, dafür aber mit der Waffe rumsitzt und wartet, wen er umbringen und berauben und was er entführen und stehlen wird. Als ich aber Toplica, Lab und die Pusta Reka gesehen habe, und so auch ein paar Albaner wie sie die Waffen niederlegten und sich uns ergaben, überzeugte ich mich, dass der Albaner einerseits ein Wilder ist [...]. Aber gleichzeitig überzeugte ich mich, zu meiner Schande, dass der Albaner andererseits eifrig ist und arbeitet wie selten jemand aus einer Stammesgesellschaft, dass er der beste Landwirt in Neuserbien ist und dass er in moralischer und materieller Hinsicht der sauberste unter den Stämmen ist, in deren Nachbarschaft er lebt. Der Patriotismus, oder besser gesagt der Chauvinismus erlaubt es nicht, die Vorzüge und die starken Tugenden des Stammes anzuerkennen, den wir hassen, aber die Wahrheit verlangt, dass man sich [...] zumindest soviel anhört, dass [...] wir in unserer selbstgewissen Prahlerei aufmerken.[13]

Es ist bezeichnend, dass – zumindest öffentlich – kaum ein Serbe Rakićs Sicht damals geteilt hat, auch nicht unter den zahlreichen Landsleuten, die durch den Krieg Kontakt zu Albanern hatten. Sie betrachteten sie als Feinde und erkannten in ihnen lediglich die Bilder wieder, die bereits ihr Handeln bestimmten.

Dieser Sicht der Albaner liegt ein starrer Dualismus zwischen „Europa" und „Asien", „Christentum" und „Islam", „zivilisiert" und „wild" sowie „Nation" und „Stamm" zugrunde – auch der „asiatisch-muslimische Fanatismus" gehörte bereits zur negativen Charakterisierung der Albaner.[14] Der Blick in die Geschichte zeigte nun die christlichen Serben als das „leidende Volk im Kosovo und in Makedonien", das dort jahrhundertelang „die glückselige christlich-europäische Kultur und Zivilisation vor der asiatischen Barbarei" verteidigt habe.[15] Unschwer sind dahinter zwei Motive erkennbar: Zum einen rechtfertigten serbische Intellektuelle und Politiker auf diese Weise die sehr anfechtbaren territorialen Forderungen, die sie für ihr Land geltend machten, zumal sie unter der Parole einer „Befreiung vom türkischen Joch" zum Kampf angetreten waren, die nun für die Albaner nicht gelten sollte. Dabei folgten sie den damaligen Gepflogenheiten europäischer Machtpolitik, der *mission civilisatrice*.[16] Zum anderen stand Serbien selbst noch im Ruch eines nur halb zivilisierten Landes und konnte seine eigene Stellung durch eine solche Mission aufwer-

---

[13] Rakić: ‚Iz nove Srbije', *Otadžbina* 2 (1880) Bd. 4, Heft 16, S. 547, zit. nach der Übersetzung von Müller, a. a. O., S. 134.

[14] Vgl. Müller: a. a. O., S. 185f. Die Rede vom „asiatisch-muslimischen Fanatismus" durchziehe Igumanovs ‚Sadanje nesretno stanje u Staroj Srbiji i Makedoniji' wie ein roter Faden.

[15] Igumanov, a. a. O., S. 84, übers. v. Müller, a. a. O., S. 186.

[16] Županić: *Altserbien und die albanesische Frage*, S. 47 u. 40.

ten und sich den anderen Mächten, die sie für sich beanspruchten, an die Seite stellen. Dies war umso notwendiger, als nicht nur gebildete Serben durchaus um die große Ähnlichkeit zwischen der slawischen und der albanischen Landbevölkerung im Kosovo wussten. So schlug beispielsweise Vasa Čubrilović noch 1937 in seinem berüchtigten Memorandum ‚Iseljavanje Arnauta' (Die Aussiedlung der Albaner) vor, Montenegriner gegen die Albaner einzusetzen, „denn sie sind, was Mentalität und Temperament anbelangt, den Albanern ziemlich ähnlich."[17] Auch in ihrer angeblichen Unfähigkeit, eine Nation zu bilden, spiegelte das von den Albanern entworfene Bild[18] die eigene Lage, denn auch Serbien war als Nation noch im Entstehen begriffen und der Erfolg dieses Projekts längst nicht gesichert. So bemerkte etwa der renommierte Geograf Jovan Cvijić, die Slawen im Moravatal hätten vor 1878 ein „sehr vages Nationalbewusstsein" gehabt und als Serben hätten sie sich allein deshalb bezeichnet, weil sie Mitglieder der Serbischen Orthodoxen Kirche waren. Andere Autoren berichteten, von ihrer Sprache hätten sie nur als „naš jezik" oder „naški" (unsere Sprache) gesprochen. Noch 1912 stellte der serbische Konsul in Priština, Miloš Milojević, fest, einige Serben in Mitrovica sähen sich nicht als Serben, sondern als „Kosovci" (Kosovoer) und hätten den Wahlspruch „Kosovo den Kosovoern" nach dem mazedonischen Vorbild übernommen.[19] Der verstärkte russische Einfluss um die Wende zum 20. Jahrhundert hatte bei einigen Dorfbewohnern in der Gegend von Dečani sogar dazu geführt, dass sie sich als Russen bezeichneten.[20] Diese Unsicherheit in Bezug auf die nationale Identität wurde durch die schlichte Tatsache einer albanischen Bevölkerungsmehrheit im Kosovo weiter verstärkt.

Die abwertende Sicht serbischer Intellektueller und politischer Führer auf die Albaner hatte noch eine weitere Komponente. Unausgesprochen wurde diesen der mythische Part Vuk Brankovićs zugewiesen. Die entsprechende Geschichtsdeutung sah in ihnen opportunistische Menschen, die aus Machtkalkül den islamischen Glauben angenommen hätten. Die albanisierten Serben hingegen – auch nicht gerade Helden, aber zumindest beklagenswerte Opfer – hätten ihre eigene Herkunft und ihre Werte anschließend unter dem Druck der islamisch-albanischen Dominanz nach

---

[17] ‚Die Vertreibung der Albaner' (so die wertende Übersetzung des Titels dieses gekürzten Abdrucks), *FR*, 28.4.1999, S. 21.

[18] Etwa bei Županić: *Altserbien und die albanesische Frage*, S. 47 oder Georgevitch, a. a. O.

[19] Malcolm: *Kosovo*, S. 231, der sich für Cvijić auf dessen *Remarques sur l'ethnographie de la Macédonie*, S. 9f., für „naš jezik" auf Hadži-Vasiljević: *Muslimani naše krvi u Južnoj Srbiji*, S. 37, für „naški" auf Mihačević: *Po Albaniji*, S. 16 und für Milojević auf *Dokumenti o spoljnoj politici kraljevine Srbije 1903–1914*, Bd. 5/1, S. 973 bezieht.

[20] Malcolm: *Kosovo*, S. 235, nach dem jungen Konsularbeamten Milan Rakić: *Konzulska pisma 1905–1911*, S. 58.

außen hin verraten müssen.[21] Für die Haltung des serbischen Volkes wird so das Vermächtnis der Kosovo-Schlacht in Anspruch genommen, auch wenn „die bosnischen Magnaten und die bosnische Gentrie" anders gehandelt hätten, „*um ihre Feudalrechte* zu retten":

> Die serbische *Nation* aber sowohl in Bosnien und Herzegowina als auch in allen anderen serbischen Ländern blieb dem Glauben der Väter treu, weil ihm [sic!] der „Glauben lieber ist wie das Leben", weil ihr letzter Kaiser auch gezeigt hat, daß ihm „das Himmelreich lieber als das Erdenreich war", als er den Verzweiflungskampf am Kosovo angenommen hat.[22]

Der Verrat der Albaner erscheint dabei nicht unbedingt als ein bewusster, möglicherweise wäre er auch einfach auf das geringe Entwicklungsniveau der Albaner zurückzuführen, die sogar zum Teil ihre eigene Geschichte vergessen hätten.[23] Er klingt beispielsweise in dem Vergleich mit dem Kuckuck an, der damit begründet wurde, die Albaner entwickelten sich nur in fremden Staatsgebilden zu Lasten anderer[24] – eine aus antisemitischen Hetzschriften nur allzu bekannte Zuschreibung. Der Verräter aber ist ein viel schlimmerer Feind als der Kriegsgegner, er ist der eigentliche Todfeind. Das im Gegensatz hierzu entwickelte Selbstbild des Helden (das kleine, als Vorkämpfer für die Freiheit auftretende Serbien) und des Opfers (die unter schlimmen Feinden leidenden Brüder) bedeutet einerseits eine immense psychologische Stärkung, andererseits aber auch eine verhängnisvolle Festlegung auf ein starres Entweder-Oder. Wenige Selbstbilder vermögen so zum Kampf zu stimulieren wie das vom unerschrockenen Helden, der für die Gedemütigten und Gequälten der eigenen Gruppe eintritt. Wir werden im 4. Kapitel sehen, wie sich diese Dichotomien (zwischen der eigenen Gruppe und den jeweiligen Verrätern sowie zwischen der Position des Helden und der des Opfers) auch noch in den späten 80er Jahren des 20. Jahrhunderts und in der Folgezeit ausgewirkt haben.

Hatten diese Dichotomien bereits 1877/78, als Albaner aus dem ehemaligen Sandžak Niš vertrieben wurden, keine geringe Rolle gespielt,[25] so war ihre Wirkung im Ersten Balkankrieg 1912, als es um die Rückeroberung „Altserbiens", also des

---

[21] Albaner: Georgevitch: *Die Albanesen und die Großmächte*, S. 38; albanisierte Serben: Müller, a. a. O., S. 184, der sich auf Hadži-Vasiljević: *Arnauti naše krvi*, S. 3ff. bezieht.

[22] Georgevitch, a. a. O., S. 37f., Hervorh. dort. Filipović sollte diese Argumentation 1937 wieder aufnehmen: Nur die Konversion der Serben zum Albanertum sei erzwungen worden, während die in Bosnien-Herzegowina erfolgte zum Islam freiwillig geschehen sei. (,Etničke prilike u Južnoj Srbiji', S. 389, Angabe nach Müller, a. a. O., S. 422)

[23] Vgl. Müller, a. a. O., S. 188f. Gemeint ist selbstverständlich eine nationale Geschichte, die unter der Bauern- und Hirtenbevölkerung eines Feudalstaats wie des Osmanischen Reichs noch nicht besonders ausgeprägt war, was allerdings auch für ihre slawisch sprechenden, christlichen Nachbarn gilt.

[24] Ebd., mit Verweis auf Oraovac: *Arbanaško pitanje i srpsko pravo*, S. 28.

[25] Ebd., 191.

Kosovo, ging, noch weit stärker. Das Kosovo charakterisierte König Petar I. Karadjordjević in seiner Kriegsproklamation damals als „beklagenswerte Mutter unseres Königreiches, wo der historische Raum des serbischen Staates der alten Könige und Zaren ist, wo die heiligen Hauptstädte der Nemanjiden sind: Ras im Raum Novi Pazar, Priština, Skopje, Prizren."[26] Die Forderung nach einem Zugang zur Adria begründete sein Premier und Außenminister Nikola Pašić damit, dass die dort ansässigen Albaner ihrer Abstammung nach Serben seien[27] – also mit der Arnautaschen-These.

Im Laufe des Krieges erreichte die nationale Erregung ihren Höhepunkt. So soll zum Beispiel eine gesamte serbische Brigade einer kollektiven Halluzination erlegen gewesen sein, als sie sah, wie Prinz Marko den Angriff auf Prilep führte.[28] Der Sieg über die Osmanen wurde in Serbien euphorisch gefeiert, in der Presse wurde überall auf die mittelalterliche Geschichte und die Kosovo-Schlacht Bezug genommen, und auch die Regierung rechtfertigte ihr Vorgehen vor allem hiermit, was auch westliche Kommentatoren für die serbische Annexion des Kosovo einnahm. Am 23. Oktober fand eine Gedenkveranstaltung am Ort der Schlacht statt.[29] Die Parallelisierung der serbischen Nationalgeschichte mit der Leidens- und Auferstehungsgeschichte Christi als Heilsgeschichte fand nun ihren scheinbaren Abschluss: War auch vorher schon die Niederlage von 1389 als Kreuzigung beschrieben worden, wurde nun die Zeit der osmanischen Herrschaft als Zeit des Todes und Beerdigtseins gewertet, die „Rückeroberung" des Kosovo im Ersten Balkankrieg – in Serbien auch „Befreiungskrieg" genannt – hingegen als Auferstehung.[30]

Während dieses Krieges und der darauf folgenden internationalen Verhandlungen gingen serbische Truppen zusammen mit Tschetnik-Verbänden brutal gegen die albanische Bevölkerung vor. Der Name *četnik* bezeichnet einen Kämpfer in einer *četa*, einer bewaffneten Schar. Die ersten Gruppen dieses Namens hatten sich in der zweiten Hälfte des 19. Jahrhunderts im Guerillakampf zur „Befreiung" Mazedoniens gebildet. Mehrere Zehntausend, wenn nicht sogar über hunderttausend Menschen flohen während des Krieges nach Bosnien und in die Türkei.[31] Ein Generalkonsul

---

[26] *Politika*, 18.9.1912, abgedruckt in: *Srbija i Albanci*, Bd. 1, S. 55, übers. v. Müller, a. a. O., S. 190.

[27] Müller, a. a. O., S. 192, nach *Dokumenti o spoljnoj politici Kraljevine Srbije 1903–1914*, Bd. 5/3, S. 252.

[28] Zirojević: ‚Das Amselfeld im kollektiven Gedächtnis', S. 59. Vgl. a. S. 55.

[29] Malcolm: *Kosovo*, S. 252f.

[30] Ebd., S. 140.

[31] Ebd., S. 258; Sundhaussen: *Experiment Jugoslawien*, S. 83 (Name und Beginn der Tschetniks). Malcolm bezieht sich auf Krause: *Das Problem der albanischen Unabhängigkeit in den Jahren 1908–1914*, S. 350 und Bajrami: ‚Konventa jugosllavo-turke e vitit 1938 për shpërnguljen e shqiptarëve', S. 243, dessen Zahl von 120 000 er allerdings für übertrieben hält.

Österreich-Ungarns hatte den Eindruck, dass es sich um „eine mit kaltem Blute und systematisch, offenbar über höheren Befehl durchgeführte Eliminierungs- und Ausrottungsaktion" handelte.[32] Der österreichische Sozialist Leo Freundlich hat in einer kleinen Broschüre Pressestimmen und Berichte gesammelt, die von niedergebrannten Dörfern, Vergewaltigungen an slawisch-katholischen Mädchen und Frauen, teilweise systematischen Erschießungen der erwachsenen männlichen Bevölkerung, dem Niederstechen von Menschen jeden Alters und Zwangsbekehrungen sprechen.[33] Ein entsprechender Befehl der Armeeführung lässt sich nicht nachweisen; er scheint aufgrund der nationalistischen Erregung weiter Teile der Bevölkerung nicht eigens notwendig gewesen zu sein.[34] Die schlimmsten Verbrechen wurden offenbar auch nicht von der Armee, sondern von Tschetnik-Verbänden verübt, denen die Armee allerdings freie Hand ließ, weshalb sie staatlicherseits als durchaus gewollt gelten können.[35] Das gesamte Vorgehen ist treffend mit dem Begriff „Kolonialkrieg" be-

---

[32] Nach Boeckh: *Von den Balkankriegen zum Ersten Weltkrieg*, S. 168.

[33] *Albaniens Golgatha*, S. 16 u. 30f. Vgl. auch: die Aussagen des österreichisch-ungarischen Generalkonsuls in Skopje von Ende 1913 (zit. v. Boeckh, a. a. O., S. 168); Trotzkis Kriegsberichterstattung *Die Balkankriege 1912–13*; *Srbija i Albanija* des serbischen Sozialisten Tucović (dessen Bericht der Historiker Dedijer in ‚The Balkans in 20th century politics', S. 30f. bestätigt); den Bericht der internationalen Enquête-Kommission der Carnegie-Stiftung *Report of the International Commission to Inquire into the Causes and Conduct of the Balcan Wars*; Sundhaussen: ‚Kosovo: Eine Konfliktgeschichte', S. 67–69; Malcolm: *Kosovo*, S. 253–258.

Freundlich, der vehement für die Albaner stritt, idealisierte und überhöhte sie allerdings zugleich, worauf bereits der Titel seiner Broschüre, *Albaniens Golgatha*, hinweist. Er ging davon aus, dass die Albaner „in Brauch und Sitte ihre Eigenart rein und unverfälscht sich erhalten" hätten (S. 1). Ein solches von Pathos geprägtes Denken (und Fühlen) war kurz vor dem Ersten Weltkrieg nicht auf Nationalisten beschränkt, sondern durchaus auch bei Sozialisten und Pazifisten zu finden. Im Kern erweist es sich stets als mythisch: Wer dem „Ursprung" näher ist, der führt ein reineres, edleres Leben.

[34] Der Journalist Jaša Tomić, Propagandist des Ersten Balkankriegs und Vorsitzender der Radikalen Volkspartei in der habsburgischen Vojvodina, betont, wie überraschend viele Freiwillige sich zum Kriegsdienst gemeldet hätten, da es um die „Wiedergewinnung" des Kosovo gegangen sei. (*Rat na Kosovu i Staroj Srbiji*, S. 60; es war bereits Anfang 1913 in der sehr hohen Auflage von 15 000 Exemplaren herausgekommen und sollte u. a. zeigen, wie sehr das gesamte serbische Volk diesen Krieg befürwortet habe; nach Müller, *Staatsbürger auf Widerruf*, S. 193f.)

[35] Vgl. Müller, a. a. O., S. 196, nach Trotzki: ‚Aus der Geschichte einer Brigade', in: ders.: *Balkankriege*, S. 147f. (zuerst in *Djen*, Nr. 84 u. 86, 25. u. 29.12.1912) u. ders.: ‚Hinter einem Zipfel des Vorhangs', in: ders.: *Balkankriege*, S. 300 (zuerst in *Kiewskaja Mysl*, Nr. 355, 23.12.1912) sowie *La guerre d'orient et les atrocités des États Balkaniques*, S. 3ff., wo im Übrigen deutlich wird, dass diese Praxis bei allen christlichen Angreifern im Ersten Balkankrieg gang und gäbe war.

schrieben,[36] ging es doch darum, ein mehrheitlich von Menschen anderer ethnischer Zugehörigkeit besiedeltes Territorium zu annektieren und möglichst mit Angehörigen der eigenen Nation zu besiedeln.

Dass die Arnautaschen-These von ihren Befürwortern wie von den führenden Politikern nicht wirklich geglaubt wurde, zeigt die Politik, die die serbische Regierung nach der Eroberung des Kosovo der dort ansässigen Bevölkerung gegenüber verfolgte. Diese wurde nicht in den bestehenden Staat integriert, in der Praxis nicht mit denselben Rechten wie ihre Mitbürger ausgestattet und nicht finanziell gefördert, um zu gewährleisten, dass das Kosovo möglichst bald den Anschluss an die anderen Landesteile gewinnen und sich die „Arnautaschen" ihrer „eigentlichen" Identität besinnen würden.[37] Praktisch scheint es keine Ansätze gegeben zu haben, an irgendwelchen positiven Eigenschaften der „Arnautaschen" anzusetzen oder sie wie Serben zu behandeln, um sie von ihrem „Serbischsein" zu überzeugen. Es scheint nicht einmal Versuche gegeben zu haben, diese Bevölkerungsgruppe überhaupt in Abgrenzung von den Arnauten, den „wirklichen Albanern", zu identifizieren. Stattdessen zeigt die Eroberung ebenso wie die anschließende Verwaltung, dass die Regierung der Bevölkerung – auch der slawischsprachigen, christlichen – misstraute und mehr darauf setzte, das Gebiet mit serbischen Kolonisten aus anderen Landesteilen zu besiedeln. Von Albanern begangene Gesetzesverstöße wurden drakonisch bestraft.[38] Außerdem versuchten serbische Beamte, Albaner möglichst als „Türken" zu klassifizieren, um sie ausweisen zu können.[39]

Bei alldem war der serbische Nationalismus – und ist es zum Teil bis heute – von einem Dilemma geprägt, das ein allgemeines Problem des europäischen Nationalismus im 19. Jahrhundert und in der ersten Hälfte des 20. darstellt. In der Verschränkung von Befreiungsmoment (nationale Selbstbestimmung, Freiheit von Fremdherrschaft) und dynastischem Moment (Vision eines mächtigen Großreichs) sind zwei einander widersprechende Prinzipien zusammengefasst, vor allem, wenn man sich für Letzteres auf ein als Ursprung gesetztes mittelalterliches Reich – das serbische,

---

[36] So der serbische Sozialist Tucović (Müller, a. a. O., S. 198 u. 199 nach Tucović: *Serbien und Albanien*, S. 73). Damit befand sich die serbische Regierung, trotz der nicht geringen westeuropäischen und sozialistischen Kritik an ihrem Vorgehen, durchaus im Einklang mit den Standards westeuropäischer Politik. (Vgl. die Einschätzung des deutschen Delegierten einer von den Großmächten eingesetzten Kommission zur Festlegung der albanisch-serbischen Grenze, Major von Laffert, in: *Die auswärtige Politik Serbiens 1903–1914*, Bd. 2, S. 479, zit. in Müller, S. 199.)

[37] In diese Richtung ging der Vorschlag V. Markovićs, eines Mitglieds einer fünfköpfigen Regierungskommission zum Kosovo. (Vgl. Müller, a. a. O., S. 202 mit Bezug auf ‚O prisajedinjenju Stare Srbije Kraljevini Srbiji i o upravi u njoj', in: *Narodna Skupština*, S. 1142.)

[38] Müller, a. a. O., S. 200–208. Das Gleiche gilt für die Zwischenkriegszeit (vgl. ebd., S. 453).

[39] Malcolm: *Kosovo*, S. 210.

das bulgarische, das kroatische, das byzantinische – bezog. In feudaler Manier beriefen sich die Nationalisten jener Zeit in ganz Europa auf „historische Ansprüche und Rechte", selbst wenn in den betreffenden Gebieten die eigene Nationalität in der Minderheit war. Den Monarchen ermöglichte die Vernküpfung ihrer dynastischen Interessen mit dem Nationalismus nicht nur, dessen gegen sie gerichtete Aggressionen aufzufangen, sondern geradezu in ihrem Sinne umzukehren und sich selbst an die Spitze dieser starken, neuen Bewegung zu stellen.

Ein Lösungsversuch aus diesem Dilemma war die Umwandlung der betroffenen Bevölkerung in eine „eigentlich" mit der eigenen Nationalität identische (islamisierte Serben und Kroaten in Bosnien, albanisierte Serben im Kosovo oder Mazedonier, die eigentlich Serben beziehungsweise Bulgaren beziehungsweise Griechen seien). Der Versuch scheiterte an seinen inneren Widersprüchen, vor allem daran, dass er die eigenen Zuordnungen der Menschen völlig ignorierte. Das Befreiungsmoment der nationalen Selbstbestimmung war in eine neue Fremdbestimmung verkehrt. Hinzu kam das Problem vieler ethnisch stark gemischter Gebiete. Es standen allerdings außer den sozialistischen kaum Ideen zur Verfügung, die auf dieses Problem eine Antwort angeboten hätten. Und selbst die sozialistischen bezogen sich nicht wirklich darauf, sondern übersprangen es als ein im Sozialismus/Kommunismus immer schon gelöstes.[40]

Doch es ging nicht nur um ein Dilemma zwischen nationaler Freiheit und Selbstbestimmung einerseits und dynastischer Größe andererseits, sondern auch schlicht darum, die Gestalt der jeweiligen Nation überhaupt erst einmal zu bestimmen,[41] wobei Nationalisten, die das als ihre Aufgabe betrachteten, mit konkurrierenden Ansprüchen konfrontiert waren (etwa durch eine bulgarische, albanische oder mazedonische Nation). Zudem war die Lebensfähigkeit des Nationalstaates zu gewährleisten, was dann besonders schwer war, wenn sich auf dem eigenen Territorium die Interessen verschiedener Großmächte kreuzten (auf dem serbischen die österreichisch-ungarischen mit den russischen). Diese Probleme sind mit großer Klarheit von Garašanin in seinem *Načertanje* behandelt.

---

[40] Das sollte auch für die jugoslawischen Kommunisten und Tito gelten, bis sie diese Sichtweise auf dem VIII. Kongress des BdKJ Ende 1964 revidierten. (Vgl. Sundhaussen: *Geschichte Jugoslawiens 1918–1980*, S. 188f.)

[41] Bis heute ist unklar, was die ‚serbische Nation' genau ist. Sprachliche Konzepte, die von allen Ekavisch Sprechenden – Ekavisch ist der in Serbien gebräuchliche Dialekt des Serbokroatischen – ausgehen, vermischen sich mit kulturellen, die sich vor allem am geografischen Raum orientieren, den die Serbische Orthodoxe Kirche geprägt hat, und überschneiden sich beziehungsweise konkurrieren mit Konzepten, die sehr viel weiter gehende Ansprüche stellen, etwa den größten Teil Jugoslawiens außer Slowenien als zu Serbien gehörig ansehen oder die Wiederherstellung des mittelalterlichen Reichs von Zar Dušan anstreben. Viele Montenegriner empfinden sich als zur serbischen Nation gehörig, weshalb diese Republik am längsten im gemeinsamen Staatsverband verblieben ist.

Schließlich fehlten Rollenbilder, wie die Vereinigung unterschiedlicher Bevölkerungsgruppen zu einer Nation auf eine Weise hätte vonstattengehen können, ohne dass dies für alle, die nicht zur mächtigsten Gruppe gehörten, eine massive Einschränkung ihrer Selbstbestimmung und ihrer Freiheitsrechte bedeutet hätte.

2.2. Der Erste Weltkrieg und die Gründung des ersten Jugoslawiens

Zum ersten Mal spielte der Kosovo-Mythos eine weltpolitische Rolle, als der bosnische Serbe Gavrilo Princip am Veitstag 1914 den österreichischen Thronfolger Franz Ferdinand und seine Frau Sophie Chotek in Sarajevo erschoss. Dass das Habsburgerpaar die bosnische Provinzhauptstadt gerade an diesem Tag besuchen wollte, wurde von der nationalistisch gesinnten serbischen Jugend als Provokation gewertet. Der noch nicht ganz zwanzigjährige und damit noch nicht volljährige Princip war Mitglied der Geheimorganisation „Ujedinjenje ili Smrt" (Vereinigung oder Tod – sie bezog sich also ausdrücklich auf den Kosovo-Schwur), auch „Crna ruka" (Schwarze Hand) genannt. Er konnte den *Bergkranz* auswendig und hoffte, mit seiner Tat dazu beizutragen, dass die über 500 Jahre zuvor verlorene Freiheit wiedererlangt werde.[42] Damit schuf er den Anlass für den Ersten Weltkrieg, dessen Ursache allerdings nicht das „Pulverfass Balkan" war, sondern die Konkurrenz der europäischen Großmächte, allen voran die Ambitionen des Deutschen Reichs.

Das Ultimatum Österreich-Ungarns lehnte die serbische Regierung ab, woraufhin jenes Serbien den Krieg erklärte. Um in dem durch die verschiedenen Bündnisse nun unausweichlichen großen Krieg militärisch im Vorteil zu sein, erklärte die deutsche Regierung innerhalb weniger Tage erst Russland und dann Frankreich den Krieg und ließ ihre Truppen in Belgien, das als neutraler Staat deren Durchmarsch abgelehnt hatte, einmarschieren, woraufhin Großbritannien dem Deutschen Reich den Krieg erklärte.

Die serbische Armee konnte die Angriffe Österreich-Ungarns im ersten Kriegsjahr nicht nur erfolgreich abwehren, sondern sogar einen Teil von Mittelalbanien mit Elbasan und Tirana erobern. Erst seit dem Sommer 1915, als sie einer österreichisch-deutschen Offensive ausgesetzt war und Bulgarien, das Mazedonien erobern

---

[42] Provokation des Besuchs: Sundhaussen: *Experiment Jugoslawien*, S. 31; Bergkranz: Dedijer: *The Road to Sarajevo*, S. 259f. Dedijer, der die Umstände und Hintergründe des Doppelmords eingehend untersucht hat, meint, die „South Slav tradition of tyrannicide" sei ohne das genaue Studium der Kosovo-Legende nicht vollständig zu verstehen. Die Ermordung des in einigen Überlieferungen als Tyrann geschilderten Sultans durch Miloš habe hierfür das Vorbild geliefert. (S. 250f.)

wollte, in den Krieg eintrat, geriet sie in schwere Bedrängnis. Zuvor hatten die Alliierten vergeblich versucht, den serbischen Ministerpräsidenten Pašić zu territorialen Zugeständnissen an Bulgarien zu bewegen, um es auf ihre Seite zu ziehen. Für die Kosovo-Albaner nährte der Beginn des Krieges die Hoffnung, sie könnten die serbische Herrschaft bald wieder loswerden. So überfielen albanische Katschaken – albanisch: *kaçak* (Gesetzloser) – mehrfach serbische Truppen, als die bulgarische Armee angriff. Allerdings hatte es vorher auch zahlreiche Übergriffe serbischer Soldaten auf die albanische Zivilbevölkerung gegeben. Ende November blieb der serbischen Armee dann nur noch der Rückzug über die nordalbanischen und montenegrinischen Berge zur Adriaküste und dann nach Süden, bis sie nach Korfu evakuiert werden konnte. Viele Soldaten starben an Kälte und Hunger, die ortsansässigen Albaner leisteten ihnen keine Hilfe. Nach Malcolm kamen sie so noch milde davon, denn die Albaner hätten sich auch für die Plünderungen zwei Jahre zuvor rächen können. Im Nord- und Westkosovo, den die Österreicher ebenso besetzten wie Nord- und Mittelalbanien, wurden sie von der albanischen Bevölkerung als Befreier begrüßt; zum Teil hatte diese sich auch auf österreichischer Seite an den Kämpfen beteiligt.[43]

Auch in dieser Zeit schwerster Bedrängnis spielte der Kosovo-Mythos wieder eine wesentliche Rolle. Nach dem Zusammenbruch Serbiens verkündete Ministerpräsident Nikola Pašić: „Besser wir sterben alle als freie Menschen, als daß wir wie Sklaven leben", und berief sich damit auf die legendäre Entscheidung Lazars.[44] Bedeutsam war der Kosovo-Mythos in einer aktualisierten Form auch im Werben serbischer Autoren, die versuchten, die britische und französische Öffentlichkeit für Serbien und seine Expansionsziele zu gewinnen, sowie in den Publikationen englischer und französischer Autoren, die die Serben als Alliierte herausstellten. Von ihnen wurde die Schlacht auf dem Amselfeld als „turning point not only in Serbian, but in European history" dargestellt. Serbien erschien als „phare qui […] projetera sur le mer Noir les rayons de la civilisation occidentale." In der heroisch-zivilisatorischen Linie dieser *mission civilisatrice* wurde auch der gegenwärtige Kampf gesehen, in dem das Osmanische Reich bezeichnenderweise mit dem Deutschen Reich und Österreich-Ungarn verbündet war. In Großbritannien war der Historiker Robert W. Seton-Watson die treibende Kraft. Bereits 1916 erklärte der Jugoslawische Rat in London den 28. Juni zum Volksfeiertag der Serben, Kroaten und Slowenen und organisierte eine fünfwöchige Feier des Veitstages. Die Präsenz in der britischen Öffentlichkeit war enorm, Hunderttausende Menschen wurden über Schulen, Kirchen, Kinos und Broschüren erreicht.[45]

---

[43] Malcolm: *Kosovo*, S. 258–260; Sundhaussen: *Experiment Jugoslawien*, S. 33 (nicht erfolgte Zugeständnisse an Bulgarien; Korfu).

[44] Zirojević: ‚Das Amselfeld im kollektiven Gedächtnis', S. 51.

[45] Ebd., S. 55; Müller: *Staatsbürger auf Widerruf*, S. 417. Zitat: Georgevitch: *Serbia and Kosovo*, S. 7.

Die österreichisch-ungarische Regierung versuchte hingegen, die Albaner als Verbündete zu gewinnen. Ihre Politik gegenüber Albanien war offiziell die gegenüber einem freundlich gesinnten neutralen Land. Im von ihren Truppen besetzten Westkosovo kamen Albaner in die lokale Verwaltung und erhielten die Erlaubnis, bei der Ausübung ihrer Funktion Albanisch zu sprechen. Außerdem wurden Schulen gefördert, albanische Lehrer ausgebildet und billige albanische Bücher gedruckt. Während die Armeeführung anstrebte, Nordalbanien und das Kosovo Österreich-Ungarn zuzuschlagen, befürwortete das Außenministerium eine Vereinigung Albaniens mit dem Kosovo; allerdings sollte ein Teil von Südalbanien an Griechenland gehen.[46]

Die bulgarische Regierung hatte ihre Besatzungszone im Kosovo noch ausgedehnt, und König Ferdinand stattete der Region schon bald einen Besuch ab. Im Februar 1916 versicherte er Österreich-Ungarn, ein Großteil der dortigen Bevölkerung seien Bulgaren; im April erhielt er dann die Zustimmung, Bulgarien könne diese Gebiete weitgehend behalten. Den Albanern ging es unter der bulgarischen Besatzung allerdings deutlich schlechter, 1916 und 1917 gab es sogar schwere Hungersnöte. Ganz so wie die serbische Regierung eine Politik der Serbisierung betrieben hatte, bulgarisierte nun die bulgarische Mazedonier und Serben. Viele Albaner waren enttäuscht und wehrten sich auf herkömmliche Weise durch Bandenkrieg. Mit Azem Bajta – nach seinem Heimatort auch als Azem Galica bekannt – und seiner jungen Frau Shota gab es jedoch auch Albaner, die sich mit Kosta Pećanacs Tschetniks gegen die Österreicher verbündeten.[47]

Im September 1918 begann die Armee der Alliierten mit den Resten der serbischen von Saloniki aus durch Mazedonien vorzurücken, und Bulgarien schloss einen Waffenstillstand. Bis Ende Oktober hatten französische, italienische und serbische Truppen das Kosovo eingenommen und es auf diese Weise wieder unter serbische Herrschaft gebracht.[48]

Die außenpolitische Situation am Ende des Ersten Weltkriegs drängte die Südslawen unter habsburgischer Herrschaft zur Vereinigung mit Serbien: Da sich Frankreich auf seine Forderungen gegenüber Deutschland konzentrierte und Wilson sich von seinen vierzehn Punkten zurückzog, um wenigstens den Völkerbund zu retten, konnten sie kaum auf Unterstützung durch die Großmächte gegen die territorialen

---

[46] Malcolm: *Kosovo*, S. 261, der sich bezieht auf Redžepagić: *Zhvillimi i arësimit dhe i sistemit shkollor të kombësisë shqiptare në teritorin e Jugosllavisë së sotme deri në vitin 1918*, S. 259, Schwanke: ‚Das albanische Schulwesen und Österreich-Ungarn während des I. Weltkrieges', S. 63 sowie Haus-, Hof- und Staatsarchiv Wien: PA I 874, Entwurf des Telegramms von Außenminister Burián an Prinz Hohenlohe.

[47] Malcolm: *Kosovo*, S. 261f., der sich bezieht auf Rushiti: *Rrethanat politiko-shoqerore në Kosovë 1912–1918*, S. 197–199, Interallied Commission: *Report of the Interallied Commission*, S. 22–24 (Bulgarisierung), Haxhiu: *Shota dhe Azem Galica*, S. 49–55.

[48] Malcolm: *Kosovo*, S. 262f.

Forderungen Italiens an der Adria zählen. Als gleichberechtigte Partner konnten sie von vornherein nicht auftreten.[49] Die Schwierigkeiten, die sich bereits während des Krieges zwischen der serbischen Regierung von Nikola Pašić und den kroatischen Jugoslawisten um Ante Trumbić abgezeichnet hatten, setzten sich nun in verstärktem Maß fort. Die verschiedenen Hauptansätze (wechselseitige Integration auf der Grundlage des Jugoslawismus zu einer gemeinsamen Nation, Gleichberechtigung der verschiedenen Nationen in einer Föderation) ließen sich nicht verwirklichen. Das lag vor allem daran, dass die serbische Führung und weite Teile der serbischen Bevölkerung eine dominante Position und eine zentralistisch ausgerichtete Monarchie der serbischen Dynastie Karadjordjević anstrebten, würden die Serben doch im zu gründenden Staat die relative Mehrheit stellen und besaßen sie doch eine eigene Armee, durch die sie zu den Siegermächten des Weltkriegs gehörten.[50]

Für die Albaner im Kosovo bedeutete diese südslawische Vereinigung eine erneute Verschlechterung. So wehrte sich die jugoslawische Delegation unter Führung von Pašić bereits bei den Friedensverhandlungen in Saint-Germain-en-Laye dagegen, Serbien in den Vorkriegsgrenzen in die Bestimmungen zum Minderheitenschutz aufzunehmen. Was das Kosovo anging, so stellte sie sich sogar auf den Standpunkt, dort gebe es gar keine Minderheiten.[51] Der Minderheitenschutz war eine Forderung der siegreichen Großmächte und wurde von den jungen Staaten in Osteuropa als gängelnd und demütigend empfunden. Mit dem Minderheitenschutz war ein zivilisatorischer Anspruch verbunden, den ihre Verfechter allerdings selbst unter Umständen – etwa in den eigenen Kolonien – hintanstellten. So verwundet es nicht, dass auch die ihnen nacheifernden Regierungen der neuen Staaten je nach Interessenlage mal ethnonational, mal historisch, mal politisch-strategisch und mal wirtschaftsgeografisch argumentierten, während von den älteren Mächten auch schon mal eine den Minderheitenschutz zu eigenen Zwecken ins Feld führte.[52] Die jugoslawische Regierung hat dann auch konsequent die Bestimmungen des Vertrags von Saint-Germain-en-Laye (Artikel 51 der Präambel) und der Charta des Völkerbunds missachtet.[53]

---

[49] Vgl. Sundhaussen: *Geschichte Jugoslawiens 1918–1980*, S. 36–39.

[50] Sundhaussen: *Experiment Jugoslawien*, S. 33–37.

[51] Müller: *Staatsbürger auf Widerruf*, S. 412–414.

[52] Vgl. ebd., S. 410. So schlug die italienische Delegation bei den Friedensverhandlungen vor, Gebieten mit überwiegend albanischer Bevölkerung innerhalb Jugoslawiens Autonomie zu gewähren, wogegen sich dann vor allem die französische Seite stellte (Viefhaus: *Die Minderheitenfrage und die Entstehung der Minderheitenschutzverträge auf der Pariser Friedenskonferenz 1919*, S. 218 mit Bezug auf Miller: *My Diary at the Peace Conference of Paris*, Bd. 13, S. 261).

[53] Nach Sundhaussen: ,Kosovo: Eine Konfliktgeschichte', S. 76.

2.3. Der Kosovo-Schwur kann nicht gehalten werden –
Serbien und das Kosovo zwischen den beiden Weltkriegen

Jugoslawien wurde zwischen den Weltkriegen von zwei Parteien dominiert: der Radikalen Volkspartei (NRS) und der Demokratischen Partei (DS), wobei Erstere nationalistisch serbisch ausgerichtet war, unter ihrem Führer Nikola Pašić bereits lange die serbische Politik bestimmt hatte und einen zentralistischen Nationalstaat unter serbischer Führung anstrebte, während Letztere zwar ebenfalls serbisch geprägt war, aber eine Auflösung der bestehenden südslawischen Nationalitäten in einer alle umfassenden jugoslawischen Nation verwirklichen wollte, was ihr allerdings schon innerhalb der eigenen Organisation nicht gelang.[54]

Im Gegensatz zu ihnen stand die von den Brüdern Antun und Stjepan Radić 1904 gegründete Kroatische Volks- und Bauernpartei (HPSS, seit 1920 Kroatische Republikanische Bauernpartei – HRSS), die im Habsburgerreich keine Rolle gespielt hatte, da die kroatischen Bauern aufgrund des Zensuswahlrechts von der politischen Teilhabe weitgehend ausgeschlossen gewesen waren. Bei den Wahlen zur Verfassunggebenden Versammlung des neuen Staates am 28. November 1920 erhielt sie jedoch in Kroatien-Slawonien auf Anhieb die absolute Mehrheit. Die zentralistischen Bestrebungen der beiden großen serbischen Parteien lehnte die HRSS ab. Sie schickte daher auch keine Abgeordneten in die Verfassunggebende Versammlung, sondern gründete in Zagreb eine eigene kroatische Volksvertretung, die am 8. Dezember die „Kroatische Bauernrepublik" ausrief. Auch in den anderen Landesteilen organisierte sich die Bevölkerung weitgehend nach nationalen Gesichtspunkten. So gab es die Slowenische Volkspartei (SLS), die Jugoslawische Muslimische Organisation (JMO), die die Muslime in Bosnien-Herzegowina vertrat, und den „Islam Muhafaza-yı Hukuk Cemiyeti" (Islamische Vereinigung zur Verteidigung des Rechts), meist kurz Džemijet (albanisch: Xhemijet) genannt, als Vertretung der Albaner und anderer Muslime im Kosovo, der allerdings eine kleinere Partei war. Unter den größeren Parteien orientierten sich lediglich die Kommunisten übernational.[55] Der neue Staat stand also von Beginn an auf keiner gemeinsamen Grundlage.

Statt daraufhin mit allen größeren Parteien (und so auch mit den von ihnen vertretenen Nationalitäten) eine solche Grundlage zu erarbeiten, verließen sich die NRS und die DS auf ihre Stärke. Aufgrund des Boykotts der kroatischen Abgeordneten verfügten sie im Parlament sogar über die Mehrheit, was sie rigoros ausnutzten, um die Verfassung nach ihren Vorstellungen zu gestalten – zuvor hatten sie entgegen früher getroffenen Vereinbarungen durchgesetzt, dass sie mit einfacher Mehrheit verabschiedet werden konnte. Dabei ging es neben der Frage, inwieweit der neue Staat zentralistisch oder föderal gestaltet werden sollte, auch darum, ob er republi-

---

[54]   Sundhaussen: *Experiment Jugoslawien*, S. 38f.; Malcolm: *Kosovo*, S. 270.

[55]   Sundhaussen, a. a. O., S. 39–41.

kanisch oder monarchisch verfasst sein sollte. Für die beiden serbischen Parteien handelte es sich bei der Verfassung letztlich um eine Bestätigung des bereits am 1. Dezember 1918 vom serbischen Prinzregenten Aleksandar Karadjordjević ausgerufenen „Königreichs der Serben, Kroaten und Slowenen", wobei dem König eine außerordentlich starke Position eingeräumt wurde. Schon der Name selbst zeigt die absurde Lage: Es war der serbisch geführte Staat einer „dreinamigen Nation".[56] Bei anderen Gelegenheiten war von „drei Stämmen" die Rede.

Die Verfassung wurde am 28. Juni 1921 verabschiedet, wobei ihr 223 Abgeordnete zustimmten, während von den restlichen 196 nur 35 überhaupt erschienen. Lediglich die Vertreter von Serbien, Bosnien und der Vojvodina hatten mehrheitlich für sie gestimmt. Ferngeblieben waren auch so prominente Verfechter der jugoslawischen Vereinigung wie Ante Trumbić und Anton Korošec. Dass dies just am Veitstag geschah, lud diesen für den neuen Staat grundlegenden Akt zusätzlich serbisch nationalistisch auf. Dass der nationale Unitarismus und staatliche Zentralismus in der Verfassung verankert wurde, machte die Vertreter gegenteiliger Positionen zumindest potenziell zu Verfassungsfeinden. Die Serben wurden als relative Mehrheit zur dominanten Nationalität, was in den folgenden Jahren fatale Folgen haben sollte.[57]

Holm Sundhaussen sieht hierin eine Folge der nationalistischen Propaganda der Vorkriegszeit, in der führende serbische Politiker jahrzehntelang Bosnien-Herzegowina, das Kosovo und Mazedonien als „urserbische" Territorien reklamiert hatten. Von Bedeutung war hierbei auch der Stand der öffentlichen Kommunikationsmittel. Da es praktisch keine großen landesweiten Presseerzeugnisse gab – was auch daran lag, dass die kroatische Bevölkerung die lateinische, die serbische hingegen weitgehend die zyrillische Schrift benutzte –, wussten die verschiedenen Nationalitäten sehr wenig voneinander. So glaubte die große Mehrheit der Serben der politischen und journalistischen Propaganda, Serbien habe die anderen südslawischen Völker „befreit". Was angesichts der verweigerten Selbstbestimmung mit „Befreiung" gemeint sollte, wurde unter ihnen nicht diskutiert.[58]

Hinzu kam das enorme Nordsüdgefälle in Bezug auf Wohlstand, den Grad der Industrialisierung und den Bildungsstand. Die starken nationalen Spannungen wurden durch staatliche Versuche, den Reichtum gleichmäßiger zu verteilen, noch verstärkt, zumal sie häufig ineffizient und von korrupten Beamten umgesetzt wurden.

---

[56] Ebd., S. 35f., 39–42. Die von Pašić auf der Friedenskonferenz in Saint-Germain-en-Laye gebrauchte Langformel lautete sogar: ein Volk „mit drei Namen, drei Religionen und zwei Alphabeten" (ebd., S. 45).

[57] Ebd., S. 42f. Ironischerweise konnte die Veitstagsverfassung nur durch die Stimmen des Džemijet die erforderliche Mehrheit erhalten. (Müller: *Staatsbürger auf Widerruf*, S. 482)

[58] Sundhaussen, a. a. O., S. 43f. Die nächsten Absätze folgen ebenfalls, wo nicht anders vermerkt, seiner Darstellung auf den S. 45–59.

Der schärfste Gegensatz bestand zu Kroatien, wo Stjepan Radić für eine jugoslawische Konföderation kämpfte, in der auch Montenegriner und Mazedonier, die die serbischen Nationalisten als „Serben" ansahen, über ihre Belange selbst entscheiden sollten. Die von ihm 1921 vorgelegte kroatische Verfassung enthielt allerdings kein Wort zu einer serbischen Nation innerhalb Kroatiens. Die DS hingegen organisierte die serbische Bevölkerung Kroatiens in „Bauernräten" und drohte mit einer Abspaltung der serbisch besiedelten Gebiete, falls sich Kroatien selbstständig machen sollte.

Erst als die kroatischen Abgeordneten im Frühjahr 1924 ihren Parlamentsboykott aufgaben, verloren die DS und NRS ihre Mehrheit. Der zentralistische Flügel der DS mit Svetozar Pribićević spaltete sich ab und gründete die Selbstständige Demokratische Partei, die von nun an die Serben in Kroatien vertrat. Der Rest der DS unter Ljubomir Davidović ging eine Koalition mit der SLS und der JMO ein, die von der HRSS unterstützt wurde. Diese erste wirkliche Chance auf einen Neuanfang stand allerdings auf schwachem Fundament, denn Davidović verfügte über keine Mehrheit unter der serbischen Bevölkerung und wurde von Pašić und Pribićević erbittert bekämpft. Am 15. Oktober forderte ihn König Aleksandar ultimativ zum Rücktritt auf, obwohl er über eine stabile parlamentarische Mehrheit verfügte.

Radić war bereits vor der Wahl wegen Hochverrats in Untersuchungshaft genommen worden. Seinen Neffen Paul Radić ließ er am 25. März 1925 eine Erklärung abgeben, dass es seiner Partei beim Republikanismus nicht um die Form, sondern um den Inhalt gehe. Er erkannte die Dynastie Karadjodjervić an, verband dies allerdings mit dem Wunsch nach einer Monarchie englischen Typs und einer Verfassungsänderung auf der Grundlage wirklicher Gleichberechtigung. Am 27. strich die Partei zudem den Zusatz „Republikanische" aus ihrem Namen (HSS). Pašić aber ging auch darauf nicht und forderte von Radić, dass er auf die Verfassungsänderung verzichte, worauf sich dieser sogar einließ, indem er eine Probezeit von ein paar Jahren für die bestehende Verfassung akzeptierte. Die serbischen Nationalisten um König Aleksandar und Pašić sahen darin jedoch keinen Anlass, nun ihrerseits auf die HSS und die anderen Parteien zuzugehen, sondern lediglich einen Beweis für die Richtigkeit ihrer Linie.

Am 18. Juli kam es sogar zu einer Koalitionsregierung zwischen NRS und HSS, der Radić als Bildungsminister angehörte. Da aber alle Seiten auf ihren Positionen beharrten, scheiterte auch dieser Versuch. Schon wenige Wochen später brach die Koalition auseinander.

In der Folge schlossen sich Radić und sein bisheriger Intimfeind Pribićević zur „Bäuerlich-Demokratischen Opposition" zusammen. Pribićević hatte erkennen müssen, dass es für sein Konzept eines jugoslawischen Unitarismus weder bei den Serben noch bei den Kroaten eine Basis gab. Doch eine Entspannung zwischen den politischen Lagern brachte das mitnichten. Im Gegenteil, die verbalen Angriffe im Parlament und in der Presse eskalierten bis hin zu offenen Morddrohungen. Am 20. Juni 1928 erschoss der aus Montenegro stammende Abgeordnete der NRS Puniša Račić zwei Parlamentarier der HSS, darunter Paul Radić. Der zuckerkranke Stjepan Radić starb am 8. August an den Folgen des Attentats. In den folgenden Monaten wurde viel über verschiedene Varianten einer erwünschten „Separation" – seitens der Föderalisten – beziehungsweis einer befürchteten „Amputation" – seitens der Zentralisten – spekuliert. Letztere entwarfen verschiedene Szenarien eines Groß-serbiens.

Um doch noch einen Ausweg aus der Staatskrise zu finden, hob König Aleksandar die Veitstagsverfassung am 6. Januar 1929 auf und errichtete seine persönliche Diktatur. Der Staatsname wurde in „Königreich Jugoslawien" abgeändert, was die jugoslawisch-unitaristische Ausrichtung anzeigt. Die Demokratie aber war schon länger zur Farce geworden. Die häufigen Regierungswechsel hatten die Verabschiedung von Gesetzen zunehmend erschwert, immer öfter wurde mit Verordnungen regiert. Nun verbot der König alle politischen Parteien und Vereine auf „stammlicher" (nationaler) oder konfessioneller Grundlage, was unter anderen die NRS, die DS, die HSS, die SLS und die JMO betraf. Ebenso mussten alle Druckschriften eingestellt werden, die solcherlei „stammliche" Bezüge im Titel trugen, etwa der *Slowenische Bote* oder das *Serbische Wort*.[59]

Aufgrund der blockierten Situation stieß die Königsdiktatur zuerst auf relative Zustimmung, doch das änderte sich schnell, als deutlich wurde, dass Aleksandar die bisherige großserbische Politik lediglich mit einigen Änderungen fortsetzte. Am 3. September 1931 erließ er eine neue Verfassung, die seine Befugnisse noch erheblich ausweitete. Von den brennenden Integrationsproblemen wurde auch in der Folgezeit keins gelöst, doch nun kam hinzu, dass sich die bereits vorher strukturell schlechte Wirtschaftslage durch die Weltwirtschaftskrise dramatisch verschlechterte. Auf diese Weise erhielten im Untergrund agierende nationalistische Splittergruppen – wie die kroatische Ustascha-Bewegung von Ante Pavelić – wachsenden Zulauf.

Schließlich wurde König Aleksandar am 9. Oktober 1934 in Marseille von mazedonischen und kroatischen Terroristen ermordet – auch der französische Außenminister kam dabei ums Leben. Da Thronfolger Petar noch minderjährig war, übernahm ein dreiköpfiger Regentschaftsrat unter Führung von Pavle Karadjordjević, einem Onkel Aleksandars, die Staatsgeschäfte.[60]

Am 24. Juni 1935 wurde von dem Finanzfachmann Milan Stojadinović eine neue Regierung gebildet. Dazu gründete er in Absprache mit der NRS, der Slowenischen Volkspartei und der JMO die Jugoslawische Radikale Union als neue Regimepartei.

---

[59] Ebd., S. 56f.; Druckschriften: Olschewski: *Der serbische Mythos*, S. 438. Nicht unwesentlich scheint bei der Entscheidung zur Diktatur die Kritik am parlamentarischen System gewesen zu sein, es habe eine so komplexe Aufgabe wie die Kolonisierung des Kosovo nicht lösen können, unter anderem, weil die politischen Parteien auch den Albanern hätten Versprechungen machen müssen, um von ihnen gewählt zu werden (Müller, a. a. O., S. 449f.).

[60] Sundhaussen: *Geschichte Jugoslawiens*, S. 89.

Der neue Ministerpräsident war in der nationalen Frage deutlich beweglicher als seine Vorgänger und sprach sich für eine „breite Selbstverwaltung" und die Gleichberechtigung aller „Stämme" und Glaubensbekenntisse aus. Dieses Konzept hätte wohl Mitte der 20er Jahre noch Aussicht auf Erfolg gehabt, jetzt kam es zu spät. Radićs Nachfolger Vladko Maček lehnte es als unzureichend ab. Dennoch war diese Zeit von einer relativen Entspannung in der nationalen Frage geprägt. Immerhin sprachen die verschiedenen Seiten nun miteinander, und das Vorhandensein einer „kroatischen Frage" wurde nicht mehr geleugnet.[61]

Man diskutierte sogar eine Föderalisierung, wobei man sich allerdings nicht auf die Zahl der Länder einigen konnte. Die serbischen Vertreter wollten nur vier Länder (Slowenien, Kroatien-Dalmatien, Bosnien-Herzegowina und Serbien), die HSS forderte hingegen sieben (zusätzlich noch Montenegro, Mazedonien und die Vojvodina). Ihr Führer Maček war zwar bereit, Montenegro und Mazedonien bei Serbien zu belassen – allerdings mit innerer Autonomie –, aber im Fall der Vojvodina bestand er auf dem Status einer föderativen Einheit.[62]

Nun wandte sich Maček der illegalen serbischen Opposition zu. Mit der NRS, der DS und dem Bauernbund bildete die HSS den Block der nationalen Verständigung. Die vier Parteien veröffentlichten Anfang Oktober 1937 eine Deklaration, in der sie die Verfassung von 1921 ebenso ablehnten wie die von 1931. Erstere sei ohne die Kroaten, Letztere zusätzlich auch noch ohne die Serben zustande gekommen. Sie schlugen sogar ein Verfahren vor, mit dem ein Übereinkommen hätte erreicht werden können. Für Stojadinovićs Partei und den Prinzregenten kam eine neue Verfassung während des Interregnums jedoch nicht infrage.[63]

Überraschend entließ der Prinzregent dann allerdings Anfang 1939 seinen Ministerpräsidenten und beauftragte Dragisa Cvetković mit der Regierungsbildung sowie damit, Verhandlungen mit der kroatischen Opposition aufzunehmen. So kam zwischen Cvetković und Maček am 26. August 1939 der *sporazum* (Übereinkunft) zustande, der Kroatien, bestehend aus Kroatien-Slawonien, Dalmatien und Teilen Nordbosniens und Syrmiens (was es rund 9000 km^2 größer machte als die Republik Kroatien nach dem Zweiten Weltkrieg) die Autonomie brachte. Er hätte ein erster Schritt zu einer Verständigung sein können, doch auch er kam viel zu spät und ließ wichtige Fragen – etwa die Kompetenzverteilung zwischen der Regional- und der Zentralregierung sowie die Finanzierung – unbeantwortet, was die Polarisierung eher verstärkte als abbaute. Auf serbischer Seite führte der *sporazum* zu heftiger Abwehr in einflussreichen politischen und militärischen Kreisen, da in der kroatischen Banschaft (so der Name der neuen Verwaltungseinheit) auch 800 000 Kona-

---

[61]   Sundhaussen: *Experiment Jugoslawien*, S. 60.

[62]   Sundhaussen: *Geschichte Jugoslawiens*, S. 92.

[63]   Sundhaussen: *Experiment Jugoslawien*, S. 61.

tionale lebten. Gestärkt wurden auf beiden Seiten auf diese Weise die extremeren Nationalisten sowie die Kommunisten.[64]

Es gelang also die ganze Zwischenkriegszeit über nicht, den größten nationalen Gegensatz, den zwischen Serben und Kroaten, zu überwinden; aber auch die Mazedonier, Albaner und Ungarn wurden diskriminiert. In Mazedonien und im Kosovo operierten bereits vor der Königsdiktatur mehrere aufständische Gruppierungen, die zum Teil von rivalisierenden Nachbarstaaten (Italien, Bulgarien, Albanien) unterstützt wurden. Unter ihnen litt die Bevölkerung ebenso wie unter der Repression, mit der der Staat antwortete.[65]

Die Auffassung der Vorkriegszeit, bei der Albanisch sprechenden Bevölkerung des Kosovo handle es sich ganz überwiegend um „Arnautaschen", wurde nach außen zum Teil beibehalten, so beispielsweise als sich die jugoslawische Delegation beim Völkerbund noch 1929 auf den Standpunkt stellte, im Kosovo existierten keine Minderheiten.[66] Doch auch nach dem Ersten Weltkrieg unternahm keine jugoslawische Regierung irgendwelche Anstrengungen, um diese „eigentlich" serbische Bevölkerung positiv anzusprechen und dafür zu gewinnen, ihre „wahre" Identität zu leben. Alles, was die Regierungen taten, war in der einen oder anderen Form gewalttätig und zielte darauf, dass sich die Albaner entweder der Gewalt beugten und assimilierten oder auswanderten. Man sah sich weiter im Auftrag einer *mission civilisatrice* an der Grenze zum Orientalischen, Unzivilisierten und Wilden, wobei die Albaner eindeutig die Welt jenseits dieser Grenze repräsentierten, zugleich jedoch diesseits der Staatsgrenze lebten. Einige Texte aus der Vorkriegszeit hatten, wie wir gesehen haben, sogar nahegelegt, die Albaner seien zivilisationsunfähig.

---

[64] Sundhaussen: *Geschichte Jugoslawiens*, S. 100f.; ders.: *Experiment Jugoslawien*, S. 61–63.

[65] Sundhaussen: *Experiment Jugoslawien*, S. 56f., 63f.

[66] Dies war nur möglich, weil die bei der Volkszählung von 1921 festgestellten immerhin 288 900 Kosovo-Albaner – wohl eine zu niedrige Zahl – als Arnautaschen gewertet wurden. (Malcolm: *Kosovo*, S. 268 mit Bezug auf *A Short History of Jugoslavia*, S. 165 u. Vučković/Nikolić: *Stanovništvo Kosova u razdoblju od 1918. do 1991. godine*, S. 79. Höhere Schätzungen findet er bei Baldacci: *Studi speciali albanesi*, Bd. 1, S. 273, Popp: ‚Minoritatea româno-albaneză din Jugoslavia', S. 365 u. Kokalari: *Kosova, djepi i shqiptarizmit*, S. 90; vgl. a. Müller: a. a. O., S. 414.)

Auch in der serbischen Öffentlichkeit war mitunter noch von den Arnautaschen die Rede, etwa bei Filipović: ‚Etničke prilike u Južnoj Srbiji', S. 432, 487. Müller, der Filipovićs Ausführungen auf S. 422f. von *Staatsbürger auf Widerruf* ausführlicher behandelt, sieht in solchen Aussagen allerdings „eher lustlose Referenzen" an die serbische Argumentationstradition bis zum Ersten Weltkrieg. Primär sei es Filipović um „eine Serbisierung des Gebietes durch physische Migration" gegangen (S. 433). Insgesamt meint er, die Arnautaschen-These sei bereits in der parlamentarischen Phase Jugoslawiens fallen gelassen worden (S. 453).

Aus der Begründung eines feindlichen Gegensatzes, der Eroberungen und Vertreibungen hatte rechtfertigen sollen, wurde, sobald diese durchgeführt waren, ein Muster, dass den konstruktiven Umgang mit diesen neuen Staatsbürgern im Sinne einer gemeinsamen Gesellschaftsgestaltung verunmöglichte: Sie waren der augenfälligste Hemmschuh der eigenen großen zivilisatorischen Ambitionen, womit ganz konkrete, faktische Probleme wie die unterschiedliche Sprache und häufig auch Religion, technologischer Stand und andere gesellschaftliche Umgangsweisen sowie die andere nationale Ausrichtung verknüpft waren.[67] Die Verquickung dieser realen Schwierigkeiten mit den bereits gängigen Stereotypen schloss beides in einer negativen Spirale kurz: Da die Probleme nicht in erster Linie als *eigene* erkannt wurden, sondern „die Albaner" als „das Problem" identifiziert wurden, das gelöst, sprich: beseitigt, werden musste, wurden Maßnahmen ergriffen, die den Widerstand der Albaner und damit die Probleme nur vergrößern konnten, was wiederum die negativen Stereotypen bestätigte.

So wurden alle albanischsprachigen Schulen, die unter der österreichisch-ungarischen Besatzung entstanden beziehungsweise unter der bulgarischen toleriert worden waren, bis 1930 geschlossen oder in rein serbischsprachige umgewandelt. Lediglich türkisch- und arabischsprachige Schulen, die den Moscheen angegliedert waren, blieben erlaubt. Die Behörden gingen davon aus, dass die albanischen Schüler hier auf einem so niedrigen Bildungsniveau bleiben würden, dass sie leicht zu assimilieren sein würden. Die staatlichen serbischsprachigen Schulen aber wurden von den Albanern nur in geringem Maße akzeptiert. Tatsächlich wurde in den muslimischen Religionsschulen oft auch ein – allerdings dürftiger – albanischsprachiger Grundschulunterricht erteilt. Gleiches gilt für Religionsschulen, die katholischen Kirchen angeschlossen waren. Daneben gab es noch einige illegale Schulen.[68]

Auch in der Verwaltung und jeglichen Druckerzeugnissen war der Gebrauch des Albanischen untersagt. Beim Zensus von 1921 wurde wohlweißlich nur nach der Sprache und der Religion gefragt.[69] Damit gestand der Staat zumindest ein, dass sich die albanischsprachige Bevölkerungsgruppe selbst keineswegs als serbisch verstand.

Der Džemijet kümmerte sich als politische Vertretung der Kosovo-Albaner anfangs vor allem um die Belange der ehemals ottomanischen Landbesitzer, setzte sich

---

[67] Zum Stand der nationalen Bewegung im Kosovo vor dessen Annexion durch Serbien 1912 vgl. Malcolm: *Kosovo*, S. 247f.

[68] Müller, a. a. O., S. 431 u. 432; Malcolm: *Kosovo*, S. 267f., der sich auf Pirraku: ‚Kulturno-prosvetni pokret Albanaca u Jugoslaviji', S. 358 bezieht. Entgegen der Annahme der Regierung, an den muslimischen Schulen könne sich kein nationales Widerstandspotenzial bilden, waren sie die Basis für zahlreiche illegale albanisch-nationale Kulturorganisationen (Müller, S. 433).

[69] Malcolm: *Kosovo*, S. 267f. Vgl. a. Müller: a. a. O., S. 432, der allerdings meint, die Existenz albanischsprachiger Publikationen habe vom politischen Wohlverhalten des hinter ihnen stehenden Džemijet abgehangen.

bald aber auch für die Belange der albanischen Bevölkerung insgesamt ein, zum Beispiel beklagte er im Parlament willkürliche Verhaftungen und Polizeigewalt. 1923 ging er sogar eine Koalition mit Pašićs NRS ein, doch im darauffolgenden Jahr verließ er sie wieder, da keine der ihm gemachten Versprechungen erfüllt worden waren. In der Folge zerbrach die Partei an der Frage einer Zusammenarbeit mit der Opposition, vor allem der HRSS. Außerdem ging Pašić nun mit der Polizei gegen sie vor: Ihr Führer, Ferat Draga, wurde mehrfach vor einer Wahl verhaftet und das auf Türkisch erscheinende Parteiblatt *Hak* geschlossen. Einige Albaner, die gegen ein solches Vorgehen protestierten oder der Politik der Regierung im Weg standen, wurden ermordet. Mit dem Ende des Džemijet vestummten auch die Einsprüche gegen die nationalpolitische Ausrichtung der Kolonisierung im Kosovo.[70]

Unter diesen Umständen verwundert es nicht, dass sich viele Albaner in traditioneller Weise als Katschaken zur Wehr setzten, zumal die serbischen Truppen bei der erneuten Eroberung des Kosovo wieder sehr gewalttätig vorgegangen waren. Viele kooperierten allerdings auch mit den Behörden und arbeiteten in niedriger Stellung in der Verwaltung, wofür sie dann von den Aufständischen als Kollaborateure angegriffen wurden. Von serbischer Seite wurden die Katschaken schlichtweg als Banditen angesehen. Auch wenn es einige rein kriminelle Überfälle gegeben hat, so war die Bewegung doch eindeutig politisch. Die Regierung ging in mehreren Wellen massiv gegen sie vor, was den Zulauf zu den Katschaken anfangs noch verstärkte, zumal die Albaner 1920 aufgefordert wurden, die Waffen abzugeben und alle 18- bis 25-Jährigen zum Militärdienst zu schicken. Hinzu kam, dass die Behörden Banden (*čete*) aus der lokalen serbischen Bevölkerung bilden ließen und gegen die Katschaken einsetzten, was das Verhältnis zwischen beiden Bevölkerungsgruppen weitgehend zerstörte. Außerdem nutzten sie Blutrachefehden, um albanische Clans gegeneinander aufzubringen. Als die Regierung dann begann, die Familien der Katschaken zur Strafe in Lagern in Mittelserbien zu internieren – was eine enorme Verletzung der Ehre bedeutete – und ganze Dörfer für die in ihrer Umgebung erfolgten Angriffe in Haftung zu nehmen, verschärfte das die Lage noch weiter.[71]

Erfolg hatte das Vorgehen der Regierung allerdings erst, als ein Machtkonflikt zwischen dem albanischen Innenminister Ahmet Zogolli, dem späteren König Zogu I., und den Aufständischen dazu führte, dass diese sich bei Gefahr nicht mehr nach Albanien zurückziehen konnten. Im Juli 1927 wurden die letzten im Kampf getötet. Malcolm schätzt, dass insgesamt etwa 12 000 Albaner bei den Kämpfen ums Leben kamen, wobei auch einige als Kollaborateure von den Katschaken selbst um-

---

[70] Malcolm: *Kosovo*, S. 269–272; Müller, a. a. O., S. 445 (Verstummen der Einsprüche). Müller nennt noch die Zeitungen *Hak Yolu* und *Mücahede*, die teilweise als Sprachrohre des Džemijet gedient hatten und 1924/25 ihr Erscheinen einstellen mussten (S. 430, Anm. 121).

[71] Malcolm: *Kosovo*, S. 272–275. Zum Vorgehen der zurückkehrenden serbischen Truppen 1918 siehe a. Müller, a. a. O., S. 425, zur Nutzung von Blutrachefehden S. 426f.

gebracht wurden. Am Ende hatten die Aufständischen lediglich ein Zeichen des Widerstands gesetzt und nicht wenige Serben davon abgehalten, im Kosovo zu siedeln, beziehungsweise viele veranlasst, es wieder zu verlassen.[72]

Das Siedlungsprogramm der Regierung verfolgte nicht nur das Ziel, die Bevölkerungsverhältnisse im Kosovo zu serbischen Gunsten umzukehren, sondern auch, die serbische Auswanderung aus Serbien und Montenegro in die USA zu stoppen. Begründet wurde es offiziell damit, den alten ottomanischen Großgrundbesitz aufzubrechen und zu verteilen. Erstens war dieser Großgrundbesitz jedoch überwiegend gar nicht so groß, und zweitens hätte die kosovarische Bevölkerung ausgereicht, um das Land unter ihr zu verteilen – das Kosovo war bereits damals die am dichtesten besiedelte Region Jugoslawiens.[73]

Im Zuge der Landreform waren jedoch nicht einmal ein Viertel der Nutznießer Albaner. Allerdings erhielten auch die Kosovo-Slawen weniger Land als die auswärtigen Kolonisten. Gab es für Kosovo-Bewohner 4,1 ha pro Familie, so waren es bei den Kolonisten 7,2. Letztere erhielten das Land nicht nur umsonst, ihnen wurden auch sämtliche Transportkosten bezahlt, sie konnten zinsfreie Darlehen erhalten und das Land nach zehn Jahren auch wieder verkaufen. Mitunter wurden albanische Familien, deren Eigentum für die Siedler konfisziert werden sollte, nicht einmal vorher informiert – plötzlich standen die neuen Eigentümer vor der Tür.[74]

Die neuen serbischen Ortschaften erhielten häufig Namen, die an den Kosovo-Mythos gemahnten (etwa Obilić, Lazarevo, Miloševo, Kosovo und Devet Jugovića – Die Neun Jugovići) und damit an die nationale Mission, die die Siedler im Kosovo zu erfüllen hatten. Sie wurden vornehmlich entlang von Hauptverkehrswegen ange-

---

[72] Malcolm: *Kosovo*, S. 276–278. Zogollis Haltung änderte sich bald erneut: Da das Verhältnis zu Belgrad sich rapide verschlechterte, suchte er Unterstützung bei Mussolini, der ein Interesse daran hatte, die irredentistische Karte zu spielen, weshalb sich Zogolli 1928 nicht als „König von Albanien", sondern als „König der Albaner" krönen ließ. Ende der 30er Jahre neigte Mussolini allerdings immer mehr einer Annexion Albaniens zu, worin ihn besonders Hitlers „Anschluss" Österreichs bestärkte. 1938 und Anfang 1939 besprach die italienische Regierung mit der jugoslawischen noch eine Teilung des Landes, wobei Jugoslawien die Gegend um Shkodra und Griechenland einen Teil des Südens erhalten sollten, doch bald entschied sich Mussolini anders, und am 7.4. überfielen italienische Truppen das Land. (Ebd., S. 287f.)

[73] Malcolm: *Kosovo*, S. 278f. Es entbehrt in diesem Zusammenhang nicht einer gewissen bitteren Ironie, dass Nikola Pašić schon 1914 in einer ersten Kolonisierungswelle 3000 ha Land in der Nähe von Priština kaufte (ebd., S. 279). Nach dem Krieg erhielten nicht wenige pensionierte Offiziere, Lehrer und Günstlinge einflussreicher Belgrader oder lokaler Politiker Grundbesitz vor allem in der Nähe der größeren Städte, den sie nicht selbst bearbeiteten, sondern verpachteten, was den Unmut auch der ortsansässigen Serben erregte (Müller, a. a. O., S. 439). Nach Müller spielte bei der Landreform in Bezug auf den Gesamtstaat die Angst vor Unruhen eine wesentliche Rolle (S. 437).

[74] Malcolm: *Kosovo*, S. 280f. Zu den Anreizen siehe a. Müller, a. a. O., S. 441f.

legt. Für die Kolonisation warb die Regierung unter den Kämpfern des Weltkriegs, bald auch unter jenen der Balkankriege und Mitgliedern von Tschetnikorganisationen. Das benötigte Land wurde aus kommunalem und privatem albanischen Besitz konfisziert, wozu es „nicht bebaut" beziehungsweise „aufgegeben" sein musste, oder es wurde Katschaken weggenommen.[75]

Die Kosten waren für den armen jugoslawischen Staat enorm, allein in den Jahren 1928/29 beliefen sie sich auf 10 Millionen Dinar, was etwa 180 000 US-Dollar entsprach. Die jährlichen Kredite in Höhe etlicher Millionen Dinar wurden nur sehr schleppend zurückgezahlt. Knapp 200 000 ha wurden ihren Eigentümern weggenommen, wovon etwa die Hälfte Kolonisten und knapp 18 000 „örtlichen Berechtigten" übergeben wurde – im gesamten Kosovo gab es 584 000 ha landwirtschaftliche Flächen, von denen 400 000 mit dem Pflug bearbeitet werden konnten. Das restliche Land wurde wohl für die weitere Kolonisierung bereitgehalten, vermutet Müller. Bis Ende der 20er Jahre sollen nach serbischen Angaben knapp über 13 000 Familien, schätzungsweise 70 000 Personen, ins Kosovo gekommen sein, was den serbischen Bevölkerungsanteil im Vergleich zu 1919 von 24 auf 38 Prozent habe anwachsen lassen. Da die dortige Bevölkerung bereits unterbeschäftigt war und die Kolonisierung keine großen Produktivitätssteigerungen brachte, musste eine so massive Enteignung viele albanische Familien in die Armut oder ins Ausland treiben.[76]

Doch auch die Neuankömmlinge hatten mit Schwierigkeiten zu kämpfen. Es fehlten landwirtschaftliche Geräte, Werkzeuge zum Hausbau, Zugtiere und Saatgut, und die örtlichen Beamten erwiesen sich als überaus korrupt. Zudem war den aus der Vojvodina stammenden Kolonisten die Mentalität der Einheimischen – auch der slawischen – sehr fremd. Viele slawische Siedler verließen die Region daher schon bald wieder.[77]

Ironischerweise wurde das Kosovo, diese „Wiege der serbischen Nation", 1929 im Rahmen einer generellen Verwaltungsreform, die das gesamte Land in Banschaften gliederte, als Verwaltungseinheit abgeschafft und unter den Banschaften

---

[75] Malcolm: *Kosovo*, S. 279–281; Müller, a. a. O., S. 443f., Anm. 192.

[76] Müller, a. a. O., S. 440 (restliches Land), 442 (Kredite); Malcolm: *Kosovo*, S. 281f., der sich für die Zahlen bezieht auf Roux: *Les Albanais en Yougoslavie*, S. 195, Verli: *Reforma agrare kolonizuese në Kosovë (1918–1941)*, S. 95f. u. 138, Obradović: *Agrarna reforma i kolonizacija na Kosovu (1918–1941)*, S. 221 und Krstić: *Kolonizacija u Južnoj Srbiji*, S. 81. Zudem gibt Müller einen Hinweis, dass es gerade die Verwaltungskreise mit den fruchtbarsten Böden und einem überdurchschnittlich hohen albanischen Bevölkerungsanteil waren, in denen besonders viel Land für die Kolonisation enteignet wurde (S. 447).

[77] Malcolm: *Kosovo*, S. 282. Nach Fritscher hatten 10–15 % der Kolonisten das Kosovo bis 1930 wieder verlassen. Er nennt als Erfolg der Kolonisation allerdings auch die intensivere Bewirtschaftung. (,Agrarverfassung und agrarische Umwälzung in Jugoslawien', S. 324)

von Vardarska, die auch Mazedonien einschloss, Moravska und Zetska, die auch ganz Montenegro umfasste, aufgeteilt. Als Gouverneure wurden Hardliner aus der Armee oder serbische Nationalisten eingesetzt.[78]

1935 begann eine neue Welle von Landenteignungen auf der Grundlage, dass jeder Landbesitzer seinen Anspruch mit einem amtlichen jugoslawischen Dokument zu beweisen hatte – etwas, was kaum ein Albaner je erhalten hatte. Wer das nicht konnte, sollte lediglich 0,4 ha pro Familienmitglied behalten. Die Behörden waren sich offenbar bewusst, dass das zum Leben nicht reichte, und hofften, es werde die Betroffenen zur Auswanderung zwingen.[79]

Da es mit all diesen Maßnahmen jedoch nicht gelang, das Problem einer albanischen Mehrheit im Kosovo „zu lösen", diskutierten serbische Beamte und Intellektuelle in den Jahren 1937 bis 1939 im „Serbischen Kulturclub" eifrig über neue Wege. So meinte etwa Djoka Perina, der Anteil der serbischen Bevölkerung im Kosovo müsse 67,5 Prozent betragen, wofür man dort 470 000 Kolonisten ansiedeln und 300 000 Albaner vertreiben müsse.[80]

Eins der bedeutendsten Mitglieder des Clubs, Vasa Čubrilović, einst Mitglied der revolutionären Mlada Bosna (Junges Bosnien), die vor dem Ersten Weltkrieg für die Vereinigung der Südslawen und gegen das Habsburgerreich eintrat, unterbreitete der Regierung einen Vorschlag, indem er durch den Vergleich mit der Minderheitenpolitik in anderen Balkanstaaten zu dem Schluss kommt, dass die schrittweise Kolonisation nicht sinnvoll sei und die Massenumsiedlung als einziger Weg übrigbleibe, um „die Wiege unseres Staates ins Eigentum zurückzuführen."[81] Hierfür müssten die muslimischen Führer durch Bestechung und Drohungen gewonnen werden, sodass sie den Gläubigen die Auswanderung anpriesen. Wünschenswert sei zudem, wenn die Türkei aktiv für eine Einwanderung werben würde. Zudem müssten die Gesetze restlos ausgeschöpft werden, um den Albanern das Bleiben zu verleiden. An wirtschaftlichen Maßnahmen nennt er:

> Nichtanerkennung der alten Grundbuchauszüge, die Katasterämter in diesen Gebieten müssen sofort rücksichtslos die Abgaben und alle privaten und öffentlichen Schulden eintreiben, Einbeziehung des staatlichen und kommunalen Weidelands, Au-

---

[78]   Malcolm: *Kosovo*, S. 283.

[79]   Ebd.; Pirraku: ‚Kulturno-prosvetni pokret Albanaca u Jugoslaviji', S. 366, Anm. 63 (Behörden).

[80]   Malcolm: *Kosovo*, S. 284 mit Bezug auf Hoxha: ‚Politika e eliminimit të shqiptarëve nga trualli i Jugosllavisë së vjetër', S. 423–434. Vgl. zu den Diskussionen im Serbischen Kulturclub a. Müller: *Staatsbürger auf Widerruf*, S. 451–453.

[81]   Čubrilović: ‚Iseljavanje Arnauta' (Die Aussiedlung der Albaner), in: *Izvori velikosrpske agresije*, S. 106–124. Ich beziehe mich hier auf die auszugsweise Veröffentlichung ‚Die Vertreibung der Albaner' in der *FR* vom 28.4.1999, S. 21. Dort ist durchweg von „Vertreibung" die Rede, auch wenn es im Original „iseljavanje" heißt. Inhaltlich hat der Text Elemente von beidem, zielt jedoch insgesamt eindeutig auf eine Vertreibung.

ßerkraftsetzung von Konzessionen und Berufsverbote, Entlassung aus staatlichen, privaten und kommunalen Arbeitsstellen usw.

Außerdem empfiehlt Čubrilović die „Zerstörung der Mauern und Zäune um die Häuser", eine „rigorose Anwendung der veterinärmedizinischen Vorschriften mit dem Ziel, den Viehhandel zu unterbinden", „die rücksichtslose Anwendung der Grundschulpflicht für Mädchen überall dort, wo sich Grundschulen befinden", das Entfachen und Schüren lokaler Konflikte zwischen Slawen und Albanern, wobei die slawische Seite von Regierungsseite zu unterstützen sei, das Ganze aber den Anschein von Stammeskonflikten haben solle, sowie das Anzünden albanischer Dörfer und Stadtviertel. Letztlich sei „die einzige Möglichkeit und das einzige Mittel [...] die brutale Gewalt einer durchorganisierten Staatsmacht". Auswanderungswillige Albaner seien hingegen auf jede Weise zu unterstützen. Für die Kolonisation empfiehlt er Montenegriner sowie deutsche und vor allem ungarische Bauern aus der Batschka, die sich fern der ungarischen Grenze in gute Bürger verwandeln würden. Zudem könnten sie der ortsansässigen Bevölkerung als Vorbild für fortgeschritteneren Ackerbau dienen.

An der Umsiedlung einer großen Zahl von Albanern wurde zu dieser Zeit bereits gearbeitet. Seit 1933 hatten hierzu Gespräche zwischen der jugoslawischen und der türkischen Regierung stattgefunden. Offiziell ging es dabei um „Türken", doch in der am 11. Juli 1938 paraphierten zwischenstaatlichen Vereinbarung wurde die städtische Bevölkerung ausdrücklich ausgenommen, obwohl die im Kosovo verbliebenen Türken ganz überwiegend zu dieser zählten. Umgesetzt werden sollte das Abkommen zwischen 1939 und 1944, was jedoch durch den Zweiten Weltkrieg unmöglich wurde. Andere Ideen aus Čubrilovićs Programm wurden ebenfalls umgesetzt. So mussten beispielsweise Albaner im Distrikt von Djakovica 50 Dinar Strafe zahlen, wenn ihr Pferd oder ihre Kuh das Verbrechen begangen hatte, die „Nationalstraße" mit Pferdeäpfeln oder Kuhfladen zu beschmutzen.[82]

Diese schikanöse und brutale Politik hatte durchaus ihre Wirkung: Viele Tausend Albaner verließen ihre Heimat Richtung Albanien, mehrere Zehntausend emigrierten in die Türkei. Malcolm schätzt, dass zwischen 1918 und 1941 zwischen 90 000 und 150 000 Albaner und andere Muslime das Kosovo verließen[83] – eine sehr große Zahl, aber doch nicht einmal die Hälfte dessen, was serbische Nationalisten angestrebt hatten; die Mehrheit stellten die Albaner im Kosovo auch weiterhin.

Neben dieser offiziellen Politik, den Auftrag des Kosovo-Mythos zu verwirklichen, indem man „die Einheit" mit Gewalt herstellte, gab es noch andere Versuche, ihn konstruktiv für den neuen Staat zu nutzen. Am bedeutsamsten unter ihnen war wohl das Projekt eines Veitstagstempel, das der in Slawonien geborene Bildhauer

---

[82]   Malcolm: *Kosovo*, S. 285f., der sich auf Hoxha: ‚Politika e eliminimit të shqiptarëve nga trualli i Jugosllavisë së vjetër', S. 436 bezieht.

[83]   Malcolm: *Kosovo*, S. 286.

Ivan Meštrović, der zwischen den Weltkriegen als Professor an der Kunstakademie in Zagreb lehrte, bereits seit 1907 verfolgt hatte. Da ihm auf der Weltausstellung in Rom 1910 verweigert worden war, in der südslawischen Abteilung des Pavillons von Österreich-Ungarn hierzu Skizzen sowie Skulpturen der Kosovo-Helden auszustellen, hatte er sie im serbischen Pavillon präsentiert. Durch eine Kombination westlich-katholischer und byzantinischer Elemente sollte anhand des Kosovo-Mythos an die großen historischen Niederlagen aller südslawischen Völker gemahnt und so der zentrale Gedenkort des zukünftigen Jugoslawiens geschaffen werden. Bezeichnenderweise kam das Projekt über Entwürfe und Vorarbeiten nie hinaus, obwohl es sich zumindest in den 20er Jahren eines breiteren Interesses erfreute.[84] Der serbisch dominierte jugoslawische Staat war mithin nicht einmal auf der symbolischen Ebene in der Lage, ein Zeichen der Einheit zu setzen, der Kosovo-Mythos blieb weitgehend ein Symbol für das Streben nach der Einheit der „serbischen" Regionen. Zur 550-Jahr-Feier versammelten sich am 28. Juni 1939 100 000 Menschen auf dem Gazimestan, dem historischen Schlachtfeld.[85]

Die „Einheit" blieb also das zentrale Thema, um das sich die serbische Nation und nun auch die entstehen sollende jugoslawische drehte. Das gilt zwar auch für andere europäische und außereuropäische Staaten zwischen den beiden Weltkriegen, doch kaum irgendwo sonst waren die Gegensätze so groß wie in Jugoslawien, wo es kein Mehrheitsvolk gab, das aufgrund seiner zahlenmäßigen und wirtschaftlichen Überlegenheit die anderen Nationalitäten weitgehend hätte dominieren, integrieren oder assimilieren können.

Der Kosovo-Mythos konnte hier keine Antwort geben, er zeigt lediglich das Problem und die katastrophalen Folgen von Zwietracht und Verrat. Die diskutierten und praktizierten Antworten orientierten sich an einer damals auch im übrigen Europa vorherrschenden Denkströmung: Die stärkste Seite setzt ihre Vorstellungen von Einheit autoritär und notfalls mit Gewalt durch. Die Unterlegenen aber werden sich in diese „Einheit" nur widerwillig fügen und nach Möglichkeit gegen sie aufbegehren. So blieb das Problem des „Verrats" für viele Serben virulent, ebenso das des Undanks für ihren aufopfernden „Kampf für die Freiheit anderer". Nur dass jetzt nicht Europa undankbar war, sondern die anderen Südslawen.

2.4. Der Zweite Weltkrieg

Das erste jugoslawische Projekt endete schließlich in der Katastrophe des Zweiten Weltkriegs. Nun kamen die Spannungen zu einem gewaltsamen Ausbruch, durch die

---

[84]   Müller: *Staatsbürger auf Widerruf*, S. 418f.

[85]   Zirojević: ‚Das Amselfeld im kollektiven Gedächtnis', S. 59, Anm. 17.

deutsche Besatzung und ihren kroatischen Vasallenstaat vor allem zu Lasten der serbischen Bevölkerung.

Ende Oktober 1940 hatte Mussolini Griechenland überfallen lassen. Seine Truppen stießen jedoch auf hartnäckigen Widerstand und wurden zurückgeschlagen. Hitler musste nun deutsches Militär schicken, um die Eroberung Griechenlands sicherzustellen, sodass beim geplanten Überfall auf die Sowjetunion keine offene Südflanke bestand. Auf diese Weise umschlossen die Achsenmächte und ihre Verbündeten Jugoslawien; das gegen sie kämpfende Griechenland würde bald erobert sein. Schließlich trat die jugoslawische Regierung am 25. März 1941 dem Dreimächtepakt zwischen dem Deutschen Reich, Italien und Japan bei, wobei sie allerdings wichtige Zugeständnisse erreichen konnte: unter anderem die Zusicherung des Deutschen Reichs und Italiens, die jugoslawische Souveränität zu achten, und die geheimen Zusagen, auf jede militärische Hilfe Jugoslawiens zu verzichten, ihm aber über Saloniki eine Landverbindung zur Ägäis zu gewähren.[86]

Trotz der erstaunlich guten Bedingungen, von denen allerdings die wesentlichste – dass Jugoslawien nicht an der Seite der Achsenmächte in den Krieg ziehen sollte – geheim blieb, erregte der Vertrag in der serbischen Öffentlichkeit starke Proteste. Drei Tage später stürzten serbische Offiziere die Regierung von Milan Cvetković. Petar II. wurde vorzeitig für volljährig erklärt und setzte den Luftwaffengeneral Dušan Simović als neuen Ministerpräsidenten ein. Am Morgen des 27. März strömte eine riesige Menschenmenge in der Belgrader Innenstadt zusammen und skandierte „Lieber Krieg als Pakt!" und „Lieber Tod als Sklaverei!" – eine erneute Bekräftigung des Kosovo-Schwurs. Und auch Patriarch Gavrilo Dožić verkündete im Radio:

> Wir haben wieder für das himmlische Reich gestimmt, das heißt, für das Reich der göttlichen Wahrheit und Gerechtigkeit, der nationalen Einheit und Freiheit. Das ist ein ewiges Ideal, getragen in den Herzen aller Serben und Serbinnen, behütet und zum Aufflammen gebracht in den Heiligtümern unserer orthodoxen Klöster.[87]

Hitler war darüber so erzürnt, dass er beschloss, Jugoslawien als Staat zu vernichten – obwohl die neue Regierung ihre Unterschrift unter den Vertrag keineswegs zurückgezogen hatte. In den frühen Morgenstunden des 6. April begann der Überfall der Wehrmacht unter dem Decknamen „Unternehmen Strafgericht" ohne vorherige Kriegserklärung. Über 600 Kampf- und Jagdflugzeuge griffen die von keiner Luftabwehr geschützte Hauptstadt Belgrad an. Brand- und Splitterbomben zerstörten weite Teile der Stadt. Dabei wurden mehr Menschen getötet als bei den vorangegangenen Bombardierungen Warschaus, Coventrys und Rotterdams zusammen. Absurderweise konzentrierte sich die jugoslawische Armeeführung nun nicht ausschließlich auf die Landesverteidigung, sondern schickte auch noch die im Kosovo stationierte Division am darauffolgenden Tag nach Albanien, um dieses zu erobern.

---

[86]   Ich folge hier und im Weiteren, soweit nicht anders vermerkt, der Darstellung in Sundhaussen: *Experiment Jugoslawiens*, S. 65–93.

[87]   Zirojević: ‚Das Amselfeld im kollektiven Gedächtnis', S. 50f.

Erst als sich deutsche Truppen bereits drei Tage später den Außenbezirken von Prizren näherten, brach sie diesen Feldzug ab. Auch aufgrund ihrer enormen Langsamkeit und Ineffizienz hatte die jugoslawische Armee den Krieg bereits am 17. April verloren.[88]

Anschließend wurde Jugoslawien aufgeteilt: Der Norden und Osten Sloweniens wurde dem Deutschen Reich angegliedert; der Süden mit der Hauptstadt Ljubljana sowie ein Teil Dalmatiens fiel an Italien; Bosnien-Herzegowina wurde Kroatien zugeschlagen, das sich nun „Nezavisna država Hrvatska" (NDH – Unabhängiger Staat Kroatien) nannte und ein Staat von Hitlers Gnaden war; Montenegro wurde wieder ein eigener Staat – unter italienischer Besatzung; der größte Teil Mazedoniens wurde von Bulgarien annektiert, der Westen kam an Albanien; auch ein Zipfel Südostserbiens wurde bulgarisch, die Batschka und die Baranja wurden wie vor 1918 ungarisch, während der Rest Serbiens (etwa in den Grenzen vor dem ersten Balkankrieg) und das jugoslawische Banat einer deutschen Militärverwaltung unterstellt wurden; der größte Teil des Kosovo schließlich wurde Albanien zugeschlagen, das in erzwungener Personalunion mit Italien von König Viktor Emanuel II. regiert wurde, ein dünner Streifen im Osten fiel an Bulgarien, und das Deutsche Reich besetzte ein Gebiet im Norden, um Zugriff auf die Blei- und Zinkminen im Bezirk von Trepča zu haben.[89]

Als Staatschef für den neu geschaffenen kroatischen Staat hatte man in Berlin an den Führer der HSS Maček gedacht, der jedoch ablehnte. So musste Hitler auf Ante Pavelić und seine kleine Ustascha-Bewegung zurückgreifen (von *ustaša* – Aufständischer). Organisatorisch ähnelte sie anderen balkanischen Geheimbünden, ideologisch orientierte sie sich am deutschen Nationalsozialismus und italienischen Faschismus. Das wurde auch mythisch begründet, und zwar damit, dass die Kroaten nicht slawischer, sondern gotischer Abstammung seien. Für die kroatische Nation wurde die „Auferstehung" des kroatisch-katholischen Staates und eine „Mission" an der Grenze zwischen „abendländischer Zivilisation" und „balkanischer Unkultur" verkündet.

Das Regime fand anfangs einige Zustimmung, da es einen Teil der kroatischen Forderungen, vor allem die nach einem unabhängigen Staat, zu verwirklichen schien. Je mehr aber seine Abhängigkeit von den Besatzern und seine brutale Unterdrückungspolitik deutlich wurden, umso mehr schwand die Unterstützung. Dazu

---

[88] Deutscher Angriff: Sundhaussen, a. a. O., S. 66f., Manoschek: *Serbien*, S. 23; serbische Armee: Malcolm: *Kosovo*, S. 291.

[89] Sundhaussen, a. a. O., S. 68f.; Malcolm: *Kosovo*, S. 290f. Die Minen selbst befanden sich in englischem Besitz (ebd., S. 299). Seit Anfang Juli lieferten sie täglich 500 Tonnen Blei und Zink an deutsche Munitionsfabriken und deckten damit rund 40 Prozent des Bleiverbrauchs des Deutschen Reichs (ebd., S. 300f. mit Bezug auf Hadri: *Lëvizja nacionalçlirimtare në Kosovë (1941–1945)*, S. 179f. u. 273f. und Djaković: *Sukobi na Kosovu*, S. 56).

trug auch bei, dass der Ustascha-Bewegung die organisatorische Geschlossenheit fehlte. Es gab „wilde Ustaschen", die vor allem in national gemischten Gegenden ihren Rachegefühlen freien Lauf ließen.

Pavelić errichtete einen totalitären Nationalstaat, in dem die Kroaten allerdings nur wenig mehr als 50 Prozent der Bevölkerung stellten. 30 Prozent waren Serben, die er vollständig aus seinem Staat tilgen wollte. Das Programm der Ustascha sah vor, dass von den 600 000 Serben in Kroatien „un tiers doivent se convertir, un tiers s'expatrier et un tiers mourir".[90] Angesichts der Zahlen bediente auch er sich des bereits aus Serbien bekannten Tricks: Den bosnischen Muslimen wurde ebenso wie der orthodoxen Bevölkerung Slawoniens, Syrmiens, Bosniens und der Herzegowina eine kroatische Herkunft zugesprochen. Um sie wieder zu ihrem „wahren Sein" zurückzuführen, verbündeten sich die Ustaschen mit dem katholischen Klerus und führten in vielen von Serben bewohnten Dörfern Zwangs- und Massentaufen durch. Außerdem ließ Pavelić gleich nach seiner Machtübernahme „Säuberungen" durchführen. Bereits vier Monate später sollen 100 000 Serben vertrieben gewesen sein. Hunderttausende wurden umgebracht, die meisten von ihnen im Konzentrationslager Jasenovac.

Die bosnischen Muslime hingegen wurden als „reinster Teil der kroatischen Nation" umworben. Ein Teil von ihnen meinte zwar auch, kroatischer Abstammung zu sein, aber fast alle wünschten die Einheit der muslimischen Bevölkerung und die Einheit der historischen Provinz Bosnien-Herzegowina. Die Vereinnahmungsversuche der Ustaschen fanden also nur begrenzt Zustimmung, was jedoch vielen Serben bereits genügte, um die Muslime nun ihrerseits pauschal als Feinde zu bekämpfen. Der „Beauftragte des Reichsführers-SS in Kroatien" veranschlagte, dass 210 000 Menschen auf der Flucht waren. So gerieten viele Muslime in Gegensatz zum NDH, das sie offenbar nicht zu schützen vermochte, woraufhin dieses in einigen Landesteilen gewalttätig gegen Muslime vorging.

Da das Ustascha-Regime im gesamten NDH immer mehr Widerwillen in der Bevölkerung erzeugte, forderten sogar verschiedene deutsche Stellen seine Beseitigung, wozu Hitler, der in Pavelić einen ihm ergebenen Mann sah, jedoch nicht bereit war.

Die ausländischen Mächte, die Teile des jugoslawischen Territoriums annektiert hatten, gingen allerdings, trotz zum Teil großer Unterschiede in der Gewaltanwendung, gegenüber der dortigen Bevölkerung nicht grundsätzlich anders vor. Sie folgten dem Grundmuster: „Durch politischen, wirtschaftlichen und kulturellen Druck sollte die ansässige Bevölkerung entnationalisiert (assimiliert) oder – falls dies nicht realisierbar war – durch Umsiedlungs- und ‚Reparationsmaßnahmen' dezimiert werden."

---

[90] Florence Hartmann: ‚La genèse du »nettoyage ethnique«', *Le Monde*, 30.8.1992, S. 1 u. 3, hier S. 3.

Auch gegen die Besatzer regte sich schon kurz nach der Aufteilung des Landes überall Widerstand. Um ihn zu ersticken und weil sie die Aufständischen selbst häufig nicht fassen konnte, griff die Wehrmacht gegenüber der Zivilbevölkerung zu drakonischen Strafen. Schon am 28. April 1941 erging der Befehl, auch wehrfähige Männer, die in der Nähe von Aufständischen aufgegriffen wurden, zu erschießen, sofern nicht eindeutig festgestellt werden konnte, dass sie mit diesen nichts zu tun hatten. Durch den berüchtigten Befehl des Oberkommandos der Wehrmacht vom 16. September waren dann für jeden aus dem Hinterhalt getöteten Landser 50 bis 100 zivile Geiseln hinzurichten. Doch dieses brutale Vorgehen trieb nur noch mehr Menschen zu den Aufständischen, im Lauf der Zeit vor allem zu Titos Partisanen, denn hier bestand noch am ehesten die Aussicht, das eigene Leben zu retten.

In Serbien und von Serben bewohnten Gebieten waren allerdings anfangs die Tschetniks des Generalstäblers Draža Mihailović, eine royalistische Freischärlerorganisation, stärker vertreten. Sie knüpften an der bereits bestehenden Tschetnik-Tradition an, waren aber durchaus keine homogene Bewegung, zumal sie sich aus unterschiedlichen Gruppen zusammensetzten. In der ideologischen Ausrichtung unterschied sich Mihailović kaum von Milan Nedić, einem General, den die deutschen Besatzer als serbischen Regierungschef eingesetzt hatten: Beide waren serbische Nationalisten. Doch sie schätzten den weiteren Kriegsverlauf unterschiedlich ein. Nedić ging von einem Sieg der Achsenmächte aus, mit denen er sich deshalb zu arrangieren versuchte, um für Serbien so viel wie möglich zu retten, während Mihailović an einen Sieg der Alliierten glaubte. Letzterer war von der serbischen Exilregierung in London und den Alliierten als Führer des serbischen Widerstands anerkannt.

Mihailović selbst und die Führung der Tschetniks strebten in Fortführung von Programmen der Vorkriegszeit ein „ethnisch reines" Großserbien an, das neben dem bisherigen serbischen Territorium (einschließlich des Kosovo und Mazedoniens) auch Montenegro, Bosnien, die Herzegowina, Syrmien, das Banat und die Batschka umfassen sollte. In anderen Tschetnik-Dokumenten wurde auch die Angliederung von Teilen Kroatiens, Slawoniens, Dalmatiens sowie Albaniens gefordert. Dies sollte durch die Umsiedlung oder Vertreibung der nicht serbischen Bevölkerung erreicht werden (man dachte an rund 2,7 Millionen Menschen). Begründet wurde dies vor allem mit dem Prinzip der Rache:

> Sich nicht rächen, heißt soviel wie die Minderwertigkeit der Rasse anerkennen. Nur die kollektive und organisierte Rache wird die Wirkung der Rassenrache erzielen. Die Rache ist ein Problem der Ehre der serbischen Rasse ... Eine solche Rache muß praktisch in der Weise erfolgen, daß Volksgerichte organisiert werden, welche die Urteile fällen und Spezialeinheiten formiert werden, die diese Urteile vollstrecken.[91]

---

[91] Sundhaussen: *Experiment Jugoslawien*, S. 84–86. Lampe erwähnt einen Plan von Stevan Moljević, Rechtsanwalt aus Banja Luka und einer der führenden Ideologen der Bewegung. Dieser sei davon ausgegangen, dass eine Million Kroaten vertrieben werden müssten. (*Yugoslavia as History*, S. 202; vgl. a. Florence Hartmann: a. a. O., S. 3.)

Auffällig ist die Vermischung der eher traditionellen Kategorie der Rache – um die Ehre der Familie oder des Clans zu wahren – mit dem damals nicht nur unter Nationalsozialisten modernen Rassegedanken und einer gerichtlichen Aburteilung durch „Volksgerichte", die dieses Unternehmen zusätzlich legitimieren sollten.

Die KPJ befürwortete hingegen bereits seit 1940 den jugoslawischen Staat und war bereit, ihn zu verteidigen, setzte sich jedoch zugleich für dessen Föderalisierung ein – ein gemeinsamer Staat für eine multinationale Bevölkerung. Sie war damit die einzige ernst zu nehmende politische Kraft, die einen Ausweg aus den Konflikten der Zwischenkriegszeit und der nun in Gang gekommenen Eskalation nationalistischer Gewalttaten bot. Zudem waren die Partisanen klar hierarchisch organisiert und die einzige Widerstandsgruppierung, die die Besatzer bedingungslos bekämpfte. Da diese äußerst brutal reagierten und sich vor allem an der Zivilbevölkerung rächten, wurden die Partisanen bald zum Hauptfeind der Tschetniks, die daraufhin zunehmend lokale Bündnisse mit den Besatzern und ihren Kollaborateuren schlossen. Dass die Kommunisten ihren „Befreiungskampf" mit der Absicht einer sozialistischen Revolution verbanden, verschwiegen sie allerdings nach außen und täuschten so viele, die zu ihnen stießen. Auch den Alliierten boten sie sich auf diese Weise erfolgreich als Verbündeter an; ab Ende 1943 ließen jene Mihailović zugunsten von Tito fallen.

Da den Muslimen trotz des multinationalen Anspruchs öfter mit Vorbehalten begegnet wurde, sah sich die KP-Führung veranlasst, die Anerkennung der bosnischen Muslime als eigenständige Gruppe in Aussicht zu stellen. Dadurch gewannen die Partei und die Partisanen auch unter ihnen deutlich an Ansehen. Auf die gleiche Weise wurden viele Mazedonier überzeugt. Für die Kroaten, die von den Ustaschen enttäuscht oder abgestoßen waren, blieben ebenfalls nur die Partisanen, wollten sie sich einer wirksamen Widerstandsorganisation anschließen. Es ist diese multinationale Grundkonzeption, die den Partisanen zusammen mit der organisatorischen Geschlossenheit der Partei und dem kompromisslosen, verlustreichen Kampf gegen die Besatzer schließlich zum Erfolg verhalf.

Im Kosovo war die Situation etwas anders, vor allem, weil es mehrheitlich italienisch besetzt war und Mussolini die albanische Bevölkerung für ein italienisch dominiertes, nominell unabhängiges Großalbanien gewinnen wollte. Im italienisch und im deutsch kontrollierten Teil wurden den Albanern mehr Rechte als bisher zugestanden, vor allem Grundschulunterricht auf Albanisch. Im italienischen Teil übernahmen Albaner zudem die Regionalverwaltung, die Gendarmerie und die Schulen. Im deutschen blieben die Verbesserungen für sie hingegen sehr begrenzt, da die Besatzungsmacht auf das serbische Kollaborationsregime Rücksicht nehmen musste. Viele Albaner sympathisierten mit dieser Politik nur insofern, als sie in ihr eine Möglichkeit sahen, die bisherige antialbanische Politik in ihrem Interesse zurückzudrehen. Sympathisanten der Achsenmächte oder gar Faschisten waren sie deshalb nicht.[92]

Bereits mit der Invasion des Kosovo durch deutsche Truppen hatten Albaner an slawischen Kolonisten Rache genommen. Viele wurden umgebracht und etwa 20 000 innerhalb kürzester Zeit vertrieben. Nach der vollständigen deutschen Besetzung des Kosovo, einer Reaktion auf die italienische Kapitulation vor den Alliierten im September 1943, wurden Serben und Montenegriner erneut von bewaffneten albanischen Verbänden vertrieben.[93]

De facto waren sowohl der italienisch als auch der deutsch besetzte Teil des Kosovo Kolonien, die zudem schlecht verwaltet wurden. So kam es bereits 1942/43 zu Lebensmittelengpässen und einer galoppierenden Inflation. Besonders im italienischen Sektor, wo ständig der albanische Nationalismus angesprochen wurde, um die Bevölkerung für sich zu gewinnen, entstand so eine immer paradoxere Situation.[94]

Die im Kosovo sich erst langsam entwickelnde KPJ war serbisch dominiert und hatte einen Großteil ihrer wenigen Anhänger unter den Kolonisten, weshalb sie von den Albanern als serbische Partei angesehen wurde. Um sie zu gewinnen, betonten die Kommunisten dann auch die albanische Selbstbestimmung. Doch die Dominanz von Serben und Montenegrinern in der Partei führte noch in den ersten beiden Nachkriegsjahrzehnten dazu, dass Albaner wie Parteimitglieder zweiter Klasse behandelt wurden.[95]

Viele führende Kommunisten befürchteten zudem nach dem Krieg, dass sich die Albaner, hätten sie einen Republikstatus für das Kosovo, aus Jugoslawien lösen und Albanien anschließen könnten. Wie wahrscheinlich dies damals gewesen wäre, lässt sich kaum sagen.[96] Aber auch wenn Enver Hoxhas rückständiges Albanien damals kein attraktiver Vereinigungspartner war, von dem die Kosovo-Albaner zudem wohl tendenziell dominiert worden wären, so konnte sich dies mit der Zeit ändern, und so bestand die Gefahr einer Sezession des Kosovo zumindest latent durchaus. Jedenfalls nahm die kommunistische Führung bereits auf der Parteiversammlung in Jajce 1943 die Unterscheidung von Nationen und Nationalitäten vor, wobei Nationen als staatenbildende Einheiten angesehen wurden und daher in einer Föderation das Recht hatten, aus ihr auszutreten, während Nationalitäten als Teil einer Nation definiert waren, die ihren Staat außerhalb der Föderation besaß, konkret also vor allem Albaner und Ungarn. Daher erhielten das Kosovo mit seiner albanischen Mehrheit

---

[92]   Malcolm: *Kosovo*, S. 292f., 294, 296; Bartl: *Albanien*, S. 229 (Albaner im italienischen Teil).

[93]   Malcolm: *Kosovo*, S. 293f. u. 305.

[94]   Ebd., S. 296.

[95]   Ebd., S. 300 (serbisch dominiert), S. 307 (albanische Selbstbestimmung befürwortet), S. 314 (Nachkriegsjahrzehnte).

[96]   Ebd., S. 328.

und die Vojvodina mit ihrem starken ungarischen Anteil gegen Ende des Krieges auch nicht den Status einer Republik, sondern nur den einer Provinz.[97]

In der serbischen Bevölkerung klammerten sich in diesen Zeiten der Not wieder viele an die sagenhaften Helden der Kosovo-Schlacht. Am 22. Oktober 1944 wurde auf den Ruinen der Kirche von Glina, wo von der Ustascha Serben massakriert worden waren, der Gesangsverein „Obilić" gegründet.[98] Auch Partisanen knüpften an die Kosovo-Schlacht an und verglichen ihre Gefallenen mit den Amselfelder Helden: „Hier ruht ein zweiter Obilić / der montenegrinische Held Sava".[99]

Die Konflikte, die die gesamte Zwischenkriegszeit über nicht hatten gelöst werden können, wurden nun unter den ideologischen Einflüssen des Nationalsozialismus und des Faschismus und den militärischen Gewalteskalationen des Zweiten Weltkriegs ausgetragen. Außer bei den Kommunisten, die bereits vorher schon nach einem anderen Weg gesucht hatten, führte die veränderte Situation nicht dazu, die bislang gescheiterten Konzepte zu überdenken, sondern die Akteure – auch weniger bedeutende, regionale – sahen im Gegenteil die Chance gekommen, sie nun endlich mit aller Gewalt in die Tat umzusetzen. Die Interessengegensätze wurden offenbar als unüberwindlich oder sogar existenziell verstanden, sahen doch die verschiedenen Gruppen eine Lösung nur in der einen oder anderen Form eines ethnisch „reinen" Groß-Staats.

2.5. Fortwirken: Der Kosovo-Mythos in der sozialistischen Zeit

In der sozialistischen Gesellschaft nach dem Zweiten Weltkrieg spielte der Kosovo-Mythos nur eine geringe Rolle, was besonders zum Jahrestag der Schlacht deutlich wurde. Die Parteiideologen versuchten, mit dem Partisanenkampf neue Mythen zu schaffen,[100] die bezeichnenderweise ebenfalls Einheit (etwas erweitert um die „Brüderlichkeit") und Heldentum ins Zentrum stellten. So blieb es Aufgabe der Serbischen Orthodoxen Kirche, die Erinnerung an die Schlacht auf dem Amselfeld zu bewahren. Dabei stellte sie folgende Werte in den Vordergrund:

> One of the main characteristics of Kosovo is the idea of a conscious, willing sacrifice for noble ideals, a sacrifice of one individual for the benefit of the rest, a sacrifice

---

[97] Ebd., S. 327f.

[98] ‚»Memorandum SANU«', S. 156.

[99] Zirojević: ‚Das Amselfeld im kollektiven Gedächtnis', Anm. 6 nach Mikitenko: ‚Kosovska tradicija u narodnoj tužbalici', S. 275f.

[100] Dabei sei die Schlacht an der Sutjeska als eine Art jugoslawisches Kosovo verehrt worden, so Emmert: *Serbian Golgotha*, S. 141.

now for the sake of a better future. According to popular understanding which developed in our folk literature, the Battle of Kosovo was not an event in which it was possible to win or lose. It was rather a conscious, heroic sacrifice. A slave is only half a man; a freeman is similar to God.[101]

Der ethische Gehalt des Kosovo-Mythos ist auf weltlichere Art auch von Miloslav Stojadinović zum Ausdruck gebracht worden, der meint, der Geist des Kosovo sei „the revolutionary spirit of justice, humanity, equity, equality of rights, with a noticeably democratic and progressive quality of respect for the rights of all other peoples."[102] Es ist ein Versuch, den Kosovo-Mythos mit den Forderungen der kommunistischen Führung in Einklang zu bringen.

---

[101] Stranjaković: ‚Vidovdan', S. 8, zit. nach Emmert, a. a. O., S. 141.

[102] Stojadinović: *Kosovska trilogija*, S. 5, zit. nach Emmert, a. a. O., S. 142.

Drittes Kapitel

Der Kosovo-Mythos
und die gewaltsame Aufteilung Jugoslawiens

3.1. Einige Bemerkungen zum titoistischen Jugoslawien

Das Überleben Jugoslawiens als sozialistischer Staat gründete weit weniger auf der sozialistischen Idee als auf der Erfahrung des erfolgreichen Kampfes gegen die deutschen und italienischen Besatzer und der Achtung jeder einzelnen Nation im neuen Staatsverband, was nun auch die bosnischen Muslime und die Mazedonier einschloss.[1] Das war ein gegenüber dem Staatsaufbau nach dem Ersten Weltkrieg grundlegend anderer Ansatz. Wie die unterschiedlichen nationalen Interessen konstruktiv miteinander in Einklang gebracht werden könnten, war damit allerdings noch nicht geklärt. Die Idee einer Balkanföderation, gegen Kriegsende von einigen wichtigen Kommunisten der Region befürwortet, hätte sogar einen nationalen Ausgleich für den gesamten Raum bewirken können, wobei sich dann das Problem politischer und vor allem wirtschaftlicher Gleichberechtigung in größerem Maßstab gestellt hätte. Am weitesten gedieh das Projekt zwischen Jugoslawien und Albanien. Tito sagte für den Fall seiner Verwirklichung sogar die Vereinigung des Kosovo mit Albanien zu.[2] Die Idee scheiterte jedoch schließlich an Stalin, der ein solches Projekt nur unter seiner Regie akzeptieren wollte.[3] Sie hätte in jedem Fall ohne Griechenland verwirklicht werden müssen, das nicht sozialistisch wurde.

Sundhaussen nennt „fünf Eckpfeiler" (halbe Entstalinisierung, die Theorie der unterschiedlichen Wege zum Sozialismus, das Modell der Selbstverwaltung, die Blockfreiheit und die Lösung der nationalen Frage), Samary „drei Säulen" (soziale Umgestaltung, zu der die Selbstverwaltung gehört, nationale Rechte und Hebung des Lebensstandards), die den Erfolg des sozialistischen Jugoslawiens ausgemacht hätten.[4] Gerade in der Stärkung der Republiken und Provinzen gegenüber der

---

[1]   Sundhaussen: *Experiment Jugoslawien*, S. 90.

[2]   Samary: *Krieg in Jugoslawien*, S. 35. H. Flottau: ‚Das Exempel im Land der Skipetaren', *SZ*, 20.6.1980, S. 3, behauptet hingegen, Tito habe Enver Hodscha wissen lassen, „die Serben seien noch nicht reif für eine Übergabe des Kosovo an die Albaner". Er soll beides in demselben Gespräch mit Enver Hoxha gesagt haben, so jedenfalls die albanische Zeitung *Zëri i Popullit* am 17. Mai 1981, S. 1 (Vickers: *The Albanians*, S. 165).

[3]   Samary, a. a. O., S. 14.

[4]   Ebd., S. 38; Sundhaussen: *Geschichte Jugoslawiens: 1918–1980*, S. 115f.

Zentralgewalt sehen aber viele Kritiker auch einen entscheidenden Grund für das Zerbrechen des Staats. Im Moment der Krise hätten nationale Egoismen eine konsequente Politik der Bundesregierung unmöglich gemacht.[5] Das sozialistische Jugoslawien konnte stabil sein aufgrund seiner außenpolitischen und wirtschaftlichen Erfolge. Es konnte sich als erstes sozialistisches Land dem Einfluss der sowjetischen Führung entziehen und einen eigenen Weg gehen, und es ist das einzige Land, dem das zu Lebzeiten Stalins gelang. Diese Position machte es für den Westen attraktiv, der ihm daraufhin seine wirtschaftliche Unterstützung anbot. Sie hat in der Folge in erheblichem Maß zum wirtschaftlichen Aufschwung Jugoslawiens beigetragen. Eigene wirtschaftliche Schwierigkeiten, verbunden mit einem Nachlassen des westlichen Interesses durch die Desintegration des Warschauer Pakts Ende der 80er Jahre, entzogen dem Staat dann fast alle Grundlagen: der Lebensstandard sank, außer in Slowenien und Kroatien, deutlich, zum Teil sogar drastisch,[6] der Sozialismus, gleich welcher Form, war nicht mehr anziehend, Blockfreiheit obsolet in einer Welt, in der sich die Blöcke aufzulösen schienen. Von allem blieb nur die weitgehende nationale Selbstbestimmung, die nun aber kaum noch von anderen Kräften ausbalanciert und in einen Bundesstaat eingebunden werden konnte. So entwickelte sich dieser „Pfeiler" in den 80er Jahren tatsächlich zur Zentrifuge.

Im Übrigen wurden die hohen Ziele des jugoslawischen Sozialismus nur nach und nach und mit mehr oder weniger großen Abstrichen erreicht. Beispielsweise war die albanische Bevölkerung bis 1966 weitgehend ausgenommen von der nationalen Gleichberechtigung. Der Chef des Geheimdienstes und jugoslawische Innenminister Aleksandar Ranković verhinderte nicht nur bis zu seinem Sturz im Juli jenes Jahres die Umsetzung der albanischen Autonomierechte im Kosovo,[7] sondern wurde auch beschuldigt, für Grausamkeiten an der albanischen Bevölkerung und nationalen Minderheiten seit 1952 im Kosovo verantwortlich gewesen zu sein. Er wurde jedoch nie dafür zur Verantwortung gezogen.[8]

---

[5] So unter anderem die Autoren des Memorandums der Serbischen Akademie (s. S. 177).

[6] Dušan Šinigoj: ,»Wir haben gute Nerven«', Interview mit dem slowenischen Premier, *Der Spiegel*, 1.12.1989, S. 168–173, Grafik auf S. 171.

[7] Sundhaussen: *Experiment Jugoslawien*, S. 117.

[8] Magaš: *The Destruction of Yugoslavia*, S. 40f., Anm. 2. Malcolm nennt vor allem die Suche nach Waffen unter der albanischen Bevölkerung durch die Geheimpolizei UDB-a („Verwaltung für Staatssicherheit") Mitte der 50er Jahre, während der viele Männer geschlagen wurden (*Kosovo*, S. 320f.) und die Aussiedlungspolitik in die Türkei, bei der schätzungsweise 100 000 Albaner als „Türken" deklariert wurden (S. 322f.). Zur unterbliebenen gerichtlichen Aufarbeitung vgl. Reißmüller: ,Unruhiges Amselfeld. Rezension von Jens Reuters »Die Albaner in Jugoslawien«', *FAZ*, 23.6.1982.

Vieles allerdings hatte sich im Vergleich zur Vorkriegszeit auch verbessert: Vor allem gab es keine Kolonisierungspolitik mehr. Die Serbisierung albanischer Namen wurde rückgängig gemacht und albanischsprachiger Schulunterricht eingeführt. Albanisch wurde neben Serbokroatisch zur offiziellen Amtssprache, was in der Praxis allerdings

Entscheidend scheint mir hier nicht so sehr, was im Einzelnen geschehen oder nicht geschehen ist, sondern dass das Geschehene trotz eines Kurswechsels der jugoslawischen Führung weiterhin unter den Teppich gekehrt wurde. Die Autonomierechte der Albaner wurden in der Folge aber sukzessive umgesetzt: Mitte Dezember 1967 wurden einige Zusätze zur Verfassung verabschiedet, darunter Zusatz VII, der bestimmte, dass die Provinz nicht nur ein Teil Serbiens, sondern auch der föderalen Ordnung sei; der Name „Kosovo und Metohija" oder abgekürzt „Kosmet", der Albaner immer aufgeregt hatte, wurde in „Kosovo" abgeändert und die Provinz den Republiken nahezu gleichgestellt, was in der Verfassung von 1974 bestätigt wurde und eine Autonomie von beispiellosen Ausmaßen bedeutete. Damit schien allerdings, die völlige Gleichstellung mit den slawischen Nationen Jugoslawiens in greifbare Nähe zu rücken. Im April 1968 fragte der führende kosovarische Kommunist Mehmet Hoxha: „Warum haben 370 000 Montenegriner ihre eigene Republik, während 1,2 Millionen Albaner nicht einmal die volle Autonomie besitzen?" Am 27. November 1968 demonstrierten einige Hundert Albaner in Priština und skandierten unter anderen die Parole „Kosovo – Republik!" Die Polizei ging gewaltsam gegen sie vor, ein Demonstrant kam ums Leben.[9] Zudem wurden die alten Wunden so behandelt, als wären sie nicht vorhanden. So konnte es nicht wirklich zu einem neuen Verhältnis kommen. In der Tendenz kehrte sich im Kosovo das alte Verhältnis um, nun wurden Serben diskriminiert, wenn auch diese Diskriminierung längst nicht das Ausmaß der früheren erreichte.

Ebenfalls Mitte der 60er Jahre begann das allseitige Klagen der Republiken, sie würden gegenüber den anderen benachteiligt. Es war die Zeit, in der der Wirtschaftsboom zu Ende ging und damit die Entwicklungsunterschiede wieder deutlicher wurden.[10] Bereits 1968 schrieb der Antikommunist Hans Hartl:

---

vorerst wenig veränderte, da die Schlüsselpositionen in Justiz und Verwaltung weiterhin überwiegend in slawischer Hand blieben. (Malcolm: *Kosovo*, S. 318)

[9] Malcolm: *Kosovo*, S. 324f.; das Zitat von Hoxha war in *Borba*, 10.4.1968 erschienen.

Im Einführungsteil der Verfassung von 1974 heißt es unter Grundsätze I.: „Die arbeitenden Menschen, die Nationen und Nationalitäten üben ihre souveränen Rechte in den sozialistischen Republiken und den sozialistischen autonomen Gebietskörperschaften im Einklang mit ihren verfassungsmäßigen Rechten sowie in der sozialistischen Föderativen Republik Jugoslawien aus, wenn dies im gemeinsamen Interesse durch diese Verfassung bestimmt wird." (*Die Verfassung der SFR Jugoslawien*, S. 107; Roggemann hat hier den Terminus „Provinz" durch „Gebietskörperschaft" ersetzt, weil er „aufgrund seines historischen Verständnisses mit dem Konzept der gesellschaftlichen Selbstverwaltung unvereinbar" sei; er ist aber im Deutschen allgemein üblich, und so habe ich ihn auch in dieser Arbeit übernommen.) Damit war der Unterschied zwischen „Nationen" und „Nationalitäten" dahingeschwunden, wie Malcolm bemerkt (a. a. O., S. 328).

[10] Sundhaussen: *Experiment Jugoslawien*, S. 120 (allseitige Klagen) u. 116f. (Ende des Wirtschaftsbooms).

Offen ist die Umwandlung der jugoslawischen Föderation in eine Konföderation zwar noch nicht gefordert worden, aber die Entwicklung scheint, wenn die Symptome nicht täuschen, in diese Richtung zu laufen. Die „Allergie gegen den Bund" verstärkt sich, die Teilrepubliken beanspruchen bereits die Souveränitätsrechte selbständiger Staaten.[11]

Hartl zeigt, dass Gegensätze zwischen den Nationalitäten die Geschichte auch des sozialistischen Jugoslawiens bis zu dieser Zeit durchzogen hatten, vom Ljubljanaer Programm von 1958, das die Idee verwarf, irgendeine neue „jugoslawische Nation" zu schaffen, über den Sturz der „Ranković-Stefanović-Gruppe" im Juli 1966 bis zur ‚Deklaration über die Bezeichnung und Stellung der kroatischen Literatursprache' vom 15. März 1967, an der nicht weniger als 140 Wissenschaftler, Schriftsteller und Kulturfunktionäre beteiligt waren, zu einem großen Teil Parteimitglieder, und die sich gegen „etatistische, unitaristische und hegemonistische Tendenzen" wandte.[12]

Die schwerste Krise mit nationalistischer Färbung zu Lebzeiten Titos war 1971 der kroatische *masovni pokret* (die kroatische „Massenbewegung", auch „kroatischer Frühling" genannt). Hierbei verbanden sich Meinungsverschiedenheiten in Wirtschaftsfragen – entstanden vor allem darüber, dass in Kroatien erarbeiteter Mehrwert anderen Republiken zugute kam – mit erneuten nationalistischen Parolen, die stark von der Studentenschaft benutzt und bald durch Rückgriffe auf die Vergangenheit zusätzlich aufgeladen wurden – so die Behauptung, die bosnischen Muslime wären eigentlich Kroaten. Einige Kroaten sprachen von der „zweiten nationalen Wiedergeburt".[13] Die kroatische Parteichefin Savka Dabčević-Kučar und der kroatische ZK-Sekretär Miko Tripalo äußerten sich hierzu anfangs gar nicht und stellten sich dann zum Teil sogar hinter die Forderungen, um sich an die Spitze der nationalistischen Bewegung zu setzen. Das von der *Matica hrvatska* seit April 1941 herausgegebene *Hrvatski tjednik* (Kroatisches Wochenblatt), das zum Sprachrohr der Be-

---

[11]   *Nationalismus in Rot*, S. 82.

[12]   Ljubljanaer Programm: ebd., S. 83 mit Bezug auf *Das Programm des Bundes der Kommunisten Jugoslawiens*, beschlossen auf dem VII. Kongress in Ljubljana (22.– 26.4.1958). ‚Ranković-Stefanović-Gruppe': ebd., S. 102–104 (zum Angriff auf Ranković und Stefanović s. *Borba*, 2.7.1966). Deklaration: ebd., S. 87–89, veröffentlicht am 17.3.1967 in der Zagreber Zeitung *Telegram*. Vgl. zu Letzterer a. Miroslav Krležas enttäuschtes Resümee der „illyrischen Idee" zum 130. Jahrestag der kroatischen „nationalen Wiedergeburt" (ebd., S. 105, nach *Vjesnik*, 31.3.1966) u. ‚Der Sprachenstreit in Jugoslawien', S. A602f. Zu den Konflikten und Auseinandersetzungen zur Nationalitätenfrage innerhalb des BdKJ s. a. Pešić: ‚Krieg um Nationalstaaten', bes. S. 24–27. Zu den sich verstärkenden zentrifugalen Strömungen seit Mitte der 60er Jahre s. a. Sundhaussen: *Geschichte Jugoslawiens 1918–1980*, S. 191–193.

[13]   *Deutsche Zeitung/Christ und Welt*, 3.12.1971, S. 7. Dadurch wurden bei in Kroatien lebenden Serben antikroatische Gefühle geweckt und die Serbische Orthodoxe Kirche protestierte vehement. (Vgl. Ramet: ‚Religion and Nationalism in Yugoslavia', S. 313.) Zur Unterstützung des *masovni pokret* durch den Katholischen Klerus s. ebd., S. 320.

wegung geworden war, forderte gar einen kroatischen „Nationalstaat“, der Mitglied in der UNO sein und über eine eigene Armee verfügen sollte – Forderungen, die die Kroatische Bauernpartei ganz ähnlich bereits 1921 erhoben hatte. Das führte zu entsprechenden Reaktionen in Serbien, wo Stimmen laut wurden, weshalb die Serben in Kroatien keine Autonomie genössen, obwohl sie dort einen größeren Anteil an der Bevölkerung hätten als Albaner oder Ungarn in Serbien.[14] Spätestens hier hätte die Parteiführung gewarnt sein können, dass es keineswegs genügte nach vorn zu schauen und die Zukunft aufzubauen, denn die nicht durchgearbeitete Vergangenheit lag weiterhin gärend im Keller, bereit, bei passender Gelegenheit von Unzufriedenen und tatsächlichen Reaktionären hervorgeholt zu werden. Die Antwort war eine andere: Die massive Unterdrückung der kroatischen nationalistischen Bestrebungen führte etwas später auch dazu, dass Politiker aus Serbien, Montenegro und Slowenien, die verhältnismäßig liberale Positionen vertreten hatten, gemaßregelt wurden.[15] Trotzdem gelang es nicht, den kroatischen Nationalismus völlig zu unterbinden.[16]

Auch im Kosovo kam es Anfang der 70er Jahre zu nationalistischen Spannungen, wobei ebenfalls wirtschaftliche Probleme, allen voran die hohe Arbeitslosigkeit, die entscheidende Rolle spielten.[17] Nationalistische Töne verstummten auch in der zweiten Hälfte der 70er Jahre nicht, auch wenn ihnen nun die Massenbasis fehlte.[18]

---

[14] Sundhaussen, a. a. O., S. 194–196 (Muslime, Studenten, kroatische Parteiführung, *Hrvatski tjednik*); *Deutsche Zeitung/Christ und Welt*, 3.12.1971, S. 7 (Wiedergeburt). Unterstützung erhielt der *masovni pokret* vom katholischen Klerus (Ramet, a. a. O., S. 320).

[15] Carl Gustav Ströhm: ‚Abschied von einer Illusion‘, *die politische meinung*, Januar/Februar 1973, S. 31–38, hier S. 31; Sundhaussen, a. a. O., S. 196–198.

[16] *Die Welt*, 8.11.1974. Vgl. a. die Entführung einer Boeing 727 der „Trans World Airlines“ durch kroatische Nationalisten im Sommer 1976 (Philip Howard: ‚Struggle of Croatian separatists goes back centuries‘, *The Times*, 13.9.1976).

[17] Vgl. ‚Das schwierige Zusammenleben der Völker im Kosovo-Gebiet‘.

[18] Ihlau: ‚Neuer Nährboden für Serbiens Nationalismus‘, *SZ*, 8.10.1977; *FR*, 26.10.1977. Einige nationalistische Zwischenfälle werden im *Spiegel* vom 31.10.1977, S. 166f. angeführt. Zum rigorosen Vorgehen gegen Nationalismus in Bosnien s. Meier: ‚In Bosnien wird mit harter Hand regiert‘, *FAZ*, 11.11.1977. Zu kroatischer Kritik am Proporz bei der Besetzung von Führungspositionen und der ungerechten Verteilung von Geldern s. *Der Spiegel*, 5.6.1978, S. 122. Dort auf S. 120f. auch zum Kampf zwischen im westlichen Untergrund lebenden Exilkroaten und jugoslawischen Agenten. Von einem Erstarken des Islams in Bosnien, das verbunden sei mit einer allgemeinen Renaissance des Islams, berichtet Meier: ‚Die selbstbewußten Muslime in Bosnien‘, *FAZ*, 5.2.1980. Vorbereitungen von Exilkroaten auf die Zeit nach Tito („Wir werden dafür sorgen, daß Tito der letzte Jugoslawe war“) in *Dokument und Analyse*, Juli 1980, S. 35. Die politische Führung des Kosovo unter Mahmut Bakali versuchte, für die Provinz de facto die Rechte einer Republik zu erlangen, was auch bedeutet hätte, direkt mit dem Bund und –

Nach Rankovićs Sturz und verstärkt nach der Unterdrückung des *masovni pokret* wurde seit 1967 mit Verfassungsänderungen und vor allem mit der Verfassung von 1974 versucht, einen Ausgleich zwischen den Nationalitäten herzustellen und Verfahren zu schaffen, die eine wirkliche Gleichberechtigung aller sichern sollten. Indem sie aber die Macht von der Zentrale immer mehr zu den Republiken und Provinzen hin verschoben, stärkten sie in der Folge deren Egoismus und schwächten den Willen zur Zusammenarbeit.

Schon 1976 verlangte die serbische Führung in einem *Blauen Buch*, die Verfassung so zu ändern, dass in bestimmten Fragen die Republik auch für die Provinzen zuständig sei, damit Serbien als Staat funktionieren könne. Die Öffentlichkeit wurde über dieses Dokument bis 1990 nicht informiert. Obwohl nicht nationalistisch, wurde es dann in den anderen Republiken und vor allem in den Provinzen als solches scharf kritisiert.[19]

3.2. Die Entwicklung in Jugoslawien nach Titos Tod bis zum Beginn der Kriege

Die folgenden beiden Abschnitte sollen einen Eindruck der gesellschaftlichen Entwicklung in Jugoslawien während der 80er und frühen 90er Jahre geben, die geprägt war von einer schweren Wirtschaftskrise. Diese hatte zunehmend Auswirkungen auf die Politik der Republiken, die immer mehr ihren eigenen Interessen folgten und so in wachsenden Gegensatz zueinander gerieten. Dabei verzichte ich auf eine eingehendere Analyse der wirtschaftlichen und sozialen Verhältnisse. Es geht hier lediglich darum, die gesellschaftliche Situation darzustellen, in der sich verschiedene Nationalismen entwickelten und aufluden und eine Stimmung der Feindschaft entstand. Im zweiten Abschnitt werden die Faktoren dieser Entwicklung analysiert.

3.2.1. Chronologische Skizze

Ausgelöst wurde die Krise Jugoslawiens durch Massendemonstrationen im Kosovo und die harte Reaktion der Staatsorgane. Bis Ende der 80er Jahre blieb dieser Konflikt der zentrale, wenn auch noch weitere hinzukamen.

---

mit Einschränkungen – mit dem Ausland in Verbindung zu stehen (Meier: ‚Serbien muß sich mit Kosovo abfinden‘, *FAZ*, 22.10.1977).

[19] Pešić: ‚Krieg um Nationalstaaten‘, S. 29. Zur Verfassungskonstruktion der Republik Serbien s. S. 147f. d. vorl. Arbeit.

Am 11. März 1981, nicht einmal ein Jahr nach Titos Tod am 4. Mai 1980, gab es in Priština Protest gegen schlechtes Mensaessen, in dem sich Unmut über die allgemeine wirtschaftliche Lage im Kosovo und besonders die der Studenten Luft machte. Zwei Wochen später folgten anlässlich der Ankunft des „Jugendstafettenlaufs" in der Stadt weitere Demonstrationen, auf denen auch Parolen wie „Kosovo – Republik!", „Wir sind Albaner – nicht Jugoslawen!" und „Vereinigung mit Albanien!" gerufen wurden. Nach Angaben der *Welt* war *die* Parole im Kosovo: „Wir sind die Kinder Skander Begs, wir sind die Armee Enver Hodschas!" Und doch war der Konflikt zu diesem Zeitpunkt noch nicht eindeutig nationalistisch. So soll eine der Parolen „Nieder mit der roten Bourgeoisie" gewesen sein. Die Mehrheit der Demonstranten scheint jedoch hinter der Forderung nach dem Republikstatus für das Kosovo gestanden zu haben.[20] Nicht unerheblich scheint der Einfluss kleiner marxistisch-leninistischer Gruppen, sogenannter „Enveristen" gewesen zu sein, denen es gelang, die Proteste über das Anfangsmoment hinaus zu organisieren. Es handelte sich um Splittergruppen, die sich ideologische Anhänger des albanischen KP-Chefs und Staatsführers Enver Hoxha bezeichneten, tatsächlich aber kaum etwas von den realen Verhältnissen in Albanien wussten und einfach „die Serben loswerden" wollten, wobei sie dieses Ziel selbst für wenig realistisch hielten. Eher schien es möglich, den Republikstatus für die Provinz zu erkämpfen – freilich als Zwischenschritt in die Unabhängigkeit. Das den meisten unbekannte Albanien avancierte zum Land der Träume, die revolutionäre Haltung war eher eine Camouflage der nationalistischen Ansprüche. Trotz ihrer geringen Größe verfügten diese Gruppen doch über einigen Einfluss, vor allem an der Universität von Priština/Prishtina. Viele ihrer fähigsten Köpfe saßen Mitte der 80er Jahre im Gefängnis, was sie radikalisiert hat. Im politischen Spektrum waren sie lange extreme Außenseiter, ein bewaffneter Kampf schien bis 1989 lächerlich, zumal die Provinz nicht serbisch regiert wurde, nach 1991 und den Erfahrungen in Kroatien und Bosnien erschien er selbstmörderisch. Einige von ihnen sollten sich in den 90er Jahren am Aufbau der UÇK beteiligen.[21]

---

[20] Malcolm: *Kosovo*, S. 334. Die „Skander Beg"-Parole: *Die Welt*, 24.4.1981. „Rote Bourgeoisie": *IHT*, 6.5.1982. Forderung nach Republikstatus: Petritsch/Pichler: *Kosovo/Kosova*, 2004, S. 84. Meier berichtet, es seien bereits im Herbst 1979 anlässlich eines Besuchs von Tito an verschiedenen Orten im Kosovo Flugblätter verteilt worden, die sich gegen ihn gerichtet und für die Vereinigung mit Albanien plädiert hätten (‚Belgrads Sorgen mit dem Kosovo wachsen', *FAZ*, 30.5.1980, S. 8).

Bereits 1978 war der hundertste Jahrestag der Gründung der „Liga von Prizren" bzw. der „Liga zur Verteidigung der Rechte der albanischen Nation", wie sie eigentlich hieß, auch albanisches ‚nationales Erwachen' genannt, von Albanern im ganzen Kosovo gefeiert worden (*Kosovo Report*, S. 36; eigentlicher Name: Magaš: *The Destruction of Yugoslavia*, S. 21).

[21] Judah: *Kosovo*, S. 105–108. Auch zu weiteren Hintergründen der UÇK und ihrer führenden Leute ist dieses detailreiche Buch sehr erhellend.

Um die Proteste unter Kontrolle zu bringen, setzten die Behörden auf eine schärfere Kontrolle der Provinz, auf verstärkte Wirtschaftsförderung sowie die politische Schulung der Jugend.[22] Die Einschüchterungen wurden „Differenzierung" genannt. Das konnte Verhaftung, Entlassung von der Arbeit, Ausschluss vom Studium, vor allem aber den Ausschluss aus dem sogenannten „Sozialistischen Bund" bedeuten, in dem fast jeder Mitglied zu sein hatte. Die „Feinde" wurden auf diese Weise aktenkundig. Zum Teil wurden Inhaftierte misshandelt. Ihre Vergehen bestanden oft nur darin, dass sie Parolen geschmiert hatten.[23]

Das harte Durchgreifen der Behörden brachte jedoch keine Beruhigung, obwohl viele Albaner verhaftet wurden, von 1981 bis zum Sommer 1985 mehr als dreitausend.[24] Die Demonstrationen 1982 waren erneut von Ausschreitungen begleitet. In *NIN* wurde von einer wachsenden Anzahl von Anschlägen, Belästigungen und Drohungen gegen Serben und Montenegriner berichtet. Auch von Vergewaltigungen war hier bereits die Rede.[25] In serbischen Zeitschriften wurden Nonnen gezeigt, die ihre Klöster mit dem Gewehr bewachten. Auch orthodoxe Geistliche klagten öffentlich in scharfer Form über die Situation im Kosovo. Die „Kosovo-Plattform" für den 12. Parteikongress des BdKJ im Sommer 1982, in der die geschichtlichen Hintergründe des Konflikts unberücksichtigt blieben, zeigte, dass auch die Bundesführung

---

[22] *IHT*, 6.5.1982.

[23] Meier: ‚Jugoslawien wird serbischer', *FAZ*, 21.9.1981. Misshandlungen: *FAZ*, 14.3.1983. Vergehen: Meier: *Wie Jugoslawien verspielt wurde*, S. 65 u. ausführlich Magaš, a. a. O., S. 7f.

[24] Meier: ‚Spürbare Nervosität über die Lage im Kosovo', *FAZ*, 3.7.1985. Im Oktober spricht Meier allerdings von einer Besserung. Die albanischen Funktionäre scheinen damals gehofft zu haben, die Erregung unter den Serben werde sich legen. (‚Serbien will eine einheitliche Republik sein', *FAZ*, 8.10.1985, S. 12) Das war ein Trugschluss.

Laut *Spiegel* vom 30.6.1986, S. 100 gab der Justizminister des Kosovo an, es habe bis Ende 1985 6400 Verhaftungen gegeben. Einige der damals verhafteten Jugendlichen wurden in späteren Jahren extremistische Aktivisten. (Vgl. Judah: *Kosovo*, S. 117f.)

[25] Meier: ‚In Kosovo schwelt es weiter', *FAZ*, 3.2.1982. Von Schikanen berichteten auch Marvine Howe: ‚Yugoslavs Trying to Calm Tension Between Kosovo Serbs and Albanians', *IHT*, 14.7.1982 und H. Flottau: ‚Peinliche Nachrichten aus dem Süden', *SZ*, 20.7.1981, S. 3. Flottau berichtet auch, dass die antialbanische Stimmung in der slawischen Bevölkerung und besonders unter Serben stark zunahm, und belegt das mit einem drastischen Umsatzrückgang privater albanischer Bäckereien in Niš, Valjevo und in Mazedonien. Auch in der Presse sei das ein Thema, so in *NIN* unter der Überschrift ‚Einige peinliche Nachrichten'.

Dass nicht nur hart durchgegriffen wurde, sondern z. T. auch nachsichtig gehandelt wurde, steht in der *FAZ* vom 18.3.1982.

und damit die anderen Republikführungen, selbst die nordwestlichen, aufseiten der Belgrader Regierung standen.[26]

Ausgehend von den Demonstrationen im Kosovo und ihrer gewaltsamen Unterdrückung verstärkten sich die Nationalismen landesweit.[27] Dabei wurden besonders die Fußballstadien zu einem beliebten Ort nationalistischer Konfrontation.[28]

Den Hintergrund hierzu bildete eine sich immer mehr verschärfende Wirtschaftskrise, zu einem großen Teil von einer immensen Verschuldung verursacht, die bereits die letzte wirtschaftliche Wachstumsphase Jugoslawiens in den 70er Jahren geprägt hatte;[29] deren negative Folgen zeigten sich aber erst jetzt in zunehmendem Maß. Die einzelnen Landesteile wiesen eine Mitverantwortung für die Krise weitgehend von sich und konkurrierten mehr und mehr um die knapper werdenden Finanzmittel. Dabei ging es zum einen um den Transfer von Geldern aus den Republiken – etwa aus dem Tourismus in Kroatien – an die Bundesregierung in Belgrad und die undurchsichtige und ineffektive Verwendung dieser Gelder, zum anderen um die Unterstützung der ökonomisch schwächeren Regionen durch die stärkeren, die im Prinzip nicht infrage gestellt wurde, deren Nutzlosigkeit, besonders was das Kosovo anging, jedoch angesichts ausbleibender Erfolge betont wurde.[30] Mit einem

[26] Bewaffnete Nonnen: *IHT*, 6.5.1982. Zur Rolle von Geistlichen vgl. Abschnitt 2.3.2. der vorliegenden Arbeit. ‚Kosovo-Plattform': Meier: ‚Im Kosovo gehört die Zukunft den Albanern', *FAZ*, 27.7.1982 (der Titel spielt bereits zu jenem Zeitpunkt das „Spiel" um Sieg und Niederlage mit).

[27] In der Vojvodina: *Die Welt*, 23.2.1982. Klerikal-nationalistische Gruppen an der Universität Zagreb gab es verstärkt seit Herbst 1982, bereits seit Oktober 1981 standen sie unter Beobachtung (Ströhm: ‚Kroatiens Nationalisten trumpfen auf', *Die Welt*, 4.12.1982). Die Auseinandersetzungen um das Theaterstück *Golubnjaca* (Taubenschlucht), das von im Zweiten Weltkrieg Ermordeten handelte und Ende 1982 in Novi Sad abgesetzt wurde: Schleicher: ‚Die Taubenschlucht der Nationalitäten. Ein Theaterstück läßt den Zwist zwischen den Serben und Kroaten wieder aufleben', *SZ*, 24.1.1983; vgl. a. *Der Spiegel*, 24.1.1983, S. 109f. In Slowenien: Schleicher: ‚Gastarbeiter im eigenen Land. Slowenien hat wachsende Probleme mit Arbeitskräften aus dem übrigen Jugoslawien', *SZ*, 6.12.1985, S. 11; *Munzinger-Archiv/Internationales Handbuch-Zeitarchiv* (im Folgenden kurz *M-A*), 33/87, Jugoslawien, Chronik 1985, S. 17. Der Streit um die von einem slowenischen Schriftsteller und Slawistikprofessor wieder aufgewärmte These, die Slowenen seien im Grunde keine Südslawen, sondern Nachfahren der „autochthonen" Veneter: Meier: ‚Angst vor dem Ertrinken in Jugoslawien', *FAZ*, 10.2.1986, S. 10.

[28] H. Flottau: ‚Ein vierfaches S gegen ein dröhnendes E-Ho', *SZ*, 18.10.1983; Chalupa: ‚Nationalistische Ausschreitungen im Vielvölkerstaat Jugoslawien', *Der Tagesspiegel*, 5.11.1985. Chalupa berichtet auch von einer Reihe nationalistischer Demonstrationen und Ausschreitungen in Split.

[29] Samary: *Krieg in Jugoslawien*, S. 23.

[30] Vgl. *Der Spiegel*, 3.1.1972, S. 60f. Zur Funktionsweise des Bundesentwicklungsfonds, über den die schwächeren Landesteile gefördert wurden, vgl. Meier: ‚Belgrads Sorgen mit dem Kosovo wachsen', *FAZ*, 30.5.1980, S. 8. Danach wurden Kredite erst dann ge-

Großteil der Unterstützung finanzierte die Provinzregierung des Kosovo tatsächlich repräsentative Verwaltungsgebäude.[31]

Auf serbischer Seite wurde außerdem zunehmend heftiger darüber geklagt, dass die serbische und die montenegrinische Bevölkerung im Kosovo immer mehr abnahm. Viele sahen darin eine bewusst betriebene Vertreibungspolitik durch die Albaner, einige begannen sogar von „Völkermord" zu sprechen.[32] Bereits 1984 soll auf albanischer Seite die Parole „Kosova Republika" durch die Forderung nach einem „ethnisch reinen Kosovo" abgelöst worden sein. Zu dieser Zeit sollen bereits 708 von den insgesamt 1445 Ortschaften des Kosovo eine rein albanische Bevölkerung gehabt haben.[33]

Die Politiker des Kosovo sahen sich mit der Schwierigkeit zweier Nationalismen konfrontiert. Verfolgten sie den albanischen, konnte ihnen das leicht als Nachgeben gegenüber dem serbischen angekreidet werden, wandten sie sich gegen den serbischen, wurden umgekehrte Vorwürfe laut.[34]

Bereits auf dem ZK-Plenum der serbischen Kommunisten im November 1984 ging es gar nicht mehr zentral um die Probleme im Kosovo. Jetzt stand die Reform des politischen Systems von ganz Jugoslawien im Mittelpunkt.[35] Als zentrales Problem wurde auf serbischer Seite vor allem der verfassungsmäßige Status der Republik und der beiden autonomen Provinzen angesehen. So einflusslos, wie es in verschiedenen serbischen Medien und später auch von Politikern dargestellt wurde, war Serbien auf die Verhältnisse im Kosovo allerdings nicht. So wurden beispielsweise die ungewöhnlich harten Urteile gegen Demonstranten im Juli 1982 mit dem Besuch von General Nikola Ljubičić in Verbindung gebracht. Ljubičić war Präsident des Präsidiums von Serbien und hatte auf einem Besuch im Kosovo Ende Juni den Führern der Provinz mit „personellen Änderungen" gedroht, falls sich die Lage nicht bessere.[36]

---

währt, wenn anderweitige Mittel bereits gesichert waren. Nach Bataković wurden seit den frühen 70er Jahren etwa 70 Prozent des Bundesfonds für die unterentwickelten Gebiete an das Kosovo gegeben. (*The Kosovo Chronicles*, S. 28) Es ist eine von vielen Behauptungen, die er nicht belegt. An ihrer Richtigkeit bestehen Zweifel, da seine Behauptung, dieses Geld sei vor allem aus Serbien gekommen, offenbar falsch ist (vgl. S. 120 d. vorl. Arbeit).

[31] Meier: ‚Belgrads Sorgen mit dem Kosovo wachsen', *FAZ*, 30.5.1980, S. 8.

[32] Siehe den Exkurs 3.3.1. zur Frage, ob dieser Vorwurf berechtigt war, und zu seinen tieferen Bedeutungen das 4. Kapitel, bes. den Abschnitt ›Vergewaltigung‹ und Vergewaltigung'.

[33] Schleicher: ‚Jeder zweite Ort ist schon rein albanisch', *FR*, 8.10.1984, S. 13.

[34] Meier: ‚Polizeiposten und pulsierendes Leben', *FAZ*, 12.7.1982. S. 8.

[35] Libal: *Das Ende Jugoslawiens*, S. 118f.

[36] *FAZ*, 16.7.1982.

114

Im Mai 1985 erregte der Fall des Bauern Djordje Martinović, eines Kosovo-Serben, der schwer verletzt mit einer abgebrochenen Flasche im Anus gefunden wurde, die serbische Öffentlichkeit.[37] Im Oktober wurde eine Petition von über zweitausend Serben aus dem Kosovo an das Republik- und an das Bundesparlament gesandt, der sich Abertausende anschlossen. Weitere Aufrufe und auch Demonstrationen in Belgrad folgten im Jahr darauf. Darin wurde ein energisches Vorgehen gefordert, notfalls auch gegen die Provinzregierung.[38] Seitdem beherrschte die serbische Öffentlichkeit die Überzeugung, Serbien sei das Opfer der jugoslawischen Verhältnisse.

---

[37] Etwa ‚Smišljen neprijateljski akt' (Absichtlicher feindlicher Akt), *Politika*, 6.5.1985, S. 8. Allerdings verbreitete *Politika* am 8.5.1985, S. 10, in ‚Sam sebe povredio' (Er hat sich selbst verletzt) auch die Version, die die lokalen Behörden vertraten, es handele sich bei dem Mann um einen Perversen, der sich beim Masturbieren eine Flasche in den Anus eingeführt habe, die dann abgebrochen sei (*Le nettoyage ethnique*, S. 252, Anm. 1). Ein zentrales Problem war sicherlich, dass es keine öffentliche Untersuchung des Falls gab, was den Spekulationen reichlich Nahrung gab. Der *NIN*-Reporter Spasojević, der die Kampagne angeführt hatte, veröffentlichte 1986 ein 485 Seiten dickes Buch, *Slučaj Martinović* (Der Fall Martinović), das in einer ersten Auflage von 50 000 Exemplaren gedruckt wurde – ein Gradmesser für die Stimmung in Serbien. (Malcolm: *Kosovo*, S. 338) Für Dubravka Ugrešić sind dieser Vorfall und seine mediale Behandlung der Auslöser des Krieges. (*Die Kultur der Lüge*, S. 109f.; dort a. zum Umfang des Medienechos) Vgl. a. Meier: ‚Spürbare Nervosität über die Lage im Kosovo', *FAZ*, 3.7.1985. Cviic, der ihn ebenfalls als paradigmatisch für die Situation in Serbien sieht, zweifelt an der ersten Fassung des Falls, denn die serbischen Behörden nahmen ihn 1989, nachdem das Kosovo Serbien wieder unterstellt war, nicht wieder auf (‚A Culture of Humiliation', S. 80f.). Er erwähnt auch, dass der Vorfall nicht weit vom Ort der Schlacht geschehen sei (S. 81). Zu seiner symbolischen Bedeutung s. S. 175, 181 u. 220 d. vorl. Arbeit.

[38] Meier: ‚Im Kosovo wächst wieder die Unruhe', *FAZ*, 22.3.1986; Malcolm: *Kosovo*, S. 339. Der wiederholte Vorwurf, serbische Politiker stünden hinter solchem Vorgehen – von Meier beiläufig nicht nur hier, sondern auch in der *FAZ* vom 29.7. und 9.9.1986 geäußert, jedes Mal ohne Belege – verwischt das Ausmaß der nationalistischen Stimmung in der serbischen Bevölkerung und führt zum bekannten Rattenfängermotiv, mit dem man sich die Tatsache vom Leib zu halten versucht, dass zu Zeiten ein entscheidender Teil einer Bevölkerung im Gefühl besten Rechts mörderische Züge annimmt.

Den einzigen wirklichen Hinweis auf Drahtzieher habe ich bei Malcolm: *Kosovo*, S. 339f. gefunden, der sich auf Stambolić: *Put u bespuće*, S. 166 bezieht: Er sei, als er im Frühjahr 1985 aufgrund der angespannten Lage ins Kosovo kam, vorher von privater Seite informiert worden, dass ihm ein feindlicher Empfang drohe, der von den Führern der Bewegung, der „nationalistischen zentralen Organisation", in Belgrad organisiert sei. Malcolm meint, dabei handle es sich offenbar um „a group of Serbian nationalist intellectuals with high-level positions or contacts in the Party, the army and the Church", wobei er den Romancier Dobrica Ćosić in einer führenden Rolle sieht.

Im Mai 1986 wurde Slobodan Milošević auf Vorschlag seines Förderers und Vorgängers im Amt, Ivan Stambolić, zum Vorsitzenden des serbischen BdK gewählt.[39] Milošević war 1974–78 Generaldirektor des petrochemischen Großkombinats „Technogas" und 1978–83 Direktor der Beogradska Banka gewesen. Seit 1984 leitete er die Belgrader Regionalgruppe des BdKJ. Weder zum Zeitpunkt seiner Wahl noch irgendwann in den folgenden Monaten reagierte er auf die wachsende nationalistische Stimmung.

Im Sommer reagierten dann das Staats- und Parteipräsidium auf diese Forderungen, indem sie neue Maßnahmen für das Kosovo beschlossen, darunter eine genaue Überprüfung der Vorwürfe, eine Wiederaufnahme aller seit 1981 abgebrochenen oder niedergeschlagenen Prozesse und eine Erhöhung der Strafmaße für bestimmte Verbrechen. Es gab auch eine Arbeitsplatzgarantie für zurückkehrende Serben, die jedoch bei der hohen Arbeitslosigkeit viele Albaner verärgerte. Da diese Garantie vielfach ausgenutzt wurde, führte die Regierung ein „Karenzjahr" ein, das allerdings immer noch ein großes Privileg darstellte. Um die Abwanderung von Serben aufzuhalten, war diesen verboten, Land im Kosovo zu verkaufen, was jedoch manch einer als verfassungswidrig ansah – die Bodenpreise waren hier wesentlich höher als in anderen Teilen Jugoslawiens.[40]

Als Milošević sich auf dem 8. Plenum des ZK des serbischen BdK (23.–25. September 1987) gegen innerparteiliche Widersacher durchsetzen und seine Macht weiter festigen konnte,[41] hatten bereits deutlich zentrifugale Kräfte eingesetzt. So wollte die slowenische Führung ihre Republik stärker am Westen ausrichten, was aber von der Mehrheit der Föderation abgelehnt wurde.[42] Die Metaphern, mit denen die Gefahren der Zukunft beschrieben wurden, sprachen bereits von Krieg, etwa als der slowenische Parteiführer Milan Kučan mit Blick auf das 8. Plenum des ZK des serbischen BdK davor warnte, Jugoslawien könne ein „Libanon" werden. Auf diesem Plenum wurde zum ersten Mal ein „entschiedenes Vorgehen" gegen eine ganze jugoslawische Nationalität – die albanische – gefordert.[43] Während vor allem von serbischer Seite eine Stärkung der Zentralgewalt angestrebt wurde, lehnte die slowenische diese ab. Es wurde sogar von der Gefahr einer Diktatur gesprochen. Für viele

---

[39] Meier: *Wie Jugoslawien verspielt wurde*, S. 72f.

[40] Neue Maßnahmen: Ulrike Rudberg: ‚Jagdszenen in Jugoslawien', *Die Zeit*, 19.9.1986, S. 13. Arbeitsplatzgarantie: Meier: ‚Ausnahmemaßnahmen im Kosovo', *FAZ*, 29.7.1986. Verbot von Landverkäufen: ders: ‚Außerordentliches auf dem Amselfeld'. Angst vor den Albanern', *FAZ*, 9.9.1986. Bodenpreise: ders.: *Wie Jugoslawien zerstört wurde*, S. 63. Die Nachfrage nach Land war in der bäuerlichen albanischen Bevölkerung durch die anhaltend hohe Geburtenrate sehr groß.

[41] Nach Magaš, indem er Kader aus der Provinz mobilisierte. (*The Destruction of Yugoslavia*, S. 128)

[42] *NZZ*, 13./14.9.1987, S. 6.

[43] Meier: ‚Nationalitätenpolitik nach altem Muster', *FAZ*, 14.10.1987.

Slowenen nahm diese Gefahr deutlicher Gestalt an, als zwei Journalisten von *Mladina* verurteilt wurden. Es hieß, sie hätten Militärgeheimnisse verraten, darunter den Plan einer Militärintervention in Slowenien.[44]

Seit Mitte 1988 wurden in der Vojvodina, in Serbien und Montenegro organisierte Demonstrationen – sogenannte „Meetings der Wahrheit" oder einfach „Meetings" – abgehalten, zu denen Abertausende kamen und auf denen sich die nationalistische Stimmung immer mehr steigerte. Bundesorgane schritten trotz einer Warnung von Staatspräsident Raif Dizdarević nicht ein.[45] Die Meetings nahmen im Lauf des Septembers noch weiter zu, Versammlungen mit 100 000–300 000 Teilnehmern waren seitdem keine Seltenheit mehr. Auf der größten in Belgrad am 19. November wurde die Teilnehmerzahl auf 350 000 bis 1,3 Millionen geschätzt. Durch die Großdemonstrationen konnte sich die serbische Regierung als treue Dienerin ihres Volkes hinstellen. In den Jahren 1988/89 war dieser öffentliche Druck ein zentrales Mittel ihrer Politik.[46]

Im Oktober 1988 wurden nach Massendemonstrationen von Serben und Montenegrinern im Kosovo mit 15 000 Teilnehmern Fadil Hoxha, einst Vizepräsident Jugoslawiens, und sechs weitere hochrangige Parteifunktionäre sowohl albanischer wie serbischer Nationalität aus der Partei ausgeschlossen und Sondereinheiten der Sicherheitskräfte ins Kosovo geschickt.[47]

---

[44] Stärkung der Zentralgewalt: Meier: ‚Slowenien fordert »anderen Sozialismus«', *FAZ*, 5.10.1987. Zur Gefahr einer Diktatur: Rathfelder/Hofwiler: ‚Sloweniens kleine Freiheit und der Putschist in Kosovo', *taz*, 11.12.1987, S. 18. Zu *Mladina*: Paul Yankovitch: ‚Le contentieux s'alourdit entre l'armée et les libéraux de Slovénie', *Le Monde*, 10.6.1988; *M-A*, 6/89, Jugoslawien, Chronik 1987, S. 36. Die Verhaftung der Journalisten führte im Mai 1989 zu Massenprotesten in Slowenien. (*M-A*, 33/90, Jugoslawien, Chronik 1989, S. 49)
Bereits Anfang 1986 war in Zusammenhang mit neuen Devisengesetzen auf slowenischer Seite die Rede davon gewesen, die eigene Führung sei durch ständigen Druck und Drohungen, bis hin zu einer Militärintervention, gezwungen worden, diesen Gesetzen zuzustimmen. (Meier: ‚In Slowenien herrscht Unmut', *FAZ*, 4.2.1986)

[45] Meetings: Sundhaussen: *Experiment Jugoslawien*, S. 123; Malcolm: *Kosovo*, S. 342; vgl. a. *Der Spiegel*, 8.8.1988, S. 118/120. Dizdarević: Bennett: *Yugoslavia's Bloody Collapse*, S. 99.

[46] Teilnehmerzahlen: *M-A*, 6/89, Jugoslawien, Chronik 1987, S. 37–39. Demonstration in Belgrad: Rathfelder: ‚»Slobo« erschüttert Jugoslawiens Gleichgewicht', *taz*, 21.11.1988; *NZZ*, 22.11.1988; *M-A*, 33/90, Jugoslawien, Chronik 1988, S. 40f.; *Le Monde*, 21.11.1988; Malcolm: *Kosovo*, S. 343. Vgl. Abschnitt 3.3.4.1. der vorliegenden Arbeit.

[47] *M-A*, 6/89, Jugoslawien, Chronik 1987, S. 30. Bei einer Gesamtzahl von ungefähr 200 000 Serben und Montenegrinern im Kosovo war eine Demonstration von 15 000 keine Kleinigkeit, auch wenn man eine große Zahl von Teilnehmern annimmt, die von außerhalb gekommen waren.

In anderen Landesteilen wurde die politische Führung durch Massenproteste gestürzt. Am 5. Oktober trat die Parteiführung der Vojvodina aufgrund des Drucks von 100 000 Demonstranten in der Hauptstadt Novi Sad und dem Druck der serbischen Parteizentrale zurück. Sie und die Regierung der Provinz wurden durch Vertraute Miloševićs ersetzt.[48] Am 11. Januar 1989 folgte die gesamte Führung Montenegros – das Staats- und das Parteipräsidium, der Parlamentspräsident, die Führung des Sozialistischen Bundes und die Mitglieder der gesamtjugoslawischen Staats- und Parteiführung. Mindestens 80 000 Menschen – andere Schätzungen sprechen von bis zu 150 000 – hatten in Titograd (inzwischen wieder Podgorica) gegen die schlechte Wirtschaftslage und Missmanagement demonstriert. Nur mit Geldern aus der Bundeskasse konnte bis dahin der Staatsbankrott verhindert werden. Die Löhne lagen deutlich unter dem ohnehin niedrigen jugoslawischen Durchschnitt und die Arbeitslosenquote betrug 25 Prozent. Von den 600 000 Einwohnern lebten nach amtlichen Angaben über 110 000 unter der Armutsgrenze.[49]

Ende Januar versuchten die serbischen Kommunisten, auch die jugoslawische Parteiführung zu übernehmen. Es gelang ihnen jedoch nicht, den BdKJ-Vorsitzenden Stipe Šuvar zu stürzen.[50]

Am 1. März 1989 verhängte Belgrad dann den Ausnahmezustand über das Kosovo und sandte Truppen in die Provinz. Am darauf folgenden Tag wurde neben vielen anderen auch der ehemalige Parteichef des Kosovo, Azem Vllasi, verhaftet.[51]

Am 23. März stimmte das Parlament des Kosovo, während Panzer um das Gebäude postiert waren und eine große Zahl von serbischen Sicherheitspolizisten und Parteifunktionären unter den Delegierten Platz genommen hatte, ohne die normalerweise notwendige Zweidrittelmehrheit für die neue serbische Verfassung. Die Vertreter der Vojvodina hatten bereits in diesem Sinn votiert.[52] Damit entschied Belgrad nicht nur in Fragen des Rechtswesens, der Wirtschaftsplanung und der inneren wie äußeren Sicherheit, sondern auch in Sprach- und anderen kulturellen Angelegenheiten der beiden Provinzen.[53] Die darauf folgende Ausweitung der serbischen Kontrolle über das Kosovo führte am 27. und 28. März zu bürgerkriegsähnlichen Unru-

---

[48] Meier: *Wie Jugoslawien verspielt wurde*, S. 144f.; Oswald: *Nationalitätenkonflikte im östlichen Europa*, S. 88 (hier ist der Sturz der montenegrinischen Regierung jedoch fälschlicherweise ebenfalls auf den Oktober datiert).

[49] *M-A*, 33/90, Jugoslawien, Chronik 1989, S. 45. Vgl. a. *NZZ*, 14.1.1989; *Die Welt*, 16.1.1989; Meier, a. a. O., S. 151.

[50] *M-A*, a. a. O., S. 45f.

[51] Ausnahmezustand: ‚Der Zerfall Jugoslawiens‘, S. 16; Verhaftung: *M-A*, a. a. O., S. 47.

[52] Kosovo: Bennett *Yugoslavia's Bloody Collapse*, S. 100; Malcolm: *Kosovo*, S. 344. Vojvodina: *M-A*, a. a. O., S. 48.

[53] *M-A*, a. a. O., S. 48.

hen, den schwersten seit Kriegsende.[54] Wenige Tage später, am 2. April, wurde Janez Drnovšek als erster Staatspräsident Sloweniens direkt gewählt.[55] Auch daran wird deutlich, wie stark Serbien und Slowenien zu dieser Zeit im politischen Selbstverständnis und im politischen Handeln auseinanderdrifteten.

Im Mai wurde die serbische Verfassung erneut geändert. Zusatz 47 besagte, dass Verfassungsänderungen in Zukunft nicht mehr der Zustimmung der beiden autonomen Provinzen bedurften.[56]

Im Sommer wurde eine deutliche Verbesserung der wirtschaftlichen Lage vermerkt, vor allem was die Industrieproduktion, die Exporte und die Rückzahlung von Schulden anging. Allerdings konnte die Inflation nicht gedämpft werden. Diese aber belastete die Bevölkerung viel unmittelbarer, das heißt die Verbesserung wurde für sie nicht spürbar. In der Folge kam es zu Streiks.[57]

Slowenien verankerte im September in seiner neuen Verfassung die eigene volle Souveränität und damit auch das Recht, den jugoslawischen Staatsverband zu verlassen. Dies wurde zumindest von einigen damit begründet, dass sich Slowenien davor schützen müsse, dass hier Verfassungsänderungen in einer Weise wie im Kosovo durchgesetzt würden.[58] Auch dass Slowenien zwar die serbische Politik im Kosovo mitfinanzieren musste, aber keinerlei Mitsprache daran hatte, spielte eine

---

[54] Die Angaben über die Zahl der Toten variiert erheblich: *SZ*, 8.3.1989 u. *NZZ*, 4.4.1989 (offiziell 24 Tote); so auch Bennett, a. a. O., S. 100 (Augenzeugen hätten 120 bis 140 angegeben); in *M-A*, a. a. O., S. 48: offiziell 29 Tote; ein jugoslawischer Arzt will 93 Leichen gesehen haben (bezeichnenderweise wird seine Nationalität nicht näher genannt, aber vielleicht sah er sich wirklich als Jugoslawe); die jugoslawische Botschaft habe von 22 gesprochen: *FR*, 11.4.1989; Albaner sprächen von „mindestens 150" (*NZZ*, 9.5.1989); „Mindestens 200 Todesopfer" nennt Otto Grum (,Dumdumgeschosse gegen Albaner', *taz*, 18.5.1989, S. 10); Malcolm: *Kosovo*, S. 344, der bis Ende April etwa hundert Tote annimmt. Ich führe diese Beispiele nur an, um zu zeigen, wie auch in westlichen Medien mit den Zahlen von Toten Politik gemacht wurde. Das sollte während der Kriege, vor allem in Bosnien, und Ende der 90er Jahre im Kosovo noch schlimmer werden.

Bennett weist auf S. 11 darauf hin, dass die slowenischen Kommunisten in der Folge immer mehr Abstand von Miloševics Kurs genommen hätten.

[55] *M-A*, a. a. O., S. 48.

[56] *NZZ*, 9.5.1989.

[57] Wirtschaftslage: Schleicher: ,Nicht alles düster', *SZ*, 3.8.1989. Streiks: *SZ*, 15.9.1989.

[58] Verfassungsänderung: Meier: ,Slowenien beharrt auf neuer Verfassung', *FAZ*, 19.9.1989; s. a. *NZZ*, 26.9.1989. Begründung: Meier: ,Die Reaktionen in Zagreb werden schärfer', *FAZ*, 25.9.1989.

Rolle.[59] In Serbien und Montenegro demonstrierten Zehntausende dagegen. In der Folge wurde erbittert darüber gestritten, ob die Republik- oder die Bundesverfassung den Vorrang habe.[60] Am 8. Februar entschied das Oberste Gericht Jugoslawiens, es sei verfassungswidrig, dass sich Slowenien in seiner Verfassung das Recht vorbehalte, aus der Föderation auszutreten. Einem solchen Schritt müssten die anderen Republiken zustimmen. Das Staatspräsidium habe das Recht, in jeder Republik „Sondermaßnahmen" zu verhängen, wenn dies notwendig sei.[61]

In der Folge eskalierten die Spannungen zwischen Slowenien und Serbien zu einem Wirtschaftskrieg. Eine für den 1. Dezember 1989 angesetzte serbische Kundgebung in Slowenien, auf der Serben massenhaft ihre Sicht der Lage im Kosovo darstellen wollten, wurde von der slowenischen Führung verhindert. Daraufhin kam es in Serbien zu einem Boykottaufruf gegen slowenische Waren. Slowenien wiederum kürzte im Februar seine Beiträge zum Bundesbudget um den Betrag, der für die wirtschaftliche Förderung Serbiens vorgesehen war, und stellte seine Zahlungen an den Bundesfonds für unterentwickelte Regionen ein.[62] Das hatte erhebliche Auswirkungen, da 40 Prozent dieses Fonds von Slowenien aufgebracht wurden.[63]

Eng verquickt mit der wirtschaftlichen Misere und den immer grundsätzlicher werdenden Konflikten zwischen den Landesteilen war die fortschreitende Aufladung nationalistischer Symbole. So waren bereits 1988 die Reliquien Lazars aus dem Kloster Ravanica durch die Bistümer von Zvornik und Tuzla, Šabac und Valjevo, Šumadija und Žiča ins Kloster Gračanica im Kosovo gebracht und von der serbischen Bevölkerung überall feierlich empfangen worden. Im Juni 1989 wurde die 600-Jahr-Feier der Kosovo-Schlacht als nationalistisches Fest begangen.[64] Im Oktober wurden die sterblichen Überreste des montenegrinischen Königs Nikola I. nach Montenegro zurückgebracht. An der Feier nahmen Zehntausende teil, darunter Abgesandte des europäischen Hochadels und erstmals auch offiziell Mitglieder der serbischen Dynastie Karadjordjević.[65]

---

[59]   Meier: ‚Die Kosovo-Frage rührt an die Grundfesten Jugoslawiens', *FAZ*, 25.1.1990. Nach Hofwiler gab die Bundesregierung die täglichen Kosten der „Stabilisierungspolitik" im Kosovo mit mehreren Hunderttausend Dollar an. (*taz* vom 18.10.1990, S. 3)

[60]   *SZ*, 15.6.1990.

[61]   *M-A*, 33/90, Jugoslawien, Chronik 1989, S. 58f.

[62]   Ebd., S. 53; *SZ*, 24.2.1990. Bereits im September hatte die Wochenzeitung *NIN* zu einem Boykott slowenischer Waren aufgerufen, bis die Verurteilten des *Mladina*-Prozesses auch tatsächlich im Gefängnis säßen. 90 Prozent der befragten Serben hielten das aber damals für Unsinn und die Kampagne wurde eingestellt. (Meier: ‚Belgrad entdeckt Europa', *FAZ*, 1.10.1989) Die nationalistische Agitation hatte also nicht immer Erfolg.

[63]   *SZ*, 25.1.1990.

[64]   Vgl. Abschnitt 3.3.4.2.

[65]   *M-A*, a. a. O., S. 51f.

Die nationalistisch ausgerichtete Politik der Republikführungen hatte die Idee einer sozialistischen Gesellschaft bereits weit hinter sich gelassen. Das zeigte sich ab Herbst 1989 auch in der zunehmenden Auflösung des BdKJ, beginnend in Slowenien, aber nach und nach auch in den anderen Republiken. Immer mehr unabhängige, zuerst vor allem sozialdemokratische Organisationen und Parteien wurden gegründet, deren Anerkennung aber vorerst noch hinausgezögert wurde.[66] Im Januar 1990 brach der BdKJ schließlich auseinander, nachdem die slowenischen Vertreter seinen 14. Kongress verlassen hatten, da ihre Bestrebungen nach weitgehender Selbstständigkeit der Parteiorganisationen in den Republiken von der Mehrheit abgelehnt worden war. Der Kongress wurde zwar im Mai fortgesetzt, allerdings ohne die Parteiorganisationen von Slowenien, Kroatien und Mazedonien. Aus den beiden letztgenannten Republiken nahmen lediglich einzelne Delegierte teil. Der BdKJ gab auch seinen Führungsanspruch in Staat und Gesellschaft endgültig auf.[67] Da die Partei weitgehend das Fundament des Staates gebildet hatte, wurde dieser von ihrer Auflösung mit getroffen, zumal es außer der neuen Partei des seit März 1989 amtierenden Ministerpräsidenten Ante Marković keine bedeutende Kraft gab, die als gesamtjugoslawische aufgetreten wäre. Die für April angesetzten ersten freien Wahlen auf Bundesebene fanden schon nicht mehr statt.[68]

1990 war auch das Jahr der Exhumierung von Toten aus dem Zweiten Weltkrieg, vor allem in Kroatien und Bosnien-Herzegowina. Vordergründig ging es darum, die Toten nachträglich zu bestatten. Viele der überlebenden Verwandten und Freunde konnten ihren Schmerz erstmals öffentlich zeigen, seit die Verbrechen verübt worden waren. Beides wurde allerdings mit der aktuellen Situation verbunden, und zwar landesweit, da die Medien sehr ausführlich darüber berichteten.[69] Damit ging die

---

[66] Neugründungen: Ebd., S. 40 u. 45f.; Reißmüller: ‚Auch Kroatien kommt in Bewegung‘, *FAZ*, 1.12.1989. Die erste ist, soweit ich sehe, der Slowenische Bauernbund/SKZ im Oktober (*M-A*, a. a. O., S. 40). Möglicherweise gab es frühere, da das Staatspräsidium bereits im März festgestellt hatte, dass die Gründung von Parteien unvereinbar mit der Verfassung des Landes sei (*NZZ*, 5.3.1989). Anerkennung verweigert: *M-A*, a. a. O., S. 52f.

[67] 14. Kongress des BdKJ: *M-A*, 33/90, Jugoslawien, Chronik 1990, S. 57. Fortsetzung des Kongresses: ebd., S. 63f. Zu dieser Zeit war die Auffassung bereits weit verbreitet, Jugoslawien werde auseinanderfallen (z. B. ‚»Jugoslawien wird in Einzelstaaten zerfallen«‘, Interview von Ströhm mit Katja Boh, *Die Welt*, 20.1.1990).

[68] Oswald: *Nationalitätenkonflikte im östlichen Europa*, S. 88.

[69] Zuerst wurden im Januar Opfer der Ustascha in Bosnien bestattet (Radić: ‚Die Kirche und die »serbische Frage«‘, S. 193). Zu serbischen Exhumierungen s. Denich: ‚Dismembering Yugoslavia‘, S. 382. Zu kroatischen in der Höhle Jazovka: ebd., S. 378, die sich bezieht auf ‚Dokazi Poratnog Partizanskog Bezumlja‘ (Beweise für eine Partisanenverrücktheit nach dem Krieg), *Nova Hrvatska*, 15.7.1990, S. 4. Zu einer Schlucht des Krimska Jama in der Nähe von Ljubljana, in der Hunderte von den Partisanen ermordet worden waren: Hirsch: ‚Titos Staat löst sich auf‘, *Die Zeit*, 2.11.1990, S. 4. Zu den Ex-

Rehabilitierung, ja sogar Verehrung nationalistischer Führer und Personen aus dieser Zeit einher,[70] was ein deutliches Signal dafür war, dass man an diese Tradition anknüpfen wollte, zumal die Rehabilitierungen nicht Folge einer Aufarbeitung des Zweiten Weltkriegs waren.

Auch im Kosovo verschärfte sich 1990 die Situation. Am 24. Januar begannen Demonstrationen von Albanern mit bis zu 40 000 Teilnehmern, gegen die die jugoslawischen Sicherheitskräfte mit Gewalt vorgingen. Etwa dreißig Menschen starben. Es folgten antialbanische Demonstrationen im Süden Jugoslawiens Ende des Monats. Den Februar über hielt das gewaltsame Vorgehen der Sicherheitskräfte im Kosovo an, wobei Panzer, Kampfflugzeuge und am 21. Februar auch erstmals die Bundesarmee eingesetzt wurden. Wieder gab es Tote. Erst jetzt erklärten sich die Bundesbehörden bereit, das Verhalten der Polizei zu untersuchen. Zugleich beschuldigte der serbische Innenminister Radmilo Bogdanović Slowenien, Waffentransporte aus Italien und Ungarn für die Aufständischen zu dulden.[71]

In Priština rief im März Bogdan Kecman, der Vorsitzende der national-serbisch gesinnten Vereinigung „Bozu", die Serben und Montenegriner der umliegenden Dörfer auf, sich zu bewaffnen. In Belgrad versammelten sich mehrere Zehntausend Studenten und verlangten, „Freiwilligenbrigaden" zu bilden, die im Kosovo gegen die Albaner kämpfen sollten.[72]

In weiten Teilen der albanischen wie der serbischen Bevölkerung herrschte inzwischen ein tiefer Argwohn gegenüber der jeweils anderen Seite. Im Frühjahr 1990 wurde die Atmosphäre angesichts von Vergiftungserscheinungen albanischer Schulkindern in Podujevo/Podujeva und Kosovska Mitrovica/Mitrovica e Kosovës mit Ängsten und Gewaltfantasien weiter aufgeladen, wobei reale Vorkommnisse trotz fraglicher Faktenlage entsprechend den jeweiligen nationalistischen Voreinstellungen ganz eindeutig interpretiert wurden.[73]

---

humierungen und zur Beschwörung der eigenen Opferrolle, nicht nur im Zweiten Weltkrieg, s. a. S. 149 u. 165–171 sowie den Abschnitt ‚Opfer' des 4. Kapitels.

[70] Zur Orientierung der Tudjman-Regierung am Ustascha-Staat s. S. 128–130 d. vorl. Arbeit. In Serbien wurden die Tschetniks wieder in eine heroische nationale Tradition aufgenommen. Das slowenische Staatspräsidium verkündete am 5.3.1990 eine Amnestie für Slowenen im In- und Ausland, die im Zweiten Weltkrieg mit den Achsenmächten kollaboriert oder zwischen den beiden Weltkriegen für die slowenische Unabhängigkeit gekämpft hatten (M-A, 33/90, Jugoslawien, Chronik 1990, S. 60).

[71] Ebd., S. 57f. Unruhen, bei denen Menschen ums Leben gekommen sind, hatte es bereits am 1.11.1989 gegeben (ebd., S. 52).

[72] Zu Kecman: Buchalla: ‚Titos Erben vor dem Bankrott', SZ, 21./22.4.1990, S. 3; NZZ, 17.3.1990, S. 5. Studentendemonstration: Küntzel: Der Weg in den Krieg, S. 26, der sich bezieht auf Hofwiler: ‚Keine Kompromisse in der Provinz Kosovo', taz, 1.2.1990 u. Ströhm: ‚Serbien will Kosovo »nie aufgeben«', Die Welt, 3.2.1990.

[73] Hier und im Folgenden: Mertus: Kosovo, S. 187–197.

In der jugoslawischen Presse wurde über Übelkeit, Bauchschmerzen, Schwäche-anfälle, Atemnot, Husten, Herzrasen und Halluzinationen berichtet, die Kinder seien an die Poliklinik der Medizinischen Fakultät in Priština/Prishtina überwiesen wor-den. Für viele Albaner handelte es sich hingegen um die gezielte Vergiftung albani-scher Schulkinder durch ‚die Serben', für viele Serben war das alles nur Propaganda ‚albanischer Separatisten und Terroristen', ein inszenierter Vorfall oder sogar eine gezielte Vergiftung der eigenen Kinder, um den Hass auf ‚die Serben' zu schüren. In der Folge kam es zu Racheakten an serbischen Schülern, *Vjesnik* soll am 4. April 1990 unter der Überschrift ‚Trovanja je ipak bilo' (Hat es trotzdem eine Vergiftung gegeben?) von mindestens fünfzig Fällen berichtet haben.

Bezeichnend an diesem Vorkommnis ist, wie es von beiden Nationalitäten be-handelt wurde und dass staatlicherseits kein Versuch unternommen worden ist, den Sachverhalt gründlich aufzuklären, etwa durch eine gemischte Kommission jugo-slawischer Fachleute aus allen Teilen des Landes. Die Medien haben Fragwürdig-keiten und Widersprüche fast ausschließlich auf der jeweils anderen Seite ausge-macht und als Belege für deren Böswilligkeit gewertet. Die Symptome der Kinder waren offenbar echt, vielleicht waren sie die Folge einer Massenhysterie, die in der bereits ziemlich angespannten Lage ausgebrochen war, einige ausländische Forscher haben auch chemische Gifte in einigen Blutproben betroffener Kinder gefunden. Konkrete Beweise für eine gezielte Vergiftung wurden nicht gefunden. Dadurch, dass die Behörden keine sorgfältigen Untersuchungen durchführten, förderten sie die von Gerüchten und Spekulationen genährte „Berichterstattung" der Medien weiter.

Unmittelbar nach Bekanntgabe der mutmaßlichen Vergiftungen übernahm die serbische Regierung die Polizei im Kosovo. Sie entließ 200 albanische Polizisten und setzte über 2500 serbische an ihre Stelle. In der Folge gab nicht nur der albani-sche Polizeichef sein Amt auf, sondern auch der Premierminister des Kosovo und sechs seiner Minister.[74] Am 17. April gab die serbische Regierung dann bekannt, dass sie die Polizeigewalt im Kosovo vollständig übernommen habe. Tags darauf wurde der seit Februar 1989 bestehende Ausnahmezustand aufgehoben und über hundert albanische politische Gefangene freigelassen.[75]

Zugleich zeigten sich führende slowenische und kroatische Politiker immer ab-lehnender gegenüber der serbischen Politik im Kosovo. So schloss der slowenische Ministerpräsident Dušan Šinigoj nicht aus, dem Kosovo den Status einer eigenen Republik zu geben. Und Franjo Tudjman sprach sich nach seinem Wahlsieg offen

---

[74] Ebd., S. 199, die sich, was die Entlassung albanischer Polizisten angeht, auf Poulton: *The Balkans*, S. 68 bezieht. Dieser sieht die Übernahme der Polizeigewalt als direkt durch die Vergiftungsvorwürfe begründet. Er bezieht sich dabei auf den *Weekly Report of Events* des Münchener Rundfunksenders Radio Free Europe, nennt jedoch kein Da-tum.

[75] *M-A*, 33/90, Jugoslawien, Chronik 1990, S. 61f.

dafür aus, den Kosovo-Albanern die territoriale Autonomie und den Status einer „Nation" zu geben.[76]

In Kroatien selbst hatten die Nationalisten unterdessen immensen Zulauf. Bereits auf ihrem Gründungsparteitag Ende Februar 1990 war Tudjmans „Hrvatska Demokratska Zajednica" (HDZ, Kroatische Demokratische Gemeinschaft) die „am besten organisierte und mit 200 000 Mitgliedern auch grösste oppositionelle Partei Kroatiens".[77] Tudjman war noch während des Zweiten Weltkriegs als Partisan in den Führungsstab der Nationalen Befreiungsarmee aufgestiegen und 1960 zum General der Jugoslawischen Volksarmee (JNA) ernannt worden. 1961 war er an die Universität von Zagreb gewechselt, um sich der Geschichte Kroatiens zu widmen. 1967 hatte ihn die Partei dann aufgrund nationalistischer Thesen ausgeschlossen, und 1971 war er als einer der führenden Personen des *masovni pokret* zu einer Haftstrafe verurteilt worden. In der bereits nationalistisch sehr aufgeladenen Situation bezog er sich nun ausdrücklich auf Ante Starčević, den Ideologen eines Großkroatiens Ende des 19. Jahrhunderts und sah im „Unabhängigen Kroatischen Staat" der faschistischen Ustascha einen Ausdruck der „alten und nie erfüllten Sehnsucht des kroatischen Volkes nach einem selbständigen Staat". Solche Äußerungen krönte er damit, dass er die gegenwärtigen Grenzen in Jugoslawien zu Gunsten Kroatiens infrage stellte.[78]

Im Frühjahr beschloss die Skupština, das serbische Parlament, zwei Programme, die die Richtlinien für die Serbisierung des Kosovo festlegten: das *Programm für Frieden, Freiheit, Gleichheit, Demokratie und Wohlfahrt* (22. März 1990) und das *Entwicklungsprogramm zur Beendigung der Emigration und zur Rückkehr von Serben und Montenegrinern*. Einer der ersten daraufhin eingeleiteten Schritte bestand darin, dass die innere Sicherheit des Kosovo dem serbischen Innenministerium zugewiesen wurde. Dieses beschloss, erneut eine Sonderpolizei, wie sie in der Ära Ranković bestanden hatte, einzurichten.[79]

Die Zahl der durch polizeiliche Gewalt ums Leben gekommenen Menschen hatte sich bereits 1989 stark erhöht und blieb auch in den folgenden Jahren hoch.[80] Neben der Sonderpolizei konnten nationalistische Freischärlerverbände die albanische Bevölkerung drangsalieren, etwa die Paramilitärs Željko Ražnjatovićs, genannt Arkan,

---

[76] „»Wir haben gute Nerven«', Interview mit dem slowenischen Premier Dušan Šinigoj, *Der Spiegel*, 11.12 1989, S. 173; ‚»Bund souveräner Republiken«', Gespräch von Renate Reinhardt mit Franjo Tudjman, *Der Tagesspiegel*, 28.7.1990.

[77] *NZZ*, 24.3.1990.

[78] Denich: ‚Dismembering Yugoslavia', S. 377f.

[79] Petritsch/Pichler: *Kosovo/Kosova*, 2004, S. 60f. mit Bezug auf Clark: *Civil Resistance in Kosovo*, S. 108–111.

[80] Schmidt: ‚Menschenrechte, Politik und Krieg in Kosovo 1989 bis 1999', S. 194. Der „Rat zur Verteidigung der Menschenrechte und Freiheiten", eine albanische Menschenrechtsorganisation, zählt von 1989 bis 1996 168 Getötete (Ebd.).

oder die „Weißen Adler" Vojislav Šešeljs. Mit regelmäßig durchgeführten Hausdurchsuchungen erpressten sie Geld und Wertgegenstände.[81]

Bei den Wahlen in Slowenien wurde im April der Kommunist Milan Kučan zum Präsidenten gewählt, in der ersten Kammer des Parlaments erhielt das Wahlbündnis DEMOS die Mehrheit, unter dessen Führung im Mai die Regierung gebildet wurde. In Kroatien gewann die HDZ in zwei Wahlgängen Ende April und Anfang Mai mit 46 Prozent der Stimmen zwei Drittel der Sitze. Franjo Tudjman wurde am 30. Mai in der konstituierenden Sitzung des Sabor, des kroatischen Parlaments, zum Präsidenten gewählt. Der Tag selbst wurde zum „Dan Hrvatske Državnosti", zum kroatischen Nationalfeiertag, erklärt und groß gefeiert, wobei auch die meisten Abgeordneten der aus dem Bund der Kommunisten hervorgegangenen SDP-SKH an den Feierlichkeiten teilnahmen. Die Serbische Demokratische Partei (SDS), die einzige nationale Partei der kroatischen Serben und mit einigen Abgeordneten in den Sabor gewählt, hatte bereits am 20. Mai die Mitarbeit im Parlament aufgekündigt. Borislav Jović, der serbische Vertreter im Staatspräsidium und seit 15. Mai turnusgemäß dessen Vorsitzender, warf den Wahlsiegern in Slowenien und Kroatien vor, „typisch faschistische Methoden des Drucks" angewandt zu haben. Annullieren wollte er die Wahlen deshalb aber nicht.[82]

Anfangs scheint es durchaus noch Optionen für ein friedliches Zusammenleben von Serben und Kroaten in Kroatien gegeben zu haben, zumal bis zu dieser Zeit das Alltagsleben beider Nationalitäten wohl noch weitgehend freundlich war. Kurz nach der Wahl erörterten Jovan Rašković, der Vorsitzende der SDS, und Tudjman die Möglichkeit eines „historischen Kompromisses". Doch bereits diese Versuche wurden von Gewalt überschattet. Im Zagreber Maksimirstadion kam es am 13. Mai zu Schlägereien zwischen Fans der Fußballvereine Dynamo Zagreb und Roter Stern Belgrad, die sich bis in die Stadt hinein fortsetzten und bei denen mehr als hundert Personen verletzt wurden, einige von ihnen schwer. Einige Tage später wurde ein Messerattentat auf einen SDS-Ortsfunktionär aus Benkovac, einem Städtchen in Südwestkroatien mit national gemischter Bevölkerung, trotz unklarer Täterschaft von serbischen Nationalisten als politische Tat gewertet.[83]

---

[81] Petritsch/Pichler, a. a. O., S. 63 nach Clark, a. a. O., S. 78f., der sich auf die ausführlichen Berichte des *Councils for the Defence of Human Rights and Freedom* und anderer Menschenrechtsorganisationen bezieht.

[82] Wahlen in Slowenien: *M-A*, 33/90, Jugoslawien, Chronik 1990, S. 61, 62 u. 63. Wahlen in Kroatien: ebd., S. 62 u. 64. Jović: S. 64. Nationalfeiertag u. Rolle der SDS: Grandits/Leutloff: ,Diskurse, Akteure, Gewalt', S. 227 (dort a. Verweis auf die genauen Wahlergebnisse in der Zagreber Zeitung *Vjesnik* vom 8.–11.5.1990 sowie auf die Ausgabe vom 31.5., S. 3 für die Nationaltagsfeiern). Sie weisen auch darauf hin, dass die Mehrheit der kroatischen Serben nicht für die SDS, sondern für die SDP-SKH gestimmt hatten (ebd., Anm. 1).

[83] Grandits/Leutloff: a. a. O., S. 228 u. 231 (freundliche Atmosphäre).

Slowenien bewegte sich nun zielstrebig aus der Föderation hinaus. Ende Juni billigte das slowenische Staatspräsidium die Arbeiten an der neuen Verfassung. Kučan unterstrich, dass Slowenien allenfalls noch Mitglied einer Konföderation sein werde.[84] Am 2. Juli erklärte das slowenische Parlament grundsätzlich seinen Anspruch auf die Kontrolle des jugoslawischen Militärs auf seinem Territorium und kündigte eine Kürzung der Militärausgaben um 30 Prozent sowie den Aufbau einer eigenen Spionageabwehr an. Die Überwachung von Grenzübergängen würde es der eigenen Polizei anvertrauen, innerhalb eines Jahres ein unabhängiges Rechtssystem schaffen sowie eine eigene Außen-, Wirtschafts- und Informationspolitik betreiben. Diejenigen Teile der Bundesverfassung, die mit der slowenischen Verfassung nicht übereinstimmten, hätten keine Gültigkeit mehr. Das jugoslawische Staatspräsidium und das Bundesparlament – allerdings in Abwesenheit der slowenischen Abgeordneten – griffen die Führung Sloweniens daraufhin scharf an und bezeichneten dies als gegen die Verfassung gerichtet. Die slowenische Regierung sah ihrerseits die Verfassung bereits durch das Vorgehen Serbiens im Kosovo gebrochen.[85] Am 11. Januar 1991 sollte der jugoslawische Volksgerichtshof die Bestimmungen wieder aufheben, durch die der Vorrang slowenischer Gesetze vor Bundesgesetzen proklamiert worden war,[86] was jedoch ebenfalls ohne Folgen blieb, denn auch diese Institution des Bundes wurde inzwischen nicht mehr uneingeschränkt anerkannt.

Eine Reaktion auf diese Desintegration war bereits im Frühjahr 1990 der Versuch der Armee, die der Territorialverteidigung der einzelnen Republiken gehörenden Waffen unter Verschluss zu nehmen. Widerstand dagegen gab es nur in Slowenien.[87]

Am 13. Juni 1990 fand dann in Belgrad mit 30 000 bis 50 000 Teilnehmern die bislang größte antikommunistische und gegen Milošević gerichtete Demonstration statt.[88] Seine Macht war nicht mehr so gefestigt wie in den Jahren zuvor und die Opposition meldete sich allmählich stärker zu Wort. Auch das trug wohl dazu bei, dass Milošević die Gegensätze innerhalb Jugoslawiens weiter verschärfte.

So spitzte sich im Kosovo die Lage im Frühsommer weiter zu, nachdem die Behörden am 26. Juni begonnen hatten, eine Reihe neuer serbischer Dekrete zu erlassen, die durch das *Gesetz über die Aktivitäten von Organen der Republik unter außerordentlichen Umständen* begründet waren. Das bedeutete unter anderem, dass die albanischen Behörden im Kosovo weitgehend suspendiert und durch serbische ersetzt, die Akademie der Künste und Wissenschaften des Kosovo geschlossen und

---

[84] *M-A*, a. a. O., S. 65f.

[85] *M-A*, 17/96, Jugoslawien, Chronik 1990, S. 67f.

[86] *M-A*, 19/96, Jugoslawien, Chronik 1991, S. 75.

[87] Meier: ‚Widerspruch gegen Belgrader Zentralismus‘, *FAZ*, 28.5.1990.

[88] *SZ*, 15.6.1990.

viele Tausend Staatsangestellte entlassen wurden.[89] Die Rundfunk- und Fernsehsender wurden von serbischen Anstalten übernommen und ihren albanischen Mitarbeitern wurde ebenfalls gekündigt. Ebenso verfuhr man mit der albanischsprachigen Presse.[90] Die beiden größten albanischen Verlagshäuser wurden dem serbischen „Panorama"-Konzern zugeschlagen.[91] Am 8. August 1990 musste die Zeitung *Rilindija* ihr Erscheinen einstellen, das Verlagsgebäude wurde beschlagnahmt. Sie erschien dann wieder seit dem 7. Mai 1992 in Zofingen in der Schweiz und seit Anfang 1993 in Tirana. Das Fernsehen strahlte täglich lediglich 45 Minuten und das Radio nur wenige Stunden auf Albanisch aus.[92] Allerdings konnte der Wahlkampf für die illegal stattfindenden Parlaments- und Präsidentenwahlen der Republik Kosovo, die das Parlament am 19. Oktober 1991 für unabhängig erklären sollte, über albanischsprachige Zeitschriften im Kosovo und albanischsprachige Sendungen, die von Radio Zagreb ausgestrahlt wurden, geführt werden.[93]

Auch serbische Medien wurden eingeschränkt, drangsaliert oder schikaniert, was einen offenen öffentlichen Austausch über die Probleme des Landes zusätzlich erschwerte und die Verbreitung der Regierungssicht in der Bevölkerung förderte. Diese Übergriffe waren auch später autoritär, nicht aber totalitär, sie ließen immer auch Spielräume für oppositionelle Meinungen.

Ebenfalls im Frühsommer wurde eine neue serbische Verfassung verabschiedet, die dem Kosovo die Gesetzgebungsbefugnis nahm.[94] Daraufhin erklärten am 2. Juli 114 der 123 albanischen Abgeordneten des Kosovo-Parlaments (insgesamt waren 180 Abgeordnete im Parlament vertreten) das Gebiet zu einer gleichrangigen und unabhängigen Einheit innerhalb der jugoslawischen Föderation (am 7. September sollten sie einstimmig eine neue Verfassung annehmen, die das Kosovo als siebte Republik Jugoslawiens definierte). Am 5. Juli erklärte die Skupština diese Entscheidung für nichtig und löste Parlament und Regierung des Kosovo auf, behielt aber den Vertreter der Provinz, den es für seine Politik auf Bundesebene benötigte, im

---

[89]   Malcolm: *Kosovo*, S. 346; *NZZ*, 28.6.1990; *M-A* 33/90, Jugoslawien, Chronik 1990, S. 66.

[90]   Petritsch/Pichler: *Kosovo/Kosova*, 2004, S. 60f. mit Bezug auf Clark: *Civil Resistance in Kosovo*, S. 108–111. Vgl. a. Schmidt: ‚Menschenrechte, Politik und Krieg in Kosovo 1989 bis 1999, S. 191. Auch die folgenden und einige weitere, hier nicht einzeln aufgeführten Maßnahmen der serbischen Regierung gegen die Kosovo-Albaner finden sich bei Petritsch/Pichler, a. a. O., S. 60–63.

[91]   Petritsch/Pichler, a. a. O., S. 73.

[92]   Schmidt: ‚Menschenrechte, Politik und Krieg in Kosovo', S. 191 mit Bezug auf *RFE/RL Media and Opinion Research*, Juni 1993 (Medien).

[93]   Ebd., S. 192.

[94]   Sundhaussen: *Experiment Jugoslawien*, S. 125f.; *M-A*, a. a. O., S. 67.

Staatspräsidium.[95] Daraufhin traten mehrere Zehntausend Albaner in den Streik, gegen den die serbischen Sicherheitskräfte gewaltsam vorgingen. Am 10. Juli verließ der Vertreter des Kosovo das jugoslawische Staatspräsidium.[96]

Das am 26. Juli 1990 erlassene *Gesetz zur Regelung der Arbeit unter besonderen Bedingungen* förderte die Beschäftigung nicht albanischer Arbeiter weiter und sah harte Strafen für Streikende vor. Arbeiter sollten dieses Gesetz schriftlich anerkennen. Etwa 70 Prozent der in der Verwaltung und der öffentlichen Wirtschaft beschäftigten Albaner sollen ihre Arbeit verloren haben, weil sie das verweigerten.[97]

Zudem wurden sowohl unrentable als auch rentable Betriebe stillgelegt. In letzteren wurden Albaner aus dem Management entfernt. Ein neues Gesetz legte fest, dass in einem Betrieb für jeden Albaner ein Serbe beziehungsweise Montenegriner einzustellen sei. Außerdem wurden kosovarische Unternehmen mit serbischen verschmolzen, was zu einem Zusammenbruch der Wirtschaft führte. Das markanteste Beispiel war der Konkurs der Bank des Kosovo, wodurch 66 000 Spargutheben in ausländischen Währungen in einem geschätzten Umfang von 98 Millionen US-Dollar von der staatlichen Jugobanka konfisziert wurden, ohne dass sie ihren Verpflichtungen gegenüber den Sparern nachgekommen wäre. Albanische Arbeiter und Angestellte wurden aufgefordert, in einem Loyalitätsbrief ihr Einverständnis mit der serbischen Politik zu erklären. Verweigerten sie dies, wurde ihnen ebenfalls gekündigt, wovon innerhalb eines Jahres etwa 45 Prozent von ihnen betroffen waren; einige Jahre später sollen es 90 Prozent gewesen sein.[98]

Auch die neue kroatische Regierung verschärfte die Situation durch ihre nationalistische Rhetorik weiter, obwohl sie zu dieser Zeit noch an einem Ausgleich mit der serbischen Bevölkerung interessiert gewesen zu sein scheint. Ihr betont nationalistisches Auftreten aber musste die gegenteilige Wirkung haben. So feierte sie ihren offiziellen Amtsantritt am 25. Juli als Erfüllung des ‚tausendjährigen Traums des kroatischen Volkes' von einem eigenen Staat. Dabei spielte der Kardinal von Zagreb eine dem Präsidenten ebenbürtige Rolle. Die gerade zur neuen Nationalflagge erklärte Fahne mit der *Šahovnica*, dem rotweißen Schachbrettwappen, wurde geflaggt. Das war zwar das historische Wappen Kroatiens, aber auch das Staatswappen des NDH und wurde daher gerade von Serben mit dem faschistischen kroatischen Staat identifiziert. Gleichzeitig gab es in Kroatien eine Protestveranstaltung Tausender

---

[95]   *M-A*, a. a. O., S. 67 u. 69; ‚Der Zerfall Jugoslawiens', S. 16; Malcolm: *Kosovo*, S. 346, der anmerkt, das Verfahren der Abstimmung über die neue Verfassung sei wohl ungültig gewesen.

[96]   *M-A*, a. a. O., S. 67. Allerdings blieb dort bis Mai 1991 ein vom Parlament des Kosovo bestimmter Vertreter (vgl. S. 140 d. vorl. Arbeit).

[97]   Schmidt, a. a. O., S. 190. Malcolm spricht von 80 000 Entlassenen (*Kosovo*, S. 346f.), Oswald sogar von über 100 000 (*Nationalitätenkonflikte*, S. 88).

[98]   Petritsch/Pichler, a. a. O., S. 62f.; Vickers: *Between Serb and Albanian*, S. 249f.

Serben auf dem Feld eines Dorfs, das Srb (Serbe) genannt wurde. Dort rief der Führer der SDS, Jovan Rašković, zu „'a new Serbian uprising' (pause) 'but without
violence'" auf und spielte damit auf den Jahrestag des Partisanenaufstands 1941
zwei Tage später an.[99] Es folgten weitere symbolische Gesten wie die Umbenennung
des „Platzes der Opfer des Faschismus" in den „Platz der Großen Kroaten" oder
Tudjmans öffentlich geäußerte Freude, dass er weder eine Serbin noch eine Jüdin
zur Frau habe.[100] Auch auf diese Weise betrieben die Protagonisten sprachlich eine
Wiederbelebung der Feindbilder des Zweiten Weltkriegs. In Zagreb wurden das
kroatische Wappen und die neue Nationalfahne, Schmuckblätter mit dem Text der
kroatischen Nationalhymne, Bilder des kroatischen Bans und habsburgischen Feld-
herrn Josip Jelačić Bužimski sowie andere nationale Symbole verkauft. Auf dem
Platz der Republik sollte das Jelačić-Denkmal wieder aufgestellt werden, das die
Kommunisten 1947 abgebaut hatten.[101]

Auf Seiten der kroatischen Serben drängte die SDS die SDP-SKH, die sich aufgrund der aus Belgrad kommenden zentralistischen und serbisch nationalen Signale
mehr und mehr kroatischen Positionen zuwandte, zunehmend in den Hintergrund.
Zudem schuf sie in den serbisch besiedelten Gegenden Kroatiens ein flächende-
ckendes Netz ihrer Parteiorganisation und hielt wöchentliche Meetings mit mehreren
Hundert, mitunter auch einigen Tausend Anhängern ab, wobei Rašković seine
Reden mit nationalem Pathos und Mythen auflud. Obwohl er zu dieser Zeit noch
nicht die kroatische Unabhängigkeit verhindern, sondern vielmehr die Rechte der
Serben in Kroatien gewahrt haben wollte, musste seine Rhetorik diesem Ziel zu-
widerlaufen.[102]

Innerhalb der SDS gewann der Kniner Bürgermeister, Milan Babić, der mit seiner „Kniner Initiative" eine kommunale Verwaltungseinheit „Općina sjeverne Dal-

---

[99]   Denich: ‚Dismembering Yugoslavia', S. 379f. u. 386, Anm. 38. Šahovnica: Gran-
       dits/Leutloff: ‚Diskurse, Akteure, Gewalt', S. 230.

[100] Samary: *Krieg in Jugoslawien*, S. 33f.

[101] Reißmüller: ‚Neue Symbole und ein moralisches Wunder', *FAZ*, 15.8.1990. Jelačić hat
       übrigens zusammen mit Fürst Windisch-Graetz die Revolution von 1948/49 im Habs-
       burgerreich niedergeschlagen.

[102] Grandits/Leutloff: a. a. O., S. 234. Sie betonen in ihrem Aufsatz immer wieder, dass die
       nationalistischen Impulse von serbischer Seite ausgegangen seien – erst von der serbi-
       schen Republikregierung, dann auch von den Krajinaserben –, während die kroatische
       Seite vornehmlich reagiert habe. Mir stellt sich die Situation viel eher als ein Ineinan-
       dergreifen nationaler Rhetoriken dar, die in erster Linie um sich selbst kreisten und im-
       mer wieder die Anderen, die Außenstehenden, die gleichwohl Mitbürger waren, übersa-
       hen. Diese aber werteten solche Rhetorik konsequent als Aggression und reagierten ent-
       sprechend, wodurch sich nun wiederum die andere Seite „Unterstellungen" und
       „ungerechtfertigten Angriffen" ausgesetzt sah. Von beiden Seiten gab es versöhnliche
       Töne und Einigungsbemühungen, aber sie mussten in den viel stärker aufgeladenen und
       weitaus häufigeren nationalen Appellen untergehen.

macije i Like" (Gemeinde des nördlichen Dalmatiens und der Lika) mit überwiegend serbischer Bevölkerung anstrebte, immer mehr an Einfluss. Am mythisch aufgeladenen Veitstag, dem 28. Juni 1990, wurde diese Forderung auf sein Betreiben von lokalen SDS-Führern der Region ohne Gegenstimme als „offizielle" Resolution verabschiedet.[103]

Für die kroatische Bevölkerung stand am selben Tag ein ganz anderes Thema im Vordergrund: der Entwurf der HDZ für eine neue kroatische Verfassung. Ist der Zeitpunkt seiner Veröffentlichung Zufall oder Absicht gewesen? Der Entwurf betonte jedenfalls erstens, dass sich Kroatien vom Kommunismus loslöste und zweitens ein Staat der kroatischen Nation sei – die Serben in Kroatien waren nun zur Minderheit herabgestuft und nicht mehr Staatsvolk, was von den nationalistischen serbischen Politikern als massiver Statusverlust gewertet wurde.[104]

Am 1. August erklärte sich schließlich auch Bosnien-Herzegowina zu einem „souveränen und demokratischen Staat". Im selben Monat wurde die Arbeit an weiteren Verfassungsänderungen zum Staatsaufbau eingestellt. Die Positionen Serbiens und Sloweniens hatten sich als unvereinbar erwiesen.[105]

Ausgelöst durch die Anordnung der kroatischen Regierung, die Miliz wieder wie unter dem Ustascha-Regime *redarstvo* zu nennen und die Polizeimützen statt mit dem roten Stern mit der *Šahovnica* zu versehen, begann Mitte August die serbische nationalistische ‚Erneuerung' in der Krajina, wegen der Straßenblockaden auch „Baumstamm-" oder „Balkanrevolution" genannt. Sie war jedoch zugleich auch ein Machtkampf unter den Serben in Kroatien, wobei Babić die SDP-SKH-Vertreter, die weiterhin eine Einigung mit der HDZ-Regierung suchten, in den von ihr regierten Gemeinden mit Demonstrationen aus ihren Ämtern jagte. Am 25. Juli wurde eine „Volksversammlung der Serben" abgehalten, die einen „Serbischen Nationalrat" gründete und für August die Abhaltung eines Referendums über die Autonomie der Krajina beschloss. Später bewaffneten sich dort Männer, errichteten Straßensperren und überfielen Polizeiwachen. Die JNA verhinderte, dass Hubschrauber der kroatischen Polizei aus Zagreb in der Gegend von Knin landeten, um dort gegen die Aufständischen vorzugehen. Dennoch kam es an verschiedenen Orten zu gewaltsamen Zusammenstößen, die kroatische Polizei setzte Tränengas und Knüppel ein, zwei kroatische Polizisten wurden angeschossen. In verschiedenen serbischen Städten, aber auch in Split wurden nationale Solidaritätskundgebungen abgehalten, auf denen der Ruf nach Waffen laut wurde. Tudjman sprach öffentlich von Plänen „serbischer Extremisten", durch Unruhen in Slowenien und Kroatien die Armee zum Eingreifen zu provozieren, um anschließend „ein zentralistisches Jugoslawien oder Groß-Serbien" zu errichten. Viele Kroaten meinten, den Serben würden keine Rechte ge-

---

[103]   Ebd.

[104]   Ebd., S. 234f.

[105]   *M-A*, 17/96, Jugoslawien, Chronik 1990, S. 69.

nommen, sondern nur Privilegien, so ihre überproportionale Vertretung in den staatlichen Organen, der Verwaltung und vor allem der Polizei.[106]

In der zunehmend auch militärischen Zuspitzung verhielt sich die Armeeführung immer deutlicher proserbisch. Das wurde im ganzen Land besonders erregt diskutiert, nachdem serbische Aufständische in der Knin Armeewaffen aus einem Eisenbahnwaggon gestohlen hatten, was die Armee offenbar stillschweigend hatte geschehen lassen. Auch Generalstabschef Blagoje Adzić stellte sich auf die Seite der serbischen Regierung.[107] Damit bezog die einzig verbliebene wirklich jugoslawische Institution im nationalistischen Machtkampf Position. Die föderale Ordnung war bereits weitgehend in Auflösung begriffen und das endgültige Auseinanderbrechen schien bevorzustehen. Offen war vor allem noch, ob es gelingen würde, sich friedlich zu trennen. Das weitere Vorgehen nahezu aller Beteiligten machte auch das immer unwahrscheinlicher.

Am 22. September 1990 kündigte Janez Drnovšek, der Vertreter Sloweniens im Staatspräsidium, an, er werde die Sitzungen aus Protest gegen die Unterstützung der serbischen Kosovo-Politik durch das Staatspräsidium boykottieren. Vier Tage später wurde ein Brief des Staatspräsidiums an das Bundesparlament veröffentlicht, in dem die Notwendigkeit einer neuen Verfassung betont und die Möglichkeit des Austritts aus der Föderation bejaht wurde. Damit stellte sich das Problem der Grenzen in ganzer Schärfe.[108] Am 28. September verabschiedete die Skupština eine neue Verfassung, in der die Autonomie des Kosovo und der Vojvodina bis auf unbedeutende Reste aufgehoben wurde. Die Stellung der beiden Provinzen innerhalb der Bundesverfassung blieb jedoch unangetastet, was hieß, dass sie auf dieser Ebene weiter als „autonome Provinzen" galten und entsprechende Mitbestimmungsrechte hatten. Bei der Proklamation der Verfassung waren auch orthodoxe Würdenträger anwesend.[109] Am selben Tag beschloss das slowenische Parlament, dass slowenische Gesetze endgültig Vorrang vor Bundesgesetzen hätten, die slowenische Territorialverteidigung dem slowenischen Staatspräsidium und die Zuständigkeit für Wehrdienstfra-

---

[106] Pešić: ‚Krieg um Nationalstaaten', S. 40; Denich: ‚Dismembering Yugoslavia', S. 367, 380 u. 382; Buchalla: ‚Zusammenstöße zwischen Serben und Kroaten'; *SZ*, 20.8.1990; Grandits/Leutloff: a. a. O., S. 230 (*Šahovnica*), 238f. (innerserbischer Machtkampf) nach Silber/Little: *Bruderkrieg*, S. 106, 240 („Baumstammrevolution"), 247 (Eingreifen der JNA) u. 248f., Anm. 51 (gewaltsame Zusammenstöße, Demonstrationen in Split) nach *Profil*, 9.10.1990. Meinung von Kroaten: *NZZ*, 11.9.1990.

[107] Meier: ‚Die Mehrheit ist für den Dialog', *FAZ*, 22.10.1990.

[108] Drnovšek: *M-A*, 17/96, Jugoslawien, Chronik 1990, S. 69. Brief d. Staatspräsidiums: *SZ*, 27.9.1990.

[109] Meier: ‚In Jugoslawien schwindet die Gemeinsamkeit mehr und mehr', *FAZ*, 1.10.1990; *M-A*, a. a. O., S. 69f. Nach den *SZ*-Ausgaben vom 27. und 28.9. wurde die Verfassung bereits am 26. verabschiedet und am 28. dann offiziell verkündet. Orthodoxe Würdenträger: *NZZ*, 2.10.1990.

gen der Republik übertragen sei. Tags darauf drohte die JNA mit nicht näher bezeichneten Schritten, obwohl das jugoslawische Staatspräsidium den Beschluss des slowenischen Parlaments erst drei Tage später auf Antrag des jugoslawischen Verteidigungsministeriums für ungültig erklärte und die slowenische Territorialverteidigung dem Kommando des V. Armeebezirks unterstellte. Der Vertreter Sloweniens stimmte dagegen, der kroatische und der kosovarische nahmen an der Sitzung nicht teil. Am 4. Oktober besetzte die JNA das zentrale Gebäude der slowenischen Territorialverteidigung in Ljubljana. Am 6. befürworteten Slowenien und Kroatien dann die Bildung eigenständiger Armeen. [110]

Zugleich spitzte sich die Lage in Kroatien weiter zu. Am 1. Oktober hatte Serbiens Präsident Milošević die Bundesbehörden aufgerufen, zugunsten der serbischen Minderheit in Kroatien zu intervenieren, und der „Serbische Nationalrat" erklärte in der Nähe von Knin die Autonomie der in Kroatien lebenden Serben. [111]

Am 6. Oktober wurde im kroatischen *Vjesnik* und dem slowenischen *Delo* ein Konföderationsentwurf Sloweniens und Kroatiens veröffentlicht. Tags darauf unterstrich der kroatische Parlamentspräsident Vladimir Seks, sein Land werde aus dem jugoslawischen Staatsverband austreten, wenn die anderen Teilrepubliken diesen Entwurf nicht annähmen. Noch am selben Tag erfolgte die serbische Ablehnung. Serbien seinerseits präsentierte in einer Rede von Staatspräsident Borislav Jović seinen Verfassungsentwurf, der den Bundesorganen fast alle Befugnisse übertrug und den Republiken kaum mehr als kulturelle Autonomie beließ. [112] Die ultimative Form der Vorschläge, die Promptheit ihrer Ablehnung sowie das Beharren auf extremen Positionen, in denen keine Kompromissbereitschaft sichtbar wurde, legen nahe, dass sich die Beteiligten bereits zu diesem Zeitpunkt für die Aufteilung Jugoslawiens entschieden hatten; zugleich erscheint sie als Wiederholung der politischen Konfrontationen zwischen den beiden Weltkriegen, ganz so, als fielen die führenden Politiker, aber auch die Völker mehrheitlich selber in diese Dynamik zurück. Die Entwicklung hatte etwas von einer Zwangshandlung, denn nach dem verbalen Schlagabtausch und den Problemen, die eine Aufteilung mit sich bringen würde, war unübersehbar, dass ein Krieg drohte. Die Republikgrenzen stimmten oft nicht mit den Siedlungsgrenzen der einzelnen Nationen überein, und viele Gegenden waren ganz gemischt besiedelt. Dies musste bei der Bildung einer Konföderation ein schweres Problem darstellen. Daher stieß die Idee einer Konföderation auch außerhalb Sloweniens und Kroatiens auf Unverständnis. [113] Aber trotz dieser und anderer Erkenntnisse über die

---

[110]   *M-A*, a. a. O., S. 70 u. 71.

[111]   Ebd., S. 70; *NZZ*, 5.10.1990.

[112]   Konföderationsentwurf: *NZZ*, 9.10.1990. Serbische Ablehnung: Buchalla: ‚Der offene Konflikt steht kurz bevor', *SZ*, 10.10.1990. Serbischer Verfassungsentwurf: *FR*, 19.10.1990.

[113]   Hofwiler: ‚Die Republik Serbien beharrt auf föderativen Status quo', *taz*, 18.10.1990, S. 3.

fatalen Folgen einer weiteren Polarisierung gab es in der Öffentlichkeit keine starke Gruppe, die sich um einen Dialog bemühte hätte. Unversöhnlich und verständnislos standen sich die serbische Führung mit ihrem montenegrinischen Verbündeten einerseits und die slowenische und die kroatische andererseits gegenüber, mit Bosnien-Herzegowina und Mazedonien als verunsicherten und schwachen Kräften dazwischen, die in diesem Spannungsfeld so gut wie möglich zu reagieren versuchten. Drohungen waren bereits hin- und hergeschickt und das Militär schon in Slowenien eingesetzt. Die kroatische Regierung machte den nächsten Schritt, indem sie am 18. Oktober die Mobilmachung der Reservisten anordnete.[114] Die slowenische ging daran, ihre Vertretung im Ausland in die eigene Hand zu nehmen, und richtete ein eigenes Büro in Brüssel sowie diplomatische Vertretungen in Washington und Wien ein.[115]

In Bosnien-Herzegowina erklärte sich die neu gegründete Serbische Demokratische Partei (SDS) zur einzigen Vertretung der bosnischen Serben. Im Oktober schuf sie unter Führung von Radovan Karadžić die „Serbische Nationalversammlung" und den „Serbischen Nationalrat" in Banja Luka als souveräne Legislative und Exekutive, nachdem die Führung in Sarajevo es abgelehnt hatte, eine zweite Kammer des Republikparlaments, einen „Rat der Nationalitäten" mit dem Vetorecht für jede Fraktion – das heißt Nationalität – einzurichten, und lediglich der Zusammensetzung der Präsidentschaft nach einem nationalen Schlüssel zugestimmt hatte. Zwischen Oktober 1990 und Dezember 1991 baute die SDS diese Strukturen aus, inklusive Polizei und Armee. Außerdem zog sie neue Grenzen innerhalb Bosnien-Herzegowinas, wodurch sechs sogenannte „Serbische Autonome Regionen" entstanden. Diese wurden zur „Serbischen Republik von Bosnien-Herzegowina" erklärt, die später in „Republika Srpska" (Serbische Republik) umbenannt wurde. Da viele nicht serbische Gebiete zu diesem selbst ernannten mononationalen Staat gehörten, waren na-

---

[114]   *SZ*, 20.10.1990.

[115]   Brüssel: Rathfelder: ‚Verfassungsstreit putscht Emotionen hoch', *taz*, 18.10.1990, S. 3; diplomatische Vertretungen: Hirsch: ‚Titos Staat löst sich auf', *Die Zeit*, 2.11.1990, S. 4. Gerade Wien ist im Folgenden nicht unwichtig gewesen. So erklärte Bundeskanzler Franz Vranitzky am 19.3.1991, er sei prinzipiell an der territorialen Integrität Jugoslawiens interessiert, werde aber auch selbstständige Republiken akzeptieren (*M-A*, 19/96, Jugoslawien, Chronik 1991, S. 77). Die beiden nordwestlichen Republiken konnten also im Fall der Trennung von Jugoslawien auf österreichisches Wohlwollen zählen (vgl. hierzu Meier: *Wie Jugoslawien verspielt wurde*, S. 309). Die Einrichtung diplomatischer Vertretungen wirft die Frage auf, ob es hinter verschlossenen Türen nicht doch noch weitere Signale seitens der USA und einzelner Mitgliedsstaaten der EG in Richtung Ljubljana und Zagreb gegeben hat, die trotz der öffentlich geäußerten strikten Ablehnung der Unabhängigkeit und der damit verbundenen Auflösung Jugoslawiens Entgegenkommen in Aussicht stellten. Angesichts der Unbeirrtheit, mit die slowenische und kroatische Regierung die Unabhängigkeit ihrer Republiken betreiben, halte ich eine solche versteckte Rückendeckung für wahrscheinlich.

tionalistische Vertreibungen im Fall einer militärischen Eskalation vorgezeichnet.[116] Von den Wahlen in Bosnien-Herzegowina hing nun ab, ob es der serbischen Führung um Milošević gelingen würde, die Mehrheit im Staatspräsidium zu gewinnen, nachdem sie bereits über vier von acht Stimmen weitgehend verfügte (Serbien, Vojvodina, Montenegro und Kosovo, obwohl sich der albanische Vertreter nicht immer loyal verhielt) – eine kurzsichtige Taktik, denn so konnte die Ablehnung dieses Gremiums durch die anderen Republiken nur wachsen.[117] Bereits vor den Wahlen am 18. November 1990 wurde in Bosnien offen Gewalt ausgeübt, als serbische Aufständische Eisenbahnschienen sprengten.[118]

In dieser ganzen zentrifugalen Entwicklung blieb die Bundesregierung von Ante Marković sehr zurückhaltend und konzentrierte sich fast ausschließlich auf die Wirtschaft.[119] Dabei engte der immer aggressiver geführte Wirtschaftskrieg auch ihre Spielräume ein. Am 23. Oktober beschloss die Skupština die Einführung von Importzöllen auf Güter aus Slowenien und Kroatien. Das slowenische Parlament antwortete eine Woche später mit dem Beschluss zur Einführung von Importzöllen aus den anderen Republiken und aus dem Ausland. Die Bundesregierung bezeichnete beide Schritte am 2. November als illegal. Belgrad übernahm auch zahlreiche Kompetenzen in der Wirtschaftspolitik, die bisher in der Zuständigkeit der Bundesbehörden gelegen hatten. So stellte es beispielsweise die Überweisung seiner Verbrauchssteuern an die Bundesregierung ein.[120]

Die Wahlen im November und Dezember bestätigten die regierenden nationalistischen Kräfte in Montenegro und Serbien. In Serbien gewann Miloševićs SPS aufgrund des Mehrheitswahlrechts mit 194 von 250 Mandaten fast eine Vier-Fünftel-Mehrheit, obwohl sie in beiden Wahlgängen weniger als 50 Prozent der Stimmen erhalten hatte. In Bosnien kamen nun ebenfalls nationalistische Kräfte an die Macht, allerdings in drei separaten Parteien für die bosnischen Muslime, die Serben und die Kroaten. Allein in Mazedonien behaupteten sich die Kommunisten, die dort nicht auf eine nationalistische Politik eingeschwenkt waren.[121] Damit hatten die Wähler

---

[116] Meier: ‚Kroatien feiert Ban Jelacic‘, *FAZ*, 18.10.1990; Magaš: *The Destruction of Yugoslavia*, S. xv.

[117] Etwa durch den slowenischen Parlamentspräsidenten France Bučar (*SZ*, 20.10.1990). Er schlug stattdessen Verhandlungsdelegationen aller acht Landesteile vor – eine Idee, die diese bereits zu quasi unabhängigen Einheiten gemacht hätte.

[118] Meier: ‚Die Mehrheit ist für den Dialog‘, *FAZ*, 22.10.1990

[119] Meier: ‚Der Glaube an Jugoslawiens Einheit schwindet‘, *FAZ*, 25.9.1990.

[120] Einführung von Importzöllen: *M-A*, 17/96, Jugoslawien, Chronik 1990, S. 70. Übernahme von Kompetenzen durch Belgrad: *ebd.*, S. 71; Oswald: *Nationalitätenkonflikte im östlichen Europa*, S. 89. Verbrauchssteuern nicht mehr überwiesen: Bennett: *Yugoslavia's Bloody Collapse*, S. 13.

[121] Wahlen in Serbien und Montenegro: *M-A*, 17/96, Jugoslawien, Chronik 1990, S. 71f.; Oswald, a. a. O., S. 102; Samary: *Krieg in Jugoslawien*, S. 36; Schleicher: ‚Wege tren-

weitgehend die Parteien bestätigt, die eine weitere Verschärfung der Gegensätze betrieben und das Auseinanderbrechen des Staates immer wahrscheinlicher machten.

Zwischenzeitlich verschärfte sich die Situation im Kosovo weiter. An den Schulen musste der neue serbische Lehrplan übernommen werden, was bedeutete, dass die albanische Sprache, Geschichte und Literatur auf ein Mindestmaß reduziert wurde und für die Einschreibung an einer Oberschule Aufnahmeprüfungen in serbischer Sprache und Literatur abgelegt werden mussten. Im Dezember 1990 durften albanische Lehrer und Schüler ihre Schule nicht betreten, sofern sie nicht ihr Einverständnis zu diesem neuen Lehrplan erklärten. Sie begannen daraufhin, private Schulen aufzubauen.[122] Der Zugang zu den Grundschulen wurde zu Beginn des Sommersemesters wieder geöffnet, da die jugoslawische Verfassung den Grundschulbesuch vorschrieb. Der Unterricht von serbischen und albanischen Kindern fand jedoch in getrennten Räumlichkeiten statt.[123]

1990 führte die serbische Regierung auch an der Universität von Priština die serbischen Lehrpläne[124] ein, was zusammen mit der Serbisierung des Schulunterrichts erneut zu Protesten führte, aufgrund derer viele Albaner verhaftet wurden. Bis Ende 1991 wurden etwa 73 000 albanische Ärzte, Lehrer, Professoren sowie Polizei- und Verwaltungsbeamte entlassen.[125]

Den nächsten Schritt zur Aufteilung Jugoslawiens taten die Wähler in Slowenien, als sie am 23. Dezember zu 88,5 Prozent (bei einer Wahlbeteiligung von 85 Prozent) für die Unabhängigkeit stimmten, obwohl – oder vielleicht auch gerade weil – das Staatspräsidium, die Bundesregierung und das Bundesparlament diese verurteilten.[126] Ebenfalls im Dezember wurde die neue kroatische Verfassung verabschiedet, die den Serben den Status des „zweiten Staatsvolks" nahm und sie zur „Minderheit" machte. Zugleich wurde die notwendige Zweidrittelmehrheit bei nationalitätenpolitischen Beschlüssen des kroatischen Parlaments abgeschafft. Die Atmosphäre war bereits so mit Ängsten und Aggressionen aufgeladen, dass auch

---

nen sich', *FR*, 27.12.1990. In Bosnien: ders.: ‚Votum für die Spaltung', *SZ*, 27.11.1990. In Mazedonien: Buchalla: ‚Auch Wahlen helfen Jugoslawien nicht', *SZ*, 26.11.1990.

[122] Vickers: *Between Serb and Albanian*, S. 247f.

[123] Petritsch/Pichler: *Kosovo/Kosova*, 2004, S. 71. Der albanischsprachige Schulunterricht wurde allerdings nicht, wie Oswald meint, verboten (*Nationalitätenkonflikte im östlichen Europa*, S. 88).

[124] In diesem Kapitel gebe ich bei Ortschaften und Gegenden im Kosovo jeweils den serbischen und den albanischen Namen an.

[125] Schmidt: ‚Menschenrechte, Politik und Krieg in Kosovo 1989 bis 1999', S. 190, der sich bezieht auf Patrick Moore: ‚The »Albanian Question« in the Former Yugoslavia', in: *Radio Free Europe/Radio Liberty (RFE/RB) Research Report*, 14/1992.

[126] Meier: *Wie Jugoslawien verspielt wurde*, S. 287; Grotzky: ‚Titos Staatsgebilde zerbricht', *Die Zeit*, 4.1.1991; *M-A*, a. a. O., S. 72.

Vermittlungsbemühungen nicht mehr wahrgenommen wurden. So blieb das spätere Angebot der kroatischen Regierung, den Serben kulturelle Autonomie und lokale Selbstverwaltung zu gewähren, unbeantwortet.[127] Im Gegenteil, die serbische Bevölkerung sagte sich als „Autonomes Gebiet der Krajina" von Kroatien los, um in einem Staatenbund mit der ‚Mutterrepublik' Serbien leben zu können. Es kursierten Gerüchte über die Schaffung eines Großserbiens.[128] So wie sich Slowenien und Kroatien auf Bundesebene anschickten, den gemeinsamen Staat zu verlassen, so beanspruchten jetzt die serbischen Führer sowohl in Kroatien als auch in Bosnien auf Republikebene das Recht für tatsächlich oder vermeintlich überwiegend serbisch bewohnte Regionen, die im Entstehen begriffenen Staaten zu verlassen. Beide Bewegungen verstärkten einander wechselseitig.

Ministerpräsident Marković versuchte immer noch gegenzusteuern und den Bundesstaat zu erhalten. Im Parlament stellte er acht Bedingungen, um „die Funktion Jugoslawiens als Gemeinschaft" aufrechterhalten zu können, darunter Verfassungsänderungen für eine größere Macht der Zentralorgane, ein Einfrieren der Löhne und drastische Ausgabenbeschneidungen der Republiken. Alle drei Bedingungen wurden von den verschiedenen Landesteilen jedoch als „unannehmbar" abgelehnt.[129]

Im Januar 1991 verschärfte sich der Konflikt vor allem auf der militärischen Ebene – obwohl man hier noch versuchte, ihn juristisch zu lösen – und auf der wirtschaftlichen. Slowenien berief selbstständig Wehrpflichtige ein; in Kroatien, so hieß es, seien mehrere Zehntausend Kalaschnikows vor allem im Grenzgebiet zu Serbien unter den Anhängern der HDZ verteilt worden. Das Staatspräsidium wies die JNA an, paramilitärische Gruppen zu entwaffnen, wenn diese nicht innerhalb von zehn Tagen ihre Waffen abgäben, was von Slowenien mit der Begründung abgelehnt wurde, es gebe hier gar keine bewaffneten Banden und die slowenische Territorialverteidigung stehe im Einklang mit den gesetzlichen Vorschriften. Das kroatische Parlament forderte seinerseits am 21. Februar die Annullierung der Anweisung.[130]

Ende Januar spitzte sich die Lage weiter zu, als die HDZ die Bürger zur Kampfbereitschaft aufrief und im jugoslawischen Fernsehen einige Aufnahmen gezeigt wurden, die den kroatischen Verteidigungsminister Martin Špegelj und den Innenminister Josip Boljkovac bei einer Unterredung mit dem Angehörigen einer Son-

---

[127] Sundhaussen: *Experiment Jugoslawien*, S. 125.

[128] Oswald, a. a. O., S. 91.

[129] *SZ*, 29.12.1990.

[130] *M-A*, 19/96, Jugoslawien, Chronik 1991, S. 75; Kalaschnikows: *SZ*, 10.1.1991. Hier ist von 36 000 Maschinengewehren die Rede. Am 1.2. nennt die gleiche Zeitung 20 000. Sie sollen über Ungarn gekommen sein (so Schleicher: ‚Krisengipfel in Jugoslawien', *FR*, 11.1.1991), was von ungarischer Seite auch zugegeben wurde, als Ministerpräsident József Antal dies am 7.2. bedauerte (*M-A*, a. a. O., S. 78). Vgl. a. Meier: *Wie Jugoslawien verspielt wurde*, S. 284 u. Tašić: *Kako sam branio Antu Markovića*, S. 69ff.

dereinheit zeigten. Dabei war von der „physischen Liquidation" von Personen, die auf einer „schwarzen Liste" stünden, die Rede und Špegelj kündigte an, aus Knin „Hackfleisch" zu machen. Staatspräsident Jović forderte daraufhin, gegen Špegelj zu ermitteln, was die kroatische Regierung ablehnte.[131] Die Lebenssituation für Serben in Kroatien verschlechterte sich zunehmend. Einige von ihnen wurden ohne Begründung aus ihren Arbeitsverhältnissen entlassen.[132]

Unterdessen bewegte sich Slowenien weiter zielstrebig aus der Föderation hinaus. Schon im Januar hatte sich die slowenische Regierung an den Sitzungen des Bundesparlaments nur noch insoweit beteiligt, als es dort um Themen ging, die auch ihre Republik betrafen. Die Bundesregierung musste Entscheidungen, für die sie im Bundesparlament keine Mehrheit mehr fand, vor allem wichtige finanzpolitische, durch Notverordnungen des Staatspräsidiums durchsetzen.[133] Anfang Februar kündigte der slowenische Ministerpräsident Lojze Peterle an, dass Slowenien und Kroatien Jugoslawien noch vor dem Sommer verlassen würden. Eine Konföderation werde wegen der „unmöglichen Bedingungen der südlichen Republiken" nicht mehr angestrebt.[134] Am 20. Februar folgte eine entsprechende Resolution des slowenischen Parlaments zur Ablösung der Föderation durch zwei oder mehr Staaten. Zwei Tage später entzog es der jugoslawischen Regierung alle Rechte hinsichtlich Sloweniens,[135] was wiederum weitere Schritte der anderen Seiten zur Folge hatte. Bereits am nächsten Tag erklärte Mazedoniens Staatspräsident Gligorov, sein Land sei nach einem Ausscheiden Kroatiens und Sloweniens nicht bereit, zusammen mit Serbien und Montenegro eine „Rumpfföderation" zu bilden. Er befürchte, Serbien werde die mazedonischen Grenzen nicht respektieren. Die serbische Minderheit in Kroatien kündigte an, ihre Abspaltung von Kroatien und den Anschluss an Serbien zu beschließen, was sie dann am 28. Februar auch wahr machte. Gleichzeitig wurde der kroati-

[131] Hofwiler: ‚Kroatische Regierung läßt Stärke demonstrieren', taz, 28.1.1991 u. Schleicher: ‚Mit verdeckter Kamera gegen den Minister', FR, 7.2.1991 (dort ziemlich ausführlich auch zur Wirkung des Films in Kroatien und Serbien). Laut FR vom 2.2.1991 wurde auch in Kroatien und Slowenien die Authentizität des Dokuments nicht ausgeschlossen.

[132] Grandits/Leutloff: ‚Diskurse, Akteure, Gewalt', S. 232.

[133] Grotzky: ‚Titos Staatsgebilde zerbricht', Die Zeit, 4.1.1991.

[134] Slowenischer und kroatischer Ausstieg: Schleicher, a. a. O.; FR, 9.2.1991. Konföderation: M-A, a. a. O., S. 76; Meier: Wie Jugoslawien verspielt wurde, S. 301f. Meiers Beschreibung ist sehr ausführlich und reich an Hintergründen, aber er hat ganz überwiegend mit Politikern Sloweniens und Kroatiens gesprochen, und er unternimmt kaum den Versuch, diese Einseitigkeit auszugleichen.

[135] Slowenische Resolution: Meier: ‚Das slowenische Parlament schlägt Auflösung Jugoslawiens vor', FAZ, 21.2.1991. Entzug aller Rechte: M-A, a. a. O., S. 77.

schen Minderheit in Bosnien-Herzegowina das Recht eingeräumt, sich Kroatien anzuschließen.[136]

Serbien hingegen hatte eigenmächtig über 18 Milliarden Dinar (rund zwei Milliarden Mark) drucken lassen. Im April wollten Slowenien und Kroatien eigene Währungen einführen, so ihre Ankündigung im Januar.[137] Außerdem konfiszierte die serbische Regierung Eigentum kroatischer Firmen und erhob eine Sondersteuer auf kroatische, slowenische und ausländische Waren, die in die Republik eingeführt wurden. Im Gegenzug wurde in der kroatischen Presse gefordert, in Zagreb landende Flugzeuge der Fluggesellschaft JAT, die beim Zagreber Flughafen hoch verschuldet und deren Personal offenbar hauptsächlich „serbisch" war, zu beschlagnahmen.[138] Die Demontage des gemeinsamen Staats ging von beiden Seiten aus kräftig weiter und nahm bereits Züge eines Krieges an.

Seit dem Jahreswechsel 1990/91 gab es offensichtlich keine funktionierende Institution des Bundes mehr. Das Staatspräsidium kam im sogenannten „erweiterten Rahmen" zusammen, das heißt in Anwesenheit der Präsidenten der Republiken. Etwa ab März trafen sich diese unabhängig vom Staatspräsidium, zumal dieses immer stärker von seinem Vorsitzenden, dem serbischen Vertreter Jović, manipuliert wurde.[139]

Am 2. März schickte dieser die JNA nach Kroatien, um zwischen Serben und Kroaten zu „vermitteln". Seitdem standen sich kroatische Spezialeinheiten und die Bundesarmee in den auch von Serben bewohnten Gebieten gegenüber. Es gab erste Tote und Verletzte. Milošević forderte eine Grenzrevision zu Gunsten Serbiens, falls das serbische Projekt eines zentral regierten Staatsverbands nicht zustande komme.[140] Zugleich setzte Jović die Armee gegen Demonstranten in Belgrad ein, die gegen die Ausschaltung der Opposition durch die Regierung Milošević demonstrierten. In beiden Fällen war sein Vorgehen ohne formellen Beschluss des Staatspräsidiums verfassungswidrig.[141]

---

[136] Gligorov: *M-A*, a. a. O., S. 77. Serbische Minderheit in Kroatien: *SZ*, 25.2.1991 u. ‚Der Zerfall Jugoslawiens', S. 16.

[137] Geld gedruckt: Meier: *Wie Jugoslawien verspielt wurde*, S. 287–289; *M-A*, a. a. O., S. 75; *SZ*, 10.1.1991; *NZZ*, 15.1.1991 u. Hofwiler: ‚Geheime Krisensitzung in Jugoslawien', *taz*, 11.1.1991. Eigene Währungen in Slowenien und Kroatien: *SZ*, 12.1.1991.

[138] Dunja Melcic/Rino Mikulic: ‚Jugoslawische Konkursmasse sucht Verwalter', *taz*, 10.1.1991.

[139] Meier: *Wie Jugoslawien verspielt wurde*, S. 289 u. 292f.

[140] Ebd., S. 292; Oswald: *Nationalitätenkonflikte im östlichen Europa*, S. 92; *NZZ*, 5.3.1991.

[141] Meier, a. a. O., S. 292f.; Buchalla: ‚Gegenkundgebung der serbischen Sozialisten', *SZ*, 12.3.1991.

Auf der Sitzung des Staatspräsidiums am 12., 14. und 15. März versuchten Jović und Verteidigungsminister Veljko Kadijević, den Ausnahmezustand für das ganze Land beschließen zu lassen, was den Einsatz der Armee, zumindest in Kroatien, legitimiert hätte. Sie scheiterten. Milošević erklärte daraufhin, Serbien erkenne das Staatspräsidium nicht mehr an, was er aber wenig später zurücknehmen musste.[142] Dennoch funktionierte dieses Organ des Bundes bereits nicht mehr, was am 15. Mai offenkundig wurde, als der Kroate Stipe Mesić nicht die erforderliche Stimmenzahl erreichte, um turnusgemäß den Vorsitz zu übernehmen. Für ihn stimmten lediglich die Vertreter von Slowenien, Bosnien-Herzegowina und Mazedonien sowie er selbst als Repräsentant Kroatiens. Der Vertreter Montenegros beteiligte sich nicht an der Abstimmung, da er vom Bundesparlament seine Anerkennung noch nicht erhalten hatte, und der „serbische Block" (Serbien, die Vojvodina und das Kosovo) stimmten gegen ihn. Da die Amtszeit von Jović diesem Tag endete, war Jugoslawien anschließend ohne Staatsoberhaupt und ohne Oberbefehlshaber der Armee. Eine erneute Abstimmung am 18. Mai 1991 scheiterte nun auch an der Ablehnung des montenegrinischen Vertreters. Mesić versuchte gegenzusteuern, indem er am 20. Mai 1991 erklärte, er betrachte sich als Staatsoberhaupt Jugoslawiens.[143] Die Situation konnte auch dadurch nicht gerettet werden, dass Mesić unter dem erheblichen Druck der EG am 1. Juli doch noch zum Vorsitzenden des Staatspräsidiums gewählt wurde.[144]

Die politische Instabilität führte zur weiteren Verschlechterung der wirtschaftlichen Lage. Der IWF weigerte sich, weitere Kredite zu gewähren, da die Bundesregierung nicht den Nachweis erbringen konnte, dass sie über einen wirksamen Mechanismus zur Durchsetzung ihrer Wirtschaftspolitik verfügte. Auch diese Situation verschärfte sich im Lauf des Jahres 1991 weiter. Am 19. Juni scheiterte die Verabschiedung eines Bundeshaushalts am Einspruch Sloweniens und Kroatiens. Beide Republiken waren nicht mehr willens, für die Bundesverwaltung und für die Armee Gelder bereitzustellen.[145]

Kredite aber wären dringend notwendig gewesen. Nach amtlichen Angaben standen 1662 Betriebe mit insgesamt 725 000 Beschäftigten vor dem Konkurs. Weitere 6000 Unternehmen mit über zwei Millionen Angestellten waren ebenfalls

---

[142] Meier, a. a. O., S. 293–296, der von hohem Druck seitens Kadijevićs und der Armeeführung spricht, sich dabei aber vor allem auf den damals anwesenden kroatischen Vertreter Stipe Mesić und sein Buch *Kako smo srušili Jugoslaviju*, S. 23–26 stützt, was eine recht einseitige Sicht vermuten lässt. Andererseits ist seine Beschreibung sehr detailliert und deckt sich weitgehend mit Percys Film *Der Bruderkrieg*. Deutlich wird an ihr vor allem, dass die slowenische und die kroatische Führung einerseits und die serbische andererseits zu keinem konstruktiven Gespräch mehr in der Lage waren und die Armeeführung sich offenbar Milošević an die Seite stellte.

[143] *M-A*, 20/95, Kroatien, Chronik 1991, S. 15f.

[144] Oswald: *Nationalitätenkonflikte im östlichen Europa*, S. 92.

[145] *M-A*, a. a. O., S. 17.

nicht weit davon entfernt. Vor allem in Serbien, aber auch in Kroatien hatten Hunderttausende seit Monaten keinen Lohn mehr erhalten. Streiks waren in allen Republiken an der Tagesordnung.[146] In Serbien lebten über 20 Prozent der Bevölkerung unter der amtlich festgesetzten Armutsgrenze. Besondere Not herrschte bei vielen Rentnern, die oft vergeblich auf die ohnehin geringen Zahlungen warteten.[147]

Am 25. März 1991 trafen sich Tudjman und Milošević in Karadjordjevo in der Vojvodina. Hier soll Milošević Tudjman versichert haben, Serbien habe keine Interessen in Kroatien, beanspruche aber 66 Prozent Bosniens.[148] Die beiden nationalen Führer versuchten sich bereits in möglichst gute Ausgangspositionen für den zu erwartenden Krieg zu bringen. Er war bereits Teil ihres Denkens, und es war nur noch die Frage, ob sie ihre Ziele auch anders würden erreichen können. Aber bereits Ende April/Anfang Mai begannen bürgerkriegsähnliche Zusammenstöße zwischen kroatischen Milizen und der Bundesarmee, nachdem sich Kroatien am 19. Mai per Referendum entschieden hatte, sich von Jugoslawien zu trennen und die einvernehmliche Auflösung des Bundesstaats zugunsten der Gründung von souveränen Einzelstaaten anzustreben.[149] Zur gleichen Zeit ersetzte die serbische Regierung den Vertreter des Kosovo, der noch von der alten Provinzführung bestimmt worden war, durch den ihr gemäßen Sajda Bajramović und sicherte sich damit endgültig die Hälfte der Stimmen im Staatspräsidium, wodurch jede von ihr nicht gebilligte Entscheidung chancenlos wurde.[150]

Die Warnungen von US-Außenminister James Baker am 21. Juni, die USA würden unter keinen Umständen die Unabhängigkeit anerkennen, blieben in Kroatien und Slowenien ohne Wirkung. Vier Tage später erklärten sich beide Republiken für unabhängig, was aber nicht hieß, dass sie Jugoslawien vollständig verlassen hätten. Beide blieben im währungs- und sicherheitspolitischen Verbund. Bereits in der folgenden Nacht begann der Krieg gegen Slowenien mit schweren Zusammenstößen zwischen der jugoslawischen Volksarmee und slowenischen Streitkräften.[151]

---

[146] *NZZ*, 6.3.1991.

[147] *NZZ*, 14.3.1991.

[148] Meier, a. a. O., S. 297 unter Berufung auf ein eigenes Gespräch mit Mesić vom 15.11.1994 in Zagreb.

[149] Zusammenstöße: Grandits/Leutloff: ,Diskurse, Akteure, Gewalt', S. 253f.; Oswald: *Nationalitätenkonflikte im östlichen Europa*, S. 92. Referendum: ebd., S. 90.

[150] Meier, a. a. O., S. 306.

[151] Bakers Warnung: Bennett: *Yugoslavia's Bloody Collapse*, S. 2; Danner: ,The US and the Yugoslav Catastrophe', S. 60, der sich bezieht auf Baker/DeFrank: *The Politics of Diplomacy*, S. 479. Unabhängigkeitserklärungen: Denich: ,Dismembering Yugoslavia', S. 367f.; ,Der Zerfall Jugoslawiens', S. 16. Einschränkungen der Unabhängigkeit: Bennett, a. a. O., S. 13f. Kriegsbeginn: Oswald, a. a. O., S. 92. Zum schwierigen und fraglichen Weg bis zur internationalen Anerkennung der Unabhängigkeit vgl. Abschnitt 5.5. d. vorl. Arbeit.

3.2.2. Eine existenzielle gesellschaftliche Krise

Zu Anfang der 80er Jahre befanden sich zwei politische Einheiten, die noch dazu miteinander verquickt waren, in der Klemme: die Republik Serbien und die autonome Provinz Kosovo. Die Bevölkerung des Kosovo litt unter ähnlichen Schwierigkeiten wie die in vielen ehemaligen Kolonien,[152] was nicht verwundert, war die Region doch bis in die 60er Jahre auch so behandelt worden. Die Selbstständigkeit hatte nicht zum erhofften Wohlstand geführt, der Abstand zu den wohlhabenden Republiken war im Gegenteil noch gewachsen. Auch in ehemaligen Kolonien werden, mit einigem und doch schwindendem Recht, die ehemaligen Kolonialherren für die desolate wirtschaftliche und politische Lage noch eine Reihe von Jahrzehnten nach der Unabhängigkeit verantwortlich gemacht, was allerdings auf diese weitgehend ohne Wirkung geblieben ist. In Jugoslawien aber widersprach die nominelle Zugehörigkeit zu Serbien immer noch dem Traum ‚wahrer Unabhängigkeit‘ und die Unzufriedenheit konnte leicht in diesem emotional aufgeladenen Punkt gebündelt werden. Der Ausbruch der Enttäuschung und die, zumindest teilweise, Verschiebung der Verantwortung auf Serbien führte dort nicht nur zu einer Gegenreaktion, sondern verschärfte das bereits wachsende Gefühl der Unzufriedenheit und Bedrohung. Auch hier wurde die Enttäuschung kaum analysiert und die Ursachen wurden bei den anderen gesucht. Ein Kompromiss zwischen den beiden Positionen „voller Republikstatus für das Kosovo und damit das Recht auf Sezession"[153] und „Integrität der Republik Serbien und Leitung all ihrer Teile durch die Regierung in Belgrad" war nicht möglich. Auf ihnen zu beharren musste zu einer Eskalation führen. Versäumt wurde, diese Positionen zu verlassen und einmal die ganz realen und drückenden Probleme auf den Tisch zu legen, und zwar alle, angefangen mit der Last der verdrängten Verbrechen aneinander bis hin zur Verteilung des Reichtums wie des Mangels bei sehr unterschiedlicher Produktivität der einzelnen Regionen und dem auch damit verbundenen Ansehen der verschiedenen Nationalitäten, also alldem, woran die sozialistische Ordnung bislang gescheitert war.[154] Die Positionen zu verlassen, aber war kaum möglich, weil sie bereits vorher sehr erstarrt und sogar institutionali-

---

[152] Vgl. Bennett, a. a. O., S. 88.

[153] Dabei war es schwierig, die Albaner *nicht* als gleichberechtigte jugoslawische Nation anzuerkennen. Nicht nur waren sie zahlenmäßig bereits größer als die Montenegriner und Mazedonier, sie stellten bereits rund ein Drittel der Soldaten der Bundesarmee und von hundert Neugeborenen in Jugoslawien kamen 32 in albanischen Familien zur Welt (*Der Spiegel*, 23.11.1987, S. 145f). Magaš berichtet in *The Destruction of Yugoslavia*, S. 126f. auch, dass viele der albanischen Rekruten kein Serbokroatisch, die offizielle Sprache in der Armee, sprachen. Es kam vor, dass ihnen verwehrt wurde, ihre Namen in albanischer Schreibweise an ihren Spinden anzubringen.

[154] Küntzel: *Der Weg in den Krieg*, S. 28 zeigt eindrücklich, dass die Albaner im gesellschaftlichen Ansehen in Jugoslawien auf der untersten Stufe standen (mit Bezug auf ‚Nur Dreckarbeit‘, *Der Spiegel*, Nr. 6/1980, S. 149).

siert waren. Wirklich jugoslawische Institutionen gab es nicht, wenn man von der nicht demokratischen Armee absieht, die sich noch dazu zunehmend als serbisch dominiert erwies. Auch die Entscheidungen des Bundes wurden durch die Republiken und die beiden autonomen Provinzen bestimmt, ohne dass es ein starkes föderales Gegengewicht und damit eine Vermittlung zwischen ihnen gegeben hätte. Die großen ökonomischen Unterschiede zwischen den Landesteilen sowie ihre oft gegensätzliche Geschichte führten mit dem Zwang zum Konsens zu einer Blockade jeder gründlicheren Veränderung. Jede Kritik und damit auch jeder Reformvorschlag lief sofort Gefahr als nationalistisch verworfen zu werden. Die politische Initiative lag weiterhin nahezu ausschließlich bei der Partei,[155] andere Kräfte kamen erst nach und nach öffentlich zu Wort, ihre Kritik wurde meist in Bausch und Bogen verurteilt.

Dass sich nationalistische Stimmen in den 80er Jahren gerade in Serbien zuerst zu Wort meldeten, hat auch mit der Unterdrückung des *masovni pokret* in Kroatien zu tun, nach dem Nationalismus dort in der Regel gerichtlich verfolgt wurde,[156] während die zahlreicher werdenden serbischen Nationalisten nicht mehr auf die entschiedene Gegenwehr der Zentralgewalt stießen. Gegenwehr kam stattdessen fast nur noch aus anderen Republiken und verstärkte, da sie als „antiserbisches Ressentiment" aufgefasst wurde, nur die nationalistische Erregung.

Die nationalen Konflikte spielten sich vor einer allgemeinen schweren gesellschaftlichen Krise ab, die aus vier miteinander verbundenen und einander verstärkenden Elementen bestand: 1) der schwersten Wirtschaftskrise seit der Gründung des sozialistischen Jugoslawiens, 2) einer Sinn- und Legitimationskrise des sozialistischen Gesellschafts- und Wirtschaftssystems, 3) dem Verlust des ‚Vaters' Tito und 4) der widersprüchlichen territorialen Verfügungsgewalt der Republik Serbien. Erst dieser Hintergrund lässt das bornierte Vorgehen so vieler Menschen und vor allem der politischen Führung begreiflicher werden. Zu den Punkten im Einzelnen:

Zu 1): Die Wirtschaftskrise, vor allem durch eine enorme Verschuldung bewirkt,[157] wurde noch verschlimmert durch die in den 80er Jahren auch anderswo im-

---

[155] Magaš: *The Destruction of Yugoslavia*, S. xiii.

[156] Meier: ‚Jugoslawien wird serbischer', *FAZ*, 21.9.1981.

[157] Es war die höchste Pro-Kopf-Verschuldung in Osteuropa (*M-A*, 16–17/84, Jugoslawien, Chronik 82–84, S. 3), mit einem Anteil des Schuldendienstes an den laufenden Deviseneinnahmen von zeitweise 45 % (ebd. 30/85, Chronik 84/85, S. 10). Die Schulden konnten zwar seit Mitte der 80er Jahre ein wenig von 20 Mrd. $ auf 18 Mrd. verringert werden, betrugen aber nach einem OECD-Bericht vom 2.2.1987 bald wieder 19 Mrd. (*M-A*, 33/87, Jugoslawien, Chronik 1985, S. 17 u. 6/89, Chronik 1987, S. 25). Im Juni 1987 konnte das Land den Tilgungsverpflichtungen nicht mehr nachkommen und stellte die Rückzahlung von Auslandsschulden für einige Zeit ein (ebd., Chronik 1987, S. 28). Im Dezember 1988 betrugen die Auslandsschulden brutto 20–21 Mrd. $ (ebd., Chronik 1988, S. 42f.).

mer deutlicher werdende Unfähigkeit der sozialistischen Planwirtschaft, solche Krisen erfolgreich zu lösen. Stattdessen wurden die Probleme vor allem verschoben.[158] Zur Krise in Jugoslawien gehörten eine ständig steigende Inflation,[159] sodass der Dinar im alltäglichen Zahlungsverkehr verstärkt durch Devisen verdrängt wurde,[160] steigende Arbeitslosigkeit,[161] drastisch sinkendes Pro-Kopf-Einkommen,[162] die Wiedereinführung von Lebensmittelmarken,[163] sinkender Konsum, ein Rückgang der Investitionen[164] und die fehlende Rentabilität der meisten Betriebe, sodass viele von ihnen am Ende des Jahrzehnts vor dem Bankrott standen. Vor allem die hohe Inflation und die sinkenden Einkommen führten zu einer großen Zahl von Streiks.[165] Dem standen an positiven Entwicklungen ein Wachstum des Bruttosozialprodukts[166] und Handelsbilanzüberschüsse[167] gegenüber. Lohnkürzungen und Preiserhöhungen führten oft innerhalb kurzer Zeit zu enormen Verlusten an Kaufkraft. So erfolgten allein im Frühjahr 1988 Lohnkürzungen von im Durchschnitt 20–40 Prozent, während die Preise um 30–100 Prozent stiegen.[168] Zusätzliche soziale Gegensätze folgten aus der sehr ungleichen Verteilung der wirtschaftlichen Probleme. Die Veränderungen des Lebensstandards betrugen 1988 gegenüber 1978 in Prozent: Slowenien +50 %, Kroatien +8 %, Vojvodina -6 %, Serbien -15 %, Montenegro -32 %, Bosnien-Her-

---

[158] Vgl. hierzu Sundhaussen: *Experiment Jugoslawien*, S. 121f., der auch kurz auf die unterschiedlichen Reaktionen der verschiedenen Republiken auf die Wirtschaftskrise und die sich daraus entwickelnden Gegensätze eingeht.

[159] Sie stieg von über 20 Prozent im ersten Halbjahr 1982 auf schätzungsweise 2600 Prozent 1989 (*M-A*, 16–17/84, Jugoslawien, Chronik 82–84, S. 3 sowie 33/90, Chronik 1990, S. 57).

[160] *M-A*, 16–17/84, Jugoslawien, Chronik 82–84, S. 6.

[161] Sie war allerdings sehr ungleich verteilt. Im Februar 1986 lag sie bei etwa 15 Prozent, also 1 Mio. Menschen. Am höchsten war sie im Kosovo mit 34 Prozent, am niedrigsten mit 2 Prozent in Slowenien (*M-A*, 33/87, Jugoslawien, Chronik 1986, S. 20).

[162] Zwischen 1979 und 1985 sank es in Folge der Inflation um rund 57 Prozent! (Ebd., S. 17).

[163] Djilas: ,»An dem System ist nichts gesund«', S. 153.

[164] Zwischen 1980 und 1985 sanken sie real um fast ein Drittel (*M-A*, 33/87, Jugoslawien, Chronik 1985, S. 12).

[165] *M-A*, 33/87, Jugoslawien, Chronik 1986, S. 23 u. 6/89, Chronik 1987, S. 25, 28, 29 u. 35.

[166] Nach einer Meldung der *NZZ* betrug dieses 1985 0,5 Prozent und 1986 3,6 Prozent (*M-A*, 6/89, Jugoslawien, Chronik 1987, S. 25); 1988 aber ging es real um 2–2,5 Prozent zurück (ebd., 33/90, Chronik 1988, S. 42f.).

[167] Ebd., S. 42.

[168] Magaš: *The Destruction of Yugoslavia*, S. 131.

zegowina -33 %, Mazedonien -46 %, Kosovo -61 %.[169] Nach diesen Zahlen entwickelte sich Slowenien sehr gut und hätte daher keinen Grund gehabt, sich zu beklagen. Auch gab es dort in den 80er Jahren kaum Arbeitslosigkeit, was sich jedoch Anfang der 90er änderte, als annähernd hunderttausend Menschen arbeitslos waren.[170] Aber die slowenischen Arbeiter mussten zusehen, wie der von ihnen erarbeitete Mehrwert in die unterentwickelten Regionen, vor allem das Kosovo, abfloss, ohne die Lage dort zu verbessern. Auf diese Weise förderte die Unterstützung für die ärmeren Landesteile die Entwicklung des Nationalismus unter der Arbeiterschaft der reicheren, insbesondere in Slowenien.[171] Die sehr unterschiedliche wirtschaftliche Lage führte auch zu gegensätzlichen Ansätzen bei der Lösung der Probleme: Während Kroatien, Slowenien und die Vojvodina für eine Hinwendung zur Marktwirtschaft eintraten, setzten sich Serbien, Montenegro, Mazedonien und schließlich auch Bosnien-Herzegowina für eine Kammer der Vereinigten Arbeit in der Bundesversammlung ein, in der die Industrieführer repräsentiert sein sollten, um den staatlichen Einfluss auf die Wirtschaft zu vergrößern.[172] Auch die Rolle des Bundesstaats wurde in den Teilrepubliken sehr unterschiedlich gesehen. Bosnien-Herzegowina und Mazedonien benötigten die Sicherheit, die ihnen der gemeinsame Staat bot, und waren gewillt, dafür auch Kompetenzen abzugeben. Für Slowenien galt das ganz und gar nicht, ein Verbleib im Bundesstaat wurde für die Slowenen immer nachteiliger. Kroatien aber musste in einem Jugoslawien ohne Slowenien einen sehr viel schwereren Stand haben und stand vor der Wahl, einem dominierenden Serbien Kompromisse abzutrotzen oder Slowenien zu folgen.[173] Machte sich auch Kroatien selbstständig, so würde die Angst vor einem nicht mehr zu balancierenden serbischen Übergewicht schließlich auch Bosnien-Herzegowina und Mazedonien in die Unabhängigkeit treiben. Damit betraf das Bestreben der Slowenen, sich von Jugoslawien weg und hin zur EG zu orientieren, nicht nur sie selbst, sondern musste mit einem Dominoeffekt den ganzen Staat zum Einsturz bringen. Dass die serbische Regierung darauf beharrte, ihre Vorstellungen durchzusetzen, verstärkte diese Bewegung und führte sehr bald in eine fatale Spirale.

Zu 2): Die weitgehend, aber nicht nur daraus entstehende Sinn- und Legitimationskrise des Sozialismus[174] als des besseren, das heißt menschlicheren und

---

[169] Dušan Šinigoj: ,»Wir haben gute Nerven«', Interview mit dem slowenischen Premier, *Der Spiegel*, 11.12 1989, S. 168–173, hier die Grafik auf S. 171.

[170] 80er Jahre: Sundhaussen: *Experiment Jugoslawien*, S. 122; Anfang 90er Jahre: Meier: ,Ein unabhängiges Slowenien ist wirtschaftlich lebensfähig', *FAZ*, 28.2.1991.

[171] Magaš, a. a. O., S. 136.

[172] Ebd., S. 126.

[173] Bennett: *Yugoslavia's Bloody Collapse*, S. 13.

[174] Eine Entwicklung, die sich in Jugoslawien auch am Sprachgebrauch ablesen lässt. Im Westen des Landes verdrängte „Bürger" die „Genossen", im Osten „narodna volja" (Volkswille) die „Klasseninteressen" (Magaš, a. a. O.).

fortschrittlicheren Systems, trieb im Lauf der 80er Jahre ihrem Höhepunkt gerade auch außerhalb Jugoslawiens zu und führte schließlich zum Zerfall des sozialistischen Blocks, was wiederum Jugoslawien seiner günstigen Position als Seiltänzer zwischen den Blöcken beraubte. Dabei spielte die vom IWF durchgesetzte Austeritätspolitik keine unwesentliche Rolle, denn sie stellte die Selbstverwaltungsrechte, die Rechte der Republiken und Provinzen sowie die Verbesserung des Lebensniveaus infrage.[175] Auf diese Weise wurde die Bundesregierung zum Buhmann, während die Republiken sich als Anwälte der Interessen der Bevölkerung darstellen konnten. Die Legitimationskrise von Staat und Partei wurde noch durch den Finanzskandal des staatlichen Agrarkombinats „Agrokomerc" in Bosnien-Herzegowina im September 1987 verstärkt, der zu einer Bankenkrise führte, in deren Verlauf ähnliche Machenschaften auch in drei weiteren großen Firmen in Serbien und Kroatien aufgedeckt wurden. Schließlich traten mehrere hochrangige Politiker in Bosnien zurück.[176]

Die Funktionäre drängte diese Entwicklung, sich nach einer neuen Legitimierung ihrer Macht umzusehen. Am deutlichsten ist der Schwenk vom Kommunismus zum Nationalismus bei den serbischen Kommunisten zu sehen. Aber auch in der kroatischen HDZ waren die Mitglieder mehrheitlich ehemalige Kommunisten.[177]

Die Legitimationskrise der staatlichen Ordnung drückte sich seit Anfang der 80er Jahre auch in einer Hinwendung zur Religion aus, die langsam in Gang kam und sich nicht auf die überkommenen Religionen beschränkte; auch neue religiöse Gruppen und esoterische Vorstellungen stießen auf steigendes Interesse. In den einzelnen Republiken wurde darauf unterschiedlich reagiert. In Serbien war die relativ schwache orthodoxe Kirche kaum mehr von staatlichen Eingriffen betroffen, wenn sie sich politisch – das hieß für einige ihrer Vertreter: nationalistisch – äußerte. In Bosnien gingen die Behörden hingegen hart gegen muslimische Nationalisten vor. Die langsam in Gang kommende islamische Renaissance wurde staatlicherseits mit Argwohn betrachtet.[178] Die Hinwendung zur Religion war insgesamt oft nationalistisch oder wurde von den Behörden von vornherein so eingeschätzt.

---

[175] Samary: *Krieg in Jugoslawien*, S. 39.

[176] *M-A*, 6/89, Jugoslawien, Chronik 1987, S. 28f. u. 30. Diese Skandale waren allerdings Ausdruck eines tiefer liegenden und viel weiter verbreiteten Problems: der Führung der Betriebe durch Parteimitglieder, die vornehmlich an ihrem eigenen Vorteil interessiert waren (vgl. Djilas: ‚»An dem System ist nichts gesund«', S. 148).

[177] Žižek: ‚Der Westen braucht eine zweite Aufklärung', S. 48.

[178] „The bookshops are marked by the new emphasis on traditional values, history and religion." (Magaš: *The Destruction of Yugoslavia*, S. 123) Die serbische Regierung verlieh Ende 1984 hohe Orden an Äbte, Äbtissinnen, Popen, Mönche und Nonnen serbisch-orthodoxer Klöster im Kosovo. „Die geehrten sollen während des letzten Krieges ein Wort [gemeint ist wohl „Hort", C. P.] des nationalen Aufstandes gegen die Faschisten gewesen sein (…)." (Chalupa: ‚Kosovo – ein heißes Eisen im Vielvölkerstaat Jugoslawien',

Für eine wirtschaftliche Verbesserung war ein Schwenk zum Nationalismus allerdings nicht ausreichend, und so strebte ein Teil der nationalen Führer, je nach den Möglichkeiten der jeweiligen Volkswirtschaft, in die EG. Auch die Bundesregierung Marković führte mit der EG Beitrittsgespräche. Vor allem Slowenien, aber auch Kroatien strebten den Beitritt Jugoslawiens an, sahen jedoch zugleich, dass die ärmeren Republiken und die serbische Politik im Kosovo ihm stark entgegenstanden.[179] Mit dem Zusammenbruch des Ostblocks und der anschließenden verstärkten Diskussion um ‚Mitteleuropa' und ‚die Grenzen Europas' wurde immer klarer, dass die jugoslawischen Republiken für sich allein sehr unterschiedliche Chancen hatten, schnell aufgenommen zu werden.[180]

Der Tagesspiegel, 18.12.1984, S. 3) Im September 1984 fand der erste „Eucharistische Kongress" der katholischen Kirche Kroatiens seit Kriegsende statt: *M-A*, 30/85, Jugoslawien, Chronik 84/85, S. 10.

Islamische Renaissance: *M-A*, 16–17/84, Jugoslawien, Chronik 82–84, S. 3 u. 5 sowie 33/87, Chronik 1985, S. 16. Bereits Anfang 1982 hatte es eine Polemik zwischen der Belgrader Zeitung *Komunist* und dem islamischen Sarajevoer Blatt *Preporod* über den Islam „als einzig universale, wahre und reine Religion, als Religion der Zukunft" gegeben (Ströhm: ‚Marx und Allah liegen im Widerstreit', *Die Welt*, 20.3.1982).

Unter den Kosovo-Albanern habe die Religion keinen Einfluss auf die Unruhen gehabt, so Meier: ‚Mit dem Skipetaren-Dolch zum Religionsunterricht', *FAZ*, 19.7.1982, S. 8. Bataković: *The Kosovo Chronicles*, S. 212 bestreitet das und stützt seine Einschätzung auf die hohe Religiosität im Kosovo, die mit 70 Prozent die höchste in ganz Jugoslawien gewesen sei (in Serbien nur 34 Prozent). Allerdings führt er weder seine Quelle an, noch sagt er, was er unter Religiosität versteht und wie er sie misst. Als Beleg für den religiösen Hintergrund des nationalistischen Antagonismus führt er an, dass die antiserbischen Akte nach Titos Tod im März 1981 mit dem Brandanschlag auf die Pećer Patriarchatskirche begonnen hätten. Meines Wissens sind die Gründe für diesen Brand nicht aufgeklärt worden.

[179] So hatte das Europaparlament in Brüssel bereits dazu aufgefordert, Verhandlungen über neue Finanzhilfen für Jugoslawien von der Einhaltung der Menschenrechte im Kosovo abhängig zu machen. (Hirsch: ‚Titos Staat löst sich auf', *Die Zeit*, 2.11.1990, S. 4)

[180] Vgl. hierzu Iveković: *Jugoslawischer Salat*, S. 38: Für Europa sei es seit jeher konstitutiv, wo im Osten (also gegenüber Asien) es seine Grenzen festlege und wen es auf diese Weise ausschließe, was immer auch ein Akt der Selbstverletzung sei. Zur Geschichte dieser Grenzziehung s. Sundhaussen: *Experiment Jugoslawien*, S. 72, der von der Vorstellung der Ustascha im Zweiten Weltkrieg berichtet, Kroatien habe eine „‚Mission' im Grenzbereich zwischen abendländischer Zivilisation und ‚balkanischer Unkultur'". Im März 1987 wurden vier slowenische Soldaten in Titograd angeklagt, gesagt zu haben, die Slowenen seien ein europäisches Volk und Slowenien könne ohne den Rest Jugoslawiens besser leben. (Meier: ‚Parteiführer Kucan beklagt Existenz eines »Slowenensyndroms«', *FAZ*, 16.3.1987) Im März 1991 wurde Tudjman anlässlich einer Krisensitzung in Sarajevo mit folgender Äußerung über seine Gastgeber zitiert: „Sie sollen auf dem Balkan bleiben. Wir Kroaten wollen nach Europa." (Ströhm: ‚Moslems sitzen bei

Die mit einer Aufnahme in die EG verbundene Angst vor dem katholisch-protestantischen Europa ist in den 80er Jahren noch kein zentrales Thema in der serbischen Öffentlichkeit gewesen, obwohl sich einige Geistliche von *diesem* Europa bereits Anfang des Jahrzehnts absetzten.[181] Stärker wurde diese Haltung erst, als sich ‚der Westen' zunehmend auf Seiten der Gegner positionierte. Dann wurde der alten Figur des ‚von allen verlassenen und auf sich selbst gestellten Serbiens' wieder der Feind ‚Katholizismus' gegenübergestellt. Als Ende 1990 das Zerbrechen der Föderation immer wahrscheinlicher wurde und auch die CIA dieses für die nächsten 18 Monate voraussagte, galt vielen die alte Grenze zwischen West- und Ostrom als Bruchlinie.[182]

Wesentlich für die Sinn- und Legitimationskrise des Sozialismus war, dass es den führenden Politikern und Theroretikern nicht gelang, die wachsenden Probleme in ausreichender Weise zu erfassen, öffentlich zu thematisieren und durch grundlegende Reformen zu lösen. So wurde der Sozialismus immer mehr von vielen Sozialisten selbst aufgegeben. Was von ihrem Sozialismus noch vorhanden war, waren zum großen Teil Phrasen – und in den ärmeren Republiken die Bevorzugung einer stark vom Staat bestimmten Wirtschaft.

Zu 3): Der Tod des ‚Vaters' ruft immer eine Mischung aus Schock, Trauer, Schuld, Erleichterung und Zukunftsangst hervor. Kurz vor Beginn seiner schwersten Krise ‚verwaiste' das Land. Dieses psychische Moment wurde noch verstärkt durch die zentrale Bedeutung, die Tito ganz real für Jugoslawien durch seine Stellung *über* den Parteiungen und Nationen gehabt hatte. Als er als ausgleichendes Element im Machtgefüge wegfiel, traten die Gegensätze schärfer hervor. Zugleich wurde es schwieriger, sie zu balancieren.

Zu 4): Die widersprüchliche territoriale Verfügungsgewalt der Republik Serbien wirkte sich im Moment der gesellschaftlichen Krise geradezu dramatisch aus. Serbien war nur nominell eine Einheit, faktisch waren die beiden autonomen Provinzen – eine Konstruktion, die es nur innerhalb Serbiens gab – selbstständige Einheiten, an deren Entscheidungen die serbische Republikregierung keine direkte Mitsprache hatte. Zugleich aber hatte das engere Serbien (Serbien ohne die beiden autonomen

---

Zerfall Jugoslawiens zwischen allen Stühlen', *Die Welt*, 4.3.1991). Vgl. a. Žižek: ‚Der Westen braucht eine zweite Aufklärung', S. 49.

[181]   Vgl. S. 170.

[182]   CIA: Buchalla: ‚Nichts verbindet mehr als der Wunsch nach Trennung. Der Zerfall des Vielvölkerstaates wird aller Voraussicht nach von einem blutigen Bürgerkrieg begleitet werden', *SZ*, 15./16.12.1990, S. 10. Bruchlinie: Reißmüller: ‚Wenn Jugoslawien zerfällt', *FAZ*, 27.12.1990. Dies war allerdings im sozialistischen Jugoslawien durchaus keine „Bruchlinie" gewesen. Wenn man bis zum Anfang der 80er Jahre überhaupt von einer traditionellen Allianz zwischen einzelnen Republiken sprechen kann, dann am ehesten von einer zwischen Serbien und Slowenien, deren Interessen sich am wenigsten überkreuzten. (Vgl. Bennett: *Yugoslavia's Bloody Collapse*, S. 7.)

Provinzen) keine eigene politische Vertretung, sondern nur die auf Republikebene, für deren Gesetzgebung die beiden Provinzen über ein Veto verfügten. Verfassungsrechtlich hatte die Republik Serbien also so gut wie keinen Einfluss in der Vojvodina und im Kosovo, diese aber umgekehrt sehr wohl im engeren Serbien.[183] Umgekehrt konnten die Minderheiten in anderen Republiken des Landes keine Autonomierechte für sich in Anspruch nehmen, was vielen Serben zu beweisen schien, dass der Status der autonomen Provinzen vorwiegend das Ziel habe, Serbien innerhalb der Föderation zu schwächen.[184]

Die Verfassung von 1974 enthielt jedoch noch in einem weiteren wesentlichen Punkt einen schwerwiegenden Widerspruch. Die Formel „Selbstbestimmungsrecht der Völker" – und damit auch das Recht auf Loslösung – blieb an die Republiken gebunden, die jedoch weitgehend multinational waren. In dem Moment, da diese Völker ihr Selbstbestimmungsrecht in der Weise wahrnahmen, dass sie sich voneinander lösten, mussten die Republiken, die diese Völker zum Teil voneinander trennten, zum Problem werden. Hinzu kam, dass den Albanern das Selbstbestimmungsrecht verwehrt wurde, da sie nicht als Nation, sondern nur als Nationalität anerkannt waren, weil die Mehrheit der Albaner in Albanien lebte. Eine wirkliche Gleichberechtigung war also nicht gegeben, und die Formel, nach der der gemeinsame Bundesstaat das Produkt der freiwilligen Entscheidung der Nationen und Nationalitäten war, stand auf keinem festen Grund.[185]

Gefährlich wirkte sich die verfassungsmäßige Konstruktion der Republik Serbien dadurch aus, dass die schwere gesellschaftliche Krise eine *existenzielle* wurde. Der extreme wirtschaftliche Niedergang, der fortschreitende Zerfall des politischen Systems und der damit einhergehende der ideologischen Versicherungen sowie die wachsenden Gegensätze und Verteilungskämpfe bedrohten immer mehr Menschen existenziell. Die Zukunft erschien ungewiss und wenig schien Halt zu bieten. Im vierten Kapitel dieser Arbeit wird es darüber hinaus darum gehen, dass angesichts eines verbreiteten Gefühls, bedroht zu sein, tiefe persönliche Unsicherheiten und Ängste virulent werden, die Einzelne massenhaft nach starken gesellschaftlichen

---

[183] Vgl. Küntzel: *Der Weg in den Krieg*, S. 26f. Die jugoslawische Verfassung spricht gleich in Art. 1 von „gleichberechtigten Nationen und Nationalitäten" (vgl. a. Art. 2, 3, 4 u. 245: *Die Verfassung der SFR Jugoslawien*). Ich sehe für diese merkwürdige Konstruktion zwei mögliche Erklärungen: Es war der kommunistischen Führung klar, dass das Kosovo bei annähernd gleich bleibender Bevölkerungsentwicklung nicht auf Dauer bei Serbien würde verbleiben können. Der Status einer autonomen Provinz wäre demnach ein Zwischenschritt gewesen auf dem Weg zur Republik, der eine Vereinigung mit Albanien, etwa nach dem Tod Enver Hodschas in einer neuen Föderation, nicht ausgeschlossen hätte. Die andere Möglichkeit – sie wurde in Serbien vermutet – war eine Schwächung Serbiens, um sein Übergewicht in Jugoslawien auszubalancieren. Auch in diesem Fall konnte die Konstruktion nur eine Übergangslösung sein.

[184] Petritsch/Pichler: *Kosovo/Kosova*, 2004, S. 83.

[185] Melcic: ‚Der Jugoslawismus und sein Ende', S. 220f.

Versicherungen greifen lassen. In der ‚Nation‘, die in dieser Situation Sicherheit verheißen und Halt bieten sollte, fingen sich zugleich die diffusen Ängste wie in einem Brennglas: Als Kern aller Bedrohungen und Probleme erschienen nun die Demütigung und die drohende Amputation der ‚Nation‘.

Das nationalistische Denken, mit dem viele auf die Krise reagierten, musste diese jedoch nicht nur verstärken, weil es ein antagonistisches Denken war und damit eins, das die Feindschaften immer auch produzierte, von denen es ausging. Es erinnerte darüber hinaus an den mörderischen Nationalismus aller Seiten im Zweiten Weltkrieg, dessen Verbrechen zu einem großen Teil bisher kaum hatten ausgesprochen und damit anerkannt werden können und über die es innerhalb des Landes keinen gesellschaftlichen Konsens gab. Das nun endlich mögliche Erinnern aber wurde ausgelöst durch neue nationalistische Frontstellungen, die weitgehend die alten wiederholten, was eine Anerkennung der früheren Verbrechen erneut verhinderte. Stattdessen wurden die Opfer gegeneinander aufgerechnet. Wurde ein Verbrechen aufgedeckt, so ging es nicht vor allem darum, was damals unter welchen Umständen geschehen war, sondern es wurde sofort als Beweismittel in den gegenwärtigen Schuldzuweisungen benutzt, die Teil des Machtkampfs waren.[186]

Zunehmend wurden in der Folge aktuelle politische Handlungen auf der Folie des Zweiten Weltkriegs behandelt, allerdings nicht auf analytische Weise, sondern beschwörend, was die Vergangenheit scheinbar immer mehr wieder aufleben ließ. Dabei vermischten sich die erneuerten Bedrohungsszenarien tatsächlich mit dem Handeln der jeweils anderen Seite, besonders nach der Übernahme der Regierungsgewalt in Kroatien durch die HDZ. Die Vergangenheit schien real zurückzukehren.[187] Es gab also durchaus Gründe, die ‚Rückkehr der Vergangenheit in der Gegenwart‘ zu fürchten, zumal etliche ins Ausland geflüchtete Organisationen nach Titos Tod ihre Aktionen in Jugoslawien verstärkten und etliche antikommunistische Kämpfer des Zweiten Weltkriegs ins Land zurückkehrten.

Zur Position des ‚Opfers des Genozids‘ im Zweiten Weltkrieg addierten sich auf serbischer Seite noch verschiedene andere ‚Kränkungen‘: Serbien als ‚Vorreiter‘ und ‚Kämpfer‘ für Jugoslawien war kein ‚Piemont‘ geworden.[188] Es hatte weder die

---

[186] Siehe hierzu Bogosavljević: ‚Der unaufgeklärte Genozid‘.

[187] So wurden die geheimen Waffenkäufe des kroatischen Verteidigungsministers Špegelj und die Aufrüstung kroatischer Milizen Anfang 1991 auf serbischer Seite als Wiederaufnahme der Ustascha-Politik interpretiert (Schleicher: ‚Mit verdeckter Kamera gegen den Minister‘, *FR*, 7.2.1991). Eine solche Interpretation wurde zusätzlich durch die Rolle bestätigt, die andere Staaten in diesem Konflikt spielten, in diesem Fall Ungarn, von wo die Waffen kamen: Die neuen Verbündeten waren die alten.

[188] Serbien als südslawisches ‚Piemont‘ war seit der Zeit vor dem Ersten Weltkrieg eine häufige Vorstellung gewesen. So hatte es beispielsweise damals in Belgrad eine Zeitung mit dem Namen *Pijemont* gegeben, die vom Führer der „Schwarzen Hand“, Dragutin Dimitrijević Apis, herausgegeben wurde (Sundhaussen: *Experiment Jugoslawien*, S. 32).

militärische noch die ökonomische Macht dazu besessen. Auch der ‚Dank' – oder besser: der ‚Lohn' – für seine den anderen jugoslawischen Völker dargebrachten ‚Opfer' blieb aus: Serbien konnte den Vorsprung der alten habsburgischen Gebiete, Slowenien und Kroatien, nicht aufholen. Das Kosovo schien ein solches Aufholen zusätzlich zu erschweren. Diese ärmste Gegend Jugoslawiens zählte mit, wenn vom „weiteren Serbien" die Rede war, ohne dass die serbische Regierung dort die Politik hätte bestimmen können.

Eine schwächere Variante des Opfers ist die Benachteiligung. Sie war so etwas wie das jugoslawische Generalthema: Jeder war benachteiligt von und gegenüber allen anderen. Das spiegelt sich noch in einer Publikation wie *Le nettoyage ethnique* wider, deren aus Kroatien stammende Autoren den serbischen Vorwurf, benachteiligt zu sein, umkehren. Für sie ist erwiesen, dass im Gegenteil die Entwicklung der disziplinierteren und arbeitsameren Republiken wie Slowenien und Kroatien durch die weniger produktiven, vor allem Serbien, gebremst wurde. Als weitere Profiteure werden Armee, Polizei, Partei und Bundesbürokratie genannt, ebenfalls alle serbisch dominiert, wie man weiß.[189]

Auch in der folgenden Anekdote wird deutlich, wie eingespielt offenbar weite Teile der Bevölkerung waren, sich selbst als die Benachteiligten zu sehen:

> Driving through Croatia a few months ago, a foreigner asked a policeman directions. "Straight ahead," said the officer, using the word "pravo" (commonly used in Serbia) rather than the alternative used in Croatia.
>
> "You see," said the Croat passenger in the car angrily. "Our Republic of Croatia is policed by Serbs. Belgrade [...] controls everything."
>
> This story, repeated in Belgrade, elicited the comment that "Croats are better trained and better educated than Serbs. They simply don't want to be policemen."[190]

Es ist dieses Konkurrieren um die Position des ‚Opfers', die vor allem auf serbischer Seite das Gefühl erzeugte, nicht verstanden zu werden. Für ‚die anderen' war allerdings in erster Linie das Kosovo, dieser Komplex aus enormen Problemen und enormen Verwicklungen, nicht verständlich. Sie wollten damit einfach nichts mehr zu tun haben. Eine ‚Lösung' wussten auch sie nicht – und konnten froh sein, dass das nicht „ihr Problem" war – eine Täuschung, denn das Kosovo war tatsächlich ein gesamtjugoslawisches Problem. Die Haltung des „Dann seht doch zu, wie ihr zurechtkommt" führte direkt in die Kriege und war zugleich verständlich nach dem jahrelangen borniertem Verhalten der serbischen Seite. Nur war es wieder nicht die

---

[189] *Le Nettoyage ethnique*, S. 238, Anm.1. Wenn man es nicht weiß, bekommt man es spätestens auf S. 240, Anm. 2 zu wissen. Zur ökonomischen Benachteiligung Kroatiens s. a. ebd., S. 239, Anm. 1.

[190] Dan Morgan: ‚Serbs vs. Croats: Ancient Prejudices Continue to Boil', *IHT*, 31.1.1972. Siehe hierzu a. das Interview mit Dobrica Ćosić in *Danas* vom 20.6.1989, S. 9 (einige Sätze daraus zit. in: *Le Nettoyage ethnique*, S. 235, Anm. 1) sowie Madžar: ‚Wer beutet wen aus?'.

serbische Seite allein. Die Unklarheit darüber, was Jugoslawien denn nun sein sollte, und die Unfähigkeit, die Probleme in ihrer Gesamtheit, das heißt auch in ihrer Verquickung, auf den Tisch zu legen, war ein Problem aller Beteiligten.

Erschwerend kam für die serbische Seite hinzu, dass das Kosovo historisch als Symbol des eigenen Opferseins aufgeladen war und in den 80er Jahren erneut aufgeladen wurde. So wird Dragan Jelisijević, ein Ökonom aus Zagreb, der auf der 600-Jahr-Feier der Kosovo-Schlacht fotografierte, von einem Reporter der großen Tageszeitung *Politika* mit den Worten zitiert: „Ich werde ein großes Album anlegen und meinen Kindern widmen. Sollen sie sich ansehen, wie ihr Volk dem Ruf von Vergangenheit und Zukunft gefolgt ist, um seiner *größten Wunde*, dem Kosovo, zu huldigen."[191]

Mit dem größten Recht konnten die bosnischen Muslime und wohl vor allem die bosnischen Bewohner Sarajevos die Rolle des ‚Opfers' für sich reklamieren. Der im März 1992 beginnende Krieg gegen sie überraschte viele von ihnen völlig,[192] obwohl die gewalttätige Rhetorik bereits Jahre angedauert hatte und in Slawonien und Kroatien bereits gekämpft worden war. Bei der nationalen Gemengelage in Bosnien-Herzegowina wirkt diese Ignoranz wie ein Versuch, einer aussichtslos erscheinenden Situation dadurch zu entgehen, dass man sie nicht zur Kenntnis nahm. Nachdem Slowenien aus dem gemeinsamen Staatsverband ausgeschieden war, war das gesamte Staatsgebilde ebenso infrage gestellt wie die Republikgrenzen, die die Siedlungsgebiete vor allem von Serben, Kroaten und Albanern trennten.

Die bosnischen Muslime waren ‚Opfer', weil sie angegriffen wurden und gegenüber den serbischen und kroatischen Ansprüchen als die Schwächeren erschienen. Der militärische Angriff machte eine militärische Gegenwehr erforderlich, aber ein entsprechender Wert, für den es zu kämpfen – und notfalls zu töten und zu sterben – lohnte, war schwer auszumachen, da sich Bosnien-Herzegowina zu einem großen Teil bereits auflöste, wenn seine serbischen und kroatischen Bewohner ihm gegenüber nicht mehr loyal waren. Das war besonders in Sarajevo ein Problem, dessen Identität recht weitgehend in seiner Multinationalität bestand. Wer aber waren die bosnischen Muslime? Was waren ihre nationalen Werte und was ihre nationale Geschichte? Dabei musste die Schaffung einer bosnischen Staatsidee mit der Suche nach einer positiven Erinnerung an die osmanische Herrschaft in Widerspruch geraten, sollte doch die Staatsidee auch die anderen Nationen umfassen. Schon die Propagierung nationaler Helden aus osmanischer Zeit (etwa Smail-Aga Čengić), die für Serben und Kroaten Erzfeinde darstellen, musste die innerbosnischen Gräben weiter vertiefen.[193]

---

[191]   Nenadović: ‚Die *Politika* im Sturm des Nationalismus', S. 296 (Hervorh. C. P).

[192]   Kebo: ‚Das Paradoxon von Sarajevo', S. 301.

[193]   Ebd., S. 301f.

Ozren Kebo unterscheidet vier verschiedene Strategien der symbolischen Verarbeitung der lebensbedrohlichen Belagerung Sarajevos. Zuerst gab es die Parole „Wer aus der Stadt flieht, ist ein Feigling!" Sie musste auf Grund der mörderischen Belagerung nach und nach revidiert werden. Eindeutig konnten nur die ‚Verräter' bleiben, die sich dem ‚Feind' anschlossen. Eine andere Formel sah in der Belagerung einen Kampf zwischen den ‚Barbaren' und der Raja der Stadt. Wurden diese ‚Barbaren' als ‚Haiducken', die für die muslimische Bevölkerung Bosniens Räuber gewesen waren, bezeichnet, so entstand erneut ein Gegensatz zu den Serben, für die sie Helden darstellten. Auch unterstützten durchaus Stadtbewohner, die einst hohe Posten innegehabt hatten (Ärzte, Hochschullehrer, Redakteure usw.), nun die Belagerer, die Gegenüberstellung war also nicht wirklich zutreffend. Und die Multikulturalität und geistige Kultur der Stadt wurden ebenfalls von einem Teil ihrer Bevölkerung aufgekündigt.[194]

Dennoch hätten sich die nicht nationalistischen Bewohner der Stadt im Namen dieses Wertes, der ja auch Toleranz und geistige Vielfalt einschloss, verteidigen können. Stattdessen aber wurde das Bild des ‚Opfers' genommen, des exklusiven bosniakischen, also muslimischen ‚Opfers', das sich nicht nur auf die muslimische Bevölkerung Sarajevos beschränkte, sondern auf die bosniakische Nation insgesamt erstreckte. Das Gefühl, nicht nur angegriffen, sondern auch noch vom Westen im Stich gelassen zu sein, verdoppelte den Opferstatus. Das war nicht verwunderlich, da auch dieser ‚christlich' ist. So erstarkte gerade das religiöse Moment, das man mit der Bezeichnung „Bosniake" statt des bis dahin gebräuchlichen „Muslim" hatte verringern wollen. Der Opferstatus baute dabei auf der absoluten eigenen Schuldlosigkeit auf und setzte einen selbst für Gegenwart und Zukunft ins Recht – mit allem, was man tat.[195]

Dass die Multikulturalität Sarajevos nicht ausgereicht hat, um die Verteidigung der Stadt vor allem auf sie zu gründen, scheint mir nicht nur mit den Brüchen in dieser Multikulturalität zu tun zu haben. Multikulturalität impliziert Toleranz und kulturellen Austausch, damit aber auch Achtung gegenüber und Interesse an dem jeweils anderen sowie Verständnis für ihn. Das alles ist erst einmal hinderlich, wenn man in einem tödlichen Kampf mit ihm verstrickt ist. Ist man als ‚Opfer' jedoch per se rein, kann man den Kampf mit allen Mitteln aufnehmen. Man verfügt damit über die gleichen geistig-seelischen Waffen wie die Angreifer.

Die Chancen für Kompromisse wären größer gewesen, hätte Jugoslawien über Institutionen und Verfahren verfügt, mit denen die Gegensätze hätten ausbalanciert werden können. Die dafür vorgesehenen Bundesorgane, vor allem das Staatspräsidium, wurden jedoch selbst zum Austragungsort dieser Gegensätze, und auch die

---

[194]   Ebd., S. 304f.

[195]   Ebd., S. 306f.

Partei, die über solchen Partikularinteressen hätte stehen sollen, hatte sich bereits mehr und mehr aufgeteilt und zur Anwältin der Interessen des jeweiligen Landesteils gemacht; ihren Sinn – den Aufbau des Sozialismus – hatte sie weitgehend verloren. Da auch juristische Verfahrensweisen in der zweiten Hälfte der 80er Jahre immer mehr als parteiisch angesehen und daher, vor allem von slowenischer Seite, abgelehnt wurden, blieb nur, die jeweils eigene Macht so zu stabilisieren und auszubauen, dass man die eigenen Interessen durchsetzen konnte.

Auch in der Öffentlichkeit scheint es wenig Vertrauen zu den jeweils anderen Republiken gegeben zu haben. Slowenische und kroatische Kritik am militärischen Vorgehen im Kosovo wurde von serbischen Medien und Politikern fast ausschließlich als gefährlicher Nationalismus verurteilt. Andererseits wurde die auf der Sitzung des Zentralkomitees des BdK Serbiens am 24. November 1984 beschlossene Initiative für Änderungen im Machtgefüge, ohne dass irgendwelche Einzelheiten bekannt gewesen wären, von anderen Republiken sogleich als Vorstoß in Richtung des alten ‚serbischen Hegemonismus' verworfen. Auch das trug zum verbitternden Eindruck vieler Serben bei, dass die anderen, vor allem die Slowenen, sie nicht verstanden.[196] Die Gegensätze in der Öffentlichkeit wurden zusätzlich dadurch verstärkt, dass nur wenige Jugoslawen Presseerzeugnisse aus den jeweils anderen Republiken lasen. Das berührt das noch grundsätzlichere Problem, dass Jugoslawien kaum über alle Völker einschließende Medien verfügte, also über keinen gemeinsamen Kommunikationsraum, der zugleich ein Erregungsraum gewesen wäre, sondern weitgehend separate, national geprägte.[197] Das ist umso tragischer als es durchaus kluge, kritische Stimmen gab.[198] Auch innerhalb des serbischen BdK wurde eine nüchterne Kritik an der Situation im Kosovo geübt, vor allem von Tihomir Vlaškalić, einem Mitglied des serbischen Zentralkomitees, der die Gründe der Konfrontation vor allem im lang

---

[196] Reaktionen auf slowenische und kroatische Kritik: Ströhm: ‚Jugoslawien sieht gegen die Albaner in Kosovo nur noch Gewalt und Härte', *Die Welt*, 6.3.1989. Kritik an serbischer Initiative: Meier: ‚Ein Vorstoß Serbiens', *FAZ*, 23.3.1985. Bitterkeit vieler Serben: Magaš: *The Destruction of Yugoslavia*, S. 124.

[197] Presseerzeugnisse der anderen: Magaš, a. a. O., S. 125. Mit der Idee eines gemeinsamen „Erregungsraums" knüpfe ich an Peter Sloterdijks sehr anregende Beschreibung von Nationen als „Erregungsgemeinschaften" an, wobei er fast ausschließlich die Extreme (Hysterie, Panik) thematisiert (‚Der starke Grund, zusammen zu sein. Erinnerungen an die Erfindung des Volkes', *Die Zeit*, 2.1.1998, S. 9–12). Die täglichen Erregungen über die Medien, die aufgrund derselben Sprache konkurrierend miteinander kommunizieren, scheinen mir für die Bildung einer Nation grundlegender als die Extremzustände zu sein, da jene eine fortwährende Selbstvergewisserung als Kollektiv erzeugen. Auch wenn es unterschiedliche Meinungen und Gefühle zu den jeweiligen Themen gibt, so werden sie in den Debatten immer wieder in ähnlicher – allerdings mit der Zeit sich ändernder – Weise strukturiert: miteinander verbunden, gegeneinandergesetzt, besonders betont usw.

[198] Kritische Pressestimmen: Magaš, a. a. O., S. 127. Nach ihr gab es in der alle zwei Wochen erscheinenden Zagreber Zeitschrift *Start* sehr gründliche Artikel zur Situation im Kosovo und in Mazedonien. Auch die Wochenzeitung *Teleks* aus Ljubljana lobt sie.

während wirtschaftlichen Missmanagement der Provinz sah.[199] Ebenso gab es auf slowenischer Seite Leute, die vor der Unabhängigkeit warnten.[200]

Aber das waren eher Einzelne und ihre Äußerungen wurden in den populärsten Medien weitgehend boykottiert. So sendeten die beiden serbischen Fernsehprogramme im Herbst 1990 nicht einmal eine Rede von Regierungschef Marković, mit der Begründung, es bestehe „kein öffentliches Interesse" an ihr.[201]

Dabei war die von ihm geführte Bundesregierung die einzige bedeutende politische Kraft, die für den Erhalt der föderalen Ordnung eintrat. Bereits die Regierung von Branko Mikulić hatte im Oktober 1988 ihre Demission mit der Begründung eingereicht, sie habe keine ausreichende Unterstützung durch das Parlament erhalten. Seitens Sloweniens und Kroatiens wurde deren Politik als zu wenig ernsthaft bemängelt.[202] Anfang 1991 wurde Regierungschef Marković von slowenischer Seite kritisiert, er wolle nur wieder zentralisieren.[203] So befand sich die Bundesregierung in den letzten Jahren des Bestehens der Föderation fast immer zwischen den Stühlen, den einen nicht genügend entschieden in Richtung Marktwirtschaft gehend, den anderen durch schrittweise Freigabe der Preise die Inflation verstärkend und damit die Verarmung der Bevölkerung vorantreibend. Hätte sich die Regierung Marković nicht so sehr auf die Lösung der wirtschaftlichen Probleme beschränkt, sondern alle Seiten dazu gedrängt, ihre Probleme auf den Tisch zu legen und in einem gemeinsamen institutionellen Rahmen anzugehen, hätten sich vielleicht andere Wege eröffnet. Stattdessen lag diese Initiative beim Staatspräsidium, das völlig von den Republiken bestimmt war und so die zentrifugale Dynamik nur reproduzierte. Nachdem der Vertreter des Kosovo im Frühjahr 1991 von der serbischen Regierung durch einen ihr gemäßen Mann ersetzt worden war, herrschte dort endgültig ein Patt, wodurch es als Gremium für weitere Verhandlungen unbrauchbar geworden war.[204] Auch die Taktik der bosnischen Serben bei der Regierungsbildung in Bosnien-Herzegowina weist darauf hin, dass sie die Vertretung dieser Republik im Staatspräsi-

---

[199] Malcolm: *Kosovo*, S. 336. Auch Parteichef Draža Marković hat sich auf einer Sondersitzung des ZK des BdKJ Ende 1983 kritisch zum Vorgehen im Kosovo geäußert (Meier: ‚Belgrader Kommunisten ratlos gegenüber den Albanern im Kosovo‘, *FAZ*, 29.12.1983, S. 3).

[200] So Professor Bajit, ein führender Wirtschaftswissenschaftler Sloweniens, der davor warnte, die Wirtschaft könne dabei leicht in ausländische Hände übergehen (Meier: ‚»Vorsichtig und bedacht«‘, *FAZ*, 6.12.1990).

[201] Buchalla: ‚Marković warnt vor Zerfall Jugoslawiens‘, *SZ*, 16.11.1990.

[202] *M-A*, 33/90, Jugoslawien, Chronik 1988, S. 41.

[203] Meier: ‚Das slowenische Parlament schlägt Auflösung Jugoslawiens vor‘, *FAZ*, 21.2.1991.

[204] Meier: ‚Slowenien und Kroatien führen Beschwerde gegen das Staatspräsidium‘, *FAZ*, 2.1.1991.

dium übernehmen wollten.[205] Hier die Mehrheit zu gewinnen, erschien auch deshalb so wichtig, weil es de jure immer noch über den Einsatz der Armee bestimmte. Dass eine solche Politik das Ausscheiden Sloweniens und Kroatiens und damit auch das weitere Auseinanderfallen Jugoslawiens geradezu forcierte, konnten die Akteure entweder nicht sehen oder sie strebten eben diese Verschärfung der Situation an.

Möglicherweise hätte sich Marković auch direkt an die Bevölkerung wenden können, denn parallel zum stärker werdenden Nationalismus gab es auch eine Entwicklung hin zum Jugoslawismus. In der Volkszählung von 1982 hatten sich 5,3 Prozent der Bevölkerung als Jugoslawen bezeichnet; 1971 waren es erst knapp über ein Prozent gewesen.[206] Wären Mehrfachnennungen möglich gewesen, hätten sich wohl noch weit mehr Menschen zusätzlich zur „engeren" Nationalität als „Jugoslawen" bezeichnet. Außerdem konnte die Regierung Marković einige Erfolge vorweisen und der Ministerpräsident galt als angesehenster jugoslawischer Politiker. Dennoch wählte die Bevölkerung in allen Republiken – außer in Mazedonien – nationalistische Regierungen und förderte so die Eskalation.

Marković entschied sich erst Ende Juli 1990 mit der Bildung des „Savez Reformskih Snaga Jugoslavije" (Allianz der Reformkräfte Jugoslawiens, SRSJ) dafür, den politischen Kampf mit den nationalistischen Kräften in den Republiken aufzunehmen. Und schon im Frühsommer hätte er eine Volksabstimmung über sein Reformprogramm abhalten können und dafür wohl eine Mehrheit in der Bevölkerung gefunden. Im August aber wurde dann die Arbeit an weiteren Verfassungsänderungen zum Staatsaufbau eingestellt.[207] Danach kam wohl jeder Rettungsversuch zu spät. Ebenso fraglich ist, ob zu diesem späten Zeitpunkt deutlich verstärkte Wirtschaftshilfe des Westens die Konflikte verringert und damit ein weiteres Zusammenleben im selben Staat ermöglicht hätte.

Wie wenig die einzelnen Landesteile, vor allem die wohlhabenderen, bereits Anfang 1990 an einem gemeinsamen Staat interessiert waren, zeigt sich auch daran, dass seit dieser Zeit die Gelder aus den Republiken an den Bundeshaushalt nur noch spärlich überwiesen wurden. Statt geplanter 33 Milliarden Dinar wurden lediglich

---

[205] Dunja Melcic/Rino Mikulic: ‚Jugoslawische Konkursmasse sucht Verwalter', *taz*, 10.1.1991.

[206] *SZ*, 15.3.1982. Die höchsten Prozentsätze gab es in Bosnien (dort versiebenfacht), in der Vojvodina (8,13 %) und in Kroatien (8,24 %), die geringsten in Slowenien (1,39 %), Mazedonien (0,74 %) und dem Kosovo (knapp 0,1 %). In den städtischen Zentren waren sie weit höher als auf dem Land. Die Kategorie „Jugoslawe" war bereits 1961 eingeführt worden. Viele Nichtserben erinnerte die Idee des „Jugoslawentums" allerdings an die Version einer einheitlichen jugoslawischen Nation, mit der König Aleksandar in den dreißiger Jahren eine Serbisierung betrieben hatte (Pešić: ‚Krieg um Nationalstaaten', S. 24, Letzteres mit Verweis auf Rusinow: *The Yugoslav Experiment*, S. 135).

[207] *M-A*, 17/96, Jugoslawien, Chronik 1990, S. 68 u. 69. Volksabstimmung: Melcic/Mikulic, a. a. O.

2,7 abgeführt. Auch finanziell war also der Spielraum der Bundesregierung sehr gering. Umgekehrt schuldete allerdings der Bund seinerseits den Republiken größere Summen.[208]

3.3. Die Rolle des Kosovo-Mythos

3.3.1. Einführung: Zu den Vorwürfen von Völkermord und Vergewaltigungen

Im Zentrum der mythisierenden Schriften und Reden stehen zwei Vorwürfe an die Kosovo-Albaner, die die serbische Öffentlichkeit besonders heftig erregten und wesentlich das harte Vorgehen gegen die albanische Bevölkerung begründeten: 1) die Albaner betrieben Völkermord an den Serben und Montenegrinern im Kosovo, 2) sie vergewaltigten serbische Frauen. Der erste Vorwurf wurde erstmals spätestens im ‚Appell zum Schutz der serbischen Bevölkerung und seiner Heiligtümer im Kosovo' im Frühjahr 1982 erhoben, der zweite spätestens in *NIN* Anfang 1982.[209] Aber waren diese Vorwürfe begründet?

Die am 9. Dezember 1948 von der Generalversammlung der Vereinten Nationen angenommene ‚Konvention über die Verhütung und Bestrafung des Völkermords' definiert diesen in Artikel II als „Handlungen, die in der Absicht, eine nationale, rassische, religiöse oder ethnische Gruppe ganz oder teilweise zu zerstören, vorgenommen werden". Gefasst werden darunter Tötung, das Zufügen schwerer körperlicher und seelischer Schäden, das Aufbürden von Lebensbedingungen, die darauf zielen, die Gruppe ganz oder teilweise körperlich zu zerstören, die Verhinderung

---

[208]   Schleicher: ‚Wege zur Trennung gesucht', *FR*, 15.2.1991.

[209]   Zum Appell s. S. 163f. d. vorl. Arbeit; zum Vorwurf von Vergewaltigungen in *NIN* s. S. 112. *NIN* hat in der serbischen Presselandschaft eine führende Rolle bei der nationalistischen Agitation der Öffentlichkeit gespielt (vgl. a. S. 115, Anm. 37 u. S. 120, Anm. 62).

Das Wort „Genozid" ging dann seit Mitte der 80er Jahre offenbar immer mehr Leuten in ganz Jugoslawien zunehmend leichter über die Lippen, so auch dem slowenischen Schriftsteller Kermauner, der in der slowenischen Zeitung *Delo* die Ansicht vertrat, die Serben seien von „genoziden Urinstinkten" beherrscht. Er bezog sich dabei auf eine Umfrage an einem Belgrader Gymnasium, in der sich die Mehrzahl der Schüler für die „Vernichtung der Slowenen" ausgesprochen haben soll. (Meier: ‚Jugoslawische Polemik um die Volksdeutschen', *FAZ*, 25.7.1987)

von Geburten sowie die gewaltsame Überführung von Kindern dieser Gruppe in eine andere.[210]

Von einer solchen Zerstörung kann in Bezug auf Serben und Montenegriner im Kosovo nicht die Rede sein. Nach Branka Magaš wurde bis Juli 1987 in der jugoslawischen Presse lediglich ein einziger Mord an einem Slawen im Kosovo behandelt. Er war Folge von Streitigkeiten über Landbesitz gewesen, die gerichtliche Untersuchung hatte keinen Hinweis auf nationalistischen Hass ermitteln können. Der Täter sei unverzüglich hingerichtet worden.[211] Möglicherweise handelt es sich dabei um den Mord, bei dem ein Serbe im Frühjahr 1982 vor den Augen seiner Mutter erschossen worden sein soll. Diese wurde nach Belgrad gebracht und von hohen Politikern empfangen, darunter General Ljubičić, worüber Fernsehen und Presse ausführlich berichteten.[212]

Da von tatsächlichen Morden nicht die Rede sein konnte, sprachen viele Serben von einem „Völkermord durch Geburtenrate", eine völlig übertriebene Formulierung, selbst wenn die Albanerinnen tatsächlich so viele Kinder geboren hätten, um die Serben zu verdrängen. Tatsächlich aber hatte die hohe Geburtenrate vor allem etwas mit dem Bildungsstand der Mütter zu tun. Branko Horvat hat gezeigt, dass sie bei Frauen mit einer Universitätsausbildung niedrig war, egal welcher Nationalität sie angehörten[213] – und gerade sie hätten die Avantgarde einer solchen Bewegung sein müssen, da die Universität von Priština allgemein als Hort des albanischen Nationalismus galt.[214]

Unbestreitbar ist hingegen nicht nur ein prozentualer Rückgang der serbischen und montenegrinischen Bevölkerung im Kosovo, sondern auch einer in absoluten Zahlen. Dieser kam durch die Auswanderung zustande, auch wenn sie nicht so stark war, wie von serbischer Seite zum Teil behauptet.[215] Gestritten wurde vor allem über

---

[210] Stover/Peress: *Die Gräber*, S. 137f. Diese Definition ist übernommen im deutschen Strafgesetzbuch, § 220a.

[211] *The Destruction of Yugoslavia*, S. 61f.

[212] Meier: »Lieber in Belgrad betteln als im Kosovo umgebracht werden!«', *FAZ*, 16.7.1982. Die Familiengeschichte dieses Falls kann als exemplarisch für die Ursachen des Konflikts gelten: Die Familie hatte das Gut 1926 „vom Staat" erhalten. Vorher habe es einem Albaner gehört. Die Albaner seien dann 1941 zurückgekommen und die Familie habe nach Serbien flüchten müssen. 1945 habe sich die Frau das Gut mit der Waffe in der Hand zurückgeholt.

[213] Bennett: *Yugoslavia's Bloody Collapse*, S. 93, der sich auf Horvats *Kosovsko pitanje* bezieht.

[214] Siehe z. B. *Politika*, 14.1.1989, zit. v. Meier: *Wie Jugoslawien verspielt wurde*, S. 62. Ganz ähnlich Malcolm: *Kosovo*, S. 302 in Bezug auf den Unterschied zwischen ländlicher und städtischer Bevölkerung.

[215] 1961 hatte der Anteil der serbischen Bevölkerung an der Gesamtbevölkerung noch 23,6 % betragen, 1971 lag er bei 18,3 %, 1981 bei 13,2 % und war 1991 schließlich auf

die Gründe für diese Auswanderung, in der viele Serben eine geplante Vertreibung sahen. Der orthodoxe Mönchstheologe Atanasije Jevtić behauptete, in der albanischen Presse im Kosovo sei öffentlich die Vernichtung der Serben im Kosovo als Ziel der Albaner verkündet worden.[216]

Diesen serbischen Vorwürfen wurde in westlichen Veröffentlichungen seit dem Beginn der Kriege, so weit ich sehe, kaum nachgegangen.[217] Offenbar wird die serbische Seite inzwischen von vornherein als die allein verantwortliche, und das heißt schuldige, gesehen und der albanische Anteil an der Verschärfung des Konflikts weitgehend ignoriert. Eine Ausnahme bildet Matthias Küntzel, der sich allerdings konkret vor allem auf die Aussage des kosovo-albanischen BdK-Sekretärs Becir Holi stützt, der bloß die üblichen fertigen Erklärungen der Partei bemühte.[218] Küntzel führt zusätzlich eine Reihe westlicher Pressestimmen an, die bis in die Mitte der 80er Jahre ebenfalls einen albanischen Nationalismus am Werk sahen, dessen Ziel die Schaffung eines ‚ethnisch reinen Großalbaniens' gewesen sei.[219] In den Zitaten

---

9,9 % gefallen. War die Gesamtzahl der Serben bis 1971 noch leicht bis auf 228 264 gestiegen, so fiel sie bis 1981 auf 209 498 und bis 1991 auf 194 190. Insgesamt verließen zwischen 1941 und 1981 über 100 000 Serben das Kosovo. In den 80er Jahren und Anfang der 90er setzte sich die Auswanderung fort, ging allerdings etwas zurück (Blagojević: ‚Der Exodus aus dem Kosovo', S. 79). Nach Malcolm gehen seriöse Schätzungen, basierend auf den amtlichen Statistiken, von etwa 80 000–100 000 ausgewanderten Serben zwischen 1961 und 1981 aus (*Kosovo*, S. 329f.; er bezieht sich auf Vučković/Nikolić: *Stanovništvo Kosova u razdoblu od 1918. do 1991. godine*, S. 108, Roux: *Les Albanais en Yougoslavie*, S. 390 u. Islami: *Fshati i Kosovës*, S. 100). Serbische Nationalisten sprachen hingegen von 200 000 Menschen (vgl. S. 174 d. vorl. Arbeit).

[216] ‚Sa Kosova i oko Kosova', *Pravoslavlje*, 15.6.1982, S. 3 (vgl. S. 165 d. vorl. Arbeit).

[217] Als ein Beispiel für den Umgang mit dieser Frage mag Malcolm: *Kosovo*, S. 330f. dienen. Die Vorwürfe von Viehdiebstahl und Beschädigung von Eigentum sieht er im Rahmen dessen, was in einer ländlichen Gesellschaft üblich sei. Zum Vorwurf eines albanischen Chauvinismus, der ein ‚ethnisch reines Kosovo' angestrebt habe, äußert er sich gar nicht. Auch Meier spricht in *Wie Jugoslawien verspielt wurde* davon, dass sich wirkliche Gewalttaten selten ereigneten. Selbst wenn er Serben im Kosovo direkt befragte, habe er keine konkreten Auskünfte erhalten (S. 63f.). Andererseits sorgte die kosovo-albanische Führung bis zu Titos Tod dafür, dass in der jugoslawischen Presse nicht über den Nationalismus in der Provinz und die starke Auswanderung von Serben und Montenegrinern berichtet wurde (*IHT*, 6.5.1982), ebenso wie die Übergriffe gegen die Albaner in titoistischer Zeit in Belgrader Parteitexten verharmlost worden waren (Reißmüller: ‚Wie läßt sich das Amselfeld befrieden?', *FAZ*, 7.7.1982).

[218] *Der Weg in den Krieg*, S. 21, der sich auf Marvine Howe: ‚Exodus of Serbians Stirs Province in Yugoslavia', *New York Times*, 12.7.1982, S. A8 bezieht.

[219] Ebd., S. 21–24, darunter a. Meier, der am 11.7.1986 unter der Überschrift ‚Was will das jugoslawische Regime im Kosovo' in der *FAZ* geschrieben hat: „Es gibt auch Fälle von Belästigung, sogar von Überfällen auf Serben, auch von Vergewaltigungen. Es stimmt wohl ebenso, dass Anliegen der Serben von den Behörden im Kosovo oft nachlässig behandelt werden." (Ebd., S. 22)

wird jedoch nicht klar, ob hier lediglich Behauptungen kommunistischer Funktions-
träger übernommen wurden oder selbst nachgeforscht worden ist. Küntzels Darstellung ist vor allem in ihrem Fazit nur die Umkehrung der sonst üblichen antiserbischen Sicht: „Die *einzige* dem albanischen Nationalismus eigene ‚Vernunft‘ ist offenkundig eine rassistische: Der völkische Glaube, dass eine ‚Wiedergeburt‘
Albaniens nur nach Vertreibung oder Beseitigung aller Nicht-Albaner und insbesondere aller Serben möglich sei.“[220]

Ein weiterer Grund für die fehlende Untersuchung des albanischen Nationalismus dürfte sein, dass die wenigsten Journalisten und Wissenschaftler, die zu dem
Konflikt geschrieben haben, albanisch sprachen, inklusive der serbischen. So geht
auch Radmila Radić, die sich etwas ausführlicher mit dem Mönchstheologen Jevtić
beschäftigt,[221] nicht darauf ein, inwieweit seine Vorwürfe berechtigt waren; ebenso
Marina Blagojević in ‚Der Exodus aus dem Kosovo‘. Dass es eine bedeutende nationalistische Bewegung der Kosovo-Albaner gegeben hat, die die Vertreibung der
Serben aus dem Kosovo anstrebte, ist eher unwahrscheinlich, denn trotz Bemühungen der Justiz in dieser Hinsicht konnte sie nicht nachgewiesen werden.[222]

Äußerungen wie die von Becir Holi sind vielfach als typisches Gerede kommunistischer Funktionäre abgetan worden, das lediglich darauf abziele, die massive
Unterdrückung der Proteste zu rechtfertigen. Auf derselben Seite der *New York
Times*, auf der seine Äußerung erschien, war jedoch auch von einer Konferenz zu
den ethnischen Wurzeln der albanischen Nation zu lesen, die von der albanischen
Regierung gesponsert worden war. Sie sollte, laut Professor Aleks Buda, dem Präsidenten der Albanischen Akademie der Wissenschaften „the Illyrian-Albanian conti-
nuity and autochthony of the Albanians in their historical territories“ unterstreichen
– Territorien, die weit nach Serbien und Montenegro sowie in den Norden Griechenlands hineinreichen.[223] Die Unzufriedenheit der Kosovo-Albaner jedoch ganz
allgemein als Teil einer solchen irredentistischen Politik zu sehen, musste sie, auch
dadurch, dass diese Sicht Kompromisse ausschloss, in eben diese Richtung treiben.

Aus albanischer Sicht waren die Gründe für die serbische Auswanderung ganz
andere:

---

[220] Ebd., S. 24 (Hervorh. C. P.).

[221] ‚Die Kirche und die »serbische Frage«‘, S. 184.

[222] Vgl. Meier: *Wie Jugoslawien verspielt wurde*, S. 64.

[223] Daniel Binder: ‚Albanians Rekindle Ancient Claims‘, *New York Times*, 12.7.1982,
S. A8. Mehr als fünf Jahre später berichtete Binder, ein namentlich nicht genannter albanischer Nationalist habe in einem Interview gesagt, das Ziel sei ein „ethnic Albania
that includes western Macedonia, southern Montenegro, part of southern Serbia, Kosovo
and Albania itself.“ Auch andere Albaner gäben die Vision eines Großalbaniens mit der
Hauptstadt Priština zu. (‚In Yugoslavia Rising Ethnic Strife Brings Fears of Worse
Conflict‘, *New York Times*, 1.11.1987, S. 14)

Serben und Montenegriner sind seit 1966 nicht infolge einer Unterdrückung durch die Albaner aus dem Kosovo ausgewandert, wie es die serbo-jugoslawisch-kommunistische Macht seit 1981 hervorhebt, sondern infolge verlorener Privilegien und fehlender Bereitschaft zur Gleichberechtigung der Albaner. Ein anderer Teil migrierte infolge ihrer Unzuverlässigkeit, wie serbische Verwaltungsbeamte und Polizeiorgane, die zu Rankovićs Amtsperiode an Albanern Unrecht und Verbrechen begangen hatten. Andere wiederum wanderten aus wegen der erheblich besseren ökonomischen Situation in Serbien und immenser Erlöse aus dem Verkauf ihrer Liegenschaften auf dem Kosovo, aus familiären und persönlichen Motiven, und unter Umständen, daß viele Aussiedler Kolonisationsnachkommen (der ersten und zweiten Kolonisierungswelle) waren etc.[224]

Heiko Flottau nennt noch den Umzug zu Verwandten, wobei dann die Frage ist, warum diese nicht ins Kosovo zogen. Auch hier lassen sich also wirtschaftliche Gründe vermuten, möglicherweise jedoch auch die nationalistisch polarisierte Atmosphäre.[225] Carl Gustav Ströhm schildert sie im August 1982 so:

> Der Haß zwischen Albanern und Serben ist so stark, daß die albanischen Verkäuferinnen in den Supermärkten von Priština serbisch sprechende Kunden erst zu bedienen pflegen, wenn der letzte Albaner seine Ware erhalten hat. Autos mit Belgrader Kennzeichen werden mit Steinen beworfen. *Es heißt außerdem*, daß ein großer Teil der jungen Albaner bewaffnet sein soll: Pistolen werden auf dem Schwarzmarkt von Priština und Prizren um 30 000 Dinar pro Stück gehandelt.[226]

Auch hier gehen Fakten einerseits und Gerüchte oder offizielle Darstellung andererseits fast fließend ineinander über. Knapp dreieinhalb Jahre später berichtet er:

> Das Dorf Kaludjerica südlich von Belgrad hatte noch vor zehn Jahren nur einige hundert Einwohner. Jetzt leben hier Tausende von Menschen, teils in halbfertigen Häusern, teils in primitiven Notunterkünften. Kanalisation und Trinkwasserversorgung können mit der neuen Situation nicht Schritt halten. Die Zugewanderten in Kaludjerica sind Serben aus dem Kosovo, die in ihrer Heimat Haus und Hof sowie Ackerland verkauften und in das „alte" Serbien geflüchtet sind, weil sie dem Druck und der Feindseligkeit der Kosovo-Albaner nicht länger standhalten konnten. So wie in Kaludjerica gibt es inzwischen in Serbien Dutzende solcher serbischen Flüchtlings-Siedlungen.[227]

---

[224] Islami: ‚Demografska stvarnost Kosova', S. 47, zit. v. Blagojević: ‚Der Exodus aus dem Kosovo', S. 88. Bezeichnend ist, dass Islami von „serbo-jugoslawisch-kommunistischer" Macht spricht. Die Albaner gehören nicht dazu. Damit sind sie von vornherein nicht an den Problemen beteiligt und nur ‚Opfer' der anderen.

[225] ‚Der »Feind« ist eine Wahnvorstellung', *SZ*, 30.9.1982, S. 12.

[226] ‚Die albanischen Clans in Kosovo beunruhigen Jugoslawiens Führung', *Die Welt*, 9.8.1982, S. 6 (Hervorh. C. P.).

[227] ‚Der geheime Krieg der Albaner', *Die Welt*, 17.1.1986. Vgl. hierzu a. Ulrike Rudberg: ‚Jagdszenen in Jugoslawien.', *Die Zeit*, 19.9.1986, S. 13, die Übergriffe von Albanern auf Serben, von Prügeln bis Vergewaltigung und Mord, die an einem Tag passiert sein sollen, auflistet.

Das klingt nicht nach einer Auswanderung aus wirtschaftlichen Gründen. Vor dem Beginn der Kriege sollen Albaner und Serben zudem nur selten Freundschaft geschlossen haben und fast nie die Ehe miteinander eingegangen sein.[228]

1985/86 führte die Serbische Akademie der Wissenschaften und Künste (SANU) eine Befragung unter den Aussiedlern über ihre Gründe durch. Befragt wurden 500 Haushalte mit 3419 Personen.[229] Die Diskriminierung von Serben im Kosovo beschreibt Blagojević anhand der Untersuchungsergebnisse folgendermaßen:

> Sie reicht von Beschimpfungen, Beleidigungen und Drohungen über Eigentumsbeschädigungen wie Vernichtung der Ernte oder Brandstiftung bis hin zur systematischen Benachteiligung im Berufsleben bei der Besetzung von Führungspositionen und der Beförderung oder durch gezielte Frühpensionierung und Entlassung. Die politische Führung, das Gerichts- und Polizeiwesen und die Verwaltung trugen nichts dazu bei, diese Situation zu verbessern, sondern verschlimmerten sie, indem sie das Gefühl prinzipieller Rechtlosigkeit und Ohnmacht verstärkten: Rechtsstreitigkeiten zwischen Serben und Albanern wurden bis zur Verjährung verschleppt, den Serben wurde Albanisch als Amtssprache aufgezwungen, Rentenansprüche wurden verweigert, Sozialhilfeanträge abgelehnt usf.[230]

Wirtschaftliche Gründe schließt sie weitgehend aus, da sich die meisten Befragten „bis zur Auswanderung in einer relativ gesicherten materiellen und damit auch (aus der Berufsstruktur ersichtlichen) gesellschaftlichen Lage befunden hätten". Lediglich 15–20 Prozent – eine merkwürdige und nicht näher erläuterte Bandbreite – hatten ökonomische Gründe für ihre Aussiedlung angegeben, was der Behauptung einer „nahezu vollkommen ethnisch motivierte[n] Migration im Nachkriegsjugoslawien" widerspricht. 71 Prozent berichteten von schlechten oder mittelmäßigen Erfahrungen am Herkunftsort, über ein Viertel von gewalttätigen Auseinandersetzungen, 28,5 Prozent gaben an, ihre Kinder seien verletzt, und 23,5 Prozent, ihre Kinder seien bedroht und verbal angegriffen worden. Viele Eltern hätten ihre Kinder nicht mehr alleine zur Schule geschickt.[231] Malcolm äußert Zweifel an der Wissenschaftlichkeit dieser Befragung, da die SANU bereits zu dieser Zeit mit ihrer Kampagne gegen albanische ‚Grausamkeiten' im Kosovo begonnen hatte. Malcolm zieht die Befragung auch anhand der offiziellen Berichte zur Auswanderung in Zweifel. Laut dieser hatten 95 Prozent der Auswanderer ökonomische oder familiäre Gründe angegeben, lediglich 0,1 Prozent Druck von Albanern.[232] Damit ist auch Bla-

---

[228] Calic: ‚Die internationale Gemeinschaft und der Wiederaufbau Kosovos', S. 527, die sich auf Pantić: *Nacionalna distanca gradjana Jugoslavije*, S. 168–186 bezieht.

[229] Blagojević: ‚Der Exodus aus dem Kosovo', S. 86f.

[230] Ebd., S. 87f.

[231] Ebd., S. 86f.

[232] Malcolm: *Kosovo*, S. 331, der sich bezieht auf Petrović/Macura/Blagojević: *Migration of Serbs and Montenegrins from Kosovo and Metohija*, S. 110 u. 179 (Befragung der

gojevićs Aufsatz infrage gestellt, denn sie gehört zu den Verfassern der SANU-Befragung. Ob gegenüber den Behörden, die einen Staat der ‚Brüderlichkeit' vertraten, in dieser Hinsicht allerdings verlässliche Aussagen gemacht wurden, erscheint ebenfalls zweifelhaft. Aussagekräftiger ist wohl die Justizstatistik, laut der allein 1983 „mehrere hundert Fälle von Bedrohungen, Beleidigungen und Vermögensschäden usw. als Ursache für einen Wohnsitzwechsel aus Kosovo verfolgt" worden sind.[233]

Deutlich ist zumindest, dass es in weiten Teilen des Kosovo gegenüber Serben eine ablehnende bis feindliche Haltung seitens vieler Albaner gab, die auch den Alltag prägte. Dass nicht wenige von diesen hofften, die Serben würden auswandern, erscheint naheliegend.[234] Deutlich ist jedoch auch, dass die Benachteiligungen, Schikanen und Übergriffe der albanischen gegenüber der serbischen Bevölkerung weitaus weniger gravierend waren als umgekehrt noch bis in die 60er Jahre.

Die Vorwürfe eines Genozids durch Geburten haben noch einen weiteren Hinterbeziehungsweise Untergrund, auf den Noel Malcolm hingewiesen hat: die enorme Zahl von Abtreibungen im inneren Serbien. 1994 war sie nirgendwo in Europa höher, auf 100 Lebendgeburten kamen 214 Abtreibungen.[235] Was die Gründe für diese hohe Zahl von Abtreibungen war, wäre noch zu untersuchen. Deutlich wird, wie sehr die Vorwürfe auch Projektionen waren, welche die eigene Verantwortung an der demografischen Situation löschten und als schweres Verbrechen ‚den Albanern' anlasteten.

Ebenso unhaltbar wie der Vorwurf des Völkermords ist jener der Vergewaltigungen. Viktor Meier berichtet, dass anlässlich einer Erörterung der Bedrückung der Kosovo-Serben im jugoslawischen Parlament festgestellt wurde, „daß in den fünf Jahren nach 1981 die Zahl dieser Delikte im Kosovo 139, im engeren Serbien aber 1371 betrug, daß sie dort also im Vergleich zu der Bevölkerungszahl um ein Vielfaches höher war."[236] In *Le nettoyage ethnique* werden – ohne Nennung von Quellen – für 1981 bis 1988 134 Vergewaltigungen angegeben, was für diese sieben Jahre unter dem Jahresdurchschnitt in Slowenien gelegen habe. Nur in sechzehn Fällen sei das Opfer eine Serbin oder Montenegrinerin gewesen, also nicht einmal zwölf Prozent der Gesamtzahl.[237] Die Soziologin Vesna Pešić, die in den 90er Jahren Vorsit-

---

SANU) u. auf Islami: ‚Demografski problemi Kosova i njihovo tumačenje', S. 62f. (offizielle Zahlen).

[233] ‚Jeder zweite Ort ist schon rein albanisch', *FR*, 8.10.1984, S. 13.

[234] Möglicherweise gibt es inzwischen genauere Untersuchungen zu diesem Thema, die mir nicht bekannt sind.

[235] Malcolm: *Kosovo*, S. 333, der sich auf Mališić: ‚Svi Srbi u jednoj legendi', S. 6 bezieht, der hier Dr. Mirjana Rašević vom Zentrum für demografische Studien in Belgrad zitiert.

[236] ‚Geßler-Hüte im Kosovo', *FAZ*, 19.2.1988. Desgleichen *M-A*, 6/89, Jugoslawien, Chronik 1987, S. 33. Ähnlich a. Magaš: *The Destruction of Yugoslavia*, S. 62.

[237] S. 250, Anm. 1.

zende der Oppositionspartei Bürgerallianz Serbiens sein sollte, hat in einer Untersuchung keine einzige zwischenethnische Vergewaltigung seit 1987 finden können. Auch sie bestätigt, dass im Kosovo im Verhältnis zu den anderen Teilen Jugoslawiens weniger Frauen vergewaltigt wurden. Trotzdem kam durch die Propaganda in den serbischen Medien ein Gesetz zustande, das einen neuen Straftatbestand einführte: den einer Vergewaltigung, bei der die Personen unterschiedlicher Nationalität sind.[238]

Wenn nun die Vorwürfe des Völkermords und der Vergewaltigungen jeglicher Grundlage entbehrten, stellt sich die Frage, warum sie überhaupt aufkamen und die serbische Öffentlichkeit so erregten.[239]

3.3.2. Die Serbische Orthodoxe Kirche und der Konflikt im Kosovo

Das Kosovo stand bis in die zweite Hälfte der 80er Jahre im Zentrum der wachsenden nationalen Gegensätze innerhalb Jugoslawiens. Bereits im Frühjahr 1982 wurde dieser Konflikt durch den Kosovo-Mythos aufgeladen. Im April unterschrieben 21 Priester und Mönche, darunter drei der angesehensten Mönchstheologen, Atanasije Jevtić, Irinej Bulović und Amfilohije Radović, einen ‚Appell zum Schutz der serbischen Bevölkerung und seiner Heiligtümer im Kosovo‘, der an das Präsidium Jugoslawiens, das Präsidium der Republik Serbien, an die Skupština und die Synode der Serbischen Orthodoxen Kirche gerichtet war. Er erschien am 15. Mai 1982 in der Patriarchatszeitung *Pravoslavlje* (S. 1–4):[240]

> […] Kosovo ist ein „Mythos", sogar ein „negativer Mythos", des serbischen Volkes, aber das ist er nur für diejenigen Menschen, die für die Erkenntnis der Seele des serbischen Volkes und seines historischen Wesens blind sind. Eins muss allen für gestern, heute und morgen klar sein: Das serbische Volk besitzt kein teureres Wort als das Wort *Kosovo* und keine kostbarere Gegenwart, kein größeres Heiligtum, egal ob vergangenes, gegenwärtiges oder zukünftiges, als es die Gegenwart des Kosovo und sein Heiligtum sind. Für Serbien ist die Frage Kosovo nicht bloß eine biologische oder nur eine des „Gebiets", der „Provinz" oder der „Republik". Es ist etwas unvergleichlich Höheres und Größeres als das. „Das Serbentum ist", nach einem Wort der weisesten Serbin, Isidora Sekulić, „weder das Brot noch die Schule noch der Staat, sondern Kosovo; und Kosovo ist ein Grab, in dem alles begraben wurde; andererseits

---

[238] ‚Krieg um Nationalstaaten‘, S. 30, Anm. 8; Magaš, a. a. O., S. 62. Zur Zahl der Vergewaltigungen vgl. a. Malcolm: *Kosovo*, S. 339, der sich auf Popović/Janča/Petovar: *Kosovski čvor – drešiti ili seći?*, S. 37–57 bezieht.

[239] Siehe hierzu den Abschnitt ‚Vergewaltigung und ›Vergewaltigung‘‘ im 4. Kapitel.

[240] Siehe a. Ramet: ‚Religion and Nationalism in Yugoslavia‘, S. 316; Radić: ‚Die Kirche und die »serbische Frage«‘, S. 184; Magaš, a. a. O., S. 41, Anm. 9. Nach den Angaben Letzterer wurde der Appell auch in *NIN* am 23.5.1982 sowie in *Danas* am 1.6.1982 abgedruckt.

geht auch die Auferstehung über das Grab. Auferstehung gibt es nicht ohne Tod." (S. 2)

Woraus dann die Definition folgt, was ein Serbe sei: „Es gibt keinen Serben, der über das Kosovo nicht nachgedacht, gesprochen, geschrieben und getrauert hätte und nicht durch es auferstanden wäre." „Kosovo ist unser Gedächtnis, unsere Feuerstätte [unser Heim], der Kern unseres Wesens." „Und einem Volk sein Gedächtnis zu rauben, heißt, es zu töten und geistig zu vernichten." Worauf die Serben mit den Juden verglichen werden, die auch ohne Jerusalem nicht sein könnten.[241] Die Schlacht dauere bis heute an. „Und seit es scheint, dass die Schlacht endlich gewonnen wurde, hört das Kosovo plötzlich auf, unser zu sein, und wir hörten auf, das zu sein, was wir sind." (S. 2)

Obwohl ausdrücklich auch von guten Erfahrungen mit Albanern im Kosovo die Rede ist, sind die Leiden der Serben im Kosovo, die die Albaner verursachen, gravierend. Sie gipfeln in der Feststellung: „Ein arnautisches Kalb zählt mehr als alle Christen und alle christlichen Kirchen." (S. 3)

„Es gibt kein Beispiel für ein Leiden in der Vergangenheit, das sich nicht in den letzten 20 Jahren an Serben im Kosovo wiederholt hätte." „Ohne Übertreibung kann gesagt werden, dass am serbischen Volk im Kosovo ein geplanter Genozid ausgeführt wird." Begründet wird diese Behauptung mit der Parole eines „ethnisch reinen Kosovo" auf albanischer Seite. „Manchmal wurde die erzwungene Emigration von den staatlichen Organen im Kosovo unterstützt." Die Serben hätten im Kosovo aufgrund der Vertreibung keine Lebensperspektive mehr, „obwohl wir Serben nie gesagt haben, dass das Kosovo nur unser sei." Schließlich wird dazu aufgerufen, nicht nur zu reden, sondern energisch zu handeln. Und die Frage wird gestellt: „Wer darf vor der Geschichte die Verantwortung übernehmen, dass zu seiner Zeit das Kosovo ethnisch und geistig verloren wurde?" Der ganze Appell spricht so sehr eine Sprache nicht nur der Konfrontation, sondern eines ewigen und grundlegenden, also mythischen Kampfes, dass die abschließende Beteuerung, man wünsche „vernünftige und gerechte Wege der Lösung", nur noch als belanglose Floskel erscheint. (S. 4) Zudem werden in ihm die tatsächlichen Bemühungen vieler Serben und all ihrer Regierungen seit der Eroberung des Kosovo unterschlagen, die Albaner aus dem Kosovo zu vertreiben. Die Leiden der Serben werden enorm dramatisiert, die der Albaner schlichtweg ignoriert.

---

[241]   Auch hier wird deutlich, dass trotz aller scheinbaren Logik nicht logisch argumentiert wird. Gerade die Juden sind ein Beispiel dafür, dass eine Gruppe von Menschen einen Ort nicht besitzen muss, um die Erinnerung an ihn und die Identifikation mit ihm aufrechtzuerhalten. Darauf kommt es den Unterzeichnern aber nicht an. Der Vergleich mit den Juden soll die Dimension des serbischen Verhältnisses zum Kosovo veranschaulichen und unterstreichen.

Durch den Appell ergab sich auch ein Besuch einer Gruppe orthodoxer Bischöfe in den USA, die beim Kongress und im State Department eine „Intervention wegen des Kosovo" forderten.[242]

In seinem Rückblick auf den Appell und seine Wirkung, ‚Vom Kosovo und vom Umfeld des Kosovo' auf S. 3 des *Pravoslavlje* vom 15.6.1982, schlägt der Mitunterzeichner Atanasije Jevtić noch einen deutlich schärferen Ton an:

> Heute einer, morgen sieben, übermorgen alle bis zum letzten! Das ist die unverfrorene Parole und Botschaft der albanischen Irredentisten gegenüber den Serben auf dem Kosovo, die erst dieser Tage auch öffentlich in der Presse publiziert worden ist und die auf ganz deutliche Art ihr echtes und endgültiges Ziel aufdeckt: die Vernichtung des serbischen Volkes auf dem Gebiet von Kosovo und Metohija. Eine solche Drohbotschaft der albanischen Nazisten dauerte auf dem Kosovo schon einige Jahrzehnte an. Erst wurde diese völkermörderische Devise nur geflüstert, dann laut gesprochen und in den letzten Jahrzehnten wurde sie häufig zum drastischen Akt von psychischem und physischem Terror, ja sogar von öffentlichen Verbrechen am unschuldigen serbischen Volk auf dem Kosovo.[243]

Und auf den Demonstrationen im Jahr davor sei skandiert worden: „Von Prizren bis Raška werden wir die serbischen Läuse töten." Ansonsten wendet sich Jevtić scharf gegen – vor allem kroatische – Kritik an dem Appell, die ihn als „gesegneter Nationalismus" bezeichnet. Jevtić verwahrt sich gegen „Belehrungen" und verweist auf die serbischen Opfer in Jasenovac und Jadovno im Zweiten Weltkrieg.[244]

Dieser Appell von Kirchenleuten und der durch ihn ausgelöste Streit nimmt bereits die wesentlichen Elemente des verbalen Schlagabtauschs des folgenden Jahrzehnts vorweg. Das Kosovo wird in Anknüpfung an eine bis ins 19. Jahrhundert zurückreichende Tradition zum Kern des serbischen Wesens erklärt und damit zur zentralen Frage der Existenz des serbischen Volkes. Das ist bereits die, vor allem Ende der 80er Jahre, häufig zu hörende Rede vom Kosovo als dem ‚teuersten serbischen Wort'. Es erscheint als mythische und zugleich theologische Kategorie nicht weiter hinterfragbar, sondern nur durch dazu Berufene, wie eben jene 21 Kirchenleute, verkündbar. Der Grundton ist erhaben und pathetisch, der Inhalt für einen Außenstehenden erst einmal nicht zugänglich. Zugänglich ist er nur für Zugehörige, für ‚Serben' entsprechend der gegebenen Definition, die sich unwillkürlich und fraglos von solchen Sätzen ergriffen fühlen.[245] Die so Ergriffenen treten dabei in die mythi-

---

[242] Radić: ‚Die Kirche und die »serbische Frage«', S. 184.

[243] Zit. ebd.

[244] Zum Appell der 21 Geistlichen und dem Streit darum vgl. a. Ströhm: ‚»Wir glauben an die geistliche Kraft von Fürst Lazar und der Märtyrer vom Amselfeld«', *Die Welt*, 7.7.1982, S. 6. Für ihn begann damit eine neue Vitalität der Serbischen Orthodoxen Kirche. Im Sommer 1982 habe sie bereits demonstrativ den Veitstag gefeiert.

[245] Das führt zu der Frage, was seitens der so Ergriffenen hinzukommt, dass sie sich ergriffen fühlen. Ich werde hierauf im vierten Kapitel näher eingehen.

sche Zeit ein, in der das ursprünglich Geschehene sich immer wieder erneuert. Der heutige Überlebenskampf gegen die tödliche (albanische) Gefahr erscheint als Wiederkehr des uralten Kampfes gegen das (osmanische beziehungsweise islamische) Böse. Wenn von „albanischen Nazisten" die Rede ist, vermischen sich auch noch orthodoxer und kommunistischer Sprachgebrauch und ihre Verwandtschaft in diesem Aspekt wird deutlich.

Der Kampf ist damit ein existenzieller, metaphysischer und ewiger, er ist die fundamentale Bestimmung des Seins – zumindest in seiner serbischen, das heißt vollkommenen Form. In ihm ist das Opfer die einzig angemessene Haltung.[246] Nur dieses führt ins Heil der Auferstehung.

Die Vorwegnahme des kommenden Schlagabtauschs erstreckt sich auch auf die Wortwahl und Details der Argumentation. So wird bereits hier der Vorwurf der „Vertreibung", „psychischen und physischen Terrors" und „öffentlicher Verbrechen bis hin zum Genozid"[247] erhoben, wobei im Appell kein konkreter Beleg dafür gegeben wird. Jevtić gibt in seinem Kommentar zwar ein paar Hinweise, Quellen nennt jedoch auch er nicht.

Die kroatische Kritik am Appell der Kirchenleute hat anscheinend mit seiner Form auch seinen gesamten Inhalt verworfen: nichts weiter als ‚kirchlicher Nationalismus'. Auf diese Ablehnung antwortete wiederum Jevtić entsprechend: Die Kroaten sollten vor der eigenen Tür kehren. Mit dem Hinweis auf den Zweiten Weltkrieg und die Verbrechen der Ustascha an Serben rückt er auch diese Zeit in den mythischen Rahmen. Neben den Albanern werden die Kroaten Teil des existenziellen Kampfes, als römisch-katholische Verräter und Profiteure.

Atanasije Jevtić ist der kämpferischste unter den nationalistischen serbischen Geistlichen gewesen. Er scheute allerdings auch Ende der 80er Jahre nicht davor zurück, Milošević besonders scharf anzugreifen. Ende 1983 begann er die Artikelserie ‚Von Kosovo nach Jadovno' zu veröffentlichen, in der er die Leiden der Serben in den verschiedenen Teilen Jugoslawiens und zu verschiedenen Zeiten miteinander verband.[248]

---

[246] Von der Notwendigkeit des Opfers pflegen weniger die Opfer zu sprechen als vielmehr die Opferer, die Opferpriester als religiös-politische Instanz – wobei je nach Person mal der religiöse, mal der politische Aspekt stärker betont ist. So auch hier.

[247] Eine andere Formel hierfür – die Serbinnen im Kosovo hätten die Schlacht gegen die Albanerinnen im Wochenbett verloren – tauchte auch bereits im Sommer 1982 auf (Ströhm: ‚Albaner verdrängen die Serben aus Kosovo', *Die Welt*, 30.7.1982).

[248] Radić: ‚Die Kirche und die »serbische Frage«', S. 185, die sich auf die Nummern 400, 404 u. 405 von *Pravoslavlje* aus den Jahren 1983/84 bezieht. Vergewaltigungen soll Jevtić auch in einem 1984 veröffentlichten Buch zu einem zentralen Beschwerdepunkt gemacht haben (Malcolm: *Kosovo*, S. 339, der sich auf Bobi: ‚Kosovska »drama« i kominternovski »greh«', S. 143 bezieht).

Die Überhöhung des Kosovo zu einem metaphysischen, himmlischen Ort, der darum notwendig zu Serbien gehören müsse, wurde von einer ganzen Reihe von Kirchenleuten betrieben. Bei dem Erzpriester Božidar Mijač führte sie etwa zu einer Argumentation, in der die tatsächlich dort lebende albanische Bevölkerungsmehrheit zweitrangig gegenüber der Geschichte wird:

> Himmel und Erde bilden diese serbische Heimat. Das Noumen [gemeint ist wohl Noumenon, C. P.] des Geistes im Phänomen von Zeit und Raum. Das ist der große Beweis, daß für die Zugehörigkeit zu einem Boden nicht nur die zahlenmäßige Zusammensetzung der Bevölkerung entscheidend ist, sondern vielleicht viel mehr jenes geistige Gebilde, das sie geschaffen hat und in dem sie auf eine viel existenziellere Weise besteht. Die Ideogenese ist in diesem Falle entscheidender als die Ethnogenese.[249]

Der Appell der 21 Geistlichen machte bald Schule, erst innerhalb der Kirche, später auch in der Bevölkerung. Der nächste wurde 1982 von vierzehn Priestern aus Orb an Patriarch German gerichtet, ein weiterer am Veitstag 1985 von den Priestern und Gläubigen der Gemeinde des heiligen Erzengels Gabriel verfasst. In diesem wurde verlangt, „daß zur Beruhigung der Lage auf dem Kosovo alle ordentlichen und außerordentlichen Maßnahmen unternommen werden und daß Personen albanischer Nationalität die Möglichkeit genommen wird, auf dem Territorium des engeren Serbien mit Lebensmitteln zu arbeiten".[250] Die letzte Forderung scheint mit der Meldung einer Zeitung aus Kragujevac zusammenzuhängen, im Brot einer albanischen Bäckerei sei Kaliumbromid gefunden worden und Gerüchte seien in Umlauf, wonach die Albaner versuchten, die Serben mit „zweifelhaftem Brot" langsam zu vergiften. Es hatte daraufhin auch Zerstörungen an albanischen Geschäften gegeben.[251]

Zu dieser Zeit wurde auch erstmals die Forderung erhoben, den Sitz des Patriarchats wieder nach Peć zu verlegen. Überhaupt war das Kosovo ein beherrschendes Thema in der Kirchenpresse. Nach Radić gab es kaum eine Ausgabe irgendeines Organs ohne einen entsprechenden Beitrag. Zusätzlich zu diesen Artikeln aus dem Klerus erschienen in *Pravoslavlje* regelmäßig Beiträge von Fachhistorikern mit Archivmaterial, darunter auch Fotografien, die Titel wie „Verbrechen und Gewalttaten in Altserbien" trugen und sich auf die Situation im 19. Jahrhundert bezogen.[252]

Seit 1984 nahmen die Leiden der Serben im „Unabhängigen Staat Kroatien" während des Zweiten Weltkriegs einen immer breiteren Raum in der Kirchenpresse ein. In der zweiten Hälfte der 80er Jahre kamen Artikel über die aktuelle Gefahr für

---

[249] ‚Licht vom Kosovo', *Pravoslavlje*, 15.5.1983, S. 11, zit. v. Radić, a. a. O., S. 185. Vgl. a. das Gedicht ‚Kosovo Polje' (Amselfeld) auf der Titelseite der Ausgabe vom 1.7.1987.

[250] Radić, a. a. O., S. 184f.

[251] Stieger: ‚Latente Unrast in Kosovo', *NZZ*, 24.8.1985, S. 5.

[252] Radić, a. a. O., S. 185.

das serbische Volk in Kroatien und Bosnien-Herzegowina hinzu. Im Herbst 1988 entstand daraus die Polemik zwischen Atanasije Jevtić, der mittlerweile Bischof geworden war, und dem Chefredakteur der katholischen Wochenzeitschrift *Glas Koncila*, Živko Kustić. Andere Autoren schlossen sich an. Der Streit gipfelte 1990 in Angriffen wegen der Zahl der serbischen Opfer in Jasenovac und verschiedener Massaker.[253] Wieder stand die Empfindlichkeit für die Sprache ‚der anderen' in krassem Widerspruch zur Taubheit gegenüber dem eigenen Sprechen. So betitelte zum Beispiel der Priester Dragomir Ubiparipović aus Sarajevo Ende 1988 einen Artikel mit ‚Der kulturelle und religiöse Völkermord an den orthodoxen Serben in Sarajevo'. Darin geht es unter anderem darum, dass die türkischen Denkmäler intensiv geschützt, serbische hingegen vernachlässigt würden.[254] In derselben Ausgabe von *Glas Crkve* bedauert der Schriftsteller und spätere Politiker Vuk Drašković die Schaffung Jugoslawiens 1918 als Eintritt der Serben in die Sklaverei. In der Folge, besonders seit dem Zweiten Weltkrieg, seien Serben aus den verschiedenen Landesteilen vertrieben worden, bis schließlich die Verfassung von 1974 den Staat der Serben abgeschafft habe. Aber die Geduld der Serben sei nun am Ende, was bei den anderen Panik hervorrufe. Es sei Zeit, alle „überflüssigen und historischen Grenzen" zu beseitigen.[255]

Kirchenleute begnügten sich allerdings nicht mit Appellen und nationalistischen Zeitungsartikeln. 1987 verlangte die Redaktion von *Glas Crkve* vom Episkopat, es solle ein Arbeitsprogramm zum Kosovo verabschieden. Dieses solle unter anderem zur Gründung eines Kosovo-Ausschusses führen, der sich auch des bedrohten religiösen Lebens im Kosovo annehmen solle, sowie zu einem Mitteilungsblatt, das über dieses religiöse Leben berichten solle. Es wurde auch gefordert, eine „Umsiedlung von Serben auf das Kosovo" zu organisieren. Das Episkopat nahm zwar Abstand von diesen Forderungen, aber viele von ihnen waren bereits oder wurden in der Folge verwirklicht. In der öffentlichen Erklärung der Bischofsversammlung 1987 wurde für die Situation im Kosovo auch der Begriff ‚Genozid' verwendet.[256]

Seit 1987 bereitete sich die orthodoxe Kirche auf die 600-Jahr-Feier der Kosovo-Schlacht vor. Atanasije Jevtić schrieb dazu ‚Das Vermächtnis des Kosovo', in dem er Bischof Nikolaj Velimirović zitiert und die Entscheidung des Fürsten Lazar für

---

[253] Ebd., S. 189 mit Bezug auf *Pravoslavlje*, Nr. 559, 564 u. 568 von 1990; *Glas Crkve* (Die Stimme der Kirche), das Organ des Bistums von Šabac und Valjevo, Nr. 1–3, 1990.

[254] Ebd., S. 190, nach *Glas Crkve*, Nr. 4, 1988. Ein solch grotesker und makabrer Gebrauch des Begriffs ‚Völkermord' ist kein Einzelfall. So wird etwa in dem Artikel ‚Taufe im Kataster' von Živorad Ž. Itić in *Pravoslavlje* vom 1.7.1987, S. 10 von „administrativem Genozid an orthodoxen Gotteshäusern im Kosovo" gesprochen.

[255] Radić, a. a. O., S. 190.

[256] Ebd., S. 187; es handelt sich um *Glas Crkve*, Nr. 3, 1987.

das himmlische Königreich zum „stärkste(n) Ausdruck des Sinnes unserer Geschichte und ihre(r) regulative(n) Idee" erklärt.[257]

In einem Hirtenbrief zur Umbettung der sterblichen Überreste Lazars benutzte Bischof Jovan von Šabac und Valjevo den Begriff ‚himmlisches Serbien‘, der danach oft verwendet wurde:

> Seit dem Fürsten Lazar und dem Amselfeld bilden die Serben in erster Linie ein himmlisches Serbien, das bis heute sicherlich zum großen himmlischen Staat geworden ist. Wenn wir nur die unschuldigen Opfer des letzten Krieges nehmen, Millionen und Abermillionen von unschuldigen Serben und Serbinnen, Kindern und Säuglingen, erschlagen oder gefoltert in den schrecklichsten Qualen oder in Höhlen und Schluchten geworfen von den Verbrechern der Ustascha, dann können wir uns davon eine Vorstellung machen, wie groß heute das serbische Reich im Himmel ist.[258]

Gegenüber dem ‚himmlischen Königreich‘ Lazars in den Legenden sind in dem seit dem 19. Jahrhundert entwickelten Nationalmythos einige entscheidende Verschiebungen vorgenommen worden. Zum einen ist nun von „Serbien" und nicht mehr von einem ‚Königreich‘ die Rede. Zum anderen ist es ein sehr irdisch anmutendes Serbien: ein „Staat", dessen „Größe" sich an seiner Bevölkerungszahl misst, ein Staat aus den unschuldig Ermordeten und Gefolterten. Die zum Klischee erstarrten Leiden und die Hilflosigkeit gegenüber einer Übermacht sind in eine Größenfantasie gewendet. Das „himmlische Serbien" ist bereits das Vorbild für den künftigen serbischen Staat, der als mit dem „himmlischen" verbundener von vornherein alle Legitimation besitzt.

Im Mai 1990 beschloss die Bischofsversammlung, die zuständigen Behörden aufzufordern, die während des Zweiten Weltkriegs Getöteten aus den Karsthöhlen zu holen und würdig zu bestatten. Bereits seit Januar wurden Knochen in Bosnien-Herzegowina und Kroatien exhumiert und beerdigt, was das ganze Jahr über fortgesetzt wurde, worüber die Kirchenpresse ebenso detailliert berichtete wie über den Tod der Ermordeten. Auch der im Dezember 1990 gewählte neue Patriarch Pavle betonte in seiner ersten Botschaft Ostern 1991, diese Verbrechen müssten vergeben, dürften aber nicht vergessen werden, insbesondere nicht, da die Reue für sie bislang ausgeblieben sei. Im Mai 1991 zelebrierte er eine Liturgie in Jasenovac, die er als Beitrag zur Verhinderung neuer Übel und nicht als Aufruf zur Rache verstanden wissen wollte. Sie wurde von kroatischer Seite allerdings auf eigene Weise verstanden, nämlich als Wiederaufreißen alter Wunden und als Anklage.[259]

---

[257]   *Glas Crkve*, Nr. 2, 1987, zit. ebd., S. 188.

[258]   Radić, a. a. O., S. 189, wohl nach *Teološkom pogledima*, Nr. 1/2, 1988, S. 8, was sie nur im Orig., S. 278 u. auch dort nicht eindeutig angibt.

[259]   Ebd., S. 193f., die sich für Pavles Osterbotschaft auf *Pravoslavlje* vom 15.3.1991, S. 1 (wo die Formel, dass man vergeben müsse, aber nicht vergessen dürfe, auch als Zwischentitel hervorgehoben ist) und für die Liturgie in Jasenovac auf die Ausgaben Nr. 580 u. 592, 1991 bezieht.

Ich halte es für unwahrscheinlich, dass die nationalistischen Vorstöße von Geistlichen in den 80er Jahren ohne Zustimmung der Kirchenleitung unternommen wurden. Obwohl Patriarch German sich dem Staat gegenüber kooperativ verhielt,[260] ist die Politik der Patriarchatszeitung *Pravoslavlje* ohne sein Wissen oder gar gegen seinen Willen undenkbar. Die Kirchenleitung scheint zu dieser Zeit eine doppelte Strategie verfolgt zu haben: nach außen weiterhin zu kooperieren, was sich hinsichtlich des Überlebens der Kirche im sozialistischen System bewährt hatte, in den Veröffentlichungen aber zu testen, wie weit man nach Titos Tod gehen konnte. So gegensätzlich, wie Radić sie darstellt, dürften die beiden Positionen innerhalb der Kirche also nicht gewesen sein.[261] Auch die kooperative Richtung hatte die Zusammenarbeit offenbar nur gewählt, um zu geeigneter Zeit wieder eigenständiger auftreten zu können. Die führenden Vertreter einer Institution mit so langer politischer Erfahrung – immerhin hatte sie auch rund vierhundert Jahre osmanischer Besatzung erfolgreich überstanden – dürften um die Instabilität von Staaten gewusst haben.

Ein bereits 1982 erschienener Leitartikel des *Vesnik* (Der Bote), des Organs des Verbands der orthodoxen Geistlichen Jugoslawiens, unterstreicht diese Sicht. Darin wurde die Niederlage auf dem Amselfeld nicht nur als moralischer Sieg gedeutet, als Opfer (,Golgatha') für Europa, mit dem „praktisch die Welle der *arabischen* Flut zum Stehen gebracht" worden sei. Sie sei auch ein Opfer für das eigene Volk gewesen, denn dieses habe angesichts der unausweichlichen osmanischen Eroberung bestärkt werden müssen, seinem Glauben treu zu bleiben. Wie schon in den beiden Weltkriegen stelle der Veitstag auch jetzt den „einzig wahren Weg" dar, was deutlich gegen den Anspruch des kommunistischen Systems gerichtet war.[262] Dessen Ende schien 1982 zumindest möglich. Tito war tot, die Probleme immens – der Zeitpunkt schien günstig, der Kirche wieder mehr Geltung und Einfluss zu verschaffen.

Dieser Versuch war zum Teil auch von einer antiwestlichen Haltung getragen, besonders bei den vier sehr aktiven Mönchstheologen Jevtić, Bulović, Radović und Artemije Radosavljević – alle vier waren Ende der 80er, Anfang der 90er Jahre Bischöfe.[263]

---

[260] Ebd., S. 184f.

[261] Ebd., S. 183.

[262] Ströhm: ,»Wir glauben an die geistliche Kraft von Fürst Lazar und der Märtyrer vom Amselfeld«', *Die Welt*, 7.7.1982, S. 6 (Hervorh. C. P.).

[263] Diese Strömung ist stark geprägt von Bischof Nikolaj Velimirović und Justin Popović, vgl. Radić, a. a. O., S. 186. Ein Beispiel für deren Aktualisierung bringt sie zwei Seiten später mit einem Artikel von Svetozar Dušanić zu den grundlegenden Unterschieden zwischen weströmischer und byzantinischer Welt im *Pravoslavlje* vom 1.10.1987. Vgl. hierzu a. Buchenau: ,Verspätete Ernüchterung: Die Serbische Orthodoxe Kirche im Kosovokonflikt 1960–1999', S. 16.

Zum Ende des Jahrzehnts wurde nicht nur der politische, sondern auch der weltanschauliche und religiöse Konflikt ausgeweitet. In seiner Zuspitzung und in der zunehmenden Bereitschaft zur Gewalt nahmen die Verschwörungsszenarien zu. Kirchlicherseits wurde besonders der Vatikan hinter allem gesehen, was in Kroatien gegen Serben geschah.[264] Das Kosovo als mythischer Ort umfasste nun auch Dalmatien, so in Veljko Djurićs Artikel ‚Dalmatinsko Kosovo' oder Božidar Mijačs ‚Večno Kosovo na Dalmatinskom Kosovo' – „Dalmatinisches Kosovo" ist ein Begriff aus dem Kampf gegen die Ustascha im Zweiten Weltkrieg. Gegenstimmen zu diesen Mythisierungen waren innerhalb der Kirche selten.[265]

1990 änderte sich jedoch die Haltung der Serbischen Kirche gegenüber der Regierung Milošević. Er habe viel versprochen, aber nichts gehalten. Eine Kritik an der nationalistischen Ausrichtung seiner Politik war das mitnichten. Am schärfsten trat dabei Jevtić auf. Zu den Wahlen Ende 1990 riefen einige kirchliche Medien die Wähler offen auf, nicht die Kommunisten zu wählen, die sich seit Juli Sozialisten nannten. Stattdessen wurde Drašković unterstützt.[266] Aber noch während der Demonstrationen im März 1991 und dem Einsatz des Militärs seitens der Regierung verhielt sich die Kirche vermittelnd. Allein Jevtić griff Milošević deswegen an.[267]

Auch nachdem in den Konflikten zwischen den Republiken das Militär eingesetzt worden war, gab es ein paar kirchliche Versuche, den Frieden doch noch zu er-

---

[264] Radić, a. a. O., S. 191, die auf *Glas Crkve*, Nr. 1–3, 1990 und Patriarch German: ‚Gibt die römisch-katholische Kirche in Jugoslawien den Dialog mit der Serbischen Orthodoxen Kirche auf?', *Pravoslavlje*, 15.11.1990, S. 6f. verweist. S. a. das Interview der Zeitung mit Patriarch Pavle am 15.10.1991, S. 3. Der Vorwurf hatte allerdings durchaus eine reale Basis. Die katholische Kirche in Kroatien hat Franjo Tudjman stark unterstützt. Entscheidend ist aber auch hier, dass die Situation nicht analysiert, sondern in einen mythischen Zusammenhang gestellt wird. Wieder versucht niemand, den Standort der Gegenseite einzunehmen und die Lage von dort aus zu sehen.

[265] ‚Dalmatinisches Kosovo': *Pravoslavlje*, 15.11.1988, S. 10 u. 1.10.1989, S. 6f.; beide Angaben bei Buchenau, a. a. O., S. 26–29. Eine Gegenstimme war Bischof Simeon Zloković in *Duga*, 9.–22.6.1990, zit. v. Radić, a. a. O., S. 192.

Das Thema wurde auch vom orthodoxen Bischof Dalmatiens Nikolaj anlässlich der 600-Jahr-Feier der Kosovo-Schlacht zu Beginn seiner Liturgie aufgegriffen. Nachdem er das dalmatinische mit dem eigentlichen Kosovo gleichgesetzt hatte, verkündete er: „Es gibt zwei Kosovo, aber einen Weg, ein Herz, eine Seele und einen Armmuskel, stark und unbesiegbar. Es gibt zwei Kosovo, aber einen Schwur, den des Veitstags, von Lazar und Miloš." (‚Donosimo vam srca puna ljubavi', *Politika*, 29.6.1989, S. 5) Der Schwur wird nicht Milošević geleistet, wie Cigar: ‚The Serbo-Croatian War', S. 57 angibt und ist somit auch kein Hinweis auf ein größeres, über Serbien hinausgehendes Interesse Miloševićs, wie Cigar meint.

[266] Radić, a. a. O., S. 191f.

[267] Ebd., S. 193. Die Angriffe Jevtićs in *Pravoslavlje*, Nr. 572 u. 576, 1991 sowie in *Glas Crkve*, Nr. 2, 1991.

halten beziehungsweise wiederherzustellen. So trafen sich am 7. Mai Delegationen der serbisch-orthodoxen und der kroatischen katholischen Kirche in Sremski Karlovci in der Vojvodina. Kardinal Franjo Kuharić und Patriarch Pavle riefen beide zu Frieden, Gewaltlosigkeit und Toleranz auf. Ende August trafen sie sich erneut, diesmal in Slavonski Brod, und forderten in einer gemeinsamen Erklärung das Ende des Krieges und Verhandlungen.[268] Aber das waren Appelle. In ihnen ging es nicht um die eigene Verantwortung, eigene Fehler wurden nicht benannt. Ebenso wenig wurden konkrete Schritte vorgeschlagen, die aus dem Krieg hätten herausführen können. Nach Meinung des Metropoliten stand hinter allem sowieso Papst Johannes Paul II.[269]

Institutionalisierte Religion hat eine wichtige, aber wie mir scheint nicht entscheidende Rolle bei der zunehmenden Verschärfung der innerjugoslawischen Gegensätze gespielt. Sie ist mit den ersten relativ freien Wahlen in Kroatien stärker und mächtiger aufgetreten und hat mehr Einfluss gehabt als die vergleichsweise schwache Serbische Orthodoxe Kirche.[270] Auch im Kosovo und in Bosnien-Herzegowina waren die aufputschenden Parolen und ideologischen Postulate sehr viel stärker nationalistisch als konfessionell fundiert und formuliert. Im vierten Kapitel werde ich allerdings zeigen, inwieweit Nationalismus selbst eine säkularisierte Form herkömmlicher Religion ist.

3.3.3. Nationalismus außerhalb der Kirche und das Memorandum der Serbischen Akademie der Wissenschaften und Künste

Ein Erstarken nationalistischer Strömungen war nicht auf die orthodoxe Kirche beschränkt. Auch wenn sich nationalistisch gesinnte Leute in kirchlichen Publikationen zuerst und über Jahre am offensten äußerten, traten sie nach Titos Tod, als deutlicher wurde, dass es kein wirkungsvolles Zentrum gegen die Partikularinteressen mehr gab, auch bei anderen Gelegenheiten und auf anderen Plattformen hervor.

Bereits 1982 scheint der alte Streit um die Frage wieder angefacht worden zu sein, ob die Albaner von den Illyrern oder von den Thrakern abstammen. Im ersten Fall wären sie vor den Serben in dieser Gegend des Balkans, das heißt im Westkosovo, gewesen.[271] Es ging also um Senioritätsrechte. Aber die Abstammung konnte auch über Zugehörigkeit entscheiden. So wärmte vier Jahre später der slowenische Schriftsteller und Slawistikprofessor Matej Bor die alte These wieder auf, die Slowenen seien im Grunde keine Südslawen, sondern Nachfahren der „autochthonen"

---

[268]   Ebd., S. 194.

[269]   Radić, a. a. O., S. 194, die sich auf *Pravoslavlje*, Nr. 587 u. 590, 1991 bezieht.

[270]   Diesen Hinweis verdanke ich Klaus Buchenau.

[271]   So bei: Meier: ‚Im Kosovo gehört die Zukunft den Albanern', *FAZ*, 27.7.1982.

Veneter[272] – ein Argument, um den Anspruch historisch zu stützen, man gehöre gar nicht in dieses Jugoslawien.

Vorerst aber äußerten sich Nationalisten kaum in den Medien. Sie waren damals noch auf andere Gelegenheiten angewiesen. So ist in Vuk Draškovićs Roman *Nož* (Das Messer) „Rache für Kosovo" ein ständig wiederkehrendes Motiv, und das, obwohl es um die Versöhnung zwischen bosnischen Serben und Muslimen geht. Am 22. August 1983 geriet die Beerdigung Aleksandar Rankovićs zur Demonstration.[273] Und von einer Aufführung der *Schlacht an der Drina*, einer Dramatisierung von Dobrica Ćosićs *Zeit des Sterbens*, im Belgrader Schauspielhaus im Frühjahr 1984 berichtet Wolfgang Libal:

> Als Vojvode Mišić, der legendäre serbische Heerführer im Ersten Weltkrieg, die Worte „Immer ist alles gegen uns! Nur durch unsere Leidensfähigkeit und unseren Lebenswillen haben wir bestehen können!" ausspricht, gibt es tosenden Beifall. Und als er dann am Vorabend des entscheidenden Angriffes seiner Armee gegen die Österreicher niederkniet und das Kreuz schlägt, erbebt das Theater unter dem Applaus des Publikums.[274]

1985 aber gab es dann bereits in der renommiertesten serbischen Tageszeitung, *Politika*, nationalistische Töne. So verkündete sie etwa am 26. Mai auf S. 7: ‚Rückkehr in den Kosovo unsere strategische Zielsetzung'. In dem Artikel wurde der völlig unzureichende Kampf gegen die albanischen Irredentisten beklagt. Im selben Jahr erschien auch Dimitrije Bogdanovićs *Knjiga o Kosovu*, nach Malcolm „an openly polemic survey of the history of Kosovo". Er vertritt darin unter anderem die These, die Kosovo-Albaner arbeiteten daran, eine „ethnisch reine" Provinz zu schaffen.[275]

Auch das Mittel des Appells machte außerhalb der Kirche Schule. Im Oktober 1985 forderten 2016 serbische Bewohner des Kosovo in einer Petition vom jugoslawischen und serbischen Parlament sofortige und radikale Maßnahmen gegen den „faschistischen Genozid der albanischen Chauvinisten" an der serbischen Bevölkerung. Weiter heißt es: „Wir Serben aus Kosovo und Metohija machen den letzten Versuch, auf legale Weise das Recht unserer Familien auf Leben zu verteidigen." Die Situation sei „verzweifelt"; „der Raum unserer (serbischen) historischen und

---

[272]   Meier: ‚Angst vor dem Ertrinken in Jugoslawien', *FAZ*, 10.2.1986, S. 10.

[273]   *Nož*: Lauer: ‚Das Wüten der Mythen', S. 142f., der sich auf die 2. Aufl. des Romans von 1983 bezieht (S. 27, 29, 160, 176 u. 241). Rankovićs Beerdigung: Libal: *Das Ende Jugoslawiens*, S. 115f.

[274]   Libal, a. a. O., S. 116f.

[275]   Malcolm: *Kosovo*, S. 338. Auch die geachteten Historiker Radovan Samardžić und Dušan Bataković hätten die Geschichte der Serben als nicht endende Geschichte eines ethnischen Martyriums geschildert. Zu Samardžićs Engagement vgl. S. 184 u. 199 d. vorl. Arbeit, zu Bataković seinen Aufsatz ‚Die Bedeutung der mündlichen Überlieferung', S. 341.

nationalen Existenz" sei faktisch von Albanern okkupiert und in deren Gewalt. Seit Jahrzehnten bestehe der „brutale Druck" der „skipetarischen Chauvinisten" gegen den Besitz der Serben, ihre Gräber und Heiligtümer. Absichtlich oder zufällig werde dies von den Behörden vertuscht.[276] Vier Monate später hatten an die 80 000 Personen die Petition unterzeichnet. Eine Arbeitsgruppe des jugoslawischen Parlaments, die als Antwort auf die Petition Anfang 1986 das Kosovo bereiste, sah die Vorwürfe in einem – allerdings nur auszugsweise veröffentlichten – Bericht als weitgehend berechtigt an.[277]

Es folgte am 21. Januar 1986 der Aufruf von 212 serbischen Schriftstellern an Partei und Staat, konkrete Maßnahmen gegen den „Genozid" an Serben und Montenegrinern im Kosovo zu ergreifen.[278] Darin wird der Vorwurf erhoben:

> Those whose first concern should be for the destiny of their nation have shown themselves to be deaf to its *desperate cry* and its *awoken consciousness* – they have shown neither sympathy for its *sacrifices* nor determination to prevent its sufferings, contesting its right to express the feeling of historic desorientation to which the nation has been brought through *no fault of its own* – its right to seek help and protection from its own state.[279]

In den letzten zwanzig Jahren seien 200 000 Menschen aus dem Kosovo vertrieben und mehr als 700 Siedlungen ethnisch gesäubert worden. Von den Parlamenten wird gefordert, sofortige und wirkungsvolle Maßnahmen zu ergreifen, um diesen „langen, zerstörerischen Genozid" zu beenden. Heute seien es nicht mehr das Osmanische Reich, das Habsburger Reich, das faschistische Italien oder das nationalso-

---

[276] Ströhm: ‚Albaner im Kosovo des Genozids bezichtigt', *Die Welt*, 27.12.1985. Dass sich die Petition an die beiden Parlamente richtete, geht aus dem Aufruf Belgrader Intellektueller einen Monat später hervor (Magaš: *The Destruction of Yugoslavia*, S. 49; s. hierzu a. weiter unten). Nach Ströhm wandte sich die Petition an das jugoslawische Partei- und Staatspräsidium. Laut Paul Yankovitch: ‚Des officiers figurent parmi les nationalistes albanais récemment arrêtés', *Le Monde*, 9.1.1986, S. 4 richtete es sich auch an ein Dutzend sozialer Organisationen und einzelne politische Persönlichkeiten. Nur *Književne Novine*, das Organ des Schriftstellerverbands, habe den vollständigen Text veröffentlicht.

[277] Buchalla: ‚Im Kosovo zieht die Minderheit aus', *SZ*, 26./27.4.1986, S. 10.

[278] In engl. Übersetzung in Magaš, a. a. O., S. 49–52. Die Petition verstand sich als Antwort auf die Untätigkeit von Bundes- und Republikparlament nach der Petition vom Oktober. S. a. Buchalla, a. a. O.; Meier: ‚Serben und Montenegriner protestieren', *FAZ*, 14.4.1986 (dieser auch zum Ergebnis der parlamentarischen Arbeitsgruppe); Hofwiler: ‚An Kosovo scheiden sich die Geister', *taz*, 23.8.1986.

Warum Intellektuelle – nicht nur – hier eine zentrale Rolle gespielt haben, kann ich im Rahmen dieser Arbeit nicht untersuchen. Sehr anregend dazu sind die Gedanken von Bedřich Loewenstein in ‚Die Intellektuellen und die totalitäre Versuchung', in: *Wir und die anderen*, S. 15–30.

[279] Magaš, a. a. O., S. 49f. (Hervorh. C. P.).

zialistische Deutschland, die dies deckten, sondern Albanien und die herrschenden Institutionen des Kosovo selbst, die die Maske des Marxismus trügen. Letztlich ist es jedoch eine noch ältere Vergangenheit, die in alldem offenbar wird:

> The methods have remained the same: the old poles now carry new heads. The new Deacon Avakum is called Djordje Martinović, the new Mother of the Jugoviches – Danica Milinčić. Old women and nuns are raped, frail children beaten up, stables built with gravestones, churches and historic holy places desecrated and shamed, economic sabotage tolerated, people forced to sell their property for nothing ...[280]

Bei diesem Rückgriff bis zum mythischen Ursprung, der Kosovo-Schlacht, werden die aktuellen Gewalttätigkeiten von Serben an Kosovo-Albanern[281] ebenso übergangen wie die Vertreibung einer großen Zahl von Albanern von der serbischen Eroberung des Kosovo 1913 bis 1941 und nach dem Zweiten Weltkrieg bis 1966. Erst in einer Klarstellung gegen Ende der Petition distanzieren sich die Unterzeichner auf ganz allgemeine Weise auch vom Unrecht, das an Albanern begangen wurde. Dass das Problem darin besteht, dass Albaner und Serben einander seit Langem gegenseitig Leid zufügen, wird nicht thematisiert. Daran wird nur besonders deutlich, dass es in der Petition nicht um Analyse, sondern um Schuldzuweisung geht. Der Ton gegenüber der politischen Führung des Kosovo ist bereits ein kriegerischer. Sie kann konsequenterweise nur noch abgesetzt, wenn nicht sogar bestraft werden, die Provinz ist wieder in die Republik Serbien zu integrieren. Ein aufgebrachter albanischer Gegenangriff ist so nahezu zwangsläufig.

Weit stärker als alle vorherigen Aktionen aber wurde, in Jugoslawien wie im Ausland, das ‚Memorandum über die aktuellen gesellschaftlichen Fragen in unserem Land‘, oft auch einfach ‚Memorandum der Serbischen Akademie‘ genannt, beachtet.[282] Wesentliche Passagen daraus wurden am 25. und 26. September 1986 in der

---

[280] Ebd., S. 50. Auf S. 51 heißt es zum Fall Martinović: „The case of Djordje Martinović has become that of the whole Serb nation in Kosovo." (Vgl. a. S. 181 d. vorl. Arbeit.) Danica Milinčić ist die Frau, die im Frühjahr 1982 mit angesehen haben soll, wie ihr Sohn erschossen wurde, und die anschließend von hohen serbischen Politikern empfangen wurde (vgl. S. 157 d. vorl. Arbeit).

[281] Magaš, a. a. O., S. 202 berichtet von Parolen auf nationalistischen Meetings im Kosovo wie „Kill Fadil [Hoxha]!" oder „An eye for an eye!". Darüber wurde auch in den serbischen Medien nicht berichtet.

[282] „With good reason, this Memorandum has been seen in retrospect as a virtual manifesto for the 'Greater Serbian' policies pursued by Belgrade in the 1990s." (Malcolm: *Kosovo*, S. 340f. ; vgl. a. Bennett: *Yugoslavia's Bloody Collapse*, S. 93; Libal: *Das Ende Jugoslawiens*, S. 126; Meier: *Wie Jugoslawien verspielt wurde*, S. 76; *Le Nettoyage ethnique*, S. 235, wobei die Autoren allerdings auf S. 234 meinen, von hier aus habe die „Koalition Partei-Armee-Schriftsteller-Kirche" ihren Ausgang genommen und so die Reihenfolge des Engagements auf den Kopf stellen.) Ähnlich haben das auch Miloševićs Ankläger vor dem Internationalen Gerichtshof in Den Haag gesehen, worüber er sich empörte (vgl. Hartmann: *Der Fall Milošević*, S. 214f.).

Belgrader Zeitung *Večernje Novosti* veröffentlicht. Mit der Serbischen Akademie der Wissenschaften und Künste (SANU) meldete sich eine Institution zu Wort, in der die prominentesten Intellektuellen der Republik versammelt waren und die über eine kaum zu übertreffende Autorität in der Bevölkerung verfügte. Andererseits war das Memorandum von der Akademie gar nicht als solches verabschiedet, sondern auf obskure Weise der Presse zugespielt worden. Die Akademie betonte, es sei nur der unfertige Entwurf einer ihrer Kommissionen. Sie hatte diese bereits im Mai 1985 damit beauftragt, ein Memorandum zur politischen Lage zu erarbeiten.[283] Gleichwohl kann es als ihr Dokument gelten. Mit Ausnahme einiger weniger Mitglieder hat die Akademie sich bis 1991 nicht kritisch zu ihrer Rolle bei seiner Ausarbeitung geäußert, sondern es in den folgenden Jahren als ihr eigenes Dokument gewertet. Sie und insbesondere einzelne Mitglieder haben die darin dargelegten Standpunkte wiederholt und zum Teil wesentlich radikalisiert. Auch wurde der Rolle, die das Memorandum in der Öffentlichkeit spielte, nicht widersprochen.[284]

Die Namen der Autoren waren lange nicht öffentlich bekannt, aber in einigen Medien wurde der Schriftsteller und Vizepräsident der Akademie, Antonije Isaković, als Leiter der etwa zwanzigköpfigen Kommission genannt.[285] Wiederholt wird auch der Einfluss des Schriftstellers Dobrica Ćosić, der „wegen seiner antialbanischen Tiraden 1966 aus dem Zentralkomitee ausgeschlossen" worden war und später Präsident des serbo-montenegrinischen Jugoslawiens werden sollte, auf das Memo-

---

[283] *Le Nettoyage ethnique*, S. 232. Ungekürzt wurde der Text erstmals in der Zagreber Zeitschrift *Naše teme* 1989, 33 (1/2), S. 128–163 veröffentlicht, im Juni desselben Jahres dann auch im Belgrader Magazin *Duga* (vgl. *Le Nettoyage ethnique*, S. 234). Er ist ebenfalls abgedruckt in: *Izvori velikosrpske agresije*, S. 280–300; in diesem Band auch das von Miroslav Brandt verfasste ‚Antimemorandum', das sich vor allem mit „historischen, demografischen und ökonomischen Fehlern" des Memorandums beschäftigt (vgl. *Le Nettoyage ethnique*, S. 236, Anm. 1).

Die französische Übersetzung in *Le nettoyage ethnique. Documents historiques sur une idéologie serbe*, gesammelt, übersetzt u. kommentiert v. Mirko Grmek, Marc Gjidara u. Neven Šimac, ist verlässlich, auch wenn es sich bei dem Buch um eine antiserbische Publikation handelt, wie schon der Untertitel verrät, der ‚die ethnische Säuberung' „une idéologie serbe" nennt. Versucht wird darin, die gewaltsamen Aufteilungen Jugoslawiens in den 90er Jahren mit einer serbischen Tradition „ethnischer Säuberungen" und des Spaßes an Brutalität spätestens seit Beginn des 19. Jahrhunderts zu erklären.

[284] Milosavljević: ‚Der Mißbrauch der Autorität der Wissenschaft', S. 160 u. 161.

[285] *Vreme* (Belgrad), 25.11.1991, S. 10–13, Hinweis in: *Le Nettoyage ethnique*, S. 234 u. Anm. 1. Auf dieser Seite auch die Namen weiterer mutmaßlicher Verfasser ohne Angabe der Quelle. Vgl. a. Meier: ‚Klage über Jugoslawiens Föderalismus', *FAZ*; 3.12.1986. Eine Namensliste der Kommission ist allerdings in Milosavljević, a. a. O., S. 161, Anm. 1 abgedruckt, lag also spätestens 1997 vor. Isaković war bereits früher als Kritiker aufgefallen, so Anfang 1982 in einem Interview in der Belgrader Zeitschrift *Duga*, in dem er unter anderem die Verfassung von 1974 missbilligte (H. Flottau: ‚Neuer Bannstrahl gegen den Propheten', *SZ*, 15.2.1982).

randum hervorgehoben.[286] Mihailo Marković, angesehener Professor für Marxismus, bedeutender Kritiker des Stalinismus und 1968 aus der Universität geworfen, der 1991–95 Vizepräsident der Sozialistischen Partei Serbiens werden sollte, hat ebenfalls daran mitgearbeitet. Er berichtete später, der erste Teil sei unter anderem von Kosta Mihailović erarbeitet worden und habe dem Diskussionsstand der Arbeitsgruppe entsprochen, während der zweite Teil dort nicht einmal diskutiert und allein von Professor Vasilije Krestić verfasst worden sei.[287] Dafür spricht, dass ein zentrales Thema des zweiten Teils der bereits begonnene und in noch größerem Ausmaß bevorstehende ‚Genozid‘ an den Serben ist und Krestić auch in der folgenden Zeit einer der eifrigsten Mahner in dieser Richtung gewesen ist.[288] In Jugoslawien löste das Memorandum heftige Reaktionen aus.[289]

Ausgangspunkt des ersten Teils ist die Besorgnis über „den Stillstand der gesellschaftlichen Entwicklung, die wirtschaftlichen Schwierigkeiten, angewachsenen gesellschaftlichen Spannungen und offenen Konflikte zwischen den Nationen"[290] Als Ursachen der Krise werden angeführt: die Dezentralisierung, die zur Desintegration nach Territorien und Wirtschaftszweigen geführt habe (S. 130); eine Ideologie, die Nationalität und Territorialität an die erste Stelle setze (S. 136); das Fehlen einer kritischen Öffentlichkeit, die ein Gegengewicht zur Politik bilde und von dieser ernst genommen werde (S. 139); informelle Entscheidungen, die der öffentlichen Kontrolle entzogen seien (S. 140); das absolute Monopol der gesellschaftlichen Macht, das beim mit der Regierung verwachsenen BdKJ liege (S. 140); schließlich die moralische Krise, bestehend aus Konformismus, Karrierismus, kriminellen Machenschaften und Vetternwirtschaft (S. 141f.). Zur Gesundung werden die Souveränität des Volkes (statt die der Partei und der Republiken), die Selbstbestimmung der Nationen (die aber nicht zu einer „Souveränität der Teile" führen dürfe), die Menschenrechte (erweitert um sozioökonomische Grundrechte) und die Notwendigkeit allgemeiner Rationalität gefordert (S. 145–147). Die Gründe für die negativen Mo-

---

[286]   Ausschluss aus dem Zentralkomitee: Melcic: ‚Der Jugoslawismus und sein Ende‘, S. 223; zur Beteiligung am Memorandum vgl. *Le Nettoyage ethnique*, S. 234. Nach Milosavljević, a. a. O., S. 160 hat Ćosić bereits 1984 „gefordert, daß sich die Akademie zum notwendigen Engagement ‚in gemeingesellschaftlichen und nationalen Problemen‘ äußert".

[287]   ‚Titos Kapitulation‘, Interview von Jürgen Elsässer mit Mihailo Marković, *konkret*, Mai 2000, S.25–27, hier S. 26 u. 27. Auch wenn Marković gewisse Fehler einräumt, vor allem die Bezeichnung ‚Völkermord‘, hält er doch am Vorwurf der Vergewaltigungen fest und ist zu keiner grundlegenden Kritik an dem Text bereit. Sein Interviewer allerdings auch nicht.

[288]   Milosavljević, a. a. O., S. 171. S. z. B. seinem Beitrag in der *Politika* vom 9.8.1991.

[289]   Zu einigen der Reaktionen vgl. Libal: *Das Ende Jugoslawiens*, S. 122f. Auf dieser und den beiden folgenden Seiten auch eine Zusammenfassung des Memorandums.

[290]   *Naše teme*, 1989, 33 (1/2), S. 128. Im Folgenden Seitenangaben im Text in Klammern; Übersetzung jeweils von mir nach dem serbischen Original.

mente der Entwicklung werden einerseits im Einfluss der Komintern auf die KPJ zwischen den beiden Weltkriegen (S. 137),[291] andererseits im Umschlagen der Entwicklung durch die Wirtschaftsreformen von 1965 gesehen, die zu einer Restauration der regionalen Zentren und zu einer Verstärkung von Gruppen- und Einzelinteressen geführt hätten (S. 144).

Im zweiten Teil, „Die Lage Serbiens und des serbischen Volkes", geht es vor allem um das Verhältnis Serbiens zu den anderen Republiken Jugoslawiens. Es ist dem Text anzumerken, dass er ein Entwurf ist. Die Argumentation wiederholt sich und wirkt zuweilen zusammengestückelt.

Auch der zweite Teil beginnt mit wirtschaftlichen Fragen. Bereits hier wird die systematische Benachteiligung Serbiens hervorgehoben, die bis in die Anfänge des sozialistischen Jugoslawiens zurückreiche und ihre Wurzeln in der Gründung eigener kommunistischer Parteien in Slowenien und Kroatien habe (S. 148f.). Überhaupt sei diese Benachteiligung durch die beiden reichsten Republiken verursacht. (Der Kroate) Tito (dessen Mutter Slowenin war) und (der Slowene) Edvard Kardelj werden hier lediglich als deren Repräsentanten gesehen. Die Kritik an der maßgeblich von Kardelj ausgearbeiteten Verfassung von 1974 bildet dann den Übergang zur Politik. Die Kommunisten führten die alten nationalistischen Ressentiments aus der Zeit vor dem Krieg lediglich verdeckt fort. Die Rolle Serbiens verschiebt sich in der Argumentation zusehends von der des Benachteiligten zu der des Opfers. Die ständigen Vorwürfe, Unterdrücker und Büttel der anderen jugoslawischen Völker zu sein, hätten es unmöglich gemacht, die Gleichberechtigung mit den anderen zu erlangen (S. 149f.). Daraufhin wird die Forderung erhoben, die Zahlungen an den Bundesfonds einzustellen. Serbien habe sowieso die größten Opfer für die Entwicklung der ärmeren Gebiete gebracht (S. 150). Die Situation habe sich allerdings noch dadurch verschärft, dass die reichen und die unterentwickelten Republiken aufgrund gemeinsamer Interessen zu einer antiserbischen Koalition zusammengefunden hätten (S. 151). Wieder wird auf die Verfassung von 1974 verwiesen, die den autonomen Provinzen Mitspracherechte bei serbischen Angelegenheiten einräume, nicht jedoch umgekehrt. Der Status des engeren Serbiens sei überhaupt nicht geklärt. Durch die Ausweitung der Autonomie sei es dem serbischen Volk unmöglich gemacht, einig für seine Interessen einzutreten (S. 152). Seine Vertreibung aus dem Kosovo sei die schwerste Niederlage seit 1804 (das heißt seit dem Beginn der serbischen Befreiungsbewegung unter Führung von Karadjordje). Die albanische Seite wird als faschistisch bezeichnet, womit ihr von vornherein jede politische Berechtigung abgesprochen ist. Ihr Vorgehen sei Völkermord (S. 153). Die Albanisierung des Kosovo werde von Tirana gesteuert und von den örtlichen Machthabern gedeckt (S. 154). · Nur eine eindeutige Gleichberechtigung aller im Kosovo lebenden Völker sowie objektive und dauerhafte Bedingungen für die „Rückkehr des vertriebenen Volkes" könnten eine Lösung bringen (S. 155). Das Kosovo sei aber nicht die einzige Re-

---

[291] So später auch der Historiker Bataković in *The Kosovo Chronicles*, S. 10f.

gion, in der die Serben diskriminiert würden. Der Anteil der Serben an der Gesamtbevölkerung Jugoslawiens gehe zurück, die von ihnen bewohnten Gebiete seien die wirtschaftlich rückständigsten. In Kroatien seien die Serben nur in der Zeit des faschistischen NDH ähnlich bedroht gewesen (S. 155–157). Zudem seien die Serben durch ihre geografische Verteilung auf Gebiete außerhalb Serbiens besonders schwer von der Desintegration Jugoslawiens betroffen (S. 157). Ihre Geschichte werde herabgesetzt und ihr kulturelles Erbe entwertet und vernachlässigt (S. 158f.). Es folgt eine allgemeine Kritik am Bildungssystem, das den Herausforderungen der Welt von morgen nicht gewachsen sei (S. 159f.). Dieser Teil wirkt angehängt. Zum Schluss werden noch einmal einige vorherige Punkte wiederholt: Serbien sei auf seinem eigenen Territorium von Genozid bedroht (S. 161), in der Verfassung müsse die Benachteiligung Serbiens aufgehoben werden (S. 162) und die totale Stagnation, die in Jugoslawien alle Bereiche erfasst habe, mache tiefgreifende Reformen unumgänglich (S. 163).

Das durchgängige Thema des zweiten Teils ist die Benachteiligung, Unterdrückung und sogar Vernichtung der Serben und Serbiens durch die anderen Republiken – allen voran Slowenien und Kroatien, aber auch die mit diesen verbündeten unterentwickelten – und die autonome Provinz Kosovo. Auf die Widersprüche, die sich hierdurch zum ersten Teil ergeben, soll hier nicht eingegangen werden.[292] Für die Wirkung des Memorandums haben seine sachlichen und logischen Fehler eine untergeordnete Bedeutung. Die Frage ist vielmehr, was für eine Sicht der Situation Jugoslawiens und Serbiens im Besonderen darin zum Ausdruck kommt und welche Rolle diese Sicht in einer sich verschärfenden gesellschaftlichen Krise gespielt hat.

Im zweiten Teil des Memorandums werden unablässig zwei Ebenen miteinander vermischt: Zum einen wird anhand realer oder manipulierter Fakten (unter anderem Wirtschaftsentwicklung, Verfassung, nationalistische Entwicklungen, Desintegration, Schwund der moralischen Legitimation) argumentativ versucht, die Krise Jugoslawiens zu erfassen und ihre Ursachen aufzuzeigen sowie Lösungen zu formulieren. Zum anderen wird an den Leser emotional appelliert. Das geschieht schon dadurch, dass dem Text Vielstimmigkeit und Blickwechsel fehlen. Die Probleme wachsen tatsächlich zu einem übermächtigen, bedrohlichen Block heran, jeder neue Aspekt vergrößert ihn nur. Die Folge ist ein Gefühl der Beklemmung, das polarisierend wirkt. Wer der inhaltlichen Argumentation folgt beziehungsweise mit den Autoren sympathisiert, wird die Beklemmung wie sie auf die äußere Bedrohung zurückführen. Wer sich inhaltlich eher in Distanz zum Text befindet oder sich gar zu den Angegriffenen zählt, wird die beklemmende Wirkung den Autoren und damit leicht ‚den Serben‘ zuschreiben, in deren Namen der Text verfasst ist. Indem die Autoren die Probleme nur aus einer Perspektive sehen, erscheinen ihre Antworten als zwangsläufige. Ihre Haltung ist starr und von umfassendem Argwohn bestimmt. Wie aber unter solchen Bedingungen ein Zusammenleben mit Slowenen und Kroaten in einem

---

[292] Vgl. hierzu Milosavljević: ‚Der Mißbrauch der Autorität der Wissenschaft‘, S. 162f.

gemeinsamen Staat überhaupt noch gewünscht werden kann, ist schwer verständlich. Wer meint, so viel Grund zu Argwohn haben zu müssen, wird sich wohl nur einigermaßen sicher fühlen, wenn er alles, was ihm bedrohlich erscheint, kontrollieren kann. Auf diese Weise ist eine serbische Dominanz Jugoslawiens tatsächlich die logische Folge.

Inhaltlich drückt sich das vor allem darin aus, dass die Serben als Opfer auf allen Ebenen dargestellt werden, sodass ihre Existenz auf dem Spiel stehe. Daher müssten sie und ihre politischen Vertreter sich endlich auf sich selbst besinnen und für ihre Rechte einstehen. Es ist vor allem dieser Tenor, der das Memorandum zu einem bedrohlichen Text macht. Die Fakten werden ihm untergeordnet oder fallen im Verlauf unter den Tisch, wenn sie einer solchen Sicht widersprechen. So wird durchaus gesehen, dass nur eine Gleichberechtigung aller Völker im Kosovo eine Lösung bringen und ein Versagen in dieser Richtung zu einer Ausweitung des Konflikts auf das übrige Europa mit unvorhersehbaren Folgen führen könne (S. 155). Vor dem wachsenden Chauvinismus wird ebenso gewarnt wie vor der fortschreitenden Desintegration und einem Fortdauern der Stagnation (S. 161–163). Es wird sogar die Einsicht ausgesprochen, dass selbst schwere Strafen gegen jugendliche Gesetzesbrecher im Kosovo den Hass zwischen den Nationen nur vertieft hätten (S. 153). Aber all das führt zu nichts. Es geht unter in der Beschwörung einer letztlich tödlichen Bedrohung für die Serben. Die anderen Republiken und auch die beiden autonomen Provinzen sind bereits Feinde, auch wenn sie nicht so genannt werden. Im Übrigen wird keine Behauptung belegt, was den Eindruck erweckt, man spreche von Selbstverständlichem. Es scheint bereits kein Bewusstsein mehr dafür vorhanden zu sein, dass man genau das betreibt, wovor man warnt: Chauvinismus und weitere Polarisierung der verschiedenen jugoslawischen Nationalitäten.

Das zentrale Moment in dieser Sicht ist, selbst das Opfer zu sein. Es beginnt mit den Opfern, die Serbien für andere gebracht habe, ohne dass jene in irgendeiner Weise anerkannt, geschweige denn Serbien gedankt worden wären: „Wirkliche Opfer für die Entwicklung der drei unterentwickelten Republiken und der autonomen Provinz Kosovo hat es allein erbracht […]" (S. 150), ebenso wie für Jugoslawien als Ganzes in zwei Weltkriegen (S. 152f.). Auch auf das von Serben vergossene Blut wird hingewiesen, zum Beispiel das der „serbischen" Serben, die ihr Blut für die Errichtung eines serbischen Despotats in der Vojvodina 1848/49 gegeben hätten (S. 158). Das aber werde Serbien nicht gedankt. Im Gegenteil, es werde noch von den anderen zum Opfer gemacht: durch den „Genozid" im Kosovo, einen regelrechten Krieg, der bereits länger als der Befreiungskrieg 1941–45 dauere (S. 153); durch die Belgrader Presse, die Darstellungen von Brandstiftungen, Morden, Vergewaltigungen und Schändungen (wohl von Friedhöfen) seitens der Kosovo-Albaner als Übertreibungen diffamiere; schließlich durch die mangelhafte Aufklärung dieser Gewalttaten (S. 154). Die Opferrolle der Serben drückt sich des Weiteren in der Formulierung „vertriebenes Volk" (S. 155) aus sowie in der Bedrohung, der sie in Kroatien ausgesetzt seien. Diese erhält wiederum durch die Verbindung mit den Morden während der Zeit der Ustascha-Herrschaft einen existenziellen Charakter

(S. 155–157). Zudem sind vor allem Serben Verlierer und Leidtragende der Desintegration. Selbst wo davon die Rede sein könnte, dass auch andere Republiken oder Nationalitäten die Serben als Bedrohung oder Unterdrücker sehen, wird dies noch der eigenen Opferrolle zugeschlagen: Die Serben hätten ein halbes Jahrhundert lang den Stempel getragen, Kerkermeister der anderen Völker Jugoslawiens zu sein (S. 158). Eben damit werde das ungerechte Vorgehen gegen die Serben begründet.

Als ein Symbol des Opfers wird der Bauer Djordje Martinović präsentiert.[293] Er wird mit den dunkelsten Zeiten des Pfählens durch die Türken in Verbindung gebracht (S. 154). Martinović, das einzige konkrete Beispiel eines Opfers, vereint alle Gefühle ‚Serbiens' in sich: von allen verlassen, aufs Schwerste gedemütigt und vergewaltigt. Damit wird Martinović auch zu einem ‚weiblichen' Opfer.

Die manichäische Sicht, die die Serben zu einem von Feinden umringten Opfer stilisiert, gipfelt in einer Apokalypse:

> Die Serben im Kosovo und in der Metohija haben nicht nur ihre eigene Vergangenheit, verkörpert in wertvollen, kulturhistorischen Monumenten, sondern auch eine lebendige Gegenwart ihrer geistigen, kulturellen und moralischen Werte: Sie haben das Mutterland ihrer historischen Existenz. Die Gewalt, die die Jahrhunderte hindurch die serbische Bevölkerung im Kosovo und in der Metohija ausdünnte – in dieser, unserer Zeit erreicht sie ihre unerbittliche Endrunde. (S. 154)

Dass man sich in einer Endzeit befinde, kommt auch durch den häufigen Gebrauch des Begriffs ‚Genozid' für die Lage der Serben im Kosovo zum Ausdruck. Er taucht das erste Mal gleich zu Beginn des zweiten Teils auf (S. 147). An dieser Stelle wird überhaupt nicht ausgeführt, was damit gemeint sein soll. So wird der Eindruck erweckt, man erwähne etwas allgemein Bekanntes (ebenso S. 151). Erst in der Passage zum Kosovo (S. 153–155) wird er etwas ausführlicher behandelt. Konkret aufgeführt werden allerdings nur Pressionen und Gewalttaten, die zum Teil, wie die Vergewaltigungen, ohne Grundlage sind. Was die serbische Bevölkerung im Kosovo betrifft, ließe sich eher sagen, dass sie verdrängt wurde. Das allerdings wäre ein Problem wesentlich geringerer Schärfe, von dem ganz anders zu sprechen gewesen wäre.

Der erste Teil des Memorandums, der inhaltlich in keinem Zusammenhang zum zweiten zu stehen scheint, gibt gleichwohl einen Hinweis auf eine dem zweiten Teil möglicherweise zugrunde liegende Dynamik. Thema des ersten ist die wirtschaftliche und politische Krise, die die Ausmaße einer existenziellen Bedrohung angenommen hat. Diese ist offenbar bereits so groß, dass sie zumindest von dem Verfasser/den Verfassern des zweiten nicht mehr bezogen auf die vorhandenen Probleme und Konflikte analysiert werden kann, wobei ein Verlangen, selbst an die Macht zu

---

[293] Vgl. S. 115 der vorliegenden Arbeit.

kommen oder wenigstens mehr Einfluss als bisher auf die Entwicklung des Landes nehmen zu können, keine ganz unwichtige Rolle gespielt haben dürfte.[294]

Der existenziellen Krise wird nun nicht begegnet, was bedeuten würde, sich selbst als ein Teil von ihr zu begreifen. Das Gefühl der Bedrohung wird nicht hinterfragt. Auf diese Weise kommen die grundlegenden Probleme des Staatsgebildes Jugoslawien nicht in den Blick, etwa die Frage: Wie kann so viel an Gemeinschaft hergestellt werden, dass Nationalitäten, die zum Teil in Sprache, Kultur, Religion und geschichtlicher Entwicklung erheblich voneinander verschieden und trotzdem historisch wie auch gegenwärtig aufeinander bezogen sind, miteinander in einem Staat leben können? Diese Frage wird noch dringender durch den sich immer deutlicher abzeichnenden Zusammenbruch beziehungsweise die Desavouierung des sozialistischen Systems, das in den vorangegangenen Jahrzehnten einigermaßen in der Lage schien, sie zu beantworten. Damit ist eine kaum lösbare Aufgabe skizziert: die Herstellung von Gemeinschaft in einem Augenblick existenzieller Krise, die bereits Dynamiken der Polarisierung und Aufspaltung in Gang gesetzt hat. Es scheint, dass es diese Aussichtslosigkeit ist, die die (oder den) Verfasser dazu bewegt hat, die Bedrohung abzuwehren. Sie tun das, indem sie die Wirklichkeit in ‚Gut‘ und ‚Böse‘ aufspalten, wobei das Gute mit der eigenen Nation, das Böse mit den anderen identifiziert wird. Das Eingeständnis eigener Fehler beschränkt sich auf die Schwäche, sich in der Vergangenheit nicht für die eigenen Interessen eingesetzt zu haben, was weitgehend eine Kritik an der Führung der serbischen Kommunisten ist. Ansonsten liegt alle Verantwortung bei ‚den Feinden‘. Der existenziellen Bedrohung ist damit einer ihrer bedrohlichsten Aspekte genommen: die Probleme nicht recht greifen zu können, ihnen in ihrer Komplexität ausgeliefert zu sein.

All das wird nicht so benannt. Es ist nicht von ‚Gut und ‚Böse‘ und nicht von ‚Feinden‘ die Rede. Insoweit haben sich die Verfasser an die wissenschaftlichen Standards gehalten. Aber die hier vorgeführten Denkfiguren, die Anordnung der Probleme und die Sicht auf sie drücken eben das aus. Es sind bereits die des Mythos. Auch von diesem ist nirgends die Rede, aber eine Reihe wesentlicher Elemente sind vorhanden: allen voran die Betonung des Opfers, und zwar sowohl als Selbstbild und Ideal der serbischen Nation als auch in der Auflehnung dagegen, von anderen zum Opfer gemacht zu werden. Wieder erscheint Serbien als die von allen verlassene Nation, die gleichwohl als einzige für das Allgemeinwohl nicht nur kämpft, sondern fortwährend Opfer gebracht habe. Allerdings hat sich etwas verschoben: Wer Opfer bringt, die nicht als Heldentum Anerkennung finden, wer in ihnen nur gedemütigt wird, ist ein Weib. Es muss Schluss sein mit solchen Opfern – mit Opfern für andere, die diese einem nicht danken – so die Botschaft.

An dieser Stelle wird nun der paradigmatische Charakter von ‚Vergewaltigung‘ für den nicht nur von der Akademie geführten Diskurs deutlicher. ‚Vergewaltigung‘

---

[294]   Die politische Rolle, die Dobrica Ćosić und Mihailo Marković später spielen sollten, weist in diese Richtung.

ist nicht deshalb zentral, weil etwa tatsächlich so viele Serbinnen von Albanern vergewaltigt worden wären – das sind sie nicht, wie wir gesehen haben –, sondern weil sich ein großer Teil der Serben und ein sehr großer der Akademiemitglieder von den anderen Nationalitäten vergewaltigt *fühlte*, und zwar rückblickend schon seit Langem. Ganz Serbien war ein *Vergewaltigungsopfer* und niemand sonst merkte es. Hinzu kommt, dass Serbien als bevölkerungsreichste und auch sonst eigentlich mächtigste Nation in Jugoslawien die männliche Rolle zu spielen gehabt hätte. Es wurde also noch zusätzlich gedemütigt, weil es nicht die ihm zustehende Rolle übernehmen durfte. Genau dies wieder zu tun, fordern die Verfasser des Memorandums.

Erneut ist die Niederlage, die die Serben letztlich durch ihre Güte erlitten haben, Aufruf zum weiteren Kampf. Auch wenn die Verfasser noch keine innere Einheit beschwören, ist die staatliche Integrität doch eine zentrale Forderung: „Die Integrität des serbischen Volkes und seiner Kultur im *gesamten* Jugoslawien stellt sich als Schicksalsfrage seiner Existenz und seiner Entwicklung" (S. 156, Hervorh. C. P.), wobei sich im serbischen Original „Schicksalsfrage" eindeutig auf das „serbische Volk" bezieht.[295] Und schließlich wird das Kosovo zum Angelpunkt dieser „Schicksalsfrage", dieses „Mutterland seiner [der serbischen] historischen Existenz", ein anderes Wort für ‚Wiege der serbischen Nation'.

Die serbische Regierung von Ivan Stambolić drängte die Akademie dazu, sich von ihrem Memorandum zu distanzieren, wozu diese jedoch nicht bereit war. Sie verweigerte die Diskussion eines „juristisch inexistenten Texts" und ließ sich lieber darüber aus, wie er an die Öffentlichkeit gelangt war. Kritisch, wenn auch zurückhaltend, äußerten sich Vasa Čubrilović, Pavle Savić und Sima Ćirković.[296] Milošević erreichte, dass das Zentralkomitee der serbischen Kommunisten nicht auf das Memorandum reagierte. Auch auf die Vorwürfe Stambolićs antwortete er nicht.[297]

Das Memorandum löste in ganz Jugoslawien eine Medienkampagne aus. In Serbien wurde es einhellig als nationalistischer Text verurteilt und der Rücktritt der Akademieführung, besonders von Isaković, gefordert. Die Kampagne kulminierte in dem *Politika*-Artikel ‚Vojko und Savlje' am 18. Januar 1987; dann ließ sie nach und hörte im Sommer ganz auf. Seit dem 8. Plenum des ZK des BdK Serbiens, auf dem sich Milošević durchsetzte, gab es weder Angriffe auf die Akademie noch Rück-

---

[295] Dort heißt es: „Integritet srpskog naroda i njegove kulture u čitavoj Jugoslaviji postavlja se kao sudbinsko pitanje njegovog opstanka i razvoja."

[296] Milosavljević: ‚Der Mißbrauch der Autorität der Wissenschaft', S. 167, die sich auf *Književne novine*, 1.–15.1.1988 bezieht, was allerdings mehr als ein Jahr nach der Veröffentlichung des Memorandums ist.

[297] *Le Nettoyage ethnique*, S. 233, mit Bezug auf *Politika*, 30.10.1986, S. 6 u. 17.2.1987, S. 7.

trittsforderungen, und die serbische Presse begann wieder, Artikel der Akademie zu publizieren.[298]

In der Zeit der Meetings 1988/89 gab es eine starke Verbindung zwischen Akademie und Regierung. Das erste gemeinsame Projekt war eine wissenschaftliche Tagung, „Aktuelle Probleme der Verfassung und Verfassungsänderungen", vom 17. bis 19. März 1988 in der Akademie. Auf ihrer Jahresversammlung im Mai unterstützte ihr Vorsitzender, Dušan Kanazir, ausdrücklich die Arbeit der Regierung. Anfang Oktober folgte eine Diskussion über Verfassungsänderungen mit dem Dokument ‚Die Stellungnahme der SANU zu den Änderungen der Verfassung der Sozialistischen Republik Serbien', in der die Vorstellungen aus dem Memorandum fortgeführt, abgemildert und konkretisiert wurden. Das Mitglied Samardžić bemerkte, dass „unsere Wissenschaft und die SANU in hohem Maße für das verantwortlich sind, was in Gang gekommen ist und was sich als Chance für eine Neuordnung der Dinge erweist".[299]

Kanazir betonte auf der Jahresversammlung im Mai 1989 ausdrücklich die Einigkeit des serbischen Volkes:

> Serbien hat durch bewundernswerte Einigkeit und durch den Kampf seines Volkes, durch mutige, beherzte und ehrliche Stellungnahmen sowie durch die Einigkeit der neuen Partei- und Staatsführung mit dem Präsidenten S. Milošević an der Spitze seine Souveränität, Staatlichkeit, Einigkeit wiederhergestellt und ist zu einem gleichberechtigten Mitglied unserer föderativen, sozialistischen, multinationalen Gemeinschaft geworden. Die Akademie hat diese Anstrengungen und das Programm der neuen serbischen Führung unterstützt und unterstützt es auch heute.[300]

Bis zum März 1991 wurde diese Harmonie zwischen Akademie und Regierung durch keinen Auftritt eines Akademiemitglieds gestört.[301] Auch der auf der Jahresversammlung im Mai 1990 einstimmig gefällte Beschluss, den Aktivausschuss des Bundes der Kommunisten aufzulösen und Tätigkeiten politischer Parteien in der Akademie zu untersagen, änderte nichts am starken politischen Engagement der Mitglieder wie auch ihrer Führung. So wurde Mihailo Marković stellvertretender Vorsitzender und Isaković Mitglied des Hauptausschusses der im Juli aus dem BdK

---

[298]   Milosavljević, a. a. O., S. 167. Zur Kritik des serbischen Radios und Fernsehens am Memorandum s. Veljanovski: ‚Die Wende in den elektronischen Medien', S. 301f.

[299]   Milosavljević, a. a. O., S. 168f., die sich dabei auf folgende Ausgaben der *Politika* bezieht: Zu Kanazir: 27.5.1988; ‚Die Stellungnahme der SANU': 19.11.1988; zu Samardžić: 4.10.1988.

[300]   Branislava Berger: ‚Die Akademie unterstützte und unterstützt das Programm der neuen serbischen Führung', *Politika*, 26.5.1989, S. 7, zit. v. Milosavljević, a. a. O., S. 170.

[301]   Milosavljević, a. a. O., S. 171 u. 179.

Serbiens hervorgegangenen SPS. Auch im nun beginnenden Wahlkampf unterstützten die Akademiemitglieder die SPS.[302]

Aber auch andere Parteien und neu geschaffene Gesellschaften wurden unterstützt, vor allem die SDS, die von Radovan Karadžić geführte nationalistische serbische Partei in Bosnien-Herzegowina und Kroatien, die Partei „Neue Demokratie" und die „Gesellschaft der Serben aus Kroatien", in der Akademiemitglieder reichlich vertreten waren.[303]

Erst mit den Demonstrationen im März 1991 in Belgrad, auf denen Miloševićs Rücktritt gefordert wurde und gegen die er Panzer auffahren ließ, wurden die Gegensätze innerhalb der serbischen Gesellschaft deutlicher und auch die Akademie trat nicht mehr einheitlich auf.[304]

Als Letztere daraufhin in mehreren Leserbriefen an die *Politika* dazu aufgefordert wurde, sich öffentlich zur Situation zu äußern, zog sie sich darauf zurück, es sei nicht ihre Aufgabe, zu politischen Fragen Stellung zu nehmen. Zugleich betonte sie allerdings, dass das Memorandum „bedeutende Folgen für die gesellschaftliche Entwicklung der letzten Jahre hatte" und als „spezifisches nationales Programm für den Weg des serbischen Volkes in die Zukunft" begriffen worden sei.[305]

1991, im Jahr des Kriegsbeginns, ging es zentral um die Idee der „vereinten serbischen Staaten". Um diese zu verwirklichen, sollte ein Serbischer Nationalrat (SNS) gegründet werden als „oberste nationale Institution, die für die Interessen aller Serben eintreten wird, gleichgültig, wo sie leben".[306] Die Initiative wurde *Politika* zufolge sowohl von einer Reihe politischer Parteien innerhalb und außerhalb Serbiens als auch von der orthodoxen Kirche und den „höchsten wissenschaftlichen und kulturellen Institutionen in Serbien" angenommen. Auch Vertreter der Akademie wollten in den Nationalrat eintreten. Im Sommer aber war das Projekt bereits gescheitert.[307]

Der Krieg war schließlich in seiner „Notwendigkeit" nicht strittig, allenfalls gab es unterschiedliche Auffassungen zu seiner Definition.[308]

---

[302]   Ebd., S. 170.

[303]   Ebd., S. 170f. Zur Gründungsversammlung von „Neue Demokratie" bezieht sie sich auf die *Politika* vom 11.7.1990, zur Präsentation der SDS auf die Ausgabe vom 3.11.1990.

[304]   Ebd., S. 172 mit Bezug auf die *Politika* vom 13.3.1991.

[305]   Ebd. mit Bezug auf die *Politika* vom 23.3.1991.

[306]   Ebd., S. 174, die hier die *Politika* vom 31.3.1991 zitiert.

[307]   Ebd. mit Bezug auf die Ausgaben der *Politika* vom 30. u. 31.3.1991. Mit der Gründung der Serbischen Versammlung (Sabor) wurde im September ein neuer Versuch gemacht, das Projekt zum Erfolg zu führen (ebd., S. 175).

[308]   Ebd., S. 173, Anm. 6.

Bis dahin hatten die Verfasser des Memorandums allerdings längst auch Nachahmer beziehungsweise ähnlich Gesinnte unter ihren Gegnern gefunden. Zu Beginn des Jahres 1987 erschienen in der Ljubljanaer Zeitschrift *Nova Revija* ‚Beiträge zu einem slowenischen Nationalprogramm', deren Thesen nach Viktor Meier „als eine Art Gegenstück zum ‚Memorandum' der serbischen Akademie betrachtet werden können".[309] Darin wird von mehreren slowenischen Schriftstellern, Wissenschaftlern und Intellektuellen der Austritt aus der jugoslawischen Föderation gefordert und von einem Großslowenien geschwärmt.[310]

3.3.4. Der Kosovo-Mythos in Miloševićs Politik und in den Medien

Bis 1987 waren serbische Politiker mit nationalistischen Äußerungen relativ zurückhaltend gewesen,[311] auch wenn sie solchen Tönen in der Öffentlichkeit recht viel Raum ließen. Im Mai 1986 wurde Milošević Präsident des serbischen BdK. Noch vor dem 13. jugoslawischen Parteikongress Mitte Juli wurde die Einsetzung gemischter Kommissionen der Provinz, der Republik Serbien und des Bundes als erste außerordentliche Bundesmaßnahme im Kosovo beschlossen. Sie sollten das Gerichts- und das Unterrichtswesen überprüfen, vor allem die Immobilienverkäufe seit 1990,[312] Maßnahmen, die angesichts der Lage nicht verwundern. Auch im staatlichen serbischen Fernsehen und Radio war bis Mitte der 80er Jahre immer häufiger und immer ausführlicher über das Kosovo berichtet worden, jedoch ohne nationalistische oder mythisierende Töne.[313]

Beides änderte sich, als Milošević im April 1987 wegen der zunehmenden Probleme in die Provinz reiste und sich dort, entgegen der bisher gültigen Haltung der Partei, auch mit serbischen Nationalisten traf. Bis dahin war das Kosovo kein Thema für ihn gewesen.[314] Im ersten Teil von Norman Percys Film *Der Bruderkrieg* ist zu sehen, wie er orientierungslos vor dem Versammlungsgebäude herumläuft und nicht zu wissen scheint, was er den aufgebrachten serbischen Demonstranten sagen soll,

---

[309]   Meier: ‚»Pseudorevolution in Slowenien«', *FAZ*, 2.3.1987.

[310]   Chalupa: ‚Ein Plagiat aus dem »Dritten Reich«', *Der Tagesspiegel*, 4.3.1987. Vgl. a. *SZ*, 23.5.1987.

[311]   Manche allerdings klangen bedrohlich, etwa die des jugoslawischen Parteivorsitzenden Draža Marković, der im Frühjahr 1984 bei einem Besuch in Priština erklärte, die Forderung nach einer Republik Kosovo öffne den Weg zu Konzentrationslagern und Völkermord (Meier: ‚Nationalismus und eine verfehlte Politik', *FAZ*, 4.4.1984). Das muss nicht zwangsläufig nationalistisch gemeint gewesen sein. Möglicherweise wollte er vor den explosiven Folgen eines solchen Schritts warnen.

[312]   Meier: *Wie Jugoslawien verspielt wurde*, S. 73.

[313]   Veljanovski: ‚Die Wende in den elektronischen Medien', S. 301.

[314]   Malcolm: *Kosovo*, S. 341, der sich auf Stambolić: *Put u bespuće* bezieht.

die sich über ungerechte Behandlung und Übergriffe der aus Albanern bestehenden Polizei beklagen. Aber er weiß, er muss etwas sagen. Tastend bringt er schließlich die Worte hervor: „Es darf euch niemand schlagen." Erst indem er sie mehrmals wiederholt, erhalten sie einen entschiedeneren Ton. Und erst die Fernsehübertragung dieser Worte und ihre ausdrückliche Verbreitung in der Presse ließ ihn zu einem nationalistischen Führer werden.[315]

Es scheint also bereits vor Miloševićs Einflussnahme auf die Medien zumindest bei einigen von ihnen eine Verschiebung zu seinen Gunsten gegeben zu haben. In Bezug auf *NIN* haben wir eine nationalistische Tendenz bereits festgestellt. Die Entwicklung Miloševićs zum nationalistischen Führer und die der Medien zu nationalistischen Propagandainstrumenten hat sich demnach wechselseitig verstärkt, und es hat offenbar nicht wenige einflussreiche Journalisten gegeben, die diese Entwicklungen von sich aus förderten.

Auch auf dem 8. Plenum des ZK der serbischen Kommunisten vom 23. bis 25. September war die Situation im Kosovo ein zentrales Thema. Die bisherige „weiche Linie" bildete den Hebel, den Belgrader Parteisekretär Dragiša Pavlović, mit ihm die gesamte liberale Fraktion und letztlich auch Miloševićs Mentor und Vorgänger Stambolić zu entmachten.[316] Dabei soll unter anderem Aleksandar Mitrović, der neue Chef des serbischen Fernsehens, eine exponierte Rolle gespielt haben.[317] Am 12. Oktober wurde auch der Direktor der *Politika*, Ivan Stojanović, der den Kosovo-Albanern gegenüber einen „maßvollen Kurs" befürwortet hatte, abgesetzt.[318]

3.3.4.1. Die Meetings 1988

Die Jahre 1988/89 waren besonders stark von nationalistischer Agitation geprägt, vor allem durch die „Meetings der Wahrheit", die vom serbischen BdK in Serbien und schließlich auch außerhalb der Republik organisiert wurden und an denen sehr

---

[315] Vgl. Bennett: *Yugoslavia's Bloody Collapse*, S. 94. Es wäre ja auch möglich gewesen, ihn deswegen scharf anzugreifen oder sogar lächerlich zu machen (vgl. den sehr präzisen Spott bei Ugrešić: *Die Kultur der Lüge*, S. 180f.).

Zur Bedeutung der Medienpolitik Miloševićs vgl. Bennett, a. a. O., S. 97; Meier: *Wie Jugoslawien verspielt wurde*, S. 75; Nenadović: ‚Die *Politika* im Sturm des Nationalismus'; Veljanovski, a. a. O. (zu deren Hinwendung zum Nationalismus 1987 s. S. 303f.); Marković: ‚Die Nation: Opfer und Rache'; Milivojević: ‚Die Nationalisierung des täglichen Lebens'.

[316] Meier: *Wie Jugoslawien verspielt wurde*, S. 75f. S. hierzu a. die *Politika* vom 24., 25. u. 26.9.1987, vor allem S. 11 am 25.9., wo Pavlović vorgeworfen wird, „eine vollständige Kritik *unseres* Kampfes im Kosovo" zu üben (Hervorh. C. P.).

[317] Meier: *Wie Jugoslawien verspielt wurde*, S. 437, Anm. 12.

[318] *M-A*, 6/89, Jugoslawien, Chronik 1987, S. 29.

viele Menschen teilnahmen. Sie wurden kostenlos mit Bussen zu den Veranstaltungsorten gefahren, hatten einen Tag frei und wurden auch noch verköstigt.[319]

Von den Meetings, auf denen sich das Volk ‚ereignete‘ (*dogadjanje naroda*) – eine Formulierung, die stark an Heidegger erinnert –, zitiert Nedeljković folgende Slogans: „Amselfelder Flachland, blutige Wunde", „Auf dem Kosmet welkt die Pfingstrose, sie beklagt die ausgewanderten Serben", „Sie haben das Volk verraten, sie haben Kosovo verraten", „Laßt uns Kosovo nicht hergeben, laßt uns Miloš' Grab nicht hergeben", „Janko kam zu spät zum Amselfeld, wir wollen nicht zu spät kommen", „Kaiser Murat fiel auf dem Amselfeld, und ihr Verräter werdet jetzt fallen", „Womit werden wir vor Miloš treten", „Miloš, steh' auf", „Das Amselfeld ist heiliges serbisches Land", „Das Amselfeld ist des Serben Seele / und seine nicht verheilte Wunde, / sein Blut und sein Gebet, / seine Erinnerung und seine Wiege".[320]

Die renommierteste Belgrader Tageszeitung, *Politika*, richtete am 3. August 1988 neben ihrer alten Leserbriefrubrik ‚Medju nama‘ (Unter uns) eine neue ein, ‚Odjeci i reagovanja‘ (Echos und Reaktionen), in der die Stimmung der Meetings von der Leserschaft in vielfältiger Weise bekräftigt wurde. Besonders in der Anfangszeit meldeten sich auch einige Professoren zu Wort, so etwa am 4. August Prof. Dragoljub Nedeljković unter der Überschrift ‚Den Ereignissen im Kosovo gegenüber darf niemand gleichgültig sein‘.

In diesen Beiträgen wurde auf das Kosovo in folgender Weise Bezug genommen: Es sei für Serbien ein „Krebsgeschwür", ein „Golgatha", ein „gordischer Knoten", die „Schwelle", das „Zentrum" (seiner Souveränität und Geisteshaltung), „Seele und Herz", das „serbische Seelenepos". Die Albaner wurden gehäuft als „be-

---

[319] Bennett: *Yugoslavia's Bloody Collapse*, S. 95; s. a. S. 98. Vgl. a. Nenadović, a. a. O., S. 287 u. 297. Wer in der Milošević-Regierung den Verursacher der nationalistischen Entwicklung und der aus ihr folgenden Kriege sieht, dem erscheint die Bevölkerung leicht als manipuliertes und verführtes Volk. Die Schonung, die es in diesem Urteil erfährt, ist eine scheinbare, denn eigentlich wird es für derart manipulierbar erklärt, dass es eigentlich unmündig ist. Zugleich ist dieses Urteil ein hilfloser Versuch, eine Erklärung zu finden, denn nun drängen sich gleich die nächsten Fragen auf: Wie war es möglich, dass eine Gruppe machtgieriger Politiker mit Milošević an der Spitze so erfolgreich sein konnte? Warum war der Widerstand gegen sie so schwach? Offenbar brachte die neue serbische Führung eine in der Bevölkerung weit verbreitete Stimmung zum Ausdruck. Ebenfalls auf S. 297 erwähnt Nenadović, dass die Redaktion der *Politika* sich steigender Auflagen erfreuen konnte und „sich die von der trügerischen Wärme nationaler Entflammung ergriffenen Köpfe der *Politika* [beeilten], der aggressiven Ideologie, die sie adoptierten, noch mehr zu bieten, als diese erwartete".

[320] Nedeljković: ‚Kosovo i Metohija u svesti i na usnama naroda‘, S. 266–278, zit. v. Zirojević: ‚Das Amselfeld im kollektiven Gedächtnis‘, S. 59, Anm. 16.

stialisch", „monströs" und „ungeheuerlich" bezeichnet.[321] Die neue nationalistische Politik wurde als ‚Erwachen' und ‚Reinigung' gefeiert. So erschien am 8. Juli, als ‚Reagovanja' noch eine Unterrubrik von ‚Medju nama' war, eine Zuschrift von Vjera Bakotić unter dem Titel ‚Ein Strahl klaren Wassers wusch die Unwahrheit ab' (S. 13). Diese Rubrik der *Politika* war so etwas wie Volkes Stimme. Die Meetings wurden gegen ihre (meist ungenannten) Gegner verteidigt, etwa am 17. September 1988 von Natalija Janićijević: ‚Wie nicht alles klar ist, was im Kosovo geschieht' (S. 10) oder am 5. September von Prof. Dr. Filip R. Šuković: ‚Die Bürger auf den Meetings entdecken die wahren Ursachen der gesellschaftlichen Krise' (S. 14). Für Mila Janković ist in ‚Ohne Rücksicht darauf, wie bitter und schrecklich die Wahrheit über das Kosovo ist, muss sie gesagt werden' Milošević der erste, der nach dem Zweiten Weltkrieg die wirklichen Probleme ausspricht. Für sie ist ausgemacht, dass die Albaner ein ethnisch reines Kosovo schaffen (ebd.). Der Kosovo-Mythos und mit ihm verbundene Bilder wurden weit stärker von Lesern und Leserinnen angeführt als von Redakteuren. So ist noch 1988 zum Jahrestag der Schlacht nichts dazu zu lesen.

Vom 15. Juli bis 19. August erschien dann allerdings eine ausführliche und reich bebilderte Serie ‚Boj na Kosovu' (Die Schlacht im Kosovo) von Dr. Rade Mihaljčić, jeweils auf einer ganzen Zeitungsseite. Zugleich wurde mehrfach sein dreibändiges Werk *Boj na Kosovu 1389.–1989.* mit Bestellcoupon annonciert. Die Schlacht dauerte also an, so suggerierte zumindest der Titel des Buchs. Die Artikel hingegen waren nüchtern und sachlich. Auch wies Mihaljčić darauf hin, dass die Legenden immer wieder abgewandelt worden seien, wenn etwas an ihnen als unpassend empfunden worden war.[322]

Das ‚Meeting der Brüderlichkeit und Einigkeit' am 19. November 1988 in Belgrad war das größte überhaupt. Die *Politika* widmete ihm am Folgetag die ersten neun Seiten. Die Balkenüberschriften der Titelseite lauten: ‚Die Vereinigung Serbiens kann keine Kraft mehr aufhalten', ‚Slobodan Milošević: Die Schlacht für das Kosovo werden wir gewinnen ohne Rücksicht auf Hindernisse, die sich uns im Land und außerhalb des Landes stellen', ‚Auf dem Meeting haben sich anderthalb Millionen Menschen versammelt'.

S. 2 vermittelt ein Stimmungsbild der angereisten Teilnehmer. Auf S. 3 schließlich ist Miloševićs Rede abgedruckt. Darin betont er, die Wiederherstellung von Ruhe und Ordnung im Kosovo sei das wichtigste Ziel. Für Serbien gebe es keine wichtigere Aufgabe und auch für Jugoslawien sollte es die wichtigste sein. Weiter führt er aus:

---

[321] Blagojević: ‚Der Exodus aus dem Kosovo', S. 76, die sich auf den von Popović, Janča u. Petovar („„eine unabhängige Kommission", wie sie sagt) verfassten Bericht *Kosovski čvor – drešiti ili seci?*, S. 124f. bezieht.

[322] *Politika*, 14.8.1988, S. 19.

Das lange Ausbleiben dieser [jugoslawischen] Solidarität für die endlosen Leiden der Serben und Montenegriner im Kosovo ist eine unheilbare Wunde in ihrem Herzen, genauso wie im Herzen von ganz Serbien. Aber es ist nicht die Zeit für Trauer, sondern für Kampf. Dieses Bewusstsein hat Serbien in diesem Sommer erfasst, und es wurde zu einer materiellen Kraft, die den Terror im Kosovo stoppen und Serbien vereinigen soll. Das ist ein Prozess, den keine Kraft mehr aufhalten kann, vor dem jede Angst schwach wird.

Und er warnt,

dass wir überhaupt nicht furchtsam sind, dass wir uns in jede Schlacht begeben mit der Absicht, sie zu gewinnen, und dass wir ungerechte und unehrliche Schlachten zum Schaden anderer Völker nie geführt haben. Diese Schlacht für das Kosovo hat das Volk begonnen, alle Bürger, gleich welcher Nationalität oder welchen Berufs. Und es gibt keine Schlacht auf der Welt, die ein Volk verloren hat. Da hat die Führung keine große Wahl. Entweder wird sie sich an die Spitze des Volkes stellen und seine Stimme erhören oder sie wird von der Zeit fortgespült werden.

Die Bedeutung des Kosovo für Serbien charakterisiert er folgendermaßen: „Jedes Volk hat jene Liebe, die ewig sein Herz erwärmt. Für Serbien ist sie das Kosovo. Deshalb wird das Kosovo in Serbien bleiben."

Der Rest der Rede ist eher in einem weniger nationalistischen Ton gehalten. Milošević beruhigt die Albaner, das alles sei nicht gegen sie gerichtet, eine Aussage, unter der die ganze Rede erscheint: ‚Den Albanern im Kosovo kann ich mitteilen, dass es in Serbien für niemanden schwer gewesen ist zu leben, weil er kein Serbe ist'. Es wird auf die zukünftige Arbeit der Partei hingewiesen, die vor allem darin bestehe, die wirtschaftliche Lage zu verbessern. Dennoch vergleicht Milošević noch einmal warnend den jetzigen Kampf um das Kosovo mit dem Spanischen Bürgerkrieg, an dem sich viele so bereitwillig beteiligt hätten – während es diesmal gar nicht nötig wäre, sein Leben einzusetzen. Auch die Ankündigung, die Einheit der Republik Serbien werde wieder hergestellt, wirkt in diesem Kontext bedrohlich.

Die Rede schillert zwischen der Drohung mit Krieg, indem Milošević betont, dass es jetzt an der Zeit sei zu kämpfen, dass die Schlacht um das Kosovo begonnen habe und dergleichen, und der Beruhigung, dass der Kampf nicht gegen die Albaner gerichtet sei und niemand sein Leben einsetzen müsse – eine Mischung, die nicht untypisch ist für Kriegspropaganda, wird sie doch gerne in Friedensliebe gekleidet. Allerdings hetzte Milošević nicht, er begnügte sich mit Hinweisen auf Schuldige, ließ vieles im Vagen und überließ damit die Konkretisierung der Fantasie der Zuhörer – die allerdings bereits durch die Stimmung der Veranstaltung miteinander kurzgeschlossen waren – sowie der Auslegung durch die Medien.

Die wirtschaftliche Lage tippte Milošević zwar an – sie scheint damit kurz auf als reales Substrat der Probleme –, aber er ging nicht auf sie ein. Damit wurde der nationale Kampf zur eigentlichen Aufgabe, die Lösung der wirtschaftlichen Probleme lediglich zu einem seiner Aspekte.

Den Kosovo-Mythos bringt Milošević zwar nicht explizit ins Spiel, aber er lässt ihn häufig anklingen: das Kosovo als Herzstück, als Liebe des serbischen Volkes; die Notwendigkeit darum zu kämpfen; die daraus folgende notwendige Einheit, die Milošević als bereits verwirklicht feiert; die unübersehbare Bedrohung dieser Einheit, die er ganz und gar im jugoslawischen Bundesstaat, also in anderen Republiken und in deren fehlender Solidarität, sieht, womit, als solcher noch unausgesprochen, bereits der Vorwurf des Verrats mitschwingt; die Serben selbst kämpften wie damals und immer einen gerechten Kampf zu niemandes Schaden. Milošević präsentiert sich hier nicht als Avantgarde des Volkes (oder der Arbeiterklasse), sondern als Teil einer Führung, die ihre Aufgaben erfüllt, das heißt ein Ohr für die Nöte des Volkes hat, dessen Sprache versteht und ihm als Sprachrohr dient. Anders als in vielen anderen nationalistischen Bewegungen ist hier das Volk also nicht von einer kleinen Gruppe quasi Erwählter ,erweckt' worden, sondern ,selbst erwacht'.

Es ist eine Bewegung der Verantwortungslosigkeit, die Milošević sowohl beschreibt als auch proklamiert. Er hatte eine in Serbien weit verbreitete Stimmung aufgefangen und sich zu eigen gemacht. Aber seit Monaten verstärkte er sie ganz gezielt und ließ sie, vor allem durch die Medien, als allgemeine erscheinen. Auch war sie eben nicht mehr bloß Stimmung, die sich schließlich Luft machte, indem sie eine Stimme fand, sondern in Milošević traf sie auf das passende Gehör. Dass die Führung die Stimme des Volkes hörte, verwandelte diese. Die Stimme wurde Bewegung, sie wendete die Verhältnisse grundlegend. Sie war zugleich eine Bewegung des Erwachens, Aufstehens und Zugehens auf ein gemeinsames Ziel. Sie ging nicht von Einzelnen aus, sondern erfasste, aus nicht näher bestimmten seelischen Tiefen kommend, alle gleichermaßen, ,eine Liebe, die ewig das Herz des Volkes erwärmt' – so das präsentierte und beschworene Bild, das aber zugleich für einen entscheidenden Teil der Bevölkerung erlebte Wirklichkeit war.

Die politische Führung habe in dieser Situation gar keine andere Wahl, als sich an die Spitze dieser Bewegung zu stellen, wolle sie nicht jede Berechtigung verlieren, Führung zu sein – so die Argumentation. Dabei ging sie über das Politische hinaus und wurde zu einer existenziellen Führung. Indem die gesellschaftliche Bewegung dermaßen als Äußerung des innersten Wesens des Volkes erschien, war sie einer Analyse unzugänglich gemacht. Wer nicht mit ergriffen wurde, gehörte nicht zum Volk, war Außenseiter oder stellte sich als Verräter auf die andere Seite – er konnte bereits nicht mehr mitreden oder entlarvte sich durch seine Kritik als Feind. Wer aber ergriffen war, der versuchte, gerade der Verunsicherung zu entkommen, die eine Konfrontation mit der gesellschaftlichen Situation und deren Analyse mit sich bringen musste. Der Einzelne musste nichts mehr entscheiden, er konnte sich der allgemeinen Bewegung und damit einem starken, erhebenden Gefühl, getragen zu sein, überlassen.

3.3.4.2. Die 600-Jahr-Feier der Schlacht auf dem Amselfeld

Je näher die 600-Jahr-Feier rückte, umso häufiger tauchten die Amselfelder Motive in den Medien, aber auch in der Literatur, im Theater, in der Malerei, der Musik und im Film auf.[323] Um den Festtag herum häuften sich die Artikel zur Schlacht auch in der *Politika*. Sie beschränkten sich nicht nur auf die politische Berichterstattung. Nahezu überall war von der Schlacht und den Geschichten um sie die Rede, so auf der Seite ‚Kultur – Kunst – Wissenschaft' am 24.6. (S. 11), in der Fernsehbeilage *7 Dana* vom 23. bis 30.6. (Szenenfotos aus dem extra für die Feier gedrehten Monumentalfilm *Boj na Kosovu*), auf den Kinderseiten (‚Politika za decu') am 22.6. (S. 21f.) und den Rätselseiten am 25.6. (S. 21). Am 22.6. wurde auch ein Gemälde der Schlacht von Radislav Trkulja abgedruckt (S. 15), auf dem links die sich verteidigenden *weißen* christlichen Ritter, rechts die angreifenden *schwarzen* Reiter des Islams zu sehen sind.

Vom 23. Juni bis 5. Juli erschien als historiografische Begleitung der 600-Jahr-Feier die Serie ‚Vuk Branković und die Kosovo-Schlacht' von Dr. Momcilo Spremić, der sich dagegen wehrt, Geschichtsschreibung und Volksüberlieferung strikt voneinander zu trennen (5.7., S. 17). Er geht zwar durchaus kritisch mit der Überlieferung um, streut aber immer wieder Sätze ein, die selber mythisch sind, und hebt damit seine Kritik wieder auf. So stellt er in der letzten Folge der Serie ‚Zwischen Opfer und Verrat' am 5. Juli (S. 17) zwar das Bild des Verräters Branković infrage und ordnet ihn als Feudalherrn in seine Zeit ein, wobei er sein Ende ausdrücklich nicht weniger tragisch nennt als das Lazars. Aber dann folgen Sätze wie: „Genauso wie die Zeit für Helden kommt, kommt auch die für Verräter." Oder: „Die Kosovo-Schlacht war eine ruhmreiche Stunde des Heldentums, aber auch der Versuchung. In Momenten der Entscheidung kommt das eine nicht ohne das andere aus." ‚Heldentum' und ‚Verrat' werden also letztlich nicht durch die Kritik reflektiert, sondern bestehen mit ihrer mythischen Aufladung weiter. Da die Gegenwart, wie jeder Leser wusste, auch wieder ein ‚Moment der Entscheidung' war, bezogen sich diese Sätze auch ganz direkt auf sie.

Am 26. Juni wurde von der bevorstehenden Feier und allem möglichen Wissenswerten um sie herum auf acht Seiten berichtet (S. 1, 5, 9, 11, 19–21 u. 27). Zusätzlich gab es eine vierseitige illustrierte Beilage.

Aber es gab auch andere, nachdenklichere, die Ambivalenzen nicht leugnende Stimmen, in denen nicht nur die Einheit und der Kampf beschworen wurden, so in den beiden Gedichten, *Gračanice* (das ist die Anrufung des Klosters Gračanica) von Desanka Maksimović und *Bojovnici sa Kosova polja* (Krieger vom Amselfeld) von Vasko Popa, am 24. Juni auf S. 11. Oder fett gedruckt im Kästchen (!) am 26. Juni der Ausspruch: „Besser ist der Tod an der eigenen Feuerstätte als die Wanderung. Er ist nicht besser! Man weiß nicht, was schlechter ist. (Dobropolje, 1690)" (S. 20).

---

[323] Zirojević: ‚Das Amselfeld im kollektiven Gedächtnis', S. 59.

Das 600. Jubiläum der Kosovo-Schlacht wurde weniger als Gedenktag begangen denn als Wiederkehr einer heldenhaften Vergangenheit. Der zentrale Ort der Feier war das Denkmal der Schlacht, auf dem bis heute steht: „Wer ein Serbe und serbischer Abstammung ist und nicht auf das Amselfeld kommt, soll keine Nachkommen mehr haben, und unter seiner Hand sollen weder roter Wein noch weißer Weizen gedeihen.“[324] Die *Politika* titelte am 28. Juni: ‚Kosovo-Zeit. Das serbische Volk feierte und feiert seine Helden und erkennt wieder seine Verräter‘. Im folgenden Artikel heißt es: „Die serbische Armee auf der Verteidigungslinie der Zivilisation, zur Verteidigung der serbischen Ehre und des europäischen Kreuzes. Serbien haben wir nicht verteidigen können, aber Europa.“ Und wieder: Serbien habe nie nur für sich gekämpft. „Zivilisatorisch gesehen, ist Serbien immer Sieger gewesen, sowohl im Krieg als auch im Frieden.“[325] „Bis heute werden Brankoviće Serbien zum Verhängnis.“ „Heute müssen wir uns an die Worte Fürst Lazars vor der Kosovo-Schlacht erinnern: ‚Es ist besser ehrenvoll zu sterben als ehrlos zu leben.‘“ Es folgt der Bezug auf den 27. März 1941 mit der damaligen Parole: „Wahrheit, Gerechtigkeit, Ehre – oder Tod.“ „Es ist wieder Kosovo-Zeit, denn im Kosovo und in seinem Umfeld wird das Schicksal Jugoslawiens und des Sozialismus entschieden. Das serbische und jugoslawische Kosovo wollen sie uns wegnehmen, sie wollen es, werden es aber nicht können.“ „Die Erinnerung an die Kosovo-Schlacht gibt uns große moralische Kraft und zerstört die Formel: ‚Serbien siegt im Krieg, aber es verliert im Frieden‘, überzeugt uns von der geschichtlichen Ehre und vom Heldentum, aber auch von der geschichtlichen Mission des serbischen Volkes.“ „Im Übrigen hat Serbien auch dieses Jahr, sechs Jahrhunderte nach der Kosovo-Schlacht, auch im Frieden gesiegt. Es hat in einer ungewöhnlichen Schlacht gesiegt: Gleichberechtigt zu werden mit den anderen Republiken.“ Es sei eine Schlacht auch für Jugoslawien gewesen – zwangsläufig, da ja gilt, die Serben kämpften nur, wenn sie auch für andere kämpften.[326]

Insgesamt sind es 15 Seiten, auf denen die Feier und ihr Anlass behandelt werden. Auf S. 4 ist unter der Überschrift ‚Mit koji je ujedinjavao srpski narod‘ (Der Mythos, der das serbische Volk vereinigt hat) zu lesen: „Er [der Mythos] wird auch

---

[324] Olschewski: *Der serbische Mythos*, S. 83. Der Titel des Buchs klingt für das Thema dieser Arbeit vielversprechend. Leider ist Olschewski von nationalen Mythen allgemein und vom Kosovo-Mythos im Besonderen selbst so begeistert, dass sein Buch wenig hilfreich ist. Er erzählt die Geschichte der Schlacht in einer Mischung aus *science* und *fiction* und weiß sogar, was einzelne Protagonisten dachten (etwa S. 514). Die heutigen Serben stilisiert er zu einem Widerstandsvolk gegen die „Spätmoderne“, und auch hier fließen Zitate und eigene Sicht häufig ununterscheidbar ineinander (etwa im Kapitel ‚Die Mythomanen und der Krieg‘).

[325] Ein Einspruch gegen die von Dobrica Ćosić geprägte – oder auch nur verwendete – Formel, nach der Serbien immer im Krieg gewinne und im Frieden verliere (vgl. S. 222). Die ‚Niederlage‘ wird hier in einen *zivilisatorischen* Sieg umgedeutet – überlegen war man auf jeden Fall.

[326] Siehe a. Zirojević: ‚Das Amselfeld im kollektiven Gedächtnis‘, S. 60.

heute seine Rolle spielen, was man keinesfalls aus den Augen verlieren darf, auch jetzt im Zusammenhang mit dem Kosovo-Drama nicht." Die Zeit der osmanischen Herrschaft wird, wie so oft, als „türkische Sklaverei" bezeichnet. Auf S. 5 wird an Miloševićs Auftritt im Kosovo im April 1987 erinnert. Die ganze elfte Seite ist der Erinnerung an die Feiern 1939 gewidmet – ironischerweise auch damals von der Chronologie her der Auftakt zu einem großen Morden zwei Jahre später.

Mehrfach wurde auf der Feier die Schlacht als Zusammenstoß zwischen „zwei Menschheiten", als „Zusammenstoß zweier Zivilisationen", der muslimischen und der christlichen, in dem Serbien 1389 „die letzte Bastion vor dem Ansturm des Islam" war, charakterisiert.[327]

Zwischen 300 000 und zwei Millionen Menschen, so die Schätzungen, sollen an der Feier teilgenommen haben, darunter „jeder fünfte Einwohner Serbiens, alle Serben vom Kosovo, all jene, die aus dem Kosovo weggezogen sind unter dem Druck des Unrechts und der Unfreiheit".[328] In ihrem Zentrum stand die kurze Ansprache Miloševićs.[329] Sie gilt vielen nachträglich als Ankündigung der späteren Kriege. Besonders die folgende Stelle wurde immer wieder zitiert: „Heute […] stehen wir wieder in Schlachten und vor Schlachten. Sie werden nicht mit Waffen geführt, obwohl auch solche nicht ausgeschlossen sind." Dabei ist sie weniger aggressiv als die auf dem Belgrader Meeting im November des Vorjahres gehaltene Rede.

Es ging um *das* Ereignis der serbischen Geschichte, und Milošević stellte die Gegenwart in eine Kontinuität mit der Vergangenheit. Die Rede hätte, wie so viele nationalistische Texte, das Jubiläum als Auferstehung der mittelalterlichen Helden feiern und die Gegenwart ganz in der mythischen Zeit eines ewigen antagonistischen Kampfes auflösen können.[330] Das tat Milošević nicht. Vielmehr bediente er eher vage fast in gleichem Maße nationalistische und sozialistische Erwartungen. Die aktuelle

---

[327] Ebd.

[328] 300 000 habe die Agentur Reuter geschätzt, so ebd., S. 59, Anm. 17 mit Berufung auf *Politika*, 29.6.1989, die auf S. 1 allerdings von zwei Millionen spricht. Dort a. das Zitat.

[329] Siehe den vollständigen Text der Rede im Anhang, S. 488–495 (die Seitenangaben im Text verweisen darauf). Dort auch zu den Manipulationen, die seitdem an ihr vorgenommen worden sind.

[330] In diese Richtung ging etwa die Festrede von Patriarch German, der u. a. sagte: „Wenn es um die Schlacht auf dem Amselfeld 1389 geht, dann erinnert sich jeder Serbe, ob Kind oder Greis, daran. Er weiß um die Schlacht und ist all dem, was damals geschah, und was sich in den folgenden Jahrhunderten ereignete, mit Herz und Seele verbunden. So ist Kosovo mit dem innersten Wesen unseres Volkes auf engste verwoben. Unser Volk hat begriffen, dass die Tragödie von Kosovo und die darauffolgende 500-jährige Sklaverei auf die Sünde zurückzuführen war. Das Unheil geschah, weil unter den Nachfolgern des großen Zaren Dušan Zwietracht herrschte, und sein herrliches Reich wegen egoistischer Interessen zerstückelt wurde." (Reuter: ‚Serbien und Kosovo – Das Ende eines Mythos', S. 140f. mit Bezug auf *Borba* vom 29.6.1989)

Lage erscheint als von gesundem Selbstbewusstsein, berechtigtem Stolz und Toleranz geprägt.

Der rote Faden von Miloševićs Rede besteht aus zwei Konstanten der serbischen Geschichte, durch die Milošević so etwas wie einen ‚Volkscharakter' konstruiert, auch wenn er das nicht so nennt. Die eine ist die Zwietracht, die bis zum Verrat gehe, woran die verlorene Schlacht gemahne (S. 489; das Thema wird auf den folgenden Seiten mehrfach wieder aufgegriffen). Für das 20. Jahrhundert zeichnet er sie eher als Schwäche eines Volkes, dem Befreiung stets das Wichtigste gewesen sei, so sehr sogar, dass es bei passender Gelegenheit anderen geholfen habe, sich ihrerseits zu befreien, eines Volkes auch, das seine Größe nie ausgenutzt, sondern sich im Gegenteil ihrer sogar noch geschämt habe. So zeichnet er die Serben als ein zwar heldenhaftes, zugleich aber auch herzensgutes und etwas dummes Volk – als ein heroisches Unschuldslamm.

Diese lange Einleitung führt zum Lob einer multinationalen Gesellschaft, die Serbien immer gewesen sei – hier wechselt Milošević in einen sozialistischen Ton. Eine Aufteilung der Gesellschaft nach Nationalität und Religion dürfe gerade der Sozialismus nicht zulassen (S. 490). Auf konkrete Probleme geht er dabei nicht ein. Gesagt ist damit vor allem, dass alle Befürchtungen einer serbischen Dominanz schlicht absurd seien. Das Problem einer überwältigenden albanischen Bevölkerungsmehrheit im Kosovo und die mit ihr bestehenden schweren Spannungen bringt er zum Verschwinden, indem er betont, Bürger nichtserbischer Nationalität seien kein Handicap für Serbien, es habe sie hier immer gegeben. In der gesamten Rede kommen die im Kosovo lebenden Albaner schlichtweg nicht vor; es wirkt, als existierten sie nicht.

Zusammen mit der Zwietracht beschwört er ihr Pendant, die Einheit (vor allem S. 492f.). Er fasst hierunter sowohl die nationale territoriale Einheit, also die Wiedereingliederung der Vojvodina und des Kosovo in die serbische Republik, als auch die innere Einheit, die Einigkeit unter den Serben.

Als zweite Konstante der serbischen Geschichte seit der Kosovo-Schlacht streicht Milošević das Heldentum heraus. Auch hier spricht er nicht als Propagandist des Mythos, sondern als Politiker, der einen Mythos für seine Politik zu nutzen versteht. Das heute erforderliche Heldentum sei sicher ein anderes als das vor 600 Jahren, denn diesmal gehe die Schlacht um die „Verwirklichung wirtschaftlicher, politischer und gesellschaftlicher Prosperität", mit anderen Worten, es müsse der Anschluss an die wirtschaftlich mächtigsten Staaten der Erde gefunden werden.[331] Wie Politiker überall auf der Welt unterstreicht Milošević hierfür die Bedeutung der nationalen Tugenden: Entschlossenheit, Tapferkeit und Opferbereitschaft (S. 494).

---

[331] Das erinnert stark an die Forderungen des Memorandums, dessen Argumentation und Richtung die Rede auch sonst ähnelt.

Die Rede zeigt zudem einen modernen distanzierten Gebrauch des Mythos. Er ist zwar historiografisch gebrochen, symbolisch jedoch intakt. Milošević benutzt ihn nicht, um den Rausch des Wiedereintauchens in ihn, also eine nationale Wiedergeburt, zu inszenieren. Aber er hat die zentralen Inhalte des Kosovo-Mythos klar verstanden: einerseits Einheit und die ihr innewohnende Bedrohung durch Zwietracht und Verrat, andererseits Heldentum. Ihm gelingt eine Balance durch eine doppelte Distanz: Distanz zum Mythos (indem er zum Beispiel zweimal einräumt, die geschichtliche Wirklichkeit kenne man nicht genau, S. 488 u. 493) *und* Distanz zur den Mythos brechenden Analyse. Er tippt sowohl den Mythos an (etwa wenn er fragt: „Womit werden wir vor Miloš treten?"; S. 488[332]) als auch die Probleme (das des Nationalitätenstreits und das der wirtschaftlichen Entwicklung), aber er geht weder auf das eine noch auf das andere näher ein. So bleibt seine Rede weitgehend ohne mythisierende, das heißt auch fanatisierende Kraft. Sie ist eher eine flüchtige Skizze der gegenwärtigen Bewegungen im Volk. Wieder einmal erweist sich Milošević als Führer nicht durch Anstacheln und Aufputschen, sondern indem er Sprachrohr ist. Die verstärkende und mobilisierende Wirkung, die er dabei hat, tritt so leicht in den Hintergrund. Sie ist aber zentral. Als Sprachrohr des Volkes wirkt er akustisch, psychisch und sozial als Verstärker von dessen gerade vorherrschenden Forderungen und Handlungen, er verschafft ihnen Anerkennung und Gewicht.

Nicht durch Miloševićs Rede, sondern durch ein Zusammenkommen verschiedener Elemente ist diese Feier eine „nationale Wiedergeburt" gewesen. Vor allem wurde sie als Fest der wiedergewonnenen Einheit gefeiert, die „Lehre aus 1389" war also anscheinend endlich gezogen worden – jetzt ging es darum, diese Einheit in Jugoslawien als Ganzem zu verwirklichen. Wichtig war auch, dass Staat und Kirche wieder zusammen feierten. Auch diese Spaltung war also überwunden. Es waren sehr viele Menschen aus allen Teilen des Landes zusammengekommen, nicht um den Jahrestag eines fernen Ereignisses zu feiern, sondern dessen Wiederkehr. Die damalige Lage in Jugoslawien nährte diese Sicht auf vielfältige Weise. Entscheidend beigetragen haben dazu die Medien, in deren aufgeladener Darstellung die Feier ihre nationalistische Geschlossenheit erst richtig gewann.

Die Ausgabe der *Politika* vom 29. Juni ist erneut voller Beiträge zur Feier: ein Block auf den S. 1–8, weitere Artikel auf S. 9, 19, 20 und 28. Der Aufmacher lautet: ‚Die erneuerte Einheit bringt die Würde Serbiens wieder', die etwas kleineren Schlagzeilen darunter: ‚Slobodan Milošević: Die Serben haben sich immerzu selbst befreit und, wenn sie dazu die Gelgenheit hatten, haben sie anderen geholfen, sich zu befreien' und ‚Patriarch German las große Liturgie in Gračanica'. Auf S. 2 heißt es: ‚Kosovo ist der Traum, den Generationen träumen' und auf S. 3 ist ein großes Transparent mit dem Spruch „Vielen Dank den serbischen Helden" abgebildet. Eine Überschrift auf S. 4 verkündet: ‚Wenn Serbien auf die eigenen Beine kommt, wird

---

[332] Womit er die bekannte Figur einer Art jüngsten Gerichts durch die Amselfeldhelden aufgreift, vgl. die entsprechende Stelle in Njegoš *Bergkranz*, in der vorl. Arbeit auf S. 50.

Jugoslawien das auch'. S. 8 ist eine Fotoseite und illustriert die ‚Größte Versammlung seit Beginn Jugoslawiens'. In seinem Hirtenbrief zum Veitstag (S. 5) betont Patriarch German das Entscheidende für Sein und Nichtsein, im Leben des Einzelnen wie dem eines Volkes: „Entweder sterben als ein Mensch oder weiterleben als ein Unmensch."

3.3.4.3. Überlegungen zur Rolle Miloševićs

Milošević war zu keiner Zeit der Führer einer Bewegung der revolutionären Romantik, die der Theologe und Religionsphilosoph Paul Tillich folgendermaßen beschrieben hat:

> eine revolutionäre Kampfgruppe, die sich gegenüber dem Volk als Elite fühlt und durch völlige Hingabe dem Volk ihren politischen Willen aufzwingt. In sich selbst steht sie auf Autorität und einer Rangordnung von Eliten bis hin zum Führer, in dessen Verehrung der Verzicht auf Autonomie seinen stärksten, enthusiastischen Ausdruck findet.[333]

Dass er verschiedene Traditionen für sich nutzte, zeigt wohl nicht nur sein persönliches politisches Geschick im Umgang mit der Macht und den wechselnden Strömungen in der serbischen Gesellschaft. Sie sind auch Ausdruck der Gebrochenheit dieser Traditionen selbst. Milošević gelang es, sich ihrer je nach Situation zu bedienen, etwa in seiner Rede zur 600-Jahr-Feier oder als er Vojislav Šešelj in den 90er Jahren an der Macht beteiligte.[334] Mal gab er sich sozialistisch, mal national, mal prorussisch, mal aufgeklärt und fortschrittlich. Diese Beliebigkeit ähnelt der der Nationalsozialisten. Aber Milošević ist nicht nur kein revolutionärer Romantiker gewesen, er hat auch lediglich ein autoritäres System umgebaut und nicht ein totalitäres errichtet. Vielleicht, weil er sich bereits auf autoritäre Strukturen stützen konnte und diese nicht erst installieren musste. Lediglich die Legitimierung der Macht war zu ändern.

---

[333] *Die sozialistische Entscheidung*, S. 46.

[334] Dies gegen Autoren, die Milošević zum Urheber der ganzen Entwicklung machen wie Bennett: *Yugoslavia's Bloody Collapse* (vgl. S. 96f.) oder Funke/Rhotert: *Unter unseren Augen. Ethnische Reinheit: Die Politik des Milosevic-Regimes und die Rolle des Westens*, die ihre Darstellung mit dem Satz anfangen: „Das Ende Jugoslawiens begann am 24. April 1987" (S. 16). Funke und Rhotert sehen zwar den starken Einfluss des serbischen Nationalismus spätestens seit Mitte der 80er Jahre (S. 25) und sie erklären zu einer zentralen Frage ihrer Untersuchung, „wie eine solche nationalreligiöse Vorstellung [gemeint ist der Kosovo-Mythos] nach dem Tode Titos unter Serben ein solches Gewicht hat erlangen können, daß es die Politik des Regimes Milosevic seit zwölf Jahren dominiert hat" (S. 10). Das klingt vielversprechend, wird aber kaum eingelöst und kann auch nicht eingelöst werden, da ihr Text von Anfang an eine Denunziation der zerstörerischen Kraft des serbischen Nationalismus und des Kosovo-Mythos ist.

Seit Miloševićs Sturz im Herbst 2000 hat die These, er sei schuld am serbischen Unglück, auch in Serbien Konjunktur (vgl. S. 465 d. vorl. Arbeit).

Selbst seine aggressiveren Reden waren kaum scharf und blieben in ihren Angriffen vage. Eher waren sie Drohungen. Seine politischen Aktionen bis zu den kriegerischen scheinen weit mehr davon bestimmt gewesen zu sein, die eigene Macht auszubauen, als den serbischen Nationalismus zu Siegen zu führen. Das hat ihn zu einem gewieften Taktiker und schlechten Strategen gemacht.

Auch wenn er selbst die Stimmung kaum angeheizt hat, sorgte er durch eine gezielte Medienpolitik dafür, dass andere das taten. Das gab ihm die Möglichkeit, moderater aufzutreten. Die Vorstöße der Medien loteten die Stimmung in der Bevölkerung aus. Milošević konnte sich so stets als der Erfüller der Wünsche des Volkes präsentieren und musste nicht das Risiko eingehen, mit eigenen Initiativen zurückgestoßen zu werden. Das machte ihn auch zu einem ‚Kommunisten, der gelernt hat'. Der Hauptvorwurf an die kommunistische Führung, vor allem in Serbien, war ja, dass diese ‚die Stimme des Volkes' nicht gehört habe. Milošević aber hatten sich die Ohren doch noch geöffnet.[335] Er und seine Gefolgsleute sind ein gutes Beispiel dafür, wie sich ein Teil einer herrschenden Gruppe im Moment der Krise zum Sprachrohr der vorherrschenden Strömung in der Bevölkerung macht und sich so an der Macht hält.

In der sich verschärfenden Krise während der 80er Jahre kam es also nach und nach zu einer nationalistischen Aufladung des öffentlichen Raums: anfangs durch einige radikalere orthodoxe Kleriker, dann durch eine große Zahl unzufriedener Intellektueller, schließlich auch durch führende Politiker und Offiziere, die sich dieser Stimmung anschlossen. Das geschah, bevor Milošević die Medien unter seine Kontrolle brachte und damit die Situation weiter verschärfte. Spätestens seit dieser Zeit war eine andere Bewegung als die nationalistische kaum noch möglich. Es gab nur noch die Möglichkeit, zuzustimmen oder zum Verräter zu werden, denn jede Kritik, tendenziell sogar jede Weigerung dazuzugehören, galt in der Öffentlichkeit als Verrat.[336]

3.3.4.4. Der Kosovo-Mythos in der Zeit bis zum Beginn der Kriege

Ein Jahr später wurde in der *Politika* wieder auf drei Seiten über die Schlacht und die Gedenkfeiern berichtet, auf S. 1 unter der Überschrift ‚Kosovo ist die Seele des

---

[335] Magaš: *The Destruction of Yugoslavia*, S. 123 berichtet, dass im Frühjahr 1988 viele Serben Milošević für den besten serbischen Führer seit Ranković hielten.

[336] Siehe hierzu das Beispiel Branko Horvat auf S. 230.

Für Bataković waren die dämonisierenden Reaktionen auf Milošević (‚Bolschewismus', ‚Großserbien', ‚Stalinismus', ‚Hegemonieansprüche') in den anderen Republiken entscheidende Gründe für die Homogenisierung unter den Serben (*The Kosovo Chronicles*, S. 31). Dass sich hier Vorwurf und Gegenvorwurf zu einer feindseligen Dynamik verbanden, habe ich dargestellt. Dennoch bleibt die Frage, wie Miloševićs Politik denn anders hätte verstanden werden sollen.

serbischen Volkes'. Auch das Akademiemitglied Radovan Samardžić meldete sich unter der Überschrift ‚Ohne Kampf kein Überleben' wieder zu Wort (S. 11). In dieser Formel sieht er die „kollektive Überzeugung" ausgedrückt, die durch die Schlacht und den auf sie folgenden Widerstand gegen die türkische Eroberung geschaffen wurde. In ihr liege „der ideelle Kern der Kosovo-Bestimmung der Serben." Aber auch damals, im Jahr vor Beginn der Kriege, gab es noch Beispiele für eine sachgerechtere Auseinandersetzung mit dem Kosovo-Mythos, etwa das Interview mit Dr. Rade Mihaljčić, ‚Neue Ansichten zur Kosovo-Legende', in der *Politika* vom 28. Juni 1990 (S. 10). Darin sagt er: „Früher wurde die Kosovo-Legende nicht für eine historische Quelle gehalten, aber jetzt wird sie wissenschaftlich geschätzt als eine Quelle über die Entstehung der serbischen ethnischen Besonderheit. Mit anderen Worten, die Kosovo-Legende wurde historisiert."

1990 war das Jahr, in dem die Massaker des Zweiten Weltkriegs ein großes Thema waren und die Schuld der jeweils anderen Seite berechnet wurde. Hierzu gehört auch eine anfangs ganzseitige, später halbseitige Serie unter dem Titel ‚Quislinge im Kosovo' von Branislav Božović und Milorad Vavić, die vom 18. Oktober bis zum 16. November in der *Politika* erschien und in der die Zusammenarbeit der Mehrheit der Kosovo-Albaner mit den italienischen und deutschen Besatzern thematisiert wird. Die Serie selbst stellt keine direkte Verbindung zur Schlacht auf dem Amselfeld her. Aber da die öffentlichen Diskussionen so stark aufgeladen waren mit der erneuten Realität des mythischen Geschehens, stellten Publikationen wie diese Serie eine weitere Stufe der mythisierenden Aufladung dar. Sie ist wie alle wissenschaftlich gehaltenen Artikel und Serien keine Hetzschrift, sie führt auch gute Albaner an und nennt sie mit Namen. Doch das alles geschieht vor einem Szenario von Verrat und existenzieller Bedrohung, in dem Schuld und Unschuld, Täter und Opfer klar auszumachen sind. So erscheinen, um nur ein Beispiel zu nennen, die Albaner in der Folge vom 19. Oktober, ‚Die Emigranten kamen voller Hass', als die besseren Faschisten (verglichen mit Italienern und Deutschen), die sich ebenfalls an der Idee des Übermenschentums ausrichteten. Auch hätten die albanischen Kinder damals in den Grundschulen folgendes Lied lernen müssen: „Brüder, versammeln wir uns, / Lasst uns den Serben verbrennen, / den Barbaren, hey". Unter den gegebenen Umständen hatte die Serie auch die Botschaft: Seht, es ist die immer wiederkehrende Geschichte eines unbarmherzigen Kampfes und sie reicht bis in die jüngste Vergangenheit. Dass es für die Mehrheit der Kosovo-Albaner nach ihren Erfahrungen mit dem jugoslawischen Staat und vielen serbischen Bewohnern der Region beziehungsweise neuen serbischen Siedlern in der Zeit zwischen den beiden Weltkriegen nahelag, sich mit den faschistischen Eroberern zu verbünden, taucht als Gesichtspunkt nicht auf. Wieder wird die andere Seite nur aus der eigenen Perspektive gesehen, ein entsprechender eigener Blickwinkel wird ihr weder zugestanden noch wird danach auch nur gefragt.

Im darauffolgenden Frühjahr schossen Serben und Kroaten bereits aufeinander und im Sommer erklärten sich Slowenien und Kroatien einseitig für unabhängig. Der Zehn-Tage-Krieg gegen Slowenien begann fast auf den Tag genau am 602. Jahrestag der Kosovo-Schlacht. So spielte auch noch ‚die Geschichte' mit bei der My-thisierung.[337]

* * *

Als General Ratko Mladić während des Bosnienkriegs Srebrenica eroberte, sagte er vor laufender Kamera: „Wir sind hier in Srebrenica am 11. Juli 1995. Am Vor-abend eines weiteren großen serbischen Feiertags. Wir übergeben diese Stadt dem serbischen Volk als Geschenk. Endlich ist die Zeit gekommen, um an den Türken Rache zu nehmen."[338]

---

[337] Zirojević weist darauf hin, dass auch die schulische Erziehung an der Mythisierung eini-gen Anteil hatte. In einer Analyse der Lehrbücher für die Grundschule von 1990 sei festgestellt worden, dass kriegerische Helden auffällig bevorzugt würden. Krisen wür-den mit Blut und Rittertum, nicht mit Verstand gelöst, und als wichtige nationale Eigen-schaft werde die Leidens- und Opferbereitschaft für die nationalen Ideale betont (‚Das Amselfeld im kollektiven Gedächtnis', S. 61, Anm. 18, die sich auf Biro: *Psihologija postkomunizma*, S. 32 bezieht).

[338] Stover/Peress: *Gräber*, S. 123.

Viertes Kapitel

Das Geflecht der mythischen Bilder –
eine Strukturanalyse

Schon in den Legenden und Sagen wurden nicht nur Geschichten erzählt, sondern auch Bilder vorgestellt. Die Bedeutung der Bilder hat sich im Prozess der Mythisierung durch Kanonisierung, Fragmentierung und Aufladung der Fragmente verstärkt.[1] Das hat auch die Beweglichkeit in der Interpretation vermindert, die früher die verschiedenen Varianten den Zuhörern beziehungsweise Lesern ermöglichten. Die Formen erstarrten zunehmend und wurden zugleich allgemeiner, was nur zum Teil durch wissenschaftliche und vor allem künstlerische Brechung balanciert wurde. Schon deshalb lässt sich gerade nicht von einem ‚Rückfall ins Mittelalter' oder dergleichen sprechen.[2] Historisch ist es allenfalls ein Rückfall in den Nationalismus – wobei die Frage ist, wer ihn denn hinter sich gelassen habe.

Was aber kommt in diesen mythischen Bildern zum Ausdruck? Wir haben im ersten Kapitel bereits gesehen, dass es in ihnen um zentrale menschliche Fragen geht und dass wir bezüglich der Antworten, die sie zu geben versuchen, auf die Gefühle zu achten haben, die sie bei der ersten Begegnung in uns auslösen. Es gilt also, sich ihnen zu öffnen und aufzunehmen, was sie und ihr jeweiliger Kontext eigentlich sagen, wenn man sie ernst nimmt. So geht es beispielsweise nicht einfach nur um ‚Einheit', sondern ganz konkret darum, woraus sich diese Vorstellung zusammensetzt und in welchen Bildern sie dargestellt wird.

---

[1]   Der Begriff *Mythos*, der ja eigentlich „Erzählung" bedeutet, wird dadurch selbst schief. Aber diese Entwicklung von Erzählungen hin zu bildlichen Begriffen lässt sich allgemein beobachten.

[2]   ‚Die Rückkehr des Mittelalters in die Moderne' heißt z. B. ein Artikel des Anthropologen Ivan Čolović in der *Zeit* vom 15.1.1998, und der Untertitel erläutert: ‚Zur Wiederaufführung vorsäkularer Mythen auf dem Balkan'. Von ‚dem Mittelalter' zu sprechen und damit die Assoziation von ‚Finsternis' zu assoziieren, ist selbst bereits eine Mythisierung. Es soll die ‚dunkle Epoche' scheinbar blinden, fanatischen Glaubens zwischen der hellen Epoche des griechisch-römischen Denkens (‚die Wiege' unserer abendländischen Kultur) und unserer heutigen modernen, aufgeklärten Zeit bezeichnen. Genauer betrachtet wird es als Container abgespaltener, ‚dunkler' Gefühle sowie Denk- und Handlungsweisen deutlich: Was (oder wen) immer man mit diesem Etikett belegt, man schickt es in weite Ferne – ohne doch den eigenen aufgeklärten Ursprung zu verunreinigen. Dabei wird etwa in Čolovićs *Bordell der Krieger* deutlich, wie sehr es sich bei der Mythisierung in Jugoslawien um eine moderne Entwicklung handelt. In Bezug auf sie von einem Rückfall ins ‚Mittelalter', in ‚die Barbarei' oder sonst eine ‚finstere Vergangenheit' zu sprechen, ist allerdings bis heute ein Stereotyp geblieben, ohne dass reflektiert würde, dass gerade die schlimmsten ‚Rückfälle' Begleiter der Zivilisierung sind.

Ich gehe dabei nicht so weit, die mythischen Bilder psychoanalytisch zu deuten, außer da, wo dies von den Bildern selbst nahegelegt wird – etwa wenn im Zusammenhang mit der ‚Einheit der Nation‘ von ‚Vater‘, ‚Mutter‘ und ‚Brüdern‘ die Rede ist –, weil kein Analysand vorhanden ist, an dessen Reaktionen ich meine Deutungen überprüfen könnte. Ein solches Vorgehen ist auch gar nicht notwendig, da die mythischen Bilder selbst nicht aus einer Verdrängung herrühren: Vereinigungswunsch, Größenwahn und Externalisierung aller negativen Anteile liegen offen zutage. Erst bei der Frage, wie es zu einer so intensiven, bis zu Einheitserlebnissen führenden Identifikation kommen kann, stoßen wir auf Verdrängungsvorgänge, auf die ich in den Abschnitten ‚Regression‘, ‚Wiederholungszwang‘ und ‚Projektion und Einheit‘ mithilfe psychoanalytischer Erkenntnisse näher eingehen werde.

Zuvor werde ich die einzelnen mythischen Bilder lediglich zueinander sowie zur gesellschaftlichen Lage in Beziehung setzen. Ich sehe sie als Selbstbeschreibungen derjenigen, die sie äußern, in ihrem besonderen Zustand einer stark aufgeladenen Identifikation mit dem, was sie ‚Nation‘ nennen.

Zu Beginn scheint mir die Tatsache entscheidend zu sein, dass die mythischen Bilder in einer existenziellen gesellschaftlichen Krise enorm an Bedeutung gewonnen und die Politik geprägt haben. Sie antworten offenbar auf die starken Ängste vor Zerfall, Auflösung, materieller Not, Verlassenheit und letztlich Vernichtung. Auf welche Weise aber tun sie das?

Im Zentrum von Miloševićs Rede zur 600-Jahr-Feier stehen zwei Bilder: die Beschwörung der ‚Einheit‘, wobei ihr ständig ‚Verrat‘ drohe, und das Ideal des ‚Heldentums‘. Es sind die Hauptmotive des Kosovo-Mythos. Beide sind Bilder des Krieges. Dennoch bleiben wirkliche Feinde seltsam unkonkret. Von ihnen ist nur indirekt die Rede, wenn es um die Schlachten geht, in und vor denen Serbien stehe und die möglicherweise in Zukunft auch mit Waffen ausgetragen werden könnten, oder wenn Milošević vom Leid spricht, das Serbien ungerechterweise zugefügt werde. Indem er die reale Bedrohung – wirtschaftlichen, politischen, sozialen und ideologischen Verfall – nur streift oder gar nicht erwähnt, beunruhigt Milošević seine Zuhörer. Einen Weg aus der Krise weist er nicht durch eine Analyse, sondern indem er die Notwendigkeit der ‚Einheit‘ betont. Er braucht gar nicht weiter von Feinden zu sprechen; indem er auf der ‚Einheit‘ insistiert, vor erneutem ‚Verrat‘ warnt und zu ‚Heldentum‘ aufruft, lässt er das Szenario eines Krieges erstehen, auch wenn der Wortlaut seiner Rede ganz anderes zu sagen scheint. Trotz des Wortlauts geht es um ‚Feinde‘, und jeder kann sich selbst einen Reim darauf machen, wer sie sind.

Was unter ‚den Feinden‘ verstanden wurde, verschob sich während der 80er und 90er Jahre: von den Albanern und Enver Hodscha zu den kroatischen ‚Ustaschen‘ und den Deutschen und schließlich zu den US-Amerikanern. Auch was unter dem ‚Wir‘ der Einheit verstanden wurde, änderte sich. Solange Milošević noch hoffte, die Macht in ganz Jugoslawien zu übernehmen, wurde zum Teil nicht klar zwischen ‚Serbien‘ und ‚Jugoslawien‘ unterschieden. ‚Die Serben‘ sahen sich nicht nur als

verantwortlich für Serbien, sondern für Jugoslawien insgesamt. Die anderen Nationalitäten des Bundesstaats, besonders die Südslawen, wurden als ‚Brüder‘ gesehen
(worin auch noch kommunistisches Pathos mitschwang); damit drohte ‚Verrat‘ gerade von ihrer Seite. Der alte Vorwurf, diese ‚Brüder‘ seien undankbar, wurde wieder verstärkt erhoben. In dem Maß, in dem die Machtübernahme auf Bundesebene
scheiterte und die Republiken sich mit zunehmender Geschwindigkeit auseinander-
bewegten, engte sich der Blick auf Serbien ein. Die Realität verstreuter serbischer
Siedlungsgebiete in Kroatien und Bosnien-Herzegowina gab der Frage nach der
‚nationalen Einheit‘ des serbischen Volkes eine starke Brisanz. Bedeutete dies bereits eine Verschärfung der existenziellen Krise, so kamen weitere Bedrohungen
hinzu: 1. eine starke Schwächung der Wirtschaftskraft, falls Slowenien und Kroatien
die Föderation verlassen würden; 2. die Chancen, bald zur EG zu gehören und an ihrem Reichtum teilzuhaben, sanken für Serbien;[3] 3. die Fantasie, ein ‚großes Volk‘ zu
sein, erhielt durch die Zersplitterung einen schweren Schlag.

Neben den Bildern der ‚Einheit‘ und des ‚Heldentums‘, des Einsatzes für diese
‚Einheit‘, sind wir bereits anderen Bildern begegnet, die zugleich eng mit jenen zusammenhängen, vor allem den ‚Opfern‘, die für diese Einheit in der Vergangenheit
gebracht worden seien, sowie den offenbar falschen ‚Opfern‘, die Serbien nur Undank eingebracht hätten – so der Tenor im zweiten Teil des Memorandums der Akademie. Im Zentrum der ‚Einheit‘ steht das ‚Kosovo‘, diese „Seele" (vgl. S. 188 u.
198f.)[4], dieses „Herz" (S. 188), diese „Liebe, die ewig sein Herz erwärmt" (S. 190),
denn hier sind die Bilder von ‚Heldentum‘, ‚Opfer‘ und drohendem ‚Verrat‘
konzentriert. Es ist der Kosovo-Mythos, durch den das serbische Volk vereinigt
worden sei (S. 196). In der höchsten Steigerung, wie sie die Serbische Orthodoxe
Kirche postuliert, ist das ‚Kosovo‘ das ‚Grab‘, durch das derjenige hindurchgehen
muss, der auferstehen und ewiges Leben erlangen will. Es erscheint als spezifisch
serbische Form der religiösen Selbstaufopferung, des Entsagens eigenen Verlangens,
um die ‚Einheit der Nation‘ wiederherzustellen (S. 164). Als mythischer Ort ist das
‚Kosovo‘ nicht geografisch gebunden. Es ist überall dort, wo es für Serben um diese

---

[3]   In den 90er Jahren, als sich Serbien durch die verschiedenen Kriege gegen die anderen
Republiken in Europa stark isoliert hatte, betonten viele serbische Intellektuelle das Anderssein ihres Volkes, sein Nicht-europäisch-Sein, womit der gegenwärtige Zustand Europas gemeint war und was im Grunde das genaue Gegenteil bedeutete, dass nämlich
‚die Serben‘ als einzige wirklich ‚Europäer‘ geblieben seien. Hierzu gehört auch der
Vorwurf, die übrigen Europäer seien undankbar gegenüber den Serben, die dieses ‚Europa‘ vor ‚den Türken‘ bewahrt hätten (Čolović: ‚Die Rückkehr des Mittelalters in die
Moderne‘, der allerdings das Reaktive dieser Haltung nicht thematisiert).

[4]   Vom Kosovo als „unsere[r] Seele" spricht auch die Frau eines Paramilitärs in einem Gespräch nach dem Krieg der NATO gegen Jugoslawien. (Schirra: ‚Die Gräuel der Frenkie
Boys‘, S. 18) Die Seitenzahl in Klammern verweist auf die entsprechende Stelle, wo das
mythische Bild oder die sprachliche Wendung genannt wird.

zentralen Bilder geht, zum Beispiel wenn vom ‚Dalmatinischen Kosovo' geredet wird (S. 171).

Dabei wird der Kampf derjenigen, die sich zum ‚Kosovo' bekennen – also der Kampf ‚der Serben' – zu einem mythischen aufgeladen. Er erscheint damit als weitere Folge einer ewigen Konfrontation zweier antagonistischer Kulturen oder gar „Menschheiten" (S. 194), was auch in Miloševićs Rede noch anklingt, wenn er betont, ‚Serbien' habe auf dem Amselfeld auch ‚Europa' verteidigt (S. 494). ‚Europa' mit seiner ‚Zivilisation' steht dabei für Würde, hohe moralische Gesinnung, Prosperität und ganz allgemein eine glückliche Zukunft. ‚Serbien' wird zum edelsten Teil dieses ‚Europas', zum opferbereitesten, heldenhaftesten und am wenigsten korrumpierten. Diese einseitig positiven Bilder kulminieren in der kitschigen „neue[n], schöne[n] Welt" am Ende von Miloševićs Rede (ebd.).

Indem ‚Serbien' seine ‚Einheit' wieder herstellte, erlangte es auch seine ‚Würde' zurück (S. 488). Es war dieses Erlebnis, sich mit ‚allen' einig zu fühlen und begeistert die gleichen Werte des ‚Heldentums' zu bejahen, das auf viele wie ein ‚Erwachen' wirkte (S. 189). Sie fühlten sich von einer neuen Kraft und Zuversicht emporgehoben. Mitten in einer schweren Krise schien sich nun alles wunderbar zu fügen, wenn man nur treu zusammenhielt.

Das alles sind Hinweise auf eine Bewegung nationalistischer Euphorie, viel mehr noch nicht. Allerdings ist deutlich geworden, dass die einzelnen Bilder zusammenhängen. Andere, bisher noch nicht erwähnte kommen hinzu: die familialen Benennungen der Nation und ihres Führers – ‚Brüder', ‚Vater', ‚Mutter' –, die ‚Ahnen' und der ‚Ursprung', die angestrebte ‚Reinheit' und das ‚Blut'. Das *Geflecht* der mythischen Bilder scheint noch um einiges dichter und aufgeladener als hier angedeutet. Was aber kommt in ihm zum Ausdruck?

Die wiedergewonnene ‚Einheit' als ‚Geburt der Nation'

In den Parolen der Meetings wurde immer wieder betont, hier spreche und frage das *ganze* Volk.[5] „Dabei wurde die symbolische Integration der Nation als Sammlung aller Berufe, aller Klassen, aller Regionen verkauft; alle Dialekte Serbiens sollten zu einem einzigen kämpfenden Volkskörper, zu einem nationalen und kriegerischen ‚Wir' verschmolzen werden."[6] Čolović spricht im Zusammenhang der „symbolische[n] Integration" von „Tricks". Ziele einer solchen Propaganda seien, zum Krieg zu hetzen und die eigene Herrschaft zu stabilisieren. Sicher wurde in diesem Zu-

---

[5] Čolović: *Bordell der Krieger*, S. 18.

[6] Ders.: ‚Die Rückkehr des Mittelalters in die Moderne'.

sammenhang *auch* manipuliert. Aber dass in weiten Teilen der Bevölkerung starke Bedürfnisse nicht nur nach „symbolischer", sondern nach ganz realer Integration in einen ‚Großkörper' wie den des Volkes bestanden, fällt dabei unter den Tisch. Und wie so oft wird auch diesmal nicht gesagt, wie die Dummheit eines Volkes eigentlich beschaffen ist, dass es sich dermaßen manipulieren lässt.

Die Herstellung der nationalen Einheit wird immer wieder als ‚nationale Geburt' beziehungsweise ‚nationales Erwachen' – eine Geburtsmetapher auch dies – beschrieben; so wenn in der Presse der orthodoxen Kirche vom „Erwachen des balkanischen Riesen" und in der *Politika* von „nationale[m] Erwachen", von der „Erweckung des nationalen Bewusstseins" oder vom „Sich-Ereignen des Volkes" die Rede ist.[7] Vegetationsvergleiche unterstreichen noch das Naturwüchsige dieses Prozesses: „Das Volk steht auf wie das Gras aus der Erde."[8]

Die nationale ‚(Wieder-)Geburt' brachte offenbar ein während der 80er Jahre in Jugoslawien weit verbreitetes Bedürfnis zum Ausdruck. Sowohl der Name der wichtigsten albanischen Zeitung des Kosovo, *Rilindija*, als auch einer muslimischen Zeitung in Bosnien, *Preporod*, bedeuten ‚Wiedergeburt'. Der Tag der kroatischen Unabhängigkeit wurde ausdrücklich als ‚Geburtsfest' gefeiert mit einer Wiege, in die, nach altem Brauch, ein Dukaten gelegt wurde, um dem ‚Neugeborenen' Glück zu wünschen.[9]

‚Geburt' bedeutet auch, ‚ganz' beziehungsweise ‚heil' zu werden. Schon das Wort ‚Krise' weist darauf hin, dass eine Heilung vonnöten ist. Wir haben bereits gesehen, dass es in der medizinischen Fachsprache den Höhe- und Wendepunkt einer Krankheit bezeichnet. Dass es sich bei der ‚Nation' um einen kranken ‚Körper' handelt, wird auch an Ausrufen wie dem von Dr. Radoš Smiljković auf der Versammlung in Bački Ratkovac deutlich: „Dem Land hilft kein Aspirin mehr, chirurgische Eingriffe sind nötig."[10]

Der Ort der nationalen ‚Geburt' ist selbstverständlich das Kosovo, diese ‚Wiege der Nation', dieses ‚Mutterland seiner historischen Existenz'.[11] Dass ‚Geburt' hier keine bloße Metapher ist, sondern das Erleben der Beteiligten ausdrückt, wird in vielen Zeugnissen deutlich:

> So sagte der aus Jasenovac gebürtige Milan Tribrenčić, der 1941 in Gefangenschaft geraten und auf die Sechshundertjahrfeier des Kosovo aus Pennsylvania ge-

[7] Kirchenpresse: Radić: ‚Die Kirche und die »serbische Frage«', S. 190; *Politika*: Nenadović: ‚Die *Politika* im Sturm des Nationalismus', S. 281, 293 u. 294.

[8] Čolović: *Bordell der Krieger*, S. 15.

[9] Ugrešić: *Die Kultur der Lüge*, S. 76f.

[10] ‚Odjeci i reagovanja', *Politika*, 18.9.1988, zit. v. Nenadović, a. a. O., S. 287.

[11] Wiege/Mutterland: vgl. S. 181, 188 u. 237 d. vorl. Arbeit. Mutterland: ‚Memorandum', *Naše teme*, S. 154.

kommen war, der *Politika*, er sei auf dem allserbischen Meeting buchstäblich wiedergeboren worden: „Alle Leiden und Qualen in meinem Leben hat dieser Tag geheilt."

Schließlich Miodrag Jović aus Niš, von dem die *Politika* berichtete, er sei vor Tagesanbruch auf dem Amselfeld eingetroffen, mit der Absicht, sich zu den ersten Reihen des Meetings durchzuschlagen: [...] „Ich hätte", erzählte er, „auch 24 Stunden gewartet, weil dies ein großer Tag für Serbien ist. Nach sechs Jahrhunderten haben die Serben begriffen, daß sie nur einheitlich den Fortschritt erreichen können, und diese Einheit wurde dank Slobodan Milošević erzielt. Hochaktuell ist jetzt eine Anleihe für die wirtschaftliche Wiedergeburt Serbiens, die alle Erwartungen übertreffen muß, wie auch die heutige Teilnehmerzahl dieses großartigen Jubiläums alle Erwartungen übertroffen hat. Dafür können wir der jetzigen serbischen Führung und vor allem Slobodan Milošević danken, an den das Volk rückhaltlos glaubt."[12]

Es ist auffällig, dass sich immer wieder fast ausschließlich Männer so äußern. Was aber erleben sie konkret? Möglicherweise kann ein im Sommer 1991 veröffentlichter Text des Dichters Rajko Petrov Nogo weitere Aufschlüsse geben. Zunächst erinnert er sich an seine

Kindheit mit Gusle, Zehnsilber und herzegowinischer Mundart „in einer patriarchalischen Familie, in der sich die Lebensformen seit Einwanderung der Slawen" nicht verändert hatten, und danach an die Jahre, als er all das vergessen hatte und „Versuchskaninchen und Janitschar einer lichten Zukunft" war, bis hin zum Jahr 1968. Dieses Jahr brachte die Wende: „Die Junirevolte 1968 beleuchtete zur Genüge die dicke Lüge, und wir wuschen uns mit Gavrilo Princip und den Mladobosanci im Morgengrauen des Georgstags in einer Gebirgsquelle und -sprache in der Romanija das Gesicht. Und als wir uns in der Quelle spiegelten, wuchsen uns die Schnurrbärte eines Starina Novak![13]

Die Junirevolte gibt den Anstoß, indem sie die Verhältnisse in einem neuen Licht erscheinen lässt und so die „dicke Lüge" – man kann hinzufügen: der Kommunisten – herausstellt. Von diesen wenden sich Nogo und die Seinen ab und vereinigen sich mit nationalen Helden der Vergangenheit, Gavrilo Princip und den Mladobosanci, den Angehörigen der ‚Mlada Bosna', des ‚Jungen Bosniens'. Mit ihnen waschen sie sich das Gesicht, sehen endlich klar. Sie waschen es sich mit Quellwasser im Morgengrauen – eine Verbindung mit der Unterwelt und dem ‚Ursprung' wird hier ebenso inszeniert und zelebriert wie die Wiedererlangung von ‚Reinheit' in einer ‚Geburt'. Das alles geschieht im Gebirge, wo die Luft klarer und reiner ist und die Menschen dem Himmel (Gott und den Göttern) von alters her am nächsten sind. Noch dazu ist es die Romanija, ein heiliges und ehemals von Haiducken bewohntes Gebirge. Und es ist Georgstag, der heidnische Feiertag der frühlingshaften Erneue-

---

[12] Beide Zitate aus: Nenadović, a. a. O., S. 296.

[13] Čolović: *Bordell der Krieger*, S. 118f., nach der *Duga* vom 2.8.1991; ein Text also, der geschrieben wurde, um Krieg zu führen. Mit „Junirevolte" sind die sozialistisch geprägten Unruhen der Studenten vom 2. bis 10. Juni 1968 in Belgrad gemeint. Sie hatten sich vor allem dagegen gewandt, dass die Regierung die sozialistischen Ideen nicht verwirklicht habe.

rung des Lebens, das epische Datum des Haiduckentreffens und der Festtag des Drachentöters. Nogo und seine Begleiter waschen sich aber nicht nur mit Gebirgswasser, sondern auch mit ‚Gebirgssprache‘, die nach Ort und Zeitpunkt nur eine göttliche sein kann. In dieser ‚reinen‘ Sprache sind die Begriffe endlich wieder an ihrem Platz – so wird jedenfalls suggeriert, wobei fraglich ist, ob sie es je waren –, ‚Gut‘ und ‚Böse‘ sind sauber getrennt, mit der Sprache ist auch das Denken von ‚Unreinheit‘, ‚Vermischung‘ und ‚Lüge‘ befreit. Schließlich zeigt ihnen die Wasseroberfläche der reinen Quelle ihre wahre Gestalt: schnurrbärtige Haiducken sind sie, dem berühmten Starina Novak gleich.[14]

Čolović sieht in diesem Erlebnis eine Initiation, auf den Aspekt der Geburt, der für jede Initiation zentral ist, geht er allerdings nicht ein. Eine ‚alte Tradition‘ lebt hier nicht wieder auf. Nogo bedient sich aus dem nationalistischen Arsenal, um *seine* ‚Geburt‘ als wirklich ‚freier Mensch‘ zu beschreiben. Aus der Unfreiheit und dem Unterworfensein eines ‚Janitscharen‘ hat er sich in einen ungezähmten und unbezähmbaren ‚Haiducken‘ verwandelt. Dass es so weit mit der gewonnenen Freiheit nicht sein kann, wird im heiligen Ernst seiner Darstellung deutlich, sie erhält damit zugleich den Charakter einer Beschwörung. Gleichwohl schließt er sich an eine mächtige Kraftquelle an, indem er gemeinsam mit seinen Gefährten mit einigen ‚großen Helden‘ der Vergangenheit verschmilzt, letztlich mit dem ‚Ursprung‘, aus dem sie alle zu stammen glauben. Der Beginn des Abschnitts weist diesen ‚Ursprung‘ zugleich als die eigene Kindheit aus: „eine patriarchalische Familie, in der sich die Lebensformen seit Einwanderung der Slawen nicht verändert hatten".

Das Verfahren, mythisches Material je nach den Umständen der Zeit neu zusammenzustellen, ist so alt wie die Mythen selbst. Auch dass mit ihnen Gemeinschaft und vor allem deren Gelingen dar- und damit hergestellt werden soll – wobei das weit stärker durch Rituale, also Kulte, geschieht, die alle Mitglieder oder bestimmte herausgehobene Personen einer Gruppe vollziehen. Vom Ende des 18. und Beginn des 19. Jahrhunderts stammt das Verfahren, auf diese Weise ein ‚Volk‘ als staatlichen Souverän zu bilden, ihm mittels Mythen einen ‚Körper‘ zu geben, in dem sich eine entscheidende Menge von Einzelnen wiederfindet. Charakteristisch für den Balkan scheint daran lediglich der Bandencharakter zu sein. So sollte es in den 90er Jahren wieder Tschetnikverbände und andere paramilitärische Gruppierungen geben. Darin wird an die Haiducken angeknüpft, die zum mythischen Personal gerade des serbischen Nationalismus gehören. Zugleich ist das Bandenwesen aber auch eine moderne Erscheinung, die mit dem Zerfall staatlicher Macht weltweit, besonders

---

[14]   Meine Deutung folgt hier in vielem der von Čolović, ebd., S. 119f., geht aber in einigen Aspekten über sie hinaus. Zum Brauchtum am Georgstag vgl. Schneeweis: *Serbokroatische Volkskunde*, S. 135f. Nach ihm war die Auffassung verbreitet, dass Wasser an diesem Tag eine besondere Kraft habe. Auch pflegten traditionellerweise die Haiducken an diesem Tag zusammenzukommen und bis zum Mitrovdan (Demetriustag, dem 26.10.) zusammenzubleiben.

aber in ärmeren Ländern, einhergeht und sich auch in den verschiedenen jugoslawischen Kriegen der 90er Jahre zu einem wesentlichen Machtfaktor entwickeln sollte.

Inwieweit lässt sich nun die Schilderung von Nogos persönlichem Erlebnis auf einen gesellschaftlichen Prozess übertragen? Zum einen schildert er eben kein bloß persönliches Erlebnis, sondern ein mythisches, das heißt er beansprucht Allgemeingültigkeit, er beschreibt ein Modell, zumindest für die nationalistische Avantgarde – er selbst hat sich bereits 1968 vom ‚Janitschar' zum ‚Haiducken' gewandelt! Zum anderen ähneln die Schilderungen der Meetings durch Teilnehmer und Medien auffällig Nogos Bericht, gerade was das zentrale Moment des ‚Erwachens' angeht.

Der einzelne Mann, der durch die ‚Geburt der Nation' neu geboren wird, geht dabei in Teilen seiner Psyche auf im neuen Großkörper der ‚Nation'. Dass dies alles ‚natürlich' sei, ist wieder nicht bloße Metapher, sondern Ausdruck des Empfindens der Beteiligten.[15] Sie fühlen sich von einer Kraft erfasst, die größer ist als sie selbst, der sie sich überlassen können und die sie trägt. Milošević hat es in seiner Rede auf dem großen Belgrader Meeting vom 19. November 1988 so ausgedrückt: „Das ist ein Prozess, den keine Kraft mehr aufhalten kann, vor dem jede Angst schwach wird."[16] Die Einzelnen – die keine Einzelnen mehr sind – erleben sich dabei jedoch durchaus nicht als passiv. Die Einheit mit dem ‚Volkskörper' schließt sie an eine Kraftquelle an; die Empfindungen, ganz eins, klarsichtig, wahr und endlich wirklich zu sein, erfüllen sie mit einer Energie, dass sie über sich hinauszuwachsen meinen; alle sollen von ihr angesteckt werden, alle sollen sich ihr anschließen. So berichtet die *Politika* von der 600-Jahr-Feier der Kosovo-Schlacht: „Tausende und Abertausende von Menschen kommen auf den Wegen von den sanft abfallenden Hängen herab auf das Große Feld (...) Das Volk kommt, und nichts kann es mehr aufhalten."[17] Der Journalist wählte das Präsens, es wirkt wie eine immerwährende Gegenwart. Einige Slogans von „Roter Stern Belgrad" lauteten Ende der 80er Jahre: „Wir sind die Delije [Recken] / aus dem stolzen Serbien" oder „Vom Kosovo bis nach Knin / reiht sich Serbe an Serbe hin."[18] In einer Zeile eines ‚Volkslieds' heißt es:

---

[15] In sprachlichen Bildern lediglich Metaphern zu sehen, ist weit verbreitet, geht aber an ihrem eigentlichen Gehalt vorbei. In besonders ausführlicher Weise ist das etwa bei Demandt: *Metaphern für Geschichte* zu finden. Das Buch ist hilfreich, wenn man etwas über Herkunft und Wandlung von Metaphern für Geschichte wissen will. Ansonsten werden Metaphern auf ihre logische Stimmigkeit hin geprüft – ein Unternehmen, das kaum zu ihrem Verständnis beiträgt, da ihre psycho-logischen Aussagen nahezu völlig übergangen werden.

[16] *Politika*, 20.11.1988, S. 3.

[17] Nenadović: ‚Die *Politika* im Sturm des Nationalismus', S. 296.

[18] Čolović: ‚Fußball, Hooligans und Krieg', S. 269. ‚Delije', ein Turzismus, bedeutet auch ‚Held'. Čolović zeigt in diesem Aufsatz, dass die Verbindung von Fan und Krieger keine neue Erscheinung war, die erst in den 80er Jahren aufgetreten wäre (S. 273), und er zeichnet die Entwicklung nach, wie Hooligangruppen ein brauchbares Reservoir für paramilitärische Verbände werden konnten.

„Wer sagt da, wer lügt da, daß Serbien klein ist ..."[19] Und eine Kriegsparole in einer Musiksendung für Hörergrüße an die Soldaten im Dezember 1991/Januar 1992 forderte mit überschwänglicher Begeisterung: „Serbien bis zum Pazifik!"[20]

‚Groß' ist Serbien schließlich auch durch seine ewige geschichtliche Mission, ‚Europa' vor ‚dem Islam' zu schützen, und durch seinen Edelmut, wie er beispielhaft in Lazars Kosovo-Schwur zum Ausdruck kommt. Es heißt dann, die Serben seien „die einzige Nation, die bis zum letzten ihrem ‚Wesen' die Treue hält".[21] Wie in anderen Nationalismen auch wird die eigene Überheblichkeit stellenweise als etwas Heilbringendes für die ganze Welt präsentiert.[22]

Die sich so äußern, sind von einer nationalen Euphorie erfasst und mitgerissen. Im ‚Sich-Ereignen' kommt ‚das Volk' zu sich, zu seinem ‚Kern', seinem ‚innersten Wesen' und damit, seit Platons *Republik* und Aristoteles' *Politik*, auch zu seiner Zukunft. Nach beiden ist die Natur einer Sache zugleich ihre Vollendung.[23] Auch deshalb die Bilder vom Wachsenmüssen.

---

[19] Ugrešić: *Die Kultur der Lüge*, S. 196.

[20] Čolović: *Bordell der Krieger*, S. 104. Es ist eine der Botschaften, die Radiohörer der Sendungen *Muzicka kota* (Musikalischer Vermessungspunkt) auf Radio Novi Sad ab Mitte Oktober 1991 und *Poselo* (Zusammenkunft) auf Radio Beograd 202 ab Anfang November 1991 an die Redaktion schickten. Möglicherweise war diese Forderung ironisch gemeint. Sie hätte dann einen Zeitgeist ironisiert, indem sie ihn absurd übersteigerte. Bezeichnend für die Stimmung im damaligen Serbien ist, dass man ohne genauere Kenntnis der Umstände nicht entscheiden kann, ob die Äußerung ernst oder karikierend gemeint ist.

Auf S. 78f. habe ich auf das Dilemma des Nationalismus zwischen Nationalstaat und Ausdehnung in dynastischer Tradition hingewiesen. Hier nun wird deutlich, dass auch von der ‚Nation' als Großkörper ein Zug in Richtung Wachstum und Ausdehnung ausgeht. Ein weiterer Widerspruch kommt im Fall Serbiens hinzu: Es ist ein klein-großer Staat, ein ‚Piemont', dem es nicht gelungen ist, ein ‚Italien' zu schaffen. Dazu passt das Bild des großen Verteidigers, der doch unterlag. Zur Ambivalenz von Größenfantasie und realem Kleinsein s. a. den Abschnitt ‚Regression' in diesem Kapitel.

[21] Čolović: ‚Die Rückkehr des Mittelalters in die Moderne', also eine Äußerung vom Ende der 90er Jahre. Auf S. 163–167 der vorliegenden Arbeit habe ich allerdings gezeigt, dass bereits Anfang der 80er Jahre orthodoxe Geistliche den mythischen Kampf um das Kosovo proklamierten. Die heldische Rolle des letzten Einzelnen – wobei dieser ‚Einzelne' ein ganzes Volk sein kann –, der den schier aussichtslosen Kampf gegen eine feindliche und im Grunde böse Welt aufnimmt, gehört unabdingbar zu diesem mythischen Kampf. Zur geschichtlichen Mission des serbischen Volkes vgl. a. S. 193 u. 209.

[22] Es ist einer der vielen Momente, in denen der religiöse Charakter des Nationalismus deutlich wird, der seine ‚Auserwählten' ihres Heils versichert und doch nicht ganz vergessen kann, dass Heil für Menschen nur möglich ist, wenn es prinzipiell für alle gilt.

[23] Vgl. Lacoue-Labarthe: *La fiction du politique*, S. 103f., Anm. 14. Pejin schreibt in ‚Die Begehung des 500. Jahrestages', S. 387: „Für die Serben ist Kosovo Weg und Bestim-

Dass es sich bei einem solchen Erleben nicht um eine Seltenheit, schon gar nicht um einen Anachronismus und erst recht nicht um eine balkanische Besonderheit handelt, ist wohl inzwischen deutlich geworden. Klaus Theweleit macht seit seinen *Männerphantasien* darauf aufmerksam, welche Wirkung belebende und entlebendigende Erfahrungen bei Kleinkindern auf ihr Leben und Lebensgefühl als Erwachsene und damit auf ihre Wahrnehmungen und ihr Handeln gegenüber der Gesellschaft haben. Wer durch Strafen, Ablehnung, Gefühllosigkeit, Nichtachtung vom Leben abgeschreckt wurde, wird ein Bedürfnis nach ‚Körpern' haben, die ihn als „Nicht-zu-Ende-Geborenen" endlich ganz zur Welt kommen lassen[24] oder die zumindest so viel Halt geben können, dass, wenn schon keine eigene Identität, so doch eine kollektive erlebt werden kann, die ihm auch eine relative Sicherheit im Handeln gibt. Eine solche kollektive Identität ist ‚die Nation'. Sie wird notwendig immer zugleich durch den Ausschluss all jener gebildet, die als nicht zu ihr gehörig empfunden werden. Die nationalen Symbole können Auskunft darüber geben, wie stark die Mangelempfindungen der zur jeweiligen Nation vereinten Menschen sind. Theweleit hat das den „Wahnsinnspegel" einer Gesellschaft genannt und dabei betont, dass es auf seine Höhe ankomme, da jede Gesellschaft einen solchen Pegel habe.[25]

Dass andere ‚Körper' – beispielsweise auch eine ‚militärische *Einheit'* – einen Ersatz anbieten für einen eigenen Körper, der zu weiten Teilen nicht bewohnt werden kann, gibt einen weiteren Hinweis auf die Verbindung zwischen ‚Nation' und *Familie*, der bereits durch die ‚Geburt' gegeben ist. Der Staat als ‚Nation' hat den einzelnen jungen Mann nicht nur von der Familie übernommen, sondern ihn auch für seine Zwecke durch verschiedene Initiationsverfahren umgeformt – zum Bürger, Soldaten, Akademiker, Beamten. Indem erst er ihn zum ‚Mann' macht, tritt er in Konkurrenz zur Familie. In Jugoslawien aber repräsentierte der Staat gerade nicht die Nation beziehungsweise die Nationen, Gleiches galt für die Republik Serbien. Der Staat hatte die ‚Nation' erst wieder zu finden, so die Forderung der Nationalisten. Dafür musste er mit der Vergangenheit verschmelzen und so die ‚wahre Form' der ‚Nation' wiederbeleben. Diese aufgeladene ‚Nation' war besonders für männliche Jugendliche und junge Erwachsene attraktiv. Sie versprach ihnen, sie zu Männern, ja sogar zu ‚Helden' zu machen. Auch die in diesem Alter häufige Sehnsucht nach ‚großen Taten', ein Reflex auf die reale Bedeutungslosigkeit und Abhängigkeit von der Familie, erhielt hier Nahrung.

---

mungsort, alles andere ist orientierungslos, und Miloš, Lazar und die Jugovići sind Wegweiser."

[24] Theweleit nennt die ‚soldatischen Männer' in den deutschen Freikorps am Ende des Ersten Weltkriegs und danach „nicht *zuende* geborene Menschen". „Als ‚Ende' der Geburt würde ich den Zustand bezeichnen, den [die Psychoanalytikerin Margaret S.] Mahler mit der ‚Individuation' erreicht sieht." (*Männerphantasien*, Bd. 2, S. 246)

[25] Diese Gedanken sind in knapper Form sehr schön dargestellt in: *Das Land, das Ausland heißt*, S. 16f.

Die ‚nationale Familie' setzt sich dabei zusammen aus der Schar der ‚Brüder',
von denen einer zugleich zum ‚Vater' wird. So wurde in einer Reihe von Parolen auf
den Meetings Milošević als Ersatz für Tito bezeichnet oder aufgefordert, diese Rolle
zu übernehmen, und in dem Lied ‚Slobodan, lieber Bruder' waren folgende Verse zu
hören:

> Auf uns, deine Brüder, Schwestern
> will die Hatz nicht enden.
> Hilf uns Sloba, Bruder,
> du bist uns Vater und Mutter. [26]

Milošević ist dabei in der ambivalenten Rolle des ‚Sohns', der zum ‚Vater' wird:
Einerseits ist er der Ersatz des ‚Vaters'/Titos, also tendenziell seine Kopie, andererseits verdrängt er ihn und zerstört sein Werk.[27] Der Führer symbolisiert nicht nur die
‚Einheit'; in der allgemeinen und überwältigenden Zustimmung zu ihm als Führer
kommt sie erst eigentlich zustande. Er selbst wird erst in diesem Prozess zum ‚Führer'.[28]

Auf diese Weise wird ein Dreieck sichtbar, das dem ödipalen zu ähneln scheint.
Es besteht aus der ‚Nation' (der Brüdergemeinschaft ‚aller Serben', das wäre das
‚Kind' beziehungsweise die ‚Kinderschar'), dem ‚Führer' (der Verkörperung und
dem Kopf der Brüdergemeinschaft, das wäre der ‚Vater') und dem Land (‚Mutter
Serbien', ‚heilige Erde', das wäre die ‚Mutter'). Zugleich bezeichnet ‚Nation' jedoch
auch das gesamte Dreieck, denn erst, indem die Stimme des Volkes vom Führer gehört und erhört wird, wird es sich seiner innigen, untrennbaren Bindung an die heimatliche Erde bewusst und kommt so als ‚Nation' zu sich. Aber damit nicht genug,
mit ‚Nation' kann der Nationalist auch die ‚mütterliche' heimatliche Erde meinen
oder das noch schlafende Volk, seine ‚jungfräuliche', von ihm noch zu erobernde
und heimzuführende ‚Braut'. Und schließlich kann auch der Führer noch ‚Mutter'
sein, wie der obige Vers zeigt. Es scheint vor allem dieses Geflecht kreuz und quer
verlaufender Familienbande zu sein, das die emotionale Aufladung der ‚Nation' bewirkt. Dass die starke Erregung der Nationalisten einem Verliebtsein ähnelt und von

---

[26]   Parolen: Čolović: *Bordell der Krieger*, S. 18f. Lied: ebd., S. 21. Tudjman übernahm sogar Patenschaften in besonders kinderreichen Familien (I. Bratković: ‚Dva Predsjedni-
kova kumčeta', *Večernji list*, 25.4.1995, S. 21).

[27]   Ähnliches gilt auch für Tudjman. Eigentlich ein Anti-Tito, gerierte er sich als zweiter
Tito, indem er sich häufig in einem weißen Sakko wie der Marschall zeigte (Ugrešić:
Die Kultur der Lüge, S. 76).

[28]   1988/89 wurde immer wieder betont: „Die Führung Serbiens ist fest mit dem Volk ver-
wachsen" (so in der Leserbriefrubrik ‚Echos und Reaktionen' der *Politika* vom
5.9.1988, nach Nenadović: ‚Die *Politika* im Sturm des Nationalismus', S. 287). Das Gerede von Milošević als ‚dem Schuldigen' für die Zerstörung Jugoslawiens vollzieht
diese Identifikation nach und mythisiert damit selber.

jenen auch so benannt wird, verwundert nun nicht mehr.[29] Auffällig jedoch ist, dass reale Frauen in dieser nationalistischen Bewegung – und nicht nur in dieser – ebenso wenig vorkamen wie symbolische ‚Töchter‘.

Die eigenartigen Verschmelzungen der drei Figuren in einer einzigen, der *Nation*, weisen außerdem darauf hin, dass es sich nur scheinbar um ein ödipales Dreieck handelt. Im Kern ist es das Verhältnis derer, die die ‚Nation‘ bilden, zu dem, was sie bilden, also zu sich selbst, in Form eines fantasierten weiblichen Großkörpers: die junge Frau, die zugleich Mutter ist, mit ihrem Sohn, wobei der Vater zum Verschwinden gebracht wurde.

Auffällig ähnelt diese Figur einer anderen, einem *der* Sinnbilder ‚Europas‘: der ‚Jungfrau und Gottesmutter Maria mit dem Jesuskind‘. Das Kind, das sie hält, korrespondiert mit zwei weiteren Sinnbildern: dem Gekreuzigten (dem ‚Opfer‘, das Katholizismus und mehr noch Protestantismus betonen) und dem Pantokrator (den die Orthodoxie favorisiert) – weshalb der Vater hier nur scheinbar verschwunden ist, ist er doch in alldem gegenwärtig, geschieht doch alles nach „Seinem Willen“, wenn auch in der nun vom Sohn vollendeten Form. Anders im Nationalismus: Der Sohn ist der neue Vater, denn der alte ist tot und besteht nur noch als Ikone und Fluchtpunkt nostalgischer Gefühle weiter.

Neben der jungfräulichen Gottesmutter mit ihrem kleinen, allmächtigen Jungen sind auch die beiden anderen Sinnbilder in der ‚Nation‘ an zentraler Stelle präsent: der Gekreuzigte, wie wir am Beispiel Lazars und seiner Streiter besonders deutlich gesehen haben, als ‚Opfer‘, damit ‚die Nation‘ lebe; der Weltenherrscher als Größenfantasie und Heilsauftrag der ‚Nation‘.[30] Während in den Darstellungen von ‚Maria mit dem Kind‘ noch reale Frauen in idealisierter Form sichtbar sind, verschwinden sie in den Bildern der ‚Nation‘ fast ganz.

---

[29] In Serbien konzentrierte sich diese Liebe weitgehend auf das Kosovo, ‚seine Seele‘, ‚sein Herz‘ (vgl. S. 188, 190, 198f. d. vorl. Arbeit). Aber auch Milošević konnte das Objekt dieser Liebe sein, wie in folgender Botschaft an ihn deutlich wird: „Slobodan, du Blume vom Tau benetzt, unser ganzes Volk dreht sich um dich jetzt" (Čolović: *Bordell der Krieger*, S. 18). Auch viele Kroaten zelebrierten ihre Liebe zu ihrem Land: ‚Nur dich liebe ich, o Kroatien‘ lautete der Titel eines patriotischen kroatischen Lieds (Ugrešić: *Die Kultur der Lüge*, S. 84). Zum Verliebtsein in Kroatien s. a. ebd., S. 261f.

[30] Zu Größenfantasien s. S. 244, zum ‚Opfer‘ den entsprechenden Abschnitt in diesem Kapitel.

Es handelt sich dabei nicht um Kopien, die Nationalisten von christlichen Sinnbildern angefertigt hätten. Unwillkürlich äußern sie ihre Vorstellungen in starken, d. h. immer noch wirkmächtigen, älteren religiösen Bildern, die sich durch diese Inanspruchnahme weiter verändern. Zugleich wird die ältere Religion insgesamt in den Hintergrund gedrängt bzw. für die neuen Heilsversprechen genutzt, was, wie wir gesehen haben, häufig auch den Zielen ihrer Würdenträger sehr entgegenkommt.

Die ‚Geburt der Nation', eine ‚reine', das heißt entsexualisierte Geburt, ist eine männliche Tat. Wie wird sie bewerkstelligt? ‚Das Volk' hat schon lange nach seinen Führern gerufen und geklagt, dass es leide. In den Parolen, Slogans und Liedern der Meetings hieß es: „Seid nicht taub vor der Stimme des Volkes"; „Das Volk kann man nicht zum Schweigen bringen"; „Das Volk hat sich zu Wort gemeldet, hört es an"; „Auch die Tauben hören die Stimme des Volkes". Dabei gilt: „Das Volk ist der beste Richter."[31] Schon die 212 Schriftsteller hatten in ihrem Aufruf an Partei und Staat vom 21. Januar 1986 beklagt, dass sich diejenigen, deren erste Sorge das Schicksal ihrer Nation sein sollte, gegenüber deren verzweifeltem Schrei und erwachtem Bewusstsein taub gezeigt hätten.[32] Seine Führer aber waren ‚falsche Führer', die es nicht hörten. Erst mit Milošević kam ein ‚richtiger Führer' an die Macht: Indem ‚das Volk' bei ihm Gehör fand, kam es wirklich zur Sprache und damit zum Bewusstsein ‚seiner selbst'.[33] Wie in Nogos Text sind ‚neue Sprache' und ‚neues Sehen' zwei Aspekte derselben Verwandlung. Das ‚Erwachen', das ‚Zu-sich-Kommen' ist zugleich ein ‚Erkennen' und ‚Die-eigene-Sprache-Finden'.[34] Es ist dieses Verstehen und Verstandenwerden, dieses Einverständnis, in dem die ‚Nation' samt Führer ‚geboren' wird. Daran teilhaben *kann* nur, wer dazu*gehört*. Eben diese Übereinstimmung weist den Führer als ‚einen von uns' aus. Das Gefühl ist so stark, dass es keiner weiteren Erklärung oder gar Begründung bedarf. Ihrer bedürfen nur diejenigen, die fassungslos außerhalb stehen.

Die ‚Geburt der Nation' ähnelt damit der Wiedergeburt im Glauben, wie sie in der Taufe vollzogen wird. Als *zukünftiges* Heilsversprechen wird die Wiedergeburt durch den Nationalismus allerdings nicht behandelt. Sie vollzieht sich im Gegenteil bereits gegenwärtig. Aber wie bereits bei Paulus ist es eine geistige, die sich in einer neuen Sicht der Welt und einem ‚neuen Leben' erweist.[35] So spricht etwa der Führer der Serbischen *Erneuerungs*bewegung, Vuk Drašković, auf einer Demonstration von der „geistigen Wiedergeburt" der Serben und davon, dass der Heilige Sava „vom

---

[31] Čolović: ‚Folklore und Politik', S. 14.

[32] Vgl. S. 174. Es ist eins der seltenen Dokumente, in dem das Volk bereits erwacht war, bevor es erhört wurde.

[33] Milošević selbst hat diesen Prozess umgekehrt aus der Sicht der Führung als geradezu zwangsläufig dargestellt: „Da hat die Führung keine große Wahl. Entweder wird sie sich an die Spitze des Volkes stellen und seine Stimme erhören oder sie wird von der Zeit fortgespült werden." (in seiner Rede auf dem Belgrader Meeting vom 19.11.1988, nach der *Politika* vom 20.11.1988, S. 3)

[34] Dieses Betonen eines Erkennens und einer Bewusstwerdung könnte all jene stutzig machen, die dergleichen mit dem Stempel ‚irrational' abtun. Sie könnten dann fragen, was hier ‚erkannt' wird und wessen sich die Beteiligten ‚bewusst' werden.

[35] Bei Paulus ist es allerdings die Lebensführung – ein der Sünde gestorbenes Leben –, die erst die in der Taufe eingegangene Identität mit Jesus vollendet und damit die Wiedergeburt ermöglicht (vgl. Röm. 6,1–11).

Himmel herabgestiegen [sei], um uns zu erneuern und zu vereinen".[36] In dieser Version spielt der Heilige Sava die Rolle des Heiligen Geists. Dabei wird nicht nur ‚die Nation' als gegenwärtige vereint, sie umfasst auch – wie in der christlichen Taufe und in anderen Nationalismen – die *Toten.* Angesichts einer existenziellen Krise ist eine Gemeinschaft vonnöten, die dem Einzelnen über den Tod hinaus sicher bleibt. Gerade auch in diesem Aspekt haben die verschiedenen Nationalismen die älteren Religionen beerbt.

‚Reinheit' und ‚Säuberungen'

Die Verbindung von ‚Geburt' und Religion verstärkt einige weitere Attribute der ersteren und lädt sie zusätzlich auf. ‚Reinheit' und ‚Asexualität' sind schon zur Sprache gekommen. Die Bedeutung, ja Notwendigkeit dieser ‚Reinheit' wird nun klarer. Hier wird etwas Heiliges geboren und das muss *rein* sein, sonst würde es üble Folgen haben. Das Göttliche – in welch vager Form auch immer es beteiligt ist – verkörperte sich in dieser Geburt nicht nur nicht, falls sie verunreinigt wäre, es würde auch aufs Schwerste beleidigt und sein Zorn müsste zwangsläufig in eine Katastrophe führen.

Um das Göttliche gewogen zu stimmen und das Gelingen der ‚Geburt der Nation' zu sichern, sind ‚Opfer' notwendig. Da es hier um etwas Existenzielles geht, kann es nur um den Einsatz des eigenen Lebens gewonnen werden. Aber nicht nur der Einsatz ist notwendig, das Leben muss auch tatsächlich gegeben werden, anders ist innerhalb eines solchen Denkens die ‚Reinheit' nicht zu erlangen, sind die bedrohlichen Mächte nicht zu besänftigen.[37]

---

[36] *NZZ,* 17.3.1991. Drašković hat wohl in Serbien am stärksten eine nationale ‚Wiedergeburt' betrieben, eine ‚Auferstehung' des alten Königreichs. Der Übergang zum Nationalismus war in dieser Republik zwar ein erregter, durch Miloševićs Positionswechsel jedoch auch ein gleitender. Im Gegensatz dazu stellte in Kroatien die Unabhängigkeitserklärung ganz offiziell die ‚Geburt des tausendjährigen kroatischen Traums' dar. Auch die Attribute der ‚Geburt', ‚Blut' und ‚Reinheit', waren hier zahlreicher, etwa als Tudjman betonte, jeder Staat werde „in Blut geboren" (Ugrešić: *Die Kultur der Lüge,* S. 82, vgl. a. S. 87). Selbst die Schulprogramme und Bibliotheken wurden ‚gesäubert'. Kroatischunterricht sollte nur noch von Kroaten erteilt, Bücher serbischer Autoren oder in zyrillischer Schrift ausgelagert werden (ebd., S. 89 u. 93).

[37] Daher ist es treffend, von der 600-Jahr-Feier der Kosovo-Schlacht als der (Wieder-)Geburt der serbischen Nation zu sprechen, auch wenn Milošević sie nicht ausdrücklich als solche inszeniert hat. Die ‚Geburt der Nation' findet bereits dann statt, wenn ‚Opfer' beschworen werden; die künftig real Ermordeten sind darin schon eingeschlossen. Die Feier hatte zum einen das ‚große Opfer' der Schlacht zum Anlass, zum anderen stand

Das Vokabular von ‚Reinheit' und ‚Säuberung',[38] das aus frühesten Kulten stammt, ist in den christlichen Kirchen vor allem als ‚Reinheit' von Sünden tradiert, so im *purgatorium*, dem reinigenden Fegefeuer. Speziell die katholische Kirche und in ihrem Gefolge ihre protestantischen Abspaltungen haben projektiv die Sünde im Außen bekämpft, in Menschen, die sich abweichend verhielten. Dahinter steckt die Angst, von deren ‚Unreinheit' angesteckt zu werden – man selbst ist nie vor Sünde gefeit, aber indem man sie an anderen feststellt und diese aus der Gemeinschaft ausschließt, meint man, die Gefahr zu bannen. In diesem Ausschluss ist der Mord als absoluter Ausschluss aus der Gemeinschaft der Lebenden bereits enthalten. Um ihn planmäßig durchzuführen und nicht im Affekt zu begehen, benötigen die Mörder als Hüter der Gemeinschaft eine göttliche Position. Nur wer Herr über Leben und Tod ist, hat das Recht, anderen das Leben zu nehmen. Bescheiden nennt man sich ‚Gottes Stellvertreter auf Erden' oder ‚Herrscher von Gottes Gnaden'. Dann wird die ‚Reinigung' zur ‚Säuberung', zum Ausmerzen und Vernichten anderer.[39]

Die eigene ‚Reinheit' zu sichern, indem man von einer göttlichen Position aus andere vernichtet, ist nicht auf die christlichen Kirchen beschränkt. Ihre säkularisierten Erben, die modernen Heilslehren Kommunismus und rassistischer Nationalismus, haben sie noch intensiviert.[40] Letzterer, besonders in seiner extremsten Form,

---

‚die Nation' wieder vor ‚Schlachten', möglicherweise sogar mit Waffen geführten, und wieder war ‚Opferbereitschaft' gefragt (vgl. S. 493f.). Daher ist das weit verbreitete Erschrecken über gerade diesen Satz eine sehr genaue Reaktion. Er ist, trotz der Schwebe, in der Milošević auch ihn zu halten scheint, *das* Signal der ‚Geburt' – und damit des Mordens.

[38] Vgl. Jacob u. Wilhelm Grimm: *Deutsches Wörterbuch*, VIII, Leipzig 1893, Sp. 1858f., Stichwort *säubern*.

[39] In Lobeshymnen kroatischer Nationalisten wurde Tudjman als „von Gott Gesandter" gefeiert. (Buchalla: ‚Titos Erben vor dem Bankrott', *SZ*, 21./22.4.1990, S. 3).

Die ‚Geburt' einer heilen Gemeinschaft setzt noch aus einem anderen Grund Vernichtung voraus: Da die ‚Nation' zwar (wieder-),geboren', zugleich aber ‚ursprünglich' ist (vgl. den Abschnitt ‚Ursprung' in diesem Kapitel), muss sie auslöschen, was vor ihr war und an andere Formen des Zusammenlebens erinnern könnte – Dubrovnik, Sarajevo und vor allem die dortige Bibliothek (vgl. Ugrešić: *Die Kultur der Lüge*, S. 214–216.)

[40] In der krassen Materialisierung und Biologisierung des Reinheitsgedankens durch Chauvinismus und Rassismus wurde auch im Gebiet des späteren Jugoslawiens die Idee ethnischer Reinheit schon früh propagiert. So hat Milan Obradović, ein serbischer Journalist im kroatischen Bjelovar, bereits 1912 – in Anlehnung an ein Projekt Konstantin Petrowitsch Pobedonoscevs für Russland aus dem Jahr 1881 – die Eliminierung der Juden und anderer Nichtserben aus Slawonien gefordert (*Le Nettoyage ethnique*, S. 15, nach Obradović: *Slavonski silnici ili prva moja sveta antisemitska poslanica krštenome mome narodu u Slavoniji*). Auf ‚Säuberungsprogramme' sind wir bereits bei der Ustascha und den Tschetniks im Zweiten Weltkrieg gestoßen (vgl. S. 99 u. 100).

In den 80er Jahren wurde die Idee nationaler Reinheit allmählich in verschiedenen Teilen des Landes virulent. In Slowenien: Milovan Djilas: ‚Ein tiefes, ergreifendes Wogen',

dem Nationalsozialismus, hat ‚Reinheit‘ (des Bluts/der Rasse) und ‚Säuberung‘ zu seiner Grundlage erklärt.

‚Reinheit‘ und ‚Säuberung‘ legen nahe, dass die anderen ein Schmutz, ein Dreck sind und auf den Müll- oder bestenfalls Komposthaufen gehören. Bereits in diesen Bildern von ‚Reinheit‘ und ‚Säuberung‘ ist der Leichenhaufen enthalten: Er ist ihre Verwirklichung – zu Dreck gemachte Menschen. Sie werden dann auch entsprechend verbrannt oder verscharrt. Entmenscht werden die anderen nicht erst im Massaker und der anschließenden Behandlung ihrer Leichen, sondern bereits zu Beginn in der Sprache. Damit die *Nation* ‚rein‘ sein kann, muss sie *ethnisch* ‚gesäubert‘ werden, das heißt von *Ethnien. Ethnien –* das sind immer die anderen.

‚Opfer‘

„Nothing brings people nearer to one another than community in fearing, loving and hating.“[41] Das scheint zu stimmen. Aber hinzu kommen die ‚Opfer‘, die die Einzelnen für diese Gemeinschaft gebracht haben, das heißt die ihnen nahen Menschen, die im Kampf für diese Gemeinschaft gestorben sind, und vielleicht noch mehr diejenigen, die man selbst für sie getötet hat.[42]

SZ am Wochenende, Feuilletonbeilage der *SZ*, 26./27.7.1986, S. 161; die patriotische slowenische Zeitung *Novi red* (Neue Ordnung) forderte, Slowenien von Fremden jeder Art zu reinigen (Ugrešić: *Die Kultur der Lüge*, S. 100). In Serbien: Meier: ‚Außerordentliches auf dem Amselfeld‘, *FAZ*, 9.9.1986. Im Kosovo: Küntzel: *Der Weg in den Krieg*, S. 21f. Dass es dabei um völlige ‚Reinheit‘ ging, eine ‚Reinheit‘, wie sie eben nur ein Neugeborenes verkörpert, zeigten auch jene mit dem rot-weißen Schachbrettmuster etikettierten Dosen, in denen im Wahlkampf des Frühjahrs 1990 in Zagreb ‚reine kroatische Luft‘ angeboten wurde (Buchalla: ‚Titos Erben vor dem Bankrott‘, *SZ*, 21./22.4.1990, S. 3; vgl. hierzu die kluge und scharfe ‚Analyse eines kleinen Textes‘ von Ugrešić in: a. a. O., S. 86–91).

[41] Budgen: *James Joyce and the Making of Ulysses*, S. 274, zit. v. Loewenberg: *Fantasy and Reality in History*, S. 193.

[42] Zur Gemeinschaft stiftenden Wirkung eines gemeinsam verübten Mordes vgl. Hanno Loewy: ‚Ein kurzer, verschämter Augenblick des Eingeständnisses‘, *FR*, 7.10.2000, S. 9.

Die deutsche Sprache stellt hier einen Zusammenhang her, der in einigen anderen Sprachen nicht so offensichtlich ist, indem sie das gleiche Wort für z. B. frz. *victime* (etwa das Opfer eines Unfalls), *sacrifié* (der Geopferte) und *sacrifice* (die Opferung) gebraucht. Das Serbokroatische ähnelt hierin dem Deutschen: *žrtva* ist *victime* und *sacrifié*, *žrtvovanje* (wörtlich „das Opfern“) *sacrifice*. Allerdings geht auch das französische *vic-*

Die in der Verherrlichung des ‚Opfers' enthaltene Ambivalenz ist auch zu spü-ren, wenn es – diesmal in Kroatien – heißt: „Die Heimat blutet."[43] Es sind nicht Ein-zelne, die bluten, genauer: sie bluten nicht als Einzelne. Aufgegangen sind sie im ‚Volkskörper', den sie mit ihrem Blut speisen und der nun ‚blutet'. Dabei scheint er auch ‚bluten' zu sollen – zu leicht und gerne kommt diese lyrische Formulierung vielen über die Lippen. Eine Freude schwingt mit, die ‚Mutter Heimat' bluten zu se-hen und dieses Bluten auch noch ein bisschen zu verstärken. Die ‚Heimat' muss auch bluten, sie ‚gebiert' ja. Aber schnell ist es nicht mehr die ‚Heimat', die ‚blutet', sondern man selbst, junge Männer, auch ältere, bald jeder und jede, die einem Kämpfer vors Visier kommen. Die ‚Wiedergeburt' des ursprünglichen und damit wahren ‚Seins der Nation' fordert ‚Opfer' – und wieder ‚blutet' die ‚Heimat'. Dabei ist der einzelne Kämpfer als ‚Held', der er sein muss und oft genug auch sein will, bereits zum ‚Opfer' bestimmt, zugleich aber ist er, selbst als einfaches Bandenmit-glied, Priester dieser ‚Opferung', Herr über Leben und Tod, derjenige, der andere ‚opfert'.

Gemeinsam das ‚eigene' Land und ‚die Nation' zu lieben, ihre ‚Feinde' und ‚Verräter' zu hassen und ihr Zerbrechen, ihr ‚Zerstückeltwerden' zu fürchten, gilt für alle, die an der ‚Einheit der Nation' teilhaben. Beim gemeinsam verübten Mord aber kommen noch andere sehr starke Gefühle hinzu: Zum einen der Rausch, alle Hem-mungen hinter sich zu lassen und alle Aggression, alle Wut und allen Hass endlich aus sich herausströmen zu lassen – ein negativer Orgasmus, ein Sichverströmen in der Zerstörung und Vernichtung anderer.[44] Zum anderen die gemeinsam begangene Selbstzerstörung, die eine andere Facette solchen Mordens ist – ist es ein aufblitzen-des Erkennen dessen, was man gerade getan hat, ist es Scham, sich selbst so boden-los entmenscht zu haben? Die Mörder haben einander auch in diesem kurzen Au-genblick gesehen, während sie, sobald der Krieg vorbei und alles wieder ‚zur Nor-malität zurückgekehrt' ist, sowohl ihren Rausch als auch ihre Entmenschung unter einer reglosen Maske auch vor sich selbst zu verschließen scheinen. Dann allerdings kann, seit Kriegsverbrecher mitunter vor Gericht gestellt werden, noch hinzukom-men, dass sie die Angst vor Verrat zusammenschweißt, denn jeder von ihnen kann die anderen lebenslang ins Gefängnis bringen, um für sich selbst bessere Bedingun-gen zu erwirken.[45]

Wer von der ‚Nation' als ‚Opfer' spricht und für ihr ‚Heilwerden' ‚Opfer' for-dert, sieht sich selbst in der Position des ‚Opfers', etwa ‚der Verhältnisse', wie

---

time auf die religiöse Bedeutung zurück: lat. *victima* ist sowohl das Opfertier als auch das Schlachtopfer.

[43]   Ugrešić: *Die Kultur der Lüge*, S. 98.

[44]   Dies ist im Kern die Verbindung von „Ballern und Bumsen" (vgl. S. 233).

[45]   Von der andauernden Verstörung und Zerstörung solcher Kämpfer geben Natalija Bašićs *Krieg als Abenteuer* und Romuald Kamakars Dokumentarfilm *Warheads* einen Eindruck.

Nogo, den die „dicke Lüge" zum „Janitscharen" und „Versuchskaninchen" gemacht hatte. Er übernimmt, wie so viele nach ihm, dafür keinerlei Mitverantwortung, sondern überlässt sich der ‚Nation', als deren heldischer Kämpfer er alles Bedrohliche in den ‚Feinden' und ‚Verrätern' mörderisch bekämpfen kann. Mit einer späteren ‚Rückkehr zur Normalität' aber wird er vermutlich erneut ‚Opfer' sein, denn das Morden ging nicht von ihm aus, sondern kam ‚von oben' und ging durch ihn hindurch. Die Entschuldigung, man sei nur Werkzeug gewesen und habe Befehle ausgeführt, ist *nicht nur* Mittel, um einer Strafe zu entgehen. Sie beschreibt auch eine innere Verfassung, nachdem man die Verantwortung für sich selbst abgegeben oder nie übernommen hat.

Solange der Krieg dauert, ziehen die ersten Morde auch deshalb weitere nach sich, weil der Rausch, der wie jeder Rausch mit der Zeit schwächer wird, erneuert und das Gefühl, ganz und heil zu sein, immer wieder hergestellt werden muss. Dabei verstärkt die allmählich wachsende Angst, alle ‚Opfer' könnten letztlich nicht ausreichen, um das Ersehnte zu erlangen, noch den Drang zu morden.

Die unheilvolle Drohung, dass die ‚Opfer' und das eigene ‚Opfern' umsonst gewesen sein könnten, binden aber auch die Gesellschaft, die dieses Morden gutgeheißen hat, als Ganzes: Diese Drohung *darf* nicht eintreten. Was heißt, dass die Gesellschaft alles daran setzt, nicht gewahr zu werden, dass sie einer Illusion erlegen ist. Dies gilt auch für die Katastrophe, in die die Illusion schließlich führt. Dass Menschen in einer ‚Geburt der Nation' ‚ganz' und ‚heil' werden könnten, wird dann an die Nachgeborenen weitergegeben.

Und noch auf eine andere Weise zieht solches Morden weiteres Morden nach sich. ‚Die Nation', die von vielen ihrer ‚Angehörigen' – wieder ein Begriff aus der Sphäre der Familie – als ‚Opfer' gesehen wird (benachteiligt, undankbar behandelt, verraten, zerstückelt),[46] muss selbst ‚Opfer' bringen, um wieder ‚heil' zu werden, das heißt, nicht mehr ‚Opfer' zu sein. Dabei ‚opfert' sie vor allem andere, deren Angehörige – jetzt tatsächlich im Sinn von „Familienangehörige" – auf Rache sinnen und ihren ermordeten Verwandten zum Ausgleich ermordete Feinde hinterherschicken. Die ermordeten Feinde werden nicht als ‚Opfer' bezeichnet – als ‚Schmutz' können sie das nicht sein. Aber hergestellt wird die ‚Einheit' faktisch immer durch diese Doppelung aus ‚Opfersein' und ‚Opfern'. Das *eine* nationale ‚Opfer' befreit also nicht von weiteren, es zieht sie vielmehr nach sich. Und hierin unterscheidet es sich

---

[46] Eine Haltung, die nicht auf Serben beschränkt war: „Wie die Serben, so unterstrichen nun [Ende der 80er Jahre] auch die Albaner, die Kommunisten hätten ihr Volk künstlich aufgeteilt (in Albanien, Kosovo, Montenegro, Südserbien), so daß die auseinandergerissenen Teile ‚natürlich' danach strebten, sich wieder vereinigen zu können. Der einzige gravierende Unterschied dieser beiden Geschichtsdeutungen liegt darin, daß jede Seite in exklusiver Weise die Rolle des Opfers für sich reklamiert. Wann immer vom Kosovo, ja wann immer von Jugoslawien insgesamt die Rede ist, bricht ein perverser Wettstreit um das Monopol der Opferrolle aus" (Blagojević: ‚Der Exodus aus dem Kosovo', S. 89).

grundlegend vom rituell gebundenen Opfer einer Religion, das auf Versöhnung mit dem Numinosen oder Göttlichen zielt.[47]

In einem solchen Denken ist es dann auch bedeutsam, wie viele Opfer gebracht wurden: für die ‚Nation der Opfer‘, weil sich in der Anzahl der Toten ihre moralische Überlegenheit wie auch ihre Ansprüche auf Entschädigung, Sühne und Rache bemessen; für die ‚Nation der Opferer‘ berechnen sich darüber spiegelbildlich die eigene Schuld und damit die Bewegungsunfreiheit gegenüber der ‚Nation der Opfer‘. Wenn Tudjman versucht zu beweisen, dass wesentlich weniger Serben von der Ustascha umgebracht worden sind als bisher angenommen oder behauptet, will er die Schuld und Verpflichtung der kroatischen Nation gegenüber der serbischen verringern.[48] In der Tendenz läuft das immer darauf hinaus, sich selbst als ‚Opfer‘ hinzustellen, zumindest das einer Verleumdungskampagne.

Es ist zentral nicht Rache, zu der diese Toten ‚aufrufen‘, sondern sie ‚rufen‘ danach, dass ihr Tod einen Sinn haben soll – wobei dieser durchaus auch in Rache bestehen kann. In diesen ‚Ruf‘ mischt sich der Ruf der Lebenden, die mit der Verehrung der Opfer ihrem eigenen Leben Sinn und Ziel zu geben versuchen. Daher sind in das ‚Opfer‘ zusätzlich alle Ermordeten einbezogen, die für die Kämpfe um die ‚Nation‘ reklamiert werden. In einem serbischen ‚Volkslied‘ heißt es zur heimatlichen Erde: „Seit Vorzeiten bis heute haben wir dich mit Blut getränkt". Diese ‚Opfer‘ verbürgen ein göttliches ‚Recht‘ auf ‚Größe‘: „Serbien ist überall, wo serbische Gräber sind."[49]

Hier sind es weniger die Helden als die Massakrierten, die das ‚Opfer‘ darstellen und den Anspruch auf ein Territorium begründen. Beide, Helden und Massakrierte, bilden allerdings zusammen eine heillose Dialektik des ‚Opfers‘. Beide Positionen sind ‚rein‘ und damit schuldlos. Doch der Held wählt das ‚Opfer‘, während die Massakrierten zu ‚Opfern‘ gemacht werden. Diese Position haben viele Serben, wenn nicht die große Mehrheit, während aller Konflikte und Kriege in den 90er Jahren behauptet, wofür symbolisch der Fall Martinović steht.[50] Er verkörpert ein in Serbien damals weit verbreitetes Gefühl der Ohnmacht, das sogleich umschlägt in den

---

[47] Vgl. Loewenstein: *Wir und die anderen*, S. 96 u. 97.

[48] *Bespuća povijesne zbiljnosti*, Zagreb 1990; in deutscher Übersetzung als Prachtband *Irrwege der Geschichtswirklichkeit* 1993 ebenfalls in Zagreb erschienen.

[49] Blut getränkt: Ugrešić: *Die Kultur der Lüge*, S. 82. Serbische Gräber: Čolović: ‚Mythen des Nationalismus‘, S. 20.

[50] Vgl. S. 115, 175 u. 181. Cviic schreibt hierzu: „A famous Serbian painter not long afterwards [nach der Verwundung Martinovićs am 1. Mai 1985] made Mr. Martinović the *central figure of a crucification scene* in a painting which, I was told, now adorns one of the rooms in the building of the Serbian Academy of Sciences in Belgrade." (‚A Culture of Humiliation‘, S. 80, Hervorh. C. P.) Leider sieht auch Cviic die Gründe bzw. den Grund für die gewalttätige Zerschlagung Jugoslawiens einseitig im ‚mythischen Denken der Serben‘.

Zwang, ‚sich nichts mehr gefallen zu lassen' – von denen, die nun als Feinde identifiziert sind (von der eigenen Führung oder den ‚Brüdern', mit denen der Einzelne nun zur ‚Nation' vereint ist, lässt er sich gleichwohl alles Mögliche gefallen). Wer in die Position des Geopferten gerät, schlimmer noch: in ihr verharrt, der verrät sich auch: Er verliert seine Würde und Selbstachtung, da er den Anspruch aufgegeben hat, als Mensch angesehen zu werden. In der Figur des ‚Helden' ist dieser ‚Verrat' aufgehoben, er lässt sich nicht zum ‚Opfer' machen, sondern bringt sich selbst als ‚Opfer' dar, indem er für die ‚Einheit' und das ‚Wesen' seiner ‚Nation' kämpft, tötet und stirbt. Der so verstandene ‚Held' ist das reflexhafte Pendant zum Massakrierten, er entgeht der Demütigung, geopfert zu werden, indem er sich selbst opfert. Aber der Dynamik des Opferns entgeht er nicht, sondern treibt sie nur weiter. Damit ist auch er unfrei, denn er unterliegt dem Zwang, sich nicht zum ‚Opfer' machen zu lassen. Indem er sich selbst zum ‚Opfer' bestimmt, erlangt er die scheinbare Freiheit, das vermeintlich Unvermeidbare selbst gewählt zu haben.

Doch noch ein anderer Gewinn winkt dem, der sich opfert. Im Menschenopfer geht es immer um das Leben, um ein besseres Leben als das augenblickliche. Eine Todesdrohung, verursacht durch Krankheit, Dürre, Krieg oder Ähnliches, soll abgewendet, ein entscheidender Sieg erkämpft werden. Wer sich opfert, dem ist ein besseres Leben versprochen – in Walhall, im Paradies, in Lazars himmlischem Reich oder im Andenken der nun besser und glücklicher Weiterlebenden. Die soziale Ordnung, für die sich einer opfert, lebe künftig auch aus seinem Tod – so die Verheißung. Heldentum und – unverbrüchliche – Einheit fallen so im Opfertod, der ewiges (göttliches) Leben im Ruhm bedeutet, zusammen. Zugleich ist diese Einheit ambivalenzfrei, sehr im Gegensatz zum ambivalenten Leben.

Weder das selbst gewählte ‚Opfer' des ‚Helden' noch die ihm verheißene Reinheit und Unsterblichkeit vermögen allerdings die andere Seite des ‚Opfers' aufzuheben: dass man ausgeliefert ist, sich unterwerfen und letztlich sterben muss. Feiert man dies als besonders wertvollen Teil der eigenen Identität, so geschieht dies immer mit dem Ziel, dass man nun in der unmittelbaren Zukunft den Lohn hierfür einstreichen wird. Die jetzt geforderten ‚Opfer' sollen dem Opfersein ein für allemal ein Ende bereiten und damit jedem, der es riskiert, in Aussicht stellen, den Zustand der Freiheit – von Unterwerfung, Ausbeutung, Demütigung, also von jeglichem Opfersein – selbst noch zu erleben.

Indem aber die Vergangenheit als Zeit des ‚Opfers' aufgeladen wird – und psychodynamisch nach einem Ausgleich verlangt: dem Lohn –, wird man sie gerade nicht los, sondern verfestigt ein Schwarzweißbild der eigenen Existenz, die nur ‚Opfersein' und das Ganzandere zu kennen scheint. Die erwartete Erlösung lässt sich trotz aller Anstrengungen kaum aus dem Jenseits ins Diesseits zwingen. Andererseits wird das bedrückende Diesseits zementiert: Als größtes ‚Opfer' gilt unter Serben die Zeit des ‚türkischen Jochs', eine unendlich lange Zeit der Erniedrigung. Damit aber macht man diese Zeit unansehbar. Sie ist das Schreckliche schlechthin und bis heute verantwortlich für alle Rückständigkeit, das heißt für alle nicht erfüllten Erwartungen.

Sie anzuschauen, könnte dazu führen, ihre Vielschichtigkeit kennenzulernen, beispielsweise dass die eigenen Vorfahren (nicht man selbst!) – wie anderswo auch – mit Mächtigen zu kämpfen hatten, die sie zwingen konnten, hohe Steuern zu zahlen; dass man ihrer Willkür ausgesetzt war und doch nach Auswegen suchte und diese zum Teil auch fand; dass die potenziellen Befreier sich immer wieder (aber nicht immer) als neue Unterdrücker herausstellten und die alten im Vergleich zuweilen gar nicht so schlecht gewesen waren. Statt Schwarzweiß könnten sehr viele Zwischentöne zum Vorschein kommen und ein Bewusstsein ermöglichen, dass es trotz der Übermächtigkeit der Gegner immer wieder auch einen – engen – Spielraum für eigenes Handeln gab, und sei es, weil man sie gegeneinander ausspielen konnte oder sie letztlich auf einen angewiesen waren.[51]

Der genaue, wirklich interessierte und Anteil nehmende Blick in die eigene Vergangenheit kann also zeigen, dass man nie nur ‚Opfer‘ war, sondern zu allen Zeiten versucht hat, mit den Gegebenheiten zurechtzukommen. Das kann die Gegenwart entlasten, mag sie auch hart sein, und einen selbst freier machen, den tatsächlichen Schwierigkeiten zu begegnen. Die Stilisierung der Vergangenheit zum ‚großen Opfer‘ aber fixiert einen darauf, nicht nur weil die schwierige Gegenwart wie seine Fortführung erscheint, sondern weil das ‚Opfer‘ das Paradigma ist, das einem die Wirklichkeit strukturiert: Erfahrungen des Scheiterns, der Niederlage, des Niedergangs, der Auflösung, des Konflikts und der Konfrontation rufen das Bild des ‚Opfers‘ zur Interpretation herauf. Als Antwort steht einem ebenso stereotyp nur das Bild des ‚Heldentums‘ zur Verfügung – der heldenhaften Befreiung Serbiens, die zugleich Auftakt zur Befreiung der anderen Südslawen war. Auch die hat allerdings nur wieder in eine Bewegung des ‚Opfers‘ geführt.

Schwerer als andere zu töten, schwerer noch als das eigene Leben zu riskieren – also ‚Opfer zu bringen‘ – scheint, sich selbst zu begegnen, der eigenen Kleinheit, Angst, Ratlosigkeit, Verwirrung, den eigenen Sehnsüchten und Projektionen, dem eigenen verletzenden und zerstörerischen Handeln. Leichter scheinen die meisten Menschen zu sterben, als sich selbst auszuhalten. Das ist selten ein Willensakt, viel eher ein Reflex. Selbst wer versucht, sich selbst zu erkennen, hat viel an inneren Widerständen zu überwinden, bis es ihm tatsächlich auch gelingt. Aber erst dann wäre es sinnvoll, von „Verantwortung“ zu sprechen, diesem gerade in Krisenzeiten so beliebten Wort, das dann in der Regel bloß Gefolgschaft und Unterordnung bedeutet.[52]

---

[51] Vgl. hierzu das 6. bis 10. Kapitel in Malcolms *Kosovo*.

[52] So die häufige Klage, die serbischen Politiker hätten in der titoistischen Zeit ihre Verantwortung für Serbien nicht wahrgenommen. Ein Echo davon ist noch in Miloševićs Amselfeldrede zu hören, wo er von der gespaltenen serbischen Führung, deren Zugeständnissen zum Schaden des eigenen Volkes und der Zwietracht unter den serbischen Politikern (S. 489) spricht.

‚Verrat'

Serbien ist in den Augen serbischer Nationalisten immer wieder ‚Opfer' gewesen, nicht nur durch Undank, sondern vor allem durch ‚Verrat' – auch das ist mit dem Festhalten am Mythos gesagt. Mitunter schwingt hier eine Selbstkritik mit, ‚Serbien' sei zu schwach gewesen, sich vor ‚Verrat' zu schützen, etwa wenn Dobrica Ćosić in einem Interview 1988 sagt: „Je suis véritablement convaincu que le peuple serbe a perdu toutes ses guerres durant ce siècle. En effet, elles ont toutes été victorieuses sur les champs de bataille, mais ensuite perdues dans la paix: ainsi de 1912 à 1945."[53] Das heißt auch: Die serbischen Führer haben ihre Aufgabe nicht erfüllt, worin ebenfalls der Vorwurf des ‚Verrats' anklingt. Auf die Kommunisten bezogen, ist es die „dicke Lüge", von der Nogo spricht, die Lüge einer ‚falschen Brüderlichkeit', die die ‚wahre Brüderlichkeit' des ‚Bluts' in Vergessenheit geraten ließ. Dieser Gegensatz von sozialistischer ‚Lüge' und nationalistischer ‚Wahrheit' ist noch in dem *Zeit*-Dossier ‚Die Gräuel der Frenkie Boys' zu finden. Dort heißt es von dem alten Lehrer, dem Mentor der Paramilitärs, er habe sie vormittags in der Schule im Geist des Internationalismus aufgeklärt und abends „im alten Bauernhaus" die alten Geschichten und Gesänge gelehrt. Einer der Schüler meint, das habe ihn gegen den Titoismus ‚immun' gemacht.[54] Zwischen den Positionen ‚Verrat am Sozialismus' und ‚Verrat der Sozialisten an Serbien' schwankt das Memorandum der SANU. Ein Echo davon ist noch in Miloševićs Rede zur 600-Jahr-Feier der Kosovo-Schlacht zu hören.

‚Verrat' ist immer eine innere Angelegenheit. Durch ihn geben sich vermeintliche ‚Brüder' als ‚Feinde' – als ‚Ustaschen' und ‚Türken' zu erkennen. An ihrer Spitze standen die Albaner, die am meisten von Jugoslawien ‚profitiert' hätten und ‚selbst am wenigsten gaben'.[55] Als Slowenien und Kroatien sich dafür einsetzten, dass Vertreter der UNO hinzugezogen werden sollten, falls die demokratische Ent-

---

[53] Im Kapitel ‚Gewinner im Krieg, Verlierer im Frieden' in *Čovek u svom vremenu*, S. 236, frz.: Tchossitch: *Un homme dans son époque*, S. 182, zit. in: *Le Nettoyage ethnique*, S. 232. Indem „Gewinner des Krieges, Verlierer des Friedens" in Serbien zu einer gängigen Formel wurde, die auch als Festschreibung gelesen werden kann (vgl. Ivan Glaser/Ernst Köhler: ‚Der blockierte Dialog: Die blockierte Demokratisierung', *SZ*, 27.10.1988, S. 21).

[54] Schirra: ‚Die Gräuel der Frenkie Boys', S. 17.

[55] So bemerkte Ströhm, „daß in den serbischen Protesten und Reden neuerdings immer wieder der Begriff ‚Verrat' und ‚Hochverrat' auftaucht – wobei sich dieser Vorwurf nicht nur gegen die Albaner, sondern auch gegen die Slowenen und Kroaten richtet" (‚Jugoslawien sieht gegen die Albaner in Kosovo nur noch Gewalt und Härte', *Die Welt*, 6.3.1989).

wicklung in den beiden Teilrepubliken bedroht werde, wurde dies im jugoslawischen Staatspräsidium als „Kapitulation und Verrat" bezeichnet.[56]

Dabei bleibt eine merkwürdige Ambivalenz bestehen: Geben die ‚Brüder' im ‚Verrat' ihre eigentliche Natur zu erkennen – dass sie im Grunde gar keine ‚Brüder' sind – oder geben sie gerade ihr eigentliches Wesen auf – dass sie doch ‚Brüder' sind? Diese Ambivalenz drückt sehr treffend eine tiefere emotionale aus: zwischen dem Hass auf diejenigen, die den gemeinsamen Staat verlassen wollen und ihn damit zu zerstören drohen, und der Hoffnung, man könne sie doch noch halten – notfalls mit Gewalt – und es werde ‚alles wieder gut'.

Aber das Problem des ‚Verrats' reicht tiefer. Da die ‚Nation' gerade aus dem Mangel derer entsteht, die ihrer als ‚Körper' bedürfen, ist sie immer von Zerfall bedroht. In dem Maß, in dem es den Einzelnen gelingt, sich selbst weiter zu beleben, oder – was wahrscheinlicher ist – die zusätzlichen äußeren Bedrohungen nachlassen, verliert sie an Bedeutung. Daher müssen Nationalisten ‚Treue', verstanden als unverbrüchliches Ja zur ‚Einheit', zu ihrer obersten Tugend erklären.[57] Die ‚Würde' oder ‚Ehre' des ‚Volkskörpers' hängt ab vom Ausmaß und von der Intensität einer uniformen Zustimmung zu ihm, das heißt vom Aufgehen in ihm. Nichts bedroht ihn mehr als Schwächen dieser Zustimmung – in ihnen steckt ‚Verrat'.

Die ‚Nation', die (nicht nur) im Fall Serbiens selbst ein Spaltprodukt ist – Spaltprodukt des Osmanischen Reichs – soll mit dieser Spaltung, aus der sie entsteht, zugleich alle weiteren Spaltungen bannen. Gerade mit ihr legt sie aber die Grundlage für weitere: Wenn ‚die Serben' eine ‚Nation' sind, warum dann nicht auch ‚die bosnischen Muslime' oder ‚die Kosovo-Albaner'?[58]

Woher aber droht nun der ‚Nation' ‚Verrat'? Verraten werden kann immer nur eine eigene geheime Wahrheit, was schon für den militärischen Verrat gilt. So auch Vuk Branković in der Schlacht auf dem Amselfeld: Er offenbart die Schwäche des christlichen Heeres, indem er sich mit seinen Leuten zurückzieht. Das führt zur Dialektik des Verrats: Verraten (Unbefugten preisgegeben) werden kann nur, was bereits innerlich verraten (als Eigenes verleugnet und aufgegeben) worden ist – in diesem Fall das Ethos des christlichen Adels durch Uneinigkeit, interne Machtkämpfe und Rivalitäten. Das auf diese Weise verratene Eigene verrät sich selbst, in-

---

[56] Schleicher: ‚Wege zur Trennung gesucht', *FR*, 15.2.1991.

[57] Heinrich Himmler nannte in seiner berüchtigten Posener Rede vom 4.10.1943 unter den Tugenden eines SS-Mannes als erste und wichtigste die Treue, und er fügte hinzu: „[...] alles kann verziehen werden auf dieser Welt, aber eines kann unter uns Germanen nicht verziehen werden: das ist die Untreue." Folglich steht als Strafe auf sie, „dass dieser Mann aus dem Orden kommt, und wir werden dafür sorgen, dass er aus dem Leben kommt." (‚Rede Himmlers', S. 149).

[58] Siehe hierzu Heinrich: *Anfangen mit Freud*, vor allem S. 85f. (männliche Spaltung statt weiblicher Schoßgeburt) u. S. 77 (die einmal festgeschriebene Spaltung soll vor weiteren bewahren).

dem es dem Aufmerksamen als Schatten sichtbar ist oder als verleugnete Realität plötzlich hervorbricht und allen offenbar wird.

In dieser Weise begingen viele führende jugoslawische Politiker an dem bisher von ihnen betriebenen Projekt ‚Sozialismus' Verrat. Indem sie das, worin sie bisher gescheitert waren, nicht thematisieren, verrieten sie es. In mythischer Sprache ausgedrückt ging es dabei nicht darum, dass die Gesellschaft der Werktätigen so nicht hatte errichtet werden können, sondern dass die neue Ordnung nicht zu der versprochenen ‚Brüderlichkeit' und ‚Einheit' geführt hatte – das waren die aufgeladenen, ein gesellschaftliches wie persönliches Heilwerden versprechenden Bilder. Und sie wurden sogleich erneut verraten, indem sie in verwandelter, aber konkret ebenso abstrakter Gestalt als ‚Einheit des Blutes', als ‚nationale Einheit' weiterverwendet wurden. Das Gegenteil davon wäre ein Erkennen gewesen: all dessen, was den Idealen entgegenstand an gegensätzlichen nationalen, wirtschaftlichen, schichtspezifischen und anderen Interessen.

Auch Milošević beging in seiner Amselfeld-Rede Verrat. Indem er die beiden zentralen Konflikte Serbiens leugnet, verrät er sie: 1) die gespannte Lage im Kosovo, für die eine Lösung überhaupt nicht in Sicht ist, was die Kluft zu Slowenien und Kroatien vergrößert, 2) diese Kluft selbst, die gerade durch die von Milošević gelobte Wiederherstellung der territorialen Einheit Serbiens – unter gleichzeitiger Beibehaltung eines Vertreters der Vojvodina und des Kosovo im Staatspräsidium – vertieft wurde. Es ist dieser Verrat – dieses Verdecken der realen Konflikte –, der zum kitschigen Ende seiner Rede führt, zur „neuen, schönen Welt".

Bei der ‚Geburt der Nation' fiel bereits auf, dass sie unter Ausschluss realer Frauen vollzogen wird.[59] Diese tauchen, wie wir gesehen haben, lediglich noch in symbolischer Verformung als der weibliche Körper der ‚Nation' auf. Die ‚Geburt der Nation' ist also zugleich Verrat der Frauen – in seiner doppelten Bedeutung: zum einen als reale Verdrängung der Frauen aus dem gerade stattfindenden beziehungsweise betriebenen gesellschaftlichen Prozess; zum anderen als fantasierter ‚Verrat' der Frauen an diesem Männerprojekt. Da die Frauen zwar weitgehend ausgeschlossen, aber nicht verschwunden sind, droht von ihrer Seite die Zerstörung der kollektiven Macht, die die Männer gerade errichten. Hinzu kommt, dass sie über so intime Kenntnisse verfügen, dass sie die ganze Veranstaltung zu durchschauen und

---

[59] Meist geht es ganz offen darum, die Frauen gesellschaftlich wieder an ihren ‚angestammten Platz' zurückzudrängen, auch wenn für die Frühzeit der Nation, besonders die Französische Revolution, die noch von dem Versuch einer *politischen Befreiung* geprägt war, das Gegenteil gilt. Die hier beschriebene Verdrängung war im Jugoslawien der frühen 90er Jahre am stärksten in Kroatien zu finden, wo ‚die Geburt der Nation' auch die größte Bedeutung hatte (vgl. etwa Ugrešić: *Die Kultur der Lüge*, S. 174). Aber auch in Serbien verlieh die orthodoxe Kirche ab Sommer 1993 jeder serbischen Mutter im Kosovo, die vier oder mehr Kinder zur Welt brachte, den Orden „Majka Jugovića" – „Mutter der Jugovići" (*FAZ* vom 29.6.1993, S. 6, die sich auf eine Meldung in den *Večernje novosti* vom Vortag bezieht).

damit ihre Geheimnisse zu ‚verraten‘ drohen.[60] Dass mit ‚den Frauen‘ immer auch das verdrängte und verleugnete eigene ‚Weibliche‘ bekämpft wird, hat bereits die Analyse von Njegošs *Bergkranz* gezeigt.[61] Beide, ‚die Frauen‘ wie die eigene verdrängte Weiblichkeit, werden sich mittels ‚Verrat‘ rächen – so die Drohung, die der ‚Nation‘ mit in die Wiege gelegt worden ist und vor der sie nicht aufhört zu fliehen.

Die Folgerung hieraus ist bitter: Einmal zur bestimmenden Bewegung eines Volkes geworden, ist die nationalistische durch keine Analyse mehr zu stoppen. Wer analysiert, ist bereits als ‚Verräter‘ zentraler Teil der mörderischen Dynamik.

‚Vergewaltigung‘ und Vergewaltigung

Von hier aus scheint es möglich, etwas besser zu begreifen, weshalb in Serbien in den 80er und 90er Jahren stereotyp Vorwürfe erhoben wurden, die Kosovo-Albaner vergewaltigten serbische Frauen und verübten Völkermord an den Serben – vornehmlich durch Geburten! Real sind beide nicht begangen worden, was jeder wissen

---

[60] Hierin liegt eine große Macht von Frauen begründet. Würden sie sie massenhaft nutzen, der Versuch einer ‚Geburt der Nation‘ würde im Ansatz bereits in sich zusammenbrechen. Allerdings wäre eine Gesellschaft, in der Frauen so reagierten, kaum in der Gefahr, eine solche Entwicklung zu nehmen. In der Regel sind es allenfalls kleine Gruppen von Frauen die sich ihr entgegenstellen. Den Machthabern sind sie nicht gefährlich. Beispiele hierfür sind der Zug von Frauen aus Bosnien und Kroatien nach Belgrad im Herbst 1991 (Ugrešić, a. a. O., S. 173) oder die pazifistische Gruppe „Žene u crnom" (Frauen in Schwarz). Weitaus häufiger scheint eine Haltung gewesen zu sein, wie sie Schirra von den Frauen zweier Paramilitärs berichtet: Stolz, dass ihr Mann für sein Volk gekämpft habe, Stolz, dass er für dessen Seele, das Kosovo, gekämpft habe. Die eine Frau hat sich bereits von ihrem Mann getrennt, die andere wird es bald tun, aber das habe nichts mit den Kriegstaten der Männer zu tun. (‚Die Gräuel der Frenkie Boys‘, S. 18) Solche Frauen scheinen die Sehnsucht ihrer Männer nach nationaler ‚Einheit‘ zu teilen. Sie schreiben selten die einschlägigen Artikel, halten selten die begeisternden Reden und ziehen noch seltener selbst in den Krieg. Aber was die ‚Nation‘ angeht halten sie fest und treu zu ihren Männern, auch wenn sie ansonsten nicht mehr mit ihnen zusammenleben wollen. Was motiviert sie? Die Anerkennung, eine ‚gute Frau‘ zu sein? Ich habe kaum Quellen gefunden, die für eine Antwort hilfreich wären, und muss die Frage offen lassen.

[61] Siehe Abschnitt 1.4.1. Bezeichnenderweise sind die ‚Feinde‘ häufig weibisch. In einem Anfang der 90er Jahre komponierten Tschetnik-Lied ist Kroatien ein Mädchen (es wird ‚Tudjmanka‘ genannt!), das seinen Liebsten, einen Serben, wegen eines anderen, eines Deutschen, verlassen hat. Ihr wird prophezeit, sie werde eine ‚Westhure‘. (Ugrešić, a. a. O., S. 84) Und das kroatische Provinzblatt *Hrvatski vjesnik* soll von pornographischen Karikaturen gewimmelt haben, in denen Serben als Tunten dargestellt wurden (Ebd., S. 179).

konnte. Es liegt also nahe, in diesen Vorwürfen nicht mehr als einen Propagandatrick zu sehen.[62] Schlimmeres als Massenmord und -vergewaltigung kann man anderen Menschen nicht vorwerfen; sie sind damit zu Teufeln gemacht. So berichtete die Schriftstellerin Herta Müller, Serben erzählten von den Kosovo-Albanern, sie vergewaltigten nachts Schwäne im Belgrader Zoo.[63]

Aber haben diese Vorwürfe tatsächlich *keinen* realen Hintergrund? Zum einen nahm der Anteil der Serben an der Bevölkerung des Kosovo ab. Das Kosovo war bereits vor den 80er Jahren von seiner Bevölkerung her nicht mehr ‚serbisch‘ und drohte damit ‚Serbien‘ insgesamt verloren zu gehen (ein ‚Körper‘, der sein wichtigstes Körperteil, sein ‚Herz‘ verliert – oder müsste man nicht sagen: seinen ‚Schoß‘?). Die Kluft in den Geburtenraten war so groß, dass in absehbarer Zeit auch ganz Jugo*slawien* drohte, mehrheitlich nicht mehr slawisch zu sein und damit seine ‚Identität‘ zu verlieren.[64]

---

[62] So Parin: ‚Die grausame Regung‘, S. 69.

[63] Auf der Internationalen Kosovo-Konferenz ‚Krieg in Europa‘ im Haus der Kulturen der Welt in Berlin am 3.7.1999; sie bezog sich auf diese Zeit. Die Abstrusität der Verleumdung könnte wieder einmal Anlass sein, sie genauer zu befragen. Das Bild jedenfalls ist sehr sprechend: Kosovo-Albaner ‚vergewaltigen‘ ‚nachts‘ ‚Schwäne‘ – aller Wahrscheinlichkeit nach ‚weiße‘.

[64] Vgl. S. 141, Anm. 153.

Nach Gunnar Heinsohn und anderen ist eine hohe Geburtenrate ein wesentlicher Faktor genozidaler Kriege (*Söhne und Weltmacht*). Statistisch sei diese Gefahr mit einem Jugendboom (*youth bulge*) gegeben, d. h. wenn die 15–24-Jährigen mindestens 20 % oder die Kinder (0–15 Jahre) mindestens 30 % der Bevölkerung ausmachten (S. 14). Das Problem bei so vielen jungen Leuten sei weniger steigende Armut oder ein Mangel an Ackerboden als fehlende gesellschaftliche Positionen für zweite und dritte Söhne. Diese würden sich die Positionen dann durch Revolution oder Bürgerkrieg gewaltsam nehmen oder durch Eroberung schaffen.

Nun weist das jugoslawische Beispiel eher in eine andere Richtung: Die kosovo-albanischen Proteste 1981 lassen sich mit dem formalen, aber symbolisch wichtigen Statusunterschied hinreichend erklären. Durch einen Republikstatus hätte es nicht mehr gesellschaftliche Positionen im Kosovo gegeben, allenfalls hätte man ein paar Serben mehr verdrängen können. Das immer wieder einmal aufgetauchte Ziel einer Vereinigung aller albanisch besiedelten Gebiete in einem Staat hätte die Zahl der vorhandenen Positionen sogar drastisch reduziert – möglicherweise ein nicht unbedeutender Faktor, weshalb dieses Ziel bislang nicht vorrangig geworden ist.

Auch in Bosnien ging die Gewalt nicht von den Muslimen aus, die als einzige der drei großen Nationalitäten (neben ihnen noch Serben und Kroaten) einen Jugendboom zu verkraften hatten (Huntington: *Kampf der Kulturen*, S. 428; zu Jugoslawien insgesamt: S. 425–429; allerdings sehr verkürzend und verzerrend). Man müsste die These also dahingehend erweitern, dass Bevölkerungsgruppen mit geringem, stagnierendem oder rückläufigem Bevölkerungswachstum, die mit einer anderen, die sich gerade stark vermehrt, im selben Staat leben, fürchten, ihre Positionen zu verlieren und daher präventiv

Dies wirkte auf viele, für die die ‚Nation' den eigenen Körper vervollständigte, wie eine mörderische Bedrohung. Noch 1999 begründete der Paramilitär „Gojiko" seine Morde an Albanern folgendermaßen:

> Seit Jahrzehnten würden die Serben von Schiptari aus dem Kosovo vertrieben. Die Schiptari vergewaltigten serbische Frauen. Entführten die Männer und töteten sie. Und machten Kinder, statt zu arbeiten. „Sie sind Schmarotzer, Blutsauger", sagt Gojiko, „keine Menschen. Sie sind Menschenfresser."[65]

Auf der Ebene eines ‚Volkskörpers' sind das zutreffende Beschreibungen: Die ‚Zerstückelung' des Territoriums (‚Amputationen', der ‚Raub' ‚des Herzens' und damit ‚des Bluts'), ‚an den Rand gedrängt' oder gar ‚erdrückt' zu werden von einer hohen Geburtenzahl, zur Minderheit im ‚eigenen' Land ‚gemacht' zu werden – das sind reale Bedrohungen eines solchen ‚Körpers'.[66] Am Ende steht immer der Tod; er wird von demjenigen herbeigeführt, der sich selbst vom Getöteten nährt: dem ‚Schmarotzer', ‚Blutsauger' und ‚Menschenfresser'. In diesen Bildern schwingt auch ein Ohnmachtsgefühl einer nicht recht fassbaren Macht gegenüber mit. Man ist von einer Vernichtung bedroht, die sich mal schleichend und heimlich (‚Genozid durch Geburten'), mal überraschend und grauenhaft vollzieht (man wird sich plötzlich bewusst, dass man zur ‚Randgruppe' im ‚Kerngebiet' des eigenen Volkes geworden ist und entsprechend behandelt wird). Dies alles wird dem ‚Volkskörper' ‚angetan' und er soll es hinnehmen. Als schwerste Demütigung hat er es auch noch zu bejahen.

Wo man permanent von ‚Vergewaltigungen' und ‚Völkermord' redet, wo diese *nicht* geschehen, macht man sie geschehen, wenigstens dadurch, dass solchen Teufeln gegenüber alle Mittel recht sind, also letztlich auch die, die man ihnen vorwirft. Das heißt, die Lüge von den ‚Vergewaltigungen' ist eine Vergewaltigungsfantasie; der Wunsch zu vergewaltigen steckt in denjenigen, die die ‚Vergewaltigungen' anprangern.[67] Es ist der Hass gegen die Frauen allgemein – als das in der ‚Geburt der

---

losschlagen. Ich bin auf diese These jedoch so spät gestoßen, dass ich sie hier nicht eingehend untersuchen kann. Was sie beschreibt, scheint mir in Jugoslawien jedoch keine unbedeutende Rolle gespielt zu haben.

[65] Schirra: ‚Die Gräuel der Frenkie Boys', S. 18 (der Name wurde von ihm geändert). Deutlich spricht auch Neid aus diesen Sätzen.

[66] Noch um die Jahrtausendwende hat in der Belgrader Galerie *Progres* ein Bild gehangen, von dem Hartmut Topf schreibt: „Ein großes Gemälde des Belgrader Malers Momcilo Djenic, frei nach Rembrandts ‚Anatomiestunde des Dr. Tulp', zeigt ein geschundenes, noch nicht totes Mädchen auf dem Seziertisch: Serbien. Während im Bildhintergrund die frühe Vertreibung der Serben aus dem Kosovo thematisiert wird und apokalyptische Reiter aufziehen, sieht sich die allegorisch nur mit der Staatsfahne geschmückte Halbtote umgeben von allen Größen der Weltpolitik: Anatomiestunde der Nato-Allianz." (‚Klagegesänge zur Kniegeige', *Berliner Zeitung*, 25.4.2001, S. 11)

[67] In der nationalistischen Hetze, die in Teilen Rufmord ist, finden sich viele solcher Umkehrungen. Das krasseste Beispiel, auf das ich in diesem Zusammenhang gestoßen bin,

Nation' Verdrängte –, der mir weit mehr hinter den Massenvergewaltigungen des Krieges in Bosnien zu stecken scheint als die Entehrung der Familien und vor allem der Männer.[68] Letzteres ist *ein* Aspekt, aber eine Vergewaltigung ist *vor allem* Gewalt gegen die Frau, die vergewaltigt wird. Die serbischen Männer, die im Krieg Frauen mit der Absicht vergewaltigten, die Ehre ihrer Männer zu treffen,[69] hätten sich selbst im umgekehrten Fall ebenso gefühlt und haben das zum Teil im weiteren Verlauf des Krieges auch getan, als ,ihre' Frauen vergewaltigt wurden. Ihnen war dann nicht nur die eigene ,Verletzung der Ehre' weit wichtiger als die tiefen Verletzungen ihrer Frauen; die Frauen waren in dem Verhältnis, das ihre Männer zu ihnen eingenommen hatten, bereits auf die Funktion festgelegt, grundlegend für deren Selbstbild zu sein. Damit waren sie männlicher Macht unterworfen. Die Vergewaltigung aber ist nur der brutalste Ausdruck eines solchen Verhältnisses.[70]

---

ist der Angriff auf eine angesehene Journalistin in Zagreb Anfang der 90er Jahre, die geschrieben hatte, es komme auf die Qualität eines Staatswesens an und nicht darauf, ob es „Kroatien" oder anderswie heiße. Sie wurde öffentlich als Verräterin denunziert. „Es hieß: sie und ihresgleichen vergewaltigten Kroatien" (Parin, a. a. O., S. 70). Andere Frauen wurden in Kroatien als Hexen diffamiert und auf „medialen Scheiterhaufen" verbrannt, wie Ugrešić schreibt (*Die Kultur der Lüge*, S. 92, 174f., 178–180). Hexen aber sind traditionell an jeder Unfruchtbarkeit bzw. Unfruchtbarmachung – vom Verkalben übers vergiftete Wasser bis zum Kindstod – schuld. Die Hexe hat als mächtige Frau gerade auch Macht über die Geburt. Die öffentlichen Hetzer blieben also sehr genau im Bild, und jene Frauen hätten stolz auf diese Benennung sein können, wäre sie nicht von so vielen Verletzungen begleitet und letztlich lebensgefährlich gewesen.

Die öffentliche Diffamierung von Frauen als Hexen, die an die Hexenverfolgung denken lässt, ist übrigens in diesem Zusammenhang eine kroatische Besonderheit, wo sie erst 1758 durch kaiserlichen Befehl endgültig abgeschafft worden waren. Im orthodoxen Serbien hat es keine Hexenverfolgungen gegeben. (Vgl. Schneeweis: *Serbokroatische Volkskunde*, S. 25f.)

[68] So u. a. Parin, a. a. O., S. 70 oder Ugrešić: a. a. O., S. 110, wenn sie sagt, die Körper der vergewaltigten Frauen würden „als Medium zur Entsendung *männlicher* Botschaften dienen" (Hervorh. dort).

[69] In den planmäßigen Vergewaltigungen des Bosnienkriegs scheinen mehrere Absichten zusammengekommen zu sein. Ich sehe neben der hier untersuchten noch die der ,Verunreinigung' in einem Krieg, in dem es um ,Reinheit' und ,Säuberungen' ging. Eine Bevölkerung mit Kindern aus solchen Vergewaltigungen war ,verunreinigt'. Auch unter diesem Blick sind die Frauen bloße Objekte.

[70] Ugrešić merkt an, die im Krieg vergewaltigten Frauen seien oft auch noch von ihren eigenen Männern vergewaltigt worden – nach dem Sprichwort „aus einem gesprungenen Glas trinkt man nicht" (ebd., S. 171).

Westliche Berichterstatter machten sich die gemeinsame Sicht der Vergewaltiger und der Ehemänner der vergewaltigten Frauen zu eigen und zeigten damit, dass sie ihnen näher lag als Mitgefühl für die Frauen. Dieser Umgang beschränkte sich nicht auf Männer. Die Massenvergewaltigungen wurden vor allem von Frauen, unter ihnen Alexandra Stiglmayer und Sibylle Bassler, in den westlichen Medien lanciert. Gerade die Filmauf-

Da alle Krieg führenden Parteien diese Sicht teilten, war in jeder Vergewaltigung einer Frau der ‚Gegenseite' tendenziell die Vergewaltigung der ‚eigenen' Frau angelegt, da klar war, dass hier heimgezahlt würde. Wovor gewarnt wird, das soll geschehen – eine Art Gesetzmäßigkeit, wenn mythisiert wird.

Schwarzweißdenken

Wer sich von der nationalistischen ‚Bewegung' erfasst fühlt und in ihr ‚zu sich selbst' kommt, verfügt über ein ‚analytisches Instrumentarium', das ihm sehr scharf und unbestechlich erscheint. Endlich kann er klar und eindeutig ‚Gut' und ‚Böse' voneinander scheiden (wobei ‚das Böse' nicht nur ‚dem Guten' gegenüber steht, sondern es tendenziell von allen Seiten umzingelt, allein der Weg nach oben, zu ‚Gott', bleibt frei). So hieß es etwa auf den Meetings: „keine Herrschaft den Unmenschen", „Menschenpest, mög' Gottes Zorn dich treffen", „das ist der Kampf der Menschen gegen die Unmenschen".[71] Besonders krass kommt diese Weltsicht in einer Äußerung des serbischen Poeten Brana Crnćević zum Ausdruck:

> Die Serben töten nicht aus Haß, sondern aus Verzweiflung. Und das Töten aus Verzweiflung ist eine Angelegenheit zwischen Mörder und Gott, während das Töten

---

nahmen vergewaltigter Frauen waren darauf aus, deren Vergewaltigung zu *beweisen* und machten sie dadurch erneut zu Opfern. Dies ist sehr genau von Susanne Kappeler in ‚Massenverrat an den Frauen im ehemaligen Jugoslawien' dargestellt worden. Hierbei wird zum einen deutlich, wie sehr ‚der Westen' gerade auch in die brutalsten Taten der jugoslawischen Kriege innerlich verstrickt gewesen ist, ablesbar nicht zuletzt an seinen sehr erregten Reaktionen. Zum anderen zeigt sich, dass eine Frontstellung ‚Männer gegen Frauen' bzw. ‚Frauen gegen Männer' das Problem nicht trifft. Es scheint, dass Frauen, die gegen die Unterwerfung von Frauen durch Männer angehen wollen, ohne zu bemerken, dass deren andere Seite die Unterwerfung der Frauen unter die Männer ist, in den Strudel des Kampfs um die Macht geraten. In diesem Fall mit großem Erfolg, denn die öffentliche Empörung über systematische Massenvergewaltigungen hat eine nicht zu unterschätzende Rolle für das Eingreifen der NATO in Bosnien gespielt.

[71] Čolović: *Bordell der Krieger*, S. 25. Auf S. 29f. zeigt er, wie in Zeitungsartikeln zum Fußballspiel Roter Stern Belgrad gegen Olympique Marseille 1991 in Bari die beiden Mannschaften serbischerseits in eben dieser Polarisierung gesehen wurden.

Vgl. a. die Zeitschrift *Naše ideje* vom Juni 1993, die in einer langen Liste die „Tugenden des ewigen Europa" (Serbien) mit der „neuen Weltordnung" konfrontiert. Einige Beispiele: Glaube – Rationalismus; Idealismus – Sensualismus; Wille zur Macht – Streben nach Reichtum; Autorität – Parlamentarismus; Kult soldatischer Tugenden – Kult bürgerlicher Tugenden; Wille zur Fruchtbarkeit – Geburtenkontrolle. Die Orientierung ist faschistischen Ideen ist deutlich. Ugrešić gibt an, nicht wenige prominente Persönlichkeiten hätten mitgewirkt. (*Die Kultur der Lüge*, S. 228, Anm. 4)

aus Haß eine Angelegenheit zwischen dem Mörder und dem Teufel ist. Für die serbischen Verbrechen ist Gott zuständig, für die der anderen der Teufel.[72]

Wer so sieht, weiß, wer wer ist, und hat mit herkömmlicher Logik nichts im Sinn. Branko Horvat, ein jüdischer Kroate, hatte mit *Kosovsko pitanje* (Die Kosovo-Frage) ein sachliches und kritisches Buch zur Lage im Kosovo geschrieben. Von einer seiner Lesungen berichtete die *taz*:

> Vojislav Šešelj steht auf und gibt das Startzeichen: „Ustascha go home", brüllt er durch den überfüllten Vortragssaal zum Podium hinauf, und prompt stimmen ein paar Dutzend Zuhörer ein und krakeelen im Chor: „Ustascha, Nazi, go home!" Der Angesprochene wehrt sich nicht, steigt schweigend vom Podium.[73]

Weiß – rein, licht, heilig – ist die ‚Nation', schwarz – Schmutz, finster, des Teufels – alles, was sie bedroht, vor allem Zweifel und Kritik.

Wer als Hauptfeind auf der ‚schwarzen' Seite stand, differierte bei den verschiedenen gesellschaftlichen Kräften. Für die orthodoxe Kirche war es die katholische, für die Kommunisten waren es ‚konterrevolutionäre Elemente' aus dem Ausland, für die Nationalisten albanische und kroatische ‚Faschisten', wobei das kommunistische Feindbild weitgehend in das nationalistische überging. In der Bevölkerung verbanden sie sich nach und nach miteinander und bildeten ein umfassendes Bedrohungsszenario. Viele sahen Serbien von einer internationalen Verschwörung umstellt, wobei sich das Zentrum der ausländischen Bedrohung von den 80er zu den 90er Jahren von der kommunistischen Führung Albaniens erst zu den Deutschen und dann zu den USA verschob.[74] Für Dušan Bataković und viele andere Serben ist der Kampf um das Kosovo der über 600 Jahre alte Kampf zwischen ‚Europa' (Christentum) und ‚Nahem Osten' (Islam) ein „clash of civilisations".[75] Versinnbildlicht ist dieser

---

[72] Nach Ugrešić: a. a. O., S. 64f. (bei Funke/Rhotert: *Unter unseren Augen*, S. 79 fälschlich als Deutung des österreichischen Journalisten Olschewski angeführt). Ein anderes Beispiel, das wie eine Szene aus einem absurden Theaterstück wirkt, sind die Antworten Vuk Draškovićs, des Führers der ‚Serbischen Erneuerungsbewegung', in Krstulović: ‚Worum geht es im Sommer 1991?', bes. S. 27.

[73] *taz*, 22.9.1988, S. 3; dort auch der Hinweis, Horvat habe als Kind vor der Ustascha fliehen müssen.

[74] Vgl. *Le Nettoyage ethnique*, S. 18. Diverse Theorien über eine „Weltverschwörung gegen Kroatien" geisterten auch durch die kroatische Presse (Ugrešić: *Die Kultur der Lüge*, S. 119).

[75] Bataković: *The Kosovo Chronicles*, S. 207f. u. 213, der damit auf einen Begriff Huntingtons anspielt (vgl. dessen *The Clash of Civilizations and the Remaking of World Order*). Für Bataković hat dieser Kampf etwas Fatales, da die Positionen nicht vereinbar scheinen (S. 208). Auch Kroatien kämpfte im Namen ‚Europas' und der ‚europäischen Kultur', ebenso 1999 die NATO. Beide Male ging es allerdings gegen Serbien.

Im Zusammenhang mit den Anschlägen auf das World Trade Center und das Pentagon am 11.9.2001 und die daraufhin von den USA gebildete Anti-Terror-Allianz ist Huntingtons popularisierte Formel, die Konflikte des 21. Jahrhunderts würden sich zwischen

mythische Kampf im Bild *Die Kosovo-Schlacht* von Radislav Trkulja.[76] Eine allgemeine und damit diffuse Bedrohungssituation wurde externalisiert und die Ursachen in den verschiedenen Feinden personalisiert. Damit war man selbst immer im Recht und hatte keine Veranlassung, das eigene Handeln infrage zu stellen.

Kitsch

Das innere Pendant der Verteufelung der Feinde, das Selbstbild, ist *Kitsch*. Etwa, wenn vom ‚Opfer‘ Serbiens für ‚Europa‘ die Rede ist, in der von einer Trauer um die Toten nichts zu spüren ist, oder beim kroatischen ‚Altar des Vaterlands‘ auf den Ruinen der mittelalterlichen Stadt Medvedgrad.[77] Ein Höhepunkt solchen Kitsches ist Miloševićs Ausblick auf die Zukunft als „neue[r], schöne[r] Welt" am Ende seiner Rede zur Kosovo-Schlacht (s. S. 494). Kitsch ist auch die Erneuerung einer ‚Volkskultur‘, die kaum mehr ist als Folklore, die kaum noch gelebt wird und eher musealen Charakter hat.[78] Vor allem die Aneignung des ‚nationalen Erbes‘ ist kitschig – ihm wird kein anderer Aspekt zugebilligt als auf die heutige ‚große Nation‘

Zivilisationen abspielen, zu weiterer trauriger Berühmtheit gelangt. In ihrer Griffigkeit scheint sie geeignet, diesen unerwarteten Angriff auf die USA und zwei der zentralen Symbole der ‚westlichen Welt‘ auf den Begriff zu bringen. Wer zu solchen Erklärungen greift, übersieht, wie er mit einem Denken in antagonistischen Blöcken genau an dem arbeitet, wovor er warnt. Ein genaueres Nachfragen und eine gründlichere Analyse zeigen auch hier vielfältige Ursachen. Huntingtons Überlegungen in *The Clash of Civilizations and the Remaking of World Order* gehen allerdings über die populär gewordene Formel weit hinaus und sind, vor allem was gegenwärtige und zukünftige Konfliktlinien angeht, durchaus hilfreich. Für eine kritische Würdigung s. Wilber: *Ganzheitlich handeln*, S. 132–135 u. 139–143.

[76] Vgl. S. 140. Konsequenterweise drückte sich das Schwarzweißdenken auch darin aus, dass ein ‚Verräter‘ unter anderem „nacionalni daltonist" (etwa „nationaler farbenblinder Dummkopf") genannt wurde. (Ugrešić: *Die Kultur der Lüge*, S. 134; in der kroat. Ausg.: S. 99)

[77] Ugrešić, a. a. O., S. 272, Anm. 2. Weitere Beispiele aus Serbien finden sich in Abschnitt 3.3. der vorliegenden Arbeit, bes. S. 163f. u. 188f.

[78] Vgl. a. Ugrešić: ‚Die Kultur des Lebkuchenherzens‘ (als „Lebkuchenherz" habe Danilo Kiš den Nationalismus bezeichnet; S. 74) u. ‚Das Leben als Soap-opera‘ in *Die Kultur der Lüge* oder Kruno Bošnjaks sieben Bronzeskulpturen „Menschen für alle kroatischen Zeiten", die Hans-Dietrich Genscher, Helmut Kohl, Margaret Thatcher, Alois Mock, Papst Johannes Paul II., Franjo Tudjman und einen unbekannten kroatischen Soldaten mit einem Kind auf dem Arm darstellen (ebd., S. 227, Anm. 2).

zu verweisen. Allerdings war auch das ‚sozialistische Erbe', was Kitsch betraf, beträchtlich.[79]

Die ‚nationale Einheit' ist frei von Ambivalenzen, jedenfalls wird das angestrebt und ihr idealer Zustand wird so ausgemalt. Klaus Heinrich spitzt diese Ambivalenzfreiheit noch zu, indem er Kitsch als Ausdruck der Abwesenheit der Geschlechterspannung beschreibt.[80] Das klingt nach dem Bisherigen nicht mehr erstaunlich. Das Rettungsunternehmen ‚Wiedergeburt der Nation' ist ja gerade darauf aus, eine ‚Familie' zu schaffen, die frei von der Geschlechterspannung und ihren Drohungen ist: Spaltung, Zerrissenwerden, Vermischung und Verschlungenwerden. Im Dreieck der ‚Nation' verschmelzen ‚Kind', ‚Mutter' und ‚Vater', sie werden als ‚Einheit' neu geboren und feiern zugleich eine jungfräuliche Hochzeit. Alles Bedrohliche aus diesen Familienverhältnissen ist nach außen verlagert und kommt von dem mythischen Feind – ‚dem Islam', ‚den Türken', ‚dem Vatikan' sowie den mit diesen verbündeten ‚verräterischen Brüdern'. Im Innern herrscht hingegen die reine Harmonie – der reine Kitsch.

Wie leicht und aus welchen Gründen eine existenzielle gesellschaftliche Krise als etwas Familiales aufgefasst wird, ist bereits an den Legenden zur Kosovo-Schlacht deutlich geworden (S. 47f.). Doch die Eifersuchtsgeschichte der beiden Lazartöchter ist nicht kitschig. Sie speist sich gerade aus der Geschlechterspannung und macht auf diese Weise auch die gesellschaftliche Krise bearbeitbar. Sie zeigt die gesellschaftliche Krise zugleich als *inneres* Gestrüpp, in dem sich alle Beteiligten verfangen haben. Auch in den Mythisierungen der 80er und 90er Jahre wird ein familialer Hinter- beziehungsweise Untergrund sichtbar, der jedoch so bedrohlich zu sein scheint, dass er in der ‚Geburt der Nation' neutralisiert werden muss.

Auch von Seiten der ‚Reinheit' kommen wir zur Geschlechterspannung beziehungsweise zu dem Versuch, sie aufzuheben, denn es ‚mischen' sich ja vor allem die Geschlechter. So sind Mischehen die gefährlichste Bedrohung der ‚(R)Einheit'. Dass Familien anderer Nationalität in ethnisch ‚reine' Gebiete oder Dörfer ziehen, stellt bereits eine Vorstufe dieser ‚Verunreinigung' dar. Angesichts des albanischen Bevölkerungswachstums bleibt nationalistisch gesinnten Serben nur Gegenwehr und Vertreibung oder Wegzug – ‚wir oder die anderen'. Aber gerade in diesem Umgang zeigt sich ihre größte Furcht: die vor Vermischung – was auch Verwandlung bedeuten würde.

Die Errichtung der ‚nationalen *Ein*heit' wirkt von außen enterotisierend. Sie scheint aber sehr wohl als etwas Erotisches erlebt zu werden, und auch der mörderische Kampf gegen die Feinde scheint erotisch aufgeladen, etwa wenn Beteiligte davon sprechen, Krieg sei „Ballern und Bumsen" oder „Fick und Totschlag".[81] ‚Penis'

---

[79]   Vgl. ebd., S. 73–76.

[80]   *Floß der Medusa*, S. 168, Anm. 14; dort in Bezug auf Richard Wagner.

[81]   Ugrešić: *Die Kultur der Lüge*, S. 171 u. Čolović: *Bordell der Krieger*, S. 61.

und ‚Gewehr'/‚Knüppel' sind fast synonym gebraucht. Es scheint, dass die Erotik der Geschlechterspannung in eine der Vereinigung (mit anderen nationalistischen Männern zur weiblichen ‚Nation') und eine der Vernichtung (von Frauen, den ‚weibischen' Männern der Gegen- wie den ‚weibischen' ‚Verrätern' der eigenen Seite und letztlich der eigenen Weiblichkeit) aufgespalten ist. Im Bild des Soldaten, der sein Geschütz umarmt,[82] sind allerdings auch andere Männer nicht mehr präsent. Es ist sein eigener Penis, den er zur Geliebten macht. Er wird zur isolierten Monade, die sich in der Illusion wiegt, endlich unabhängig und frei von Frauen zu sein, was vor allem heißt von den bedrohlichen ambivalenten Gefühlen, die sie in ihm auslösen.

Dabei ist nicht nur die Vereinigung von Kitsch geprägt, auch die eigenen Vorbereitungen zur Vernichtung der anderen werden mit ihm belegt, etwa wenn in Zeitungsannoncen Revolver als ‚Glucken' und die Munition als ‚Küken' angeboten werden.[83] Alles, was man selbst tut, sind ‚weiße Schwäne'.

‚Blut'

Die gleiche Bewegung, die Ambivalenzen in einer tödlichen Harmonie aufzuheben, ist auch im Bild des ‚Bluts' zu finden. ‚Blut' ist die am stärksten mit Ambivalenzen aufgeladene Körperflüssigkeit, wenn nicht gar Substanz überhaupt.[84] Sie steht für Leben wie für Tod, für den Körper wie für die Gefühle, für Reinheit (zum Beispiel das Blut einer Jungfrau) wie für Unreinheit (zum Beispiel das Menstruationsblut), für Vermischung wie für Ausschluss. Sich zu opfern (‚sein Blut für andere zu vergießen') gilt als besonders heilig, anderen Menschen ihr Blut auszusaugen (Vampire, der Antichrist) dagegen als teuflisch. Blut symbolisiert Verbundenheit (Verwandtschaft, Freundschaft, Liebe) und Rache (nach der es ‚schreit'). Es ist eng mit der Geburt verknüpft – nicht nur mit den weiblichen, sondern auch mit männlichen ‚Geburten', die besonders in ihren nationalistischen Aufladungen Schöpfungen aus Tod sind. Durch dieses Assoziationsfeld aus Ambivalenzen ist ‚Blut' aufs Engste mit der Geschlechterspannung, diesem zentralen Feld von Ambivalenzen, verbunden.

Wer für die ‚Nation' die Gleichheit des ‚Bluts' betont, für den ist es das Verbindende schlechthin. Auch wenn rassistische Texte mitunter so klingen, als ginge es

---

[82] Ugrešić, a. a. O., S. 171.

[83] Ebd., S. 84f. Es handelt sich wohl um kroatische Annoncen, aber in solchen Bezeichnungen verwischen die Unterschiede zwischen den Krieg führenden Seiten nicht nur dieses Krieges. Das Morden wird zu einem Akt der Fruchtbarkeit, Waffen erhalten Frauennamen. (S. 171)

[84] Vgl. hierzu v. Braun: ‚Blut'.

bei ‚Blutsverwandtschaft‘ um biologische Abstammung, so wird doch immer wieder deutlich, dass damit etwas anderes gesagt ist, auch wenn diese Bedeutung mitschwingen soll. Gleichen ‚Bluts‘ zu sein soll eine ‚Verwandtschaft‘ im Geistigen und im Fühlen bezeichnen, die in Tiefen reiche, die mit Analyse nicht mehr zu fassen sei. So zitiert Dubravka Ugrešić die „Erklärung einer prominenten Persönlichkeit“ in Kroatien mit den Worten: „Es ist allgemein bekannt, daß es in meiner Familie seit dreihundert Jahren keinen Tropfen byzantinischen Blutes gibt“.[85] Und auf der folgenden Seite nennt sie „byzantinisches Blut“ den „gefährlichste[n] Verunreiniger“ „im neuen Wertesystem“ Kroatiens. Daher muss die nationale ‚Verwandtschaft‘ des ‚Bluts‘ ‚biologisch‘, das heißt wesentlich, sein.[86] Es geht um ein Einverständnis, wie es zwischen Führer und Volk im Moment der ‚Geburt der Nation‘ besteht, ein frag- und zweifelloses. ‚Blut‘, das so voller Ambivalenzen ist, gilt dem Nationalisten als Inbegriff der Ambivalenzfreiheit, wenn er von ‚reinem Blut‘ spricht.

Wer, angeschlossen an den ‚Volkskörper‘, davon spricht, ‚Blut‘ müsse ‚fließen‘, der meint nicht, dass es in den Adern fließen soll, wo man es nur spürt, aber nicht sieht. Er will, dass es sichtbar, dass es ‚für die Nation vergossen‘ werde. Fließen muss es aus den Körpern heraus, denn es ist eine ‚Geburt‘ und die ‚Geburt‘ ist ein ‚Opfer‘. Dann sickert es in die ‚mütterliche Heimaterde‘, eine Art notwendiges Düngemittel („Seit Vorzeiten bis heute haben wir dich mit Blut getränkt“), damit diese die ‚Nation‘ ‚gebäre‘. Damit ist auch gesagt, dass ‚die Nation‘ zwar in diesem Moment ‚geboren‘ werde, aber zukünftig wieder und wieder ‚geboren‘ werden, immerzu von Neuem ‚emporwachsen‘ müsse. Perspektivisch ist von der ‚Nation‘ als Ganzer gesagt, sie müsse sich opfern, um zu sein. Das ambivalenzfreie Ideal der ‚Nation‘ ist eine himmlische Totengemeinschaft, ganz so wie Lazars himmlisches Königreich.

‚Ursprung‘

Die ‚(Wieder-)Geburt‘ – ein blutiger männlicher Geburtsakt und zugleich ein Akt blutiger Befruchtung der (Heimat-)Erde, in die alles Weibliche eingegangen zu sein scheint, stumm, aufnehmend und annehmend, mütterlich und jungfräulich zugleich. Es ist jedoch nicht nur Befruchtung der Erde, sondern auch Vereinigung mit ihr –

---

[85] a. a. O., S. 87. ‚Byzantinisch‘ steht hier mit der Konnotation ‚antiwestlich‘, ‚halb orientalisch‘, ‚despotisch‘ und ‚mittelalterlich‘ für serbisch.

[86] Nach Čolović: ‚Mythen des Nationalismus‘, S. 19 haben durch den Fortschritt der Biologie womöglich ‚die Gene‘ begonnen, ‚das Blut‘ als Symbol angeborenen Einsseins zu verdrängen (dort ein Beispiel aus *Vojska Krajine*, April 1993).

Vereinigung mit dem jungfräulichen Mutterboden, mit dem ebenfalls weiblich vorgestellten Volk, mit seiner gesamten leuchtenden Geschichte bis zu den glorreichen Anfängen: ‚Kosovo' – das „Mutterland ihrer [der Serben] Existenz"[87] Es ist die Vereinigung mit dem *Ursprung*, aus dem man kommt.[88] Etwas von Ursprung – Herkunft aus einem nahezu Formlosen und Neubeginn – klingt in jeder Geburt an. In der Vereinigung mit dem ‚Ursprung' aber geht es um eine *Rückkehr* zu ihm und in ihn.

Die Überwindung der Bedrohung durch Zerrissenwerden – die Aufteilung Jugoslawiens und damit ‚der Serben' – wird in der ‚Rückkehr zum Ursprung', in der ‚Vereinigung' mit ihm gesucht. ‚Patina'[89] oder Pathos – je nach eigenem Standpunkt – ist dann die äußere Wirkung einer solchen aufgeladenen Anbindung.

‚Boden', ‚Blut', ‚Volk' – es sind die drei Gruppen, in die der Theologe und Religionsphilosoph Paul Tillich die Vielfalt der Ursprungsmächte, die im ‚Ursprung' wirksam sind, einteilt:

- als allgemeinste und zugleich konkreteste die *des Bodens*;

- auf ihr aufbauend die *animalische*, die *des Blutes*;

- schließlich die *aus der sozialen Gruppe*.

Dabei ist „die Ahnenreihe [...] sowohl Ausdruck des Blutursprungs als auch der Kontinuität der sozialen Gruppe und ihrer Satzung".[90] Indem sie in der ‚heimatlichen Erde' ‚wurzelt' und aus ihr ‚wächst', ist sie auch eine des Bodens, bleibt hinzuzufügen. Wie eine ‚Ahnenreihe' im nationalistischen Sinn geknüpft wird, war bei Nogo

---

[87] Vgl. S. 181.

[88] Thomas Nipperdey hat einmal geschrieben: „Die historische Zuwendung zur Nation liebte Anfänge, Gründungsgeschichten" (‚Der Mythos im Zeitalter der Revolution', S. 102). Es ist die Sehnsucht nach Vereinigung mit ‚dem Ursprung', die hinter dieser ‚Liebe' steckt.

[89] Sundhaussen: *Experiment Jugoslawien*, S. 15. Neben den verschiedenen Aufladungen des Vergangenen im Prozess der Herstellung von *Geschichte*, die diese Patina ausmachen, besitzt das Vergangene eine Aura, scheinbar unangreifbar zu sein, die Gegenwärtigem unmöglich ist, da es lebt und immer in Widersprüche verstrickt ist. Das Vergangene scheint das hinter sich zu haben. Scheinbar steht es fest. Und durch Wiederholungen wird es möglichst immer weiter gefestigt und festgestellt. Das scheint etwas von der Sicherheit zu bieten, wie sie gerade in Krisen dringend gebraucht wird. Die einfachste und verständlichste Begründung ist, dass es dann und dann schon einmal so war oder dieses oder jenes damals falsch gewesen sei und man nun die richtigen Schlüsse ziehe. Das entledigt einen auch der schwierigen Aufgabe, die Situation selbst zu analysieren.

[90] *Die sozialistische Entscheidung*, S. 24f. Das Buch wurde noch Anfang 1933 veröffentlicht und kurz darauf von den Nationalsozialisten verboten. Tillich nimmt deren mythische Sprache ernst, analysiert sie, vor allem in Bezug auf die Probleme, auf die sie Antworten anzubieten vorgaben, und versucht dann, dem eigene Antworten aus einer sozialistischen Perspektive entgegenzusetzen.

zu sehen (S. 206f.). Die Rückkehr in den ‚Ursprung' ist die Vereinigung mit allen ‚natürlichen' Kräften, wobei ‚der Boden' die pflanzlichen wie die mineralischen umfasst. Auch die Gesellschaft erscheint hier als ‚natürliche' Kraft.[91] Die ‚Nation' vereinigt diese drei Gruppen von Ursprungsmächten in sich. Sie ist die Form, in der ‚Erde', ‚Wachsen', ‚Blut' und ‚Einheit' der sozialen Gruppe zusammenkommen. Ein aus der Gegend von Žagubica stammendes Eposmanuskript, aus dem die folgenden Verse entnommen sind, ist dafür ein treffendes Beispiel:

> Slobodan, du unser scharfer Degen,
> Ist bald die Schlacht des Kosovos wegen?
> Rufen wir Strahinjić, tapfer und klug,
> Die neun Jugovići, den alten Jug
> Oder Boško, der unser Banner trägt
> Und mit dem Säbel das Amselfeld mäht.
> Wird warmes Blut in Strömen fließen,
> Wo alljährlich die Pfingstrosen sprießen?
> Wenn Not am Mann ist, dann sag nur ein Wort,
> Gewehrkugeln gleich sind wir dann am Ort.[92]

Zu Tudjman, dem kroatischen ‚Vater der Nation', „unser[em] Fürst[en] und Ritter", gibt es ähnliche Dichtungen.[93] Als Hinter- und Untergrund der Ursprungsmächte sieht Tillich die Familie (*den* Ursprungsort der Menschen – und sei es nur ein vorgestellter und ersehnter), was auch ihre unheimliche Macht erkläre: „Gemeinsam ist ihnen allen, daß sie Ausdruck der menschlichen Vater- und Mutter-Bindung sind, daß sie also mit der Macht dieser Bindung das Bewußtsein festhalten, und es nicht aus ihrer Herrschaft entlassen wollen."[94]

Die Rückkehr zu den ‚Ursprungsmächten' schließt außerdem scheinbar Harmonie mit jenen Mächten ein, die am stärksten über die Begrenztheit aufgeklärter Ziele hinausweisen, zumal in einer existenziellen Krise: Eros, Schicksal und Tod.[95] Die Spannung, die der Eros bewirkt, scheint in der Aufspaltung in die ‚Geburt der Na-

---

[91]   Čolović sieht die ‚Natur' als „wichtigste mythopolitische Idee" (‚Mythen des Nationalismus', S. 20). Deren zentrale Bedeutung aber ist der ‚Ursprung'. Daher auch der von ihm angeführte Hass auf ‚die Stadt' als Ort der Vermischung, der Parteiungen, der modernen Welt und damit der Ambivalenzen, Spannungen und Widersprüche. Mythologisch ist ‚die Stadt' der Gegenort zum ‚Ursprung', etwa als ‚Hure Babylon' – auch sie ein weiblicher Schoß, ein verschlingender und zerreißender.

[92]   Čolović: *Bordell der Krieger*, S. 22.

[93]   Ebd., S. 24, nach der kroatischen Zeitung *Nedeljnja Dalmacija* vom 20.5.1990. Die Volksmusik der späten 80er und frühen 90er Jahre, vor allem in Serbien und Kroatien, war voller solcher Verse (s. als weitere Beispiele im selben Buch, S. 78. u. 120 sowie den Aufsatz ‚Halt, ihr Paschas und Ustaschas!').

[94]   Tillich, a. a. O., S. 24. Auch dies wurde bereits bei Nogo deutlich (S. 206f. d. vorl. Arbeit).

[95]   Ebd., S. 33.

tion' samt Vereinigung mit anderen Männern und letztlich mit sich selbst einerseits und die Vernichtung bedrohlicher Weiblichkeit andererseits stillgestellt; dem Schicksal hat man sich durch die Bereitschaft zum ‚Opfer' unterworfen; der Tod scheint in der ‚Auferstehung' überwunden.

Der ‚Ursprung' ist, woraus alles kommt und wohinein alles zurückkehrt. Er ist ewig. So sagt der bereits erwähnte Paramilitär Gojiko noch 1999 über seine Motivation, im Kosovo Albaner umzubringen, im Kosovo habe der serbische Staat seine Wiege. „Dort fing alles an. Da wird alles enden. Der Name. Das ist etwas Heiliges. Da sind alle unsere Klöster. Jedes Schweinefeld im Kosovo ist mehr wert als Amerika."[96]

Allerdings ist der ‚Ursprung' der serbischen Nation in der Kosovo-Schlacht ambivalent: Selbst wenn die Schlacht himmlische, das heißt wahre Größe verheißt, ist sie eine Katastrophe gewesen und erscheint in den Überlieferungen auch als solche. Der Anschluss an die Kosovo-Schlacht bedeutet also Anschluss an eine Katastrophe, auch wenn diese zum endgültigen Sieg aufruft. Das ist in den verschiedenen Nationalismen nichts Ungewöhnliches: Vercingetorix und Roland verkörpern die Niederlage der Gallier gegen Cäsar und die Karls des Großen gegen die Araber und waren für französische Nationalisten im 19. und 20. Jahrhundert ebenso mythische Figuren wie die Nibelungen oder die – von den olympischen Göttern in den Tartaros geworfenen – Titanen für die Nationalsozialisten. In den Religionen erinnert die Figur des sich opfernden Helden, durch dessen Tod die Gesellschaft weiterleben kann, an den Tod und die Wiedergeburt des Gottes (Osiris, Mithras, Dionysos, Christus). Sich an eine solche mythische Katastrophe anzuschließen, sie ‚wieder auferstehen' zu lassen, heißt aber damit auch, sie zu wiederholen. Es ist wieder ‚Kosovo-Zeit': die Niederlage wiederholt sich.

Auf den ersten Blick erscheint es absurd, in einer existenziellen Krise bei einer Katastrophe Zuflucht zu suchen. Es scheint, dass diese Orientierung nicht bewusst gewählt wird, sondern sich als Analogie aufdrängt. Die Katastrophe erfüllt die Ängste der existenziellen Bedrohung und überwindet sie zugleich, denn die Katastrophengeschichte verspricht, dass man die Bedrohung überstehen kann. Zugleich erzählt die Fixierung auf die Katastrophengeschichte, dass man eine Überwindung der Krise, sodass sie sich nicht zur Katastrophe steigern muss, im Grunde für unmöglich hält.

Zugleich spricht die andauernde Faszination des Mythos vom Helden oder Gott, der seinen Feinden erliegt, davon, wie viel verbreiteter diese Erfahrung ist als die des strahlenden Siegers. Die Auferstehung aus der Katastrophe des Zerstückeltwerdens (Osiris) oder des Hingerichtetwerdens (Christus) antwortet nicht nur mit einer Erlösung auf die Sehnsucht, aus dieser scheinbar ausweglosen Situation letztlich heil herauszukommen. Sie trägt auch eine Ahnung vom dialektischen Moment des Um-

---

[96]   Schirra: ‚Die Gräuel der Frenkie Boys', S. 18.

schlagens in sich, dass tatsächlich die Katastrophe einer verheerenden Niederlage zu einer Umkehr, nicht bloß einem Umdenken der gesamten Person führen *kann*. Diese Ahnung schließt ein, dass sich der Moment des Umschlagens weder vorherbestimmen noch anstreben lässt – er liegt nicht in der Macht des Einzelnen. Er werde sogar ausbleiben, wenn man nicht genug vertraue, so die gängige Formel. Eben hier aber liegt eine Gefahr dieses Mythos, wenn man sich ihm überlässt, das heißt unterwirft, statt ihn zum Sprechen zu bringen, indem man ihn befragt. In der Regel wird er als Rechtfertigung benutzt, die Dinge und vor allem sich selbst treiben zu lassen – bis in die Katastrophe. Es werde einen ja Gott schon retten, solange man nur an den richtigen richtig glaube. Auf diese Weise leistet ein bestimmter Umgang mit dem Mythos der Katastrophe Vorschub. Übersehen ist in einer solchen Haltung, dass das Umschlagen zwar nicht berechenbar ist, aber doch zur Voraussetzung hat, dass man der auf eine Katastrophe zutreibenden Entwicklung begegnet – was einem freilich unvermittelt wie mit einem Schlag widerfahren kann.

Der Glaube, man brauche die Krise sich nur bis zur Katastrophe steigern zu lassen, damit sie umschlage (in eine ‚Stunde Null‘, wobei noch die Form der Ziffer selbst symbolisch ist: ‚0‘ – die Öffnung des Geburtskanals), geht in gewisser Weise allerdings tatsächlich in Erfüllung. Es ist wie mit der Kutsche, die den Abhang hinunterrast; irgendwo wird sie umkippen und so zum Stillstand kommen; viel wird zerstört, einige Reisende werden sogar tot sein; die Überlebenden aber können von vorn beginnen, und das Gefühl des Neubeginns hat bei allen Mühen auch etwas Erhebendes (‚Wiederaufbau‘). Nur das innere Umschlagen, die Umkehr, die erkennende Bewegung bleibt hier in der Regel aus. Der ‚Neubeginn‘ ist der Auftakt zur Wiederholung.

Der Anschluss an den ‚Ursprung‘ – hier die Ursprungskatastrophe – bewältigt die Krise also nicht. Doch bereits die Vorstellung, man könne überhaupt in ihn zurückkehren, erweist sich als Illusion. Klaus Heinrich hat gezeigt, dass der ‚Ursprung‘ selbst immer schon gespalten ist.[97] In seiner Habilitationsschrift *Versuch über die Schwierigkeit nein zu sagen* hat er die Bewegung dieser Rückkehr – exemplarisch an der Philosophie Martin Heideggers – eingehender analysiert. Er sieht sie als eine der Enttäuschung an den realen Verkörperungen der Vereinigung. Egal ob es die alten der Religion sind oder die neuen einer die Religion verwerfenden Aufklärung – sie halten nicht mehr. Es ist der Hass auf sie, der alle realen Verkörperungen als ‚uneigentlich‘ verwirft und damit einen selbst in die Vernichtung treibt. Die Bewegung zielt immer noch auf Vereinigung, aber eine, die mit der Trennung zugleich auch das Getrennte beseitigt, ein in jedem Fall „gnadenloses“ Unterfangen, in

---

[97] Vgl. S. 23. Wer vom ‚Ursprung‘ spricht, sieht sich als ihm ‚Entsprungener‘, was heißt, dass er ihn weiterträgt und ihm zugleich entronnen ist (Heinrich: *Vernunft und Mythos*, S. 15).

dem ein anderer als man selbst, ein Gegenüber nicht mehr besteht.[98] Die äußere Wirklichkeit folgt hier zwangsläufig den Fantasien und dem Denken.

Daher der tödliche Hass auf die Frauen, ein doppelter: zum einen auf die Mutter, die einen in eine Welt geboren hat, die nicht gibt, was man sich ersehnt – oder die einen nicht so zu Ende geboren hat, dass man in und mit dieser Welt zurechtkäme. Zum anderen gegen die kulturell mit allen Versprechungen von Vereinigung aufgeladenen Frauenkörper, die auch nur enttäuscht haben – und immer wieder nur enttäuschen können, denn die in sie gesetzten Erlösungserwartungen übergehen die realen Menschen völlig.[99] Zu erkennen, dass man sich selbst getäuscht hat oder hat täuschen lassen und welche eigene Bedürftigkeit dieser Täuschung zugrunde liegt, ist offenbar viel schwerer als in der Enttäuschung zu verharren und den Hass weiter zu nähren.

Es ist die Figur der ‚Geburt der Nation‘ mit ihrer Aufspaltung in Vereinigung und Vernichtung, die hier in ihrem Kern deutlich wird: die absolute Vereinigung jenseits der immer begrenzten und immer gefährdeten realen Vereinigungen. Jugoslawien drohte in den 80er Jahren zum zweiten Mal als Gesellschaft und Gemeinschaft zu scheitern. Obendrein wurde das Scheitern des Kommunismus/Sozialismus immer deutlicher, der in seiner Vision einer gelingenden menschlichen Gesellschaft bis ins Paradiesische gegangen war. Auch er hatte ‚Einheit‘ und ‚Brüderlichkeit‘ proklamiert, allerdings in weit weniger starker Aufladung. Vor allem fehlte den sozialistischen Mythisierungen ein ‚Körper‘, in dem sie hätten zusammenkommen und Gestalt gewinnen können. Dass für Nationalismen dieser ‚Körper‘ bereits existiert und zur direkten Identifikation zur Verfügung steht, ist eine ihrer wesentlichen Stärken gegenüber den eher utopisch ausgerichteten Sozialismen, vor allem in einer schweren gesellschaftlichen Krise. Nach dem Scheitern des jugoslawischen Sozialismus schien der ‚Sieg des Westens‘ nur noch *eine* Verkörperung gelingenden Lebens neben dem ‚der Nation‘ übrig zu lassen: den ‚freien Markt‘ – und der drohte, so die wirtschaftspolitischen Erfahrungen der 80er Jahre, den Staat zu zerreißen und die Bevölkerung massenhaft ins Elend zu stürzen.[100]

---

[98] Siehe bes. Abschnitt IV, vii, S. 152–154. Hier beziehe ich mich auf S. 152f.

[99] Theweleit führt als Grund für die Verachtung der Mütter und des Mütterlichen durch Männer an, dass jene sie nicht geschützt haben vor dem Zugriff männlich „dominierter gesellschaftlicher Institutionen und Gegebenheiten wie Sport, industrielle Arbeit, Militär, aber auch Schulen und Universitäten" (*Das Land, das Ausland heißt*, S. 58f). Zugleich aber gilt: „Mütter müssen in männerbeherrschten Gesellschaften in der Rolle der Körper erscheinen, die so etwas wie die Möglichkeit eines leichten Lebens versprechen. Glücks- und Paradiesversprechen sind verbunden dem weiblichen Leib." (Ebd., S. 61)

[100] Der Nationalstaat ist im 20. Jahrhundert zum Staats- und Gesellschaftsmodell schlechthin geworden, und die sozialistischen Versuche haben ihn nicht erst in ihrem Scheitern als solches bestätigt. Insofern liegt der Rückgriff auf die ‚Nation‘ in einer existenziellen gesellschaftlichen Krise nah. Er ähnelt dabei auffallend den verschiedenen Bewegungen einer ‚Rückkehr zum wahren Glauben‘ früherer Epochen. Auch sie betonten ‚Reinheit‘

Die Proklamation, nur über den Tod gebe es ‚Auferstehung' – die toten Krieger ermöglichten die ‚Wiedergeburt' der ‚Nation' und deren Fortbestand –, ist Ausdruck dieses Verneinens aller realen Vereinigungen und der Hinwendung zur absoluten Verneinung in der Vernichtung. Die geistigen Gebilde erscheinen als das Eigentliche, das leibhaftige Leben als bloßer Trug. Es ist ein Sog, der einen aus der Welt heraus letztlich in die Selbstvernichtung zieht.[101] Es ist das Bild, das der Kosovo-Mythos in seiner erstarrten Form zeigt. In Bezug auf Serbien ist damit nicht nur gemeint, dass die gegen andere ausgeübte Gewalt von diesen ebenso beantwortet wird, die Vernichtungsschläge also zurückkommen. Ugrešić zitiert einen Bekannten, der ihr von Vukovar berichtete (also vom zweiten der Jugoslawienkriege): „In Vukovar haben wir Haus um Haus gesäubert. Einfach in jedes eine Granate. Mir tut einzig leid, daß wir nicht wußten, wer die Bewohner waren, und so wahrscheinlich auch die eigenen Leute umgebracht haben."[102] Ein serbischer Unteroffizier erzählte mir, dass serbische Soldaten in Vukovar nicht nur serbische Häuser geplündert, sondern bei der zweiten Eroberung der Stadt auch sinnlos alles Mobiliar und Geschirr kurz und klein geschlagen hätten. Von Dubrovnik und anderen Städten und Dörfern, vor allem in Bosnien, ließe sich vermutlich Ähnliches erzählen.

Die Religion des Nationalismus

Nicht nur waren es Geistliche, die nach Titos Tod als erste das Ende des kommunistischen Systems ahnten und ihm offensiv eine andere Weltsicht und Ordnung entgegenstellten, nicht nur waren die Kirchen in Serbien und Kroatien wesentlich an der ‚nationalen Wiedergeburt' beteiligt, etwa beim Umzug der Reliquien Lazars ins Kloster Gračanica 1988 (vgl. S. 120), bei der 600-Jahr-Feier der Kosovo-Schlacht, der offiziellen Regierungsübernahme Tudjmans im Juli 1990 (S. 128) oder der neuen serbischen Verfassung im September desselben Jahres (S. 131) – im Verlauf der Analyse der mythischen Bilder und des Geflechts, das sie bilden, ist deutlich geworden, wie sehr sie der christlichen Ikonografie ähneln. Schon die Legende des Heiligen Lazar war nach dem Vorbild der Passionsgeschichte gebildet worden. Sie versprach die Auferstehung in Lazars himmlischem Reich all jenen, die im Kampf gegen die heidnischen Angreifer beziehungsweise Besatzer würden getötet werden. Im nationalen Mythos verschob sich der Akzent vom wahren – orthodoxen – Glauben zur ‚Nation' als etwas Heiligem. Die ‚Opfer' werden ihr gebracht, weniger Gott.

---

und ‚Ursprung', teilten rigoros in ‚Gut' und ‚Böse', ‚Gute' und ‚Böse' und verführen mit Letzteren ähnlich mörderisch.

[101] Vgl. Heinrich: ‚Sucht und Sog. Zur Analyse einer aktuellen gesellschaftlichen Bewegungsform', in: *Anfangen mit Freud.*

[102] *Die Kultur der Lüge*, S. 292.

Die Beschwörung des großen ‚Opfers' der Kosovo-Schlacht führt bereits zur diesseitigen Wiedergeburt in der nun endlich vereinten ‚Nation'. Wer ihr angehört und sich zu dieser Zugehörigkeit bekennt, ist auf Seiten des ‚Guten', ‚Reinen', ‚Edlen' und kämpft den ‚gerechten Kampf' gegen ‚das Böse'. Er wähnt sich gefeit vor den Gefahren durch Eros, Schicksal und Tod. Wird er getötet, hat er als gefeierter Held Teil am ewigen Bestehen der ‚Nation'.

Die ‚Nation' stellt eine moderne Form des Göttlichen dar, mit der sich vereinigt, wer zu ihr gehört. Ihre Eigenschaften, vor allem ihre Macht und Größe, sind nun auch die seinen. Dabei sind es unter anderen diese beiden Eigenschaften, die ihre Göttlichkeit verbürgen, indem sie sie erlebbar machen: Die ‚Nation' ist größer als der Einzelne, sie verbindet, ja verschmilzt ihn mit seiner Gesellschaft und lässt ihn über sich hinauswachsen – ein tiefes Erlebnis von ‚Einheit' und Ewigkeit, denn die Nation wird fortbestehen, wenn man selbst bereits tot ist.

Für die nationalistischen Männer – die eigentliche ‚Nation' – ist die Verwirklichung der ‚nationalen Einheit' im ‚Opfer' zudem die Rückkehr in den ‚Ursprung', in eine Harmonie, bei der sich die eigene Kleinheit in göttliche Größe verwandelt, beschützt und aufgenommen von der liebenden Mutter ‚Nation'. Die Bilder des Gekreuzigten, des Weltenherrschers und des Christuskinds auf den Armen der Gottesmutter sind darin sichtbar geworden (S. 212f.).[103]

Dabei übernimmt die nationalistische Ikonografie nicht die kirchliche. Vielmehr antwortet innerhalb derselben Kultur in einer neuen, stark säkularisierten Epoche die moderne Religion des Nationalismus – neben anderen – mit den grundlegenden Figuren ihrer Vorgängerin auf unerledigte Fragen. Möglich, dass es sich dabei um Archetypen, um allen Menschen gemeinsame grundlegende seelische Bilder, handelt. Deutlich jedenfalls ist, dass die Bewegung rückwärts gerichtet ist, was sich vor allem in der Bedeutung des ‚Ursprungs' zeigt.

Regression

Existenzielle Krise, Masseneuphorie, ein Zwang zur Wiederholung, Schwarzweiß-denken, Harmoniesucht gepaart mit Mordlust und die starke Bedeutung des Familialen verweisen darauf, dass der Prozess der nationalistischen Mythisierung zentral ein psychischer ist.

---

[103] Lorenz Wilkens hat mich darauf hingewiesen, dass in der nationalistischen Pseudoreligion der prophetische Einspruch fehlt. Es geht in Religion eben wesentlich nicht um Macht, auch wenn sich die Mächtigen ihrer bedienen. Es drängt sie dazu, weil Religion auf existenzielle Fragen zu antworten versucht.

Das Seelische ist ein unüberschaubares Gelände, es macht den Eindruck einer fluiden Gestalt und entzieht sich damit herkömmlichen, vor allem quantifizierenden Methoden. Für die Beschreibung muss man sich mit Bildern und Konstruktionen behelfen wie etwa Freuds dreigeteilter Psyche aus „Es", „Ich" und „Überich" oder den einander entgegengesetzten Kräften „Lustprinzip" und „Todestrieb". Mit einem anderen Modell wird ein anderer Blick gewählt und mit anderen Bezeichnungen gearbeitet, wodurch sich Akzente verschieben. Die Kategorien „wahr" und „falsch" scheinen hier nur bedingt hilfreich, Theorien lassen sich selten durch Experimente verifizieren. Eher geht es darum, inwieweit eine Theorie stimmig ist, sich auf das Leben, auch das eigene, anwenden lässt. Das führt zu einer weiteren Schwierigkeit: Man kann im Seelischen nur verstehen, was man in ähnlicher Weise bereits selbst erfahren hat. Wer nicht an sich selbst bemerkt hat, dass er manche Regungen verdrängt, wird „Verdrängung" für ein Hirngespinst halten.

Für die Gesellschaftswissenschaft ist darüber hinaus ein zentrales Problem im Umgang mit psychischen Phänomenen die Übertragung von Erkenntnissen, die an Individuen gewonnen worden sind, auf Gruppen beziehungsweise auf die Gesellschaft als Ganzes.[104] Nun haben wir gesehen, dass Beteiligte an den nationalistischen Bewegungen in Jugoslawien von dem, was sie begeistert hat, mit Attributen eines Großkörpers sprachen, der sie in sich aufnahm und zugleich wiedergebar. Diesem Körper wurden bestimmte Eigenschaften zugeschrieben, die ihn für einen entscheidend großen Teil der Bevölkerung enorm anziehend machten.[105] In ihm sahen sie weniger die Lösung für die sie bedrohenden Probleme als vielmehr die Erlösung von ihnen.

Auch wenn Nationalismen sich in vielen Einzelheiten unterscheiden, so gleichen sie sich doch auffällig darin, was sie an ‚ihrer' ‚Nation' loben und beschwören. Die ‚Nation' stellt unter den Bedingungen einer existenziellen Krise eine Projektionsfläche dar, auf der die eigenen Ängste wie auch die Sehnsucht, von ihnen erlöst zu werden, Gestalt gewinnen können.

In ihrem Gehalt ernst genommen, haben sich die mythischen Bilder der ‚Nation' als dichtes Geflecht erwiesen, in dem nahezu jedes Element mit jedem anderen direkt verknüpft ist. Mehrfach ist bereits angeklungen, dass dieses Geflecht gleichsam dreidimensional ist und nicht nur die Gesellschaft durchzieht, sondern sich auch in die Tiefe der Psyche jedes einzelnen Beteiligten hinein fortsetzt und hier mit Erlebnissen verbunden zu sein scheint, die weit in dessen persönliche Geschichte zurück-

---

[104]   Wehler: ‚Zum Verhältnis von Geschichtswissenschaft und Psychoanalyse'.

[105]   Auch wenn von nationalistischer Seite immer wieder von „den Serben" oder „den Kroaten" die Rede ist und auf diese Weise der Eindruck vermittelt werden soll, es sei jeweils das ganze Volk, so handelt es sich bei denen, die hier aktiv sind, fast immer um eine große Minderheit. Gestützt aber wird sie von der Mehrheit, entweder aktiv, indem diese nationalistische Ideen aufgreift und weiterverbreitet sowie die entsprechenden Parteien wählt, oder passiv, indem sie diese Politik duldet.

reichen. Die gelingende Vereinigung des ‚ganzen Volkes' unter Ausschluss fremder ‚Elemente' (‚Verräter', ‚Türken', ‚Ustaschen' und, in einer tieferen Schicht, der Frauen) erscheint als (Wieder-),Geburt'. Wenn im Zusammenhang mit massenhaft verübten Gewalttaten immer wieder von ‚Rückfall' gesprochen wird, dann scheint er mir am ehesten darin zu bestehen, dass die ersten Massenaktionen, die die Gewalt bereits ankündigen, als eine solche ‚Geburt' erlebt werden. Auch die Wahrnehmung der auf diese Weise ‚Neu-Geborenen' – und wohl auch ‚Neugeborenen' –, wie ihnen alles ‚Gegenwart' zu sein scheint,[106] gerade auch die Vergangenheit, wie sie die Welt schwarzweiß sehen, wie alles Schmerzhafte und Bedrohliche von außen, von ‚den anderen' kommt – sie immer nur ‚Opfer' sind – und wie sie sich selbst als groß, ja sogar allmächtig fantasieren („Serbien bis zum Pazifik!"), wirkt wie die Wahrnehmung kleiner Kinder.[107]

Ugrešić schildert eine vom Fernsehen übertragene Szene im geschrumpften jugoslawischen Parlament, in der der am Rednerpult stehende Politiker einen zerknüllten Zettel nach einem Mann im Publikum wirft. Dutzende Männer hätten daraufhin in die Kamera geschaut und gegrinst. Sie fasst ihren Eindruck in den Worten zusammen: „Mamaaa, sieh mal, was ich gemacht habe!" Hellsichtig bringt sie das allgemeine Auslöschen von Vergangenheit – etwa durch die Zerstörung der Bibliothek von Sarajevo und vieler Gotteshäuser – auch in diesen Zusammenhang: Es sind Neugeborene, zurzeit der Niederschrift ihres Essays Fünfjährige – wie sollten sie eine Vergangenheit haben? Oder ein Gefühl der Verantwortung für ihre Verbrechen?[108]

Die gesellschaftliche Krise verstärkt nicht nur das Bedürfnis, gehalten zu werden und Halt zu finden. Die Bedrohungen nehmen zu und die eigene Schwäche ihnen gegenüber wird stärker empfunden. Mangel, der sonst ausgeglichen werden konnte, beispielsweise mithilfe von Institutionen, Karriere, Einkommenssteigerung, wird spürbarer und damit das Bedürfnis, sich wieder wie ein Kind in das (fantasierte) Große und Ganze der Familie zurückzuziehen.

---

[106] Das entspricht weitgehend dem, was „ältere Formen von Zeit und Raum" (Anderson: *Die Erfindung der Nation*, S. 181) oder ‚mythische Zeit' genannt wird, wobei ich hier den Aspekt der zyklischen Wiederholung ausgeblendet habe, der frühere Agrargesellschaften geprägt hat, aber in modernen mythisch aufgeladenen Phasen kaum eine Rolle mehr spielt.

[107] Einige andere, von den hier genannten nicht wesentlich verschiedene Merkmale einer Regression durch Vereinigung mit ‚der Masse' nennt Freud in: ‚Massenpsychologie und Ich-Analyse', S. 129.

[108] Szene im Parlament: *Kultur der Lüge*, S. 172f. Auslöschen von Vergangenheit: S. 271. Zur Rolle der Frauen bei diesem Auslöschen, ihrem ‚Saubermachen', s. S. 181f. Wer nach weiteren Beispielen für diese gefährliche Art kindischen Verhaltens Erwachsener sucht, wird sie in Ugrešićs Buch reichlich finden.

Die Regression erfolgt in der nationalistischen Bewegung nicht nur auf *eine* Position, sondern auf verschiedene: die ödipale Phase mit ihrem ambivalenten Verhältnis zum Vater zwischen Konkurrenz und Identifikation sowie den Größenfantasien des kleinen Jungen und seinen Wünschen, die Mutter zu gewinnen; die Externalisierung aller Leidquellen, die zugleich ‚böse‘ sind (das Kind, das sich am Tisch stößt und dafür den „bösen Tisch" beschimpft und haut); die Symbiose mit der ‚guten‘ Mutter und die Vernichtungswünsche gegen die ‚böse‘. Was dem Kind verwehrt war, scheint die ‚Nation‘ dem Erwachsenen zu ermöglichen: Der ‚Sohn‘ tötet im Verband mit den ‚Brüdern‘ den ‚Vater‘ und setzt sich mit ihnen an seine Stelle. Zugleich identifiziert er sich mit ihm. Tito wird durch einen neuen, besseren, das heißt ‚serbischeren‘ (oder ‚kroatischeren‘), Führer ersetzt, der gleichzeitig in seine Fußstapfen tritt und sein Lebenswerk zerstört. Der ‚kleine Junge‘ kann sich endlich seiner Größenfantasie hingeben und sie auf Massenveranstaltungen wie den Meetings oder der 600-Jahr-Feier sowie bei militärischen Siegen als real erleben. Er selbst kann sich in der nationalen Euphorie endlich ‚rein‘, ‚schuldlos‘ und ‚gut‘ fühlen, und der Kampf gegen das entäußerte ‚Böse‘ scheint, da ja nun ‚alle zusammenstehen‘, gar nicht anders als mit einem großen Sieg enden zu können. Dem Hass auf die ‚böse‘ Mutter kann in der Verfolgung von Frauen freier Lauf gelassen werden, während zugleich verdeckt wird, dass dieser Hass letztlich der eigenen Mutter gilt, indem die Mutter scheinbar ganz in der ‚guten Mutter‘ der symbiotischen ‚Einheit‘ der ‚Nation‘ aufgeht. Bei so starken, eindeutigen Gefühlen aus einer regressiven Gesamtbewegung verwundert es nicht mehr, dass den Beteiligten schlichtweg unvorstellbar ist, dass andere, Außenstehende sie nicht verstehen – es sei denn, sie sind per se böswillig.

‚Geburt‘ beschreibt dabei recht treffend die aktuelle Situation: die lebensbedrohliche Enge und scheinbare Ausweglosigkeit, zugleich muss man weiter, wird vorwärtsgedrückt, dann der schmerzhafte Moment, in dem das Neugeborene außerhalb der Mutter in einer für es unbekannten Umgebung anlangt. Hinzu kommt, dass dieses frühe Erleben im Körper eines jeden Menschen gespeichert ist, auch wenn sich kaum jemand daran erinnert. Es bildet das Muster für spätere Situationen, die als ähnliche Durchgänge in ein bislang unbekanntes Leben dieses Muster reaktivieren. Die bevorstehende grundlegende Veränderung ruft die alte Todesangst während der Geburt wach, und wie jede Geburt *muss* auch diese blutig sein.[109] Auch deshalb wird in einer gesellschaftlichen existenziellen Krise das Bedürfnis gespeist, dass jemand als Verursacher dieser Todesangst greifbar sein und vernichtet werden soll, und es verwundert nicht mehr, dass man die Bedrohung von ‚dunklen‘ und ‚weiblichen‘ Mächten ausgehen sieht, die einen in einer bösen Verschwörung umringen.

Erst diese innige Verknüpfung von gesellschaftlicher Krise und dem jeweiligen persönlichen Hintergrund der eigenen Familiendramen bis zurück zur Geburt machen die Krise wohl zu einer existenziellen. Indem sich die komplizierte und nur

---

[109] Vgl. S. 214, Anm 36.

schwer zu bewältigende gesellschaftliche Krise mit unbewussten frühen Bedrohungen verbindet, fühlt sich der Betroffene buchstäblich überschwemmt und ‚uralten‘ Mächten ausgeliefert, gegen die er nichts vermag. In der ‚Einheit der Nation‘ und in deren Konfrontation mit ‚dem Bösen‘ werden sie scheinbar ruhiggestellt. Scheinbar, weil die Gefahr des ‚Verrats‘ nicht zu bannen ist.

Zur ‚Geburt‘ passt allerdings schlecht, dass Nationalisten eben nicht in einer Welt leben wollen, die von Trennungen und Unterschieden geprägt ist, denn durch die Geburt beginnen Mutter und Kind sich voneinander zu trennen. Ihnen geschieht die Geburt und zugleich sind sie deren Akteure. Eine ‚Geburt‘, wie sie Nationalisten in Jugoslawien Ende der 80er und Anfang der 90er Jahre erlebt haben, geht dagegen in die umgekehrte Richtung. Es ist eine ‚Geburt‘ zurück in die Mutter, sodass anschließend nicht mehr wesentlich zwischen Land (‚Mutter‘), Volk (‚Kind‘) und Führer (‚Vater‘, der ein ‚Bruder‘ ist) unterschieden werden kann, vielmehr alle drei in der ‚Nation‘ aufgehen. Die ‚Geburt der Nation‘ ist in einer gesellschaftlichen Situation, die tatsächlich etwas Ähnliches wie eine Geburt erfordert, gerade die Verweigerung dieser ‚Geburt‘ und der Rückzug in eine umfassende Harmonie, die Symbiose mit einer idealen Mutter, die als identisch mit einem selbst fantasiert wird. Daher auch die scheinbar unerschütterliche Überzeugung, mit der nun endlich hergestellten ‚nationalen Einheit‘ werde alles gut.

Perspektivisch steht also am Ende der Regressionen die Mutter und die Rückkehr in ihren schützenden Schoß – der Schoß des ‚Schoßes Familie‘ ist der mütterliche. Auch diese Bewegung ist – abgesehen von ihrer realen Unmöglichkeit – ambivalent, ruft sie doch zugleich die Angst hervor, verschlungen zu werden, das heißt im Ganzen so aufzugehen, dass von einem selbst nichts mehr übrig bleibt. Aber es scheint, dass wir Menschen lieber verschlungen als zerrissen werden, vielleicht, weil wir hoffen können, dabei ganz zu bleiben wie Jona im Bauch des großen Fischs.

Ein solcher Versuch, Ambivalenzfreiheit zurückzugewinnen, indem man alle bedrohlichen Ambivalenzen zerschneidet, das heißt aufspaltet in die beglückende Harmonie der ‚Einheit‘ innen und alles Bedrohliche außen, wo es vernichtet werden muss, weil es nicht außen bleibt, kann jedoch auch aus anderen Gründen nur scheitern. Da es um die eigenen Gefühle geht, lassen sich die Ängste nicht wirklich und nicht wirksam im Außen bekämpfen. Es gibt immer wieder neue Widersprüche, die als Bedrohungen die Ängste reaktivieren. Einen Hinweis auf das notwendige Scheitern einer solchen Bewegung gibt bereits die unvollständig bleibende Projektion. Das Wissen, dass die Probleme zumindest teilweise innen liegen, kann nicht ganz verdrängt werden, zu nah und fast allgegenwärtig ist das Bedrohliche. Daher die ständige Drohung eines Hereinbrechens des bedrohlichen Außens in das harmonische Innen, genauer: die Drohung, dass diese Harmonie von innen her aufbricht und sich als vom Feind durchsetzt, schlimmer noch: zersetzt erweist – der überall lauernde ‚Verrat‘. So ist die wichtigste Eigenschaft ‚der Nation‘ ihre ‚Größe‘, denn diese entspricht der Furcht, die man anderen macht, um sie selbst nicht zu haben.

Es hat, soweit ich sehe, in Jugoslawien während seines Zerfalls zwei verschiedene Großkörper gegeben, zu denen Menschen Zuflucht genommen haben: die Nation – für viele noch in ihrer verstärkten Form eines *heiligen* Körpers, also durch den Segen der jeweiligen Konfession – und Banden. Letztere stellten so etwas wie die verdichtetste Form der Nation dar. Ich vermute, dass sie von jenen gebildet wurden, die eines solchen Großkörpers am dringendsten bedurften. Die oben genannten Eigenschaften scheinen hier in besonders intensiver Form vorhanden gewesen zu sein, denn es fällt auf, dass diese Banden vollständig männlich geprägt waren und sehr gewalttätig gerade gegen Frauen vorgegangen sind.

Insgesamt scheinen Männer von einer existenziellen gesellschaftlichen Krise schwerer getroffen zu werden als Frauen. In einer patriarchalen Gesellschaft sind Politik, Ökonomie und Religion beziehungsweise gesellschaftliche Sinngebung weitgehend ihre Aufgaben. Brechen diese zusammen, so trifft das Männer offenbar härter als Frauen, denen nach wie vor die Versorgung der Familie – also ihre gesellschaftliche Rolle und damit Sinn – erhalten bleibt. Die Vereinigung zur ‚Nation‘ ist demnach auch ein Versuch von Männern, sich die eigene gesellschaftliche Rolle zu erhalten beziehungsweise sie zurückzugewinnen und die Ängste, die sie in dieser Situation empfinden, an andere loszuwerden.

Der Gedanke ist nicht neu und bleibt doch ungeheuerlich: die These, ein ganzes Volk beziehungsweise ein entscheidender Teil von ihm werde zu Säuglingen und Kleinkindern. Was lachhaft erscheint angesichts der Klugheit und Planmäßigkeit, mit der sie dann vorgehen. Beschrieben wird hier jedoch nur eine psychische Regression, keine mentale oder körperliche.[110] So stehen denjenigen, die sich existenziell bedroht fühlen und sich deshalb in Größenfantasien und Harmonievorstellungen flüchten, mit denen Vernichtungsimpulse einhergehen, anders als dem hilflosen Säugling, alle Fähigkeiten des Erwachsenen zur Verfügung.

Im Übrigen ist die Annahme, hier fielen Menschen psychisch massenhaft in Säuglings- oder frühe Kindheitsstadien zurück, nicht herablassend. Es ist wohl niemand von Regressionen frei; kindliches Verhalten angesichts einer übermäßigen Bedrohung oder auch nur einer schweren Überforderung scheint ein Reflex zu sein. Je nachdem, wie viel Stabilität ein Mensch im Lauf seines Lebens in sich selbst entwickeln und erarbeiten konnte, wird ihn diese Bewegung des Zurückfallens innehalten und aufmerksam dafür werden lassen, wo er sich gerade befindet, oder er wird die Augen schließen und sich ihr erst recht ‚in die Arme‘ werfen, um sich von ihr mitreißen zu lassen.[111]

---

[110] Das hat vor allem damit zu tun, dass in der Psyche das Vergangene nicht im Späteren aufgeht, sondern neben – oder in – ihm unverändert bestehen bleibt. (Vgl. Freud: ‚Das Interesse an der Psychoanalyse‘, S. 413.)

[111] Drewermann, der die mythischen Bilder „Archetypen“ nennt, hält ein fehlendes Vertrautsein mit ihnen für einen wesentlichen Grund, von ihnen im Moment individueller

Die Flucht von Männern vor dem Zusammenbruch ihrer Ordnung zu einer und in eine neue, große und *endlich gute* ‚Mutter' scheint jedoch zugleich auch aus der Sehnsucht zu kommen, endlich zu Ende ‚geboren' und zu ganzen Menschen zu werden. Die Kränkung, dass die eigene Mutter nicht ‚gut genug' war, haben sie nicht überwunden.[112] In der massenhaften Flucht in die Fantasie einer ‚guten gesellschaftlichen Mutter' weigern sie sich, die Verantwortung für sich selbst zu übernehmen – aber woher sollten sie auch nur eine Ahnung davon haben, was es heißt, Verantwortung für sich zu übernehmen, wo wird dies tatsächlich gelebt, nicht nur in Jugoslawien? Stattdessen gehen sie auf im überwältigenden Eindruck, Tausende, ja ‚alle' empfänden ebenso wie sie, und halten daran fest, dass das einmal Entbehrte nun doch noch eingelöst würde, dass sie endlich bekommen, was sie brauchen. In der Glückserwartung kleiner Kinder fühlen sie sich dennoch nicht passiv. Unerschütterlich – und welche Beharrlichkeit gehört angesichts der realen Widersprüche zu dieser Unerschütterlichkeit! – glauben sie an Größe und Sieg ihrer ‚Nation' und halten sich bereit, dafür ihr Leben einzusetzen. Auch dieses magische Denken, mittels ihres vereinten Glaubens könnten sie das Gewünschte schon herbeizwingen, zeigt die Regression.

Die ‚Einheit', die sie fantasieren und dann auch real inszenieren, besteht schließlich nur noch aus ihnen selbst – dem Soldaten, der sein Geschütz/seinen Penis umarmt und ihn abfeuert auf all das Bedrohliche ringsum. Die diffusen Bedrohungsgefühle finden endlich ihre vermeintlichen Verursacher, gegen die der Betreffende nun all seine Wut, seinen Abscheu und seinen Hass richten kann und darf. Hass ist es auch deshalb, weil es um ‚Verwandte' und Nachbarn geht, nicht um Fremde. Zum Teil sind es sogar ganz reale Verwandte, die da aufeinander schießen. Der mörderischste Krieg ist der Bürger- oder ‚Bruder'krieg. Er kann am wirkungsvollsten geführt werden gegen einen ohnmächtigen Bruder, wie von den Nationalsozialisten gegen die Juden. Der Bruderkrieg aber – in Jugoslawien nach Titos Tod auch im Freudschen Sinn als Krieg der Brüderhorde um die väterliche Erbschaft, die Verfügung über die mütterliche Erde[113] – zeigt sich als verdeckter Krieg gegen die realen Mütter und die Frauen überhaupt. Zugleich blicken die vereinigten Brüder dabei alle in das große Auge der ‚Mutter' ‚Nation' – Wirklichkeit geworden in den Fernsehkameras – und rufen: „Mamaaa, sieh mal, was ich gemacht habe!" Und wenn sie es dann allzu toll treiben, kommt der Weltpapa und macht Ordnung. Den ‚Dreck' der auf diese Weise angerichteten Zerstörung wischen die Frauen weg. So werden wir

---

wie kollektiver Angst umso mehr aufgesogen zu werden (*Tiefenpsychologie*, Bd. 1, S. 245f.).

[112] Zur „not good-enough mother" s. Winnicott: *Playing and Reality*, S. 10: „The good-enough mother [...] is one who makes active adaptation to the infant's needs, an active adaptation that gradually lessens, according to the infant's growing ability to account for failure of adaptation and to tolerate the results of frustration."

[113] Freud: *Totem und Tabu*; s. bes. S. 426.

fast alle zu Mitspielern in einem gesellschaftlichen Familiendrama, das damit zugleich auch als unser persönliches sichtbar wird.

Wiederholungszwang

Erst wenn wir die mythisierenden Äußerungen von Nationalisten auf der Folie einer persönlichen Geschichte lesen, ergeben sie einen Sinn. Auch die zwanghafte Wiederholung von Niederlagen und Demütigungen wird klarer. Sie speist sich aus der Weigerung, die eigene Geschichte, das heißt die eigenen Erlebnisse der Schwäche, Kleinheit und Unterlegenheit, anzunehmen. Wer sich mit Größe und Tragik der eigenen ‚Nation' identifiziert, fühlt seinen eigenen Schmerz gespiegelt („Amselfelder Flachland, blutige Wunde", „nicht verheilte Wunde", „unheilbare Wunde", „größte Wunde"); zugleich ist er aufgehoben in der heldischen Größe des ‚Opfers', an dem er nun Anteil hat.

Wie auf der persönlichen Ebene wird auch auf der politischen die Kränkung und der Schmerz geleugnet: Serbien, ja fast ganz Jugoslawien ist jahrhundertelang osmanisch beherrscht gewesen, was eine moderne Entwicklung blockiert hat. Die relative wirtschaftliche Rückständigkeit des Landes gegenüber westlichen Nachbarn hat niemand ‚verschuldet', schon gar nicht die heute Lebenden. Sie ist ganz einfach ungerecht. Und weder das Jugoslawien zwischen den beiden Weltkriegen noch das der Tito-Ära hat diese Ungerechtigkeit wettmachen können. Das Leben ist hier in den 80er und 90er Jahren weit weniger komfortabel gewesen als in Holland oder Österreich. Eine große, ruhmreiche Vergangenheit mag da über manches hinwegtrösten – sie reicht aber nicht, denn sie ist eben vergangen. Allenfalls kann sie helfen, Ansprüche zu stellen – zum Beispiel als ‚Verteidiger Europas' besonders geehrt und willkommen geheißen zu werden und sich berechtigt zu fühlen, besser zu leben – ‚so wie die anderen'.

Und auch der Sozialismus, der ‚Einheit' und sogar ‚Brüderlichkeit' verheißen und diese im Partisanenkampf vermeintlich verwirklicht hatte, konnte das Ersehnte nicht verwirklichen. Seine Anhänger haben letztlich nicht nur ‚die Nation' verraten, zum Beispiel indem sie die unterschiedlichen Identitäten und daraus resultierenden Interessen immer wieder verwischten und verschwiegen, bis hin zu den aneinander begangenen Verbrechen, sondern auch den Sozialismus, indem sie weder seine Errungenschaften ehrlich würdigten noch seine Mängel klar benannten und so ihr eigenes Scheitern nicht durcharbeiteten.

Indem die eigene Kränkung, der eigene Schmerz mit einer so weit zurückliegenden, ‚ursprünglichen' ‚Wunde' wie der Kosovo-Schlacht verschmolzen werden („es ist wieder Kosovo-Zeit"), werden sie verewigt, werden zur „unheilbaren Wunde". Eine Nation, die ihre Identität im ‚Opfer' findet, muss dieses in Krisen wiederholen, um sich ihrer selbst zu vergewissern. Gleichwohl aber soll die Kränkung überwunden, die Wunde geheilt werden. Die Appelle in Serbien, der ‚Mahnung vom Amselfeld' zu gedenken und die ‚Einheit' zu verwirklichen, zielen genau darauf. Die damalige Niederlage wird in einen Auftrag verwandelt, Serbien ‚groß und stark' zu machen, damit das damalige ‚Opfer' einen Sinn erhalte.

Die Vergangenheit aber ist vergangen. Nichts an ihr lässt sich ändern, außer das gegenwärtige persönliche Verhältnis zu ihr, in dem es gilt, sie anzuerkennen und anzunehmen.[114] Das kann nur auf der persönlichen Ebene geschehen. Die Mythisierung muss zurückgenommen und der persönliche Hintergrund von Schwäche, Kleinheit und Demütigungen erfahren werden. Erst dann kann, was an Vergangenem schmerzt, zur Ruhe kommen. Nichts scheint schwerer, als dieser Einsicht zu folgen. Der Versuch, die Schmerzen der Vergangenheit in der Gegenwart gutmachen zu wollen, aber holt sie erneut herauf – die Wiederholung ist eingeleitet. Das Verleugnete, das ‚Verratene' – und das gilt besonders in der eigenen Psyche – kämpft mit großer Zähigkeit um Anerkennung und Würdigung. Die Feier des eigenen Schmerzes als ‚heldenhaftes' ‚Opfer' geht in die Richtung einer solchen Anerkennung, immerhin wird gesehen, dass es einen Schmerz gibt, dass er berechtigt ist und dass er einen Wert hat. Wohl auch daher rührt die große Attraktivität und starke Emotionalität solcher Veranstaltungen. Aber solange die Anerkennung und Wertschätzung nur projektiv geschieht und nicht dem eigenen Selbst zuteil wird, vertieft sie die Verleugnung.

Projektion und Einheit

In einem weiteren Schritt gehört zum Eigenen nicht nur das Kleine und Schwache, sondern auch das ‚Böse', das so vehement auf die ‚Verräter' und ‚Feinde' projiziert wird.[115] Schon allein diese Vehemenz weist darauf hin, dass man es mit Eigenem zu tun hat. Wir haben den gesellschaftlichen Mechanismus dieser Abspaltung kennengelernt: In einer existenziellen Krise ist man auf Seiten der ‚Guten', ‚Reinen', man trägt keine Verantwortung für diese Krise, man erleidet sie ungerechterweise, sie wird einem von außen, von ‚den wahren Schuldigen' zugefügt. Besonders erstaunlich ist, dass das auch für die führenden Politiker nicht nur, aber gerade auch in Serbien gilt, die an der Entwicklung der Krise maßgeblich beteiligt waren. Es braucht schon eine große und allgemein verbreitete Bereitschaft in der Bevölkerung, von

---

[114] Die Gedanken dieses Abschnitts basieren auf Überlegungen des Psychoanalytikers Johannes Drummer.

[115] Ich folge hier dem sehr inspirierenden Buch *Wege zum Selbst* von Ken Wilber, besonders den Gedanken des 2.–6. Kapitels.

‚Schuld' freigesprochen zu werden, dass sie ihrerseits so fragwürdige Führer wie Milošević freispricht, indem sie sie als ‚Retter' anerkennt.

Durch die Projektion aber geht die psychische Einheit gerade verloren: Das, was ich nun außen sehe, erlebe ich nicht mehr als Teil meiner selbst. Mir scheint das ein tieferer Grund dafür zu sein, dass in einer existenziellen Krise so vehement die ‚Einheit' beschworen und alles daran gesetzt wird, sie zu verwirklichen. Sie vermittelt nicht nur Sicherheit und Geborgenheit angesichts der Bedrohung, sie muss auch den schweren inneren Mangel ausgleichen, in sich nicht vollständig, nicht ‚heil' zu sein. Dass man mit der Beschwörung und Verwirklichung der nationalen ‚Einheit' die anderen – im Falle Jugoslawiens die anderen Nationalitäten – erst recht gegen sich aufbringt, scheint von dem übermäßigen Glücksgefühl, das das Erlebnis der ‚Einheit' auslöst, fast vollständig verdeckt zu werden. Innerhalb dieser ‚Einheit' scheinen die Grenzen zu den einen umgebenden Menschen in überwältigender und sonst schier unmöglicher Weise aufgelöst – ein der Liebe tatsächlich sehr ähnliches Gefühl. Dessen Kehrseite freilich eine mörderisch scharfe Grenzziehung nach außen ist.

Aber der Versuch, die ‚Einheit' durch Ausschluss der eigenen negativen Anteile zu erreichen, erschöpft sich nicht in einer Verbissenheit, die sich bis ins Mörderische steigern kann. Da diese Grenze – wie letztlich alle Grenzen – Illusion ist und nur in der Vorstellung existiert, da alles Abgespaltene und Hinausgeworfene weiterhin Teil des eigenen Selbst ist, kehrt es in der Projektion zurück. Das klingt zunächst paradox, ist eine Projektion doch eine Bewegung weg von der projizierenden Person. Das Wort geht auf das lateinische Verb *proicere* zurück, das sowohl vor- und hinwerfen, vor- und ausstrecken, hin- und wegwerfen wie auch hinauswerfen, wegjagen, verbannen, verschmähen und preisgeben bedeuten kann. Aber das projizierte Verhalten, etwa ‚der Verrat', ist so unerträglich, dass derjenige, der ihn aus sich hinausgeworfen hat, über die Maßen damit beschäftigt ist. Mitunter ist er geradezu davon besessen.

Das hängt auch damit zusammen, dass er eben das, was er am meisten ersehnt – die Einheit –, gerade dadurch, dass er sie durch Abspaltung zu erreichen sucht, schon im Ansatz unmöglich macht. Dabei fällt überhaupt nicht in den Blick, dass es das eigene Handeln ist, das eigene Grenzenziehen, das die Einheit zerstört hat. Diese Zerstörung wird vielmehr den ‚Verrätern' angelastet, jenen, die ‚innen' sind, zum ‚Eigenen' gehören und doch das Ausgeschlossene, Feindliche tun. Bezeichnenderweise sind das in erster Linie diejenigen, die noch ohne trennende Grenzen zu denken vermögen und die Probleme immer auch als eigene anerkennen.

Auch dabei bleibt es nicht: Diejenigen, die wütend behaupten, ‚die Albaner' vergewaltigten ‚die Serbinnen' und sogar ‚die Schwäne', vergewaltigen selbst. Und diejenigen, die den Albanern im Kosovo ‚Völkermord' vorgeworfen haben, sehen sich vor dem Internationalen Strafgerichtshof für das frühere Jugoslawien (ICTY) mit eben dieser Anklage konfrontiert. Dabei ist unerheblich, ob für jeden Einzelnen gilt, dass er schließlich das tut, was er so vehement an anderen verurteilt. Das eben ist eine der Wirkungen und Funktionen der ‚nationalen Einheit', dass alle, die in ihr aufgegangen sind, Anteil an ihren Eigenschaften und Handlungen haben. Erst diese Einheit, diese Gemeinschaftlichkeit macht Taten wie Massenvergewaltigungen möglich.

Nichts lässt sich abspalten und auf diese Weise im eigenen Selbst auslöschen – es kehrt mit umso größerer Macht zurück.

Zerstörungswut und Zerstörungslust

Schon aus dieser letztendlichen Aussichtslosigkeit, das Ersehnte auch zu erreichen, speist sich eine Zerstörungswut und -lust. Sie wird noch verstärkt, wenn die existenzielle Krise zu zwei oder mehr grundlegenden Forderungen der beteiligten Parteien geführt hat, die einander nicht nur ausschließen, sondern deren Verwirklichung für die jeweilige Gegenpartei ein absolutes, ein ‚tödliches' Unglück wäre. Das Grundproblem ist eins der Körper: Ein neuer ‚Körper' (zum Beispiel ein albanisches Kosovo) soll ‚geboren' werden, weil man sich zu dem alten (Jugoslawien) nicht mehr zugehörig, sich ihm zwangsweise einverleibt fühlt; ein anderer ‚Körper' (Serbien) aber würde bei dieser ‚Geburt' ‚amputiert', seines ‚Herzens' beraubt. Dieses Problem ist nicht lösbar, es ist für beide Seiten existenziell. Eine Vermittlung, wenn einmal solche Gefühle massenhaft im Spiel sind, ist nicht möglich.

Das heißt, auch der Ausweg, den Menschen massenhaft aus der existenziellen Krise gesucht haben, muss, bei allen erhebenden Gefühlen der Einheit und Größe, die Krise schon im Ansatz weiter verschärfen. Mir scheint, in den Vertreibungen, Exekutionen und Zerstörungen steckt auch ein starkes Moment der Verzweiflung, das von dieser nicht erfassten Ausweglosigkeit genährt wird. Sie kommt zum Ausdruck im Drang, alles ‚kurz und klein' zu schlagen – auch darin wird der regressive Zug deutlich. Wenn schon alles kaputt geht, dann auch richtig! Ich denke dabei an die Brücke von Mostar, die Bibliothek von Sarajevo und die Altstadt von Dubrovnik, aber auch an das Dorf, in dem man aufgewachsen ist. Während man das alles kurz und klein schlägt oder in die Luft gehen lässt, schmerzt es einen auch. Aber in diesem Schmerz ist eine Erleichterung, etwas Süßes.

Vielleicht, weil man mit dieser äußeren Zerstörung die Zerstörung, unter der man innerlich leidet, endlich hinausbringt und greifbar machen kann. Vielleicht, weil auf diese Weise niemand etwas von den Reichtümern des Landes hat – wenn sie einem schon nicht selbst gehören können. Auch ein Strafbedürfnis für diese ganze elende Situation kommt wohl darin zum Ausdruck. Man spürt, dass das alles zu nichts Gutem führt, dass man etwas Schlechtes schafft, man findet keinen anderen Weg, aber etwas in einem stellt einen Ausgleich her, indem man dafür auch bezahlt. Und doch – und hier wäre eigentlich ein längeres Innehalten, eine Stille nötig: Es bleibt ein

Rest, etwas, was nicht auslotbar ist, was sich Worten immer wieder entzieht. Franz Jung hat es in Bezug auf die Revolution von 1918 so beschrieben:[116]

> Die Welle von Gewalt und Zerstörung mag Dutzende von äußeren Auslösungsmomenten haben. In Wirklichkeit ist sie organisch bedingt, sie kommt von innen her und ist auch von innen ausgelöst. Es ist nicht nur Wut und Haß – darüber könnte man hinwegkommen, es ist die Panik, die innere Panik unserer Existenz, die in jedem einzelnen von uns steckt, die lange Zeit niedergehalten werden kann, einmal aber zur Entfaltung kommt und dann durchbricht.
>
> Jeder weiß, wie gut das tut –

Leere und Entsetzen

Die Analyse hat in so viele Verbindungen, Verzweigungen und mehrfache Aufladungen geführt – und doch ist da immer wieder ein Gefühl der Leere. So viel die Analyse auch zu Tage fördert, sie löst die Fassungslosigkeit nicht auf. Diese taucht immer wieder von Neuem auf ebenso wie ein Entsetzen, dem alles Begreifen fehlt. Mich hat das mehrfach zweifeln lassen, ob ich nicht mein Thema verfehle. Sehr spät fiel mir auf, dass der Inhalt der mythisierenden Rede tatsächlich leer ist. Alle ihre Bilder – ‚Einheit‘, ‚Verrat‘, ‚Heldentum‘, ‚Opfer‘, ‚Würde‘, ‚Reinheit‘, ‚Ursprung‘ – sind psychische Projektionen. Ängste und Sehnsüchte lassen sich aus ihnen lesen, aber keine Inhalte. Für den, der nicht von ihnen ergriffen wird, sind sie langweilig, nichtssagend und leer, da nicht mit Leben gefüllt. Wirkliche Einheit ist nur in der Erfahrung einer Begegnung möglich, in der der Andere als Anderer nicht ausgelöscht wird. Sie bleibt fragil, gefährdet, unbeständig. Die Zementierung einer ‚Einheit‘ durch die Proklamation einer Rückkehr zum ‚Ursprung‘, zum ‚Eigentlichen‘, zum ‚Reinen‘ schlägt jede reale Erfahrung mit ihren Ambivalenzen als uneigentlich weg. Was auch soll dieser ‚Ursprung‘, dieses ‚Eigentliche‘, dieses ‚Reine‘ sein? Es wird real durch die gemeinsame Beschwörung, durch das Eintauchen in eine gemeinsame Fantasie, in der jeder jeden stützt. Die auch hierin enthaltenen Ambivalenzen (von Unsicherheit, Zweifel, Angst) können nicht völlig geleugnet, aber als feindlich externalisiert und scheinbar gebannt werden – erstarrt im Bild des ‚Verrats‘. Auch dieses ergibt auf Nachforschungen hin keine Erfahrung, sondern nur psychisch aufgeladene Schablonen, etwa die vatikanisch-faschistische-imperialistische Weltverschwörung, an der natürlich immer auch ‚etwas dran ist‘.

Es ist dieser Mangel an Erfahrung, an realem Leben, der die mythischen Bilder leer erscheinen lässt. Aus ihnen spricht eine immense Ablehnung des Lebens und letztlich Angst vor dem Leben.

---

[116] *Der Weg nach unten*, S. 113.

Ist das nicht bis heute weitgehend die allgemeine Sprache der Macht, ein Reden in Phrasen, Schablonen und Klischees, das – erfahrungslos – großes und sicheres Wissen vorgibt und doch nur eine Mehrzahl der Menschen bei ihren Ängsten und Sehnsüchten packt und ihnen ein verlockendes, verlogenes Angebot macht, weiterhin oder von Neuem vertrauensvoll Kinder sein zu können, ohne Verantwortung für sich selbst?

Fünftes Kapitel

‚Der Westen' greift ein[1]

Es ist atemberaubend, wie die Beschwörung der Wiederkehr des Kosovo-Mythos tatsächlich in vielen Aspekten zu einer Wiederholung geführt hat. Ein Krieg ist auf den anderen gefolgt, und jeder hat mit seinen Toten, Verwundeten und Vertriebenen sowie seinen Zerstörungen verfestigt, was viele schon vorher behauptet hatten: dass man nicht mehr miteinander in einem Staat leben könne. Gegen Ende traf die Zerstörung auch Serbien und schließlich sogar Mazedonien, dessen Regierung die kleine Republik lange klug aus den Aufteilungskriegen hatte heraushalten können. Jugoslawien ist nach und nach von allen aufgegeben (‚verraten') worden und hat auch nominell aufgehört zu bestehen. Die Wirtschaft aller Republiken, außer der Sloweniens, ist immer noch von den Kriegen beeinträchtigt; Bosnien-Herzegowina, Mazedonien, der Staatenbund „Serbien und Montenegro" und das administrativ losgelöste Kosovo sind in einer desolaten Situation und weitgehend von ‚westlicher' Hilfe abhängig.[2] In Bosnien-Herzegowina, in Mazedonien und im Kosovo ist die Lage zwischen den verschiedenen Nationalitäten weiterhin prekär, ausländische Soldaten wachen darüber, dass sie nicht erneut eskaliert.

Serbien stand am Ende völlig allein – auch die russischen und weißrussischen ‚Freunde' hielten sich zurück – und kämpfte mit einem um ein Vielfaches überlegenen Gegner: der NATO. Der Krieg wurde wie alle vorigen verloren und zwei Jahre später verkaufte die neue Regierung den politisch Hauptverantwortlichen an den vornehmlich von eben diesen Gegnern (‚Feinden'?) eingerichteten Internationalen Gerichtshof, und zwar just am Veitstag, am 612. Jahrestag der Kosovo-Schlacht.

Ich werde im Folgenden näher untersuchen, was geschehen ist, nachdem ‚der Westen' zum Akteur in den jugoslawischen Teilungskriegen geworden war, und

---

[1] Ich setze hier ‚den Westen', ‚westlich' usw. – was hierzulande leicht mit der ‚internationalen Gemeinschaft' oder der ‚Weltöffentlichkeit' gleichgesetzt wird – durchweg in Anführungszeichen, um sie als mythische Begriffe zu kennzeichnen. Sie sind polar, was im politischen Zusammenhang schnell einen Antagonismus bedeutet. Auf die Gegenüberstellung von ‚Ostblock' und ‚freiem Westen' ist mittlerweile die von ‚westlicher' und ‚islamischer Welt' gefolgt, wobei Letztere häufig mit ‚islamischem Fundamentalismus' bzw. ‚Islamismus' gleichgesetzt wird, mit anderen Worten von ‚Aufklärung' oder ‚Aufgeklärtheit' einerseits und ‚Fanatismus' oder ‚religiösem Mittelalter' andererseits, wobei ‚der Islam' als ‚Orient' zugleich ein neuer ‚Osten' ist.

[2] Auch das ist mittlerweile überholt. Die „Državna Zajednica Srbija i Crna Gora" (Staatengemeinschaft Serbien und Montenegro), so der offizielle Staatsname, ist auseinandergefallen, nachdem die montenegrinische Regierung die Republik am 3.6.2006 für unabhängig erklärt hat. Die Regierung des Kosovo hat am 17.2.2008 das Gleiche für ihre Provinz getan.

255

zwar sowohl in den beteiligten Ländern ‚des Westens' selbst, vor allem in Deutschland, als auch im verbliebenen Jugoslawien.[3] Was geschah, als man sehr direkt – trotz des Verzichts auf Bodentruppen – mit dem zu tun bekam, was man bis heute als einen ‚Rückfall in die Vergangenheit' ansieht? Wie wirkten sich die im ‚Westen' verbreitete Abneigung gegen nationalistische Bewegungen *und* die damit einhergehende Negierung ihrer psychischen Motive in der ‚westlichen' Politik aus?

Auch heute, fünf Jahre nach dem Krieg ist es immer noch schwer, einigermaßen ausgewogen über ihn zu schreiben. Die Polarisierung, die mit der Eskalation in Jugoslawien einherging, hat ihren Widerhall in ‚westlichen' journalistischen und wissenschaftlichen Publikationen gefunden. Jeder, der zu diesem Thema schreibt, ist damit einem stark mit Wertungen aufgeladenen Spannungsfeld ausgesetzt, in dem Urteile, zumindest unterschwellige, was ‚gut' und was ‚böse' sei, eine große Rolle spielen.

Ein prägnantes Beispiel hierfür ist Noel Malcolms Vorwort zur 2. Auflage seines *Kosovo – A Short History*, das nach seinen eigenen Angaben den Verlauf der Ereignisse von 1997 bis Frühlingsende 1999 schildern soll (S. xxviii). In seiner Empörung über die Gewalttaten im Kosovo und im Bemühen, die Albaner dabei zu unterstützen, dass sie endlich in Frieden sebstbestimmt leben können, stellt er beispielsweise die Verhandlungen in Rambouillet recht einseitig dar, Gründe für die letztendliche serbische Ablehnung nennt er gar nicht. Dadurch entsteht der Eindruck, die serbische Seite wäre einfach halsstarrig gewesen (xxxvi). Auch die ‚Operation Hufeisen'[4] nimmt er unkritisch auf, wodurch seine gesamte Argumentation fraglich wird, zumal er keine Quellen angibt. Das steht in auffälligem Gegensatz zu seiner Haltung im gesamten übrigen Buch, in dem er verschiedene Aussagen, auch solche, die jeweils die eine oder die andere Partei rechtfertigen, kritisch an der Faktenlage misst und gegeneinander abwägt.

Diese Einseitigkeit ist unabhängig davon, mit welcher Seite der jeweilige Autor sympathisiert. Argumente, die für den Standpunkt der Gegenseite sprechen, werden allenfalls erwähnt, aber so gut wie nie ernsthaft erörtert. Auf dieser Grundlage ist eine Beschreibung des Verlaufs und erst recht der Ursachen sehr schwierig, zumal es nicht möglich ist, allen Behauptungen nach- und allen Widersprüchen auf den Grund zu gehen. Die folgenden Ausführungen sind lediglich ein Versuch, die Entwicklung aus mehreren Perspektiven zu sehen. Dabei untersuche ich auch die Wirkungen, die bestimmte ‚westliche' Einstellungen durch das Handeln ‚westlicher' Politiker und Medien auf sie gehabt haben.

---

[3] Den Bosnienkrieg klammere ich weitgehend aus. Da Bosnien ein weiterer absehbarer Dominostein in der Dynamik der Aufteilung war, würde eine eingehendere Untersuchung zum Thema der mythischen Bilder wenig Neues bringen. In Bezug auf die Politik ‚des Westens' ist er allerdings von großer Bedeutung, worauf ich kurz eingehen werde.

[4] Vgl. S. 373–375.

5.1. Die Entwicklung bis zum Beginn bewaffneter Kämpfe

Die serbische Regierung hatte sich Mitte der 90er Jahre durch ihre spätestens seit 1987 betriebene Politik und die zu einem großen Teil von ihr zu verantwortenden Kriege endgültig in eine Sackgasse manövriert. Der Krieg gegen Kroatien war verloren, der in Bosnien zu einem vorläufigen Ende gebracht, das keinen der Konflikte löste, die man mit dem Krieg hatte beseitigen wollen. Der Staat Jugoslawien war, wie befürchtet – und wie betrieben –, aufgeteilt und Serben bildeten nun in mehreren der neuen Staaten eine Minderheit. Viele Tausende von ihnen waren ins engere Serbien und in die Vojvodina oder ins Ausland geflohen.

Der Konflikt aber, der maßgeblich zu den nationalistischen Polarisierungen beigetragen hatte, bestand nahezu unverändert weiter: der Konflikt mit den Kosovo-Albanern um den Status der Provinz.

Nachdem die serbische Regierung das Bildungssystem unter ihre Kontrolle gebracht und tiefgreifende Veränderungen durchgesetzt hatte, nahm sie sich auch das Gesundheitssystem vor. Unter dem Vorwand, sie wären nicht ausreichend qualifiziert, wurden 1855 Ärzte und Pflegekräfte entlassen, was die Gesundheitsversorgung erst einmal weitgehend zum Erliegen brachte. Daraufhin versuchten die Betroffenen, ihre Arbeit in Privatkliniken fortzusetzen, deren Ausrüstung an Apparaten und Medikamenten jedoch mangelhaft war.[5]

Während die Regierung den Erwerb serbischer Immobilien für Albaner einschränkte und ihnen eine offizielle Beratung anbot, wie sie sich in anderen Teilen Jugoslawiens niederlassen könnten, versuchte sie, Serben und Montenegriner durch Anreize als Kolonisten zu gewinnen.[6]

Serbisch wurde erneut einzige Amtssprache, und auch die Straßennamen und Denkmäler wurden gegen serbische ausgetauscht. Serben bezeichneten Albaner wieder wie in der zwischen den Weltkriegen abfällig als *šiptari*. Das albanische kulturelle Leben wurde insgesamt stark eingeschränkt. Etliche Museen und das Ballet mussten schließen, andere Institutionen, wie das Provinztheater von Priština/Prishtina oder die Filmproduktionsgesellschaft Kosovarfilm, wurden einer serbischen Direktion unterstellt, und aus den Bibliotheken entfernte man die albanischen Bücher.[7]

---

[5] Zahl der Entlassungen: Schmidt: ‚Menschenrechte, Politik und Krieg in Kosovo 1989 bis 1999‘, S. 191; Vorwand der unzureichenden Qualifizierung u. Privatkliniken: Petritsch/Pichler: *Kosovo/Kosova*, 2004, S. 62.

[6] Petritsch/Pichler, a. a. O., S. 61 mit Bezug auf Clark: *Civil Resistance in Kosovo*, S. 108–111.

[7] Ebd., S.61f.; Eingriffe in die Kultur: Vickers: *Between Serb and Albanian*, S. 247.

Die politischen Führer der Kosovo-Albaner betrieben ihrerseits die vollständige Loslösung der Provinz von Jugoslawien – ein angesichts der Umstände und der Entwicklung in verschiedenen jugoslawischen Republiken sehr verständliches Vorgehen. Bereits in einem vom 26. bis zum 30. September 1991 abgehaltenen Referendum sagte sich die albanische Bevölkerung von Jugoslawien los, worauf am 19. Oktober die Unabhängigkeitserklärung durch das Parlament des Kosovo erfolgte.[8] Dabei spielten das slowenische und das kroatische Vorbild eine bedeutende Rolle. Bujor Bukoshi wurde Ministerpräsident und residierte mit seiner Regierung zuerst in Ljubljana, ab 1992 dann in Bonn.[9]

Da die Unabhängigkeit jedoch von niemandem anerkannt wurde und die Albaner aus dem öffentlichen Dienst und den öffentlichen Unternehmen hinausgedrängt wurden, blieb ihnen wenig anderes übrig, als weiter eine Parallelgesellschaft mit eigenen politischen Institutionen bis hin zu Wahlen, einer eigenen Verwaltung samt Steuereintreibung, einem eigenen Bildungssystem und Rudimenten eines eigenen Gesundheitssystems aufzubauen. Mit der Zeit konnte Letzteres mit internationaler Hilfe sogar so weit gestärkt werden, dass es die Menschen besser als das staatliche mit Medikamenten versorgte, weshalb es auch zunehmend Serben in Anspruch nahmen. Die serbische Regierung tolerierte diese Parallelstrukturen, solange der Schein der jugoslawischen Souveränität über die Provinz gewahrt blieb.[10]

Anfänglich versuchten einige Albaner, auf die nationalistische serbische Politik mit antinationalistischen Organisationen zu antworten, die pluralistische, demokratische Programme verfolgten, etwa die Union für eine Demokratische Jugoslawische Initiative, deren von Veton Surroi gegründete Niederlassung in Priština/Prishtina Dialogforen sowohl mit der serbischen Regierung und als auch mit der serbischen Opposition organisierte. Die Albaner blieben jedoch bis auf wenige Ausnahmen unter sich.[11]

Bereits am 23. Dezember 1989 war die Demokratische Liga des Kosovo (LDK) gegründet und der Literaturwissenschaftler Ibrahim Rugova zu ihrem Vorsitzenden gewählt worden. Schnell stieg sie zur bedeutendsten politischen Kraft unter den Kosovo-Albanern auf, denn sie war von Anfang an stark in den dörflichen Strukturen verankert und verfügte über ein Netzwerk an Niederlassungen unter Auslandsalbanern in Europa und Nordamerika, was für die Koordinierung und Finanzierung der Parallelstrukturen von großer Bedeutung sein sollte. Weitere Parteigründungen folgten, doch die LDK blieb die bestimmende Kraft. Sie verstand sich als Sammlungsbewegung und zeigte wenig Interesse, eine allgemeine Plattform der demokra-

---

[8]   Schmidt: ,Menschenrechte, Politik und Krieg in Kosovo 1989 bis 1999', S. 191f.

[9]   *Kosovo Report*, S. 45f.

[10]   Petritsch/Pichler, a. a. O., S. 73; *Kosovo Report*, S. 56 (Tolerierung d. Parallelstrukturen).

[11]   Petritsch/Pichler a. a. O., S. 64 mit Bezug auf Clark: *Civil Resistance in Kosovo*, S. 54f.

tischen Parteien zu bilden. So kontrollierte sie direkt oder indirekt die meisten albanischsprachigen Nachrichtenmedien im Kosovo, darunter die damals einzige Tageszeitung *Bujku* und das von Tirana aus gesendete Fernsehsattelitenprogramm.[12]

Ibrahim Rugova und die LDK versuchten, den Widerstand gegen die massiven Einschränkungen der Rechte der albanischen Bevölkerung gewaltlos zu führen. Sie trafen diese Entscheidung nicht aus pazifistischen, sondern aus strategischen Gründen. Angesichts der erdrückenden militärischen Übermacht des serbischen Staates und der Präsenz paramilitärischer Verbände hatten sie kaum eine andere Möglichkeit. Ihnen war klar, dass ihr Kampf um die Unabhängigkeit nur durch internationale Unterstützung zu gewinnen war. So suchte Rugova im Dezember 1991 bei der EG um Anerkennung der Unabhängigkeit nach.[13] Dabei mochte der Umstand, dass ‚die Serben‘ mit Milošević an der Spitze seit Beginn der innerjugoslawischen Konflikte vom ‚Westen‘ zunehmend als Verursacher der Konflikte und ihrer gewalttätigen Austragung gesehen wurden, nicht unerheblich gewesen sein. Je stärker die Albaner sich in ihrem Unabhängigkeitskampf von der serbischen Seite absetzten, umso deutlicher musste die Rechtmäßigkeit ihres Anspruchs erscheinen und umso eher würden sie eine Solidarisierung in ‚westlichen‘ Gesellschaften erreichen können. So wurden Gewaltlosigkeit, Selbstbeherrschung und würdevolles Erdulden zu nationalen Eigenschaften stilisiert.[14]

Diese Strategie hatte unter anderem seit 1990 zu der Kampagne „Versöhnung der Blutrache" geführt. Mit den Argumenten, es handle sich um eine unzeitgemäße Rechtspraxis, die die Zugehörigkeit des Kosovo zu Europa infrage stelle, und die Nation müsse in einer derart bedrohten Lage zusammenhalten, brachten Studenten der Universität von Priština/Prishtina und ihre Unterstützer bis zu hunderttausend Menschen bei öffentlichen Versöhnungszeremonien zusammen, bis die Polizei sie unterband und die Versammlungen in Privathäuser verlegt werden mussten. Die Blutrache ging seit 1990 tatsächlich drastisch zurück.[15]

Die Erwartung, der ‚Westen‘ werde aufgrund dieser Politik die Forderung nach Unabhängigkeit unterstützen, wurde allerdings enttäuscht. Bereits 1991 entschied sich die EG, die beiden autonomen Provinzen, Vojvodina und Kosovo, nicht als souveräne Teile Jugoslawiens anzuerkennen, was die Voraussetzung für deren Unabhängigkeit gewesen wäre.[16] Auf der von der britischen Regierung und der UNO im

---

[12] Ebd., S. 64f. mit Bezug auf *Kosovo Spring*, S. 45 und Maliqi: *Kosova*, S. 28–31 (Sammlungsbewegung); Judah: *Kosovo*, S. 126 (Medienkontrolle).

[13] Petritsch/Pichler, a. a. O., S. 66f.; vgl. a. Reuter: ‚Die Kosovo-Politik der internationalen Gemeinschaft in den neunziger Jahren‘, S. 322. Ersuchen an EG: *Kosovo Report*, S. 58.

[14] Vgl. Petritsch/Pichler, a. a. O., S. 67 u. 70.

[15] Ebd., S. 68 mit Bezug auf Clark: *Civil Resistance in Kosovo*, S. 60–64.

[16] Reuter: ‚Die Kosovo-Politik der internationalen Gemeinschaft in den neunziger Jahren‘, S. 321; Petritsch/Pichler, a. a. O., S. 91.

August 1992 in London organisierten internationalen Jugoslawienkonferenz, auf der die Kosovo-Albaner lediglich Zaungäste sein durften, wehrten sie sich in einem am 26. August übergebenen Memorandum gegen diese Behandlung und begründeten, warum sie ein Recht auf Selbstbestimmung innerhalb Jugoslawiens hätten, womit die Gleichstellung mit den anderen jugoslawischen Republiken gemeint war.[17] Die jugoslawische Regierung wehrte sich ihrerseits gegen Verhandlungen unter der Mitwirkung internationaler Vermittler, da sie eine Internationalisierung der Kosovo-Frage befürchtete.[18] Vor allem aber wäre die Lage im Kosovo damit nicht mehr ausschließlich eine innerjugoslawische Angelegenheit gewesen.

So überließ ‚der Westen' beide Seiten lange Zeit weitgehend sich selbst und begann erst nach dem Beginn gewalttätiger Übergriffe, den Konflikt wieder als vorrangiges Problem wahrzunehmen.[19] Jens Reuter berichtet von Gesprächen hinter vorgehaltener Hand mit westlichen Diplomaten, in denen die Haltung, das Kosovo als international nicht handlungsfähigen Teil Serbiens zu behandeln, folgendermaßen begründet wurde: „Man werde den Serben erhebliche Opfer in Kroatien und auch in Bosnien zumuten müssen, daher sei es unmöglich, von ihnen auch noch den Verzicht auf das Kosovo zu verlangen." Es habe sogar das Gerücht gegeben, Milošević sei im Gegenzug für seine Zustimmung für die Stationierung von Blauhelmen in der Krajina zugesichert worden, „man werde das Kosovo-Problem nicht auf die internationale Tagesordnung setzen."[20]

Die Sorge, das kosovarische Beispiel könne anderswo Schule machen, war ebenfalls nicht unerheblich. So hob US-Präsident Bill Clinton in einer Grundsatzrede am 1. April 1993 in Annapolis hervor: „Die Welt kann es sich nicht leisten, dass sich der Konflikt im ehemaligen Jugoslawien in einem Land von der Größe Rußlands wiederholt, das sich über elf Zeitzonen erstreckt, mit einem Arsenal von Kernwaffen, das nach wie vor ungeheuer groß ist."[21]

Die USA machten allerdings sehr früh klar, dass sie ein militärisches Vorgehen der serbischen Regierung im Kosovo nicht dulden würden. Bereits George Bush senior hatte Milošević 1992 eine vertrauliche Botschaft gesandt, in der er für diesen Fall Luftangriffe androhte. Bill Clinton wiederholte diese Warnung am 10. Februar 1993.[22]

---

[17]   ‚Kosovo Memorandum to the International Conference on the former Yugoslavia', in: *The Crisis in Kosovo 1989–1999*, S. 86–88.

[18]   Petritsch/Pichler, a. a. O., S. 93.

[19]   Ebd.

[20]   Reuter: ‚Die Kosovo-Politik der internationalen Gemeinschaft in den neunziger Jahren', S. 321.

[21]   Koslowski: *Die NATO und der Krieg in Bosnien-Herzegowina*, S. 116, der sich auf *Europa Archiv*, 48 (1993) 10, S. D 207–216, hier S. D 211 bezieht.

[22]   Reuter, a. a. O., S. 324.

Tatsächlich war die Politik der kosovo-albanischen Schattenregierung allerdings von Anfang an nicht nur gewaltlos. Schon 1991, als er mit seiner Regierung noch in Ljubljana amtierte hatte, hatte Premier Bukoshi eine Vereinbarung mit der 1982 gegründeten Untergrundorganisation „Volksbewegung für eine Republik Kosovo" (LPRK) geschlossen, um Guerillakämpfer auszubilden. Seit 1991 hatte die LPRK zudem Kontakte zu ‚westlichen' Geheimdiensten unterhalten. Bereits im Mai 1993 wurden zwei serbische Polizisten in Glogovac, im Zentrum der Drenica/Drenice, getötet und fünf weitere verwundet.[23]

Im selben Jahr entschied sich die LPRK, auf eigene Faust etwas für die Unabhängigkeit des Kosovo zu unternehmen. Im August kamen etwa hundert Führer von lokalen Gruppen in der Drenica/Drenice zusammen, um einen neuen Namen zu wählen, darüber zu entscheiden, ob man die marxistische Ideologie nicht aufgeben sollte, und bewaffnete Kräfte aufzustellen. Dabei wurden zwei neue Parteien gegründet: die „Volksbewegung des Kosovo" (LPK) und die „Nationale Bewegung zur Befreiung des Kosovo" (LKÇK), die am Marxismus festhalten wollte und dem Guerillakrieg eine allgemeine *intifada* vorzog. Im Dezember wurde von Ersterer die „Ustria Çlirimtare e Kosovës" (Befreiungsarmee des Kosovo – UÇK) in der Schweiz gegründet, um den künftigen Guerillakrieg zu führen. Die LPK-Gruppe soll damals aus vier Männern bestanden haben, darunter Kadri Veseli, der später Leiter des Sicherheitsdienstes werden sollte, und der Student Hashim Thaçi, der 1991 Vorsitzender der Studentenvereinigung gewesen war. Am 1. September 1993 rief die LPK in der in der Schweiz erscheinenden *Zëri i Kosovës* zur Schaffung einer vereinten und populären Befreiungsfront auf. Ihr 13. Kommuniqué vom 13. Juni 1995 berichtete dann von der Verminung neu gebauter Häuser für serbische und montenegrinische Kolonisten.[24]

Wurden die Parallelstrukturen auch von der serbischen Regierung geduldet, so reagierte sie doch mit großer Härte, sobald ein Hinweis vorlag, dass albanische Separatisten die gewaltsame Loslösung von Serbien betrieben. In der zweiten Hälfte des Jahres 1993 wurden 30 Albaner zu Gefängnisstrafen zwischen einem und sechs

---

[23] Judah: *Kosovo*, S. 111, 120 (Kontakte zu ‚westlichen Geheimdiensten) u. 129 (Angriff auf Polizisten); Stephan Lipsius: ‚Aufrüstung oder Bodentruppen', *FR*, 3.4.1999, S. 8 (1982 gegründet).

[24] Judah: *Kosovo*, S. 115f., 129–131. Aufruf nach Gafurr Elshani: *Ushtria Çlirimtare e Kosovës: dokumente dhe artikuj*, Aarau 1998, S. 23f. Gründung in der Schweiz: *Kosovo Report*, S. 45. Es ist bezeichnend, dass die UÇK nicht im Kosovo gegründet wurde, sondern im Ausland, wo die extremsten Positionen vertreten wurden – wie so häufig in der Geschichte des Nationalismus (vgl. Anderson: *Die Erfindung der Nation*, S. 182 mit einem Verweis auf Lord Acton). Judah weist darauf hin, dass einige der Untergrundkämpfer der 90er Jahre bereits in den 80er Jahren aktiv waren. Um die Jahreswende 1989/90 knüpften jene, die auf freiem Fuß waren, Kontakt zu der militanten Familie von Adem Jashari in dem Dorf Donji Prekaz/Prekaz i Ulët in der Drenica/Drenice. (S. 110f.) Nach Stephan Lipsius soll die LPK bereits seit 1991 bestanden haben (a. a. O.).

Jahren verurteilt, weil sie angeblich einen bewaffneten Aufstand mit dem Ziel der Loslösung des Kosovo von Serbien geplant hätten. Viele Angeklagte wurden gefoltert und gaben überhaupt nur deshalb die Beschuldigungen zu, ihre eigenen Angaben und die ihrer Verteidiger spielten im Prozess hingegen keine Rolle. Zudem gingen die Anklagen in der Regel von aufgeblasenen Fakten aus. Es habe allerdings tatsächlich Versuche gegeben, ein Verteidigungsministerium aufzubauen, und etliche Angeklagte hätten daran mitgewirkt, so ein hochrangiger Diplomat der Schattenregierung gegenüber Fabian Schmidt. Auch wurden Männer in kleinen Gruppen für eine künftig veränderte Lage im Kosovo trainiert, was möglicherweise noch auf Bukoshis Initiative zurückging. Bis in die zweite Hälfte der 90er Jahre waren sie jedoch ohne Einfluss. Gefoltert wurde auch im Zusammenhang der Prozesse gegen 159 ehemalige Polizeibeamte, die im Frühjahr 1995 angeklagt waren, eine geheime Polizei aufzubauen. Solche Polizeistrukturen befanden sich tatsächlich im Aufbau, doch der Prozess konnte nicht erhellen, welche Angeklagten daran beteiligt gewesen waren.[25]

Dass Angriffe auf serbische Polizisten und Soldaten zum Teil nicht aufgeklärt wurden, wohl aber dazu führten, dass die Bevölkerung mehrerer Dörfer drangsaliert wurde,[26] spricht dafür, dass die serbische Regierung versuchte, den Konflikt zu eskalieren. Andererseits hätte sie das viel leichter erreichen können, wenn sie den Aufbau der illegalen politischen Parallelstrukturen vereitelt hätte.

Die Regierung Tudjman in Kroatien hoffte hingegen, die Kosovo-Albaner würden eine weitere Front im Süden eröffnen, doch Bukoshi und Rugova befürchteten, dass dann lediglich Hunderttausende Albaner vertrieben würden. Zudem erschien ihnen Tudjman nicht als wirklicher Verbündeter, sondern jemand, der sie nur benutzte. Vor allem aber mangelte es ihnen an Waffen für einen Aufstand.[27] Das sollte sich erst durch den Zusammenbruch Albaniens ändern.

Hinter dem nationalen Konflikt mit Serbien stand jedoch auch im Kosovo die wirtschaftliche und soziale Krise, die diesen Landesteil besonders hart getroffen hatte. Schon traditionell litten die Menschen hier unter einem Mangel an Erwerbsmöglichkeiten. Zwei Drittel lebten auf dem Land, meist mit 6–7 Personen in der traditionellen erweiterten Familie aus mehreren Generationen unter einem Dach. Das starke demografische Wachstum der letzten Jahrzehnte, das zu einer Bevölkerungsdichte wie im westlichen Mitteleuropa geführt hatte, brachte eine Ausweitung der

---

[25] Schmidt: ,Menschenrechte, Politik und Krieg in Kosovo 1989 bis 1999', S. 196f. mit Bezug auf die *Financial Times*, 18.12.1993 (Aussagen der Angeklagten nicht berücksichtigt); Judah: *Kosovo*, S. 88 (Prozess gegen Polizisten), S. 112f. (aufgeblasene Fakten, militärisches Training kleiner Gruppen).

[26] Judah: *Kosovo*, S. 90.

[27] Ebd., S. 113f.

Siedlungen, häufig auf Kosten von landwirtschaftlicher Nutzfläche und Wäldern, mit sich.[28]

Zudem war der Anteil der in der Landwirtschaft arbeitenden Bevölkerung zwischen 1948 und 1981 von 80,9 auf 24,6 Prozent gesunken, was den Druck auf den Arbeitsmarkt zusätzlich erhöhte. Aufgrund der kleinbäuerlichen Besitzverhältnisse – in den 90er Jahren verfügten 92 Prozent aller bäuerlichen Betriebe über weniger als fünf Hektar – konnte sich die Landbevölkerung nicht von den Erträgen ihres Landes ernähren. Außerdem sank das Bruttosozialprodukt zwischen 1990 und 1995 um 50 Prozent auf 400 US-Dollar pro Kopf, und die Arbeitslosigkeit lag bei 70 Prozent.[29]

Am brisantesten war jedoch vermutlich die hohe Geburtenrate der vergangenen zwei Jahrzehnte – jede zweite Person war unter 20 Jahre alt[30] –, und zwar nicht so sehr, weil sie die Kosovo-Serben zu einer immer kleineren Minderheit machte, sondern weil auf diese Weise eine Vielzahl junger Männer herangewachsen war, die keine gesellschaftliche Position zu erwarten hatten.[31]

5.2. Analyse der Situation: ein nationaler Konflikt

Wir haben in Abschnitt 3.2. gesehen, wie die unvereinbaren Forderungen von Albanern und Serben in Bezug auf das Kosovo im Lauf der 80er und frühen 90er Jahre immer extremer wurden. Im Kern finden sich zwei unvereinbare nationale Ansprüche auf dasselbe Territorium. Auf *dieser* Ebene kann keine der beiden Seiten mehr Berechtigung für sich in Anspruch nehmen als die andere. Zwei Großkörper, die ‚Serbische Nation' und die ‚Albanische Nation', überschneiden sich hier, was die existenzielle Angst vor ‚Amputation' beziehungsweise ‚Vernichtung' und die Sehnsucht nach ‚Einheit' beziehungsweise ‚Geburt' erzeugt.

Die serbische Seite war dabei aufgrund der Bevölkerungszahlen und trotz ihrer enormen militärischen Überlegenheit in einer im Grunde genommen aussichtslosen Position. Eine Lösung war nicht vorstellbar, sie wurde obendrein dadurch blockiert,

---

[28] Calic: ‚Die internationale Gemeinschaft und der Wiederaufbau Kosovos', S. 524.

[29] Ebd., S. 524–526, die sich für die Größe der Betriebe auf *Jugoslavija 1945–1985*, S. 183 und für den Anteil der bäuerlichen Bevölkerung auf *Toward Stability and Prosperity. A Programm for Reconstruction and Recovery in Kosovo*, 3. November 1999, vorbereitet von der Europäischen Kommission und der Weltbank als Unterstützung der UNO-Mission im Kosovo, S. 40 bezieht.

[30] Ebd., S. 524 mit Bezug auf *Prostorni plan Republike Srbije*, S. 211.

[31] Vgl. hierzu S. 220, Anm. 648.

dass sich eine Konstellation herausgebildet hatte, in der sich die Positionen der beiden Konfliktparteien gegenseitig stützten. Für die albanische Seite bedeutete die herrschende Situation eine Legitimierung ihres Anspruchs auf internationale Intervention. Zudem lehnte sie Verhandlungen auf Regierungsebene grundsätzlich ab, weil sie damit die Souveränität Serbiens anerkannt und die eigene Boykottpolitik untergraben hätte. Die serbische Seite hatte wiederum kaum Schwierigkeiten mit den Verhältnissen im Kosovo und verweigerte hartnäckig jedes Zugeständnis in Kernfragen. Für ‚den Westen' wiederum bestand angesichts der relativen Stabilität in der Provinz keine Notwendigkeit sich einzumischen.[32]

Doch nicht allein der unlösbar erscheinende nationale Konflikt machte die Lage so aussichtslos, die Art und Weise, in der Milošević seine Politik betrieb, tat ein Übriges. Die Leichtigkeit mit der er sich von einem sozialistischen Funktionär in einen nationalistischen Führer mit sozialen Ansprüchen verwandelte, weist ihn als Opportunisten der Macht aus. Eine Strategie kann ich bei ihm nicht entdecken, er agierte taktisch, weitgehend reagierte er, oft lavierte er zwischen und mit den gerade aktuellen Strömungen und Kräften. Milošević hat es lediglich verstanden, auf jeder Zuspitzung eines Konflikts von Neuem wie auf einer Welle zu reiten. Schließlich war er der Dynamik, zu der er selbst maßgeblich beigetragen hatte, nicht mehr gewachsen. Unter den gegebenen Umständen musste sein Taktieren zu einer Eskalation führen, denn für die meisten Kosovo-Albaner wurde die Situation allein schon durch ihr Andauern immer unerträglicher.

Im engeren Serbien aber interessierte sich kaum jemand für die Lage der Kosovo-Albaner. Milošević agierte immer wieder im Wechselspiel mit Nationalisten in den verschiedenen von Serben besiedelten Regionen des zerfallenden Jugoslawiens und nutzte dies geschickt, um an der Macht zu bleiben. Wer in ihm den Verursacher der gewalttätigen Konfrontation zu erkennen meint, übersieht, dass sich der ganz überwiegende Teil der serbischen Oppositionsparteien in der nationalen Frage nie grundsätzlich von ihm unterschieden hat. Der Vorschlag, die serbischen nationalistischen Verblendungen bedürften einer langen „cure de désintoxication", hilft hier allerdings nicht weiter.[33] Wäre Milošević tatsächlich die treibende Kraft gewesen, als die er immer wieder hingestellt wird, hätte sich die Lage nach seiner Entmachtung,

---

[32] Petritsch/Pichler: *Kosovo/Kosova*, 2004, S. 238.

[33] Eine der ‚westlichen' Haltungen, die die Unabhängige Internationale Kommission zum Kosovo (im Folgenden kurz: Internationale Kommission) beschreibt (*Kosovo Report*, S. 234). Die Kommission selbst ist vom schwedischen Premierminister Göran Persson initiiert und von UN-Generalsekretär Kofi Annan gutgeheißen worden (S. 21). Die Arbeit der Kommission dauerte bis zum 28.8.2000. Verantwortlich für den Berichtstext zeichnen der Vorsitzende, Richard Goldstone, und sein Stellvertreter, Carl Tham (S. 24). Mir erscheinen die Ergebnisse weitgehend sorgfältig zusammengetragen, wenn mir an einigen Stellen auch Gegenstimmen fehlen. Die eine oder andere auch der NATO gegenüber pointiert kritische Sicht hätte den Analysen der Kommission durchaus gut getan. Für eine ausführlichere Charakterisierung s. S. 390f., Anm. 428 d. vorl. Arbeit.

spätestens aber nach seiner Auslieferung an den ICTY, entscheidend wandeln müssen.[34] Die späteren ‚westlichen' Verwalter sahen und sehen sich aber im Grunde den gleichen Schwierigkeiten gegenüber wie die jugoslawische Bundesregierung um 1990, nur dass sie durch die inzwischen verübten Gewalttaten beider Seiten noch gewachsen sind.

Selbst als die serbische Führung zu Anfang des Krieges gegen Kroatien noch über den Großteil der JNA verfügen konnte, hat sie dies nicht konsequent ausgenutzt, um die mehrheitlich serbisch bewohnten Gebiete schnell zu erobern und zu sichern und so in Kürze eine Situation zu schaffen, die wohl auch die Großmächte nicht wieder rückgängig gemacht hätten. Das Problem, weshalb ‚der Westen' eingegriffen hat, war bei allen jugoslawischen Konflikten nicht so sehr die Gewalt an sich, sondern deren Dauer. Diese führte dazu, dass die Medien im ‚Westen' immer mehr zu einem Eingreifen drängten und in den dortigen Bevölkerungen die Überzeugung überwog, man dürfe nicht länger „zuschauen".

Das könnte im Übrigen ein Grund dafür gewesen sein, weshalb die schnelle Eroberung der Krajina durch Kroatien vom ‚Westen' ohne energische Proteste hingenommen worden ist. Am 1. August 1995 nutzte die kroatische Armee die Gunst der Stunde, wofür sie auf diskrete Weise von der US-Regierung grünes Licht erhalten hatte.[35] In drei Tagen eroberte sie mit ihrer Offensive „Sturm" die von Serben beanspruchte Krajina zurück. Zigtausende von Serben – die mir bekannten Schätzungen liegen zwischen 120 000 und 200 000 – wurden vertrieben. Es war die größte Massenflucht seit Beginn der Kriege, aber die UNO verhängte gegen Kroatien keine Sanktionen und selbst energische Proteste waren in ‚westlichen' Ländern selten. Anschließend unterstützte die kroatische Armee die bosniakisch-kroatischen Streitkräfte bei der Rückeroberung Nordbosniens.[36] Das kroatische Beispiel zeigt zudem

---

[34] Auch die Verhandlungen zum zukünftigen Status des Kosovo sind nicht mit einer Regierung Milošević gescheitert, sondern mit den sogenannten demokratischen Kräften.

[35] Danner: ‚The US and the Yugoslav Catastrophe', S. 57 (grünes Licht der US-Regierung). Michel Chossudovsky, Wirtschaftsprofessor an der Universität von Ottawa, gibt an, die private US-Firma MPRI sei an der Ausbildung und Führung der kroatischen Streitkräfte beteiligt gewesen (‚The UN appoints an alleged war criminal in Kosovo'). Auch Judah spricht von „effective backing from the US" (*Kosovo*, S. 121).

[36] 180 000 Vertriebene u. Rückeroberung Nordbosniens: ‚Der Zerfall Jugoslawiens', S. 16; etwa 170 000 und seltene Proteste: Judah: *Kosovo*, S. 121; 120 000: *Fischer Weltalmanach 1996*, Sp. 418; 200 000: Chossudovsky, a. a. O. Insgesamt wird die Zahl der aus Kroatien geflohenen Serben mit 300 000 (Samary: ‚Explosion oder Konföderation', *Le Monde diplomatique*, Mai 1999, S. 16f., hier S. 17) oder 400 000 (Ladurner: ‚Der lange Abschied von Europa', *Die Zeit*, 8.4.1999, S. 4) angegeben.

Der UN-Sicherheitsrat reagierte am 10.8. mit der Resolution 1009, in der er sich „deeply concerned at the grave situation of persons displaced from their homes as a result of the conflict and at reports of violations of international humanitarian law" zeigte und vor allem aufs Strengste die Übergriffe gegen UN-Blauhelme verurteilte, bei denen bereits

den relativen Erfolg von Vertreibungen. Die verbliebenen oder wieder zurückgekehrten Serben sind keine Bedrohung mehr für die ‚nationale Einheit‘.

Auch die Behauptung, Milošević habe eine ‚großserbische Politik‘ betrieben, erscheint mir zumindest fraglich.[37] Zuerst wäre zu klären, was unter einer ‚großserbischen Politik‘ zu verstehen sei. Eigentlich bedeutet der Begriff lediglich, dass eine Vereinigung Serbiens mit allen mehrheitlich serbisch bewohnten oder aus historischen Gründen serbischen Gebieten angestrebt wird. Zumindest in Deutschland aber schwingt dabei immer Hitlers ‚Großdeutsches Reich‘ mit, so die seit Juni 1943 offizielle Bezeichnung für ein durch Überfälle auf andere Staaten immer mehr erweitertes Deutschland. Ersteres gilt nicht nur für Milošević, sondern auch für kroatische und albanische politische Führer der 90er Jahre und steht in direktem Zusammenhang mit der verhängnisvollen zentrifugalen Entwicklung in Jugoslawien während der 80er Jahre. Letzteres trifft auf Milošević nicht zu, auch wenn etwa Joseph Marko von „der imperialistischen Natur des Milošević-Regimes" sprach, von dem, im Fall eines Erfolgs gegen die NATO, wahrscheinlich auch die Nachbarländer Albanien und Mazedonien in den Krieg hineingezogen worden wären. Als Grund hierfür nahm er allerdings einen Guerillakrieg der Albaner von diesen beiden Staaten aus an.[38]

Die serbische Politik gegenüber dem Kosovo, die zu albanischen Parallelstrukturen geführt hat, ist zudem als „Apartheidsystem" bezeichnet worden, unter anderen von Petritsch und Pichler.[39] Sie tun das just in einem Absatz, in dem sie darstellen, dass es zu dieser Situation gekommen ist, weil auch die albanische Seite kein Interesse an einem Kompromiss hatte. Es handelte sich ja nicht um ein von der serbischen Regierung verfügtes System der ethnischen Trennung, sondern die Kosovo-Albaner hatten dieses System angesichts der Aufhebung ihrer politischen und kulturellen Autonomie und ihrer wirtschaftlichen Benachteiligung selbst aufgebaut.

---

ein dänischer Soldat ums Leben gekommen war. Auch forderte er die kroatische Regierung auf, die Rechte der serbischen Bevölkerung zu achten und die Rückkehr der Flüchtlinge in Sicherheit zu gewähren. Er drohte allen, die internationales Recht gebrochen hätten, die strafrechtliche Verfolgung an. (www.un.org/documents/scres.htm)

Es gibt allerdings auch Hinweise, wonach Milošević die Vertreibung der meisten Krajina-Serben nicht ungelegen kam. So meint Razumovsky, er habe den Flüchtlingen versprochen, sie nach 300 Jahren in der Fremde in ihre wahre Heimat, das Kosovo, zurückzubringen (‚Kosovo: Die Schlacht auf dem Amselfeld‘, S. 5).

[37] Etwa Malcolm: *Kosovo*, S. 341. Verschiedentlich ist behauptet worden, Milošević habe das auch öffentlich gesagt. Auf eine überprüfbare Angabe hierzu bin ich allerdings nirgends gestoßen.

[38] Marko: ‚Kosovo/a – Ein Gordischer Knoten?‘, S. 254.

[39] Petritsch/Pichler: *Kosovo/Kosova*, 2004, S. 78. Tatsächlich hat gerade Rugovas LDK ihre Macht dazu eingesetzt, Personen gesellschaftlich zu isolieren, die die unausgesprochene Regel der Trennung nach nationaler Zugehörigkeit verletzten (Vickers: *Between Serb and Albanian*, S. 289, die allerdings ebenfalls von Apartheid spricht).

In derartigen Verurteilungen der serbischen beziehungsweise jugoslawischen Regierung für die Unterdrückung der Albaner im Kosovo wird fast immer übersehen, dass der Konflikt *in erster Linie* ein nationaler und die Verletzung von Menschenrechten *für beide* Seiten zweitrangig gewesen ist.[40] Den vorrangig nationalen Gehalt des Konflikts zu akzeptieren, hat nichts damit zu tun, ob man ihn gutheißt, es geht schlichtweg um sein Vorhandensein.

Seine Negierung scheint mir auch in den Bezeichnungen ‚ethnische Konflikte‘ und ‚ethnische Kriege‘ zum Ausdruck zu kommen. Hier sind Kriege um die eigene Nation – deren ‚Geburt‘ oder ‚Einheit‘ – geführt worden. Das ist *nation building*, freilich auf andere Weise als es ‚westliche‘ Pläne vorsehen, aber durchaus ganz in der auch ‚westlichen‘ Tradition dieser Prozesse in den letzten zweihundert Jahren, mit dem einzigen Unterschied, dass sie im ‚Westen‘ deutlich weiter fortgeschritten, teilweise sogar an ein Ende gelangt sind.[41]

So unterschied sich auch das serbische Vorgehen im Kosovo nicht wesentlich von dem anderer Regierungen, deren Länder in einer ähnlichen Situation und auf einem vergleichbaren Entwicklungsstand waren. Ist der eigene Nationalstaat weder gefestigt noch die wirtschaftliche Lage auf hohem Niveau stabil, noch eine liberal orientierte Mittelschicht vorhanden und will oder kann die Regierung einer separatistisch eingestellten Bevölkerung nicht mit schierer Unterdrückung Herr werden, so wählt sie eine Mischung aus Unterdrückung und Duldung, wahrt auf jeden Fall aber formell die Oberhoheit. Dass sie die betreffende Bevölkerung auf diese Weise auf Dauer immer mehr in den Widerstand und damit letztlich zu Gewalttaten treibt, kommt offenbar in derart ausweglos erscheinenden Situationen kaum zu Bewusstsein. Daher lässt sich auch so schwer entscheiden, ob die serbische Führung hier die Eskalation planmäßig betrieben hat, solange hierfür keine Beweise vorliegen. Zur Erklärung der Entwicklung reicht die beschriebene Dynamik völlig aus.

Auch westeuropäische Staaten sind in der Vergangenheit sehr empfindlich gewesen, wenn sich die Bevölkerung in einst kolonialisierten, dann aber national verein-

---

[40] So auch weitgehend von der Internationalen Kommission in ihrem *Kosovo Report*; beispielhaft sei hier auf S. 278 und 283f. verwiesen.

[41] Von „ethnischen“ Konflikten wird seit dem Ende des Warschauer Pakts und der Sowjetunion gesprochen, auch in der wissenschaftlichen Literatur. Früher hießen derartige Konflikte treffender „nationale“. Ich sehe darin eine unbewusste Distanzierung. ‚Westliche‘ Länder haben im 19. Jahrhundert „nationale Befreiungskriege“ geführt und auch die Phase der Dekolonisation stand noch im Zeichen „nationaler Befreiungskämpfe“, heute sind es dagegen „ethnische Konflikte“, wobei etwas von „Stammeskämpfen“ mitschwingt. Das ist noch nicht einmal ‚mittelalterlich‘, das ist ‚primitiv‘. Das Nationale ist uns offenbar noch zu nah, es ist weiterhin ein Begriff und Begriffsfeld, dem wir uns zugehörig fühlen. Wissenschaftlich wird inzwischen aber auch rückwirkend von den Kämpfen des 19. und der ersten Hälfte des 20. Jahrhunderts als von „ethnischen“ gesprochen, mittlerweile allerdings meist genauer als von „ethnonationalen“. Letzteres gilt jetzt auch für die gegenwärtigen Konflikte.

nahmten Gebieten von der ‚Nation‘ lossagen wollte, es sei nur an das britische Irland und das französische Algerien erinnert. Seit den 60er Jahren ist der Umgang mit separatistischen nationalen Minderheiten in Westeuropa allerdings nach und nach ziviler geworden. Bislang konnten sie durch den Einsatz von Polizei oder Militär sowie Wirtschaftsförderung recht erfolgreich eingedämmt werden. Übergriffe gegen die Zivilbevölkerung, wie in Nordirland durch britische Truppen, wurden öffentlich kritisiert und mit der Zeit auch korrigiert. Parallel dazu streben die Regierungen ein Prozess des Dialogs und des Kompromisses an. Voraussetzung hierfür war jedoch immer Gewaltverzicht seitens der Separatisten. Wo die entsprechenden Unabhängigkeitsorganisationen wie die ETA oder die Hamas ihn verweigert haben, sind sie weiterhin als Terroristen behandelt worden.

Die Situation im verkleinerten Jugoslawien unterschied sich hiervon jedoch in mehrfacher Hinsicht: 1) Mit der Verfassung von 1974 verfügten die Kosovo-Albaner bereits über eine sehr weitgehende Autonomie, die einerseits, wie wir gesehen haben, einen Widerspruch in der Verfassung der Republik Serbien mit sich brachte und andererseits von der Mehrheit der Serben seit Ende der 80er Jahre vehement abgelehnt wurde. Damit ging es für die serbische Seite 2) nicht darum, den Albanern möglicherweise mehr Rechte und finanzielle Mittel zur Verfügung zu stellen, sondern diese im Gegenteil einzuschränken. 3) war vielen Albanern schon lange nicht mehr verständlich, warum sie anders behandelt werden sollten als beispielsweise die Montenegriner, die das verfassungsmäßige Recht hatten, aus dem Bundesstaat auszuscheiden, während das Gleiche der weitaus größeren albanischen Bevölkerung verwehrt war. Eine Beschränkung ihrer Rechte und Möglichkeiten war also völlig indiskutabel, vielmehr erschien es nur allzu berechtigt, diese auszuweiten. Da es nicht gelang, in dieser prekären Situation einen Ausweg zu finden, musste die Gewalt letztlich eskalieren.

Die Fehleinschätzung des Konflikts hat jedoch nicht nur zu unangemessener Kritik an der Regierung Milošević geführt, sondern auch an der kosovo-albanischen Führung. So ist ihr vorgeworfen worden, sie hätte mit ihrem Wahlboykott bei serbischen und jugoslawischen Wahlen zum Machterhalt Miloševics beigetragen; mit den Stimmen der Kosovo-Albaner hätte er leicht gestürzt und eine demokratische Regierung gewählt werden können, die dann auch für jene eine grundlegende Verbesserung ihrer Lage herbeigeführt hätte. Das gilt besonders für die zweite Hälfte des Jahres 1992, als Milan Panić, ein in den USA lebender erfolgreicher Geschäftsmann serbischer Herkunft, zum jugoslawischen Ministerpräsident gewählt wurde. In einem direkten Gespräch versprach er Rugova unter anderem die Wiederherstellung der Selbstverwaltung. Rugova aber war nicht bereit, Panić bei den Präsidentschaftswahlen gegen Milošević zu unterstützen. In der Folge gewann sie dieser.[42]

Mit dem Vorwurf wird übersehen, dass auch ein Präsident Panić – wie jeder andere mögliche Kandidat für dieses Amt – das Kosovo unbedingt bei Serbien belas-

---

[42]   Vgl. Petritsch/Pichler: *Kosovo/Kosova*, 2004, S. 77.

sen hätte. Auch während der Massenproteste gegen Milošević im Winter 1996/97 interessierte sich die demokratische Opposition in Serbien kaum für die Lage der Albaner seit der Aufhebung des Autonomiestatuts.[43] Der albanischen Seite hingegen ging es eben nicht um eine weitreichende Autonomie, wie sie ‚der Westen' immer wieder von der jugoslawischen Regierung gefordert hat, sondern um die vollständige Unabhängigkeit. Auch wenn sie im Vertrag von Rambouillet und im Nachkriegskosovo unter UN-Verwaltung in diesem Punkt aus taktischen Gründen gewisse Zugeständnisse machen sollte, ist sie hiervon im Kern nie abgewichen.

Eine Äußerung Martin Prochazkas bringt das ‚westliche' Dilemma ungewollt in seltener Klarheit auf den Punkt. Der Vorsitzende von Vojislav Koštunicas Demokratischer Partei Serbiens in der Vojvodina soll als Begründung dafür, dass er eine weitergehende Autonomie der Provinz ablehnte, angegeben haben, seine Ahnen hätten schon vor Generationen für den Anschluss der Vojvodina an Serbien gekämpft und er dürfe weder sein Vaterland Serbien noch seine Ahnen verraten. Prochazka bemerkt dazu: „Hier prallen ganz offensichtlich Nationskonzepte aus dem 19. Jahrhundert mit den *Notwendigkeiten multiethnischen Zusammenlebens des 21. Jahrhunderts* zusammen."[44] „Notwendigkeiten" aber ergeben sich aus den regionalen sozialen und kulturellen Gegebenheiten, nicht aus Ansprüchen, die sich anderswo unter anderen gesellschaftlichen Bedingungen über mehr als 200 Jahre gebildet haben.

Die Begründung der ‚westlichen' Regierungen für ihre Politik war stets, dass das gewalttätige Vorgehen der Nationalisten nicht nachträglich gerechtfertigt oder gar belohnt werden dürfe – obwohl die betreffenden Bevölkerungen sich genau für diese Politik entschieden hatten und kaum eine politische Kraft vorhanden war, die eine deutlich andere Politik vertreten hätte. Für die ‚westlichen' Regierungen hieß das vor allem, dass sich Angriffe auf Zivilisten und ‚ethnische Säuberungen', wie sie in Bosnien-Herzegowina (aber auch in Kroatien) verübt worden waren, nicht wiederholen sollten.[45] Nun haben alle Nationen und auch die albanische Volksgruppe im Kosovo auf nationalistischer Grundlage für ihre Unabhängigkeit gestritten. Für einige, vor allem die Slowenen, waren die Umstände günstig, für andere, vor allem die Serben, waren sie ungünstig. Da die Trennungen mit ‚westlicher' Billigung vor allem staatsrechtlich und legalistisch auf der Grundlage der Republikgrenzen vollzogen wurden, lösten sie die Konflikte nicht, sondern verschärften sie weiter, denn sowohl Serben als auch Kroaten waren nun durch die neuen Staatsgrenzen als Völker auseinandergerissen. Zudem schrieb diese staatsrechtliche Orientierung die Benachteiligung der Kosovo-Albaner fest, die unglücklicherweise über keinen Repu-

---

[43]   Ebd., S. 98f. Auch 1998 sollten sich sämtliche serbische Parteien strikt gegen die Unabhängigkeit des Kosovo aussprechen (ebd., S. 108).

[44]   ‚Vom Krieg zur UN-Verwaltung', S. 342 (Hervorh. C. P.).

[45]   Vgl. hierzu das ‚Statement issued on behalf of the UN Secretary-General, 5 June 1998', in: *The Crisis in Kosovo 1989–1999*, S. 276.

blikstatus verfügten. Für eine legalistische Lösung sprach zwar, dass es sich zumindest bei Slowenien, Kroatien und Bosnien-Herzegowina um alte Grenzen handelte, da die betreffenden Staaten aber bis zum Ende des Ersten Weltkriegs seit mehreren Hundert Jahren zu großen multiethnischen Reichen gehört hatten, entsprachen ihre Grenzen – außer im Fall Sloweniens – nicht dem nationalen Siedlungsgebiet, weshalb sie als *nationale* Grenzen wenig taugten.

Die Weigerung, den Grundkonflikt als einen nationalistischen anzuerkennen,[46] hat sich zudem offenbar mit einer anderen Bestrebung verknüpft. Die jugoslawischen Bürgerkriege mit ihren ‚ethnischen Säuberungen‘, Masseninternierungen und systematischen Vergewaltigungen waren für die Öffentlichkeit und die Politiker in Westeuropa ein Schock, der noch dazu an den Zweiten Weltkrieg und damalige Verbrechen erinnerte.[47] Man hatte dergleichen auf diesem Kontinent nicht mehr für möglich gehalten, zumal Jugoslawien sich nicht im äußersten Osten Europas befand und nicht vom Sowjetkommunismus geprägt war, sondern ein Nachbarland Italiens und Österreichs und nicht wenigen Westeuropäern von Sommerurlauben her bekannt. Nicht nur Branka Magaš rief aus: „How could this be allowed to happen in peacetime Europe?"[48]

Vor allem die in ‚westlichen‘ Medien ausführlich behandelten nicht endenden Grausamkeiten während des Bosnienkriegs ließen viele im ‚Westen‘ vehement ein Ende der Kämpfe fordern, zumal die Verhandlungsbemühungen gerade der EG nichts zu nutzen schienen, selbst UN-Schutztruppen wurden in Bosnien noch zum Spielball der Konfliktparteien und täuschten in den Schutzzonen Schutzsuchenden eine trügerische Sicherheit vor, die für sie letztlich tödlich war.

Ein Eingreifen aber hatte zur Voraussetzung, dass klar war, auf welcher Seite dies geschehen sollte. Würde man beide – oder in Bosnien alle drei Seiten – in ihre Schranken weisen wollen, so konnte man auch leicht alle gegen sich aufbringen. Ohne die Seite der ‚Opfer‘ von der der ‚Täter‘ zu trennen, war ein Eingreifen also nur schwer möglich. Diese Dichotomie greift sehr schnell, wenn man einem gewalttätigen Konflikt gegenübersteht. Und wenn es sich unter Umständen auch nicht so leicht entscheiden ließ, wer ‚Opfer‘ und wer ‚Täter‘ war, so konnte man doch wenigstens die Schwächeren erkennen. Ich habe diese unwillkürliche Reaktion wie-

---

[46]   Einer der wenigen, der das offenbar recht klar erkannt hatte, ist der damalige außenpolitische Sprecher der CDU, Karl Lamers. Am 15.4. meinte er im Bundestag, auf dem Balkan bestehe „eine andere Welt", beherrscht von dem einhelligen Verlangen nach ethnischer Homogenität. Er gab das für einen Friedensplan zu bedenken. (‚»Wir stoßen im Balkan auf eine andere Welt«‘, *taz*, 17./18.4.1999, S. 6)

[47]   Wenn man beklagt, dass es nun zum ersten Mal seit 1945 wieder Massaker an Zivilisten gab, sollte man im Fall des Kosovo allerdings auch bedenken, dass es seitdem keine Partisanen- oder Guerillagruppen mehr gegeben hatte, die ganze Landstriche kontrollierten.

[48]   *The Destruction of Yugoslavia.* S. xx.

derholt an mir selbst feststellen können. Sie kann unter anderem die fatale Wirkung haben, dass ein mächtiger Staat oder – wie in diesem Fall – das mächtigste Staatenbündnis der Welt, das Kräfteverhältnis unversehens umkehrt. Wir werden der Einseitigkeit, die sich daraus ergeben hat, immer wieder begegnen, wobei sie sich mit anderen Motiven verbunden hat.

5.3. Die Eskalation der Situation

1996 übernahm die UÇK, die von der Schweiz aus geleitet wurde, die Verantwortung für Anschläge, die zu dieser Zeit von der Mehrheit der Albaner für Provokationen der serbischen Verwaltung gehalten wurden.[49]

Im selben Jahr reisten zwei führende Vertreter der Organisation, Shaban Shala und Azem Syla, zu einem Treffen mit britischen, US-amerikanischen und Schweizer Geheimdienstleuten nach Albanien. Shala war zudem ein führendes Mitglied der Menschenrechtsorganisation „Council for the Defence of Human Rights and Freedom".[50] Dies zeigt zum einen die frühen Verbindungen der Untergrundorganisation zu ‚westlichen' Regierungen und zum anderen, dass mit „Menschenrechtsorganisationen" in autoritären und vor allem in von nationalen Konflikten zerrissenen Gesellschaften etwas anderes gemeint sein kann, als wir es uns in Staaten mit einer funktionierenden parlamentarischen Demokratie und Gewaltenteilung gemeinhin vorstellen.

Vor Ort scheint sich die UÇK anfangs auf eine lose Verbindung lokaler Einheiten vorwiegend in den Regionen Drenica/Drenice und Djakovica/Gjakova gestützt zu haben. Ihre Attentate auf ein serbisches Flüchtlingsheim im Februar 1996 und serbische Cafés erweisen sie, ganz so,' wie es die serbische Regierung behauptete, als terroristische Organisation[51] – durch Gewalttaten unter der Zivilbevölkerung Schre-

---

[49] *Kosovo Report*, S. 51; vgl. a. *M-A*, 12/97, Jugoslawien, Chronik 1996, S. 141. Im April 1996 hatte sich die UÇK erstmals aus dem westeuropäischen Exil zu Wort gemeldet (Georg Mascolo, Roland Schleicher, Andrea Stuppe: ‚Zum Sterben ins Kosovo', *Der Spiegel*, 19.4.1999, S. 200–202, hier S. 201). Noch Anfang 1998 soll Rugova die UÇK als eine Erfindung der serbischen Seite zur Rechtfertigung ihres brutalen Vorgehens gegen die Zivilbevölkerung bezeichnet haben. (Petritsch/Pichler, a. a. O., S. 102; vgl. a. Judah: *Kosovo*, S. 126f.)

[50] Judah: *Kosovo*, S. 120.

[51] Petritsch/Pichler, a. a. O., S. 255, einer Sicht, der die beiden Autoren im Grunde zustimmen, auch wenn sie dafür andere Worte gebrauchen. Als „terrorist group" hat sie im Februar 1998 auch der US-Sondergesandte Robert S. Gelbhard im Gespräch mit Milošević verurteilt. Prompt verfügte Milošević nach Gelbhards Abreise einen ersten Großeinsatz der serbischen Polizei gegen die UÇK. (Judah: *Kosovo*, S. 138 nach *AFP* vom

cken zu verbreiten, um politische Ziele zu erreichen. Seit 1997 ging sie zudem gegen mutmaßliche und tatsächliche Kollaborateure vor. Im Februar 1996 verübte auch die LKÇK Bombenattentate auf serbische Flüchtlingslager. Zu dieser Zeit waren annähernd 16 000 aus Kroatien vertriebene Serben im Kosovo angesiedelt oder in Flüchtlingslagern untergebracht, von denen die meisten gegen ihren Willen dort waren.[52]

Die jungen Albaner, die sich zum Kampf gegen die serbische Dominanz entschlossen hatten, sahen sich als Nachfolger ihrer Väter und Großväter. Auch sie legten einen Schwur ab, ihr *besa*, das unser Verständnis eines Schwurs allerdings deutlich übersteigt, wie Tim Judah hervorhebt: „In front of my flag I give my *besa* and my life that I will die for freedom and for my land and I will obey my army. If I betray my comrades they have the right to kill me. Now I am a soldier who fights for freedom."[53]

Judah beschreibt den Geist, in dem die Kämpfer der UÇK ihren Befreiungskrieg führten, auch anhand ihrer Lieder. In einem, das zu Ehren der im März 1998 von Serben getöteten Brüder Adem und Hamza Jashari gesungen wurde, heißt es:

> O red Kosova,
> We will bring you light on day,
> Through the red hot barrel of a gun!
> Azem Galica comes back to life,
> We are cleansing our burned land with blood!
> We give our lives but that's too little,
> We are building our castles and turrets with gunslits,
> New Adems and Hamzas are growing,
> Bent on victory,
> With the gun.
> We save Kosova and make Albania proud![54]

Azem Galica oder Bejta ist ein legendärer Katschak, der in der Drenica/Drenice für die Unabhängigkeit seines Clans, also noch nicht für eine nationale, gekämpft hatte. Ein anderes Lied lautet folgendermaßen:

23.2.1998) Gelbhard hatte dabei durchaus die Meinung US-Regierung vertreten. (Chomsky: ‚Die kühne Behauptung von der Unausweichlichkeit des Kosovokrieges', S. 10)

[52] Petritsch/Pichler, a. a. O., S. 100f. (zu den lokalen Einheiten und der LKÇK nur hier); Judah: *Kosovo*, S. 129f., auf den sie sich sonst beziehen; Schmidt: ‚Menschenrechte, Politik und Krieg in Kosovo 1989 bis 1999', S. 198f. (UÇK-Anschläge und Bestrafung von Kollaborateuren). Petritsch und Pichler geben allerdings lediglich 10 000 serbische Flüchtlinge im Kosovo an.

[53] Judah: *Kosovo*, S. 99.

[54] Ebd., S. 101.

Sun and moon shine on our land,
Mother Kosova where I was born,
Where I grew up,
Where I shed my blood,
Where I drink the water from the land,
Mixed with our mother's tears.

When my mother rocked my cradle,
And sang me a lullaby,
"Bless you my son,
Keep your sword and your gun always in your lap."
She stroked my eyes and my hands,
And covered my face with the banner,
The double-headed eagle.
"Listen to your Albanian mothers,
If you don't die for your homeland,
You'll never rise from the dead!"

I grew in stature,
From stone to stone,
My eyes and my gaze,
Came from the flag,
How can we get to freedom?
All the roads begin in the gun turret,
I was taught how to shed my blood,
By my old grandpa.

"O my son don't hesitate to die,
For this land and these mountains,
Our way is to wear the white hat,
If someone tramples it,
And you don't have a gun,
Attack him with your teeth!"[55]

Der Märtyrertod für das Heimatland wird hier als Mutterauftrag dargestellt, wobei die fantasierte reale Mutter und das Land miteinander verschmelzen. Zudem wird nur der mit der Auferstehung von den Toten belohnt, der für seine Heimat gestorben ist. Wir haben ganz ähnliche Bilder bereits im Zusammenhang des Kosovo-Mythos und der nationalistischen Stimmung in Serbien kennengelernt.

Die Lage des Kosovo und der Kosovo-Albaner war allerdings während der 90er Jahre unvergleichlich viel schlechter als die der Serben in der zweiten Hälfte der 80er. Eine Untergrundorganisation schien daran wenig ändern zu können. Die UÇK war zudem Anfang 1997 immer noch schwach, schlecht ausgerüstet und nahezu bedeutungslos.[56]

---

[55]   Ebd., S. 101f., der beide Lieder von dem britischen Dokumentarfilmer Dan Reed erhalten hat.

[56]   Vgl. ebd., S. 119.

Die Wende erfolgte im Februar und März, als der albanische Staat aufgrund der Pyramidenspekulationen, in denen sehr viele Albaner um ihre Ersparnisse betrogen worden waren, zusammenbrach. Kasernen und Waffenlager der albanischen Armee wurden geplündert, und große Mengen an Waffen und Munition waren plötzlich überall billig zu kaufen, was der UÇK ermöglichte, sich endlich gut auszurüsten. Im Herbst 1997 erklärte sie die Gegenden von Drenica/Drenice und von Peć/Peja zu ‚befreiten Gebieten' und wurde erstmals in der Öffentlichkeit deutlicher wahrgenommen. In der Folge nahmen die gewalttätigen Zusammenstöße dramatisch zu. Spätestens seit 1997 unterhielt die UÇK auch Ausbildungslager in den nordalbanischen Regionen Kukës und Tropoja.[57]

> The KLA [UÇK] at this point had no political program, no accepted representation, no international recognition, and no control over military forces of any significance. But reports of massacres and myths of national martyrs suddenly made the KLA the driving force of national liberation in the eyes of a growing number of Kosovar Albanians.[58]

Anfang 1998 wurden die Angriffe auf Kolonisten verstärkt und die albanischen politischen Führer mit dem Tod bedroht, falls sie eine Autonomievereinbarung mit Serbien unterschrieben.[59]

Für die serbische Regierung signalisierten die Anschläge, dass es mit der in der Schwebe gehaltenen Situation einer Duldung albanischer Parallelstrukturen bei gleichzeitiger Aufrechterhaltung einer Zugehörigkeit zu Serbien vorbei sein könnte. Der zunehmende Rückhalt, den die UÇK in der Bevölkerung fand, ihr rasantes Wachstum und ihre Politik, ‚befreite Territorien' zu schaffen, bedrohten die serbischen Ansprüche im Kern. Dabei missachtete die serbische Führung bei ihren Versuchen, den wachsenden gewaltsamen Widerstand der Kosovo-Albaner zu unterdrücken, auch weiterhin Menschen- und Minderheitenrechte in flagranter Weise. So hat sie es zugelassen, dass paramilitärische Gruppen im Kosovo agierten, hat es hingenommen – oder sogar beabsichtigt –, dass aufgrund ihrer ‚Terrorismusbekämpfung' oder den Aktionen der paramilitärischen Verbände Tausende von Menschen

---

[57] Zusammenbruch Albaniens: *Kosovo Report*, S. 52 u. Judah: *Kosovo*, S. 127–129; ‚befreite Gebiete': ebd., S. 67; Ausbildungslager: Petritsch/Pichler: *Kosovo/Kosova*, 2004, S. 101.

Petritsch spricht im Zusammenhang mit Suleiman Selimi, der Mitte Februar 1999 zum Oberkommandierenden der UÇK ernannt wurde, von der „extremistischen Drenica-Fraktion", zu der auch er gehört habe. (Petritsch/Kaser/Pichler: *Kosovo/Kosova*, 1999, S. 306) Seit wann die Drenica-Fraktion extremistisch war, bleibt offen. Dass sie eins von zwei früh befreiten Gebieten war, spricht für eine frühe Entwicklung in diese Richtung.

[58] *Kosovo Report*, S. 70.

[59] Judah: *Kosovo*, S. 130f.

vertrieben wurden und ohne Hilfe blieben, und zwar bereits Anfang 1998.[60] Bei den Flüchtlingen der ersten Hälfte des Jahres 1998 (260 000 innerhalb des Kosovo und 200 000 außerhalb) ist allerdings unklar, ob sie aufgrund einer Vertreibungskampagne flohen oder nur, um Kämpfen zu entgehen.[61]

Wer den serbischen Sicherheitskräften vorwirft, sie seien weit brutaler als die UÇK vorgegangen, wie dies die Internationale Kommission mehrfach tut,[62] übersieht, dass sich hier ein Staat gegen Bestrebungen eines Teils seiner Bürger wehrte, sich mit dem von ihnen bewohnten Gebiet, in dem zudem Angehörige des Staatsvolks lebten, für unabhängig zu erklären. Es handelte sich um einen Bürgerkrieg, in dem die Guerilleros bald stark von der Bevölkerung unterstützt wurden und nach und nach der Staatsmacht die Kontrolle über das Territorium zu entziehen suchten, indem sie „befreite Gebiete" schufen. Ich kenne keine Regierung, die sich in einer für das Selbstverständnis des Staats – die ‚nationale Identität', die ‚Unversehrtheit' des nationalen ‚Körpers' – vergleichbar bedrohlichen Lage nicht mit aller Gewalt gegen einen solchen Angriff zur Wehr gesetzt hätte. Allerdings hat sie durch ihre Politik seit 1987 diese Situation maßgeblich mit herbeigeführt und tat auch zehn Jahre später viel, um sie weiter zu verschärfen.

Die Lage eskalierte dann zu Beginn des Jahres 1998. Am 22. Januar hatte die UÇK die Festnahme Adem Jasharis verhindert. Einer seiner Söhne war Mitbegründer der UÇK. Darüber hinaus soll der Jashari-Clan eine sehr bedeutende Rolle für den großen Zulauf der UÇK in der Drenica/Drenice gespielt haben. Eine Woche lang dauerten die Kämpfe, bis die Polizei am 5. März ihre Kräfte um die Häuser des Jashari-Clans in Donji Prekaz/Prekaz i Ulët (Unterprekaz) zusammenzog. Hier und im nahegelegenen und Lauša/Llausha wurden 58 Albaner getötet, darunter Adem Jashari selbst, der in der Folge als Märtyrer verehrt wurde, und wohl mehrheitlich Frauen, Kinder und alte Männer. Die serbische Polizei hatte Artillerie gegen die Häuser eingesetzt und Scharfschützen auf Flüchtende schießen lassen. Auch in anderen Dörfern sollen serbische Sicherheitskräfte brutal gegen Zivilisten vorgegangen sein. In der Folge stellten Albaner überall im Kosovo lokale Milizen auf, die sich als zur UÇK gehörig bezeichneten.[63]

---

[60] So die wiederholte zentrale Feststellung der Internationalen Kommission: *Kosovo Report*, z. B. S. 29, 69, 72 u. 135. Paramilitärische Gruppen: S. 68; Vertreibungen: S. 69. Auf S. 77 ist auch die Rede davon, dass die Rechte von Angeklagten bei Gerichtsprozessen verletzt wurden. Bereits 1997 stellte das Humanitarian Law Center (HLC) zahlreiche Fälle von Misshandlungen, willkürlichen Verhaftungen, illegalen Durchsuchungen und Tötungen außerhalb eines juristischen Verfahrens fest (ebd., S. 53, nach HLC: *Spotlight Report*, Nr. 25, 1998, S. 30).

[61] *Kosovo Report*, S. 74.

[62] Ebd., beispielsweise S. 72.

[63] Petritsch/Pichler: *Kosovo/Kosova*, 2004, S. 106 nach Troebst: ‚The Kosovo War, Round One: 1998', S. 169f.; *Kosovo Report*, S. 55 u. 68f., mit Hinweis auf Human Rights

Bereits zwischen dem 28. Februar und dem 1. März hatten serbische Sondereinheiten eine weitere mutmaßliche Hochburg der UÇK ganz in der Nähe mit 20 Kampfhubschraubern und 30 gepanzerten Fahrzeugen angegriffen.[64] Im Dorf Likošane/Likoshan wurden nach einem Feuergefecht zwischen UÇK-Kämpfern und der serbischen Polizei, bei dem zwei Polizisten starben und zwei weitere so schwer verwundet wurden, dass sie später ihren Verletzungen erlagen, zehn männliche Mitglieder der reichsten Familie und ein männlicher Gast liquidiert. Die Motive sind unklar, nach Angaben des UÇK-Kämpfers Shaban Shala hatten sich die betreffenden Familien nicht an den Kämpfen beteiligt. Im nahe gelegenen Čirez/Çirez wurden, vermutlich während der Verfolgung der flüchtigen UÇK-Kämpfer wohl 15 Menschen, darunter eine Schwangere, getötet.[65]

Die serbische Regierung hatte der albanischen Bevölkerung mit dem massiven Einsatz des Militärs den Krieg erklärt, statt weiterhin mit polizeilichen Mitteln gegen Attentäter vorzugehen. Der erste Großeinsatz am 28. Februar hatte offensichtlich deutlich machen sollen, dass gewalttätige Provokationen mit doppelter Härte beantwortet würden und somit aussichtslos seien.[66]

Um das weitere Vorgehen unter den internationalen Akteuren, vor allem zwischen den USA, der EU und der Russischen Föderation, besser abzustimmen, war die anlässlich des Krieges in Bosnien gebildete Kontaktgruppe bereits 1997 reaktiviert worden (mit den Mitgliedern USA, Russland, Frankreich, Großbritannien und Deutschland; später kam noch Italien hinzu). Ursprünglich hatte sie vor allem dazu gedient, die widersprüchlichen Interessen der Großmächte auf dem Balkan abzustimmen. Mehrfach hatte sie beide Konfliktparteien bereits zum Gewaltverzicht aufgefordert, bevor sie in der Londoner Erklärung vom 9. März 1998 sowohl das brutale Vorgehen der serbischen Sicherheitskräfte als auch die Terrorakte der UÇK verurteilte sowie die Präsenz internationaler Organisationen im Kosovo und den Beginn von Gesprächen zwischen beiden Konfliktparteien forderte – eine Haltung, die sie bis zur Besetzung des Kosovo durch internationale Truppen unter Führung der NATO grundsätzlich beibehalten sollte, die aber in den konkreten Maßnahmen,

---

Watch: *Humanitarian Law Violations in Kosovo*, S. 19 (hier heißt das erste Dorf Prekaze/Prekazi); einer der Söhne: Hofmann: ‚Wie Deutschland in den Krieg geriet', S. 17. Eine Innenaufnahme des Hauses der Jasharis ist auf S. 209 von *Der Kosovo Konflikt* abgebildet. Heute dient es der Heldenverehrung. Schmidt nennt eine Opferzahl von „mindestens 61 Personen". Nach Berichten Überlebender sollen Einheiten von Arkans „Tigern", einer berüchtigten paramilitärischen Truppe, beteiligt gewesen sein. (Schmidt: ‚Menschenrechte, Politik und Krieg', S. 200 mit Bezug auf *RFE/RL Newsline*, 12.3.1998)

[64] Schmidt, a. a. O., S. 200.

[65] Judah: *Kosovo*, S. 139. Petritsch/Pichler sprechen von neun Toten in Likošane/Likoshan und mehrheitlich Frauen, Kindern und alten Männern in Čirez/Çirez (a. a. O., S. 106). Schmidt nennt für Čirez/Çirez mehr als zwei Dutzend Tote. (a. a. O., S. 200)

[66] Petritsch/Pichler, a. a. O., 2004, S. 106.

diese Forderungen auch durchzusetzen, gegenüber beiden Seiten sehr unterschiedlich zum Ausdruck kam.[67]

Um die Gewalt wieder einzudämmen, sollte die jugoslawische Regierung wieder OSZE-Beobachter im Kosovo akzeptieren (eine KSZE-Mission war 1993 ausgewiesen worden, nachdem die KSZE die Mitgliedschaft Jugoslawiens wegen schwerer Verletzungen ihrer Prinzipien suspendiert hatte) und unabhängige Gerichtsmediziner einladen, um die Vorwürfe, bei den Kämpfen seien Zivilisten ermordet worden, zu überprüfen.[68]

Die EU versuchte, den Druck erst einmal durch weitere Sanktionen zu erhöhen: Sie sperrte Kredite und Auslandsguthaben und verhängte ein Investitionsstopp gegen Jugoslawien und ein Flugverbot über dem Territorium der EU gegen die staatliche Fluggesellschaft JAT. Immer wieder betonten EU-Politiker, ein „zweites Bosnien" dürfe nicht hingenommen werden.[69] Außerdem beschloss sie die Bestätigung des Waffenembargos vom 7. März 1996, ein Moratorium für staatliche Exportkredite sowie ein Visaverbot für ranghohe serbische und jugoslawische Repräsentanten, die für das Vorgehen im Kosovo verantwortlich waren.[70] Das Waffenembargo hat für die BR Jugoslawien allerdings keine große Rolle gespielt, da sie über eine bedeutende Rüstungsindustrie verfügte und kurz zuvor Waffen in Russland gekauft hatte.[71]

Wieder scheiterten Fortschritte am grundlegenden Dissens in der Statusfrage. Milošević bot einen „offenen Dialog" an und kündigte an, das Albanologische Institut als ersten Schritt einer Umsetzung eines schon länger angestrebten Bildungsabkommens persönlich zu eröffnen, aber die albanische Seite wies die vorgeschlagene Verhandlungsebene zurück, da sie so den Status einer nationalen Minderheit und damit eine Lösung im Rahmen der Republik Serbien anerkannt hätte. Zudem forderte Rugova weiterhin Verhandlungen über die Unabhängigkeit unter internationaler Beteiligung, was wiederum die serbische Regierung ablehnte. Dennoch setzte

---

[67]   Ebd., S. 106f. (Reaktivierung der Kontaktgruppe, Londoner Erklärung); Giersch: ‚NATO und militärische Diplomatie im Kosovo-Konflikt', S. 446 (Interessenausgleich); Reuter: ‚Die Kosovo-Politik der internationalen Gemeinschaft in den neunziger Jahren', S. 324 (Chronologie der Aufforderungen).

[68]   Petritsch/Pichler, a. a. O., 2004, S. 107.

[69]   Reuter, a. a. O., S. 324f.

[70]   ‚Common Position on restrictive measures against the FRY, 19 March 1998', in: *The Crisis in Kosovo*, S. 222f., hier S. 223. Seit der gewaltsamen Aufteilung des alten Jugoslawiens war der Reststaat zudem von zahlreichen internationalen Körperschaften ausgeschlossen, was vor allem bedeutete, dass er keinen Zugang zum internationalen Kapitalmarkt hatte (Petritsch/Pichler, a. a. O., S. 239).

[71]   Malcolm: *Kosovo*, S. xxxi. Dass das Embargo daher vorwiegend die UÇK getroffen habe, wie er meint, scheint hingegen nicht der Fall gewesen zu sein, denn sie beschaffte sich ihre Waffen sowieso illegal.

sie für den 12. März Verhandlungen an, zu denen Vizepremier Ratko Marković sowie drei Minister nach Priština/Prishtina kamen, denen aber wiederum die albanische Seite fernblieb. Stattdessen rief sie zu Protestdemonstrationen auf, zu denen sich in Priština/Prishtina und Peć/Peja Tausende versammelten, während sie in den kleineren Städten, wo es keine ausländischen Journalisten gab, von der Polizei gewaltsam aufgelöst wurden.[72]

Am 23. März 1998 konnte dann allerdings doch eine Einigung zwischen der serbischen und der albanischen Seite über die Umsetzung des Bildungsabkommens getroffen werden. Tatsächlich wurde auch damit begonnen, obwohl serbische Studenten und Lehrkräfte das zu blockieren versuchten. Allerdings bestand die albanische Seite weiterhin darauf, Verhandlungen nur unter internationaler Beteiligung zu beginnen. Dennoch machte Rugova den Versuch, ein repräsentatives Verhandlungsteam zusammenzustellen, indem er am 10. April die Albanische Plattform für Verhandlungen mit den Vertretern der Bundesrepublik Jugoslawien gründete.[73]

Die serbische Seite lud am 16. April abermals zu Verhandlungen ein, die erstmals „die Vorbereitung eines Entwurfs eines Status für Kosovo-Metohija" beinhalten sollten. Sie wurden von der kosovo-albanischen Führung erneut abgelehnt, da sie auf der Grundlage der serbischen Verfassung, die ja die Autonomie der Provinz beseitigt hatte, stattfinden sollten.[74]

Zu dieser Zeit gab es, wohl auch beeinflusst vom albanischen Ministerpräsidenten Fatos Nano und vom albanischen Staatspräsidenten Rexhep Qemal Meidani, Anzeichen dafür, dass sich die kosovo-albanische Führung auch mit einem Republikstatus innerhalb Jugoslawiens zufrieden gegeben hätte, wobei unklar ist, ob dieser demjenigen Serbiens und Montenegros hätte gleichrangig sein müssen. Sie bestand jedoch weiterhin auf einer internationalen Beteiligung, vor allem, weil sie hoffte, so die Zusicherung zu erhalten, dass Verhandlungsergebnisse auch umgesetzt würden. Gerade das aber lehnte die serbische Regierung immer noch ab. Sie setzte sogar für den 25. April kurzfristig ein Referendum darüber an, ob ausländische Repräsentanten an der Lösung der Probleme im Kosovo mitwirken sollten. Über 70 Prozent der Wahlberechtigten sollen sich daran beteiligt und über 90 Prozent von ihnen dagegen ausgesprochen haben. Das Ergebnis ist allerdings nicht kontrolliert worden.[75] Die OSZE machte deutlich, dass es sich bei den Problemen im Kosovo nicht um eine in-

---

[72]   Petritsch/Pichler: *Kosovo/Kosova*, 2004, S. 108f.

[73]   Ebd., S. 111f.

[74]   Ebd., S. 112f.

[75]   Ebd., S. 113, bei denen der albanische Staatspräsident fälschlich Hajdani heißt; Referendum: Kumer/Polzer-Srienz/Polzer: ‚Politische Ordnungsvorstellungen der Regierungs- und Oppositionsparteien Serbiens sowie einiger ausgewählter serbischer und albanischer Gruppierungen', S. 31f. Reuter nennt sogar 95 Prozent Ablehnung (‚Die OSZE und das Kosovo-Problem', S. 515).

nere Angelegenheit Jugoslawiens handele, da es um Menschenrechte und die Sicherheit der ganzen Region gehe.[76]

Während sich auf der Verhandlungsebene also wenig bewegte, ging die UÇK im Frühjahr 1998 in die Offensive. Sie drang in den Zentralkosovo vor und kontrollierte die wichtigsten Verkehrswege zwischen Priština/Prishtina, Peć/Peja und Montenegro. Sie behauptete sogar, die ländlichen Gegenden zu kontrollieren, während die serbischen Sicherheitskräfte nur noch die Städte und die Hauptstraßen hielten. Die Kämpfe wurden auch deshalb intensiver, weil die Sondereinheiten der serbischen Polizeikräfte militärisches Gerät der Bundesarmee einsetzten, wenn nicht sogar direkt von ihr unterstützt wurden. Mitte Juni waren bereits Tausende Albaner auf der Flucht.[77]

Die beiden US-Gesandten Richard Holbrooke und Robert Gelbard versuchten in dieser Situation, Rugova zu direkten Verhandlungen mit Milošević ohne Vorbedingungen und internationale Beteiligung zu drängen, um ein weiteres Anwachsen der UÇK zu verhindern. Sie bewirkten jedoch das Gegenteil, denn Rugovas Einlenken ohne entsprechende serbische Zugeständnisse wurde von der kosovo-albanischen Opposition, allen voran Adem Demaçi, als Kniefall gegenüber Belgrad gewertet.[78]

Ein erstes Treffen, von dem wenig Einzelheiten bekannt sind, scheint am 15. Mai nicht unfruchtbar verlaufen zu sein. Dass die albanische Delegation für künftige Gespräche von ihrer Forderung nach internationaler Beteiligung abgerückt sei, ließ sich nicht bestätigen. Im staatlichen serbischen Fernsehen war Rugova dann zu sehen, wie er lachend auf einen Kommentar Miloševićs reagierte – eine Szene, die in den folgenden Tagen mehrfach wiederholt wurde und in der kosovo-albanischen Opposition die Empörung über Rugovas „Kniefall" verstärkte. Dieser verlor dadurch weiter an Rückhalt.[79] Die mediale Inszenierung spricht dafür, dass diese Wirkung beabsichtig war, die serbische Regierung also nicht bestrebt war, über Verhandlungen die Lage zu verbessern, sondern im Gegenteil darauf abzielte, die unterschiedlichen albanischen Gruppierungen gegeneinander auszuspielen.

Am 22. Mai fand ein weiteres Treffen der beiden Delegationsvorsitzenden über das weitere Vorgehen statt, und Milošević erklärte sich bereit, einen Dialog mit Rugova zu beginnen, woraufhin ‚der Westen' die Sanktionen aussetzte. Am 29. reisten Rugova, Surroi und Bukoshi nach Washington, um Präsident Clinton zu treffen. Zur

[76] ‚Diplomatisches Tauziehen in der Kosovo-Krise', *NZZ*, 12.3.1998, S. 3.

[77] Internationales Komitee vom Roten Kreuz (IKRZ): ‚Update No. 98/04 on activities in response to the crisis in Kosovo, 15 June 1998', in: *The Crisis in Kosovo*, S. 254. Behauptung der UÇK: *Kosovo Report*, S. 71. Chomsky schreibt, die UÇK habe bis zum Sommer 40 % des Kosovo unter ihre Kontrolle gebracht. (‚Die kühne Behauptung von der Unausweichlichkeit des Kosovokrieges', S. 10)

[78] Petritsch/Pichler, a. a. O., S. 114f.

[79] Ebd., S. 115f.

gleichen Zeit fand eine serbische Gegenoffensive statt, um die UÇK zu zerschlagen und die ‚befreiten Gebiete' zurückzuerobern, woraufhin die albanische Seite nicht mehr bereit war, die Verhandlungen fortzusetzen.[80]

Unterdessen diskutierte die NATO ein militärisches Eingreifen, das die französische und italienische Regierung im Mai 1998 jedoch nur für den Fall befürworteten, dass der UN-Sicherheitsrat ein entsprechendes Mandat erteilte, was angesichts der entschiedenen russischen Ablehnung nicht zu erwarten war. Dennoch kündigte sie am 28. Mai an, sie werde Truppenmanöver mit Albanien und Mazedonien durchführen, was dann auch am 15. Juni geschah. Damit sollte der jugoslawischen Regierung signalisiert werden, dass man bei einer weiteren Eskalation zum militärischen Eingreifen entschlossen war.[81]

Die jugoslawische Armee verstärkte daraufhin ihre Präsenz an der Grenze zu Albanien, und Milošević reiste nach Moskau, wo er am 16. Juni in einem Abkommen mit Präsident Boris Jelzin einer Überwachung der Lage im Kosovo durch internationale Beobachter zustimmte. Das bedeutete einen Durchbruch, hatte er doch eine internationale Beteiligung bisher abgelehnt. Zudem stellte er in Aussicht, dass dies wieder die OSZE übernehmen könne, falls Jugoslawien die vollständige Mitgliedschaft zurückerhalte. Im Gegenzug sicherte ihm Jelzin zu, Russland werde einen NATO-Militäreinsatz im UN-Sicherheitsrat blockieren.[82]

Auf dieser Grundlage wurde am 6. Juli die „Diplomatische Beobachtermission für das Kosovo" (KDOM) eingerichtet, die zivile Beobachter aus der EU, den USA und der Russischen Föderation entsandte. Ihre Berichte wurden von den Botschaftern der Kontaktgruppestaaten in Belgrad redigiert und boten so ein umfassendes und gemeinsam erarbeitetes Bild der Lage, das die Grundlage für die Beschlüsse des UN-Sicherheitsrats im September und Oktober 1998 bildete.[83]

Inzwischen hatte sich Richard Holbrooke am 24. Juni mit einem UÇK-Regionalkommandanten, Lum Haxhiu, getroffen. Dabei hatte er ohne Absprache mit den übrigen internationalen Akteuren gehandelt und in Haxhiu noch dazu einen relativ unbedeutenden Kommandanten gewählt. Es war wohl bei dieser Gelegenheit, dass Holbrooke – wenn auch wohl unfreiwillig – mit einem uniformierten und bewaffne-

---

[80] Ebd., S. 116 nach Judah: *Kosovo*, S. 155 (dort allerdings mit dem nicht unerheblichen Hinweis, die Kämpfe hätten schon vorher zugenommen und die UÇK habe den Abbruch der Verhandlungen nicht bedauert); Giersch: ‚Die Europäische Union und der Krieg in Kosovo', S. 502 (Miloševićs Erklärung zum Dialog, Aussetzung der Sanktionen).

[81] Ankündigung: ‚Statement of Ministerial Meeting, North Atlantic Council, Luxembourg, 28 May 1998', in: *The Crisis in Kosovo 1989–1999*, S. 275f., hier S. 275; Diskussion innerhalb der NATO, Luftmanöver: Petritsch/Pichler, a. a. O., S. 248 bzw. 119.

[82] Ebd., S. 119f. mit Bezug auf Troebst: ‚The Kosovo War, Round One: 1998', S. 175f. (in beiden a. der Text des Abkommens).

[83] Ebd., S. 120f.

ten UÇK-Führer fotografiert wurde, was ihn weltweit als Vertrauten der Untergrundorganisation erscheinen ließ. Statt dass die UÇK von ihm zu einem Waffenstillstandsabkommen bewegt worden wäre, sah sie sich durch die Anerkennung seitens der USA in ihrem Vorgehen bestärkt und vertrieb im Zentralkosovo viele Serben aus ihren Dörfern. Die serbischen Sicherheitskräfte verhielten sich damals abwartend.[84]

Da ‚der Westen‘ jedoch keine Anstalten machte, die Militäraktionen der UÇK seinerseits einzudämmen, sah sich Milošević legitimiert, die Vernichtung der Widerstandsorganisation voranzutreiben. Am 29. Juni 1998 begann das serbische Militär mit einem massiven Gegenangriff und drängte die UÇK zurück, wobei es auch albanische Dörfer niederbrannte. Bis Mitte September sollen etwa 700 Albaner getötet und 265 000 obdachlos gemacht worden sein. Etwa 18 000 Häuser soll das Militär ganz oder teilweise zerstört haben,[85] wobei es erneut brutal gegen die Zivilbevölkerung vorging.[86]

Für die UÇK war das ein empfindlicher Schlag, denn sie hatte die Aura der Unbesiegbarkeit verloren, und die serbische Armee hatte der Bevölkerung bewiesen, dass jene nicht wirklich in der Lage war, sie wirksam zu schützen. Die Untergrundorganisation hatte den Fehler begangen, sich auf offene Gefechte mit den technisch überlegenen serbischen Streitkräften einzulassen.[87]

---

[84] Ebd., S. 149f.; *Kosovo Report*, S. 149 (Foto). Auch Gelbard suchte zu dieser Zeit Kontakt zu UÇK-Vertretern, um zu stabilen Vereinbarungen mit der Organisation zu kommen. Der Sprachgebrauch der US-Regierung hatte sich ihr gegenüber von „a terrorist organization" zu „an insurgency" verschoben. (‚U.S. Confirms Contacts In Kosovo Peace Effort‘, *IHT*, Frankfurter Ausg., 29.6.1998, S. 2, der sich auf einen Bericht von Steven Erlanger in der *New York Times* bezieht.)

[85] Ramet: ‚Die politische Strategie der Vereinigten Staaten in der Kosovo-Krise‘, S. 370, die sich für die Toten und Obdachlosen auf die *IHT* vom 30.6.1998 (Tokioter Ausgabe), S. 1 und *The Daily Yoiuri* vom 13.9.1998, S. 3, für die zerstörten Häuser auf *Attrocities in Kosovo. Hearing before the Commission on Security and Cooperation in Europe, 105th Congress, 2nd session, 17 September 1988*, Washington D. C. 1999, S. 12 bezieht. Nach Petritsch/Pichler: *Kosovo/Kosova*, 2004, S. 121f. begann die Gegenoffensive Ende Juli. Nach Daalder u. O'Hanlon, die sich auf Material der UNO beziehen, gab es im August etwa 250 000 Vertriebene. (*Winning Ugly*, S. 41) Nach einem Bericht von UN-Generalsekretär Kofi Annan waren es über 230 000, von den 170 000 Binnenflüchtlingen wurden bis zu 50 000 schutzlos in den Bergen vermutet.(‚Report of the Secretary-General Prepared Pursuant to Security Council Resolution 1160 (1998), 4 September 1998‘, in: *The Crisis in Kosovo*, S. 211–214, hier S. 211)

[86] *Kosovo Report*, S. 69. Das Vorgehen in dem Dorf Gornje Obrinje am 26.9.1998 ist hier offenbar keine Ausnahme gewesen. Jugoslawische Sicherheitskräfte beschossen es mit Mörsern und töteten mindestens 18 Frauen, Kinder und alte Männer (S. 75). Malcolm nennt 16 ermordete Zivilisten, davon zehn Frauen, Kinder und alte Männer (S. xxxiii).

[87] Petritsch/Pichler, a. a. O., S. 117.

Durch das Jelzin-Milošević-Abkommen gab es seit dem Sommer internationale Beobachter, deren Berichte deutlich zeigen, dass serbische Paramilitärs Albaner, die in ihren Dörfern geblieben waren, ermordeten. Das führte dazu, dass diese schon beim Heranrücken serbischer Einheiten aus ihren Häusern flohen. Anschließend wurden die Höfe häufig geplündert und angezündet, oft wurde auch die Ernte und das Vieh vernichtet. Das Zusammenwirken von Paramilitärs mit regulären Polizei- und Armeeeinheiten weise, so Petritsch und Pichler, klar darauf hin, „dass Vertrei- bungen ein Bestandteil einer auf höchster politischer Ebene geduldeten und bewusst intendierten Strategie gewesen sind."[88] Diese Schlussfolgerung erscheint mir voreilig, denn nach dem Holbrooke-Milošević-Abkommen im Oktober sollten viele Flüchtlinge wieder in ihre Häuser zurückkehren. Bis zum Beginn der NATO-Bom- bardierungen sehe ich keine eindeutigen Belge für systematische Vertreibungen. Das gemeinsame Vorgehen von Polizei, Armee und Paramilitärs lässt sich ebenso wie die Zerstörung ganzer Dörfer hinreichend mit einer Politik der Abschreckung und Einschüchterung, also einer staatsterroristischen Politik erklären, die dauerhaft verhindern sollte, dass die Bewohner der betreffenden Dörfer erneut zu den Waffen griffen oder bewaffneten Aufständischen Unterschlupf gewährten.

In der Phase vom Ausbruch offener Kampfhandlungen bis zum Holbrooke-Mi- lošević-Abkommen sehen die Obersten Gustav Gustenau und Walter Feichtinger, Direktoren des Instituts für Internationale Friedenssicherung an der Landesvertei- gungsakademie in Wien, die serbische Regierung „eine Defensivstrategie in direkt- reaktiver Form" verfolgen. Sie habe sowohl darauf verzichtet, Hubschrauber einzu- setzen, was aufgrund der geografischen Gegebenheiten durchaus zweckmäßig gewe- sen wäre, als auch darauf, UÇK-Kämpfer bis auf nordalbanisches Territorium zu verfolgen oder die bekannten Ausbildungslager dort zu beschießen. In Bezug auf die UÇK-Führung vermuten sie, diese habe beabsichtigt, von einem „Verschleppungs-" zu einem „Zermürbungskrieg" zu gelangen, falls das internationale Engagement nicht schon vorher annehmbare Ergebnisse zeitigen würde. Dabei wurde die albani- sche Bevölkerung durch die Bildung selbst organisierter örtlicher Verteidigungs- kräfte in die Kämpfe einbezogen.[89]

Die NATO, allen voran die USA und Großbritannien, überlegten nun, wie sie den Druck auf Belgrad erhöhen könnten, wobei die Option, den UN-Sicherheitsrat zu umgehen, immer mehr Zustimmung fand. Ein starkes Argument, Militäraktionen ins Auge zu fassen, war dabei die Erfahrung im Bosnienkrieg, dass Milošević Ver-

---

[88] *Kosovo/Kosova*, 2004, S. 128. Ebenso Malcolm: *Kosovo*, S. xxxii, der auf mehr als 300 verwüstete Dörfer hinweist und dahinter nicht militärische, sondern demografische Gründe sieht.

[89] Gustenau/Feichtinger: ‚Der Krieg in und um Kosovo', S. 471f., die sich für die Begriffe „Verschleppungs-" und „Zermürbungskrieg" auf Lider: *Der Krieg*, S. 87 beziehen. Wo- bei einzuschränken ist, dass Hubschrauber zuweilen offenbar doch eingesetzt wurden (vgl. S. 276 d. vorl. Arbeit).

einbarungen erst dann einhielt, wenn Gewalt nicht nur angedroht, sondern auch eingesetzt wurde.[90]

Diese Sicht übersieht, dass es in Bosnien um einen Nebenschauplatz des serbischen nationalen Kampfes um ‚Einheit' gegangen war (die Vereinigung aller ‚serbischen Gebiete'), weshalb hier ein gewisser Verhandlungsspielraum bestand. Der war im Fall des Kosovo (‚das Herz der serbischen Nation') nicht gegeben. Hier konnte man allenfalls über Details verhandeln; die nicht nur nominelle Zugehörigkeit des Kosovo zu Serbien, also die tatsächliche Souveränität Serbiens über das Kosovo, war nicht verhandelbar. Und da es um eine existenzielle Frage des serbischen Staates ging, konnte die Drohung, die NATO werde notfalls Gewalt anwenden, die Haltung der serbischen Führung nur verhärten – sie wusste sich hier auch einig mit der großen Mehrheit der Bevölkerung.

Wollte ‚der Westen' mit der Krise im Kosovo vorankommen, war er zum Teil auch auf die russische Regierung angewiesen. Diese bestand lange darauf, dass die NATO nicht im Kosovo stationiert werden dürfe, um die Einhaltung der Menschenrechte zu überwachen, darüber hinaus aber hatte sie kein Konzept, um die Krise zu lösen. Milošević versuchte nun, sich der Unterstützung Moskaus zu versichern, indem er die NATO verdammte, auf das Prinzip der territorialen Integrität und Souveränität von Staaten verwies und die ‚brüderliche' Verbundenheit mit dem slawisch-orthodoxen Russland betonte. Präsident Jelzin benutzte die in der postkommunistischen Orientierungskrise wieder attraktiveren panslawistischen Vorbilder und stilisierte die NATO-Frage zu einer Angelegenheit von nationalem Interesse hoch. Die jugoslawische Regierung konnte an diesen Differenzen zwischen der NATO und Russland ansetzen, zugleich konnte die NATO jedoch auch über die russische Regierung die jugoslawische zu Zugeständnissen bewegen.[91]

Im weiteren Verlauf der Verhandlungen versuchten die ‚westlichen' Vermittler, belastete Begriffe durch möglichst neutrale zu ersetzen. So vermieden sie es beispielsweise, von der albanischen Bevölkerung im Kosovo als „Minderheit" zu sprechen, das Kosovo wurde schlicht als „Territorium" bezeichnet. Der Vertragsentwurf, den Jim O'Brien, ein Rechtsberater des US-Außenministeriums und Mitautor des Dayton-Vertrags, zusammen mit dem US-Sondergesandten Christopher Hill ausgearbeitet hatte, wurde trotzdem von den albanischen Vertretern in wesentlichen Punkten abgelehnt (vor allem jegliche Unterordnung unter die Republik Serbien; es konnte wiederum allenfalls um den Rang einer gleichgestellten Republik gehen – die wiederum das Recht auf Sezession gehabt hätte). Die serbische und die jugoslawische Regierung gaben erst einmal keine Stellungnahme ab, die serbischen Oppositionsparteien Serbische Erneuerungsbewegung (SPO) und Neue Demokratie (ND)

---

[90] *Kosovo Report*, S. 139; Petritsch/Pichler, a. a. O., S. 122 (Druck erhöhen, Sicherheitsrat umgehen), S. 247.

[91] Petritsch/Pichler, a. a. O., S. 118f.

lehnten den Vorschlag umgehend ab, und auch die montenegrinische Regierung äußerte Vorbehalte, da sie um die Stellung ihrer Republik fürchtete.[92]

Dagegen nahm Rugovas LDK die Verhandlungen mit der serbischen Regierung wieder auf. Auf Initiative von Hill und des österreichischen Botschafters in Belgrad als Vertreter der österreichischen EU-Präsidentschaft, Wolfgang Petritsch, gab er am 13. August die Namen eines Verhandlungsteams bekannt, dem neben Vertretern der LDK und zweier Satellitenparteien auch solche der Parlamentarischen Partei des Kosovo (PPK) und der Albanischen Demokratischen Bewegung (LDS), einer Abspaltung ehemaliger Mitglieder der LDK, die deren gemäßigten Kurs nicht mehr mittragen wollten und stattdessen auf die UÇK setzten, angehörten. Es bestand jedoch weiterhin das Problem, dass die UÇK selbst nicht vertreten war, was seitens der PPK und LDS auch kritisiert wurde.[93]

Die UÇK nicht an den Verhandlungen zu beteiligen, war insofern problematisch, als alle Verhandlungsfortschritte hinfällig sein mussten, wenn jene sie nicht als solche anerkannte und sich folglich auch nicht an die getroffenen Vereinbarungen hielt. Andererseits konnte die serbische Regierung durch ein Verhalten der UÇK, das Verhandlungsergebnisse verletzte, dazu veranlasst werden (oder einen Vorwand erhalten), erneut massiv gegen deren Stellungen vorzugehen. Folglich war es tatsächlich ein Fehler, die UÇK nicht in die Verhandlungen einzubeziehen. Voraussetzung hierfür wäre jedoch zumindest ein beiderseitiger Waffenstillstand für die Dauer der Verhandlungen gewesen. Zudem hätte eine nicht direkt am bewaffneten Kampf beteiligte Partei als politische Vertretung der UÇK – nach dem Vorbild von (Herri) Batasuna und ETA im Baskenland oder von Sinn Féin und IRA in Nordirland – hilfreich sein können.

Die UÇK hatte jedoch gar kein Interesse, über etwas anderes als über die Bedingungen der Unabhängigkeit zu verhandeln. Nach dem schweren Rückschlag im Juli hatte sie ihre militärische Taktik wieder zum bewährten *hit and run* geändert, die es den hochgerüsteten serbischen und jugoslawischen Einheiten fast unmöglich machte, nachhaltige militärische Erfolge zu erzielen.[94]

In seiner Resolution 1199 vom 23. September äußerte sich der UN-Sicherheitsrat erneut schwer besorgt über die heftigen Kämpfe und „the excessive and indiscriminate use of force by Serbian security forces and the Yugoslav Army which have resulted in numerous civilian casualties and, according to the estimate of the Secretary-General, the displacement of over 230,000 persons from their homes".[95]

---

[92] Ebd., S. 124–127.

[93] Ebd., S. 122f.

[94] Ebd., S. 128.

[95] *The Crisis in Kosovo*, S. 190; im Internet unter www.un.org/documents/scres.htm.

Doch auch das serbische Parlament verabschiedete eine Resolution. Sie wurde am 28. September von der SPS eingebracht und *einstimmig* angenommen. Die ganztägige Debatte wurde im serbischen Staatsfernsehen vollständig live übertragen. Als Ursache des Konflikts im Kosovo wurde der „kosovo-albanische Separatismus und Terrorismus" ausgemacht, die im Kosovo operierenden Sicherheitskräfte wurden pauschal gelobt, ebenso die Verbesserung der sozioökonomischen Verhältnisse in der Region, durch die eine große Anzahl der von Terroristen vertriebenen Menschen wieder in ihre Dörfer hätten zurückkehren können. Zudem wurde die umgehende Aufhebung aller gegen Jugoslawien gerichteten Sanktionen und die Wiederzulassung des Landes zu allen internationalen Organisationen verlangt. Die Kosovo-Frage sei nur „auf politischem Wege und unter Beachtung der territorialen Integrität und der Verfassung Serbiens und der Bundesrepublik Jugoslawiens sowie der Gleichheit aller Staatsbürger und Volksgruppen" zu lösen. Die Kosovo-Albaner wurden aufgefordert, die abgebrochenen Gespräche mit der serbischen Delegation wieder aufzunehmen und die UN-Resolution 1199 umzusetzen.[96]

Diese Position sollte die jugoslawische Regierung bis zum Beginn des Krieges der NATO und im Grunde auch darüber hinaus beibehalten, wobei mit der Gleichheit aller Volksgruppen ein erhebliches Mitbestimmungs-, wenn nicht gar Vetorecht auch der kleineren Volksgruppen bei politischen Entscheidungen gemeint war. Wieder wird deutlich, wie entscheidend sich die bestehenden Grenzen auswirkten: Indem Kosovo ein besonderer Teil Serbiens war, konnten für ihn derartige Sonderregelungen gefordert werden. Warum aber galten sie nicht in Serbien insgesamt oder im engeren Serbien, wo neben einer albanischen auch andere Minderheiten lebten?

Die Bedeutung der Resolution wurde noch einmal durch einen Beschluss der jugoslawischen Bundesversammlung vom 5. Oktober unterstrichen, in dem es unter Punkt 13, Absatz 2 heißt: „die Bundesrepublik Jugoslawien wird niemals auf einen Teil ihres Territoriums verzichten und ihr Volk *betrügen* oder ihre *lebenswichtigen* staatlichen und nationalen Interessen aufgeben."[97]

Auch behauptete die serbische Regierung, nach dem 23. September sämtliche Auflagen der Resolution 1199 erfüllt zu haben, wohingegen die KDOM weiterhin erhebliche Mängel sah. Zwar konnte der Abzug jugoslawischer Streitkräfte verifiziert werden, doch die Kämpfe gingen unvermindert weiter, nach dem Bericht des UN-Generalsekretärs wurden sie sogar noch verstärkt, wodurch etwa 20 000 weitere Menschen vertrieben worden seien. Erst Ende des Monats trat eine relative Beruhigung ein. Die Lage der Zivilbevölkerung war allerdings besorgniserregend. So waren bis Mitte September 6000 bis 7000 Gebäude in 269 Dörfern durch Beschuss oder Brandschatzung serbischer oder jugoslawischer Einheiten schwer beschädigt

---

[96]   Petritsch/Pichler, a. a. O., S. 131.

[97]   Zit. nach ebd., S. 132, Hervorh. C. P. (die Bedeutung von ‚Verrat' und existenzieller Bedrohung ist auch hier wieder deutlich).

oder zerstört worden, an zwei Orten sollen mehrere Zivilisten massakriert worden sein. Auch Kosovo-Serben waren von diesen Übergriffen betroffen.[98]

Am 13. Oktober setzte die NATO die „Activation Order" (ACTORD) in Kraft, die begrenzte, in Phasen verlaufende Luftangriffe vorsah, falls die serbische Regierung nicht innerhalb von vier Tagen einlenken und die Forderungen der Resolution 1199 erfüllen sollte. Anscheinend veranlasste sie Milošević tatsächlich dazu, einzulenken sowie mit dem US-Sondergesandten Richard Holbrooke ein Abkommen zu schließen und einem Abzug der seit Februar 1998 zusätzlich im Kosovo eingesetzten Sicherheitskräfte zuzustimmen.[99] Außerdem beinhaltete das Abkommen einen Katalog von elf Prinzipien, der mit dem serbischen Präsidenten Milan Milutinović ausgehandelt worden war. Er sah Schritte in Richtung einer erneuten Autonomie des Kosovo vor, darunter Wahlen innerhalb von neun Monaten (Punkt 7) und den Aufbau einer kosovarischen Polizei, die die Bevölkerungsverteilung widerspiegeln sollte (Punkt 9). Festgehalten war jedoch auch: „Violence and terrorism, as inadmissible means, contrary to all international norms, must stop immediately" (Punkt 2). Erneut wurden auch die territoriale Integrität Jugoslawiens (Punkt 3) sowie die Notwendigkeit, eine Lösung auf der Grundlage des „full respect of equality of all citizens and national communities in Kosovo" (Punkt 4) betont.[100] Die NATO verfügte allerdings über keine Exit-Strategie, das heißt, sie hatte sich zum militärischen Eingreifen verpflichtet, falls Milošević ihre Forderungen nicht erfüllte. Auch hatte sie kein politisches Konzept, was nach etwaigen Luftangriffen zu geschehen habe.[101]

Eine verstärkte Beobachtermission von 2000 OSZE-Beobachtern hatte Holbrooke bereits am 5. Oktober aushandeln können. Doch dem US-General Wesley Clark, dem Oberkommandierenden des NATO-Hauptquartiers Europa, war es wichtig, die NATO an der Überwachung zu beteiligen, weshalb er eine Luftüberwachung durch das Bündnis ins Spiel brachte. Doch erst am Tag der ACTORD konnte Milošević in dieser Frage zu einer Zustimmung gedrängt werden. Am 15. Oktober unterzeichneten Clark und der Oberste General der Jugoslawischen Volksarmee,

---

[98] ‚Report of the Secretary-General, 3 October 1998‘, III. The Situation in Kosovo, in: *The Crisis in Kosovo 1989–1999*, S. 214–218, hier S. 214f.

[99] ACTORD: Petritsch/Pichler, a. a. O., S. 135. Wirkung auf Milošević: *Kosovo Report*, S. 76; Clark: *Waging Modern War*, S. 146–152. Nach Clark sollen seit Februar rund 4000 zusätzliche Polizisten ins Kosovo verlegt worden sein (ebd., S. 149).

[100] Petritsch/Pichler, a. a. O., S. 137f., die sich auf *Yugoslav Daily survey*, Belgrad, 13.10.1998 beziehen. Auf S. 250f. geben beide an, auch der russische Außenminister Iwanow habe keinen unbedeutenden Anteil am Zustandekommen des Abkommens gehabt, wobei auch das Ziel, einem weiteren Vordringen der NATO auf dem Balkan entgegenzuwirken, eine Rolle gespielt habe. Nach Angaben der Internationalen Kommission seien die Einzelheiten des Holbrooke-Milošević-Abkommens nicht veröffentlicht worden. (*Kosovo Report*, S. 353) Zumindest die elf Prinzipien sind es doch gewesen.

[101] Fehlende Exit-Strategie: Petritsch/Pichler, a. a. O., S. 251.

Momcilo Perišić, hierzu ein Abkommen. Darin war unter anderem vorgesehen, dass unbemannte Flugkörper zu jeder Zeit fliegen konnten.[102] Die NATO war also bereits seit diesem Zeitpunkt ganz direkt an der Überwachung der vereinbarten Schritte beteiligt.

Am 16. Oktober unterzeichneten dann der jugoslawische Außenminister Živadin Jovanović und der OSZE-Vorsitzende Bronislav Geremek das Abkommen über die „Kosovo Verification Mission" (KVM), in das die bisherige KDOM überführt wurde. Zum Leiter der Mission nominierte Geremek den US-Diplomaten William Walker, den die serbische Seite von Anfang an mit Argwohn betrachtete. Walker war zu einer Zeit Botschafter in El Salvador gewesen, als die USA die dortige Regierung in ihrem Kampf gegen linke Rebellen unterstützt hatten, und so vermutete man bei ihm enge Beziehungen zu US-Geheimdiensten. Diese Irritation konnte nur teilweise durch die Ernennung des französischen Diplomaten Gabriel Keller, des ehemaligen Geschäftsträgers der französischen Botschaft in Belgrad, zu seinem Stellvertreter ausgeglichen werden. Dieser wiederum war den Albanern sehr suspekt.[103]

Am 24. Oktober wurden die Abkommen vom 13. und 15. durch die Resolution 1203 des UN-Sicherheitsrates bestätigt. Mit Verweis auf die Resolution 1160 wurde auch erneut „a substantially greater degree of autonomy, and meaningful self-administration" gefordert. Der Sicherheitsrat verurteilte jegliche Gewalttaten sowie den Einsatz von „terrorism in pursuit of political goals", aber auch „all external support for such activities in Kosovo, including the supply of arms and training for terrorist activities in Kosovo". Unter Punkt 14 forderte er zudem „prompt and complete investigation, including international supervision and participation, of all atrocities committed against civilians" sowie die Zusammenarbeit mit dem ICTY. Bedeutsam für den späteren militärischen Einsatz der NATO war die Passage, in der festgestellt wurde, „that the unresolved situation in Kosovo, Federal Republic of Yugoslavia, constitutes a continuing threat to peace and security in the region".Nach den Artikeln 39 und 40 der UN-Charta legt eine solche Feststellung weitere Reaktionen des Sicherheitsrates nahe. Aus diesem Grund enthielt sich Russland der Stimme und signalisierte damit, dass sie ein militärisches Vorgehen der NATO blockieren würde.[104]

Petritsch und Pichler bemerken zu den beiden Abkommen: „Mit der Genehmigung einer NATO-Luftraumüberwachung und der Stationierung einer OSZE-Mis-

---

[102]   Clark, a. a. O., S. 138–145. 2000 Beobachter: *Kosovo Report*, S. 76; Petritsch/Pichler, a. a. O., S. 137. Malcolm nennt, offenbar fälschlich, eine vereinbarte Zahl von 1800 (*Kosovo*, S. xxxiv). Clark-Perišić-Abkommen: Ebd., S. 138f.

[103]   Petritsch/Pichler, a. a. O., S. 141.

[104]   ‚Resolution 1203‘, in *The Crisis in Kosovo 1989–1999*, S. 191f., im Internet unter www .un.org/documents/scres.htm zu finden. Russ. Vorgehen: Eisele: ‚Die Vereinten Nationen und Kosovo‘, S. 488.

sion in der Provinz hatte Milošević zweifellos eine neue Qualität der *Kompromiss-bereitschaft* gegenüber der Internationalen Gemeinschaft *signalisiert.*[105] Mehr noch: er war in zwei wichtigen Punkten *Kompromisse eingegangen*, und zwar zum einen durch die Ausweitung der internationalen Beobachtung, gegen die er sich vorher immer wieder vehement mit dem Hinweis auf das Gebot der Nichteinmischung in die inneren Angelegenheiten des jugoslawischen Staates verwahrt hatte, zum anderen, und das war wirklich erstaunlich, indem er einer aktiven Beteiligung der NATO an dieser Beobachtung zustimmte. Im Gegenzug scheint er lediglich die Zusicherung erhalten zu haben, ‚der Westen' werde die UÇK von weiteren Gewaltaktionen abhalten, was US-Außenministerin Madeleine Albright in ihren ‚Remarks on Kosovo' am 27. Oktober 1998 auch bestätigt: „To support these negotiations, we have also delivered a clear message to the leadership of the KLA: there should be no attempt to take military advantage of the Serb pull-back."[106]

Anlässlich eines Treffens von Clark und dem Vorsitzenden des NATO-Militärausschusses, dem deutschen General Klaus Naumann, mit hohen jugoslawischen Regierungsmitgliedern und Militärs am 25. Oktober hatte es zudem eine jugoslawische Erklärung zur Umsetzung der Sicherheitsratsresolution 1199 gegeben, die mit einem einschränkenden Hinweis auf das Selbstverteidigungsrecht endet: „the State authorities retain the right to respond adequately and proportionately to any form of terrorist activity or violation of law which could jeopardize the lives and safety of citizens and representatives of the State authorities."[107]

Als dann ein Büro der Menschenrechtsabteilung der OSZE im Kosovo eröffnet wurde, stieß es auf große Resonanz in der Bevölkerung, auch bei Serben. Bis zum 20. März 1999 gingen über 800 Beschwerden und Anzeigen, die sich auf Menschenrechtsverletzungen bezogen, ein. Die unbewaffneten KVM-Beobachter stellten für ‚den Westen' allerdings ein Problem dar, da sie von den serbischen Sicherheitskräften oder Paramilitärs als Geiseln genommen werden konnten, falls der Konflikt mit der NATO eskalieren und diese die angedrohten Bombardierungen wahr machen sollte.[108] In Bosnien hatte man hiermit bereits einschlägige Erfahrungen gemacht. Im Kosovo sollte diese Gefahr allerdings hypothetisch beleiben.

Auch sonst brachte das Holbrooke-Milošević-Abkommen erst einmal eine entscheidende Entschärfung der Lage. Beide Konfliktparteien hätten sich „im Wesentlichen an die getroffenen Abmachungen respektive an den Aufruf der Vereinten Na-

---

[105]   Petritsch/Pichler, a. a. O., S. 251 (Hervorh. C. P.).

[106]   *Kosovo Report*, S. 353f., Anm. 26.

[107]   Zit. nach Daalder/O'Hanlon: *Winning Ugly*, S. 258 mit Verweis auf *The Crisis in Kosovo 1989–1999*, S. 283 (in beiden ist der Text abgedruckt).

[108]   Büro der OSZE: Reuter: ‚Die OSZE und das Kosovo-Problem', S. 517. Sicherheitsproblem: Clark: *Waging Modern War*, S. 138; Petritsch/Pichler: *Kosovo/Kosova*, 2004, S. 147.

tionen zur Beendigung der Kämpfe" gehalten, nach den KVM-Berichten erfolgte der Rückzug der serbischen und jugoslawischen Einheiten wie vereinbart. Jene etwa 10 000 internen Flüchtlinge, die sich unter Plastikplanen im Freien notdürftig eingerichtet hatten, wagten sich in ihre Dörfer zurück oder konnten bei anderen Familien unterkommen.[109]

Wie nach dem Luftmanöver der NATO im Juni nutzten die UÇK-Rebellen allerdings schon bald den serbischen Teilrückzug, um sich weiter zu bewaffnen und verlorene Stellungen erneut zu besetzen. Petritsch und Pichler bemerken dazu: „Das Kalkül, mittels Provokation eine Eskalation und damit eine NATO-Intervention auszulösen, zählte zweifellos zum Repertoire der ‚Befreiungsarmee'."[110] In dieser Zeit bedrohte die UÇK auch bereits Vertreter der LDK, um ihre Vormachtstellung unter den Albanern durchzusetzen.[111]

Möglicherweise lag ein Grund für das schnelle Wiedererstarken der UÇK auch darin, dass die serbische Regierung deren Stärke unterschätzt hatte. Wie General Clark nach Angaben des obersten serbischen Polizeichefs berechnet hat, sollen es damals nur 410 Kämpfer gewesen sein. Das Abkommen zwischen beiden und Nau-

---

[109] Giersch: ‚NATO und militärische Diplomatie im Kosovo-Konflikt', S. 452; Petritsch/Pichler, a. a. O., S. 145f. (Entschärfung der Lage), S. 252f. (Einhaltung der Abmachungen); ‚Report of the Secretary-General, 12 November 1998', in: *The Crisis in Kosovo 1989–1999*, S. 302–308, hier S. 303 (interne Flüchtlinge). Lediglich Sabrina P. Ramet widerspricht dieser Darstellung: „Gemäß diesem Abkommen [mit Holbrooke, C. P.] war Milošević einverstanden, den größten Teil seiner Truppen bis zum 16. Oktober aus Kosovo zurückzuziehen, bis auf den vor dem 28. Februar gültigen Stand. In Wirklichkeit zog Milošević erst am 27. Oktober einen als „akzeptabel" angesehenen Teil seiner Streitkräfte zurück, und nur vorübergehend: Durch Marschbefehl in die Gegenrichtung stieg in Wahrheit die Anzahl der jugoslawischen Soldaten in der Provinz bis zum 23. Dezember von 18 000 (der Stand von Oktober, vor dem Abkommen) auf 23 500." (‚Die politische Strategie der Vereinigten Staaten in der Kosovo-Krise', S. 370 mit Verweis auf ihr Buch *Balkan Babel*, S. 317, das sind S. 323f. der 4. Aufl.) Hieraus geht allerdings nicht hervor, wann zwischen dem 27.10. und dem 23.12. die Gegenbewegung einsetzte. Es muss sich also nicht um einen Widerspruch zur hier gegebenen Darstellung handeln.

Dass die Lage auch nach dem Holbrooke-Milošević-Abkommen prekär blieb, wird schon daran deutlich, dass die Menschenrechte weiterhin von beiden Seiten verletzt wurden. (‚Report of the Secretary-General, 12 November 1998', in: *The Crisis in Kosovo 1989–1999*, S. 302–308, hier S. 304)

[110] Petritsch/Pichler, a. a. O., S. 148 (hier auch das Zitat), 154, 253, die sich hier auf Johnstone: ‚Humanitarian War', S. 163 beziehen; Giersch: ‚NATO und militärische Diplomatie im Kosovo-Konflikt', S. 453; Krause: ‚Deutschland und die Kosovo-Krise', S. 409; ‚Report of United Nations Secretary-General Annan to the President of the United Nations Security Council, December 24, 1998', in: *The Kosovo Conflict*, S. 385–402, hier S. 387, nach United Nations Press Release (S/1998/1221), 24.12.1998.

[111] *Kosovo Report*, S. 78 u. 137.

mann vom 25. Oktober 1998 – und wohl auch das Holbrooke-Milošević-Abkommen – geht ebenfalls davon aus, „that organised terrorism has been defeated in Kosmet and that all actions against terrorists have ceased as of September 29, 1998".[112]

Welche Folgen das Vorgehen der UÇK hatte, machte UN-Generalsekretär Kofi Annan in einem Bericht an den Vorsitzenden des UN-Sicherheitsrats deutlich: „These actions by Kosovo Albanian paramilitary units have only served to provoke Serbian authorities, leading to statements that if the Kosovo Verification Mission cannot control these units the Government would."[113]

> Für Milošević kam dieses Vorgehen einer doppelten Provokation gleich. Maßgeblich dafür, dass Milošević dem Deal mit Holbrooke zugestimmt hatte, war dessen Zusicherung, die UÇK zu kontrollieren und ein Vorrücken ihrerseits zu verhindern. Erst durch diese Zusicherung, die auch vom Leiter der KDOM, Shaun Byrnes, geleistet worden war, hatte Milošević sein Einverständnis für einen Rückzug seiner Einheiten gegeben.[114]

Daalder und O'Hanlon, auf die sich Petritsch und Pichler hierbei beziehen, schreiben sogar:

> The Yugoslav president's opposition to limiting the number and disposition of his security and armed forces during these talks stemmed from his concern that the "terrorists" would move in as soon as the Serbs departed. Although they could not promise that the KLA would show restraint, Milosevic's interlocutors assured him that compliance on Serbia's part would place the onus for any violence in Kosovo squarely on the rebel movement. According to General Naumann, moreover, General Clark and he told Milosevic that the Kosovo Verification Mission and NATO would try to control the KLA. Shaun Byrnes, head of the Kosovo Diplomatic Observer Mission who had joined the two NATO generals in Belgrade during their talks, even suggested that the KVM could do so.[115]

---

[112] Clark: *Waging Modern War*, S. 148 u. 156 (410 Kämpfer); Daalder/O'Hanlon: *Winning Ugly*, S. 256 (Terrorismus besiegt).

[113] ‚Report of United Nations Secretary-General Annan to the President of the United Nations Security Council, December 24, 1998', in: *The Kosovo Conflict*, S. 385–402, hier S. 387, nach United Nations Press Release (S/1998/1221), 24.12.1998.

[114] Petritsch/Pichler, a. a. O., S. 148f. Der Schluss, den sie daraus ziehen, ist allerdings verblüffend: „Hierin sollte sich auch bestätigen, dass eine unbewaffnete KVM und eine NATO-Lufraumüberwachung die Umsetzung des Abkommens nicht gewährleisten konnte. Dies war zweifellos ein strategischer Fehler mit nachhaltiger Wirkung." Noch erstaunlicher ist jedoch der anschließende Schwenk (s. S. 296f. der vorl. Arbeit).

[115] *Winning Ugly*, S. 58. Daalder und O'Hanlon beziehen sich auf ein Interview, das sie mit Naumann am 22.12.1999 geführt haben, und verweisen auf ein weiteres von *PBS Frontline, War in Europe*, zu finden unter: www.pbs.org/wgbh/pages/frontline/shows/kosovo/interviews/naumann.html. Unter www.pbs.org/wgbh/pages/frontline/shows/kosovo/interviews/ sind eine ganze Reihe interessanter Interviews mit Politikern, Militärführern,

Miloševićs Befürchtungen traten ein, aber bemerkenswerterweise kehrte sich die Beweislast, wie von den Generälen vorhergesagt, nicht um. Wie kam es dazu?

Die albanische Seite machte geltend, dass sie an den Verhandlungen gar nicht beteiligt worden war, was Rugova bei einem Treffen mit Petritsch sowie dem deutschen und britischen Botschafter auch zum Ausdruck brachte. Dennoch rief er alle bewaffneten Gruppen zur Zurückhaltung auf. Die UÇK lehnte es jedoch ab, dem Folge zu leisten, und machte ihre Zustimmung zum Waffenstillstand von einem Sicherheitsannex abhängig, „der vorsah, die serbischen und jugoslawischen Sicherheitskräfte vollständig abzuziehen und durch eine kosovarische Polizei – im ethnischen Proporz – zu ersetzen."[116]

Dem schließen sich ‚westliche' Verhandlungsführer und Kommentatoren zum Teil an. Sie führen für das Scheitern des Holbrooke-Milošević-Abkommens vor allem zwei Gründe an: Zum einen habe die unbewaffnete KVM und die NATO-Luftraumüberwachung die Umsetzung des Abkommens nicht gewährleisten können, zum anderen sei die UÇK nicht in die Verhandlungen einbezogen worden und habe sich deshalb auch nicht an ihre Ergebnisse gebunden gefühlt. Holbrooke meinte gegenüber Daalder und O'Hanlon: „I elected to use all leverage to pressure Milosevic, in part because there was no Albanian leadership to negotiate with us."[117]

Sicherlich konnten sowohl die KVM als auch die NATO-Luftüberwachung kaum mehr tun, als vom Vorrücken der UÇK zu berichten. Über die militärische Macht, diese daran zu hindern verfügten sie nicht. Das ist aber auch nicht der springende Punkt.

Wir haben bereits gesehen, dass die UÇK darauf setzte, die jugoslawische Regierung zu überzogenen Reaktionen zu provozieren, wozu auch das Ausrufen ‚befreiter Zonen' gehörte, und so die NATO in den Konflikt hineinzuziehen. Was Rugova mit friedlichen Mitteln nicht gelungen war, sollte mit Gewalt erreicht werden: Eine drohende ‚humanitäre Katastrophe' würde die NATO zum Eingreifen zwingen, sie

---

Verhandlungsführern und einfachen serbischen Soldaten und kosovo-albanischen Kämpfern zu finden.

[116] Petritsch/Pichler, a. a. O., S. 148.

[117] Petritsch/Pichler, a. a. O., S. 148f. (unbewaffnete KVM); Giersch: ‚NATO und militärische Diplomatie', S. 452 (Notwendigkeit einer internationalen Friedenstruppe); Krause: ‚Deutschland und die Kosovo-Krise', S. 407 (UÇK nicht einbezogen); Daalder/O'Hanlon: *Winning Ugly*, S. 57 nach einem am 7.4.2000 mit Holbrooke geführten Interview.

Dass immer wieder betont wird, nur eine bewaffnete Kontrollmission hätte die Lage nachhaltig verbessern können, obwohl ‚der Westen' die Möglichkeit gehabt hätte, die UÇK ihrerseits zu einer Einhaltung des Vertrags zu drängen, lässt Miloševićs Unterstellung, es sei ‚dem Westen' in Wahrheit nur um die Stationierung seiner Soldaten gegangen, so unverständlich nicht erscheinen. Zugleich nimmt diese Argumentation die Haltung ‚des Westens' in Rambouillet vorweg und rechtfertigt sie so.

stand mit ihrem Versprechen, die Geschehnisse in Bosnien dürften sich nicht wiederholen, im Wort.[118] Die sogenannten Hauptquartiere der UÇK drohten sogar: „[it] will punish anyone who dare to sign any agreement that means less than the decision made by the people of Kosova in the 1991 Referendum", also Unabhängigkeit. Der Druck, den die NATO auf die jugoslawische Regierung ausübte, führte zu dem Dilemma, dass die UÇK umso unnachgiebiger in ihrer Forderung nach Unabhängigkeit wurde, je mehr ‚der Westen‘ diesen Druck verstärkte.[119]

Dabei konnte sich die Untergrundorganisation, wie wir noch sehen werden, aus ‚westlichen‘ Ländern mit Geld versorgen.[120] Hier hätte jederzeit Druck ausgeübt werden können, ebenso hätte man Schritte einleiten können, um den Nachschub an Kämpfern und Material aus Albanien zu unterbinden. Petritsch und Pichler halten allerdings dagegen:

> Maßnahmen zur Unterbindung des Waffenflusses sowie eine Schließung der Ausbildungslager in Nordalbanien konnten aber aufgrund des extrem schwierigen Terrains sowie der dort herrschenden vollkommen unsicheren Verhältnisse in der kurzen Zeit nicht durchgesetzt werden.[121]

Nur war die Zeit nicht „kurz", denn die Aufforderung, bestand bereits seit der Resolution 1160 des UN-Sicherheitsrats vom 31. März 1998 und war in der Resolution 1199 vom 23. September erneuert worden. Laut August Pradetto hat Kofi Annan kritisiert, dass EU und NATO nicht einmal zur Durchsetzung des Embargos beigetragen hätten. Er wendet sich dagegen „zuzuschauen, wie trotz klarer Beschlüsse der UNO Waffenembargos massiv durchbrochen werden, um dann dem Militär die Aufgabe zu erteilen, gegen den Gebrauch dieser Waffen vorzugehen".[122]

Bezeichnenderweise war es gegen Ende der Verhandlungen in Rambouillet dann auch möglich, die UÇK zum Einlenken zu drängen – aber da ging es darum, dass ‚der Westen‘ selber ein Verhandlungsergebnis vorweisen wollte. Dort drohte er der UÇK ganz einfach damit, er werde sich ganz aus dem Konflikt zurückziehen. Die UÇK hätte sich dann auf einen langwierigen Guerillakrieg mit den jugoslawischen

---

[118] Vgl. a. *Kosovo Report*, S. 87 u. 149. Die UÇK tat offen ihre Absicht kund, Serbien ein ‚Vietnam‘ zu bereiten (S. 87, wobei sich die Internationale Kommission auf ein Interview mit Sejdiu Pleurat im November 1999 in Priština/Prishtina bezieht). Die ACTORD der NATO scheint für sie ein wichtiger Schritt gewesen zu sein, das ‚westliche‘ Militärbündnis in den Konflikt hereinzuziehen (S. 149).

[119] *Kosovo Report*, S. 151f., wobei sich die Internationale Kommission für die Strafandrohung der UÇK auf Magnusson: *Rambouilletavtalet*, S. 76 bezieht.

[120] Siehe unter Abschnitt 5.4.2.

[121] Petritsch/Pichler, a. a. O., S. 154.

[122] Resolution 1160: *The Crisis in Kosovo 1989–1999*, S. 188); Resolution 1199: ebd., S. 190; Pradetto: ‚Die NATO, humanitäre Intervention und Völkerrecht‘, S. 35, Anm. 26.

Sicherheitskräften einstellen müssen, wobei der Ausgang ungewiss gewesen wäre. Warum ist dieses Druckmittel erst in Rambouillet eingesetzt worden? Warum ist, indem man es unterließ, Druck auf die UÇK auszuüben, immer wieder der Eindruck erweckt worden, für die desolate Lage sei in erster Linie die serbische Regierung verantwortlich, selbst wenn diese ihre Vertragsverpflichtungen einigermaßen erfüllte? Dass die UÇK an den Verhandlungen nicht beteiligt war, kann kein Argument sein. Auch ‚westliche' Staaten pflegen nicht mit Organisationen zu verhandeln, die sie als ‚terroristisch' ansehen, und die UÇK erfüllte, wie wir gesehen haben, die Kriterien hierfür durchaus. Auch ohne sie direkt in die Verhandlungen einzubeziehen, hätte ‚der Westen' ihr deutlich machen können, dass er auf der Grundlage zu benennender Prinzipien auch für die Interessen der Albaner eintrete, dafür aber von der UÇK verlange, dass auch sie sich an die Verhandlungsergebnisse halte.

Dass ‚der Westen' seine Verantwortung gegenüber der albanischen Seite so schlecht wahrgenommen hat, wiegt schwer. Hätte die UÇK zu diesem Zeitpunkt zur Einhaltung des Waffenstillstands gedrängt werden können, hätten Verhandlungen möglicherweise noch einmal eine Chance gehabt. Danach war sie verspielt – nicht erst in Rambouillet durch eine serbische Delegation, der offenbar bereits das Vertrauen fehlte, dass die für Serbien wichtigen Übereinkünfte auch tatsächlich umgesetzt werden würden. Doch selbst wenn das Holbrooke-Milošević-Abkommen erfolgreicher hätte umgesetzt werden können, hätten Verhandlungen einer grundlegenden Neuorientierung auf das eigentliche Problem des nationalen Konflikts bedurft, um überhaupt Aussichten auf Erfolg zu haben.[123]

Erstaunlich ist in diesem Zusammenhang, dass auch Petritsch und Pichler zwar durchaus sehen, dass man „den zweiten Urheber der Gewalt, die UÇK, beinahe vollständig ausgeblendet" habe,[124] aus diesem Kardinalfehler jedoch lediglich den

---

[123] Auch während der Verhandlungen im Herbst 1998 forderten die Vertreter der Kosovo-Albaner „den Einschub eines Passus über das Recht auf Selbstbestimmung und den umgehenden Beginn von Verhandlungen über den endgültigen Status nach einer dreijährigen Interimsperiode." (Petritsch/Pichler: *Kosovo/Kosova*, 2004, S. 126)

[124] *Kosovo/Kosova*, 2004, S. 251. Auf S. 247 sprechen sie zudem von einem „einseitig gegen Belgrad gerichteten NATO-Engagement", und auf S. 252 weisen sie ausdrücklich darauf hin, dass seitens der NATO „keine gegen sie [die UÇK] gerichtete Sanktionsdrohung für den Fall [bestand], dass sie aus der herrschenden Situation Kapital zu schlagen beabsichtigte. Eine neuerliche Eskalation, die einen Bruch des Holbrooke-Milošević-Abkommens nach sich zog, würde die westliche Staatenallianz unweigerlich zu dem Schritt veranlassen, die militärische Drohung umzusetzen. Unter diesem Blickwinkel betrachtet, hätte man der UÇK einen breiten Dispositionsrahmen überlassen, den sie durchaus für ihre Zwecke nutzbar machen konnte."

Möglicherweise gilt dieses Ausblenden zumindest teilweise auch für die KVM. So ist ein Überfall auf eine Bar in Peć/Peja, bei dem sechs junge Serben von zwei maskierten Männern erschossen wurden, nie von der KVM untersucht worden. (*Kosovo Report*, S. 78f.)

Schluss ziehen, es hätte eben bewaffnete OSZE-Beobachter im Kosovo gebraucht und die UÇK habe endlich in den Verhandlungsprozess einbezogen werden müssen.[125]

Als Grund dafür, dass die UÇK ausgeblendet wurde, geben sie an, man sei „von internationaler Seite davon ausgegangen, dass in erster Linie Milošević zum Einlenken gebrachte werden müsse". Die albanische Seite habe man als wesentlich kompromissbereiter eingeschätzt. Dabei habe man zum einen das ‚historische Trauma' der Kosovo-Albaner übersehen, bei für sie wesentlichen Verhandlungen immer wieder übergangen worden zu sein – so auch jetzt –, zum anderen die tiefe Uneinigkeit unter den verschiedenen kosovo-albanischen Parteien.[126] Das erscheint wenig glaubwürdig, war doch bereits in der UN-Resolution 1160 vom 31. März 1998 auch von der albanischen Seite gefordert worden, die Gewalt zu beenden. Und schon im Sommer hatte die UÇK die Zurückhaltung der serbischen Seite sogleich ausgenutzt.[127] Von Kompromissbereitschaft war also bisher wenig zu merken gewesen.

Auffällig ist, dass sich das Ausblenden der Rolle der UÇK auch in der Literatur über den Konflikt fortsetzt. Deren Rolle wird zwar immer wieder einmal erwähnt, aber kaum in die Bewertung einbezogen. Wie dabei argumentiert wird, werden wir noch sehen. Zudem hatte Milošević seinen Widerstand gegen die Forderungen der NATO damit begründet, er müsse Serbien gegen die Bedrohung durch ‚die Albaner' schützen, und sich dabei auf das Selbstverteidigungsrecht berufen.[128] Man wusste also, dass jede positive Entwicklung davon abhing, dass sich auch die UÇK an die Beschlüsse hielt.

‚Der Westen' hat stattdessen unbeirrbar die Schuld bei Milošević gesehen und dabei ausgeblendet, dass es seine Regierung mit einem von Separatisten geführten Guerillakrieg zu tun hatte. General Naumann bemerkt dazu:

> Vermutlich ausgelöst dadurch, daß die UCK ohne Zögern in das Vakuum, das der Abzug der serbischen Kräfte geschaffen hatte, hineinströmte und innerhalb des Kosovo anfing, Teilansprüche auf Souveränität zu erheben. Etwas, was Milosevic ebensowenig wie vermutlich jeder andere Staatschef eines unserer Länder hätte tolerieren können. Wir würden es auch nicht tolerieren, wenn eines unserer Bundesländer plötzlich erklären würde, wir erkennen die Hoheit des Bundes nicht mehr an, und wir er-

---

[125] Petritsch/Pichler, a. a. O., S. 147f.

[126] Ebd., S. 252.

[127] Vgl. hierzu a. Daalder/O'Hanlon: *Winning Ugly*, S. 57 (Erfahrungen im Sommer), die unverständlicherweise allerdings auch meinen, das Vorrücken der UÇK sei in Bezug auf die Resolution des Sicherheitsrats und das Holbrooke-Milošević-Abkommen auch völlig legal gewesen.

[128] Clark: *Waging Modern War*, S. 148. Bereits am 25.10.1998 enthielt eine jugoslawische Erklärung anlässlich eines Treffens mit NATO-Vertretern ausdrücklich einen Hinweis auf das Selbstverteidigungsrecht (vgl. S. 288 d. vorl. Arbeit).

richten eigene Zugänge, wir errichten eigene Polizeikontrollen, eigenes Militär. Ich glaube nicht, daß die Bundesrepublik Deutschland sich das bieten lassen würde.[129]

Naumann gibt dann als entscheidend für das Eingreifen der NATO Miloševićs „brutale Missachtung von elementaren Menschenrechten durch unverhältnismäßig angewandte Gewalt" an, wobei er die Bemerkung hinzufügt: „Das ist nun mal kein Stil."[130] Es ist bezeichnend, dass Naumann hierin eine Stilfrage sieht, zumal Regierungen in dergleichen Situationen in aller Regel sehr wenig Wert auf Stilfragen legen. Denn wie sah die Realität dieses Krieges aus? In einem Lagebericht des Auswärtigen Amts vom November 1998, der laut Elsässer den Vermerk „Nicht zur Veröffentlichung bestimmt – Nachdruck verboten" trägt, heißt es:

> Die UCK hatte in den ‚befreiten Gebieten' breiten Rückhalt in der Bevölkerung. Auch nach albanischer Darstellung hat sich die Bevölkerung teilweise aktiv an den bewaffneten Auseinandersetzungen beteiligt. Auf UCK-Seite sollen auch Frauen mitgekämpft haben, auch ein 15-jähriger UCK-Angehöriger wurde schon von internationalen Beobachtern angetroffen. Insofern ist die Abgrenzung zwischen UCK-Kämpfern, mitkämpfenden Einwohnern und reinen Zivilisten sowohl für die Sicherheitskräfte als auch für die objektive Bewertung der Sachlage schwierig.[131]

Bei der Bekämpfung einer Guerilla sind die Grenzen zwischen Zivilisten und Kämpfern schwer zu ziehen. Noch schwerer wird es, wenn beide Seiten dazu übergehen, Terror gegen die Zivilbevölkerung einzusetzen, wogegen diese sich dann wehrt. „[…] wo enden die Grenzen der Legalität?", fragen daher selbst Petritsch und Pichler.[132]

Über die Gründe für das Verhalten ‚des Westens' kann ich nur Mutmaßungen anstellen. Das Problem der Entwaffnung der UÇK sollte auch im Februar 1999 während der Verhandlungen in Rambouillet eine Rolle spielen, als sich die albanische Delegation weigerte, sich einschließlich der Kalaschnikows entwaffnen zu lassen, und das US-Militär es ablehnte, eine solche Entwaffnung durchzuführen.[133] Möglicherweise wollte man auf diese Weise die schwächere albanische Seite stärken. Solange sie ein militärischer Faktor blieb, konnten die Albaner das in die irgendwann anstehenden Statusverhandlungen einbringen. Zugleich musste jedoch allen Beteiligten klar sein, dass Milošević und die jugoslawische Armee einen solchen Machtgewinn der Untergrundorganisation auf Dauer nicht zulassen würden.

---

[129] Naumann: ‚Der nächste Konflikt wird kommen', S. 11.

[130] Ebd., S. 11f.

[131] *Kriegslügen*, S. 76 (Elsässer gibt an, der Bericht befinde sich in seinem Besitz). Auch *Der Spiegel* berichtete von einer UÇK-Kämpferin, die 18 Jahre alt gewesen sein soll, aber wie 15 aussah (Klaus Brinkmann/Carolin Emcke: ‚»Wir hassen, wir leiden, wir meinen es ernst«', 19.4.1999, S. 202–205, hier S. 205).

[132] *Kosovo/Kosova*, 2004, S. 244.

[133] Hofmann: ‚Wie Deutschland in den Krieg geriet', S. 20.

Zudem bestand aufseiten der ‚westlichen' Diplomaten nach den Erfahrungen im Bosnienkrieg kaum noch Vertrauen in Milošević. Es scheint, dass diese Vorgeschichte eine große Rolle gespielt hat, da man sich schon in jener Zeit über ein erträgliches Maß hinaus übel getäuscht sah. Jeder weitere Vertragsbruch von seiner Seite scheint immer wieder als der Tropfen empfunden worden zu sein, der das Fass nun endgültig zum Überlaufen brachte. Den Kosovo-Albanern gegenüber war die Geduld nicht derart überstrapaziert. So hatte sich auf ‚westlicher' Seite im Verlauf der ganzen unerträglichen jugoslawischen Teilungskriege ein Bild verfestigt, in dem Milošević der so sehr benötigte Schuldige war. Man erwartete von ihm gar kein anderes Verhalten mehr als ein ‚böses', und so musste man auf jeden seiner Schritte wachen, um ihn bei einem erneuten Abweichen von den Vorgaben hart anzufassen, da er offenbar nur diese Sprache verstand.

Dazu dürften auch Erlebnisse, wie das folgende beigetragen haben. General Clark berichtet von einem plötzlichen Themenwechsel Miloševićs während seiner Verhandlungen mit ihm und Klaus Naumann:

> „You know, General Clark, that we know how to handle these Albanians, these murderers, these rapists, these killers-of-their-own-kind. We have taken care of them before." His face turned red, and his voice rose in strength as he condemned them. This was a paragraph out of some public statement. He wasn't really speaking to us, I thought.
>
> „In Drenica, in 1946, we killed them. We killed them all." Naumann and I were staring at him.
>
> He must have thought we didn't believe him, so he began to qualify the accomplishment. „Oh, it took several years, but we eventually killed them all." He was smug, satisfied, and looking as though he was expecting our approval.[134]

Clark macht selbst deutlich, dass ein Teil seines Berichts seine eigenen Interpretationen sind. Erstaunlich daran ist, dass Milošević sich zu einer solchen Äußerung hinreißen ließ, obwohl er die Haltung seiner Verhandlungspartner hierzu kannte. Psychologisch aber erscheint sie passend. So sehr Machttaktiker war er nicht, als dass er in den militärischen Kämpfen mit der UÇK rein funktional gehandelt hätte. Auch ihm war klar, dass er einen Krieg nicht nur gegen die albanische Guerilla, sondern auch gegen die sie weitgehend unterstützende Bevölkerung führte. Das ist psychologisch kaum anders möglich, als sie insgesamt für einen üblen Menschenschlag zu halten.

Petritsch und Pichler zitieren Clarks auch an anderer Stelle veröffentlichten Bericht, wobei er bei ihnen merkwürdigerweise gerade an die Feststellung anschließt, dass das Vorrücken der UÇK angesichts der Versicherungen der ‚westlichen' Unterhändler „einer doppelten Provokation" gleichgekommen sei, die sie auf diese

---

[134] Clark: *Waging Modern War*, S. 151f.

Weise völlig neutralisieren.[135] Bezeichnend ist auch eine Veränderung, die sie gegenüber Clarks Bericht vornehmen:

> Milošević *hatte mehrmals* eindeutig zu verstehen gegeben, wie er sich eine Lösung des „terroristischen Problems" vorstellte. In einem Gespräch mit beiden NATO-Generälen Clark und Naumann Ende Oktober verwies er in Analogie dazu auf die Niederschlagung des albanischen Widerstandes gegen die kommunistische Machtübernahme 1946: „Wir wissen wie man mit diesem Albaner-Problem fertig wird. Wir haben darin Erfahrung." Auf die Frage, welche Lösung er damit meine, antwortete Milošević: „Wir töteten sie. Wir haben sie alle umgebracht. Es hat Jahre gedauert, aber wir haben sie alle umgebracht. Und wir hatten kein Problem."[136]

Milošević *hatte* keineswegs zu verstehen gegeben, folgt man diesem Beleg, er tat es gerade in dieser Situation, als deutlich zu werden begann, dass auch dieser Verhandlungsweg nur zur erneuten Stärkung der UÇK führte. Diese Passage ist insofern eine Schlüsselstelle zum Verständnis ‚des Westens' ganz allgemein in dieser Phase des Konflikts. Sie macht deutlich, dass die ‚westlichen' Akteure zu dieser Zeit bereits ein so klares und festes Bild von Milošević als *dem* Verantwortlichen der ganzen katastrophalen Zustände in einem Großteil der Nachfolgestaaten Jugoslawiens und besonders im Kosovo hatten, dass sie Geschehnisse, die damit nicht übereinstimmten, nur noch in geringem Maß, wenn überhaupt, in ihre Überlegungen einbezogen.[137] Die Stelle bei Petritsch und Pichler schließt allerdings einen anderen möglichen Grund nicht aus: Man wollte, dass Milošević der Schuldige war. Ich halte eine solche bewusste Manipulation nicht für wahrscheinlich, aber eine Stelle, wie die hier vorgestellte, ist in ihrer Widersprüchlichkeit immerhin so merkwürdig, dass auch diese Möglichkeit denkbar ist.

Angesichts des hier beschriebenen Verhaltens ‚des Westens' nach dem Abschluss des Holbrooke-Milošević-Abkommens ist es jedenfalls nicht verwunderlich, dass sich die serbische Regierung von den ‚westlichen' Staaten der Kontaktgruppe erneut getäuscht fühlte. Hinzu kam, dass ‚westliche' Diplomaten überhaupt mit den ‚Terroristen' von der UÇK in Kontakt waren, wie Holbrookes Begegnung mit Haxhiu gezeigt hatte. Braca Grubačić, der Herausgeber des englischsprachigen Belgrader Newsletters *VIP*, schreibt über Milošević's Reaktion:

---

[135] Vgl. S.290.

[136] Petritsch/Pichler: *Kosovo/Kosova*, 2004, S. 149, nach Clark: ‚The United States and NATO: The Way Ahead', *Parameters*, 29 (Winter 1999/2000) 4, S. 2–14, hier S. 8, wo Milošević's Äußerungen in dieser etwas anderen Weise wiedergegeben sind. Davon, dass er dergleichen bereits vorher von sich gegeben hätte, ist bei ihm nicht die Rede.

[137] So erwähnt auch Clark, dass die UÇK den durch das Holbrooke-Abkommen bewirkten Rückzug der serbischen Ordnungskräfte dazu nutzte, verlorenes Terrain gutzumachen, aber das ist ihm keine weitere Überlegung wert. Auch bei ihm besteht das Problem fast ausschließlich in Milošević. (*Waging Modern War*, S. 156)

He thought the US would close the border with Albania to prevent arms smuggling, that the US would freeze the KLA's assets and make arrangement to terminate the KLA's influence ... When Milošević understood that Holbrooke would not fulfil such a 'promise' he went for war.[138]

Ähnlich ordnen auch Petritsch und Pichler Miloševićs darauf folgendes Handeln ein:

> Die Reaktionen der serbisch/jugoslawischen Seite ließen dann tatsächlich nicht lange auf sich warten. Milošević reagierte auf das ungehinderte Vordringen der UÇK mit Empörung. Für ihn kam diese Entwicklung einem Bruch der Vereinbarungen mit Holbrooke gleich. Auch die Anstrengungen, die UÇK zur Verhandlungspartei „aufzuwerten", dürften ihn davon überzeugt haben, dass seine Kompromissbereitschaft missbraucht worden war. Offensichtlich waren für ihn damit zuträgliche Grenzen überschritten worden. Es scheint, dass er irgendwann im Laufe des November beschlossen hat, die Angelegenheit selbst in die Hand zu nehmen. Noch im November hatte er den Chef der Geheimpolizei, Jovica Stanišić, sowie den als gemäßigt geltenden Generalstabschef der jugoslawischen Armee, Momcilo Perišić, durch zwei Hardliner ersetzen lassen.[139]

Die Vermutung, Milošević habe im November seine Kosovopolitik geändert, geht auf eine Erklärung Klaus Naumanns während einer Anhörung vor dem US-Senat zurück, er habe „reason to believe that ... in November 1992 [Milosevic] most probably [took] a decision to not only annihilate the KLA but also to expel the bulk of the Kosovars in order to restore an ethnic superiority for the Serbs." Joachim Krause nimmt an, dass zu dieser Zeit mit den Plänen zur Vertreibung der Albaner unter dem Decknamen „Operation Hufeisen" begonnen worden sei.[140]

Die internationalen Beobachter befürchteten, „dass Belgrad in erfahrungsgemäß unverhältnismäßiger Weise Vergeltungsmaßnahmen ergreifen könnte". Die verantwortlichen ‚westlichen' Diplomaten sahen in dieser Lage die einzige Möglichkeit, eine erneute Zuspitzung zu verhindern, darin, die UÇK in den Verhandlungsprozess einzubeziehen. Es war dann Petritsch, der den kaum 30-jährigen Hashim Thaçi, der einige Zeit Internationales Recht in Zürich und Südosteuropäische Geschichte in Wien studiert hatte, als möglichen zukünftigen Ansprechpartner der UÇK ausfindig

---

[138] Nach Judah: *Kosovo*, S. 230.

[139] Petritsch/Pichler, a. a. O., S. 155 nach Daalder/O'Hanlon: *Winning Ugly*, S. 58.

[140] Anhörung *Lessons Learned from the Military Operations Conducted as Part of Operation Allied Force*, S. 2, zit. nach Daalder/O'Hanlon, a. a. O., S. 292, Anm. 137; Krause: ‚Deutschland und die Kosovo-Krise', S. 409 u. Anm. 43, S. 410. Zum sog. „Hufeisenplan" vgl. S. 373–375 d. vorl. Arbeit. Am 18. Januar erklärte Milošević jedenfalls Clark und Naumann „klipp und klar" seine „Entschlossenheit, im Frühjahr 1999 das Kosovo-Problem militärisch endgültig zu lösen" (Naumann: ‚Der nächste Konflikt wird kommen', S. 11). Das konnte die Vertreibung eines Großteils der albanischen Bevölkerung bedeuten, aber auch schlicht die Verstärkung der bisherigen Strategie, die die Vernichtung der UÇK zum Ziel hatte.

machte. Selbst die russische Regierung stimmte der Einbeziehung der UÇK zu, solange nicht deren Militärs, die sie als Terroristen ansah, eingeladen würden.[141]

Am 1. November, als die Lage noch einigermaßen beruhigt schien, wurde den Verhandlungsparteien die dritte Entwurfsversion eines Interimsabkommens vorgelegt, an dem auch erstmals der mittlerweile zum EU-Vermittler ernannte Petritsch und die von ihm bestellten Rechtsexperten des Europarats mitgearbeitet hatten. Sie kam der albanischen Seite, die bisher zu wenig berücksichtigt worden sei, so Petritsch und Pichler, mehr entgegen. Das Kosovo sollte weiterhin Teil Serbiens bleiben, die Bindungen an Serbien jedoch „entscheidend gelockert" werden. Die albanischen Verhandlungspartner kritisierten, dass der Text nicht deutlich mache, dass es sich um ein Interimsabkommen handele. Nach einer Übergangsfrist müsse die Bevölkerung in einem Referendum über den endgültigen Status entscheiden, ebenso brauche es Garantien für die Zeit nach der Übergangsfrist.[142]

Die serbische Seite lehnte diesen Vorschlag entschieden ab und präsentierte einen eigenen Entwurf, der den multiethnischen und multikulturellen Charakter der Provinz betonte. Der wiederum wurde von der albanischen Seite abgelehnt, da er noch hinter dem ersten US-Entwurf zurückbliebe. Hill präsentierte daraufhin am 2. Dezember einen mit der EU nur ungenügend abgestimmten Kompromissentwurf, der Teile des serbischen Vorschlags berücksichtigte. Er wurde von beiden Seiten abgelehnt.[143] Wie sehr sich das Verhältnis gerade zu den USA zu dieser Zeit verschlechtert hatte, veranschaulicht die folgende Passage aus der dazu erfolgten Erklärung des jugoslawischen Parlaments:

> The Federal Assembly resolutely rejects and condemns all instruments of pressure, threats, and flagrant interference of USA [sic!] in the internal affairs of the FRY. In order to achieve their destructive goals in the Balkans, the United States of America, its official representatives and agencies, render direct support and assistance to separatism and terrorism and finance those opposing the independence, stability and progress of the FRY.[144]

In dieser Phase präsentierte der Vorsitzende der DS, Zoran Djindjić, einen Plan zur Kantonalisierung des Kosovo, der vom Institut für Geopolitische Studien in Belgrad unter Federführung von Dušan Bataković, Kosta Čavoški und Milomir Srepić ausgearbeitet worden war. Aufgrund der Siedlungsstruktur waren neben den Kantonen auch Enklaven vorgesehen, die größeren Städte sollten multiethnisch verwaltet werden. Auch dieser Vorschlag wurde von den albanischen Verhandlungsteilneh-

---

[141] Petritsch/Pichler, a. a. O., S. 154 u. 254 (befürchtete Vergeltungsmaßnahmen), 149 (Einbeziehung der UÇK), 150 (Thaçi).

[142] Ebd., S. 151.

[143] Ebd., S. 151f. Die entsprechende Erklärung des Bundesparlaments findet sich in: *The Kosovo Conflict*, S. 349–351, nach der Website des jugoslawischen Außenministeriums www.mfa.gov.yu.

[144] *The Kosovo Conflict*, S. 349.

mern abgelehnt, da sie befürchteten, er laufe auf eine Teilung des Kosovo hinaus. Die Kontaktgruppe hielt ihn nicht für realisierbar.[145] Man steckte also weiterhin in bekannter Weise fest.

Die Verhaftung vorgeblicher UÇK-Mitglieder in der Grenzregion zu Albanien Mitte Dezember 1998 beantwortete die UÇK mit einem Hinterhalt gegen Einheiten des serbischen Innenministeriums, wobei drei Soldaten getötet, zahlreiche verletzt und acht entführt wurden. Die OSZE beklagte auch die mangelnde Kooperationsbereitschaft der UÇK trotz zuvor gegebener Versprechen. Zugleich betonte sie, dass die Reaktionen der jugoslawischen Behörden auf diese Provokationen bisher sehr zurückhaltend gewesen seien. Nach intensiven Verhandlungen von Hill und Petritsch sowie dem KVM-Vize Gabriel Keller ließen beide Seiten ihre Gefangenen frei. Es war also möglich, erfolgreich mit der UÇK zu verhandeln; zudem erkannte die serbische Seite sie zumindest als einen zu berücksichtigenden Faktor an.[146] Warum in dieser Situation nicht einmal erwogen wurde, bewaffnete Beobachter aus wirklich neutralen Ländern im Kosovo zu stationieren, die eher die Mittel und das Vertrauen besessen hätten, sowohl die UÇK als auch die jugoslawischen Sicherheitskräfte von gewaltsamen Aktionen abzuhalten, ist mir unverständlich.

Nachdem am 24. Dezember im Bezirk Podujevo/Podujeva „die schwersten Kämpfe seit dem Waffenstillstandsabkommen" ausgebrochen waren, gelang es dem EU-Sonderbeauftragten Petritsch und KVM-Vertretern zudem, einen örtlichen Waffenstillstand zu vermitteln. In den ersten elf Januartagen starben allerdings 21 Menschen vor allem in den größeren Städten durch Anschläge, für die überwiegend die UÇK verantwortlich war. Am 5. Januar kam es zudem zu einem Bombenattentat auf ein Café in Priština/Prishtina, bei dem drei serbische Jugendliche verletzt wurden, was wiederum Racheakte serbischer Zivilisten gegen Albaner provozierte. Damit hatte der Terror auch die Provinzhauptstadt erreicht.[147]

Ende Dezember 1998 zog die jugoslawische Armee mehr als 12 000 Soldaten an den Grenzen zum Kosovo zusammen. Außerdem sickerten erneut paramilitärische Verbände ein und in einigen serbischen Dörfern bewaffnete sich die Bevölkerung. In der Region von Podujevo/Podujeva sollen 100 Panzer im Einsatz gewesen sein. Das waren klare Verstöße gegen das Holbrooke-Abkommen.[148] Aber es geschah in Reaktion auf das Vorrücken der UÇK.

---

[145] Petritsch/Pichler: *Kosovo/Kosova*, 2004, S. 152 u. 154, mit einer Karte des Plans auf S. 153.

[146] Petritsch/Pichler: *Kosovo/Kosova*, 2004, S. 156f., die sich für die OSZE auf die ‚OSCE Press Release, January 9, 1999' in: *The Kosovo Conflict*, S. 408 beziehen, wobei bei ihnen der dortige Hinweis auf die Zurückhaltung der jugoslawischen Behörden fehlt.

[147] Ebd., S. 156.

[148] *Kosovo Report*, S. 79 u. 80; Schmidt: ‚Menschenrechte, Politik und Krieg in Kosovo 1989 bis 1999', S. 202 (Panzer). Eine ausführlichere Darstellung gab Walker, der Leiter

Auch war für die KVM die Zusammenarbeit mit den serbischen Behörden im Lauf des Dezembers immer schwieriger geworden. Bei einem ersten Besuch des seit dem 1. Januar 1999 amtierenden neuen OSZE-Vorsitzenden, Norwegens Außenminister Knut Vollebæk, am 11. Januar kritisierte Milošević die Einseitigkeit der KVM, die in ihren Erklärungen allein die serbische Seite verurteile. Zudem beklagte er sich über Hill und Petritsch, sie würden ständig fertig ausgearbeitete Abkommen vorlegen, statt Prinzipien zu formulieren, von denen die Konfliktparteien ausgehen könnten.[149]

Dennoch ist die Arbeit der OSZE-Beobachtermission nicht sinnlos gewesen, auch wenn sie nicht in der Lage gewesen ist, verlässliche Zahlen über die zwischen Oktober 1998 und Januar 1999 Getöteten zu erheben: Die Zahl der Tötungen ging deutlich zurück. Und das, obwohl von den 2000 vorgesehenen KVM-Beobachtern bis Mitte März erst etwa 1400 im Kosovo angekommen waren.[150] Die Vertreibungen waren hingegen wieder immens. Zwischen Weihnachten 1998 und Ende Januar 1999 wurden ungefähr 45 000 Kosovo-Albaner aus ihren Häusern vertrieben, und Ende Februar waren ungefähr 300 000 Albaner obdachlos. Die jugoslawische Regierung spielte diese Zahlen später nicht nur herunter, sondern behauptete auch, so viele Menschen seien nur aufgrund der Übergriffe der UÇK auf der Flucht gewesen.[151]

---

der OSZE-Verifikationskommission im Kosovo, am 6. April 1999, also knapp zwei Wochen nach Beginn des Krieges der NATO gegen Jugoslawien, vor der Kommission zu Sicherheit und Zusammenarbeit in Europa des US-Kongresses (Ramet: ‚Die politische Strategie der Vereinigten Staaten in der Kosovo-Krise‘, S. 371f.). Walker sprach auch von zunehmenden Übergriffen der Sicherheitskräfte im Kosovo und einer wachsenden Arroganz gegenüber den internationalen Beobachtern. Er räumte allerdings ein, dass diesen mitunter auch die UÇK den Zutritt zu Schauplätzen der Auseinandersetzung verweigert habe.

[149] Petritsch/Pichler, a. a. O., S. 253 (schwierigere Zusammenarbeit), 157.

[150] *Kosovo Report*, S. 82f.; Giersch: ‚NATO und militärische Diplomatie im Kosovo-Konflikt‘, S. 455. Auch über diese Zahlen herrscht Unklarheit: Laut *Berliner Zeitung* vom 13./14.3.1999 (S. 7) sollen bis Mitte März 1999 nur etwa 800 Beobachter vor Ort gewesen sein. In seiner ‚Chronik des Kosovo-Krieges‘ notiert das *Hamburger Abendblatt* (21.3.2000, S. 3) unter dem Datum vom 20.3.1999: „Die 1300 OSZE-Beobachter verlassen das Kosovo.“ Bis zum Jahresende 1998 sollen es nach Malcolm lediglich 600 gewesen sein (*Kosovo*, S. xxxiv). Nach Petritsch/Pichler, a. a. O., S. 226 soll der OSZE-Ratsvorsitzende Vollebæk am 19. März erklärt haben, dass alle 1380 KVM-Mitarbeiter aus dem Kosovo abgezogen würden. Das dürfte die genaue Zahl gewesen sein.

[151] Zahlen: Ramet: ‚Die politische Strategie der Vereinigten Staaten in der Kosovo-Krise‘, S. 372, die sich für die erste Zahl auf Rüb: ‚Phönix aus der Asche‘, S. 60f., für die zweite auf die *ap*-Meldung vom 26.2.1999 nach Lexis-Nexis Academic Universe bezieht. Reaktion der jugoslawischen Regierung: *Kosovo Report*, S. 88.

5.4. Vermeintliche und reale Versäumnisse und Fehler ‚des Westens‘

Trotz der festgefahrenen Lage gab es verschiedene Etappen der Entwicklung, in denen eine Lösung hätte erreicht werden können, vorausgesetzt, ‚der Westen‘ hätte die verschiedenen nationalistischen Konflikte als das eigentliche Problem erkannt und sich für dessen Lösung im Rahmen eines Gesamtkonzepts engagiert.

Eine solche Möglichkeit hätte der Bosnienkrieg geboten, spätestens das auch mit ‚westlicher‘ Unterstützung für Kroaten und Bosniaken erreichte militärische Patt im Sommer 1995. Da hier mit drei ehemaligen jugoslawischen Nationen drei wesentliche Parteien der Konflikte direkt beteiligt waren und die kroatisch-serbischen Kämpfe militärisch mit ihm verbunden waren, hätte es Ansatzpunkte gegeben, die Auflösung Jugoslawiens noch einmal unter internationaler Vermittlung als Gesamtkomplex zu verhandeln, allerdings eben unter der Voraussetzung, dass die nationalen Konflikte als ihr Kern anerkannt und gleiche Bedingungen für alle Parteien festgelegt worden wären. Dies hätte auch ermöglicht, das Kosovo einzubeziehen. Für ein solches Vorgehen hätte aufseiten der Konfliktparteien auch die Erfahrung mit den kostspieligen und verlustreichen Kriegen gesprochen, denn ein solcher Verhandlungsprozess hätte endlich Aussichten geboten, die angestrebten Nationsbildungen auf nicht militärische Weise zu erreichen.

Dieser Ansatz ist jedoch nicht verfolgt worden. Bei den Verhandlungen in Dayton wurden die Situation in Bosnien sowie einige Fragen Kroatien betreffend isoliert verhandelt, und die US-Regierung strebte lediglich hierfür eine Lösung an, auch weil das angesichts der Grundposition, die Republikgrenzen nicht zu verändern, einfacher erschien. So verwundert es nicht, dass weder Tudjman noch der bosnische Präsident Alija Izetbegović und am allerwenigsten Milošević irgendein Interesse hatten, das Kosovo in die Verhandlungen einzubeziehen.[152]

‚Der Westen‘ verhandelte scheibchenweise, je nachdem, wo der Konflikt gewalttätig wurde. Zur Begründung schreibt Petritsch rückblickend: „Nach den Zugeständnissen an die slowenischen und kroatischen Verfechter der nationalen Unabhängigkeit wollte man der Verselbstständigung politischer Gemeinwesen auf ethnonationaler Grundlage keinen weiteren Vorschub leisten." Um in Bosnien-Herzegowina zu einer Lösung zu kommen, die die nationalistischen Tendenzen nicht belohnte, musste man Milošević aber in Hinsicht auf das Kosovo insofern entgegenkommen, als man es nicht in die Verhandlungen einbezog.[153]

---

[152] Judah: *Kosovo*, S. 124, der sich hierfür auch auf Aussagen von Holbrooke bezieht. Für Izetbegović wäre die Situation allerdings auch unter den hier vorgeschlagenen Umständen eine andere gewesen, da solche Verhandlungen wohl auf eine Teilung Bosnien-Herzegowinas hinausgelaufen wären. Dazu mehr auf S. 477–480.

[153] Petritsch/Pichler: *Kosovo/Kosova*, 2004, S. 94f.

Letztlich war der Dayton-Vertrag ein Erfolg der verschiedenen nationalistischen Lager in Bosnien, was angesichts der nationalistischen Stimmung in der Bevölkerung, die in mehreren Wahlentscheidungen deutlich zum Ausdruck gekommen war, auch nicht verwundert. Die US-Regierung hatte die Nationalisten der unterschiedlichen Seiten lediglich etwas zügeln und zu einem komplizierten und labilen Kompromiss bewegen können, der die zugrundeliegenden nationalen Konflikte nur ruhigstellte, aber nicht löste. Zudem signalisierte der Vertrag, dass Gewaltanwendung offenbar mehr Aussicht auf Beachtung und Erfolg habe als gewaltfreier Protest und Widerstand.[154] Für viele Kosovo-Albaner warf das Abkommen die Frage auf: Warum sollen wir einen weniger autonomen Status haben als die bosnischen Serben?[155]

Ein Druckmittel gegenüber dem nun den Namen „Bundesrepublik Jugoslawien" tragenden Reststaat (aus Serbien und Montenegro), nämlich die staatliche Anerkennung, verloren die ‚westlichen' Politiker, als ihn Frankreich im Frühjahr 1996 anerkannte – eine bereits 1995 geheim zugesicherte Geste für die Freilassung von zwei französischen Piloten. Andere EU-Staaten folgten rasch nach. Hierbei spielten auch innenpolitische Gründe eine Rolle, allen voran der Wunsch, kosovo-albanische Flüchtlinge nach Jugoslawien zurückzuschicken. Nur die USA verweigerten der BR Jugoslawien die diplomatische Anerkennung und nannten sie stets „Serbien und Montenegro".[156]

Auch in den Jahren 1996/97 scheinen die Bedingungen für einen Kompromiss eine Zeit lang günstiger gewesen zu sein. Seit November 1996 richteten sich Massendemonstrationen, die vor allem von Studenten getragen wurden, in serbischen Großstädten gegen Milošević, nachdem dieser die Ergebnisse der Gemeindewahlen, die dem Oppositionsbündnis „Zajedno" (Gemeinsam) in Belgrad und 15 anderen größeren Städten die Mehrheit in den Stadtparlamenten gebracht hatten, hatte manipulieren lassen. Erst nachdem die Proteste auf eine Größe von mehreren Zehntausend und sogar Hunderttausend Teilnehmern angewachsen waren, gab Milošević nach 88 Tagen nach. Dabei stand er noch zusätzlich unter Druck, da in Montenegro bereits am 31. Mai 1996 eine oppositionelle Koalition an die Macht gekommen war.

---

[154] Vgl. *Kosovo Report*, S. 50, der sich auf Veton Surroi: ‚The Albanian national question: the post-Dayton pay-off', *War Report*, Nr. 41, Mai 1996, S. 25 bezieht, zit. nach Caplan: ‚International Diplomacy and the Crisis in Kosovo', S. 752. Vgl. a. Schmidt: ‚Menschenrechte, Politik und Krieg in Kosovo 1989 bis 1999', S. 198 u. Petritsch/Pichler, a. a. O., S. 96.

[155] *Kosovo Report*, S. 229.

[156] Petritsch/Pichler, a. a. O., S. 97 (Anerkennung der BR Jugoslawien); Reuter: ‚Die Kosovo-Politik der internationalen Gemeinschaft in den neunziger Jahren', S. 324 (USA). Petritsch und Pichler verweisen auch darauf, dass immer wieder solche inneren Differenzen ‚des Westens' Milošević erlaubt hätten zu taktieren (S. 107).

Zu dieser Zeit suchten Studenten aus Belgrad und Priština/Prishtina Kontakt zueinander.[157]

Unter Vermittlung der römisch-katholischen Laiengemeinschaft von Sant'Egidio unterzeichneten Milošević und Rugova sogar eine Übereinkunft zur Normalisierung im Bildungswesen, durch die vor allem die Schulen und Hochschulen wieder für Albaner geöffnet werden sollten – sie wurde allerdings nicht umgesetzt.[158] Zudem gab es Pläne für eine Teilung der Provinz. So schlug etwa der damalige Präsident der SANU, Aleksandar Despić, im Juni 1996 angesichts der Bevölkerungsentwicklung im Kosovo eine öffentliche Debatte darüber vor, eine friedliche und zivilisierte Sezession des Kosovo auszuhandeln. Einen Teilungsplan hatte bereits 1992/93 der damalige jugoslawische Präsident Dobrica Ćosić vorgelegt. Die kosovo-albanische Führung hatte ihn damals abgelehnt, aber angesichts der fortbestehenden unversöhnlichen Gegensätze hätte mit diesem Ansatz endlich eine den Gegebenheiten angemessene Lösung des Konflikts angestrebt werden können.[159]

Schließlich schlug Adem Demaçi, der als Marxist-Leninist insgesamt 28 Jahre im Gefängnis gesessen hatte, eine Konföderation souveräner Staaten, die er „Balkanija" nannte, vor. Visionär war Demaçis Vorschlag insofern, als er die Möglichkeit einbezog, in dieser Konföderation auch andere ehemalige jugoslawische Republiken aufzunehmen.[160] Hier gab es also endlich einmal jemanden, der eine gesamtjugoslawische Perspektive nicht völlig aus den Augen verloren hatte, die zudem dadurch besticht, dass sie über die südslawische (jugoslawische) Perspektive hinausging und mit dem Balkan einen übergeordneten Bezugsrahmen formulierte, der eine gemeinsame Identität auf der Grundlage gleicher Rechte hätte schaffen können – die Albaner, aber auch andere wären nicht schon durch den Staatsnamen ausgegrenzt gewesen. Inwieweit auch er dabei eine Übergangskonstruktion im Sinn hatte, ist allerdings nicht klar, denn die Präzedenzfälle Slowenien und Kroatien hatten gezeigt, dass der Republikstatus das Sprungbrett in die Unabhängigkeit war. Es war also sehr unwahrscheinlich, dass die serbische Regierung auf ein solches Angebot einging, da sie auf diese Weise das Kosovo für Serbien letztlich aufgegeben hätte. Demaçis Vorschlag zeigt jedoch ebenso wie die genannten anderen Initiativen, dass es damals eine gewisse Bewegung gab, eine Offenheit, sich den bestehenden Problemen zu stellen und neue Lösungen zumindest in Erwägung zu ziehen.

---

[157] Sechzehn Städte, Studentenproteste, Kontakte: *Kosovo Report*, S. 53f.; Wahlmanipulationen, 88 Tage, Montenegro: Judah: *Kosovo*, S. 132f.

[158] Giersch: ‚Die Europäische Union und der Krieg in Kosovo', S. 501f.; Schmidt: ‚Menschenrechte, Politik und Krieg in Kosovo 1989 bis 1999', S. 199.

[159] Despićs Vorschlag: Malcolm: *Kosovo*, S. 355, der sich auf *Kosova Communication*, 17.6. sowie 3. u. 29.7.1996 bezieht. Ćosićs Vorschlag: Chomsky, ‚Die kühne Behauptung von der Unausweichlichkeit des Kosovokrieges', S. 10.

[160] Vickers: *Between Serb and Albanian*, S. 295; Judah: *Kosovo*, S. 132f.

Beide Seiten waren jedoch letztlich offenbar eher an einer Erhaltung des Status quo interessiert, denn er erlaubte ihnen, weiter daran zu glauben, dass ihre Maximalforderungen durchsetzbar wären, und bald schon war diese günstige Phase vorbei, da sich die Opposition schnell zerstritt. Die Situation hätte dafür genutzt werden können, wesentlichere Fragen des Kosovo auf die Tagesordnung zu setzen als den Zugang der albanischen Jugend zu Schulen und Hochschulen, wofür sich ‚der Westen' immer wieder stark machte, um überhaupt einen sinnvollen Verhandlungsprozess in Gang zu bringen.[161]

Wiederholt ist auch kritisiert worden, dass Rugova zwar allseits für sein besonnenes Vorgehen gelobt, ihm aber keine konkrete Unterstützung gewährt worden sei. Bedeutsam seien in dieser Hinsicht zwischen 1993 und 1997, nach Ansicht der Internationalen Kommission, lediglich einige Nichtregierungsorganisationen gewesen.[162] Diese Kritik übersieht, dass auch Rugova niemals von der Forderung nach Unabhängigkeit abgegangen ist. Für ‚den Westen' bestand das Problem allein darin, den Autonomiezustand von vor 1989 annähernd wiederherzustellen. Das wollte aber weder die serbische noch die albanische Seite.

Wir gelangen – wie auch die Beteiligten in den Verhandlungen – immer wieder an diesen toten Punkt. Die Neuordnung der Territorien, die das alte Jugoslawien ausgemacht hatten, unter Berücksichtigung der nationalen Konflikte als wesentlichem Gesichtspunkt wäre auf neue Grenzen hinausgelaufen. Für das Kosovo hätte das eine Teilung bedeutet.

Letztere hätte nach Joseph Marko – bei ihm ist sie eine Lösung, die Milošević während des damals noch in Gang befindlichen Kosovo-Kriegs hätte vorschlagen können, um ihn mehr zu eigenen Gunsten zu beenden – bedeutet, „Massenmord, ethnische Säuberungen und die gewaltsame Veränderung von Grenzen [zu] ‚akzeptieren' und somit auch [zu] legitimieren!" Konsequenterweise befürchtete er auch Auswirkungen auf Mazedonien und Bosnien und damit eine erneute Destabilisierung der Region. Auch für den Diplomaten Petritsch wäre eine Teilung das Schlimmste gewesen, weil es dramatische Folgen für andere Regionen (Südserbien, Montenegro, Mazedonien, die bosnische Republika Srpska) gehabt hätte. Der ehemalige General und Beigeordnete Generalsekretär der UNO, Manfred Eisele, merkt an, sie hätte auch in verschiedenen anderen Gegenden, etwa Tschetschenien, Dagestan, Tibet und Nordirland, zu Sezessionen führen können.[163]

---

[161] *Kosovo Report*, S. 50f. (Erhaltung des Status quo); Judah: *Kosovo*, S. 132f.

[162] Vgl. *Kosovo Report*, S. 56f. Vorschläge, was hätte getan werden können, sind auf S. 63 zu finden.

[163] Marko: ‚Kosovo/a – Ein Gordischer Knoten?', S. 254f.; Petritsch: ‚Kosovo, die Internationale Gemeinschaft und das Neue Europa', S. 364; Eisele: ‚Die Vereinten Nationen und Kosovo', S. 498.

Letzteres gilt allerdings bereits für die vom ‚Westen' letztlich unterstützte Trennung Sloweniens und Kroatiens von Jugoslawien.[164] ‚Der Westen' war nämlich gar nicht in der Lage, der Dynamik der Aufteilung nach nationalen Gesichtspunkten wirksam entgegenzutreten. Er konnte sie lediglich mit großem Aufwand im Kosovo, in Bosnien-Herzegowina und Mazedonien ruhigstellen. Insgesamt kam es zu schrittweisen Abspaltungen; die leichter zu vollziehenden zuerst, die schwierigsten zum Schluss, wobei sie aufgrund der zunehmenden Schwierigkeiten tendenziell gewaltsamer werden mussten.

Die nationalistische Stimmung und die sie begründenden Probleme hätten noch vor Ausbruch der Konflikte den Umgang anderer Staaten mit Jugoslawien bestimmen sollen. Spätestens als jene in Gewalttätigkeiten zu eskalieren drohten, das heißt, als klar wurde, dass es keine gemeinsame Grundlage mehr für einen gemeinsamen Staat gab (was spätestens nach den Volksabstimmungen über die Unabhängigkeit in Slowenien und Kroatien der Fall war), wäre eine Konferenz mit internationaler Unterstützung, in der die Auflösung des gemeinsamen Staates hätte geregelt werden können, hilfreich gewesen. Dann wäre auch das Kosovo-Problem gleich zu Beginn auf dem Tisch gewesen und nicht immer wieder verschoben worden, bis dann auch dieser Konflikt in einen Krieg eskalierte. Ich werde diese Möglichkeit in den ‚Schlussfolgerungen' am Ende dieser Arbeit durchspielen.

Indem sich ‚der Westen' auf bestehende Republikgrenzen bezog und diese als Grundlage der Trennungen akzeptierte (was durchaus ursprünglich von den beteiligten Republikführern selbst immer dann zur Begründung herangezogen wurde, wenn es ihren Zielen entsprach), verstetigte er die Probleme nicht nur in immer kleineren Einheiten, sondern schuf auch ein weltpolitisch fragwürdiges Präjudiz, ist eine derartige bundesstaatliche Konstruktion doch bislang vornehmlich eine Besonderheit einiger ehemals sozialistischer Staaten. Andere Staaten, die großen nationalen Minderheiten einen solchen Status nicht eingeräumt haben, müssen demnach solche Abspaltungen nicht fürchten.[165]

Rein formaljuristisch ist dieses Vorgehen korrekt, dabei wird jedoch übersehen, dass die damit erzielte Absicherung bei der Lösung der Probleme nicht hilft. ‚Der

---

[164] Das Argument hat sich durch die Unabhängigkeitserklärung des Kosovo am 17.2.2008 endgültig erledigt, die genau diesen Effekt hatte. Die Regierung des Baskenlands erklärte die Unabhängigkeit des Kosovo zu einem „demokratischen Lehrstück". Auch die Führungen anderer nach Unabhängigkeit strebender europäischer Regionen bezogen sich positiv auf diese Entscheidung. (‚Von Abchasien bis Zypern. Wer im Kosovo einen Präzedenzfall sehen will', *FAZ*, 19.2.2008, S. 3) Am deutlichsten war das im Fall der abtrünnigen georgischen Provinzen Abchasien und Südossetien. Deren Parlamente wandten sich am 7.3.2008 mit der Bitte, ihre Unabhängigkeit anzuerkennen, an die UNO. (‚Georgien empört über Moskau', *FAZ*, 8.3.2008, S. 6)

[165] Die Regionalisierung des Irak zeigt allerdings, dass dieses Verfahren in anderen Staaten mit sezessionistischen Bestrebungen ebenfalls angewendet werden kann – wiederum vom ‚Westen'.

Westen' sieht sich auch im Kosovo gezwungen, diesen Weg mehr und mehr aufzugeben. Die rechtlichen Bestimmungen, auch die wiederholten eigenen Erklärungen widersprechen der Unabhängigkeit, die die tatsächliche Situation gleichwohl immer notwendiger erscheinen lässt.

Dabei hat ‚der Westen' durch eigene Versäumnisse durchaus zu der Eskalation beigetragen, was auch die Alternativlosigkeit des späteren humanitär begründeten militärischen Eingreifens zweifelhaft erscheinen lässt: das nicht nur finanziell sehr viel geringere Engagement für eine nicht militärische Kontrolle und möglicherweise Regelung des Kosovo-Konflikts sowie die fehlende Neutralität gegenüber den Konfliktparteien.

5.4.1. Mangelndes Engagement für eine friedliche Lösung

Dass es der UÇK im Zuge der Eskalation, die die serbische Regierung bereitwillig mit betrieb, innerhalb von Monaten gelang, die Aufmerksamkeit und Unterstützung zu erlangen, die Rugova und seiner Parallelregierung über Jahre hindurch verweigert worden war, bestätigte das bekannte Muster, wonach die Aufmerksamkeit ‚des Westens' für schwerwiegende Menschenrechtsverletzungen sehr viel eher durch gewaltsames Vorgehen gewonnen werden kann als durch zivilen Ungehorsam. Diese Politik gipfelte darin, dass Madeleine Albright bei den Verhandlungen in Rambouillet dem UÇK-Führer Hashim Thaçi die Führung der kosovo-albanischen Delegation übertrug, obwohl die UÇK-Leute über keine Legitimation verfügten.[166]

‚Der Westen' reagierte jedoch nicht nur sehr viel stärker und entschiedener, sobald der Konflikt eskalierte, und das, obwohl es sehr wahrscheinlich war, dass die Entwicklung im Kosovo letztlich einen ähnlichen Verlauf nehmen würde wie in den anderen ehemaligen Landesteilen Jugoslawiens, die von mehr als einer Nation beansprucht wurden. Er bevorzugte auch in der Wahl seiner Gegenmittel die militärischen – nicht zeitlich, wohl aber, was sein finanzielles Engagement und seine Entschiedenheit, auch zu einheitlichem Vorgehen, angeht. Die Nachrangigkeit zivilen Handelns gegenüber militärischem zeigt sich beispielsweise in der bereits angesprochenen schleppenden Bereitstellung der KVM-Beobachter und den Mängeln des Waffenembargos. Noch zur Zeit der Kämpfe in Račak/Reçak waren laut General

---

[166] Dietrich Willier: ‚Die neuen Herren im Kosovo?', *taz*, 17./18.4.1999, S. 15. Vorbereitet worden ist das aber offenbar von Petritsch (Petritsch/Pichler: *Kosovo/Kosova*, 2004, S. 150). Petritsch u. Pichler stellen die letztendliche Entscheidung allerdings als internen Prozess der kosovo-albanischen Delegation dar (S. 177). Im Gegensatz zur EG/EU hatten die USA Ibrahim Rugovas gewaltfreie Politik allerdings nachdrücklich unterstützt. Er war ein häufiger Gast in Washington, wo er viel Anerkennung und Ermunterung erfuhr. Zur Unterstützung eines unabhängigen Kosovo aber konnte sich keine US-Regierung entschließen. (Reuter: ‚Die Kosovo-Politik der internationalen Gemeinschaft in den neunziger Jahren', S. 324)

Clark erst knapp die Hälfte der 2000 KVM-Beobachter im Kosovo.[167] Damit meine ich keine bewusste Werteentscheidung – die scheint sich schon seit längerer Zeit zu einer zivilen Politik hin verlagert zu haben –, sondern eine Folge der traditionell guten finanziellen, technischen und logistischen Ausstattung des Militärs. Die Instrumente in diesem Bereich sind einfach um ein Vielfaches weiter entwickelt als im zivilen. Andererseits gibt es offenbar immer noch wenig Erfahrung mit nicht militärischer Konflikteindämmung und auch wenig Zutrauen, dass sie erfolgreich sein könnte.

Ein weiteres Indiz für diese Diagnose ist, dass die NATO erst nachdem sie den Krieg begonnen hatte, auf dem Treffen zu ihrem 50-jährigen Bestehen am 23. April 1999 ein Ölembargo auch ohne Mandat der UNO beschloss. Bis dahin hatten ihre Piloten zwar als eines ihrer wichtigsten strategischen Ziele jugoslawische Raffinerien und Ölreserven bombardiert, um die Treibstoffversorgung der serbischen Truppen zu unterbinden, Öl aber wurde weiterhin nach Jugoslawien geliefert, auch von US-amerikanischen, italienischen und griechischen Firmen. Der wichtigste Öllieferant Jugoslawiens ist allerdings Russland gewesen.[168] Eine Embargopolitik, verbunden mit einer klaren Perspektive der Aufnahme in die EG, hätte für die jugoslawische Bevölkerung bereits Anfang der 90er Jahre eine greifbare Alternative zur Politik der Regierung darstellen können. Schon am 7. März 1990 hatte sich das BdKJ-Präsidium für die Mitgliedschaft Jugoslawiens in der Gemeinschaft ausgesprochen. Auch die meisten UÇK-Kämpfer nährten neun Jahre später die Hoffnung, einmal zur EU zu gehören, was für sie gleichbedeutend mit Wohlstand war.[169] Eine solche Hoffnung, wenn auch noch vager, kann man schon für die Mitte der 80er Jahre voraussetzen. Die Absage an gewaltsame Grenzveränderungen und die Anerkennung

---

[167] *Waging Modern War*, S. 159. Zu Račak/Reçak s. Abschnitt 5.6. d. vorl. Arbeit.

[168] *Zeitspiegel* auf RadioKultur (SFB), 26.4.1999; Follath u. a.: ‚Der etwas andere Krieg‘, Teil II, S. 136; Giersch: ‚Die Europäische Union und der Krieg in Kosovo‘, S. 510. Während Follath u. a. von US-amerikanischen und griechischen Öllieferungen sprechen, erwähnt Giersch italienische und griechische. Nach Follath u. a. begann die Bombardierung von Raffinerien und Öldepots allerdings erst nach dem Beschluss des Embargos. Das ist offensichtlich falsch, denn nach der Ergänzung in Scharpings *Wir dürfen nicht wegsehen* vom 6.4.1999 gingen „die Angriffe auf Einrichtungen, die für den Nachschub der jugoslawischen Armee bedeutend waren" an diesem Tag weiter, darunter ausdrücklich auch auf Ölraffinerien (S. 104). Die Stelle bei Giersch widerspricht dem ebenfalls.

Auch Hans-Dietrich Genscher sah ein Versäumnis darin, Krieg zu führen, statt ein totales Ölembargo durchzusetzen und erst einmal dessen Wirkung abzuwarten. Zum Hintergrund der Zurückhaltung in puncto Ölembargo gehört anscheinend die völkerrechtliche Gleichsetzung eines unautorisierten Embargos mit einem unautorisierten Bombardement (Follath, ebd.; Scharping, a. a. O., S. 125), ein offensichtlich vorgeschobenes Argument, da hier die humanitäre Argumentation unvermittelt aussetzt.

[169] 7.3.1990: *M-A*, 33/90, Jugoslawien, Chronik 1990, S. 63f. 1999: Vgl. Roland Schleicher: ‚»Trau nie den Serben«‘, *Der Spiegel*, 14.6.1999, S. 167f., hier S. 168.

transparenter Schlichtungsverfahren im Fall von Streitigkeiten unter den Nationalitäten hätten ein Teil der Bedingungen sein können. Eine solche Politik wäre auch während der Eskalation zu Beginn der 90er Jahre oder nach dem Dayton-Abkommen im Dezember 1995 noch möglich gewesen.

Das alles sind Folgen einer Vernachlässigung ziviler Druckmittel zur Konfliktlösung gegenüber militärischen. Das drückt sich besonders deutlich im finanziellen Engagement aus. Während des Krieges wurde, wie in so vielen anderen Fällen auch, weit mehr Geld ausgegeben als davor oder danach.[170] Dem Friedensforscher Dieter S. Lutz zufolge gab die NATO damals jährlich 500 Milliarden US-Dollar für ihr Militär aus, was fünf Achtel der Militärausgaben der ganzen Welt waren. Aber für OSZE-Beobachter oder Polizisten, die dann einen Friedensvertrag hätten überwachen können, sei in den Etats kein Geld vorgesehen gewesen, es habe jeweils erst bewilligt werden müssen.[171]

Der Krieg gegen Jugoslawien hat immense Kosten verursacht. Die Schadensschätzungen sind allerdings sehr unterschiedlich. Die jugoslawische Regierung hat die dem Land entstandenen Sachschäden durch die über 35 000 Luftangriffe auf 190 Milliarden D-Mark beziffert. Die Unabhängige Internationale Kommission zum Kosovo schätzte die Kosten für Serbien auf 30 Milliarden US-Dollar. Für das Kosovo selbst seien die involvierten Staaten von 3,5 bis 5 Milliarden US-Dollar ausgegangen, was später nach unten korrigiert worden sei. Calic verweist jedoch auf die wichtige Erkenntnis, dass Entwicklungsregionen wie das Kosovo nicht mehr als drei Prozent ihres Bruttoinlandsprodukts ohne Verwerfungen, wie Korruption, organisierte Kriminalität und ein Abhängigkeitssyndrom, von außen aufnehmen können.[172] Der Bedarf an zusätzlichem Geld ist nach einem Krieg freilich höher, zugleich ist das Bruttosozialprodukt durch ihn eingebrochen. In einer Ende Juni 1999 vorgelegten Studie veranschlagten das Finanzberatungsinstitut Salomon Smith Barnes und die Geschäftsbank Merrill Lynch an unmittelbaren Kosten für die Luftangriffe der NATO 22,5 Milliarden D-Mark und an Aufwendungen für die Kosovo Force (KFOR) weitere 19 Milliarden. Für den Wiederaufbau im Kosovo geht die EU-Kommission von Kosten in Höhe von 70 Milliarden D-Mark aus.[173] Die Frage stellt sich: Was für eine Perspektive hätte einem noch nicht zerstörten Jugoslawien mit einem Bruchteil dieses Geldes – unter klaren Bedingungen! – eröffnet werden können?

---

[170] *Kosovo Report*, S. 11.

[171] *Ebd.* (höchste Kosten im Krieg). Lutz auf der Internationalen Kosovo-Konferenz *Krieg in Europa* am 4.7.1999 in Berlin.

[172] *Der Fischer Weltalmanach 2000*, Sp. 419 (jugoslawische Regierung); *Kosovo Report*, S. 248 (Internationale Kommission); Calic: ‚Die internationale Gemeinschaft und der Wiederaufbau Kosovos', S. 528f. (involvierte Staaten).

[173] *Der Fischer Weltalmanach 2000*, Sp. 419.

Eine solche klare Perspektive fehlt allerdings bis heute. Zwar haben die Staats- und Regierungschefs der EU auf ihrem Gipfel in Saloniki im Juni 2003 eine ,europäische' Perspektive für den westlichen Balkan betont, doch ein konkreter Zeitplan für Beitrittsverhandlungen wurde nicht festgelegt. Damit bleibt diese Perspektive für die Bürger der betreffenden Staaten vage, eine Unklarheit, die noch verstärkt wird durch den provisorischen Status sowohl Serbien-Montenegros als auch des Kosovo und Bosnien-Herzegowinas.[174]

5.4.2. ,Westliche' Unterstützung für die UÇK

Eine wesentliche Voraussetzung, um bei der Lösung eines schweren nationalen Konflikts zu helfen, ist annähernde Objektivität gegenüber den Gründen des Konflikts und den Motiven der verfeindeten Parteien. Beide Seiten müssen gehört werden, die Geschichte des Konflikts ist zu berücksichtigen und schließlich hat sich die Macht, die sich anschickt, die Rolle des Vermittlers und Schiedsrichters zu übernehmen, in die Lage beider Seiten hineinzuversetzen, sich also der Frage zu stellen: Wie würde ich an ihrer Stelle handeln?

Das ist im Falle Jugoslawiens seitens der NATO und besonders von deutscher Seite her nicht geschehen. Dass die serbische ,Nation' als einzige in jeder Phase ganz direkt betroffen war und nicht einfach einen Krieg nach dem anderen vom Zaun brach, wurde ignoriert; ebenso, dass die Politik ihrer Regierung eine merkwürdige Mischung aus Zerstörung – auch Selbstzerstörung – und Notwehr gewesen ist, wobei das Gefühl, in Notwehr handeln zu müssen, die Zerstörung weiter vorangetrieben hat.

,Der Westen' hat sich im Konflikt um das Kosovo jedoch nicht nur *gegen* Jugoslawien beziehungsweise Serbien gewandt, sondern auch *für* die UÇK Partei ergriffen. Das hängt wesentlich damit zusammen, dass seine führenden Politiker den Konflikt nicht in erster Linie als einen nationalen verstanden, sondern als die Bedrohung einer ethnischen Minderheit durch ein verbohrtes autoritäres Regime, das nur noch militärisch von seiner verbrecherischen Politik abzuhalten war. Deutschland gehörte dabei zu den Staaten, die für die Unterstützung des albanischen Widerstands von besonderer Bedeutung waren.

So konnte etwa der kosovarische Schattenpremierminister Bujar Bukoshi, der auch während der relativen Entspannung von 1995 unbeirrt an der Unabhängigkeit festhalten und deren Befürworter unterstützten sollte, in Bonn residieren – obwohl seine Regierung offiziell gar nicht anerkannt war.[175]

---

[174] Dérens: ,Die Heimkehr der Nationalisten', *Le Monde diplomatique*, März 2004, S. 11.

[175] Elsässer: *Kriegslügen*, S. 72.

Außerdem wurde nach den illegal abgehaltenen Parlaments- und Präsidentenwahlen ein „Fonds der Republik Kosova" eingerichtet, und die politische Führung empfahl allen Landsleuten, jeden Monat drei Prozent ihres Einkommens hierfür abzugeben.[176]

Von den insgesamt etwa 2,5 Millionen Kosovo-Albanern soll damals ein Viertel im Ausland gelebt haben, davon fast 400 000 in Deutschland, etwa 140 000 als abgelehnte Asylbewerber. Vorsitzender des „Fonds der Republik Kosova" in Deutschland war ebenfalls Bukoshi. Offiziell heißt es, bis Sommer 1998 seien jährlich mehr als zehn Millionen Mark auf dem in Bayern geführten Konto zusammengekommen, vermutlich ist die Summe jedoch erheblich größer gewesen. Ohne diese Finanzhilfe „hätte der Schattenstaat im Kosovo nicht funktionieren können", resümiert der Journalist Oliver Hoischen. Die Spenden seien durchaus nicht alle freiwillig gegeben worden.[177]

Von diesem Geld ist zumindest einmal auch ein Teil an die UÇK geflossen. Bukoshi hatte auf diese Weise Einfluss auf die Rebellenarmee nehmen wollen. Er sei auch mehrfach aufgefordert worden, „ihr seine Mittel zur Verfügung zu stellen". Doch Bukoshis Eintreten für den bewaffneten Kampf ist offenbar vielen in Deutschland lebenden Kosovo-Albanern nicht entschieden genug gewesen, weshalb 1998 mehr Geld auf das Spendenkonto „Die Heimat ruft" der in Siegburg ansässigen „Demokratischen Vereinigung der Albaner in Deutschland" (DVAD) floss. Allein im April sollen es über sieben Millionen Mark gewesen sein. Ihr Vorsitzender, Ibrahim Kelmendi, machte kein Hehl daraus, dass mit diesem Geld auch direkt die UÇK unterstützt wurde. Ibrahim Rugova hingegen bezeichnete er als Kollaborateur Miloševićs. Organisiert wurde die Unterstützung der UÇK vor allem aus der Schweiz, wo die Wochenzeitung *Die Stimme Kosovas* die Kontonummern von „Die Heimat ruft" ebenso bekannt machte wie die Kommuniqués der UÇK. Das meiste Geld kam laut Kelmendi jedoch von Albanern in den USA. Ohne die Gelder des Spendenfonds würde die UÇK nicht existieren, so einer ihrer Sprecher. Kelmendi hat dann auch der Bundesregierung ausdrücklich dafür gedankt, dass sie seine Arbeit nicht behindert habe. Neben diesen offiziellen Spenden ist wohl auch illegales Geld dem Kampf für die Unabhängigkeit zugute gekommen, etwa aus dem Drogenhandel, der in der Schweiz in albanischer Hand ist.[178]

---

[176] Oliver Hoischen: ‚Die Befreiungsarmee des Kosovo wird mit Geld aus Deutschland unterstützt', *FAZ*, 15.7.1998, S. 3. Vgl. a. Petritsch/Pichler: *Kosovo/Kosova*, 2004, S. 71 nach *Kosovo Report*, S. 46. Danach wurde allerdings ein Großteil der benötigten Gelder von der Bevölkerung des Kosovo selbst durch eine einkommensabhängige Besteuerung aufgebracht.

[177] Hoischen, a. a. O.; Oschlies: ‚Parlamentswahlen im Kosovo', Stiftung Wissenschaft und Politik, Dezember 2001, im Internet unter www.swp-berlin.org (unfreiwillige Spenden).

[178] Hoischen, a. a. O.

Doch nicht nur Geld ist von Westeuropa und den USA den albanischen Unabhängigkeitskämpfern im Kosovo zugeflossen. Während des Krieges konnten hier auch Mitkämpfer angeworben werden, ohne dass die Behörden eingeschritten wären. (Man stelle sich einmal vor, die kurdische PKK hätte dergleichen versucht.) Bis Mitte April 1999 sind auf diese Weise etwa 5000 Kämpfer nach Albanien und ins Kosovo gekommen, die meisten davon aus Deutschland. Die *Spiegel*-Redakteure Georg Mascolo, Roland Schleicher und Andrea Stuppe nennen das Verhalten der deutschen Sicherheitsbehörden und Innenminister „ein fast demonstratives Desinteresse". Der bayerische Ressortchef Günther Beckstein wollte sogar, „daß wir es ermöglichen, daß Kosovo-Albaner in den Kosovo gehen, um dort für ihr Vaterland zu kämpfen" – was allerdings vorher „von der Bundesregierung entschieden werden" müsse.[179]

Die aus Deutschland kommenden UÇK-Kämpfer führten auch Kriegsgerät mit sich. Nur Waffen wurden auf anderen Wegen ins Kosovo geschafft, um die Behörden nicht zu provozieren. Das alles steht in merkwürdigem Widerspruch zu der im selben *Spiegel* nur wenige Seiten weiter vertretenen Auffassung: „Die UÇK-Leute haben keine Unterstützung von außen und sind schlecht ausgerüstet."[180] Es wirft zudem die Frage auf, weshalb die deutsche und die Schweizer Regierung die UÇK unterstützten.

5.5. Exkurs: Rückblick auf die Anerkennung von Slowenien und Kroatien

Vermittlung und Schlichtung in einem Konflikt sehen anders aus. Vieles vom eben Dargestellten spricht für eine zurückhaltende Parteinahme. Darin setzt sich eine Tendenz fort, die gerade auf deutscher Seite schon früh einsetzte.

,Der Westen' hat sich erst seit dem Frühjahr 1991 um eine Vermittlung bei den innerjugoslawischen Konflikten bemüht, als die Konfrontation bereits in vollem Gang war. Auf einem Gipfeltreffen der Staats- und Regierungschefs der EG am 9. April 1991 in Luxemburg sprachen sich diese gegen eine Aufteilung Jugoslawiens in mehrere Einzelstaaten aus und stellten für den Erhalt der territorialen Integrität Jugoslawiens die assoziierte Mitgliedschaft in der EG in Aussicht. Nach den Unabhängigkeitserklärungen von Slowenien und Kroatien am 25. Juni 1991, die zu einer weiteren Eskalation des Konflikts führten, verstärkte die EG ihre Bemühungen.

---

[179] ,Zum Sterben ins Kosovo', *Der Spiegel*, 19.4.1999, S. 200–202, hier S. 200.

[180] Kriegsgerät, Waffen: Ebd., S. 201. Zitat: OSZE-Mitarbeiter Doran Viennau, zit. v. Klaus Brinkmann u. Carolin Emcke: ‚»Wir hassen, wir leiden, wir meinen es ernst«', *Der Spiegel*, 19.4.1999, S. 202–205, hier S. 205.

Doch zu diesem Zeitpunkt war ein Dialog kaum noch möglich. Zugleich aber setzten die fortschreitende Eskalation und die serbischen Eroberungen in Kroatien die ausländischen Politiker unter Zeitdruck. Am 7. September brachte die EG die Konfliktparteien schließlich zu einer Jugoslawienkonferenz in Den Haag zusammen, die von dem ehemaligen britischen Außenminister Lord Carrington geleitet wurde. Trotz mehrerer Sitzungen in den folgenden Monaten gelang es der EG allerdings nicht, einen Kompromiss zu vermitteln.

Das Hauptproblem bestand spätestens seit dem Sommer 1991 darin, dass der gemeinsame jugoslawische Staat in seiner alten Form de facto nicht mehr existierte, und zwar allein schon deshalb, weil vier Republikführungen – die serbische, slowenische, kroatische und montenegrinische – sie aus unterschiedlichen Gründen nicht mehr akzeptierten. Daher schien es durchaus konsequent, diejenigen Republiken, die sich aus dem Bundesstaat auch formal lösen wollten, anzuerkennen. Das war zumindest der Standpunkt der slowenischen und kroatischen Regierung, dem sich auch die Badinter-Kommission, die der EG-Ministerrat im August 1991 zur rechtlichen Klärung von Meinungsverschiedenheiten in Bezug auf Jugoslawien eingerichtet hatte, ein knappes halbes Jahr später anschließen sollte. Die serbische Regierung sah eine solche Loslösung jedoch weiterhin als Sezession an.[181]

Sie konnte sich dabei auf die jugoslawische Verfassung berufen. In deren Einführungsteil wird zwar ein Sezessionsrecht erwähnt, in Art. 5 Abs. 2–4 heißt es jedoch ausdrücklich:

Das Gebiet einer Republik kann nicht ohne Zustimmung der Republik und das Gebiet einer autonomen Gebietskörperschaft nicht ohne die Zustimmung der autonomen Gebietskörperschaft verändert werden.

Die Grenze der Sozialistischen Föderativen Republik Jugoslawien kann nicht ohne die Zustimmung aller Republiken und autonomen Gebietskörperschaften verändert werden.

Eine Grenze zwischen den Republiken kann nur aufgrund eines Einvernehmens zwischen ihnen verändert werden, und wenn es sich um eine Grenze einer autonomen Gebietskörperschaft handelt, nur aufgrund deren Zustimmung.[182]

---

[181] Vgl. Zeitler: *Deutschlands Rolle bei der völkerrechtlichen Anerkennung der Republik Kroatien*, S. 139f. Auch der Bundestag meint in seiner ‚Entschließung zur Lage in Jugoslawien vom 14. November 1991', Drucksache Bundestag 12/1591 sowie Plenarprotokoll 12/58, S. 4861 B vom 15.11.1991 (einstimmige Annahme): „Für ein Weiterbestehen Jugoslawiens in seiner bisherigen Form und Verfassung gibt es keine Chance mehr. Die Staatsidee Jugoslawiens, das gleichberechtigte Zusammenleben der südslawischen Völker in einem Staat, ist gescheitert." (Nach Zeitler, S. 346)

[182] *Die Verfassung der SFR Jugoslawien*, S. 126. Der erste Satz der Grundsätze im Einführungsteil beginnt mit den Worten: „Die Nationen Jugoslawiens haben sich, ausgehend von dem Recht eines jeden Volkes auf Selbstbestimmung, das Recht auf Loslösung ein-

Art. 281 Abs. 1 bestimmte zudem, dass der Bund durch die Bundesorgane die Unabhängigkeit und territoriale Integrität der Sozialistischen Föderativen Republik Jugoslawien gewährleiste.[183] Diese Bestimmungen gehen jedoch weitgehend von dem Fall aus, dass eine einzelne Republik oder Provinz Grenzen ändern beziehungsweise aus dem Bundesstaat ausscheiden wollen würde. Sie setzen damit den Bundesstaat als Gegenüber solcher Bestrebungen voraus – eine Situation, die im Sommer 1991 kaum noch bestand. Die Tatsache, dass die serbische Regierung beanspruchte, im Namen des Bundesstaats zu sprechen, und das damit begründete, sie halte an der territorialen Einheit Jugoslawiens fest, besagt hier wenig, war es doch gerade auch diese Regierung, die die gemeinsamen Grundlagen des Bundesstaats mehr und mehr untergraben hatte, nicht nur in Bezug auf rechtliche Bedingungen, sondern auch im Ton und in der Atmosphäre. Auch der Verweis auf die Unverletzlichkeit von Staatsgrenzen hilft hier wenig weiter, bezieht er sich doch auf eine Verletzung durch einen Aggressor von außen.[184] Daher konnte lediglich die Verpflichtung, Grenzveränderungen nur in gegenseitigem Einverständnis vorzunehmen, noch eine gewisse Geltung beanspruchen.

Die Basis für ein solches Einverständnis war allerdings von den meisten Beteiligten bereits weitgehend zerstört worden, und zwar nicht nur durch die verbalen Angriffe der vergangenen Jahre, sondern auch durch die Gewalttätigkeiten, die mittlerweile zum Bürgerkrieg eskaliert waren. Immer wieder wurden Waffenstillstände vermittelt, die sogleich wieder gebrochen wurden.[185]

Eine Grundlage des ‚westlichen‘ Vorgehens in dieser Situation war das *uti-possidetis*-Prinzip, eine aus dem römischen Recht übernommene Auffassung, derzufolge die Faktizität bestehender Grenzen anzuerkennen ist, um gewalttätige Grenzstreitigkeiten zu vermeiden. Von der Badinter-Kommission wurde dieses Prinzip ausdrücklich als allgemeines Völkerrecht gewertet.[186] Doch auch das *uti-*

---

geschlossen, [...] zu einer Bundesrepublik freier und gleichberechtigter Nationen und Nationalitäten vereinigt [...]." (S. 106)

[183] Ebd., S. 228. Genscher gab Anfang 1991 eine Studie in Auftrag, die gleichwohl zu dem Ergebnis kam, dass die jugoslawische Verfassung ein Sezessionsrecht der Republiken eindeutig festlegte (Zeitler, a. a. O., S. 284, Anm. 1093).

[184] Vgl. Libal: *Limits of Persuasion*, S. 132. Noch am 19.12.1990 hatte das Bundesparlament die damals bevorstehende Volksabstimmung über die Unabhängigkeit in Slowenien verurteilt und die Bundesregierung angewiesen, die Sezession zu verhindern; slowenische Abgeordnete hatten allerdings die Sitzung boykottiert. (*M-A*, 17/96, Jugoslawien, Chronik 1990, S. 72)

[185] Was durchaus auch der Bundestag feststellte: ‚Entschließung des Bundestages zur Lage in Jugoslawien vom 14. November 1991‘, Drucksache Bundestag 12/1591 sowie Plenarprotokoll 12/58, S. 4861 B vom 15.11.1991 (einstimmige Annahme) nach Zeitler, a. a. O., S. 346.

[186] Zeitler, a. a. O., S. 68f. (a. S. 142), der sich auf die Stellungnahme der Badinter-Kommission nach ‚Opinion No. 2 and 3‘, *European Journal of International Law* 1992,

possidetis-Prinzip gilt nur zwischenstaatlich, an der Frage des Selbstbestimmungsrechts geht es völlig vorbei, und die nationalen Konflikte, die das Problem überhaupt erst aufwarfen, blieben unberücksichtigt.

Auch die Schlussakte von Helsinki, auf die immer wieder Bezug genommen wurde, half nicht wirklich weiter, betonte sie doch das Selbstbestimmungsrecht und die Nichteinmischung als gleichrangige Prinzipien, die beide zu beachten seien.[187]

Was war in dieser Situation zu tun? Neue innerstaatliche Grenzen nach dem Recht auf Selbstbestimmung, wie von der serbischen Führung auf einer Tagung des Staatspräsidiums und der sechs Republikpräsidenten am 21./22. August 1991 in Belgrad gefordert, wurden von der kroatischen abgelehnt.[188] Unter diesen Umständen aber war für die serbische Seite eine Trennung der Republiken unmöglich.

Viele ,westliche' Autoren meinen, eine Veränderung der Republikgrenzen hätte noch verheerendere Folgen als die auch nicht glücklich verlaufende Anerkennungspolitik gehabt. So fragt Klaus Peter Zeitler, wie man auf die Unabhängigkeitsbestrebungen immer kleinerer nationaler Einheiten hätte reagieren sollen – wobei er einfach davon ausgeht, dass es zu derartigen Bestrebungen gekommen wäre. Auch die Gefahr eines „Sezessionsvirus" – der allerdings auch so um sich griff – sieht er auf diese Weise nicht gebannt. Und vor allem sollte ein Großserbien und Großkroatien verhindert werden, das zu Lasten Bosnien-Herzegowinas gegangen wäre.[189]

Michael Libal geht davon aus, der Krieg in Bosnien hätte bei einer Veränderung der Republikgrenzen neun Monate früher begonnen. Außerdem meint er, sie hätte die serbischen Militäraktionen nachträglich legitimiert. Revisionen hätte es zudem auch an den Außengrenzen geben müssen, vor allem in Bezug auf das Kosovo und die Vojvodina, möglicherweise aber auch Mazedonien.[190]

Deutlich anders sieht das etwa der britische Politiker David Owen, der im August 1992 Lord Carringtons Nachfolger als Kovorsitzender der Konferenz über das ehemalige Jugoslawien werden sollte. Die Tatsache, dass die übrigen elf EG-Regierungen eine Veränderung der inneren Grenzen ausgeschlossen hatten, noch bevor es darum ging, dass sie zu Außengrenzen unabhängiger Staaten werden sollten, sei ihm immer als weit größere Dummheit als die vorschnellen Anerkennungen selbst erschienen.[191]

S. 183 (184) u. 184 (185) bezieht. Zur Bedeutung des *uti-possidetis*-Prinzips s. a. S. 76, 77 (Anwendung lediglich auf die Republiken, nicht auf die autonomen Provinzen).

[187] Conference on Security and Co-operation in Europe: *Final Act*, S. 6, 8f. u. 10.

[188] *Archiv der Gegenwart*, 8.9.1991, S. 36021.

[189] Zeitler, a. a. O., S. 77f.

[190] Libal, a. a. O., S. 133.

[191] Owen: *Balkan Odyssey*, S. 33.

Es hatte damals von EG-Seite allerdings Versuche gegeben, der serbischen Seite entgegenzukommen und auch Grenzveränderungen in die Verhandlungen einzubeziehen, so am 13. Juli 1991 vom niederländischen Außenminister und EG-Ratspräsidenten für die zweite Jahreshälfte 1991, Hans van den Broek. Sein Vorschlag gründete auf der Schlussakte von Helsinki, die auch die Möglichkeit von Grenzveränderungen vorsah, solange sie in Übereinstimmung mit dem internationalen Recht, mit friedlichen Mitteln und in gegenseitigem Einvernehmen vorgenommen wurden. Dass das Problem nationaler Minderheiten nicht restlos gelöst werden würde, war klar, da es viele Siedlungsinseln gab. Die Idee war aber, durch Grenzveränderungen den Anteil der Minderheiten – es war erst einmal nur von Serben die Rede – so zu verringern, dass eine gewaltlose Trennung möglich sein würde.[192]

Auch Owens Vorgänger Lord Carrington bezog solche Überlegungen ein. Anfangs war er davon ausgegangen, dass sich die Republiken selbst entscheiden sollten, welche Bindungen sie zueinander aufrechterhalten wollten. Wer stärkere wollte, sollte sie haben, wer weniger wollte, dem sollte auch das möglich sein. Doch Milošević lehnte ab, denn eine Einigung auf der Basis des kleinsten gemeinsamen Nenners (der identifizierten Interessen und institutionellen Rahmenbedingungen) hätte einem gemeinsamen Staat die Grundlage entzogen. Da dieser wiederum von den anderen Republiken nicht akzeptiert wurde, hielt man es für klug, jene Republiken anzuerkennen, die die Unabhängigkeit wünschten, *nachdem* die Frage der Rechtsnachfolge Jugoslawiens geklärt und Grenzveränderungen vereinbart sein würden.[193]

Carringtons am 16. Oktober an die Republikpräsidenten verschickter siebenseitiger Vorschlag ‚Arrangements for a General Settlement', auch Carrington-Plan genannt, sah dann einen hohen Grad an serbischer Autonomie innerhalb Kroatiens vor, der in vielem dem der albanischen im Kosovo bis 1989 entsprochen hätte.[194] Damit hätte man gleiche Kriterien auf der Grundlage der jugoslawischen Verfassung und der Sezession von Republiken gehabt. Wieder lehnte Milošević ab, nach Laura Silber und Alan Little, weil er eben diese Gleichstellung der Kosovo-Albaner mit den Krajina-Serben vermeiden wollte.

Sowohl Zeitler als auch Libal sehen in ihrer Kritik nur die Probleme dieser Versuche, ohne jedoch auf jene Überlegungen einzugehen, die für sie sprachen, in erster Linie das Bemühen, auch die serbische Seite zu berücksichtigen.

In der Regel meinten die beteiligten ‚westlichen' Politiker, das Problem durch einen Interessenausgleich lösen zu können. Das aber ging am nationalen Kern des

---

[192]   Ebd., S. 31–33. Möglichkeiten von Grenzveränderungen: Conference on Security and Co-operation in Europe, a. a. O., S. 7.

[193]   Silber/Little: *Bruderkrieg*, S. 223f.

[194]   Ebd., S. 224f.

Konflikts vorbei. Recht klar brachte das zentrale Problem Ende Juni der FDP-Politiker Ulrich Irmer zum Ausdruck: Das

> Selbstbestimmungsrecht ist eine Sache, die Lösung des Nationalitätenkonflikts eine andere. Weil die Völker Jugoslawiens so bunt durcheinandergemischt leben, sind sie dazu verurteilt, so oder so miteinander auszukommen. Die USA, die EG, die KSZE und andere haben immer wieder darauf hingewiesen, daß durch die Abspaltung einzelner Republiken das eigentliche, nämlich das Nationalitätenproblem nicht entschärft, vielmehr nur vom Bundesstaat in die Einzelrepubliken verlagert und damit vervielfältigt würde [...].[195]

Das ist der Grundwiderspruch, aber – und das wird hier wie in fast allen anderen Äußerungen zu der Situation nicht hinreichend deutlich – vor allem deshalb, weil der ‚Körper der Nation‘, auf welcher Seite auch immer, beides umfasst: das ‚unverletzliche‘ ‚angestammte‘ Territorium und seine Bevölkerung. Aus der nationalen Perspektive geht es nicht um Menschen- und Gruppenrechte, weshalb auch die weitgehendste Autonomie keines der Probleme hätte lösen können, sondern um das *Selbstbestimmungsrecht* einer Nation über ihren ‚Körper‘, also vor allem über ihr Territorium. Der Konflikt bestand nun schlicht deshalb, weil mehrere Nationen dieselben Territorien zu ihrem ‚Körper‘ rechneten. Auf der Ebene des Nationalen hatte aber keine von ihnen ein höheres Recht darauf als eine andere. Messen wir alle Beteiligten an ihren Ansprüchen, so waren sie sich, was diese Grundlage angeht, sogar einig. Ihre jeweilige Argumentation ist dann sehr weitgehend von taktischen Erwägungen bestimmt gewesen. Insofern waren die im Vorteil, die Menschenrechtsverletzungen der Gegenseite als Argument für die eigenen Ansprüche anführen konnten, denn das war die Ebene, die die ‚westlichen‘ Politiker, Journalisten und Wissenschaftler verstanden und mit der sie sich identifizierten.

Der nächste Schritt hätte sein müssen (er steht bis heute aus), auf der Grundlage dessen, was die Konfliktparteien als ihre nationale Identität ansahen, gemeinsame Kriterien zu erarbeiten. Das schließt Fragen ein wie: Welchen Stellenwert hat die nationale Zugehörigkeit der auf einem bestimmten Territorium lebenden Bevölkerung? Welchen Stellenwert hat das nationale Territorium als solches, also die Beibehaltung (‚Unverletzlichkeit‘) von Grenzen? Die nationale Zugehörigkeit der Bevölkerung hätte sich dabei wahrscheinlich als wichtigster Punkt herausgestellt – auch wenn gerade das Kosovo, aber auch andere Fragen, dem widersprach. Schon zu diesem Zeitpunkt war augenfällig, dass sich jede Nation große Probleme einhandelte, wenn sie eine Bevölkerung auf ihrem Territorium einzuschließen versuchte, mit der sie um dieses Territorium konkurrierte. Bei jedem Kriterium waren daher auch die Folgen zu bedenken: Was handelte man sich alles ein, wenn man nach diesem Kriterium entschied? Die Teilungspläne, die es in den 90er Jahren

---

[195] ‚Jede Wirtschaftskooperation mit Jugoslawien strikt unterbinden‘, *Nordwest-Zeitung*, 29.6.1991, zit. n. Zeitler: *Deutschlands Rolle bei der völkerrechtlichen Anerkennung der Republik Kroatien*, S. 214.

auf serbischer Seite gab, zeigen, dass sich doch zumindest einige führende Personen dieser Probleme bewusst waren.

Miloševićs erneute Ablehnung musste die Geduld der Verhandler erschöpfen, meinten sie doch, ihm schon sehr weit entgegengekommen zu sein. Bereits am 12. September 1991 hatte der französische Präsident François Mitterand auf einer Pressekonferenz erklärt, nach den Erfahrungen der letzten Monate sei eine künftige Unabhängigkeit Sloweniens und Kroatiens möglich.[196] Es hätte aber genügt, sich klarzumachen, dass jede Infragestellung des jeweiligen nationalen ‚Körpers' bei jedem der Republikpräsidenten die gleiche Ablehnung hervorgerufen hätte.

Selbstverständlich war diese Situation erst einmal ausweglos und daher schwer auszuhalten. Doch eben deshalb, wäre es wichtig gewesen, die allgemeine Ausweglosigkeit unter allen Umständen aufrechtzuerhalten, solange nicht alle Beteiligten einen Schritt auf einander zu und damit zu einer Lösung machten. Jedes Ausnutzen der Lage hätte sanktioniert werden müssen, also ganz sicher die Besetzung kroatischen Territoriums durch die JNA, aber ebenso die Unabhängigkeitserklärungen Sloweniens und Kroatiens. Beides bedeutete, sich in der ausweglosen Lage einen Vorteil zu verschaffen und sich aus ihr auf Kosten der anderen herauszuwinden. Die Sanktionen hätten zudem klar, direkt und umfassend erfolgen müssen.[197]

Die Entwicklung hat jedoch eine andere Richtung genommen, und die damalige deutsche Regierungskoalition aus CDU/CSU und FDP hat entscheidend dazu beigetragen. Dabei hat die neue Lage, in der sich das wiedervereinigte Deutschland außenpolitisch befand, eine erhebliche Rolle gespielt. Koslowski fasst die Situation folgendermaßen zusammen:

> 1) neue außenpolitische Gestaltungsfreiräume für Deutschland, 2) ungewohnte Erwartungen an die internationale Verantwortung des größer und mächtiger gewordenen Deutschlands, aber auch 3) eine gewachsene kritische Aufmerksamkeit der Nachbarstaaten für die Entwicklungen in Deutschland.[198]

Der erste Test für diese neue Rolle stellte der am 17. Januar 1991 von den USA und anderen Staaten geführte Krieg gegen die irakische Besetzung Kuwaits vom 2. August des Vorjahres dar. Die Erwartung vieler, vor allem ‚westlicher' Regierungen, Deutschland werde sich nun außen- und sicherheitspolitisch stärker engagieren,

---

[196]   Koslowski: *Die NATO und der Krieg in Bosnien-Herzegowina*, S. 84, der sich bezieht auf Hans Peter Stark: ‚Was sagt der Jugoslawienkonflikt über Frankreichs Ostpolitik?', in: *Dokumente*, 48 (1992) 2, Heft 2, S. 128–133, hier: S. 131.

[197]   Die Politik der EG krankte auch daran, dass immer wieder gedroht und wenig oder nur Unzureichendes unternommen wurde. So wurde der von ihr schließlich verfügte Ölboykott gegen das nur noch aus Serbien und Montenegro bestehende Jugoslawien – und damit die JNA – von Griechenland unterlaufen, das ihm über seinen Hafen Saloniki Öl und Kerosin lieferte. Weder die EG noch die deutsche Regierung machten ihren Einfluss geltend, um das zu stoppen. (Zeitler, a. a. O., Anm. 252 u. S. 244)

[198]   Koslowski, a. a. O., S. 42.

wurde dabei enttäuscht. Ein halbes Jahr später konnte die deutsche Regierung dann beweisen, dass sie zu einem solchen stärkeren Engagement durchaus bereit war, zumal sich die Regierung George Bush senior nach dem ersten Irakkrieg nicht wieder militärisch engagieren wollte und der Auffassung war, dass sich die Probleme in Jugoslawien dafür eigneten, dass die EG mehr Verantwortung übernehme.[199]

Auch die gerade vollzogene eigene Wiedervereinigung auf der Grundlage des Selbstbestimmungsrechts blieb nicht ohne Einfluss auf das deutsche Handeln in den jugoslawischen Konflikten. Man meinte, nicht anderen verweigern zu können, was man gerade selbst in Anspruch genommen hatte.[200] Dabei spielte auch die Erfahrung eine Rolle, dass diese Einheit auf der Grundlage freier Entscheidungen zustande gekommen war (‚Einheit in Freiheit‘). Dies wurde als Modell für eine Lösung in Jugoslawien gesehen.[201]

Wie sehr man an die Verhältnisse in Jugoslawien das Maß eigener Wertvorstellungen anlegte und damit übersah, dass dies nur wenig mit den dort verfolgten Werten der weitaus meisten Beteiligten zu tun hatte, wird an folgendem Auszug aus einem Bundestagsbeschluss deutlich:

> Der Deutsche Bundestag [...] stellt fest, daß er in diesem Konflikt nicht Partei ergreift für die eine oder andere Republik oder das eine oder andere Volk in Jugoslawien, sondern für Freiheit, Demokratie, Selbstbestimmung, Minderheitenschutz und friedliche Konfliktlösung und sich gegen Unterdrückung, das Streben nach nationaler Vorherrschaft, den Einsatz militärischer Gewalt und den Versuch stellt, gewaltsam vollendete Tatsachen zu schaffen.[202]

Einzig die Forderung nach Selbstbestimmung traf auf die maßgeblichen Parteien in Jugoslawien zu. Keine von ihnen meinte von sich, nach der „nationalen Vorherrschaft" zu streben, sondern einzig und allein ihren unverzichtbaren nationalen

---

[199] Irakkrieg: Vgl. ebd., S. 45, der auf Inacker: *Unter Ausschluß der Öffentlichkeit* verweist. Jugoslawien: Zeitler, a. a. O., S. 103 u. 105.

[200] So Rupnick: ‚Die Welt im Balkanspiegel: das Agieren der Großmächte‘, S. 469 und Petritsch/Pichler: *Kosovo/Kosova*, 2004, S. 237. Genscher brachte dies am 4. September 1991 vor dem Bundestag mit folgenden Worten zum Ausdruck: „Gewalt ist kein Mittel des Zusammenhalts von Staaten und Völkern, die nichts anderes wollen, als ihr Recht auf Selbstbestimmung verwirklichen. [...] Unser Handeln ist auf Freiheit und Demokratie, auf Menschenrechte und auf Selbstbestimmungsrecht gegründet. Diese Werte haben uns zur deutschen Einheit geführt und ... werden auch die Grundlage des ganzen Europas sein ..." (Hans-Heinrich Wrede: ‚Die deutsche Balkanpolitik im Einklang mit den Partnern‘, *Das Parlament*, 1.10.1993, S. 14)

[201] Zeitler, a. a. O., S. 202, der sich hierbei auf Karl Lamers, außenpolitischer Sprecher der CDU-Bundestagsfraktion und Obmann im Auswärtigen Ausschuss, bezieht. Vgl. a. ‚Entschließung des Bundestages zur Krise in Jugoslawien vom 18. Juni 1991‘, *Drucksache Deutscher Bundestag* 12/75 sowie *Plenarprotokoll* 12/33, S. 2566 A vom 19.6.1991, nach ebd., S. 344.

[202] Ebd., S. 347.

Rechten Geltung zu verschaffen. In einem bereits gewalttätig gewordenen Konflikt ließ sich das offenbar nur mit Gewalt erreichen. Problematisch ist auch die Einschränkung auf „militärische Gewalt", die unberücksichtigt lässt, dass die kroatische Unabhängigkeitserklärung für viele Serben auf der Ebene des ‚nationalen Körpers' bereits einen Gewaltakt darstellte.

Von großer Bedeutung für den Umgang des ‚Westens' mit der gewaltsamen Auflösung Jugoslawiens war zudem die Entwicklung in der Sowjetunion, die Mitte August in einem Putsch eskalierte. Vor allem die US-Regierung von George Bush senior befürchtete, eine Anerkennungspolitik gegenüber abtrünnigen jugoslawischen Republiken könne eine Signalwirkung auf sezessionswillige Sowjetrepubliken wie die Ukraine mit ihren vielen Atomwaffen haben und damit die zentrale Atomwaffenkontrolle, die bisher allein über Moskau geregelt war, zu einem großen Problem machen. Genscher sorgte sich hingegen eher, „daß der Einsatz militärischer Gewalt zwischen den [jugoslawischen] Republiken den Nachfolgestaaten der Sowjetunion ein ganz schlechtes Beispiel geben würde". Auch befürchteten damals viele, die UdSSR könne in den Konflikt militärisch eingreifen, um einige ihrer Republiken von ähnlichen Unabhängigkeitsbestrebungen abzuschrecken. Daher wertete Genscher die Zustimmung der sowjetischen Regierung zum Selbstbestimmungsrecht der Völker als bedeutsam, da es sie, seiner Meinung nach, zu einer entsprechenden Haltung auch in Bezug auf ähnliche Entwicklungen im eigenen Staat verpflichtete. Zudem sahen viele europäische Regierungen in den ethnischen Konflikten der Nachfolgestaaten Jugoslawiens eine existenzielle Bedrohung für die neue internationale Ordnung in Europa nach dem Ende der Ost-West-Konfrontation.[203]

Vor allem aber meinten Bundeskanzler Helmut Kohl und Außenminister Hans-Dietrich Genscher, den Krieg in Kroatien durch die Anerkennung Kroatiens delegitimieren und erneute Kämpfe in Slowenien durch die Anerkennung dieser Republik verhindern zu können, indem dadurch aus Bürgerkriegen rechtlich Aggressionskriege würden, was der UNO erlaubte einzugreifen.[204] Diese Ansicht ist vor allem von jenen unterstützt worden, die Slowenien und Kroatien als ‚Opfer' sahen und daher ein Interesse daran hatten, diese beiden Republiken vor ‚der serbischen Aggression' zu schützen.[205]

Während Zeitler die Ansicht vertritt, diese Haltung der deutschen Regierung habe sich aufgrund der Entwicklung in Jugoslawien ergeben, behauptet Drewer-

---

[203]   Ebd., S. 104 (Putsch in der UdSSR, Ängste vor Sezessionen), 106 (sowjetische Intervention) u. 286 (Genscher, sowjetische Regierung und Selbstbestimmungsrecht); Newhouse: ‚Bonn, der Westen und die Auflösung Jugoslawiens', S. 1194 (Genscher: schlechtes Beispiel); Krause: ‚Deutschland und die Kosovo-Krise', S. 399 (Bedrohung für europäische Ordnung).

[204]   Petritsch/Pichler, a. a. O., S. 237; Zeitler, a. a. O., S. 92 u. 190.

[205]   So z. B. Zeitler, a. a. O., S. 204.

mann, es habe sich um ein ganz bewusstes Vorgehen gehandelt.[206] Dafür spricht, dass Genscher bereits am 26. Juni, einen Tag nach der Unabhängigkeitserklärung der beiden Republiken, zwar Verhandlungen zur Entschärfung der Probleme verlangte, zugleich aber betonte, dass jede Lösung die Beachtung des Selbstbestimmungsrechts einschließen müsse. Auch die österreichische Regierung hob in einer Stellungnahme hervor, die Entscheidungen Sloweniens und Kroatiens spiegelten den demokratisch ausgedrückten Willen der beiden Völker wider. Beide machten allerdings einschränkend deutlich, dass die „notwendigen Voraussetzungen gemäß dem internationalen Recht" für eine formale Anerkennung noch nicht bestünden.[207] Genscher verwies zudem darauf, „daß gerade in Berlin das Recht der Völker Jugoslawiens, über ihre eigene Zukunft zu entscheiden, bekräftigt worden sei."[208]

Er betont zwar noch in seinen *Erinnerungen*:

> Für die deutsche Außenpolitik waren [...] gerade in Anbetracht unseres so sensiblen, auch geschichtlich belasteten Verhältnisses zu dieser Region zwei Aspekte von besonderer Bedeutung: erstens zentrifugale Tendenzen nicht zu ermutigen und zweitens in der Jugoslawien-Politik keinen Alleingang zu unternehmen."[209]

Zumindest der erste Teil der Aussage erscheint jedoch zweifelhaft, eröffnete die Haltung eines Jetzt-noch-nicht doch die Perspektive auf eine zukünftige Anerkennung. Ein nächster Schritt in dieser Richtung erfolgte am 5. Juli, als Genscher von der EG forderte, bei „fortgesetzten Gewaltmaßnahmen der Volksarmee gegen Slowenien und Kroatien" die Unabhängigkeit der beiden Republiken anzuerkennen, was damals jedoch noch keine Zustimmung fand. Den Hintergrund dieser Forderung bildete die erneute Verletzung eines Waffenstillstands durch die JNA in Kroatien.[210]

Übersehen wurde dabei, dass andererseits die Unabhängigkeitserklärung Kroatiens und Sloweniens seitens der serbischen Regierung als aggressiver Akt verstanden

---

[206] Diese Auffassung Zeitlers durchzieht sein ganzes Buch *Deutschlands Rolle bei der völkerrechtlichen Anerkennung der Republik Kroatien*; auf den S. 325–327 fasst er sie zusammen. Drewermann schreibt in seinem Artikel ‚Stahlhelm-Pazifismus': „Schon in der Zeit, als Klaus Kinkel noch Chef des BND war, gab es Planspiele, wie man den Tito-Staat auf dem Balkan durch Ausnutzung der ethnischen Frage zerstückeln könnte, und mit der Anerkennung Kroatiens und Sloweniens durch die BRD begann dieses ‚Spiel' denn auch, sich zu realisieren." (in: *Dokumentation zum Krieg der NATO in Jugoslawien*, S. 12f., hier S. 12; zuerst: *Freitag*, 9.4.1999) Er liefert hierfür allerdings keinen Beleg.

[207] *M-A*, 20/95, Kroatien, Chronik 1991, S. 18.

[208] Genscher: *Erinnerungen*, S. 937. Die hiervon abweichende Darstellung bei Zeitler, der meint, die Nachricht sei für Genscher unerfreulich gewesen (a. a. O., S. 287).

[209] Genscher, a. a. O., S. 932; vgl. a. Ivanković: *Bonn*, S. 15.

[210] *M-A*, 20/95, Kroatien, Chronik 1991, S. 32f.; *Archiv der Gegenwart*, 18.7.1991, S. 35856; Zeitler, a. a. O., S. 188 mit Bezug auf Ivanković: *Bonn. Die zweite kroatische Front*, S. 56 (Verletzung des Waffenstillstands). Vgl. a. Genscher, a. a. O., S. 945.

wurde. Ein Vermittlungsversuch hätte also billigerweise das Vorgehen beider Seiten zurückweisen müssen.

Vorausgegangen war ein halbes Jahr, in dem das Thema die deutsche Öffentlichkeit beschäftigt hatte. Im Januar hatten Zehntausende Kroaten in Hamburg, Berlin, Köln, Frankfurt, Stuttgart und München – allerdings auch in Brüssel, Maastricht und anderen Städten Europas – dafür demonstriert, die Krise in Jugoslawien auf friedliche Weise zu lösen. In Deutschland erinnerten sie zudem mit brennenden Kerzen an den Zusammenbruch des kommunistischen Systems in der DDR.[211]

Besonders viele kroatische Demonstrationen hat Malija Ljubica aus Idstein bei Frankfurt am Main organisiert. Am 3. September 1991 gelang es ihr, vor dem niederländischen Außenministerium bis zu Genscher vorzudringen, vor laufenden Kameras vor ihm auf die Knie zu fallen, seine Beine zu umschlingen und um Hilfe für Kroatien zu bitten. Die Fernsehbilder dieser Begegnung sollen laut Zeitler eine erhebliche Öffentlichkeitswirkung zugunsten Kroatiens gehabt haben.[212]

In Deutschland lebten damals rund 750 000 Jugoslawen, von denen 500 000 Kroaten und Slowenen waren. John Newhouse meint dazu: „Ihre politische Stimme wird in Bonn gehört."[213]

Die Kroaten waren grundsätzlich gut in die deutsche Gesellschaft integriert, und es bestanden auf allen gesellschaftlichen Ebenen alltägliche Kontakte zur deutschen Bevölkerung, die ein Gefühl der Solidarität beförderten. Kroatische Interessenverbände waren vor allem in Süddeutschland sehr stark. So verwundert es nicht, dass Kroatien bereits am 20. Februar 1991 sein erstes Auslandsbüro in Stuttgart eröffnete.[214] Es erscheint unwahrscheinlich, dass von hier aus nicht auch versucht wurde, die deutsche Regierung für eine Anerkennung der kroatischen Unabhängigkeit zu gewinnen.

Schaut man sich eine Übersicht derjenigen jugoslawischen Spitzenpolitiker an, die im zweiten Halbjahr 1991 in Bonn zu Gast waren, fällt auf, dass es sechs kroatische, drei slowenische, zwei serbische, zwei der jugoslawischen Bundesregierung

---

[211] Zeitler, a. a. O., S. 243 mit Verweis auf: ‚7000 Demonstranten in Frankfurt gegen Gewalt in Kroatien', *dpa*, Nr. 176, 16.2.1991.

[212] Ebd., S. 245. Die Aktion in Den Haag liegt deutlich nach Genschers erstem Eintreten für eine Anerkennung der beiden Republiken, sollte die JNA nicht aus Kroatien abziehen. Sie zeigt aber, dass Genscher als Fürsprecher Kroatiens unter den EG-Politikern angesehen wurde.

[213] ‚Bonn, der Westen und die Auflösung Jugoslawiens', S. 1191. Zahlen nach Koslowski: *Die NATO und der Krieg in Bosnien-Herzegowina*, S. 47.

[214] Zeitler, a. a. O., S. 244 (Kroaten gut integriert); Silber/Little: *Bruderkrieg*, S. 230 (Interessenverbände); *M-A,* 20/95, Kroatien, Chronik 1991, S. 14 (Auslandsbüro).

(nämlich des Staatspräsidenten Mesić, der Kroatien im Staatspräsidium vertrat), einen mazedonischen und einen bosnischen Besuch gab.[215]

Traditionell besonders eng verbunden waren auch Bayern und Slowenien, vor allem über die ständige Kommission Bayern-Slowenien. Neben den historisch engen Beziehungen, die auch zwischen Deutschland einerseits sowie Slowenien und Kroatien andererseits bestanden, haben wahrscheinlich auch wirtschaftliche Überlegungen eine Rolle gespielt. Vor den Teilungskriegen war Deutschland mit einem jährlichen Außenhandelsvolumen von 13 Milliarden D-Mark der wichtigste Handelspartner Jugoslawiens.[216] Dabei lag das Hauptgewicht auf Slowenien und Kroatien, wie spätere Statistiken zeigen, auch wenn man eine Verringerung des Handels mit Serbien und eine Steigerung mit Kroatien und Slowenien im Verlauf der 90er Jahre in Rechnung stellt.

Nicht unerheblich ist zudem der Einfluss der deutschen Medien gewesen.[217] Vor allem die *Frankfurter Allgemeine Zeitung* vertrat in ihren Leitartikeln die Meinung, „daß Jugoslawien von Anfang an eine willkürliche Schöpfung gewesen sei, daß der Zerfall des Landes in eine ‚orthodoxe östliche' und eine ‚katholische westliche' Hälfte logisch sei und die bereits mit der römischen Reichsteilung eingeleitete Trennungslinie in Europa widerspiegle." Sie beeinflusste damit gerade auch Bundespolitiker und ihre wissenschaftlichen Mitarbeiter.[218] Die Sicht der *Frankfurter Allgemeinen* ähnelt hierin sehr derjenigen der Regierung Tudjman.

Marie-Janine Calic hält hingegen für entscheidender, dass Großbritannien, Frankreich und Spanien selbst Probleme mit ethnonationalistischen und regionalistischen Bewegungen haben, Deutschland hingegen nicht. Die „scheinbare Wiederkehr historischer und kultureller Affinitäten und Aversionen" habe sich de facto „kaum nachweisen" lassen.[219] Der tatsächliche *Einfluss* lässt sich jedoch bei beiden Faktoren kaum „nachweisen". Wie diejenigen, die von historischen Kontinuitäten ausgehen, trägt sie eine aufgrund der Umstände plausible Annahme vor. Da Akteure ihre Vorannahmen, auf denen ihre Entscheidungen wesentlich beruhen, selten äußern, lassen sie sich auch selten nachweisen, und selbst wenn, handelt es sich meist um einzelne

---

[215]   Zeitler, a. a. O., S. 186f.

[216]   Ebd., S. 208 (Bayern u. Slowenien) u. S. 181 (wirtschaftliche Beziehungen).

[217]   Ebd., S. 235.

[218]   Ebd., S. 237 mit Bezug auf den langjährigen Jugoslawienkorrespondenten der *FAZ* Viktor Meier und seinen Artikel ‚Die Frage der Anerkennung Sloweniens und Kroatiens', in: *Österreichisches Jahrbuch für Internationale Politik 1996*, S. 170. Zum starken Einfluss der *FAZ*: Ebd., S. 239.

[219]   ‚Jugoslawienpolitik am Wendepunkt', *Aus Politik und Zeitgeschichte*, 43 (1993) 37, S. 11–20, hier S. 14, die eine ganze Reihe von Artikeln anführt, die solche Affinitäten zwar behaupten, ihrer Meinung nach jedoch nicht belegen. Ähnlich Rupnick: ‚Die Welt im Balkanspiegel', S. 468f.

Äußerungen, die sich nur schwer verallgemeinern lassen. Im vorliegenden Fall kommt hinzu, dass die historischen Kontinuitäten eher eine atmosphärische und gefühlsmäßige Rolle gespielt zu haben scheinen. Ausdrücklich konnten sie gar nicht benannt werden, da sie Anknüpfungen an die nationalsozialistische oder kaiserliche Politik bedeutet hätten – ein Vorgehen, das 1991, als Deutschland im März mit dem Inkrafttreten des Zwei-plus-Vier-Vertrags seine volle Souveränität wiedererlangt hatte, völlig undenkbar gewesen wäre.

Die genannten Aspekte der Einwanderung und der Aktivitäten der Einwanderer, der politischen Kontakte, der wirtschaftlichen Verbindungen und der Haltung einflussreicher deutscher Medien waren zudem keine isolierten Faktoren, sondern hingen auf vielfältige Art miteinander zusammen. Sie stellen positive Verknüpfungen dar, die eine positive Einschätzung der kroatischen Sicht nahelegten. Das schließt andere Faktoren wie den von Calic genannten nicht aus, sondern addiert sich zu ihnen. Eine Gewichtung dürfte sehr schwer vorzunehmen sein und bedürfte zumindest eines eingehenden Studiums aller einschlägigen Beratungen im Außen- und Kanzleramt sowie im Kabinett.

Als Folge dieser Voreinstellungen wurde ‚Serbien‘ allgemein als Verursacher der Konflikte angesehen. Die Anerkennungspolitik entsprach damit auch dem Freund-Feind-Schema, das sich mittlerweile in Deutschland fast durchgängig etabliert hatte. Diese Sicht unterschied sich deutlich von der in Frankreich, Großbritannien und den USA.[220]

Zudem spielte die Angst vor Flüchtlingsströmen sowie davor, die Konflikte zwischen den Nationen in Jugoslawien könnten auf die in Deutschland lebenden Immigranten übergreifen, eine Rolle. Auch die starke Abneigung großer Teile der Bevölkerung gegen militärische Angriffe, die deutlich auf das serbische Konto gingen, dürfte eine Rolle gespielt haben.[221]

Das ist der Hintergrund, vor dem verständlicher wird, warum bereits vor Genschers ersten positiven Äußerungen in Bezug auf eine Anerkennung unter bestimmten Gründen mehrere Politiker, vor allem der CDU/CSU, einen solchen Schritt auf jeden Fall begrüßten.[222]

---

[220] Koslowski: *Die NATO und der Krieg in Bosnien-Herzegowina*, S. 52 u. 49 (frz., brit. u. US-Sicht). Das Freund-Feind-Schema findet sich auch bei Genscher, für den es sich allein um eine Aggression ‚der Serben‘ in dem Bestreben, die Dominanz in ganz Jugoslawien zu erlangen, handelte (vgl. *Erinnerungen*, S. 929–931).

[221] Zeitler, a. a. O., S. 180.

[222] Ebd., S. 151. So veröffentlichte die CDU/CSU-Gruppe im Europäischen Parlament am 3. Juli eine Presseerklärung, in der sie „dem slowenischen und dem kroatischen Volk und dessen legitimen, frei gewählten Regierungen ihre Verbundenheit" ausdrückte. Auch forderte sie die Bundesregierung, den Ministerrat und die Kommission auf, die Anerkennung beider Staaten zu unterstützen. Ganz ähnlich auch Alfred Dregger (vgl.

Im Europäischen Parlament sollen sich vor allem Mitglieder der Paneuropa-Union, deren Vorsitzender Otto von Habsburg, der älteste Sohn des letzten österreichischen Kaisers, war, und Abgeordnete der Grünen für die Anerkennung der beiden Republiken eingesetzt haben. Ivona Dončević, die langjährige Vertreterin des kroatischen Nationalrats in Bonn, stand in engem Kontakt zu ihm und nutzte auch sonst ihre Verbindungen, um die kroatische Regierung bei ihrem Streben nach Anerkennung zu unterstützen. Unverkennbar soll zudem der Einfluss des Papstes gewesen sein, der insbesondere bei mehreren gegenüber Kroatien kritisch eingestellten italienischen christdemokratischen Politikern eine Meinungsänderung bewirkt habe. Von Habsburg konstatierte eine „katholische Solidarität mit der Kirche in Kroatien."[223]

Am 7. Juli brachte der Vertrag von Brioni, der zusammen mit dem endgültigen Rückzug der JNA aus Slowenien am 19. Juli den dortigen Krieg beendete, eine gewisse Entspannung. Andererseits konnte sich die JNA nun Kroatien zuwenden, wobei neben regulären Truppen auch Freischärler beteiligt waren, was Einschätzungen erschwerte, wer für welche militärischen Aktionen verantwortlich war. Die serbische Regierung konnte so einerseits Verhandlungsbereitschaft signalisieren und andererseits militärisch Fakten schaffen.[224]

Nachdem auch die Mission der vierten EG-Troika vom 2. bis 4. August erfolglos geblieben war, kündigte Genscher auf einem Treffen der EG-Außenminister am 6. August an, Deutschland werde der Gemeinschaft vorschlagen, die Frage der Anerkennung zu prüfen. Die Außenminister konnten sich damals allerdings nicht darauf einigen, Serbien als den eigentlichen Aggressor zu bezeichnen.[225]

Genscher hielt eine deutsche Vorreiterrolle für nötig, damit die EG überhaupt handelte. Schließlich wurden auf der Sondersitzung der EG-Außenminister am 27. August in Brüssel die JNA und Teile der Serben zum ersten Mal als Verantwortliche für die kriegerischen Auseinandersetzungen bezeichnet und Sanktionen für den Fall angedroht, dass die serbische Regierung bis zum 1. Dezember keine verbindlichen Zusagen in Bezug auf eine EG-Beobachtermission in Kroatien und die geplante Jugoslawienkonferenz machen würde. Genscher drohte, er werde dem EG-Ministerrat und der deutschen Regierung die Anerkennung der beiden Republiken

---

ebd., S. 202, nach *Pressedienst der CDU/CSU-Fraktion im Deutschen Bundestag*, 8.7.1991).

[223] Ebd., S. 151f. u. 245 (Dončević).

[224] Ebd., S. 293f.

[225] Ebd., S. 298f. Auf den 6.8. datiert Zeitler auch den Beginn der deutschen Vorreiterrolle (ebd.). Der SPD-Vorsitzende Björn Engholm meinte ebenfalls zu dieser Zeit, einzelne Länder könnten bei der Anerkennung eine Vorreiterrolle übernehmen (ebd., S. 221 mit Bezug auf ‚Engholm: Anerkennung von Kroatien und Slowenien auf der Tagesordnung', *dpa*, Nr. 904, 6.8.1991).

vorschlagen, falls das Ultimatum nicht befolgt werden würde.[226] Als aber am 7. Oktober das Moratorium über die Unabhängigkeitserklärungen aus dem Vertrag von Brioni zu Ende ging und die JNA zugleich den Sitz des kroatischen Präsidenten in Zagreb bombardierte, sagte van den Broek die fälligen Sanktionen ab, da sich die JNA doch noch bereit erklärte, sich schrittweise vollständig aus Kroatien zurückzuziehen – und dabei alle Waffen mitzunehmen.[227]

Als sich die Kämpfe in Kroatien in der ersten Septemberhälfte erneut ausweiteten, fanden Genscher und sein italienischer Amtskollege Gianni De Michelis am 14. September hierfür erneut andere Gründe als der niederländische Außenminister van den Broek. Genscher forderte nicht nur wie De Michelis den Rückzug der JNA aus Kroatien, sondern drohte wieder mit der Anerkennung der beiden sezessionistischen Republiken, falls die Verhandlungen scheiterten. Van den Broek sah hingegen in der kroatischen Blockade der JNA-Kasernen in Kroatien, den „Krieg der Kasernen", eine bewusste Eskalation von dieser Seite. Genscher ging mit seiner Drohung über die Linie der EG-Außenminister hinaus, die lediglich von einer Palette von Sanktionen gesprochen hatten.[228]

Hinzu kam, dass die deutsche Regierung zwar sogar einen militärischen Einsatz forderte – so auf der außerordentlichen Ministertagung der Europäischen Politischen Zusammenarbeit (EPZ) am 19./20. September, als es auch um den militärischen Einsatz der Westeuropäischen Union (WEU) ging –, dazu aber keinen Beitrag leisten wollte, da das Grundgesetz das nicht erlaubte und ein solcher Einsatz nach Genschers Auffassung aus historischen Gründen auch zu einer Verschärfung geführt hätte.[229]

Als die EG-Friedenskonferenz in Den Haag gescheitert war und sich die Krise in Jugoslawien weiter verschärfte, kamen die EG-Außenminister am 4. Oktober schließlich doch überein, dass eine politische Lösung für diejenigen Republiken, die die Unabhängigkeit anstrebten, gefunden werden solle. Diese sollte aber eben am Ende eines Verhandlungsprozesses stehen, „der in gutem Glauben geführt wird und alle Parteien einbezieht."[230]

---

226 Zeitler: *Deutschlands Rolle bei der völkerrechtlichen Anerkennung der Republik Kroatien*, S. 301, der sich für die Sanktionsdrohung auf *dpa*: ,EG stellt Serbien Ultimatum bis Sonntag – Friedenskonferenz soll Jugoslawienkrise beilegen', Nr. 090, 28.8.1991 und für Genscher auf *dpa*: ,Im Jugoslawien-Konflikt nennt Genscher erneut Anerkennung als letztes Mittel', Nr. 938, 28.8.1991 bezieht.

227 Ebd., S. 309f.

228 Ebd., S. 304f.; Libal: *Limits of persuasion*, S. 52.

229 Zeitler, a. a. O., S. 306.

230 ,EPZ-Erklärung zu Jugoslawien, Informelle Tagung der Außenminister, Haarzuilens, 6. Oktober 1991', *Europa Archiv*, 46 (1991) 21, S. D 555f., hier S. D 556.

Außerdem wurden Wirtschaftssanktionen für den Fall, dass die Friedensverhandlungen boykottiert werden sollten, angedroht.[231] Für einen solchen Verhandlungsprozess aber verfügte weder die deutsche Regierung noch die EG über ein Konzept. Ebenso wenig verfügten sie über eins, das die Folgen einer Anerkennung der beiden Republiken berücksichtigt hätte, falls es nicht zu der angestrebten Einigung auf dem Verhandlungsweg kommen sollte.[232]

Am 18. Oktober erklärte van den Broek in einem Interview der österreichischen Zeitung *Die Presse*, dass die EG über die Anerkennung Sloweniens und Kroatiens zu entscheiden habe, falls bis zum 10. Dezember keine politische Lösung gefunden sei und sich die jugoslawische Armee nicht völlig aus Kroatien zurückgezogen habe. An dieser Frist orientierte sich nun die deutsche Anerkennungspolitik.[233]

Auch die Fortsetzung der Jugoslawienkonferenz am 18. Oktober blieb allerdings erfolglos, und obwohl die JNA mittlerweile Dubrovnik beschoss, machte die EG ihre Sanktionsdrohungen wieder nicht wahr. Erst nachdem eine weitere Friedenskonferenz am 4./5. November gescheitert war, wurden sie am 8. mit sofortiger Wirkung erlassen. Zugleich wandten sich die EG- Außenminister an den UN-Sicherheitsrat, um ein für alle Staaten verbindliches Ölembargo zu erreichen. Milošević hatte erneut auf dem Fortbestand Jugoslawiens bestanden und die Notwendigkeit betont, die innerjugoslawischen Grenzen zu ändern. In einem Interview am 6. November im *Journal am Morgen* des Saarländischen Rundfunks machte Genscher deutlich, dass es nun um die Anerkennung Sloweniens und Kroatiens gehe, egal wie sich die Verhandlungen weiterentwickelten. Anfang November eröffnete Deutschland zusätzlich zu dem bereits bestehenden Generalkonsulat in Zagreb ein weiteres in Ljbuljana.[234]

Die eingeleiteten Sanktionen änderten übrigens nichts. Die JNA versuchte weiterhin, Vukovar und Dubrovnik zu erobern. Allerdings befürwortete die serbische Seite nun UN-Friedenstruppen, um die serbisch kontrollierten Gebiete in Kroatien zu schützen.[235]

---

[231] Zeitler, a. a. O., S. 309.

[232] Koslowski: *Die NATO und der Krieg in Bosnien-Herzegowina*, S. 56, 57 u. 58. Auf S. 57, Anm. 127 zitiert er auch aus einem Papier des Auswärtigen Amts zur deutschen Anerkennungspolitik, die das Scheitern dieser Politik wieder vornehmlich ‚den Serben' anlastet, weil diese, „leider zurecht, darauf bauten, daß die Staatengemeinschaft nicht gewillt sein würde, den neuen Staat [Bosnien-Herzegowina] effektiv gegen seine Zerstörung zu schützen."

[233] Genscher: *Erinnerungen*, S. 954; Zeitler, a. a. O., S. 137 (Orientierung für dt. Außenpolitik).

[234] Ebd., S. 311 (18.10.), 207 (4./5. u. 8.11., Ölembargo), 312 (Milošević) u. 313 (8.11., Genscher, Generalkonsulat).

[235] Ebd., S. 314.

Die EG-Außenminister beschlossen schließlich auf Antrag Genschers in Noordwijk am 12. November, die UNO prüfen zu lassen, ob die Entsendung solcher Truppen infrage komme. Carrington sollte bei den Regierungen der jugoslawischen Republiken sondieren, wie hoch die Bereitschaft war, einem solchen Plan zuzustimmen. Diesen schlug er vor, dass die serbische Minderheit in Kroatien unter internationaler Aufsicht Autonomie erhalten und dann nach ein oder zwei Jahren die Gelegenheit bekommen sollte, in einem Referendum zu entscheiden, ob sie weiter zu Kroatien gehören wollte – ein Vorschlag, zu dem er offenbar nicht autorisiert war.[236]

Am 27. November kündigte Helmut Kohl schließlich vor dem Bundestag an, die Bundesregierung werde die Republiken, die dies wünschten, noch vor Weihnachten anerkennen. Am folgenden Tag erklärte der italienische Ministerpräsident Giulio Andreotti für seine Regierung das Gleiche. Beide Regierungen machten ihre Anerkennung der beiden Republiken also nicht mehr von einem Konsens innerhalb der EG abhängig. Zugleich richteten sie sich damit dagegen, dass einmal gesetzte Fristen gegenüber der serbischen Seite immer wieder verlängert wurden.[237] Vor allem die deutsche Regierung hatte sich auf diese Weise unter Zugzwang gesetzt.

Kohl bestätigte dies am 5. Dezember, als er Tudjman die Anerkennung Kroatiens noch vor Weihnachten zusagte, was Letzterer dann am folgenden Tag im kroatischen Fernsehen verkündete.[238]

Am 7. Dezember legte die Badinter-Kommission ihr Gutachten vor, in dem sie konstatierte, dass der jugoslawische Staat zerfallen sei, und die Rechtsnachfolge allen Republiken gemeinsam zusprach.[239]

Am 11. Dezember akzeptierte Tudjman auf Genschers Drängen den Vance-Plan zur Stationierung von UN-Truppen in den mehrheitlich serbisch besiedelten Gebieten Kroatiens. Damit musste er auch serbische Bezirksverwaltungen hinnehmen. Andererseits sollten die serbischen Streitkräfte entwaffnet und Polizeikräfte entsprechend der ethnischen Zusammensetzung der Bevölkerung vor Beginn der Kämpfe aufgebaut werden sowie die vertriebenen Kroaten zurückkehren können. Diese Bestimmungen, die im kroatischen Interesse lagen, wurden allerdings nicht umgesetzt.[240]

---

[236] Ebd., S. 138 u. 314f. (nicht autorisiert); Carringtons Vorschlag: Ströhm: ‚Lord Carrington, Milosević und die Büchse der Pandora‘, *Die Welt*, 16.11.1991, S. 2.

[237] Zeitler, a. a. O., S. 207 u. 317.

[238] ‚Deutschland will Kroatien und Slowenien anerkennen‘, *FAZ*, 6.12.1991, S. 1. Tudjman im Fernsehen: Silber/Little: *Bruderkrieg*, S. 230f. mit Bezug auf eine Meldung von *ap* vom selben Tag.

[239] Zeitler, a. a. O., S. 318.

[240] Ebd., S. 318f.

Dennoch gab es auch noch zu diesem Zeitpunkt gewichtige Stimmen, die vor einer Anerkennung warnten, so am 12. Dezember UN-Generalsekretär Pérez de Cuéllar in einem Brief an den EG-Ratspräsidenten van den Broek. Genscher antwortete ihm am 13. Dezember, dass er besorgt sei, dass dies diejenigen ermutige, die sich bisher einer Friedensregelung widersetzten.[241] Das ist insofern richtig, als de Cuéllar die serbische Behauptung, Jugoslawien existiere weiter, zu stützen schien. Genscher und mit ihm die deutsche Regierung insgesamt hat jedoch offenbar durchgängig dem Problem wenig Beachtung geschenkt, dass sich der Konflikt im Fall der Anerkennung von Republiken, was Bosnien anging, mit großer Wahrscheinlichkeit verschärfen würde.[242]

Wie sehr die Lage in Bosnien-Herzegowina durch nicht einvernehmliche Sezessionen gefährdet war, war bereits am 27. Februar 1991 deutlich geworden, als der Republikpräsident Izetbegović im bosnischen Parlament erklärt hatte: „Ich würde den Frieden für ein souveränes Bosnien-Herzegowina opfern, aber für diesen Frieden in Bosnien-Herzegowina würde ich nicht seine Souveränität opfern." Silber und Little merken dazu an: „In serbischen Ohren klang das wie ein Schlachtruf. Die serbischen Abgeordneten weigerten sich während dieser Parlamentssitzung, eine bosnische Unabhängigkeitserklärung, die von SDA und HDZ beantragt worden war, auch nur zu diskutieren."[243]

Zu einer deutsch-französischen Annäherung in Bezug auf die Anerkennung kam es am 13./14. Dezember, deren Ergebnis ein Kriterienkatalog für die staatsrechtliche Anerkennung – auch über Jugoslawien hinaus – war.[244] Auf der EG-Außenministertagung am 16./17. in Brüssel stellte Genscher dann klar, dass Deutschland sogar mit der Anerkennung Sloweniens und Kroatiens vorpreschen würde, falls die anderen EG-Staaten nicht mitzögen. Sowohl die britische als auch die niederländische Regierung hielten eine Anerkennung für keinen guten Schritt, doch beiden war die Einheit innerhalb der EG wichtiger.

Nach Christopher Bennett und John Newhouse lenkte die britische Regierung als Gegenleistung für Konzessionen, die die deutsche Regierung in Bezug auf den Maastrichter Vertrag gemacht hatte – vor allem den Verzicht auf die D-Mark und die Zustimmung zur Einführung einer europäischen Währung –, ein.[245] Am

---

[241] Ebd., S. 319.

[242] So die Warnung de Cuéllars am 14.12. an Genscher (ebd., S. 320). Carrington war der gleichen Auffassung (Silber/Little: *Bruderkrieg*, S. 232f.), und auch die US-Regierung lehnte eine Anerkennung ab (Zeitler, a. a. O., S. 320).

[243] Silber/Little, a. a. O., S. 251.

[244] Zeitler, a. a. O., S. 321.

[245] Bennett: *Yugoslavia's Bloody Collapse*, S. 179; Newhouse: ‚Bonn, der Westen und die Auflösung Jugoslawiens', S. 1197. Newhouse meint zudem: „Die Frage der Anerkennung Kroatiens und Sloweniens handelten die EG-Führer im Schnellverfahren ab. Aber weder die Konsequenzen einer Anerkennung noch die wirklichen Probleme, die Ju-

17. Dezember konnte Genscher Kohl um 2 Uhr nachts mitteilen, dass er die Anerkennung habe durchsetzen können.[246]

Kern der Einigung waren Richtlinien für die Anerkennung, die auf dem deutsch-französischen Kriterienkatalog, den Bestimmungen aus Carringtons Vertragsentwurf, vor allem des 2. Kapitels über Menschenrechte und Rechte nationaler und ethnischer Minderheiten, sowie der Unterstützung der Bemühungen der UNO und der Fortsetzung der Jugoslawienkonferenz basierten. Die sezessionswilligen Republiken sollten ihren Antrag bis zum 23. Dezember stellen und sich dabei zur Einhaltung dieses Prinzipienkatalogs verpflichten. Die Badinter-Kommission hatte anschließend die Anträge zu prüfen, umgesetzt werden sollten sie dann am 15. Januar 1992. Genscher legte noch einmal den deutschen Standpunkt dar, die Anerkennung schon vor Weihnachten auszusprechen, dem niemand widersprach. Nach Zeitler habe sich die deutsche Regierung daher im Einvernehmen mit den anderen EG-Regierungen fühlen können. Silber und Little sprechen hingegen von einem „Quasi-Ultimatum".[247] Der Druck, der von der deutschen Regierung ausging, wird bereits daran deutlich, dass sie sich schon vorher auf eine Anerkennung festgelegt hatte. Die Prüfung durch die Badinter-Kommission war damit weitgehend Makulatur.

Die Reaktionen in Kroatien waren eindeutig: Der Schlager *Danke, Deutschland* eroberte die kroatische Hitparade, in Split änderte ein beliebtes Café an der alten Uferpromenade seinen Namen in *Café Genscher* und Kruno Bošnjak nahm Genscher und Kohl in seine sieben Bronzeskulpturen „Menschen für alle kroatischen Zeiten" auf.[248]

Bosnien hatte in dieser Situation nur noch eine Wahl, die keine mehr war: Es konnte sich Slowenien und Kroatien anschließen und damit einen Bürgerkrieg mit seiner serbischen Bevölkerung provozieren oder in einem zukünftigen Rumpfjugoslawien unter serbischer Dominanz verbleiben.[249] Zudem macht Carrington geltend:

> Mir schien, daß es danach keinen Sinn mehr machte, die Konferenz noch fortzusetzen. Wenn bereits zwei Republiken unabhängig waren, hatten sie kein Interesse mehr an der Weiterführung, und ich glaube, die Serben waren auch nicht besonders interessiert. Unser einziges Zuckerbrot, irgend jemanden zu irgend etwas zu bewegen,

---

goslawien aufwarf, kamen in ihren Diskussionen je zur Sprache." (Ebd., S. 1196f.) Auch sonst gibt er erhellende Einblicke in die diplomatische Entscheidungsfindung in Bezug auf die Konflikte in Jugoslawien.

[246] Zeitler, a. a. O., S. 197.

[247] Ebd., S. 322f.; Genscher: *Erinnerungen*, S. 960–962; Silber/Little: *Bruderkrieg*, S. 233 („Quasi-Ultimatum").

[248] Silber/Little: a. a. O., S. 233f.; Skulpturen: s. S. 231, Anm. 78 d. vorl. Arbeit.

[249] Ebd., S. 234.

war letztlich die Anerkennung ihrer Unabhängigkeit. Einen anderen Anreiz gab es nicht. Dieses Zuckerbrot wurde einfach weggeworfen.[250]

Bis zum 23. Dezember hatten dann Slowenien, Kroatien, Bosnien-Herzegowina und Mazedonien die Anerkennung ihrer Unabhängigkeit bei der EG beantragt. Bereits am 19. hatten die deutsche und die österreichische Regierung erklärt, sie würden Slowenien und Kroatien am 23. Dezember anerkennen, was sie dann auch taten. Die Aufnahme diplomatischer Beziehungen wurde, entsprechend dem Beschluss des EG-Außenministerrats vom 16. Dezember, auf den 15. Januar 1992 festgelegt.[251] Am 13. Januar 1992 folgte der Vatikan mit seiner Anerkennung und erst zwei Tage später, wie vereinbart, die übrigen EG-Staaten. Damit wurde die Anerkennung genau von jenen Staaten zuerst erklärt, die den Vorstellungen, eine von den beiden Aggressoren zweier Weltkriege – Deutschland und Österreich – angeführte und von der katholischen Kirche unterstützten antiserbischen Koalition betreibe die Zerstörung Jugoslawiens, neue Nahrung geben mussten.

So hatte beispielsweise Budimir Košutić, ein Rechtsprofessor, Mitglied des Verfassungsausschusses der Skupština und Berater von Milošević, bereits am 4. Juli 1991 in der serbischen Zeitung *Politika ekspres* den Beitrag ‚Der blutige Plan‘ auf der Titelseite veröffentlicht, in dem er Deutschland vorwarf, Jugoslawien zerschlagen zu wollen, um ein von Deutschland beherrschtes Europa errichten zu können.

> Unter die ersten Länder, die zerstört werden müssen, fiel Jugoslawien. Der entscheidende Schlag ist gegen das serbische Volk gerichtet. [...] Der Geist des Nationalsozialismus und extremen Nationalismus wächst in Deutschland und Österreich besorgniserregend. [...] Ihre Verbündeten in Slowenien und Kroatien bemühen sich, ja nicht hinter dieser Entwicklung zurückzubleiben.[252]

Auch die führenden serbischen Politiker Veljko Kadijević und Borislav Jović sowie der Montenegriner Branko Kostić warnten vor der Auferstehung eines deutschen „Vierten Reichs" und einem neuen deutschen „Drang nach Osten".[253]

In serbischen Massenmedien waren ähnliche Töne zu hören. Auch einige von ihnen sprachen von einem „Vierten Reich" und davon, dass das wiedervereinigte Deutschland seinen alten Traum von einem von der Ostsee bis zur Adria reichenden Großdeutschland verfolge. Dies geschehe vor allem über den Bundesnachrichten-

---

[250] Ebd.

[251] Zeitler, a. a. O., S. 324.

[252] ‚»Deutschland will Jugoslawien zerschlagen«‘, *FAZ*, 5.7.1991, S. 2; *Archiv der Gegenwart*, 18.7.1991, S. 35855f. Dort ist auf S. 35856 auch von der Behauptung des serbischen Generals Raseta die Rede, Österreich habe zugunsten Sloweniens in die Kämpfe eingegriffen, was von der österreichischen Regierung zurückgewiesen wurde. Ähnliche Anklagen wie die von Košutić waren bereits am 3.7. im staatlich kontrollierten Belgrader Fernsehen erhoben worden. Die damals auflagenstärkste serbische Zeitung *Večernje novosti* vertrat diesen Standpunkt ebenfalls. (*FAZ*, ebd.)

[253] Silber/Little, a. a. O., S. 231.

dienst (BND).[254] Die Belgrader Tageszeitung *Borba* veröffentlichte unter dem Titel ‚Nemački činilac i zaoštravanje jugoslovenske krize' (Der deutsche Faktor und die Verschärfung der jugoslawischen Krise) vom bis zum 18. Juli eine vierteilige Artikelserie des Historikers Andrej Mitrović, der nachzuweisen versucht, erst eine Einmischung Deutschlands und Österreichs habe den jugoslawischen Krisenherd zum hochexplosiven Pulverfass gemacht, wobei Traditionslinien aus dem Habsburgerreich und dem Nationalsozialismus fortgeführt worden seien.[255]

Sicherlich wurde die Geschichte von serbischer Seite dabei instrumentalisiert.[256] In diesem Zusammenhang *nur* von „Instrumentalisierung" zu sprechen, negiert jedoch wieder die psychologische Seite politischer Entwicklungen und reduziert sie auf zweckrationales Handeln im Sinne von strategischer und taktischer Propaganda. Aufgrund der nationalistischen Aufladung lag es nicht nur nahe, solche Verbindungen zu ziehen, sie waren bereits Teil der nationalistischen Erregung, die gerade von einer ‚Auferstehung' der Vergangenheit geprägt war.

Möglicherweise hat die von deutscher Seite betriebene Anerkennungspolitik erst einmal zu einiger Entspannung geführt, immerhin erklärte Milošević am 9. Januar 1992 den Krieg in Kroatien für beendet.[257] Andererseits waren die mehrheitlich serbisch besiedelten Gebiete zu diesem Zeitpunkt bereits unter serbischer Kontrolle, weitere Kriegsziele in Kroatien schienen nicht bestanden zu haben. Damit aber wurde die JNA weitgehend frei für ein militärisches Eingreifen in Bosnien, das nun aufgrund der Anerkennungsdynamik ebenfalls die Unabhängigkeit beanspruchte und

---

[254] Buchalla: ‚Alte Wochenschau-Bilder anstelle der aktuellen Misere', *SZ*, 10.7.1991, S. 8, der auf Artikel in der *Politika*, den *Večernje Novosti*, in *Politika Ekspres* und im Belgrader Fernsehen verweist. Die *Večernje Novosti* und die Armeezeitung *Narodna Armija* hätten zudem berichtet, die Bundeswehr drille die slowenische Bürgerwehr, außerdem seien Panzerabwehrraketen geliefert worden. Über die Panzerabwehrraketen vom Typ Armbrust und die BND-Aktivitäten hatte die SZ bereits zwei Tage zuvor auf S. 6 unter dem Titel ‚Deutschland direkt in den Konflikt verwickelt' berichtet. Sie hatte sich dabei nicht nur auf einen Artikel in den *Večernje Novosti* vom 6.7., sondern auch auf ‚westliche' Quellen bezogen. So habe die britische Wochenzeitung *Observer* davon berichtet, ein Teil der von Slowenien verwendeten Waffen sei auf dem internationalen Markt gekauft worden. Und im Magazin *Zeitspiegel* des Bayrischen Fernsehens war von Waffen aus den Beständen der Nationalen Volksarmee der DDR die Rede.

[255] ‚Viertes Reich', *Spiegel*, 22.7.1991, S. 119f. *Borba*-Serie: 15.7.1991, S. 9; 16.7., S. 13; 17.7., S. 12; 18.7., S. 12. Eine Übersicht zu den Hetzkampagnen gegen Deutschland gibt nach Zeitler, a. a. O., S. 182 der Bericht ‚Zwischen Satan und Retter: Die Bundesrepublik hat für Serbien zwei Gesichter' von *dpa*, Nr. 271, 31.7.1991.

[256] Vgl. die Bemerkung von Koslowski: *Die NATO und der Krieg in Bosnien-Herzegowina*, S. 49f.

[257] Genscher meint, sein Vorgehen habe den Krieg in Kroatien beendet und die Gefahr einer neuen Aggression gegen Slowenien gebannt (*Erinnerungen*, S. 966). Vgl. a. Zeitler, a. a. O., S. 326.

damit Serben von ihrem ‚Mutterland' trennte. Dass die deutsche Regierung hier mit einer Anerkennung, im Gegensatz zur US-amerikanischen, zurückhaltend war,[258] stellte keine Lösung dar. Allerdings dürfte die Tatsache, dass die Verletzung der territorialen Integrität Kroatiens durch die serbisch kontrollierten Gebiete von den ‚westlichen' Regierungen weitgehend hingenommen wurde, serbische Nationalisten zu einem ähnlichen Vorgehen auch in Bosnien ermutigt haben.[259]

Die Haltung der deutschen Regierung war also bereits Anfang der 90er Jahre eher antiserbisch ausgerichtet und hatte die anderen EG-Regierungen maßgeblich beeinflusst. Die absehbare katastrophale Entwicklung in Bosnien-Herzegowina, in der wiederum die militärischen Aggressoren überwiegend Serben waren – was in der deutschen wie in der ‚westlichen' Öffentlichkeit insgesamt eine große Rolle spielte, während die Trennung von Serben und Kroaten von ihren ‚Mutterländern' fast keine Beachtung fand –, hat diese Haltung weiter verstärkt. In Ländern wie Großbritannien, Frankreich und den USA, wo traditionell mehr Wohlwollen gegenüber den Zielen der serbischen Regierung bestand, führte dies zu einem grundlegenden Positionswechsel, wodurch sich die deutsche Regierung in ihrer Einschätzung bestätigt sah. Deren außenpolitisches Handeln folgte dann auch sechs Jahre später beim Konflikt zwischen Kosovo-Albanern und Serben der einmal eingeschlagenen Richtung.

5.6. Račak/Reçak

Zurück zur Situation im Kosovo Ende der 90er Jahre. In diesem Konflikt lief für ‚den Westen' das Fass endgültig durch ein blutiges Vorkommnis über, das am 15. Januar 1999 in dem Dorf Račak/Reçak stattfand.[260] Nach Judah nahmen die Er-

---

[258]   Das macht Genscher geltend: *Erinnerungen*, S. 966.

[259]   Vgl. Zeitler, a. a. O., S. 326f., Anm. 1238. Das war bereits von dem CDU-Außenpolitiker Karl Lamers im August befürchtet worden (vgl. *Pressedienst der CDU/CSU-Fraktion im Deutschen Bundestag*, Nr. 1948, 20.8.1991, zit. v. Zeitler, S. 205.).

[260]   Vgl. *Kosovo Report*, S. 159. Es wurde sogleich als ‚Massaker' bezeichnet und wirkte nach den Erfahrungen in Bosnien und der Bombendrohung der NATO vom Oktober 1998 wie eine Alarmglocke. Es schien alles nichts zu nützen, die Morde an Zivilisten schienen wieder in größerem Stil zu beginnen. Die US-Regierung sprach sich für einen sofortigen Militärschlag aus (Petritsch/Kaser/Pichler: *Kosovo/Kosova*, 1999, S. 263). Als entscheidendes Ereignis wird Račak u. a. auch von Joschka Fischer (Hofmann: ‚Wie Deutschland in den Krieg geriet', S. 17), Rudolf Scharping (*Wir dürfen nicht wegsehen*, S. 215), dem Staatssekretär im Auswärtigen Amt Ludger Volmer (‚Krieg in Jugo-

eignisse bereits am 8. Januar ihren Anfang, als UÇK-Einheiten drei serbische Polizisten in dem Dorf Dulje/Duhel in der Nähe der Stadt Štimlje/Shtimja in einem Hinterhalt töteten. Zwei Tage später wurde in dem Nachbardorf Slivovo/Slivove erneut ein serbischer Polizist getötet. Daraufhin wurden Polizei- und Armeeeinheiten in die Region verlegt.[261]

Eine eingehende wissenschaftliche Untersuchung der Vorgänge, die die damaligen Berichte und später bekannt gewordene Details vergleichen würde, steht bislang aus. Ich gebe im Folgenden anhand der Darstellungen von Judah, Bellamy, Petritsch und Pichler sowie des OSZE-Berichts *Kosovo – Kosova. As Seen, As Told* einen Überblick. Außerdem habe ich einige Zeitungsartikel hinzugezogen. Auffällig sind dabei nicht nur immer wieder unterschiedliche Angaben in den Details, sondern auch im Wesentlichen. Petritsch und Pichler schreiben:

> Am Morgen des 15. Jänner brachen Kämpfe zwischen UÇK-Verbänden und den angerückten Einheiten in der Nähe des Dorfes Račak/Reçak aus. Die UÇK zog sich nach einigen Stunden zurück. Daraufhin drangen die angreifenden serbischen Polizeieinheiten – laut einigen Berichten gemeinsam mit paramilitärischen Verbänden – in das Dorf ein.[262]

Nach von Bellamy angeführten Zeugenberichten begann die Operation um 6 Uhr 30 damit, dass Einheiten der Polizei des serbischen Innenministeriums (MUP) und der Jugoslawischen Armee (VJ) mit T-55-Panzern und gepanzerten Fahrzeugen im Umkreis des Dorfes eingetroffen seien, woraufhin die ersten Familien nach dem nahegelegenen Petrovo geflohen seien und UÇK-Mitglieder Positionen in den Hügeln rund ums Dorf bezogen hätten. Man gehe allgemein davon aus, dass sich zu dieser Zeit 300–400 Dorfbewohner im Ort befanden. Judah berichtet, dass die Polizisten, nachdem sie in das Dorf eingedrungen seien, mehrere Menschen erschossen hätten. Eine Gruppe von 30 Männern und Jungen, die sich in einem Keller versteckt hätten, hätten herauskommen müssen. Später seien die Jungen von den Männern getrennt und 23 Männer weggebracht worden. Die zurückgebliebenen Dorfbewohner hätten Schüsse gehört – nach Bellamy um 15 Uhr – und um 4 Uhr nachts dann auch die

---

slawien', S. 59) und William Walker, dem Chef der KVM (Interview von Peter de Thier in der *Berliner Zeitung* vom 8./9.4.2000, S. 9), gesehen.

[261] Judah: *Kosovo*, S. 193; Bellamy: *Kosovo and International Society*, S. 114; OSCE: *Kosovo/Kosova. As seen, As Told*, V. Teil: ‚The municipalities', Abschnitt ‚Stimlje/Shtime', Unterabschnitt ‚Racak/Recak'; Petritsch/Pichler: *Kosovo/Kosova*, 2004, S. 159, die sich auf Judah beziehen und die Tötung des vierten Polizisten auf den 11.1. datieren. Vgl. a. ‚OSCE Press Release, January 9, 1999', in: *The Kosovo Conflict*, S. 408. Bellamys Darstellung auf den S. 114–118 seines Buchs ist die ausführlichste mir bekannte.

[262] Petritsch/Pichler, a. a. O., S. 159. Die Quellen der erwähnten Berichte geben sie nicht an. Die beiden anderen Autoren erwähnen nichts von paramilitärischen Verbänden. In OSCE, a. a. O. ist allerdings von Personen „in black uniforms and ski masks" die Rede. Auch hätten einige Dorfbewohner angegeben, sie hätten unter den Polizisten serbische Zivilisten aus Štimlje/Shtimja erkannt.

Leichen der Männer gefunden. Bellamy gibt an, der Ort sei noch in der Nacht des 15. Januars erneut von der UÇK besetzt worden, nachdem die Polizeikräfte des MUP abgezogen waren. Merkwürdig ist, dass Letztere offenbar keine Anstalten machten, Spuren zu verwischen. Die KVM berichtet, der Angriff auf Račak/Reçak habe ungefähr um 7 Uhr begonnen, weitere Angriffe der VJ und der MUP-Polizei habe es auch in drei weiteren Dörfern der Gegend gegeben. Die KVM-Beobachter hätten am Nachmittag einen toten und fünf verwundete Zivilisten gesehen. Bewohner hätten berichtet, dass 20 Männer fortgeführt worden seien. Bellamy präzisiert, das sei am späten Nachmittag passiert.[263]

Ein französisches Team von *Associated Press TV* hatte die Polizeiaktion in Račak/Reçak gefilmt und eine Gruppe KVM-Beobachter war zugegen gewesen – nach Bellamy ein sehr ungewöhnliches Vorgehen, man habe damit vom eigentlichen Ziel der Operation, der Rache für die Tötung der drei Polizisten, ablenken wollen. Beiden Gruppen war nichts von einer Hinrichtung aufgefallen. Es sei vielmehr ein Kampf um einen Stützpunkt der UÇK gewesen. Der Journalist Christophe Châtelot berichtet hiervon am 21. Januar 1999 in *Le Monde* anhand des Filmmaterials:

> Lorsqu'à 10 heures, ils [die Polizisten] entrent dans la localité dans le sillage d'un véhicule blindé de la police, le village est presque désert. Ils progressent dans les rues sous le feu de tireurs de l'Armée de libération du Kosovo (UCK) embusqués dans les bois qui dominent le village. Ces échanges de tirs dureront tout le temps de l'intervention, avec plus ou moins d'intensité. C'est dans les bois qu'ont lieu l'essentiel des combats. Les Albanais qui ont fui le village dès les premiers tirs d'obus serbes, à l'aube, ont tenté d'y trouver leur salut. Là ils sont tombés sur des policiers qui ont pris le village à revers. L'UCK est prise en tenailles.[264]

Zudem berichtet er, bei Račak/Reçak habe es sich um einen befestigten Ort der Untergrundorganisation gehandelt. Von einem befestigten Dorf mit vielen Schützengräben soll auch Renaud Girard, Reporter des *Figaro*, der am 16. Januar vor Ort den Untersuchungen der KVM-Beobachter unter Führung von Walker beiwohnte, gesprochen haben, während davon im ‚Special Report' der KVM kein Wort stehe. Girard berichtete allerdings im *Figaro*, dass die Operation im Morgengrauen begon-

---

[263] Bellamy, a. a. O., S. 114–116; Judah: *Kosovo*, S. 193, der sich auf Human Rights Watch bezieht, aber keine konkreten Quellen nennt; Bo Adam/Roland Heine/Claudius Technau: „Ich spürte, da stimmte etwas nicht'", *Berliner Zeitung*, 24.3.2000, S. 8 (keine Spuren verwischt); OSCE, a. a. O. Julius Strauss, der noch im Januar 1999 eine Woche lang die Hintergründe des ‚Massakers' recherchierte, erkennt in den Polizisten die Spezielle Antiterroreinheit des Innenministeriums, hält allerdings die Beteiligung noch weiterer Einheiten für möglich (‚Military ›death squads‹ behind Kosovo massacre', *Daily Telegraph*, 27.1.1999).

[264] Châtelot: ‚Les morts de Racak ont-ils vraiment été massacrés froidement?', *Le Monde*, 21.1.1999, S. 2. Bellamys Interpretation: *Kosovo and International Society*, S. 114. Girard: ‚Kosovo: zones d'ombres sur un massacre', *Le Figaro*, 20.1.1999, S. 3. Die KVM habe zwei Wagen geschickt, die amerikanische Diplomatenkennzeichen getragen hätten.

nen habe, das Fernsehteam aber erst ab halb neun eingeladen gewesen sei, die Operation zu filmen – vorher war das Dorf beschossen worden, nun drangen serbische Polizisten in den Ort ein. Nach Châtelot hatte es nahezu die gesamte Bevölkerung während der serbischen Offensive im Sommer 1998 verlassen. Nur wenige seien danach zurückgekehrt, nur von zwei Schornsteinen sei Rauch aufgestiegen. Möglicherweise waren viele Bewohner gar nicht dazu gekommen, Feuer zu machen, da die Polizeioperation im Morgengrauen begonnen hatte. Bellamy wendet ein, die Fernsehreporter hätten kaum Bewohner gesehen, weil diese sich versteckt hätten.[265]

Châtelot und Girard berichten zudem anhand der Filmaufnahmen der Kameraleute von *AP TV*, dass die ins Dorf einrückenden Polizisten aus Schützengräben auf einem Hügelhang beschossen worden seien.[266] Auffällig ist zudem, dass die KVM-Beobachter am Nachmittag des 15. Januars lediglich eine Leiche im Dorf fanden, während am nächsten Morgen mindestens 13, wenn nicht sogar 18 in den Straßen und Höfen gefunden worden sein sollen. Châtelot fragt, wie es möglich gewesen sein soll, dass die Polizisten eine Gruppe Männer aus dem Dorf geführt und dann exekutiert hätten, da sie doch die ganze Zeit unter Beschuss der UÇK gewesen seien.[267]

Am folgenden Morgen untersuchte die KVM den Tatort erneut, zudem waren bereits Journalisten vor Ort. Nun werden sie von bewaffneten UÇK-Kämpfern zu einem Graben mit Toten geführt. Die KVM berichtet anschließend, sie habe 40 Leichen an verschiedenen Stellen gefunden, darunter 20 in dem Graben, fünf weitere seien bereits von Familienangehörigen in das Nachbardorf Malopoljce/Mallopole gebracht worden. Es habe auch geköpfte und kopflose Leichen gegeben. Petritsch und Pichler geben an, es seien 45 Leichen gewesen, die die KVM gefunden habe, großenteils Zivilisten, darunter drei Frauen, ein Kind und mehrere alte Männer. Elf Leichen seien in den Häusern, 23 neben- oder übereinander liegend in einem nahe gelegenen Graben und die restlichen verstreut an unterschiedlichen Plätzen in der Umgebung des Dorfes gefunden worden. Die Mitarbeiter der KVM hätten festgestellt: „evidence of arbitrary detentions, extra-judicial killings, and mutilation of unarmed civilians by the security forces of the FRY." Nach Judah waren es zwei Frauen, das Kind sei ein zwölfjähriger Junge gewesen. Bellamy nennt 25 in einem

---

[265] Châtelot, a. a. O.; die Aussage von Girard nach Adam/Heine/Technau, a. a. O. (dort a. ‚Special Report'); Girard, a. a. O.; Bellamy, a. a. O., S. 117.

[266] Girard, a. a. O.; Châtelot, a. a. O.

[267] Adam/Heine/Technau, a. a. O. (Zahl der im Dorf gefundenen Leichen; der eine Tote vom 15.1. wird auch in OSCE: *Kosovo/Kosova. As seen, As Told*, Teil V, Abschnitt ‚Stimlje/Shtimle', Unterabschnitt ‚Racak/Recak' erwähnt); Châtelot, a. a. O. Girard berichtet sogar, ein französischer Journalist, dessen Namen er nicht nennt, sei um 16:30 Uhr und um 18 Uhr durchs Dorf gegangen und ihm seien von den noch anwesenden KVM-Beobachtern keine besonderen Vorkommnisse angezeigt worden. (a. a. O.)

Graben gefundene Leichen, der Bericht der finnischen forensischen Kommission, die später 40 der Toten untersuchte, spricht von 22.[268]

Da einige Tote Einschusswunden am Kopf und im Genick aufwiesen, lag der Verdacht nahe, sie seien aus nächster Nähe liquidiert worden. Zu diesem Schluss kommt auch der von Judah erwähnte Bericht von Human Rights Watch, da die Löcher in der Kleidung mit den Einschusswunden übereinstimmten, was später das finnische forensische Team bestätigen sollte. Der KVM-Sprecher Berend Borchardt, der unter den ersten Inspektoren war, teilte der Presse mit, dass die Toten „ordinary farming people" gewesen seien, die meisten hätten Wellington-Stiefel getragen und keiner von ihnen Schuhwerk, das für militärische Einsätze passend gewesen wäre. Nach Bo Adam habe ihm allerdings ein Dorfbewohner gezeigt, dass zwei Männer auf einer Böschung gelegen hatten – eine Position, die auch Schützen einnähmen – und dabei von den Hügeln gegenüber in den Kopf getroffen worden seien. Châtelot fragt, weshalb es in dem Graben, wo 23 Leichen gefunden worden seien, die durch Kopfschüsse niedergestreckt worden sein sollen, so wenig Blut gegeben habe.[269]

Die jugoslawische Nachrichtenagentur *Tanjug* meldete am 16. Januar, beim Versuch, die Terroristen zu verhaften, die wenige Tage zuvor einen Polizisten umgebracht hätten, sei es zu Kämpfen zwischen UÇK-Kämpfern und Polizeieinheiten gekommen, bei denen mehrere Dutzend Terroristen getötet worden seien, die aus Schützengräben, Bunkern und Befestigungsanlagen angegriffen hätten. Erstaunli-

---

[268] OSCE, a. a. O.; Châtelot, a. a. O. (von UÇK-Kämpfern zum Graben geführt); Petritsch/Pichler: *Kosovo/Kosova*, 2004, S. 159; Judah: *Kosovo*, S. 193f.; Bellamy, a. a. O., S. 115; ‚Report of the EU Forensic Team on the Racak Incident, 17 March 1999' (im Folgenden ‚Report of the EU Forensic Team'), S. 334. Vgl. a. Schmidt: ‚Menschenrechte, Politik und Krieg in Kosovo 1989 bis 1999', S. 203. Bei Girard ist die Darstellung etwas widersprüchlich: „La scène des cadavres d'Albanais en civil alignés dans un fossé qui bouleversera le monde entier ne sera d'écouverte que le lendemain matin, vers neuf heures, par les journalistes, bientôt suivis par les observateurs de l'OSCE. Le village est, à ce moment-là, envahi de soldats de l'UCK en armes, qui dirigent vers les lieux apparents du massacre les visiteurs étrangers, dès leur arrivée."

Die im Folgenden angeführten Zweifel daran, dass es sich hier um ein von serbischen Sicherheitskräften verübtes Massaker gehandelt habe, werden allerdings von Schmidt gar nicht erwähnt. Bellamy listet einen Teil von ihnen in seiner recht detaillierten, aber letztlich doch einseitigen Auseinandersetzung mit dem Vorfall auf. Nach Bo Adam war der Junge 13 Jahre alt und ist nach der Aussage eines Dorfbewohners aus mindestens 500 m Entfernung von einer Kugel in den Rücken getroffen worden (‚Wie starb der 13-jährige Halim Beqiri?', *Berliner Zeitung*, 24.3.2000, S. 8).

[269] Petritsch/Pichler, a. a. O., S. 159 (Liquidation aus nächster Nähe); Judah: *Kosovo*, S. 193; Bellamy, a. a. O., S. 115 (Borchardt); Adam, a. a. O.; ‚Report of the EU Forensic Team on the Racak Incident, 17 March 1999', S. 334 (Bestätigung der Analyse der Einschusswunden); Châtelot, a. a. O.

Die Frage nach dem Schuhwerk der Toten und den geringen Blutspuren im Graben haben auch das ICTY beschäftigt. Wir kommen noch darauf zu sprechen.

cherweise haben sie dabei trotz verhältnismäßig schwerer Bewaffnung (die Rede ist von automatischen Waffen, in der Hand zu haltenden Raketenwerfern, Mörsern und Handgranaten) nur zu Anfang einen Polizisten verletzt, lediglich mehrere Polizeifahrzeuge seien zerstört worden. Außerdem hätten die meisten Kämpfer Uniformen mit UÇK-Abzeichen getragen. Direkt nach den Zusammenstößen sei ein Untersuchungsteam unter Führung des Untersuchungsrichters Danica Marinković und des Bezirksstaatsanwalts Ismet Sufta vom Bezirksgericht in Priština/Prishtina vor Ort gewesen, das die Untersuchung jedoch nicht habe durchführen können, da es unter Beschuss gekommen sei. Am nächsten Morgen habe die KVM-Mission darauf bestanden, dass die jugoslawischen Behörden nicht an der Untersuchung beteiligt würden, da dies weitere Zusammenstöße hätte hervorrufen können.[270] Nach Petritsch und Pichler habe die jugoslawische Regierung allerdings „lediglich" von 15 ums Leben gekommenen UÇK-Kämpfer gesprochen. Auch darüber, wieso mehrere ältere Männer, drei Frauen und ein Kind unter den Toten waren, habe sie keine Auskunft gegeben. Auch zeigten sich die serbischen Behörden bei der Aufklärung insgesamt wenig kooperativ, was darauf hinweist, dass sie in der Angelegenheit durchaus einiges zu verbergen hatten.[271]

Für die albanische Seite handelte es sich hingegen ausschließlich um Zivilisten; die ‚internationale Gemeinschaft', das hieß vor allem die NATO, müsse nun schnell eingreifen, um eine weitere Eskalation zu verhindern.[272] In einem Kommuniqué stellte sie zudem fest, die OSZE-Mission habe sich als unfähig erwiesen, die albanische Bevölkerung wirkungsvoll zu schützen. Sie habe die Lektionen von Srebrenica und Žepa anscheinend nicht gelernt und sei nicht einmal in der Lage, sich selbst zu schützen – wie wir gesehen haben, war genau das ein wesentlicher Teil der Argumentation vieler ‚westlicher' Kritiker am Holbrooke-Milošević-Abkommen. Mir sind allerdings keine Übergriffe serbischer Sicherheitskräfte auf KVM-Beobachter bekannt. Der serbischen Regierung werden seitens der UÇK außerdem Terrorismus und klassischer Faschismus, der noch den des Zweiten Weltkriegs übertreffe, ebenso vorgeworfen wie die Absicht, „to eleminate the future of Albanians in Kosovo".[273] Anfang 2000 soll allerdings Hashim Thaçi in einem BBC-Interview gesagt haben:

---

[270]   In einer BBC-Übersetzung unter http://news.bbc.co.uk/1/hi/world/monitoring/256392 .stm; ‚Report of the EU Forensic Team on the Racak Incident, 17 March 1999', S. 334.

[271]   Petritsch/Pichler, a. a. O., S. 160f.; Châtelot, a. a. O. (wenig kooperativ).

[272]   Petritsch/Pichler, a. a. O., S. 161.

[273]   ‚Kosovo Liberation Army Communiqué, January 17', in: *The Kosovo Conflict*, S. 410f. nach www.alb-net.com, der dem politischen Generalvertreter der UÇK in Priština/ Prishtina zugeschriebenen Website. Žepa war wie Srebrenica eine während des Bosnienkriegs von serbischen Truppen eroberte UN-Schutzzone.

„Wir hatten eine Schlüsseleinheit in der Region. Es war ein wilder Kampf. Wir hatten viele Opfer zu beklagen. Aber die Serben auch."[274]

Die Einstufung der Geschehnisse in Račak/Reçak als Massaker geht vor allem auf den US-Diplomaten William Walker, den damaligen Chef der KVM, und Helena Ranta, die Leiterin der finnischen forensischen Kommission, zurück.[275] Walker, der am 16. Januar etwas später gegen Mittag als die ersten KVM-Beobachter mit einer größeren Journalistengruppe am Tatort eintraf, sprach damals sofort von einem Massaker und forderte die serbische Regierung auf, die Namen der Befehlshaber der Aktion zu nennen.[276] Zudem behauptete er, er habe als Erstes eine Leiche gesehen, der der Kopf abgeschlagen worden sei. Unter den später von den finnischen Forensikern untersuchten Leichen hat es tatsächlich zwei verstümmelte Leichen gegeben – wahrscheinlich waren sie von streunenden Hunden oder anderen wilden Tieren angefressen worden.[277]

Zu Walkers Umgang mit dem Tatort bemerkte Ranta bereits in ihrer Presseerklärung:

The first crucial step that one would normally expect to be implemented at any alleged crime scene would be the isolation of the area and the exclusion of unauthorized access. The scene should then be photographed and videotaped, any evidence be collected and victims localized and marked at site. This step should also include sampling for a gunshot residue (GSR) analysis. Victims should then be placed in individual body bags for transport to the morgue. With respect to Racak none of this was done at all -- or was done only partially or improperly. Therefore, important information at the site may have been lost.[278]

Der damals bei Walkers Untersuchung anwesende Journalist Girard schildert das Verhalten des KVM-Chefs sehr drastisch: „Er trampelte selbst herum und ließ die Journalisten an den Leichen fummeln, Souvenirs sammeln und Spuren verwischen."

---

[274] Adam/Heine/Technau: ‚»Ich spürte, da stimmte etwas nicht«', *Berliner Zeitung*, 24.3.2000, S. 8.

[275] Ebd. Die forensische Mission war durch eine bilaterale Initiative zwischen Österreich und Jugoslawien auf Betreiben Petritschs bereits 1998 zustande gekommen (Petritsch/ Pichler, a. a. O., S. 162).

[276] *Kosovo Report*, S. 81 mit Bezug auf ICTY, Office of the Prosecutor: ‚Press Release, CC/PIU/379-E', 20.1.1999.

[277] Walker: Daalder/O'Hanlon: *Winning Ugly*, S. 63, die sich hier auf R. Jeffrey Smith: ‚This Time Walker Wasn't Speechless', *Washington Post*, 23.1.1999, S. A15 bezieht. Einwirkung von Tieren: Elsässer: ‚Geheimakte Racak', *konkret*, Mai 2000, S. 14f.; ‚Report of the EU Forensic Team', S. 334, nach dem die Ursache auch der hohe Druck von Projektilen gewesen sein könnte.

[278] ‚Report of the EU Forensic Team', S. 334.

Die KVM gibt allerdings an, ihre Menschenrechtsmitarbeiter hätten „fully documented the site with sketches, maps, photographs and videotapes."[279]

Die NATO-Führung wurde bereits am 16. Januar von Walker informiert. General Clark sah mit dem mutmaßlichen Massaker den Tatbestand für die angedrohten Luftangriffe erfüllt, doch die Mitgliedsstaaten waren bei einem Treffen des NATO-Rats in der Nacht des 17. Januar zu diesem Schritt noch nicht bereit. Stattdessen verurteilten sie in einer Protestnote das Vorgehen gegen die Zivilbevölkerung aufs Schärfste und forderten eine vollständige Aufklärung der Geschehnisse durch den ICTY. Zudem sollten die verantwortlichen Polizei- und Militärkommandanten vorläufig suspendiert werden. Auch gegen die Kampagne gegen die KVM in den regimetreuen Medien wurde protestiert. Die serbische Seite reagierte ablehnend und kritisierte den Leiter der KVM, Walker, heftig, er habe die Verbrechen der albanischen ‚Terroristen' bisher immer ignoriert und sich zum Staatsanwalt und Richter aufgespielt. Wenige Tage später erklärte ihn Milošević zur *persona non grata*, ausgewiesen wurde er jedoch aufgrund einhelliger internationaler Ablehnung nicht.[280]

Noch am 15. Januar soll die CIA ein Telefonat des stellvertretenden serbischen Premierminister, Nikola Šainović, abgehört haben, in dem er dem Innenminister, General Sretan Lukić, empfahl, die Grenze zu Mazedonien zu schließen, sodass die Chefanklägerin des ICTY, Louise Arbour, nicht für eine Untersuchung der Vorfälle ins Land kommen könnte, und Račak/Reçak zurückzuerobern, nachdem die UÇK das Dorf in der Nacht wieder besetzt hatte.[281] Die Frage ist allerdings, wie der Vizepremier bereits zu dieser Zeit über die Rückkehr von UÇK-Kämpfern in den Ort informiert gewesen sein soll, obwohl keine serbische Polizei mehr vor Ort war. Auch Šainovićs Beunruhigung über internationale Nachrichtenmeldungen erscheint für den 15. Januar unglaubhaft, da diese erst am 16. durch Walkers Beurteilung der Situation und die vielen Journalisten vor Ort zustande kamen.

Wie dem auch sei, am 17. Januar griffen serbische Sicherheitskräfte Račak/Reçak erneut an, und Louise Arbour wurde die Einreise nach Jugoslawien am 18. Januar verweigert.[282] Bei der erneuten Einnahme des Dorfes sollen sich dort etwa hundert Personen befunden haben, darunter internationale Beobachter und Journalisten. Sie alle hätten daraufhin fliehen müssen, sodass die in der Dorfmoschee aufgebahrten

---

[279] Adam/Heine/Technau, a. a. O.; OSCE: *Kosovo/Kosova. As seen, As Told*, Teil V: ‚The municipalities', Abschnitt ‚Stimlje/Shtimle', Unterabschnitt ‚Racak/Recak'.

[280] Clark: *Waging Modern War*, S. 158 u. 420 (NATO); Petritsch/Pichler, a. a. O., S. 161f.; die Presseerklärung des serbischen Präsidenten Milutinović findet sich in: *The Kosovo Conflict*, S. 413f.

[281] Bellamy: *Kosovo and International Society*, S. 115f., der sich auf die *Washington Post* vom 17.1.1999 bezieht.

[282] Ebd., S. 116 (er nennt für die Einreiseverweigerung den 19.1.); ‚Report of the Secretary-General, 31. January 1999', in: *The Crisis in Kosovo 1989–1999*, S. 323–328, hier S. 324.

Leichen unbewacht geblieben seien. Daraufhin seien sie von der MUP-Polizei in das Institut für forensische Medizin in Priština/Prishtina gebracht und dort zwei Tage später von einer Gruppe serbischer und weißrussischer Pathologen untersucht worden – trotz der Aufforderung seitens der KVM, mit dem Beginn der Untersuchungen bis zum Eintreffen internationaler Fachleute zu warten.[283]

Am 21. Januar nahm schließlich ein finnisches forensisches Team unter Leitung von Helena Ranta seine Untersuchungen im Auftrag der EU auf. Die zuvor aufgestellte Behauptung, es handele sich bei den Toten um UÇK-Kämpfer, da sich an ihren Händen Schmauchspuren befunden hätten, wurde von ihm mit dem Argument abgewiesen, dieser Schmauchspurtest mit Paraffin sei bereits 1968 als unzuverlässig abgelehnt worden; modernere Methoden hätten keinen Hinweis ergeben, dass die Untersuchten geschossen hätten.[284] Testproben ergaben zudem, dass sie nicht durch aufgesetzten Schüsse oder solche aus Nahdistanz getötet worden waren.[285]

Als Zeugin im Prozess gegen Milošević wollte sich Frau Ranta hingegen seltsamerweise nicht äußern, ob die Schüsse aus Nahdistanz abgefeuert worden seien, da dies kein exakter Begriff sei; andererseits hielt sie es für unmöglich, dass die Patronen und Patronenteile, die ihr Team bei den Untersuchungen vor Ort im November 1999 und März 2000 im Erdreich des Grabens gefunden hatte, in dem auch viele der Leichen entdeckt worden waren, ins Erdreich hätten eindringen können, nachdem sie bereits einen Körper durchschlagen hatten, wenn sie aus ein- oder zweihundert Metern Entfernung abgefeuert worden wären.[286] In einem Fall waren auch zwei

---

[283] Bellamy, a. a. O., S. 116f.; Petritsch/Pichler, a. a. O., S. 161 (erneuter Angriff am 17.1.; vgl. hierzu a. den BBC-Bericht vom 19.1.1999 unter http://news.bbc.co.uk/2/hi/europe/257728.stm); OSCE, a. a. O. (Aufforderung der KVM).

[284] Forensische Untersuchung: ,Report of the EU Forensic Team', S. 334. Der Paraphintest gelte nicht mehr als zuverlässig, weil jeder oxidierende Wirkstoff zu positiven Ergebnissen führe; darüber hinaus hätte er innerhalb von drei bis sechs Stunden durchgeführt werden müssen, ist es aber erst zwei Tage nach Auffinden der Leichen (Ranta laut ICTY: Protokoll der Gerichtsverhandlung am 12.3.2003 im Fall Slobodan Milošević, S. 17765, Z. 5–10 u. S. 17766, Z. 15–20).

[285] Adam/Heine/Technau, a. a. O. In Rantas Presseerklärung heißt es dazu nur missverständlich: „Test samples for SEM-EDX [„Scanning Electron Microscope with an Energy Despersive X-Ray Analyzer", die aktuell wirkungsvollste Methode, um Spuren von Gewehrschüssen festzustellen] were taken and they proved to be negative." (,Report of the EU Forensic Team', S. 334) Der Berliner Zeitung gegenüber soll Ranta zugegeben haben, dass damit nicht untersucht worden war, ob sich Schmauchspuren an den Händen der Opfer befanden, womit hätte nachgewiesen werden können, ob sie geschossen hatten, sondern eben Spuren, die auf aufgesetzte Schüsse oder solche aus Nahdistanz hinwiesen (Adam/Heine/Technau). Das bestätigt auch der Bericht ,Independent forensic autopsies in an armed conflict' der Teammitglieder Rainio, Lalu und Penttilä, in dem lediglich in einem Fall von „close-range or contact discharge" die Rede ist (S. 179).

[286] ICTY: Protokoll der Gerichtsverhandlung am 12.3.2003, S. 17779, Z. 5–10.

Unterkieferbackenzähne neben Patronen gefunden worden, die durch die Ein- und Austrittswunden sowie einen DNA-Test eindeutig einem der Opfer hatten zugeordnet werden können.[287] Auch die vorgeblich fehlenden Patronenhülsen hatten schließlich gefunden werden können; laut Bericht seien mit Sicherheit nicht erst nachträglich dort hingelegt worden. Weitere Untersuchungen im März 2000 förderten auch Patronen, Patronenbruchstücke und -hülsen an jenen Stellen zutage, an denen die KVM damals weitere Leichen gefunden hatte.[288] Das scheint hingegen doch für Schüsse aus Nahdistanz zu sprechen.

Zur Untersuchung befanden sich, laut Ranta, im Leichenschauhaus – später spricht sie vom Forensischen Institut – in Priština/Prishtina dann nur die 40 Leichen, die die KVM in Račak/Reçak gefunden hatte, darunter von einer Frau, einem Jungen und mehreren älteren Männern. Im Dorf waren sie zeitweilig unbewacht gewesen, und auch ihr Transport in die Provinzhauptstadt war nicht von unabhängigen Beobachtern kontrolliert worden, sodass nicht einmal mit Sicherheit gesagt werden kann, dass es sich bei den Untersuchten tatsächlich um die Toten aus Račak/Reçak handelt.[289] Das Team begann seine Untersuchungen, nachdem jugoslawische und weißrussische Experten bereits 16 Autopsien durchgeführt hatten, und konnte in Bezug auf diese lediglich feststellen, dass die Arbeit angemessen durchgeführt worden war. Die fachliche Zusammenarbeit zwischen beiden Teams sei gut gewesen.[290]

Jene 22 Toten, die nach Angaben des finnischen Teams in einem Graben in der Nähe von Račak/Reçak gefunden worden waren, seien sehr wahrscheinlich auch dort umgekommen. Die restlichen, die am und im Ort gefunden wurden, seien nach ihrem Tod umgedreht oder bewegt worden. Sie scheinen alle zur gleichen Zeit gestorben zu sein. Die Teamleiterin Ranta stellt fest: „There were no indications of the people being other than unarmed civilians." Damit sind eindeutige Hinweise gemeint; Merkwürdigkeiten wie die auch von ihr erwähnte Tatsache, dass die meisten

---

[287]   Ebd., S. 17780, Z. 25 bis S. 17781, Z. 10.

[288]   Petritsch/Pichler: *Kosovo/Kosova*, 2004, S. 163f.

[289]   ‚Report of the EU Forensic Team‘, S. 334 (hier ist der 22.1. als Beginn der Untersuchungen angegeben); ICTY: Protokoll der Gerichtsverhandlung am 12.3.2003, S. 17726, Z. 18–20. Die Liste der untersuchten Leichen in Rainio u. a.: ‚Independent forensic autopsies in an armed conflict‘ weist drei Männer über 65 Jahre aus. Vgl. zu den Leichen a. Adam: ‚Die verschwundenen Toten von Racak‘, *Berliner Zeitung*, 5.4.2000, S. 9, wonach vier von ihm namentlich genannte UÇK-Kämpfer am 15.1. getötet wurden, aber später weder auf der Opferliste des ICTY auftauchten noch von den finnischen Forensikern untersucht worden sind. Er meint sogar, führende europäische Politiker hätten von Anfang an von einer Beteiligung der UÇK gewusst, da bereits in einem internen EU-Bericht (Report No. 10829) am 18.3. davon die Rede gewesen sei, die UÇK habe berichtet, dass „sechs ihrer Kämpfer getötet worden sind und sechs verwundet". Die Zahl der Toten habe sich später noch auf mindestens acht erhöht.

[290]   ‚Report of the EU Forensic Team‘, S. 334f.

von ihnen mehrere warme Jacken und Pullover übereinander trugen, wurden allerdings nicht weiter untersucht.[291]

Ranta äußerte sich am 17. März in einer Pressemitteilung und auf einer Pressekonferenz. Daneben gab es noch den Abschlussbericht ihres Teams mit den 40 Autopsien. Dass die Aussagen in ihrer Pressemitteilung ausdrücklich als ihre persönliche Meinung deklariert waren, hatte nach ihrer eigenen Aussage allein juristische Gründe, „everything that is in the autopsy reports is reflected also in -- in this press release." Der eigentliche Abschlussbericht sei noch vor der Pressekonferenz dem Untersuchungsrichter Danica Marinković vom Bezirksgericht in Priština/Prishtina und Professor Slaviša Dobričanin vom dortigen Institut für Forensische Medizin zugestellt worden. Außerdem erhielt ihn die EU-Präsidentschaft, das war im ersten Halbjahr 1999 die Bundesrepublik Deutschland und damit ihr Außenminister, Joschka Fischer.[292] Im Auswärtigen Amt liegt der Bericht bis heute unter Verschluss. Verfahrensfragen wurden als Grund dafür angegeben, dass die Veröffentlichung mehrfach verschoben wurde.[293] Selbst bei der Zeugenbefragung von Ranta ist offenbar nur aus der Pressemitteilung zitiert worden, nicht aber aus dem Abschlussbericht. Letzterer scheint auch in diesem Zusammenhang nicht veröffentlicht worden zu sein.

Bereits im Frühjahr 2000 lagen allerdings sowohl der *Berliner Zeitung* als auch *konkret* Kopien des Berichts vor. Aus ihnen gehe hervor, dass die von Fischer und anderen behaupteten Hinrichtungen nicht stattgefunden hätten, so der *konkret*-Journalist Jürgen Elsässer. Auch die Behauptung, es handele sich um Zivilisten, könne nicht bewiesen werden. Das stimmt mit den Aussagen des Gerichtsmediziners Klaus Püschel überein, dem die *Berliner Zeitung* den Abschlussbericht – an einer Stelle ist

---

[291] Ebd., S. 334.

[292] Der ‚Report of the EU Forensic Team on the Racak Incident, 17 March 1999‘ ist lediglich Rantas Pressemitteilung. Dieser Titel, wie er in *The Crisis in Kosovo 1989–1999* und anderswo auftaucht, ist also irreführend (ICTY: Protokoll der Gerichtsverhandlung am 12.3.2003, S. 17744, Z. 19–23 u. S. 17747, Z. 22 bis S. 17748, Z. 1). Pers. Sicht: Ebd., S. 17729, Z. 23f. u. S. 17730, Z. 18 bis S. 17732, Z. 1 (juristische Gründe für diese Benennung). Zustellung des Abschlussberichts: Ebd., S. 17752, Z. 3–7. Adam, Heine u. Technau geben eine andere Darstellung: „Ihre [Rantas] Analysen sind bis zu diesem Tag [17.3.1999] weder fertig noch haben sie klare Ergebnisse gebracht." („Ich spürte, da stimmte etwas nicht‘) Auch ihre Pressemitteilung widerspricht der Darstellung vor Gericht; darin ist nur davon die Rede, dass diesen Personen und Institutionen die Autopsieberichte bzw. Kopien von ihnen übermittelt werden würden. (‚Report of the EU Forensic Team‘, S. 335)

[293] Roland Heine: ‚Was geschah in Racak?‘, *Berliner Zeitung*, 10.3.1999, S. 4. Auch 2004 noch nicht veröffentlicht: Petritsch/Pichler, a. a. O., S. 164. Laut Karin Kneissl soll er bereits Anfang März 1999 niemanden mehr interessiert haben, obwohl er bereits damals aus gerichtsmedizinischer Sicht fertig gewesen sei (‚Ob es ein Massaker war, will keiner mehr wissen‘, *Die Welt*, 8.3.1999, S. 8).

allerdings nur von einer Zusammenfassung die Rede – vorlegte.[294] Angesichts dieser für die serbische Regierung sehr entlastenden Aussagen verwundert es, dass sie ihn nicht ihrerseits veröffentlicht hat, obwohl er doch sowohl dem Forensischen Institut als auch dem Bezirksgericht in Priština/Prishtina vorlag. Selbst Milošević zog ihn bei seiner Befragung von Frau Ranta vor dem ICTY nicht heran.

Laut *Jungle World* soll Helena Ranta im Sommer 1999 eingeräumt haben, dass sie unter Druck gesetzt worden war: „Es gab natürlich Druck von verschiedenen Seiten. [...] Grundsätzlich habe ich in der Racak-Zeit meine Instruktionen vom deutschen Außenministerium bekommen. Botschafter Christian Pauls hat mich kurz vor der Pressekonferenz instruiert." Noch aber könne sie nicht ganz offen darüber sprechen, „wie das in Racak war".[295]

Fünf Jahre nach dem vermeintlichen ‚Massaker' konnte sie dann offenbar mehr sagen. Sie bemängelte, dass Hinweisen auf schwere Kämpfe zwischen serbischen Soldaten und albanischen Kämpfern in der Nacht vom 15. auf den 16. Januar nicht nachgegangen worden sei. Zudem meinte sie, „dass eine ganze Reihe von Regierungen Interesse an einer Version der Ereignisse von Racak hatten, die allein die serbische Seite verantwortlich machte." Es seien aber auch Serben erschossen worden. Der Internationale Gerichtshof interessiere sich dafür ebenfalls nicht; die Anklageschrift folge weitgehend Walkers Tatversion.[296]

Bereits in Frau Rantas Pressemitteilung zu den Ergebnissen ihres Teams hieß es: „Moreover, medicolegal investigations cannot give a conclusive answer to the question of whether there was a battle or whether the victims died under some other circumstances." Sie endet mit der Feststellung: „Comprehensive picture over the sequence of events in Racak can only be achieved by combining the medicolegal findings of the EU Forensic Team with other possible information from different sources eventually available at a later stage."[297] Die Aufregung um Frau Rantas Weigerung, auf der Pressekonferenz am 17. März 1999, von einem „Massaker" zu sprechen, erscheint jedoch künstlich, denn sie tat das, weil dies kein juristischer Begriff sei. Auf mehrfaches Nachfragen bezeichnete sie die Vorgänge in Račak/Reçak allerdings als „crime against humanity", was kaum weniger schwerwiegend war.[298] Warum sie dies auf der Pressekonferenz sagte, obwohl weder die Autopsien noch

---

[294] Jürgen Elsässer: ‚Geheimakte Racak', *konkret*, Mai 2000, S. 14; nahezu wortgleich in ders.: *Kriegslügen*, S. 91–93; „Es trifft nicht zu, dass viele Personen aus extremer Nähe getötet wurden«', *Berliner Zeitung*, 24.3.2000, S. 8.

[295] ‚Der Racak-Bericht der EU', Interview von Martin Schwarz, *Jungle World*, 18.8.1999.

[296] Markus Bickel: ‚Kein Interesse an gefallenen Serben', *Berliner Zeitung*, 17./18.1.2004, S. 6.

[297] ‚Report of the EU Forensic Team', S. 334f.

[298] Vgl. ‚Kosovo killings inquiry verdict sparks outrage', *The Daily Telegraph*, 18.3.1999, S. 15. Dort a. etwas zum recht merkwürdigen Ablauf der Pressekonferenz.

ihre Pressemitteilung zu einem solchen Schluss kommen, gehört zu den vielen Merkwürdigkeiten im Zusammenhang mit den Geschehnissen vom 17. Januar 1999.

Bellamy bezeichnet die Zweifel am Tathergang, wie er im Allgemeinen in ‚westlichen‘ Medien verbreitet wurde, als „Verschwörungstheorie“ und führt diese auf eine Meinungsverschiedenheit zwischen Walker und seinem Stellvertreter Keller zurück. Dieser hatte bereits am Tag nach dem Vorfall gegenüber *Le Monde* geäußert, dass mit dem Massaker anscheinenden etwas nicht stimme. Das habe Journalisten und Wissenschaftler veranlasst, Beweise für einen Betrug seitens der UÇK zu sammeln. Diese Sicht sei davon getragen worden, dass es bedeutende zeitliche Lücken zwischen den Kämpfen des 15. und der Untersuchung der Leichen am 16. gegeben hätte, die es der UÇK erlaubt hätten, ein Massaker zu fingieren. Außerdem hätten einige NATO-Staaten die Absicht gehabt, Luftangriffe zu starten. Beides aber sei unrichtig.[299]

Wirklich überzeugend ist Bellamys Widerlegung jedoch nicht, denn in der Nacht war tatsächlich genug Zeit für Manipulationen an den Leichen gewesen, immerhin waren nach den Angaben der KVM fünf in ein Nachbardorf gebracht worden. Bellamy selbst kann nicht sicher sagen, ob die ‚Erschießungen‘ noch zurzeit der Anwesenheit der Beobachter, aber abgeschirmt von ihren Blicken oder in der Nacht stattfanden. Sein Hinweis, die UÇK habe den Ort noch in der Nacht erneut besetzt, macht es zumindest nicht unwahrscheinlich, dass sie Indizien in ihrem Sinn manipuliert hat. Zudem stellt er Uneinigkeit innerhalb der NATO in Bezug auf eine Reaktion auf den Vorfall fest, was das Interesse einiger NATO-Staaten an einem Vorwand für Luftangriffe nicht widerlegt.[300]

Weitere Unstimmigkeiten kamen dann vor dem ICTY zur Sprache, wo Helena Ranta am 12. März 2003 im Prozess gegen Milošević als Zeugin befragt wurde, unter anderem von Branislav Tapusković, einem Belgrader Rechtsanwalt, der dem Angeklagten als *amicus curiae* zugeteilt war. Auf seine Fragen zur Spurensicherung bestätigt sie ihre Aussage in der Pressemitteilung, „that the bodies were not documented at the site and given individual numbers and that they were not then packed in individual body bags.“[301] Das wäre insofern von Bedeutung gewesen, als man dann möglicherweise auch am Boden hätte Blutspuren finden und die Fundorte als

---

[299] Bellamy: *Kosovo and International Society*, S. 118.

[300] Ebd., S. 117 (unsicherer Zeitpunkt der Erschießungen), 166 (erneute Besetzung) u. 118 (Uneinigkeit innerhalb der NATO).

[301] ICTY: Protokoll der Gerichtsverhandlung am 12.3.2003, S. 17797, Z. 18 bis S. 17798, Z. 6. Sie fügt dann an, dass es gleichwohl Fotos vom Fundort gebe, deren Qualität so gut sei, dass man möglicherweise das Vorhandensein oder Fehlen von Blut feststellen könne (Z. 7–10). Noch etwas später weist sie darauf hin, dass auch die mehreren Lagen Kleidung, die die Personen trugen, verhindert haben könnten, dass das Blut auf den Boden gespritzt sei.

Orte, an denen diese Personen ums Leben gekommen waren, hätte identifizieren können.

Milošević konfrontierte Helena Ranta bei seiner Befragung mit Fotos der Leichen, auf denen seiner Ansicht nach Militärstiefel zu sehen seien. Zudem enthalte der Bericht von Professor Dušan Dunjić und seinen Kollegen vom serbischen forensischen Untersuchungsteam die Bemerkung, dass die Stiefel mit einem „O" markiert seien, was bedeute, dass sie in Deutschland hergestellt worden seien.[302] Sinnvollerweise kann es sich nur um ein „Ö" handeln, das einen Hinweis auf eine deutsche Fertigung gibt, da der Buchstabe nur im deutschen, ungarischen und türkischen Alphabet existiert und in einem englischen Zeichensatz ebensowenig vorhanden ist wie serbische diakritische Zeichen, weshalb er im stenografischen Bericht durch ein „O" ersetzt ist, ebenso wie dort durchgängig „Milosevic" steht. Dass es sich um Militärstiefel handle, sei auf den Fotos zu sehen, die er ihr präsentiere, meinte Milošević. Ranta gab an, sie wisse nicht, was ein Militärstiefel sei, aber die Schuhe, die sie gesehen habe, hätten eher wie Winterschuhe ausgesehen, nicht wie die Militärstiefel, die sie in Finnland gesehen habe.[303]

Es wurde in dieser Verhandlung dann nicht geklärt, ob es sich nun um Militärstiefel handelte oder nicht. Milošević selber ist allerdings merkwürdig konfus in dieser Angelegenheit, denn später (S. 17759, Z. 15f.) erwähnt er die „Ö"-Markierung in den Stiefeln erneut, sieht sie diesmal jedoch als Zeichen für eine Produktion in Österreich, wodurch die Markierung auch einen Sinn ergeben würde. Eine Firma, die ihre Stiefel auf diese Weise markiert, müsste ausfindig zu machen sein und ebenso müsste zu klären sein, ob sie Militärstiefel herstellt und ob diese mit den mutmaßlichen der Leichen übereinstimmen.[304]

In 24 Fällen trugen die Leichen drei, vier oder fünf Lagen Kleidung übereinander, was darauf hindeutet, dass sie sich lange Zeit im Freien aufgehalten hätten, so wie es Freischärler tun, während andere Dorfbewohner, die vor dem ICTY als Zeugen vernommen wurden, aussagten, sie hätten damals nicht mehr am Leib getragen als jetzt (Tapusković, S. 17806, Z. 19–22, S. 17807, Z. 16 bis S. 17808, Z. 5). Die von dem serbischen Pathologen Dunjić angeführte militärähnliche Unterwäsche und auch sonst sehr dicke Bekleidung ist allerdings kein sicherer Beweis des Gegenteils, sondern lediglich ein Hinweis auf seine Möglichkeit. Die ungewöhnliche Kleidung könnte ihren Grund darin haben, dass diese Dorfbewohner nicht ausreichend heizen konnten oder nicht zu heizen wagten und auch in ihren Häusern so warm angezogen sein mussten.

---

[302] Ebd., S. 17742, Z. 9–14.

[303] Ebd., S. 17739, Z. 23 bis S. 17742, Z. 16.

[304] Elsässer, der die Befragung von Ranta auf S. 311 von *Kriegslügen* mit vielen, zum Teil bedeutenden Auslassungen wiedergibt und insgesamt die These vertritt, eigentlich sei es Deutschland gewesen, das die gewaltsame Aufteilung Jugoslawiens betrieben habe, erwähnt die zweite, logischere Stelle nicht.

Als weiteres Indiz dafür, dass UÇK-Kämpfer zumindest beteiligt gewesen waren, wurde von Tapusković eine Halskette mit UÇK-Abzeichen bei einem der Toten angesprochen (S. 17806, Z. 23–25, S. 17807, Z. 1f.); zudem seien auf dem Grab eines der Toten im Ort die Insignien und Zeichen der UÇK zu finden (S. 17792, Z. 11–14). Frau Ranta kannte sich aber mit solchen Abzeichen nicht aus und konnte das an der Halskette folglich auch nicht der UÇK zuordnen (S. 17807, Z. 11–13).

Bei all diesen Fragen geht es darum, ob die Erschossenen einfache Bauern oder UÇK-Kämpfer waren. Vor allem die in dem Graben vor dem Dorf gefundenen Leichen sollen hingerichtete Zivilisten gewesen sein. Auf Miloševićs Frage, auf welcher wissenschaftlichen Grundlage sie davon sprechen könne, es handle sich um unbewaffnete Zivilisten, antwortete sie: „Referring to my press release, the text on the English version on page 3, I state: 'There were no indications of the people being other than unarmed civilians.' I didn't say anything more or anything less. No indication of the people." (S. 17737, Z. 8–14) Politisch bedeutete diese vorsichtige wissenschaftliche Aussage allerdings, dass von erschossenen Zivilisten auszugehen war.

Die Frage, ob es sich bei den Toten um Zivilisten oder um UÇK-Kämpfer handelte, ist absolut entscheidend, hatte Milošević seinen Widerstand gegen die Forderungen der NATO im Herbst 1998 doch damit begründet, er müsse Serbien gegen die Bedrohung durch ‚die Albaner' schützen.[305] Daher behielt er sich das Recht auf Selbstverteidigung vor und berief sich auch in Bezug auf die Geschehnisse in Račak/Reçak darauf.[306]

Die andere kritische Frage in Bezug auf die Toten bezieht sich auf die Umstände ihres Todes und damit auf die Angemessenheit des Vorgehens der serbischen Polizisten. Milošević verwies anhand der Promotionsarbeit eines finnischen Kollegen von Frau Ranata, Juha Rainio – er spricht fälschlich von Rainino – darauf, dass auch die Personen, deren Leichen im Graben gefunden worden waren, bei einem Gefecht ums Leben gekommen waren, da bei ihnen die Einschusswinkel sehr unterschiedlich waren, was gegen eine Hinrichtung spreche (S. 17773, Z. 10–12). Ranta gab zur Antwort, eine Kategorisierung der Todesart, wie von der Weltgesundheitsorganisation definiert, sei nicht möglich gewesen (S. 17773, Z. 17–20 u. 25 bis S. 17774, Z. 1). Das heißt, dass die forensische Untersuchung keine Anhaltspunkte dafür bot, ob diese Personen bei einem Gefecht, auf der Flucht oder durch eine Hinrichtung ums Leben gekommen waren. Anzeichen für eine inszenierte Anordnung der Leichen habe ihr Team allerdings nicht gefunden, so Ranta (befragt von Richter O-Gon Kwon, S. 17809, Z. 6–8).

Petritschs und Pichlers Fazit „Die umfangreichen Untersuchungen der Leichen und des Fundortes haben [...] keinerlei Anhaltspunkte geliefert, die der von der

---

[305]   Clark: *Waging Modern War*, S. 148.

[306]   Ebd., S. 151 u. 161 (in Bezug auf Račak/Reçak). Vgl. a. S. 288 d. vorl. Arbeit.

OSZE aufgestellten Version widersprechen würde[n]"[307] erscheint also bei genauerem Hinsehen zweifelhaft. Darauf, dass der Abschlussbericht des finnischen forensischen Teams mittlerweile schon lange der *Berliner Zeitung* und *konkret* vorlag, gehen sie ebenso wenig ein wie auf die Einwände, die Journalisten beider Presseerzeugnisse aufgrund ihrer Kenntnisse des Berichts geltend gemacht hatten. Auch in keinem anderen mir bekannten Text, der sich näher mit den Geschehnissen in Račak/Reçak auseinandersetzt, wird auf diese Einwände eingegangen.

Allerdings brachte die *New York Times* am 19.6.2001 auf S. A8 folgende kurze Notiz von *Agence France Press* unter der Überschrift ‚Kosovo: Serb Guilty in Deaths of 45': „A court in Pristina convicted a Kosovo Serb in the killing of 45 ethnic Albanians in Racak in 1999. Police Officer Zoran Stojanovic, 32, was sentenced to the minimum sentence, 15 years, by three judges, two United Nations magistrates and one ethnic Albanian."

Deutlich ist zumindest, dass weder im Januar 1999 noch zu Beginn der NATO-Bombardements klar war, was in Račak/Reçak wirklich passiert war. Und anscheinend ist es bis heute nicht geklärt. Es hat den Anschein, dass sowohl die serbische als auch die OSZE-Seite einiges zu verbergen beziehungsweise ein Interesse an einem bestimmten Bild der Vorgänge hatte. So viel scheint klar: Der befestigte Ort ist umkämpft gewesen, die Grenze zwischen UÇK-Kämpfern und Zivilisten ist im Nachhinein schwer zu ziehen, aber es sind offenbar Zivilisten getötet worden. Ob sie allerdings ermordet wurden oder im Verlauf der Kämpfe versehentlich getötet wurden, ließ sich bisher nicht feststellen. Durch die enge Verbindung der Dorfbevölkerung zur UÇK sind deren Äußerungen mit Skepsis zu behandeln, was eine Aufklärung zusätzlich erschwert.

Angesichts so vieler Unklarheiten erstaunt es, dass die Geschehnisse in Račak/Reçak ‚den Westen' erklären ließen, der durch das Holbrooke-Milošević-Abkommen eingeleitete Prozess sei gescheitert. Petritsch und Pichler schreiben hierzu:

> Die OSZE-Mission hatte sich letztlich als unzulänglich erwiesen, die Überwachung des Abkommens zu bewerkstelligen und die neuerliche Eskalation des Konfliktes zu verhindern. Die UÇK, die nicht in das Abkommen zwischen Holbrooke und Milošević eingebunden war, empfand auch keine Verbindlichkeit für die Umsetzung der angepeilten Ziele. Gegen ihre Wiedererstarkung wurde weder von Seiten der Internationalen Gemeinschaft noch von Seiten Belgrads effektiv vorgegangen.[308]

Eine solche Bewertung verwundert umso mehr, als die beiden Autoren für die erste Zeit nach dem Abkommen durchaus Fortschritte registrieren, wohlgemerkt auf serbischer Seite. Statt nun aber endlich Druck auf die UÇK auszuüben, wurde dadurch, dass Račak/Reçak zum entscheidenden Wendepunkt erklärt wurde, die

---

[307] *Kosovo/Kosova*, 2004, S. 164.

[308] Ebd., S. 165.

Schuld wieder der serbischen Regierung zugewiesen. Es mutet angesichts der Unterlassungen ‚des Westens' schon seltsam an, Letzterem vorzuwerfen, sie sei gegen das Wiedererstarken der UÇK nicht „effektiv" vorgegangen. Was wäre denn angesichts der Lage ein „effektives" Vorgehen gewesen?

Stattdessen hätten die Mängel des Holbrooke-Milošević-Abkommens zur Grundlage weiterer Verhandlungen gemacht werden können. Von ‚westlicher' Seite hätte man vor allem das Versäumnis eingestehen müssen, nicht ernsthaft gegen die Eskalation seitens der UÇK vorgegangen zu sein. Es hätte ernsthafte Angebote geben müssen, wie dies zu bewerkstelligen sei – sicherlich nicht, indem man die UÇK auch noch belohnte, indem man sie zum Verhandlungspartner aufwertete (und ihr mit Hashim Thaçi auch noch die Leitung der albanischen Verhandlungsdelegation in Rambouillet übertrug). Wie konnten ‚westliche' Politiker von einer Regierung, die sich so sehr verrannt hatte wie die serbische, erwarten, sie würde Fehler eingestehen und korrigieren, wenn sie selbst als vermittelnde Partei dazu nicht in der Lage waren? Erst auf der Grundlage eines vertrauenschaffenden Verhaltens ‚des Westens' hätte die Forderung nach einem wirkungsvolleren Einsatz der KVM Sinn gehabt.

Ich halte es weder für ausgeschlossen, dass die serbische Seite ein Massaker, das ihre Polizisten nach Kämpfen mit der UÇK in Račak/Reçak verübt hatten, vertuschen wollte, noch dass die Indizien von ‚westlicher' Seite so manipuliert worden sind, dass man mit einem ‚Massaker' an unschuldigen Zivilisten einen Grund hatte, den Druck auf die jugoslawische Regierung deutlich zu erhöhen und letztlich die Situation im Kosovo durch eine eigene Militärpräsenz zu kontrollieren. Ich neige allerdings eher zu einer anderen Erklärung: ‚Westliche' Politiker und Diplomaten standen der Situation im Kosovo schon länger argwöhnisch gegenüber; jetzt war das erträgliche Maß überschritten – „es brachte ‚das Fass zum Überlaufen'", wie sich Petritsch und Pichler ausdrücken. Sie betonen auch die Bedeutung, die die mediale Aufbereitung des Geschehens hatte, die die Schrecken des Bosnienkriegs von Neuem wachrief.[309] Dahinter stand wohl, dass man die Forderungen der Albaner im Grunde genommen – bis auf die vollständige Unabhängigkeit – billigte, während man der serbischen Position, die Provinz tatsächlich weiterhin autoritär beherrschen zu wollen, ablehnend gegenüberstand.

Walkers übereiltes und unangemessenes Vorgehen lässt sich hiermit erklären. Die jugoslawischen Behörden ihrerseits wussten um diesen Argwohn, sie standen schon seit Längerem als die Schuldigen für die ganze Situation da. Hinzu kam, dass die Lage in Račak/Reçak tatsächlich uneindeutig war. Selbst wenn es keine Exekutionen gegeben haben sollte, so waren doch Zivilisten umgekommen, und insgesamt war den Toten nicht anzusehen, ob sie Kämpfer waren oder nicht. Man musste also eine entsprechend negative Beurteilung durch die KVM-Beobachter befürchten und verhielt sich möglicherweise auch deshalb wenig kooperativ. Walkers schnelles und gefährliches Urteil bestätigte diese Sicht und führte zu entsprechenden Reaktionen,

---

[309] Ebd., S. 165f.

die wiederum die Überzeugung auf ‚westlicher‘ Seite nährten, die jugoslawischen Behörden hätten ein Verbrechen zu verbergen.

Mit Sicherheit kann jedoch gesagt werden, dass im vorliegenden Fall so viele Fehler von beiden Seiten gemacht worden sind, dass bis zum Beginn des Krieges nicht sicher von einem Massaker gesprochen werden konnte. In der äußerst heiklen Lage war Walkers Vorgehen – nicht nur die sehr mangelhafte Sicherung des Tatorts und der Beweismittel, sondern auch das schnelle und eindeutig ausgerichtete Hinzuziehen der Presse – kontraproduktiv.

Račak/Reçak scheint jedoch nur der Anlass für eine Erhöhung des Drucks seitens ‚des Westens‘ gewesen zu sein. Noch bevor die erneute Eskalation bekannt war, waren sich die ‚westlichen‘ Regierungen Mitte Januar einig, dass das Holbrooke-Milošević-Abkommen gescheitert sei. Am 15. Januar wurde auf einer Dringlichkeitssitzung von US-Präsident Bill Clinton mit seinen außenpolitischen Beratern der Strategieplan ‚Kosovo Strategy‘ – informell auch ‚Status Quo Plus‘ genannt – beschlossen, in dem sich die US-Regierung hinsichtlich der Statusfrage auf eine weitreichende Autonomie des Kosovo festlegte. Angesichts der festgefahrenen Lage mehrten sich zudem die Stimmen, die den militärischen Druck auf Jugoslawien erhöhen wollten. Nachdem die ersten Meldungen über Račak/Reçak eingetroffen waren, forderte die US-Regierung einen sofortigen Militärschlag, während die übrigen Vertreter der Kontaktgruppe und die EU umfassende Verhandlungen und eine direkte Umsetzung von deren Ergebnissen befürworteten.[310]

Petritsch erarbeitete nun mit seinen Mitarbeitern Jan Kickert und Axel Dittmann, einem deutschen Diplomaten, einen Katalog von Prinzipien, die einen Grundkonsens für die weiteren Verhandlungen bilden sollten, nachdem das bisherige Vorgehen, ganze Abkommensentwürfe vorzulegen, gescheitert war. Er nahm damit, ohne es zu erwähnen, eine Forderung Miloševićs auf. Auf dem Treffen der Kontaktgruppe am 22. Januar in London wurden diese „Prinzipien und Grundelemente" zur nicht mehr verhandelbaren Basis für die weiteren Verhandlungen erklärt.[311] Darin fanden sich allerdings wieder weitgehend die alten Forderungen ‚des Westens‘, darunter: „Necessity of immediate end of violence and respect of ceasefire"; „Interim agreement; a mechanism for a final settlement after an interim period of free [three, C. P.] years"; „Territorial integrity of the FRY and its neighboring countries"; „High degree of self-governance realised through own legislative, executive and judiciary bodies (with authority over, inter alia, taxes, financing, police, economic development, judicial system, health care, education and culture [...], communications, roads and transport, protection of the environment)". Zudem verurteilte die Kontaktgruppe „das Massaker von Račak/Reçak" sowie die Provokationen der UÇK.[312]

---

[310] Ebd., S. 166 (Militärschlag oder umfassende Verhandlungen); Judah: *Kosovo*, S. 192f.

[311] Petritsch/Pichler, a. a. O., S. 166f. u. 157 (Forderung Miloševićs).

[312] Ebd., S. 167f.; der Text der Prinzipien a. in: *The Crisis in Kosovo 1989–1999*, S. 417.

Am 29. Januar beschloss sie dann, Vertreter der beiden Konfliktparteien ultimativ aufzufordern, am 6. Februar auf Schloss Rambouillet bei Paris mit Verhandlungen zu beginnen. Für den Fall, dass die Verhandlungen scheitern sollten, wurde mit dem Einsatz der NATO gedroht.[313] Das war wiederum eine sehr einseitige Drohung, war die albanische Seite doch gerade an einem solchen Einsatz interessiert. In einer Stellungnahme des NATO-Rats am 30. Januar, wurden allerdings auch ihr „appropriate measures" für den Fall angedroht, dass sie gegen die vorgelegten Prinzipien verstoße.[314] Bisher allerdings waren solche Drohungen, wenn sie überhaupt geäußert worden waren, leer geblieben.

Petritsch und Pichler merken an, dass die NATO ihr eigenes Vorgehen immer wieder so weit wie möglich mit den Beschlüssen des Sicherheitsrats und der Kontaktgruppe in Einklang zu bringen bemüht war, da man ausschloss, vom Sicherheitsrat zum letzten, möglicherweise notwendigen Schritt, dem Einsatz militärischer Gewalt, ermächtigt zu werden. Auf diese Weise unterstrichen die Verantwortlichen, dass sie sich trotz des Rechtsbruchs, den das bedeutete, ansonsten weiterhin an das Recht halten würden.[315]

In Račak/Reçak selbst hatten die Kämpfe vom 15. Januar bereits wenige Wochen später ein Nachspiel. Nach den forensischen Untersuchungen hatten die serbischen Behörden die Leichen zuerst nicht den Angehörigen übergeben wollen. Dies zu erreichen, war der KVM erst nach mehr als neuntägigen Verhandlungen gelungen. Bei der Beerdigung am 11. Februar waren dann nicht nur Tausende Albaner anwesend, sondern auch Walker als Leiter der KVM, Vertreter anderer Organisationen sowie nationale und internationale Reporter. Serbische Polizisten hatten in größerem Umkreis Posten bezogen. Mit der UÇK hatte die KVM vereinbart, dass deren Kämpfer keine Waffen tragen würden. Sie hielt sich jedoch nicht daran und entführte neun Menschen, die sie erst auf Druck der KVM am darauffolgenden Tag wieder freiließ. Einer der Gründe für die Entführungen beziehungsweise „Verhaftungen" waren „freundliche Beziehungen zu Serben".[316]

---

[313]   Petritsch/Pichler, a. a. O., S. 169. Im offiziellen Dokument steht nichts von einer solchen Drohung (vgl. ‚Contact Group Statement, London, 29 January 1999', in: *The Crisis in Kosovo 1989–1999*, S. 415f.), wohl aber in der Stellungnahme des NATO-Rats auf der Sitzung vom 30.1.1999 (vgl. Petritsch/Pichler, S. 169f.).

[314]   *Kosovo Report*, S. 155 (Interesse d. UÇK); ‚Statement by the North Atlantic Council on Kosovo, 30 January 1999', in: *The Crisis in Kosovo 1989–1999*, S. 416.

[315]   Petritsch/Pichler, a. a. O., S. 170.

[316]   OSCE: *Kosovo/Kosova. As seen, As Told*, Teil V: ‚The municipalities', Abschnitt ‚Stimlje/Shtimle', Unterabschnitt ‚Racak/Recak'.

5.7. Die Verhandlungen in Rambouillet und Paris

Am 6. Februar 1999 begannen auf Schloss Rambouillet bei Paris im geschlossenen Rahmen die Verhandlungen, um die Voraussetzungen für eine Konfliktlösung im Kosovo zu schaffen. Den Vorsitz führten die Außenminister Frankreichs und Großbritanniens, Hubert Védrine und Robin Cook, als Chefunterhändlern fungierten Christopher Hill (USA), Wolfgang Petritsch (EU) und Boris Majorski (Russland).[317]

Die Ausgangslage war denkbar schwierig:

> Die maßgeblichen politischen Kontrahenten erachteten in dieser Phase die Anwendung von Gewalt bereits als die erfolgversprechendste Option zur Durchsetzung ihrer Ziele. Diese Ausgangslage verringerte die Chance für eine friedliche Beilegung des Konfliktes entscheidend. Sie führte einerseits dazu, dass die Kontrahenten jeweils mit einer „zweiten Option", die eine militärische Lösung vorsah, am Verhandlungstisch saßen. Andererseits veranlasste diese Konstellation die Internationale Gemeinschaft ihrerseits dazu, die militärische Komponente als Druckmittel ins Spiel zu bringen.[318]

Sehr viel detaillierter, als ich es hier leisten kann, ist die Entwicklung bis zum Beginn des Krieges der NATO gegen Jugoslawien von Petritsch und Pichler in *Kosovo/Kosova. Der lange Weg zum Frieden* auf den Seiten 91–265 beschrieben. Das Verhältnis der beiden Verhandlungsparteien war von Anfang an sehr distanziert, was sich auch im weiteren Verlauf nicht änderte.[319]

Die jugoslawische Delegation wurde anfangs von Politikern aus der zweiten Reihe geführt, wobei sie von Ratko Marković, einem Verfassungsrechtler und stellvertretenden Ministerpräsidenten Serbiens, geleitet wurde, während laut Petritsch und Pichler ein zweiter stellvertretender serbischer Ministerpräsident, Nikola Šainović, ihr führender politischer Kopf war. Gegen Ende der zweiten Woche kam der serbische Präsident Milan Milutinović hinzu. „Sorgfältig ausgesuchte Minderheitenvertreter" aus dem Kosovo gehörten ihr ebenfalls an, ihr Einfluss auf den Verhandlungsprozess war jedoch „unerheblich". Letztlich hielt Milošević die Fäden in

---

[317]   *Kosovo/Kosova*, 2004, S. 169. Etwas anders stellt dies Joachim Krause, stellv. Direktor d. Deutschen Gesellschaft f. auswärtige Politik dar, der von Kernverhandlungen durch die Vertreter der USA, Frankreichs und Großbritanniens spricht, weniger wichtigen Gesprächsrunden, die überwiegend der Konsultation gedient hätten und an denen auch Deutschland, Italien und der EU-Sonderbeauftragte Petritsch teilgenommen hätten, sowie einer dritten Gesprächsrunde, die auch den Vertreter Russlands eingeschlossen habe und in der es fast nur noch um Information und Abklärung gegangen sei (‚Deutschland und die Kosovo-Krise', S. 410).

[318]   Petritsch/Pichler, a. a. O., S. 264.

[319]   Ebd., S. 175.

der Hand. Da er zum Teil nicht einmal seine engsten Mitarbeiter in seine Überlegungen einbezog, erschwerte das die Verhandlungen zusätzlich.[320]

Im Unterschied zur serbischen Delegation war die albanische von Anfang an mit führenden Politikern, allen voran Ibrahim Rugova, besetzt, verfügte aber über keinen Rechtsexperten, weshalb sie den ehemaligen hochrangigen US-Diplomaten Morton Abramowitz, der auch Mitglied der „International Crisis Group" war, sowie die Völkerrechtsexperten Paul Williams und Marc Weller als Rechtsberater hinzuzog.[321] Daneben war sie anfangs von großen Differenzen geprägt, und es war für die ‚westlichen' Verhandlungsführer mühsam, aus ihr ein Team zu machen, mit dem sinnvoll verhandelt werden konnte.[322] Da die serbische Regierung nach wie vor nicht bereit war, die UÇK als Verhandlungspartner anzuerkennen, verweigerte sie deren Vertretern freies Geleit aus dem Kosovo, weshalb sie unter dem Schutz der KVM aus der Region Drenica/Drenice zu einem Flugzeug der französischen Luftwaffe auf den Flughafen von Priština/Prishtina gebracht werden mussten.[323]

Bereits vor dem Beginn der Konferenz waren beiden Seiten die ‚Non-Negotiable Principles/Basic Elements' übergeben worden, „deren Akzeptanz als Voraussetzung für die Einladung betrachtet wurde." Während der Verhandlungen wurden dann den beiden Delegationen einzelne Teile des Vertragsentwurfs vorgelegt, die sie mit Kommentaren versehen an die Vermittler zurückgeben sollten. Die albanische Delegation kritisierte in einer ersten Stellungnahme, dass eine Klausel über die Abhaltung eines Referendums über die Unabhängigkeit fehle. Die jugoslawische Seite äußerte sich gar nicht zu den vorgelegten Teilen, sondern forderte die gemeinsame Unterzeichnung der ‚Basic Elements', worunter sie jedoch nur die ‚General Elements', einen Teil der ‚Basic Elements', verstanden wissen wollte. Nicht eingeschlossen waren darin die Bestimmungen zum politischen System des Kosovo, zu den Menschenrechten und zur Implementierung. Die kosovo-albanische Delegation lehnte die ‚Basic Elements' mit der Begründung ab, die darin enthaltene Zusicherung der territorialen Integrität der Bundesrepublik Jugoslawien präjudiziere die Verhandlungen über den endgültigen Status des Kosovo nach einer dreijährigen Übergangsfrist. Damit war der grundlegende Konflikt umrissen, der allerdings konkret auch bedeutete, dass der kosovo-albanischen Seite bereits die konstitutionelle Ordnung der Provinz vor 1989 zu wenig war (er beutete nicht den Rang einer Repu-

---

[320] Ebd., S. 176f. u. 208 (Miloševićs Verhalten). Zur Delegation s. a. Reuter: ‚Die Kosovo-Politik der internationalen Gemeinschaft in den neunziger Jahren', S. 326f.

[321] Petritsch/Pichler, a. a. O., S. 177f.

[322] Zu den Schwierigkeiten bereits im Vorfeld von Rambouillet aufgrund alter Feindschaften vgl. Judah: *Kosovo*, S. 109. Nach der Internationalen Kommission bemühten sich vor allem US-Außenministerin Albright und ihr Außenamtssprecher James P. Rubin darum, die Vertreter der LDK und der UÇK zu einer gemeinsamen Position zu bewegen (*Kosovo Report*, S. 153).

[323] Petritsch/Pichler, a. a. O., S. 172f.

blik und erlaubte damit auch nicht die Sezession), während eben diese der serbischen bereits viel zu weit ging (faktische Eigenständigkeit gegenüber Serbien).[324] Wie gehabt schlossen die Grundforderungen nach vollständiger Unabhängigkeit und substanzieller Zugehörigkeit des Kosovo zu Serbien einander aus. Letztlich sind die Verhandlungen genau hieran gescheitert. Eigentlich hätte die Verhandlungstroika aus Hill, Petritsch und Majorski die geplanten Verhandlungen an diesem Punkt für gescheitert erklären müssen, da beide Seiten offenbar das, was als Vorbedingung für eine Einladung galt, ablehnten. Möglicherweise hätten sie dann noch einmal von vorn beginnen müssen, was jedoch nur mit einer völlig anderen Herangehensweise sinnvoll gewesen wäre.

Stattdessen aber überging die Verhandlungstroika den grundlegenden Konflikt und versuchte, beide Seiten mit unklaren Versicherungen (was die nach einer dreijährigen Übergangszeit abzuhaltende Konferenz über den endgültigen Status des Kosovo tatsächlich zum Gegenstand haben sollte und was die tatsächliche und dauerhafte serbische Autorität in der Provinz anging) zu einem Verzicht auf ihre Kernforderungen, genauer: das Unverzichtbare, zu bewegen. Das Ergebnis war, dass beide Seiten den Vertrag im Grunde genommen ablehnten und so taktierten, dass der Gegenseite die Schuld am Scheitern der Verhandlungen zufiel. Stand die jugoslawische Seite am Ende als der Schuldige da, musste die NATO ihre Drohung (in Bezug auf die Kosovo-Albaner: ihr Versprechen!) wahr machen und militärisch intervenieren, traf dieses Urteil die kosovo-albanische Seite, würde die NATO nichts für sie tun und die UÇK musste ihren schweren Kampf gegen die überlegenen serbischen und jugoslawischen Ordnungskräfte fortsetzen, was keine Aussicht auf einen Erfolg in absehbarer Zeit bot.[325]

Die serbisch-jugoslawische Delegation hat in der Folge die Verhandlungen mehrfach dadurch verzögert, dass sie bereits Beschlossenes wieder infrage stellte.[326] Denkbar sind zwei Aspekte, die für die serbische Regierung dafür sprachen, auf Zeit zu spielen: Ließen sich die Verhandlungen lange genug verschleppen, so würden die ‚westlichen‘ Staaten oder doch zumindest ihre Öffentlichkeit das Interesse an der Sache verlieren und man könnte wieder ungestörter nach eigenem Belieben vorge-

---

[324] Ebd., S. 178f. Stellen, die diesen grundlegenden Konflikt betreffen finden sich, was die kosovo-albanische Delegation angeht, auch auf S. 180f., 188f., 195, was die serbische/jugoslawische angeht, auf S. 188, 203f., 206. Zu den ‚Basic‘ und ‚General Elements‘ siehe den Wortlaut auf S. 167f.

[325] Vgl. ebd., S. 180, 193f. Der außenpolitische Sprecher der CDU, Karl Lamers, meinte denn auch am 15.4.1999 im Bundestag: „(...) sie [die Kosovo-Albaner] haben Rambouillet unterschrieben, weil sie wußten, daß es die Serben nicht tun würden, und zwar aus ein und demselben Grunde: der vorgesehenen Stationierung einer Nato-Truppe, von der die Serben *befürchteten*, was die Kosovaren *erhofften* – den ersten Schritt zur Loslösung des Kosovo." (‚»Wir stoßen im Balkan auf eine andere Welt«‘, *taz*, 17./18.4.1999, S. 6)

[326] Petritsch/Pichler, a. a. O., S. 184–186, 188, 190f., 194f., 212f.

hen. Diese Annahme ist spekulativ und gründet sich darauf, dass der serbischen Regierung nicht bewusst gewesen wäre, dass jede Eskalation des Konflikts die Lage im Kosovo wieder in den Blick der ‚westlichen' Öffentlichkeit gerückt hätte, was die UÇK in gewohnter Weise für sich genutzt hätte. Vielleicht spekulierte die serbische Regierung aber auch darauf, sie werde aufgrund ihrer überlegenen Waffen die immer mehr verarmende albanische Bevölkerung zermürben und schließlich zur Aufgabe des bewaffneten Kampfes zwingen. Ihr militärisches Vorgehen spricht allerdings eher dafür, dass sie versuchte, militärische Geländegewinne der UÇK mit großer Härte zu beantworten, um die Untergrundorganisation vollständig zu zerschlagen. Sie sah sich nur immer wieder durch die ‚westlichen' Proteste und Drohungen daran gehindert – was wegfiel, nachdem sie sich dazu entschieden hatte, es zur Konfrontation mit der NATO kommen zu lassen.

Die albanische Seite bereitete den Verhandlungsführern weniger Probleme, da sie sich rein formal eher an den vorgeschriebenen Ablauf hielt. So konnten diese davon ausgehen, „dass sich die Albaner ob ihrer sichtlichen Verhandlungsbereitschaft auch in den Schlüsselfragen *Entmilitarisierung der UÇK* und *Referendum über die Unabhängigkeit* als flexibel erweisen würden." Sie hofften, die kosovo-albanische Delegation in diesen beiden Punkten zum Einlenken bewegen zu können, indem sie als Gegenleistung eine von der NATO geleitete „Implementation Force" und weitgehende Selbstbestimmungsrechte durchsetzen würden.[327] Das aber hätte bedeutet, dass die Kosovo-Albaner einen Status gewonnen hätten, der noch hinter dem von 1989 zurückgeblieben wäre. Jedes Zugeständnis der albanischen Seite in dieser Frage konnte nur taktisch sein. Ob den ‚westlichen' Verhandlungsführern das klar war oder ob sie hofften, dass nach Abschluss eines Vertrags die Zeit und die mit ihr einhergehende Beruhigung beider Seite schon dazu führen würde, dass sich dieser zentrale Punkt erledigen würde, kann ich nicht sagen. Über die Absichten beider Seiten war zumindest Petritsch ausreichend im Bild, wie in *Kosovo/Kosova. Der lange Weg zum Frieden* deutlich wird. Dass die existenzielle Frage des Status der eigenen Nation höchstens, wenn überhaupt, über sehr lange Zeiträume an Bedeutung verliert, hätte er von anderen Konflikten (Nordirland, Zypern, Israel/Palästina) vermuten können.

Neben dem grundsätzlichen Konflikt gab es noch weitere Differenzen. So lehnte die serbische Seite vor allem eine stärkere internationale Einmischung ebenso ab wie ein politisches System, das auf reinen Mehrheitsentscheidungen beruhte. Ersteres wurde als Souveränitätsverlust angesehen, Letzteres wäre nur den Kosovo-Albanern zugutegekommen, während die anderen Bevölkerungsgruppen, allen voran die Serben, über kein politisches Gewicht verfügt hätten. Die kosovo-albanische Seite hingegen drängte darauf, die künftige Rolle der UÇK zu bestimmen, zum einen, weil deren bewaffnete Einheiten ihr wichtigstes Unterpfand waren und einen gewissen Schutz gegen serbische Willkür zu bieten schienen, zum anderen, weil deren Kämp-

---

[327] Ebd., S. 181, Hervorh. dort.

fer ein wirtschaftliches Auskommen brauchten, wenn die Kämpfe endeten. Außerdem war für sie die Präsenz der NATO wesentlich, um die Umsetzung des Abkommens zu überwachen. Aus serbisch-jugoslawischer Sicht hätte man allenfalls über weitreichende Selbstverwaltungsrechte verhandeln können. Hierzu scheint ein gewisser Spielraum vorhanden gewesen zu sein.[328]

Mit der Kontaktgruppe nicht abgesprochene direkte Gespräche, die Hill sowie die Politischen Direktoren des französischen und britischen Außenministeriums, Gérard Errera und Peter Ricketts, in Belgrad mit Milošević führten, ergaben dann auch, dass in Bezug auf den zivilen Teil des Abkommens durchaus Verhandlungsbereitschaft bestand. So forderten die Verhandlungsführer die serbisch-jugoslawische Delegation auf, ihre unverzichtbaren Interessen und die Kompetenzen, die an das Kosovo übertragen werden könnten, aufzulisten, und die kosovo-albanische, in Bezug auf die Einbindung in die Bundesrepublik Jugoslawien flexibler zu sein und die Rechte der verschiedenen nationalen Gemeinschaften weiter zu fassen, etwa durch ein Zweikammersystem.[329]

Auf der Grundlage der abgegebenen Stellungnahmen wurde auf Expertenebene der „definitiv letzte Abkommensentwurf" ausgearbeitet, der den beiden Parteien am 18. Februar vorgelegt wurde. Darin kam man der serbischen Seite etwas entgegen, „ohne an der Substanz viel zu verändern." So wurde ein Zweikammersystem vorgeschlagen, wobei die zweite Kammer als Vertretung der nationalen Gemeinschaften jedoch nur eine Konsultationsrolle erhalten sollte. Die Zugehörigkeit zu Serbien beziehungsweise Jugoslawien (konkreter sind Petritsch und Pichler an dieser Stelle nicht) sollte in der Präambel der Verfassung deutlicher betont werden. Zudem wurde beiden Delegationen am Abend das Kapitel ‚Militärisches' ausgehändigt. Die serbische Seite wies diesen Entwurf unter anderem zurück, weil die Präsenz internationaler Kontrolleure bei der Implementierung das Kosovo faktisch zu einem Protektorat gemacht hätte. Den militärischen Teil weigerte sie sich offiziell zur Kenntnis zu nehmen und begründete das damit, dass innerhalb der Kontaktgruppe darüber keine Einigkeit herrsche, was bei Petritsch und Pichler wiederum als taktische Verweigerungshaltung erscheint. Tatsächlich hatte Majorski zwar angeboten, Russland werde sich aus den Verhandlungen über diesen Teil heraushalten und ein Abkommen nicht verhindern, sollte die jugoslawische Seite zustimmen, andererseits aber bestand ein schwerwiegender Dissens hinsichtlich der Frage, ob die NATO die Implementierungsstreitkräfte allein oder zusammen mit Russland anführen solle.[330]

---

[328] Serbische Seite: Ebd., S. 180; kosovo-albanische: S. 179, 181.

[329] Ebd., S. 183 u. 187.

[330] Ebd., S. 182f. (Dissens mit Russland) u. 187f. Am 19.2. soll der serbische Präsident Milutinović geäußert haben, „dass das Ultimatum Österreich-Ungarns an Serbien von 1914 verglichen mit dem anstehenden vornehm und zurückhaltend formuliert gewesen sei." (S. 191)

Die kosovo-albanische Delegation zeigte sich „schockiert". Mit der beabsichtigten Demilitarisierung der UÇK, der Anerkennung Serbiens als staatlicher Rahmen und dem festgeschriebenen Verzicht auf die Unabhängigkeit könne sie sich nicht abfinden.[331] Dies aber werten Petritsch und Pichler nicht als Verzögerungs- oder Verweigerungshaltung, obwohl der Verzicht auf die Unabhängigkeit (die eine Verletzung der Integrität Jugoslawiens bedeutet hätte) bereits mit der Annahme der ‚Non-Negotiable Principles/Basic Elements' hätte als angenommen gelten müssen.

Da sich die Verhandlungen damit offenbar in einer Sackgasse befanden, schien den Verhandlungsführern als Ausweg nur zu bleiben, den Druck auf beide Delegationen zu erhöhen. Außerdem hatte die EU unter der deutschen Präsidentschaft ein Papier ausgearbeitet, das die Rücknahme der gegen Jugoslawien verhängten Sanktionen innerhalb eines Zeitraums von zwei Jahren vorsah. Es war wohl das Zuckerbrot, das neben der Peitsche für eine Zustimmung sorgen sollte. Aber wieder ignorierte die Verhandlungtaktik den grundlegenden schweren Dissens und führte folglich zu keinem Einlenken.

Am Nachmittag des 19. Februars überreichte die kosovo-albanische Delegation eine überarbeitete Endfassung. Darin wurde der Übergangscharakter der Verfassung betont, um eine Fixierung des Status innerhalb Jugoslawiens zu verhindern. Ebenso sollte die Erwähnung der serbischen beziehungsweise jugoslawischen Souveränität aus der Präambel gestrichen werden. Weiterhin bestand man auf einem Referendum, was die Verhandlungsführer jedoch ablehnen mussten. Sie konnten lediglich eine internationale Konferenz anbieten, „die neben anderen Faktoren die Willensäußerung der betroffenen Bevölkerung berücksichtigen würde." Inzwischen war Hill von einem weiteren erfolglosen Vermittlungsversuch in Belgrad zurückgekehrt.

Zu dieser Zeit gab es Geheimdienstberichte, nach denen die VJ Vorbereitungen treffe, eine eventuelle Evakuierung der KVM-Beobachter zu behindern. Polizeieinheiten des MUP würden zudem die Entführung einiger von ihnen sowie die Ermordung des Leiters William Walker planen. Dass die Armee Manöver in unmittelbarer Nähe von UÇK-Stützpunkten durchführte, wurde von den Vermittlern als Provokation aufgefasst. In einem Treffen mit General Dušan Lončar, dem Leiter des jugoslawischen Liaison-Office, und Oberst Miroslav Mijatović, dem stellvertretenden Leiter des MUP und Liaison-Offizier, sicherten diese der KVM jedoch einen ordnungsgemäßen Rückzug zu und widersprachen der These, Walker sei gefährdet. Die Manöver aber würden Sicherheitsmaßnahmen für den Fall darstellen, dass die Verhandlungen scheitern sollten. Zudem habe die UÇK die Zeit genutzt, sich wieder neu zu organisieren und zu bewaffnen, ohne dass sie von internationaler Seite daran gehindert worden sei.

Nun griff US-Außenministerin Albright in die Verhandlungen ein. Da sie in einem Gespräch mit Milutinović nichts erreichen konnte, hoffte sie, die kosovo-alba-

---

[331]   Hier und im Folgenden habe ich die Darstellung von Petritsch/Pichler: *Kosovo/Kosova*, 2004, S. 188–229 zugrunde gelegt.

nische Delegation durch verstärkten Druck zum Einlenken bewegen zu können – damit wiederum sollte die serbisch-jugoslawische Delegation doch noch zur Unterzeichnung gedrängt werden; man vermutete, dass sie für ein Scheitern nicht würde verantwortlich sein wollen. Dazu aber musste man die kosovo-albanische Seite dazu bringen, auf die Unabhängigkeit zu verzichten und der Auflösung der UÇK zuzustimmen. Obwohl sie den Albanern unverblümt drohte: „Entweder ihr unterzeichnet, dann wird Jugoslawien bombardiert, oder ihr lehnt ab, und niemand wird euch beistehen", konnte sie keinen Durchbruch erzielen.

Besonders für den erst dreißigjährigen Hashim Thaçi war der Druck enorm stark. Die jugoslawische Seite signalisierte durch den Botschafter Branko Branković, man könne auch die Unabwendbarkeit einer militärischen Komponente des Vertrags akzeptieren, benötige aber Zeit, um die Bevölkerung darauf einzustimmen.

Auch wenn Petritsch und Pichler ausdrücklich bemerken: „Immer stärker stellte sich als tatsächlicher Grund der kosovo-albanischen Intransigenz die mit dem Vertrag einhergehende Auflösung der UÇK heraus", zeigen ihre Ausführungen an der gleichen Stelle deutlich, dass die Unabhängigkeitsfrage weiterhin *den* entscheidenden Punkt darstellte. Albright versuchte hier mit einem Trick weiterzukommen, indem sie sich bereit erklärte,

> einen *side letter* zu unterzeichnen, der das Recht der Kosovo-Albaner zur Abhaltung eines Referendums über den endgültigen Status des Kosovo bestätigen sollte. Dieses Schreiben hätte jedoch keinerlei juristisch bindenden Charakter [für die abzuhaltende internationale Konferenz über den endgültigen Status nach der Übergangsphase] gehabt.[332]

Das löste heftige Kontroversen innerhalb der Kontaktgruppe aus, zumal Veton Surroi nun auch einen gleichlautenden Brief der EU oder wenigstens einen Brief des EU-Ratsvorsitzenden Joschka Fischer von Petritsch verlangte. In dieser Situation erreichte die kosovo-albanische Delegation ein Brief des albanischen Schriftsteller Ismail Kadare, in dem dieser unter anderem schrieb:

> a) Wenn die beiden Parteien nicht übereinkommen, wird es kein militärisches Eingreifen in Jugoslawien geben und b) wenn die Albaner die Ursache des Scheiterns werden, wird die Unterstützung an sie eingestellt.
>
> [...]
>
> [In Bezug auf das konkrete Vertragsangebot:] Ich denke, wir können es vorerst dabei belassen. Ich denke, man wird schwerlich mehr als eine Übergangsphase erreichen können. Das ist eine große Chance für das albanische Volk des Kosovo und die gesamte albanische Nation. Die Geschichte hat oft gezeigt, daß nicht jeder Krieg, so heldenhaft er auch sein mag, eine solche Chance mit sich bringt. Und Chancen wiederholen sich nicht so leicht.
>
> [...]

---

[332]   Ebd., S. 195f.

Ich bin sicher, daß die Serben ungeduldig auf das albanische „Nein" warten. Ein größeres Geschenk kann es für sie nicht geben. Unter diesen Umständen denke ich, man sollte nehmen, was zu bekommen ist, und sollte nicht im Augenblick Unmögliches verlangen. Eine weitere Kosovo-Konferenz nach drei Jahren läßt das Tor der Freiheit offenstehen.[333]

Der Brief hatte einen durchschlagenden Erfolg; außer Thaçi waren nun alle dafür, dem Vertragsentwurf zuzustimmen. Auf diesen wurde vor allem Druck seitens der regionalen UÇK-Kommandanten ausgeübt, „die einer Auflösung ohne Garantie einer Unabhängigkeit die Zustimmung verweigerten."[334] Hier wird erneut deutlich, dass das Problem nicht die Auflösung der UÇK, sondern die Unabhängigkeit war.

Thaçi befand sich in der Zwickmühle: Eine Zustimmung konnte ihn das Leben kosten, sollte ihn die UÇK als ‚Verräter' ansehen. Andererseits würde sie bei einer Ablehnung jegliche Unterstützung ‚des Westens' verlieren. Petritsch und Pichler schreiben:

> Die USA gaben klar zu verstehen, dass ein auf die Kosovo-Albaner zurückzuführendes Scheitern der Verhandlungen das Ende der UÇK bedeuten würde. Die UÇK würde sich umgehend auf der Liste terroristischer Organisationen wiederfinden, Gelder aus der Diaspora würden konfisziert und dem Waffenfluss über Albanien würde durch die Stationierung von NATO-Truppen Einhalt geboten werden. Das würde die Vernichtung der „Befreiungsarmee" bedeuten.[335]

Die US-Regierung konnte also durchaus mit derartigen Maßnahmen drohen. Warum hatte sie es nicht schon längst getan?

Die serbische Seite wusste um die Lage in der kosovo-albanischen Delegation – man fragt sich wie; konnte man mit Majorski kein Stillschweigen vereinbaren, um taktische Winkelzüge zu verhindern? –, und es war klar, dass ihre einzige Chance, einen NATO-Angriff abzuwenden und den Vertrag nicht zu unterzeichnen, deren Spaltung war. So begann die jugoslawische Armee genau in dieser Zeit eine Offensive gegen die UÇK, bei der sie ihr hohe Verluste zufügte. Interpol erhielt einen internationalen Haftbefehl gegen Thaçi, und Morddrohungen gegen ihn häuften sich.

---

[333]   Ebd., S. 197f., aus dem Albanischen übers. v. Hans Joachim Lanksch u. dort vollständig abgedruckt. Kadares Brief zeigt, dass es einflussreichen Albanern auch um die politische Einheit aller Albaner ging. Sicher gab es jetzt erst einmal andere Probleme und einiges stand einer Einheit im Weg. Aber warum sollten sich zwei deutsche Staaten vereinigen können, zwei albanische nicht? Weil die beiden deutschen einmal ein einziger und die Albaner zu schwach gewesen waren, im 19. oder frühen 20. Jahrhundert so weit zu kommen?

[334]   Ebd., S. 199. Auf S. 215 weisen sie darauf hin, dass den politischen Vertretern mit der Umsetzung des Abkommens wichtige Positionen winkten, während die Auflösung der UÇK für deren lokale Kommandanten eine unsichere berufliche Zukunft bedeutete.

[335]   Ebd., S. 199. Vgl. a. *Kosovo Report*, S. 154f. Die Internationale Kommission bezweifelt allerdings, ob solche Drohungen ernst genommen wurden, da die bisherigen Absichtserklärungen ‚des Westens', die UÇK zu zügeln, ohne Konsequenzen geblieben waren.

Petritsch und Pichler beschreiben ihn in dieser Phase „wie paralysiert". Er wollte den Delegationsvorsitz abgeben, aber dann beharrte er auf seiner Position und schaffte es, bis auf Jakup Krasniqi alle UÇK-Vertreter auf seine Seite zu bringen. Es sei Surroi zu verdanken gewesen, dass die Delegation zu diesem Zeitpunkt nicht auseinandergebrochen sei.

In dieser Phase wirkte die serbische Seite wieder kompromissbereiter, was den politischen Teil des Abkommens anging, den militärischen lehnte sie weiterhin vollständig ab. Der deutsche Außenminister Fischer wandte sich noch einmal schriftlich an Milošević, um ihn zum Einlenken zu bewegen. Dabei betonte er

> once more that the sovereignty and territorial integrity of the Federal Republic of Yugoslavia are the undisputed basis of the political process to peacefully settle this conflict [...].
>
> [...]
>
> It should not be forgotten that monitoring the demobilization of the so-called Kosovo Liberation Army (KLA) will be one of the main obligations of such a military presence. Moreover, radical additional measures to contain the KLA's activities outside Kosovo will have to be taken.

Zudem bot Fischer die schrittweise Aufhebung der Sanktionen, beginnend mit dem Flugverbot, und die allmähliche Wiedereingliederung Jugoslawiens in internationale Organisationen an.[336]

Am 23. Februar wurde beiden Delegationen der kaum veränderte endgültige Text vorgelegt. Rugova erklärte, er werde das Abkommen kraft seiner Stellung als gewählter Präsident unterzeichnen, aber Thaçi stellte sich dagegen.

Die serbisch-jugoslawische Delegation, die wiederum über den Stand innerhalb der kosovo-albanischen informiert war, sprach in ihrer dann eingereichten Stellungnahme zwar von „wesentlichen Fortschritten", sah aber in Bezug auf zentrale Elemente des Abkommens weiterhin Uneinigkeit. Die Punkte, über die Einigkeit bestehe, listete sie ebenso auf wie die umstrittenen. Sie betonte besonders, „that there can be no independence of Kosovo and Metohija nor the third republic", wie es auch die Kontaktgruppe sehe. Die andauernde Ablehnung von Begriffen wie „constitution", „President" und „Constitutional Court" sind genau an dieses zentrale Moment gebunden.[337] Immer wieder zeigt sich, dass die serbische Weigerung, bestimmte Begriffe und Institutionen zu akzeptieren, sich darauf gründete, eine Aushöhlung der staatlichen Souveränität über das Kosovo zu verhindern.

---

[336]   Petritsch/Pichler: *Kosovo/Kosova*, 2004, S. 200f., mit dem vollständigen Brief.

[337]   Ebd., S. 202f. mit dem vollständigen Dokument. Auch in den beiden folgenden Schreiben ist die Ablehnung der Unabhängigkeit oder eines Republikstatus jeweils hervorgehoben (S. 204 u. 206).

In einem zweiten Schreiben schwächte die serbisch-jugoslawische Delegation ihre Ablehnung etwas ab und signalisierte auch erstmals Bereitschaft, eine internationale Präsenz im Kosovo zu diskutieren. Mittlerweile hatte Surroi einen Umschwung in der kosovo-albanischen Delegation bewirkt. Sie war bereit, dem Abkommen zuzustimmen, bat sich aber zwei Wochen Zeit aus, um die Bevölkerung und die maßgeblichen Institutionen im Kosovo darüber zu informieren. In ihrem Schreiben heißt es unter anderem:

> 3. The Delegation of Kosova understands and this will be confirmed again upon signature, that at the end of the interim period of three years, Kosova will hold a *referendum* to ascertain the will of the people as provided in Article I (3) of Chapter 8 of the Agreement.[338]

Im 3. Absatz von Artikel I des 8. Kapitels steht:

> Three years after the entry into force of this Agreement, an international meeting shall be convened to determine a mechanism for a final settlement for Kosovo, on the basis of the [expressed] will of the people, opinions of relevant authorities, each Party's efforts regarding the implementation of this Agreement, and the Helsinki Final Act, and to undertake a comprehensive assessment of the implementation of this Agreement and to consider proposals by any Party for additional measures.[339]

An dem Schreiben der kosovo-albanischen Delegation wird zudem deutlich, wie sie ganz selbstverständlich für sich reklamierte, für das Kosovo beziehungsweise „das Volk von Kosovo" zu sprechen – ein Recht, das ihr die jugoslawische Regierung vehement bestritt.

Daraufhin erfolgte ein drittes Schreiben der jugoslawischen/serbischen Delegation, in dem Petritsch und Pichler „eine entscheidende Abschwächung der ablehnenden Position" erkennen wollen, das aber bis auf geringfügige Änderungen mit dem vorhergehenden identisch ist.[340]

Über die Punkte, die für die serbische Seite trotzdem noch strittig waren und die den Verhandlungsführern auch bewusst waren, wurde allerdings nicht mehr verhandelt. Diese waren zu diesem Zeitpunkt ausnahmsweise einmal recht zuversichtlich, die Verhandlungen doch noch zu einem erfolgreichen Abschluss bringen zu können:

---

[338] Ebd., S. 204f. (Hervorh. C. P.); dort mit beiden Dokumenten.

[339] ‚Interim Agreement for Peace and Self-Government in Kosovo, 23 February 1999', in: *The Crisis in Kosovo 1989–1999*, S. 469; Zusatz in eckigen Klammern (wahrscheinlich fehlerhaft): Petritsch/Pichler, a. a. O., S. 259. Die beiden betonen auch in Bezug auf diese Stelle, die von der serbischen Seite sehr kritisiert wurde, eine etwaige Statusänderung hätte nach der dreijährigen Übergangszeit „nur in Übereinstimmung *beider* Parteien" erfolgen können; davon ist aber nicht die Rede. Vielmehr sollten unter anderem „each party's efforts regarding the implementation of this agreement" eine Rolle spielen. Wie diese Anstrengungen in der Vergangenheit vom ‚Westen' gewertet worden waren, hatte die jugoslawische Führung im Februar 1999 deutlich vor Augen.

[340] A. a. O., S. 205f., auf S. 206 a. ein Faksimile des Briefs.

Die Albaner hatten dem Abkommen prinzipiell zugestimmt und die Serben zeigten durchaus Bereitschaft für eine konstruktive Lösung. Selbst eine Präsenz der NATO schlossen sie nicht mehr ausdrücklich aus – wobei sich die ‚westlichen' Verhandlungsführer darüber im Klaren waren, dass dies aus taktischen Erwägungen geschehen war. Sie gingen davon aus, dass Milošević auf eine Ablehnung der Albaner spekulierte oder wenigstens auf Differenzen innerhalb der NATO hoffte.

Auf Empfehlung der drei Vermittler beschloss die Kontaktgruppe dann am 23. Februar, die Konferenz zu unterbrechen und am 15. März in Paris fortzusetzen. Das Verhandlungspaket aber sollte nicht wieder aufgeschnürt werden – und das, obwohl die serbische Seite einige Punkte als bislang ungeklärt angesprochen hatte. Dass sie sich nun stur stellte, erscheint nicht verwunderlich, ging es doch nicht mehr um Verhandlungen, sondern nur noch um die Annahme des Dokuments.

Bereits auf einer Sitzung des NATO-Rats am 24. Februar versuchten die USA, die jugoslawische Regierung mit einer einseitigen Schuldzuweisung militärisch unter Druck zu setzen, was aber von der Mehrheit der Mitgliedstaaten abgelehnt wurde.

Am 25. Februar berichtete der Vorsitzende des NATO-Militärausschusses, General Naumann, von einem beachtlichen Truppenaufbau im Kosovo, deren Aufgabe noch nicht ersichtlich sei. Zugleich aber „wurden vermehrt Zwischenfälle gemeldet, die zumeist von der UÇK provoziert, jedoch durchwegs unproportional durch exzessive Gewaltanwendung beantwortet wurden."[341]

Noch weniger als die jugoslawischen Ordnungskräfte hielt sich offenbar die UÇK daran, die Lage nicht weiter zu verschärfen, solange die Verhandlungen andauerten. Auch das wurde vom ‚Westen' nicht geahndet, obwohl die Untergrundorganisation mittlerweile in den Verhandlungsprozess eingebunden war, ein entscheidendes Argument, warum man das vorher nicht habe tun können, also weggefallen war. Selbst in dieser Phase unternahm ‚der Westen' also nichts, um der jugoslawischen Seite das Gefühl zu geben, auch ihre Belange fänden Berücksichtigung. Wie sollte sie angesichts dessen darauf vertrauen, die Präsenz der NATO im Kosovo werde zu einer Auflösung der UÇK oder auch nur zu einem Ende ihrer Aktionen führen?[342] Stattdessen ist die Tatsache von Provokationen seitens der UÇK wiederum nur Anlass, die unproportionale und exzessive Gewaltanwendung der serbischen Seite anzuprangern. Auch NATO-Generalsekretär Javier Solana und US-Außenministerin Albright wiesen Milošević in scharfem Ton darauf hin, dass ein militärisches Vorgehen auch in der Verhandlungspause nicht akzeptabel sei.

---

[341] Petritsch/Pichler, a. a. O., S. 209.

[342] Milošević kritisierte in seiner vehementen Ablehnung des Abkommens dann auch nicht nur, darüber sei noch keine Einkunft erzielt worden, sondern warf der KVM vor, sie tue nichts gegen den Waffenschmuggel aus Albanien (ebd., S. 212).

Daraufhin rückten die Regierungsparteien in Serbien (SPS, JUL, SRS und SPO) enger zusammen. Eine Stationierung der NATO lehnten sie einhellig ab. Aber auch das oppositionelle Parteienbündnis „Allianz für den Wechsel" hielt das Ultimatum über die Stationierung von NATO-Truppen in dieser Form für unannehmbar. Die Voraussetzung für eine Lösung des Kosovokonflikts war für sie allerdings ein demokratisches Serbien.

Auf albanischer Seite wurde inzwischen klar, dass die UÇK-Kommandanten das Abkommen weitaus nicht so ablehnend betrachteten, wie Thaçi geglaubt hatte. Als Zeichen der Einheit wurde von den verschiedenen politischen Gruppierungen die Bildung einer provisorischen Regierung angekündigt, für deren Führung Thaçi als erster Anwärter galt.

Milošević und Milutinović hingegen betonten gegenüber Hill, man sei noch weit von einer Einigung entfernt, was als Rückschritt weit hinter den in Rambouillet erreichten Stand gewertet wurde. Die serbische Position hatte sich offenbar verhärtet und sollte auch bis zum Beginn des Krieges nicht mehr in Bewegung kommen. In einer Erklärung des serbischen Präsidialbüros vom 5. März wird als Grund für die Verärgerung unter anderem die Übermittlung der „so called Annexes 2 and 7" des Abkommens wenige Stunden vor Ende der Verhandlungen in Rambouillet genannt. Es handelt sich offenbar um die Kapitel 2 (‚Police and Civil Public Security') und 7 (‚Implementation II'). Die Kritik dreht sich im Wesentlichen darum, die albanische Seite werde dazu gedrängt etwas zu unterschreiben, worum sie selbst gebeten habe: „Ethnic Albanian separatist parties, terrorists and drug mafia are asked to accept something they have been asking for, over the past years in Kosovo and Metohija;[:] independence with the assistance of their NATO allies." Statt einer ursprünglich geplanten Überprüfung der Abkommensimplementierung und möglicher weiterer Maßnahmen durch alle Unterzeichner nach drei Jahren, die es im Konsens zu beschließen gelte, sei in der am letzten Tag der Verhandlungen präsentierten Version von einer internationalen Konferenz die Rede – der bereits erwähnte Absatz 3 in Artikel I des 8. Kapitels.[343]

Nachdem die jugoslawische Regierung wieder und wieder erlebt hatte, wie ‚der Westen' in dem Konflikt zweierlei Maß anlegte, konnte sie ihm schlecht die Schiedsrichterrolle in Bezug auf die Implementierung einräumen. Der Ton am Ende der Erklärung ist dann allerdings erstaunlich. Er zeigt nicht nur das Ausmaß der Verbitterung, die nun durch keine diplomatischen Formen mehr zurückgehalten wurde, sondern auch, wie sehr sich die serbische Regierung verrannt hatte und wie wenig sie bereit und fähig war, die Lage im Kosovo wirklich wahrzunehmen:

---

[343] Ebd., S. 212–215, die Erklärung auf den Seiten 213–215, zit. n. Yugoslav Daily Survey, Belgrad, 5. März, Nr. 2110 (Zitat S. 214). Der Text des Abkommens ist in *The Crisis in Kosovo 1989–1999*, S. 453–469 zu finden, der betreffende Absatz auf S. 469, in den früheren Fassungen auf S. 423 u. 441.

The bottom line of this game of talks has been troops and troops alone. Pressure to deploy foreign troops reveals their true goals [zu ergänzen: as?] an attempt to occupy a strategic part of Europe under a transparent pretext or [of?] imposing peace, although *it is common knowledge that there has never been nor is there any military confrontation.* The entire scenario is aimed at creating artificial conditions at one point for proclaiming independence of part of the Serbian territory. There are attempts at making a good excuse for an aggression against a sovereign state.[344]

Das war deutlich. Eine gemeinsame Verhandlungsgrundlage sah die serbische Seite offenbar nicht mehr. Angesichts ihrer letzten schriftlichen Stellungnahmen in Rambouillet mag das verblüffen, inhaltlich ist dieser Wechsel aber kaum überraschend. Obwohl die serbische Regierung eine militärische Konfrontation bestritt (für sie handelte es sich um die rechtmäßige Verfolgung von ‚Terroristen‘), ging sie weiter massiv gegen die UÇK im Kosovo vor. Zugleich konzentrierte sie Truppen an der Grenze zu Mazedonien, wohl um einen NATO-Angriff von dort abzuwehren.

Das diplomatische Vorgehen Petritschs wird in seiner Beschreibung einer Unterredung mit Milutinović am 8. März deutlich. Auf dessen Vorwurf, das Abkommen sei in einigen wichtigen Punkten unpräzise formuliert, entgegnete Petritsch, „dass die Interpretierbarkeit einiger wichtiger Textstellen bewusst breiter gefasst sei, um beiden einander ausschließenden Positionen gerecht zu werden." „Was die Klausel über das weitere Vorgehen nach der dreijährigen Interimsperiode betraf, riet Petritsch dem serbischen Präsidenten, den Standpunkt der serbischen Seite vor allem hinsichtlich des Passus ‚the will of the people‘ in einem *side letter* zu präzisieren." Auch unterstrich er, es gehe der EU darum, „das Kosovo als Heimat für alle Bewohner unabhängig von ihrer nationalen Zugehörigkeit zu bewahren".[345] Aber was hieß das konkret? Der zentrale Dissens zwischen Albanern und Serben wurde im Abkommen nur vage, also nicht wirklich behandelt, geschweige denn gelöst, sondern in *side letters* ausgelagert – ein bei derartigen Verträgen durchaus nicht unübliches Verfahren. Die darin niedergelegten Standpunkte konnte die eine wie die andere Seite dann bei Gelegenheit zwar geltend machen, über deren Bedeutung aber würde die ‚Internationale Gemeinschaft‘, also ‚der Westen‘, entscheiden.

Nun wurde Holbrooke erneut von der US-Regierung eingeschaltet. In einem Gespräch mit ihm betonte Milošević, dass die Verknüpfung einer politischen Lösung auf der Basis der vorliegenden Prinzipien mit der Akzeptanz fremder Truppen zur Implementierung des Abkommens weder schlüssig noch zulässig sei. Er sah Serbien/Jugoslawien in einem Kampf gegen Terroristen und Separatisten, der, wie überall sonst, eine innere Angelegenheit sei. Auch war er überzeugt, er könne die UÇK schnell ausschalten, wenn man ihm nur freie Hand ließe. Ein Treffen des russischen Außenministers Igor Iwanow mit Milošević verlief ebenfalls ergebnislos. Die Kontaktgruppe einigte sich darauf, den politischen Teil des Abkommens als abge-

---

[344]   Petritsch/Pichler, a. a. O., S. 214f. (Hervorh. C. P.).

[345]   Ebd., S. 216f.

schlossen zu betrachten und einzig die Implementierungsteile bei der Fortsetzung der Verhandlungen in Paris auf die Tagesordnung zu setzen. Es war klar, dass nur das Abkommen als Ganzes angenommen werden konnte.

Das Verhalten der jugoslawischen/serbischen Delegation, besonders das ihres Leiters Milutinović scheint in Paris nur noch provokativ ablehnend gewesen zu sein – nach Stand der Dinge war das eigentlich nicht verwunderlich. Milutinović forderte nun, dass man sämtliche Passagen streichen müsse, in denen die Souveränität Serbiens/Jugoslawiens über das Kosovo beschnitten oder eine internationale Beteiligung an der Implementierung des Abkommens vorgesehen war. Die kosovo-albanische Delegation bekundete indessen ihre Zustimmung, wie auch aus einem Brief Thaçis an Petritsch deutlich hervorgeht, indem jener zudem in jedem Absatz betont, seine Delegation spreche für das Kosovo insgesamt – was die serbische Seite immer bestritten hatte.[346]

Am 18. März unterzeichneten die Kosovo-Albaner das Abkommen. Im Anschluss übergaben sie den beiden Vorsitzenden der Pariser Konferenz, Madeleine Albright und Javier Solana, einen offenen Brief, in dem sie gegen Ende noch einmal betonen, dass das Volk von Kosovo nach Ablauf der dreijährigen Übergangszeit seinen Willen erklären werde, der einer internationalen Zusammenkunft mitgeteilt werde, die dann einen Mechanismus für eine endgültige Regelung festlegen werde.[347]

Als einen Grund für ihre letztendliche Ablehnung des Vertrags hat die serbisch-jugoslawische Delegation den Zusatz B ‚Status of Multi-National Military Implementation Force' zum bereits erwähnten Kapitel 7 ‚Implementation II' genannt, den sie am 18. März zurückwies.[348] Er sollte der NATO uneingeschränkte Bewegungsfreiheit innerhalb Jugoslawiens (Punkt 8), Immunität des eigenen Personals (Punkt 6 und 7), einheimische Angestellte während ihrer Arbeit eingeschlossen (Punkt 20) sowie die unentgeltliche Nutzung der Infrastruktur (Punkt 10 und 11) gewähren.[349]

Von westlicher Seite wurde er damit begründet, es handle sich um einen Routinezusatz bei derartigen Verträgen, er sei notwendig, damit die NATO ins Kosovo gelangen könne, auch folgten die hier festgeschriebenen Regeln dem Vertrag von Dayton. Nach Petritsch ist der Zusatz B in Rambouillet gar nicht verhandelt worden, „so weit war man nicht gekommen". Allerdings sei man nicht so weit gekommen, weil die serbisch-jugoslawische Delegation ablehnte, überhaupt über eine militärische Implementierung zu verhandeln. Überrumpelt worden sei sie entgegen ihrer eigenen Behauptung also nicht, vielmehr hätte über diese Frage noch verhandelt wer-

---

[346]   Ebd., S. 220–222, dort a. der vollständige Brief.

[347]   Ebd., S. 223–225, auf S. 224f. auch der vollständige Brief.

[348]   Robert Fisk: ‚The Trojan horse that ›started‹ a 79-day war', *The Independent*, 26.11.1999, S. 20. Vgl. a. Ernst-Otto Czempiel: ‚Seltsame Stille', Gespräch mit Matthias Geis, *Die Zeit*, 31.3.1999, S. 7.

[349]   *The Crisis in Kosovo 1989–1999*, S. 468f.

den können. Petritsch und Pichler erwähnen auch, der serbische Militäranalytiker Ljubodrag Stojanović habe 2001 deutlich gemacht, dass es gar keiner neuen Genehmigung bedurft habe, da sie bereits mit dem Dayton-Abkommen bestanden habe.[350]

Merkwürdig ist allerdings, dass Zusatz B westlichen Parlamenten nicht vorlag. Die Bundestagsabgeordneten etwa erfuhren erst am 12. April von ihm, und in der Bibliothek des britischen House of Commons lag der Vertrag zwar seit dem 1. März vor, Zusatz B allerdings erst am 1. April. Auch hat die NATO diese Forderungen bei den Verhandlungen nach dem Krieg ebenso fallen gelassen wie die nach einem internationalen Treffen über den Status des Kosovo nach Ablauf von drei Jahren.[351]

Statt auf einer militärischen Implementierung zu bestehen, hätte ‚der Westen' auch die Beobachtermission aufstocken können. Immerhin waren mit ihr deutliche Fortschritte erzielt worden. Diese hätten sehr viel weiter gehen können, wenn man sich auch energisch gegen Verstöße der UÇK gewandt hätte. Am 15. März hatte die Skupština eine Resolution verabschiedet, die „auf die Möglichkeit einer ‚internationalen Präsenz' von einer ‚Art und Stärke', die ausreichend zu sein hätte, um die ‚politische Vereinbarung über die Selbstregierung' durchzusetzen", verwies. Nach dem Brigadegeneral Heinz Loquai, Deutschlands Militärberater bei der OSZE in Wien, hatte die serbische Seite vorgeschlagen, die OSZE-Mission auf 5000 bis 6000 Mitglieder zu erhöhen. Auch eine leichte Bewaffnung sei für möglich erklärt worden.[352]

---

[350] Routinezusatz u. notwendig: Fisk, a. a. O. Vergleich mit Dayton und Weigerung, über militärische Implementierung zu verhandeln, keine Überrumplung, Stojanović: Petritsch/Pichler, a. a. O., S. 260–262 (Stojanović nach *VIP*, einer Zusammenfassung jugoslawischer Medienberichte, vom 9.10.2001); Joschka Fischer: ‚»Es ist eine barbarische Form des Faschismus«', Interview von Dieter Rulff, *taz*, 15.4.1999, S. 3; Scharping: *Wir dürfen nicht wegsehen*, S. 122. Nicht so weit gekommen: Petritsch/Kaser/Pichler: *Kosovo/Kosova*, 1999, S. 316; ganz ähnlich a. Hofmann: ‚Wie Deutschland in den Krieg geriet', S. 20f.

[351] Bundestag: Vera Gaserow u. Knut Pries: ‚Fußnote der Weltpolitik oder kleingedruckte Hinterlist?', *FR*, 13.4.1999, S. 3; House of Commons: Fisk, a. a. O.; Chomsky: ‚Die kühne Behauptung von der Unausweichlichkeit des Kosovokrieges', S. 11; Statusfrage: *Kosovo Report*, S. 96. Dass der ‚Westen' nach drei Jahren kein internationales Treffen zur Statusfrage einberief, was für viele Albaner bedeutete, dass er die wohlverdiente Unabhängigkeit verhinderte, schürte ihre Unzufriedenheit mit ihm weiter (vgl. Prochazka ‚Vom Krieg zur UN-Verwaltung', S. 336f.).

[352] Resolution: Chomsky, a. a. O., S. 10; Aufstockung der Beobachter: Loquai: *Der Kosovo-Konflikt*, S. 85. Die Internationale Kommission, die auf diese Resolution nicht eingeht, bemerkt allerdings, dass bis zum Schluss nicht klar gewesen sei, ob die jugoslawische Regierung *bewaffnete* Überwachungskräfte akzeptiert hätte (*Kosovo Report*, S. 158).

Am 19. März gaben die Konferenzvorsitzenden bekannt, dass die Gespräche aufgrund der Haltung der serbisch-jugoslawischen Delegation ausgesetzt würden, im Falle einer substanziellen Meinungsänderung auf serbischer Seite jedoch jederzeit wieder aufgenommen werden könnten. Inhaltlich sei am Verhandlungspaket jedoch nichts mehr zu ändern.[353]

Bei einem letzten Treffen zwischen Hill, Petritsch und Majorski einerseits und Milošević, Milutinović, dem jugoslawischen Außenminister Živadin Jovanović sowie den beiden Mitgliedern der Verhandlungsdelegation Ratko Marković und Nikola Šainović unternahm Majorski einen letzten, mit den anderen Verhandlern nicht abgesprochenen Vorstoß, indem er Milošević anbot, das Abkommen wieder aufzuschnüren, was dieser jedoch ablehnte. Petritsch und Pichler werten das als Beweis für seine Entschlossenheit zum Krieg.[354] Dass er Verhandlungen nicht mehr für sinnvoll hielt, erscheint aufgrund der Entwicklung seit dem Holbrooke-Milošević-Abkommen allerdings nicht verwunderlich.

Das endgültige Scheitern des Rambouillet-Prozesses wurde dann am 23. März festgestellt, nachdem auch die letzten Vermittlungsbemühungen Majorskis gegenüber Milošević zu keinen Ergebnissen geführt hatten. Als dann im serbischen Staatsfernsehen gemeldet wurde, Petritsch habe den Kosovo-Albanern insgeheim die Unabhängigkeit zugesichert, gab es Morddrohungen gegen ihn. Am 24. März verließ er Belgrad. Am Abend begannen die Bombardements der NATO.[355]

Petritschs und Pichlers Sicht, die Verhandlungen in Rambouillet und Paris seien an der Unnachgiebigkeit der serbischen Seite gescheitert, wird in ‚westlichen‘ Analysen weitgehend geteilt. So schreibt etwa Carsten Giersch:

> Dass die Serben zunächst nicht eindeutig für das Scheitern der Konferenz verantwortlich gemacht werden konnten, hatten sie dem ungeschickten Verhandlungs-Gebaren der albanischen Delegation zu verdanken. Diese versuchte bis zuletzt, die Forderung nach einem Referendum über den Endstatus Kosovos durchzusetzen.[356]

Er scheint völlig zu übersehen, dass dies keine Frage von Verhandlungsgeschick war, sondern eine für die Albaner unverzichtbare Frage. Mit einer Konferenz über den Status des Kosovo nach drei Jahren und ihrem *side letter* hatten sie diesen Punkt zudem offengehalten.

---

[353] Petritsch/Pichler: *Kosovo/Kosova*, 2004, S. 225f., auf S. 226 auch das entsprechende Schreiben im Wortlaut.

[354] Ebd., S. 227.

[355] Ebd., S. 228f. Die verschiedenen Fassungen des Rambouillet-Abkommens sind zu finden in: *The Crisis in Kosovo 1989–1999*, S. 421–428 (erste Fassung), S. 434–441 (zweite Fassung), S. 453–470 (Endfassung). Die Streichungen und Änderungen, die die jugoslawische Delegation daran vorgenommen hat, stehen auf S. 480–490.

[356] Giersch: ‚Die Europäische Union und der Krieg in Kosovo‘, S. 507f.

Klarer ist da die Analyse von Jens Reuter. Unter den „drei elementare[n] Schwächen", die er in Bezug auf das Konzept ‚des Westens' konstatiert, nennt er als erste die Vorstellung, „dass sich die serbische Regierung einem Ultimatum beugen, eine Friedenstruppe nach Kosovo hineinlassen und damit de facto auf die Souveränität und territoriale Integrität ihres Landes verzichten würde" – die zugleich immer als unverrückbare Grundbedingung für jede Regelung betont worden war. Reuter merkt dazu an: „Kein serbischer Politiker hätte das tun können, ohne sein gesamtes Prestige für immer zu verspielen." Die beiden anderen von ihm konstatierten Schwächen sind, dass nur ein wirklich demokratisches Staatswesen Autonomie gewähren könne, was auf Serbien jedoch nicht zutraf, und dass sich das stärkste Militärbündnis der Welt in eine Situation hineinmanövriert hatte, in der nur ein Krieg verhindern konnte, dass man das Gesicht verlor.[357]

Nicht unzutreffend ist auch Petritschs und Pichlers Einschätzung von Miloševićs Beweggründen, in den Verhandlungen den ‚westlichen' Vorschlag abzulehnen. Sie sehen ihn als „pragmatischen Machtpolitiker *par excellence*" und führen aus:

> Er könnte geahnt haben, dass die Umsetzung des Rambouillet-Abkommens einen regelrechten Demokratisierungsschub eingeleitet hätte, dem sein Regime wohl nicht gewachsen gewesen wäre. *Dieser Prozess, der unter internationaler Aufsicht erfolgt wäre, hätte die Albaner unweigerlich in führende Positionen zurückgebracht. Milošević wusste, dass diese Entwicklung niemals zu einer für ihn konstruktiven Zusammenarbeit mit Serbien oder Jugoslawien geführt hätte. Kosovo wäre unbeherrschbar geworden und auf kurz oder lang hätte sich die Provinz verselbstständigt.* [...] Die verfassungsmäßige Verankerung einer weitgehenden Autonomie und die Entmilitarisierung, die noch dazu von internationaler Seite implementiert und überwacht worden wäre, hätte das demokratiepolitische Vorstellungsvermögen Miloševićs bei weitem überstiegen. Darin liegt mit großer Wahrscheinlichkeit einer der Gründe, warum sich Milošević schließlich gegen das Rambouillet-Abkommen stellte.[358]

Diese Diagnose gilt, was das „demokratiepolitische Vorstellungsvermögen" angeht, allerdings ebenso für die große Mehrheit der jugoslawischen und serbischen Parlamentsabgeordneten sowie die kosovo-albanischen Parteien. Zugleich macht sie deutlich, dass beide der Meinung waren, das Kosovo sei damit für Serbien verloren. Da sie diesen wesentlichen Punkt nirgends diskutieren, bleibt unklar, ob sie diese Entwicklung für unausweichlich hielten oder sie von sich aus favorisierten. Dass von der serbischen Seite etwas im Grunde Unmögliches verlangt wurde, bestätigt auch Giersch:

---

[357] Reuter: ‚Die Kosovo-Politik der internationalen Gemeinschaft in den neunziger Jahren', S. 329f.

[358] Petritsch/Pichler, a. a. O., S. 263f. (Hervorh. C. P.). Ganz ähnlich Hofmann: ‚Wie Deutschland in den Krieg geriet', S. 21. Indem Petritsch u. Pichler die antidemokratische Grundhaltung Miloševićs in den Vordergrund stellen, verdecken sie allerdings, dass der Vertragsentwurf nicht mehr als eine nominelle Zugehörigkeit zu Jugoslawien vorsah (1. Kapitel – ‚Constitution'). (Vgl. a. ebd., S. 258f.)

Die Serben aber fassten den Abkommensentwurf als Wegbereiter für die Unabhängigkeit von Kosovo auf. So wurde dort zwar die territoriale Integrität Serbiens betont, seine Souveränität über Kosovo sollte Belgrad aber unter den Augen der NATO praktisch nicht mehr ausüben können, ungeachtet der rund 2500 serbischen Polizisten und 2500 Grenzsoldaten, die in der Provinz hätten verbleiben dürfen.[359]

Bei Giersch sind auch die künftigen Schritte bereits deutlich vorgezeichnet – genauso, wie sie die serbische Seite befürchtete: „So wie sich die Serben in Kosovo benommen hatten, war ein militärisches ‚Protektorat' für die Umsetzung der Autonomie Kosovos die einzig mögliche Lösung *vor der Unabhängigkeit*." Auch spricht er nicht vage von einem Referendum nach drei Jahren über den Status, sondern von einem über die Unabhängigkeit.[360]

Dass die Kosovo-Albaner ihrerseits „die Hoffnung auf Unabhängigkeit begraben" mussten, wie Petritsch und Pichler meinen, wird schon durch eine ganze Reihe von ihnen zitierter Dokumente widerlegt, unter anderem durch den einflussreichen Brief Kadares und die immer wieder unterstrichene Bedeutung des Referendums über den weiteren Status nach einer dreijährigen Übergangszeit. Diese Zielsetzung war auch der jugoslawischen Regierung klar. Mit Annahme des Vertrages würde sie jedoch nur noch über sehr eingeschränkte Möglichkeiten der Einflussnahme verfügen, während die albanische Seite, die die verschiedenen Institutionen im Kosovo übernähme, ihre Sache weiter vorantreiben würde.

Die Einseitigkeit ‚des Westens' setzte sich in den Kompromissvorschlägen fort, die, im Wesentlichen unverändert, bis zum Schluss gültig blieben. Der jugoslawischen Regierung wurde angeboten, das Kosovo bleibe nominell ein Teil Jugoslawiens und die UÇK werde aufgelöst. Ersteres betrachtete jene als eine völkerrechtliche Selbstverständlichkeit, Letzteres als Voraussetzung für wirkliche Gespräche mit den Kosovo-Albanern. Diesen hingegen wurde der Schutz vor der serbischen Polizei und der jugoslawischen Armee sowie eine weitgehende Autonomie innerhalb Jugoslawiens angeboten, die zwar hinter der von 1989 zurückblieb, aber mit einer Konferenz, die nach drei Jahren über den weiteren Status der Provinz entscheiden sollte, offen für mehr war. Gegenüber dem Status quo gewann die albanische Seite also sehr viel, die serbische sehr wenig; gegenüber der Situation bis 1989, die die serbische Regierung unrechtmäßig und gewaltsam verändert hatte, gewann eher die serbische Seite, wenn auch nicht viel: Das Kosovo würde nicht mehr in Belange des engeren Serbiens hineinreden können. Für die albanische Seite war die Zeit bis 1989 die Referenzzeit, für die serbische hingegen die Gegenwart. ‚Der Westen' stellte sich in dieser Frage weitgehend auf den albanischen Standpunkt, ohne zu berücksichtigen, dass die verfassungsmäßige Konstruktion bis 1989 widersprüchlich gewesen war.

Ein weiteres Problem war, dass ‚der Westen' in Dayton das Kosovo ausgeklammert hatte, um Miloševićs Zustimmung zur Regelung in Bosnien zu erhalten. Nun

---

[359] Giersch, a. a. O., S. 454.

[360] Ebd. (Hervorh. C. P.).

hatte sich gezeigt, dass die nationalen Probleme des ehemaligen Jugoslawiens damit nicht gelöst waren, sondern gerade im Kosovo fortbestanden. Statt jetzt aber die anderen Konfliktherde in eine Beziehung zur Kosovokrise zu setzen, wurde wieder isoliert verhandelt. Es konnte jedoch nicht angehen, dass man, wie ,der Westen‘, einerseits völkerrechtlich mit dem Recht auf Sezession der Republiken argumentierte, und mit der Hoffnung auf Sezession im Kosovo spielte, das dieses Recht vom Status her gar nicht hatte, andererseits den bosnischen und den Krajina-Serben eine solche Perspektive aber völlig verweigerte. Dass hier seitens ,des Westens‘ zweierlei Maß angelegt wurde, ist vielen Serben bitter aufgestoßen.[361]

Legalistisch ließ sich das Kosovoproblem nicht lösen. Faktisch war zu verhandeln, was mit einer Region geschehen sollte, in der die überwältigende Mehrheit der Bevölkerung nicht mit der großen Mehrheit auf Republikebene zusammenleben wollte und umgekehrt. Beide Seiten wollten einander loswerden. Unter diesen Umständen konnte es sinnvollerweise keinen gemeinsamen Staat geben.

Die serbische Seite weigerte sich weitgehend, dieses Problem anzuerkennen; eine Ausnahme bilden nur die Teilungsvorschläge. Aber auch ,der Westen‘ weigerte sich. Immerhin ging es nicht nur um einen nationalen Mythos, sondern um das ganz reale Problem einer serbischen Minderheit im Kosovo. Das, was ,der Westen‘ von der serbischen Führung vergeblich gefordert hatte, nämlich einen rechtsstaatlichen und demokratischen Umgang mit seiner albanischen Minderheit, verlagerte er durch seine Entscheidung nur: Er würde – nach einem Vertragsabschluss oder gewonnenem Krieg – Gleiches von einer albanischen Führung gegenüber den Kosovo-Serben fordern müssen. Es war absehbar, dass das genauso vergeblich sein würde. Wieder meinte ,der Westen‘, er müsste beide Seiten nur dazu zwingen, endlich *seine* Standards einzuhalten, obwohl sich Mal um Mal erwiesen hatte, dass für sie die Frage der nationalen Unabhängigkeit beziehungsweise ,Unversehrtheit‘ wesentlich war, und das nicht, weil ihre Politiker nahezu alle borniert gewesen wären, sondern weil das die vehement und mit starken Emotionen vertretene Auffassung der großen Mehrheit beider Völker war.

Dass das auch in Wolfgang Petritschs Überlegungen nicht auftaucht, überrascht bei einem so kenntnisreichen Diplomaten wie ihm ganz besonders. In der Beschreibung der Situation im Kosovo sehe ich kaum Differenzen zu ihm, doch auch er ist in seiner Politik nicht von der Dynamik einer nationalistischen Politik ausgegangen, um mitzuhelfen, sie für alle Beteiligten in eine stabilere Situation weiterzuentwickeln, sondern war daran beteiligt, sie in eine „postmoderne Politik" hineinzuzwingen – was bis heute gescheitert ist. Und das, obwohl ihm eine solche evolutionäre Sicht menschlicher Gesellschaften durchaus nicht fremd ist, bezieht er sich doch in seinen persönlichen Reflexionen zum Kosovo unter anderem auf den Essayband *The*

---

[361] Vgl. Petritsch/Pichler, a. a. O., S. 210f., die dies allerdings als Folge von Miloševićs geschickter Politik, vor allem seiner Kontrolle über die staatlichen Medien, sehen und nicht von einem tatsächlich widersprüchlichen Handeln ,des Westens‘.

Breaking of Nations des britischen EU-Diplomaten Robert Cooper, der meint, Europa befinde sich seit den Römischen Verträgen von 1957 in der „postmodernen" und damit auch postnationalen Phase seiner Entwicklung, die USA hingegen noch in der modernen, also nationalstaatlichen.[362] Während die USA hier aber den Zenit wohl längst erreicht haben, befinden sich die ehemaligen jugoslawischen Republiken durch das Scheitern ihres Bundesstaatsversuchs noch mehr oder weniger am Anfang.

Petritsch beklagt, wie so viele andere ‚westliche' Autoren auch, die beherrschende Stellung des ethnischen Nationalismus in den meisten jugoslawischen Nachfolgestaaten, und ist sich mit ihnen einig in der Absicht, diesen nach Möglichkeit energisch zu bekämpfen und durch eine Einbindung der neuen Staaten in die europäische Einigung quasi zu überschreiben und letztlich aufzuheben.[363] Die weitere Entwicklung ist bisher aber nur dort wirklich erfolgreich in Gang gekommen, wo der Krieg zu einigermaßen stabilen Nationalstaaten geführt hat, mit anderen Worten: das nationalistische Programm einer Nationsbildung weitgehend aufgegangen ist. Dort, wo ‚der Westen' es aus ‚humanitären Gründen' unterbunden hat, steckt die Entwicklung in einer Sackgasse.

Mit dem „Kompromiss", den die ‚westlichen' Verhandlungsführer durchzusetzen versuchten, gingen sie daher ein hohes Risiko ein. Sie verunmöglichten nicht nur mit ihrer Parteinahme für die kosovo-albanischen Interessen eine konstruktive Mitarbeit der serbischen Seite, sondern versprachen den Kosovo-Albanern eine Übergangszeit von drei Jahren, wissend, dass nach deren Ende die Gewährung der Unabhängigkeit erwartet wurde. Da sie das – nach eigener Aussage – nicht wollten, riskierten sie, dass sich jene und vor allem ihre politischen Führer enttäuscht vom Westen abwenden würden – es sei denn, man vermutete, dass die weitere Entwicklung letztlich mehr oder weniger von selbst zur Unabhängigkeit führen werde.[364] Vielleicht hätte es in dieser Richtung eine andere Möglichkeit gegeben: eine starke, gut koordinierte und gezielte Wirtschaftsförderung für beide Regionen. Hätte diese Erfolg gehabt (hier standen erhebliche Hindernisse wie beispielsweise ungeklärte Eigentumsfragen im Weg), hätte die nationale Frage möglicherweise in den Hinter-

---

[362] Petritsch: ‚Kosovo, die Internationale Gemeinschaft und Europa', S. 358.

[363] Ebd., S. 359–361. Konsequenterweise ist ihm eine Rückführung von Flüchtlingen in Bosnien, vor allem in sogenannte Minderheitengebiete, ein großer Erfolg (S. 361). Die zunehmende Einbindung der Nachfolgestaaten Jugoslawiens sah bereits Genscher Anfang der 90er Jahre als Lösungsweg (*Erinnerungen*, S. 966).

[364] In der Folge hat dann der ‚Westen' nicht nur das Grundprinzip der unverletzlichen Integrität Jugoslawiens als auch das später aufgestellte, vor der Statusfrage müssten internationale demokratische und Menschenrechtsstandards im Kosovo gewährleistet sein, über Bord geworfen. Das war einerseits ein notwendiger Schritt, um aus einer verfahrenen Situation herauszukommen. Faktisch aber bedeutete es, dass die kosovo-albanische Seite ihre Forderungen durchgesetzt hat, während die serbische leer ausgegangen ist – genau dieses Vorgehen hat die serbische Führung immer befürchtet.

grund rücken können. So aufgeladen und gewalttätig, wie der Konflikt bereits war, schätze ich die Chancen hierfür allerdings gering ein. Ein solches Konzept lag aber gar nicht vor – es hätte zudem innerhalb von nur drei Jahren allgemein spürbare Erfolge zeitigen müssen.

Bei all diesen Überlegungen haben wir allerdings das proklamierte Hauptziel ‚des Westens' ebenso aus den Augen verloren wie seine Verhandlungsführer: die albanische Zivilbevölkerung vor schweren Menschenrechtsverletzungen zu schützen. Dazu wäre es unbedingt notwendig gewesen, dass die Verhandlungen nicht scheiterten, denn das bedeutete Krieg, wollte man nicht unglaubwürdig erscheinen. Neben der Einstellung der indirekten Unterstützung für die UÇK hätte hier der serbische Vorschlag, die KVM auf 5000 bis 6000 Mitglieder aufzustocken und leicht zu bewaffnen,[365] einen Ansatzpunkt geboten. Damit hätte man an die Anfangserfolge vom Oktober 1998 anknüpfen und sie weiter ausbauen können – allerdings nur, um auf diese Weise überhaupt erst die Voraussetzung für Verhandlungen über das eigentliche Problem, den Status des Kosovo, zu beginnen. Zudem wären die Unterbindung weiterer Gewalttaten auch vonseiten der UÇK und keine zeitliche Befristung für eine Einigung notwendig gewesen.

5.8. Zur Lage vor Beginn des Krieges

Das Scheitern der Friedensverhandlungen in Rambouillet und Paris sowie das ‚Massaker' von Račak/Reçak bildeten gegenüber der ‚westlichen', vor allem der deutschen Öffentlichkeit eine unsichere Basis, um einen Krieg von ungewisser Dauer zu rechtfertigen. Während des Krieges, dem nicht nur die deutsche Bevölkerung zunehmend skeptisch gegenüberstand, wurden dann weitere ‚Massaker' aus der Vorkriegszeit zur Rechtfertigung herangezogen. So präsentierte Scharping am 27. April Bilder von einem serbischen Massaker an albanischen Zivilisten in dem Dorf Rugovo/Rugova (auch Rogovo) am 29. Januar. Die Nachrichtenagentur Reuters hatte bereits drei Monate zuvor ähnliche Fotos veröffentlicht. In deren Darstellung aber waren die Toten keine Zivilisten, sondern UÇK-Kämpfer, die aus Rache für einen getöteten serbischen Offizier umgebracht worden waren.[366] Scharping selbst berief sich auf Informationen der OSZE. Aber der deutsche Polizeibeamte Henning Hensch, damals OSZE-Beobachter vor Ort, widerspricht Scharping: die Toten seien UÇK-Kämpfer gewesen. Er habe bereits am Tag der ersten Veröffentlichung von Scharpings Äußerung den Minister davon in Kenntnis gesetzt, dass die Darstellung

---

[365] Vgl. S. 366.

[366] Follath u. a.: ‚Der etwas andere Krieg', Teil II, S. 139.

nicht den Tatsachen entspreche.[367] Nach dem Bericht der KVM waren sechs der 24 Toten von der serbischen Polizei willkürlich ermordet worden, wofür sie sich erneut auf albanische Zeugen stützen musste.[368] Ein Massaker an unschuldigen Zivilisten, wie Scharping es hingestellt hat, ist es offenbar nicht gewesen, auch wenn einige Zivilisten getötet worden waren.

Tatsächliche und angebliche Massaker (neben den beiden wird noch Rakovina/Rakovine genannt[369]) wurden und werden von vielen als Teil einer allgemeinen serbischen Strategie zur Vertreibung der Albaner angesehen. So hatte Scharping bereits am 8. April einen Aufmarschplan der jugoslawischen Armee unter dem Titel *Operation „Hufeisen" (Potkova)* an die Medien verteilen lassen, den er am 5. April von Fischer erhalten hatte.[370] Laut Aussage des Verteidigungsministers besage er, dass schon vor dem Beginn der Angriffe der NATO die Vertreibung der Kosovo-Albaner geplant und mit deren Umsetzung begonnen worden sei. Gregor Gysi merkte dazu im Bundestag an, dass die Originalüberschrift in Kroatisch und nicht in

---

[367] Angerer/Werth: ,Es begann mit einer Lüge'. Der Film ist ungewöhnlich scharf kritisiert worden. Sollten die Auslassungen, die der *FAZ*-Reporter Matthias Rüb den Filmemachern vorwirft, zutreffen, so ist der Vorwurf der Einseitigkeit durchaus berechtigt. Allerdings unterscheidet sich Rüb in diesem Punkt wenig von denen, die er angreift. Im vorliegenden Fall attackiert er die beiden Filmemacher wegen der Äußerung, alle Getöteten seien UÇK-Kämpfer gewesen. Auf den Kern ihrer Kritik, dass Scharping mit einem Massaker an unschuldigen Zivilisten Stimmung für den Krieg der NATO gemacht habe, geht er nicht ein. Auch sonst ist bei ihm von der durchaus berechtigten Kritik des Films nichts mehr zu lesen. Dazu hat offenbar ganz wesentlich beigetragen, dass der Film in Serbien ausgiebig dazu verwendet worden war, die Regierungsposition zu stützen – ein Fall von ,Verrat' also. (,Ein Fall von Bulldozer-Journalismus', *FAZ*, 1.3.2001, S. 51) Ganz ähnlich wie Rüb äußert sich Malzahn: ,Schöngeredete Apartheid', *Der Spiegel*, 12.3.2001, S. 157–159, ist im Ton jedoch nicht so polemisch.
Die Auseinandersetzung um diesen Film hat noch einen anderen Aspekt. Die Art und Weise, wie der Film Aussagen des kosovo-albanischen Politikers Shaban Kelmendi verwendet hat, brachte diesen in eine prekäre Lage gegenüber seinen Landsleuten (Malzahn, a. a. O., S. 159). Elsässer hingegen, der sich um die inhaltliche Kritik an dem Film überhaupt nicht kümmert und nur die polemischen Anwürfe als Beweise einer „haßerfüllten Kampagne" zitiert, berichtet von einer Dokumentation des Bayerischen Rundfunks im *Weltspiegel* der ARD, in der der Kommentator erklärt habe: „Massaker zu leugnen wird nicht nur von Betroffenen verübelt. UCK-Kommandant Lieshe war darüber so wütend, daß er ankündigte, die Autoren der Sendung liquidieren zu wollen, sollten sie jemals wieder im Kosovo auftauchen." (*Kriegslügen*, S. 241f.)

[368] OSCE: *Kosovo/Kosova. As seen, As Told*, Teil V, Kapitel zum Kreis Djakovica.

[369] Ebd., Teil III, Kap. 5: ,Violation of the Right to Life', Abschnitt ,The situation during the OSCE-KVM deployment in Kosovo'.

[370] Scharping: *Wir dürfen nicht wegsehen*, S. 102.

Serbisch verfasst sei – da heißt „Hufeisen" *potkovica*.[371] Loquai moniert, dass in der von den Nachrichtenexperten des Verteidigungsministeriums herausgegebenen Übersicht des Plans vom Ziel der Vertreibung der Kosovo-Albaner nicht die Rede sei, es dort vielmehr recht vage heiße: „Hauptziel der Operation ‚Hufeisen' ist hiesigen Erachtens die Zerschlagung beziehungsweise Neutralisierung der UCK im Kosovo."[372]

Ein knappes Jahr später zitierte Franz-Josef Hutsch im *Hamburger Abendblatt* einen namentlich nicht genannten hohen Offizier im Verteidigungsministerium mit den Worten: „Wir haben nie behauptet, dass es einen fertigen Plan gibt." Die Nachrichtenexperten des Referats FüS II 3 hätten im Gegenteil noch unmittelbar vor dem Krieg festgestellt: Es „gibt keine Anzeichen für den Beginn einer Großoffensive gegen die UCK". Zu einer solchen seien auch Armee und Polizei noch nicht fähig gewesen. Die Fachleute sagten vielmehr voraus, die UÇK werde durch ihre *Hit-and-run*-Taktik serbische Polizei und Militär zu massiven Reaktionen provozieren, um so die NATO zum Eingreifen zu veranlassen. Zwei Wochen später nannte Hutsch Oberst Karl Gunter von Kajdacsy, Referatsleiter des Führungsstabs der Streitkräfte, als Erfinder des Titels „Hufeisen".[373]

Der Plan wurde dann auch am ICTY nicht als Dokument der Anklage verwendet, da seine Authentizität zweifelhaft war.[374] Schließlich hat auch Scharping selbst

---

[371] Jürgen Elsässer: ‚Tödliche Lügen', *konkret*, Mai 2000, S. 12f., hier S. 13; Heinz Loquai: ‚Scharpings Plan-Spiel', *konkret*, Mai 2000, S.16–18, hier S. 17, wobei er sich für Gysi auf das Bundestagsprotokoll S. 2.636 bezieht.

[372] Loquai, a. a. O., S. 17. Seltsamerweise trägt der Bericht auf den er sich dabei bezieht, aber den Titel *Übersicht über den Operationsplan „Hufeisen" (Potkova) der serbisch jugoslawischen Führung zur Vertreibung der kosovo-albanischen Bevölkerung aus dem Kosovo* (o. V., April 1999).

[373] ‚Hufeisenplan – das Kriegsrätsel', *Hamburger Abendblatt*, 21.3.2000, S. 3; ‚Ein Oberst war Scharpings Schmied', *Hamburger Abendblatt*, 4.4.2000, S. 3 (von Kajdacsy).

[374] Elsässer, a. a. O., S. 13. Er vermutet, der Plan gehe auf ein Dossier des österreichischen militärischen Geheimdienstes zurück, das dann die Bundesregierung für ihre Politik genutzt habe. *Der Spiegel* hingegen gibt an, erfahren zu haben, dass der Plan der deutschen Regierung vom bulgarischen Außenministerium zugespielt worden sei und vom dortigen Geheimdienst stamme (Follath u. a.: ‚Der etwas andere Krieg', Teil II, S. 140). Hutsch meldete in ‚Hufeisenplan – das Kriegsrätsel' (s. vorige Anm.), der damalige österreichische Außenminister Wolfgang Schüssel habe im April 1999 eingeräumt, er habe Informationen des österreichischen Heeresnachrichtendienstes (HNA) „an die Außenminister der EU-Staaten" weitergegeben. Der damalige Verteidigungsminister des Landes, Werner Fasslabend, habe zudem auf eine Anfrage der österreichischen Grünen erklärt: Die Skizzen der Bundeswehr im Internet „stellen nicht Planungen der Operation ‚Potkova' dar, sondern eine grafische Aufarbeitung der von Januar bis April 1999 aus offenen Quellen erkennbaren Ereignisse." Weiter zitiert Hutsch einen österreichischen Geheimdienstmitarbeiter, die Joschka Fischer übergebenen Papiere seien „unstrukturiertes, analytisches Material eines Wissenschaftlers des bulgarischen Geheimdienstes" gewe-

zugegeben, der Plan liege westlichen Militärs nicht in einer Kopie vor. Er beharrte jedoch darauf, dass er gleichwohl existiere. Aus Gründen des geheimdienstlichen Quellenschutzes könne er seine Kenntnisse allerdings nicht vorlegen.[375]

Rüb weist allerdings noch Anfang März 2001 darauf hin, dass Dragan Vukšić, pensionierter Oberst, ehemaliger Militärattaché in Bonn und enger Mitarbeiter des Ende 1998 von Milošević entlassenen jugoslawischen Generalstabschefs Perišić, die Existenz eines solchen Plans mehrfach öffentlich bestätigt habe.[376] Ob die mit Beginn der Bombardierungen stark eskalierende Massenvertreibung ohne vorherige Planung unmöglich gewesen wäre, wie nicht nur Rüb meint, kann ich aufgrund des mir vorliegenden Materials nicht beantworten. Die Behauptung ist häufig zu finden, allerdings ohne näher begründet zu werden.[377] Sie müsste, etwa durch Vergleiche mit ähnlichen militärischen Operationen oder durch den Beleg konkreter Pläne der jugoslawischen Armee, die bisher jedoch nichts veröffentlicht hat, bewiesen werden. Zudem – und das ist hier entscheidend – ist sie in einer Weise in die Diskussion eingebracht worden, die beweisen sollte, dass Milošević zu keinem Zeitpunkt an einer Einigung interessiert war und ein gewaltsames Eingreifen ‚des Westens' daher unausweichlich war.

Die im Folgenden zitierten Berichte zeichnen auch für die Zeit kurz vor Beginn der NATO-Bombardements ein anderes Bild. Die Tatsache, dass Milošević mit seiner Kosovo-Politik in eine Sackgasse geraten war und wohl seit Ende November 1998 auch von Verhandlungen unter Beteiligung ‚des Westens' keine positive Veränderung in seinem Sinne mehr erwartet hat, macht es allerdings wahrscheinlich, dass die serbische Militärführung eine gewaltsame Lösung des Kosovo-Problems zumindest durchgespielt hat. Seitdem scheint sie ihre Politik der Vernichtung der UÇK energisch weiterverfolgt zu haben, was ein militärisches Eingreifen der NATO

---

sen, das die Ereignisse im Januar und Februar 1999 wiedergebe. Auch die Erkenntnisse der HNA-Abhörstation bei Hainburg, die die jugoslawische Flugabwehr abgehört habe, seien Bonn mitgeteilt worden. Aus diesen Informationssplittern erhält man einen kleinen Einblick, was „Erkenntnisse" von Geheimdiensten bedeuten können und wie Politiker aus ihnen „Fakten" schaffen.

[375] ‚Scharping gibt zu: Hufeisenplan liegt nicht schriftlich vor', *Hamburger Abendblatt*, 6.3.2000, S. 4.

[376] ‚Ein Fall von Bulldozer-Journalismus', *FAZ*, 1.3.2001, S. 51. Vgl. hierzu a. Elsässer: *Kriegslügen*, S. 121f., der die Sache jedoch nicht wirklich aufklärt, Vukšić aber als nicht sehr glaubwürdig erscheinen lässt.

[377] Z. B. Sundhaussen: ‚Kosovo: Eine Konfliktgeschichte', S. 86 u. Krause: ‚Deutschland und die Kosovo-Krise', S. 409 u. Anm. 43, S. 410. Auch die Internationale Kommission sieht in den Vertreibungen ein planmäßiges Vorgehen, das länger schon vorbereitet gewesen sein müsse, auch wenn die Existenz eines „Hufeisen-Plans" nicht eindeutig habe geklärt werden können. Die jugoslawische Regierung behauptete, es seien während des Krieges so viele Menschen erst als Reaktion auf die Bombardements geflohen (*Kosovo Report*, S. 88).

wahrscheinlich machte. Zumindest darauf musste sie also vorbereitet sein. Möglicherweise hat sie für diesen Fall die Vertreibung der albanischen Bevölkerung geplant, denn dies hätte überhaupt erst wieder Chancen auf eine ‚Lösung' des ‚Problems' in ihrem Sinn eröffnet. Dass man nicht weit über eine Million Menschen dauerhaft würde vertreiben können, dürfte auch der serbischen Führung klar gewesen sein. Doch hätte sie die Lage in den Nachbarländern Albanien und Mazedonien durch Hunderttausende von Flüchtlingen so dramatisch verschlechtern können, dass sich ‚der Westen' vielleicht zu einem Kompromiss gezwungen gefühlt hätte. Auch die Entlassung von Armeechef Perišić und seine Ersetzung durch den „Hardliner" Dragoljub Ojdanić Ende November 1998 hatte möglicherweise mit einer Veränderung der Strategie in diesem Sinn zu tun.[378] Denkbar ist aber auch, dass Milošević Pläne für den Kriegsfall erst nach dem 23. Februar ausarbeiten ließ, als wahrscheinlicher wurde, dass die kosovo-albanische Delegation dem Abkommen in Frankreich doch noch zustimmen würde.

Das Bild der Lage im Kosovo während der ersten zweieinhalb Monate des Jahres 1999 ist jedenfalls ziemlich uneindeutig, zieht man einschlägige Berichte hinzu. Laut Angaben des UNHCR waren bis Anfang März 1999 etwa 230 000 Albaner von serbischen Sicherheitskräften aus ihren Wohnorten vertrieben worden, davon 60 000 seit Dezember beziehungsweise 30 000 seit dem Ende der Verhandlungen in Rambouillet.[379] Das waren sicher Zahlen, die zu großer Sorge Anlass gaben. Vergleicht man jedoch verschiedene Berichte, erhält man ein Bild, das sich nicht wesentlich von der bisherigen Situation unterscheidet, was auch bedeutet, dass weiterhin von beiden Seiten Gewalttaten verübt wurden.

So berichtet die KVM:

> Summary and arbitrary killing of civilian non-combatants occurred at the hands of both parties to the conflict in the period up to 20 March. On the part of the Yugoslav and Serbian forces, their intent to apply mass killing as an instrument of terror, coercion or punishment against Kosovo Albanians was already in evidence in 1998, and was shockingly demonstrated by incidents in January 1999 (including the Racak mass killing) and beyond. Arbitrary killing of civilians was both a tactic in the campaign to expel Kosovo Albanians, and an objective in itself.[380]

---

[378] Petritsch/Pichler: *Kosovo/Kosova*, 2004, S. 155; Ojdanić: Clark: *Waging Modern War*, S. 156.

[379] Krause: ‚Deutschland und die Kosovo-Krise', S. 410 mit Bezug auf ‚UNHCR Press Release' vom 11.3.1999. Ramet nennt 450 000 albanische Flüchtlinge am Vorabend der Luftangriffe (‚Die politische Strategie der Vereinigten Staaten in der Kosovo-Krise', S. 372 mit Bezug auf den republikanischen Abgeordneten von New Jersey, Christopher Smith, der die Sitzung der Kongresskommission zu Sicherheit und Zusammenarbeit in Europa am 6.4.1999 leitete – nach Federal News Service auf Lexis-Nexis Congressional Universe).

[380] OSCE: *Kosovo/Kosova. As Seen, As Told*, ‚Executive Summary', Abschnitt ‚Violations, their impact on Kosovo society, and the human rigths map of Kosovo'.

Der Bericht stützt sich auf Untersuchungen der KVM sowie auf Aussagen von 2 764 Flüchtlingen.[381] Im dritten Teil dieses Berichts, ‚The violation of human rights in Kosovo', heißt es im 5. Kapitel, ‚Violation of the right to life', allerdings auch:

> Summary and arbitrary killing became a generalized phenomenon throughout Kosovo with the beginning of the NATO air campaign against the FRY on the night of 24-25 March.

> Up to that point, the attentions of the Yugoslav and Serbian military and security forces had been generally directed towards communities in Kosovo in areas that were on UCK transit routes or where there were UCK bases.[382]

Sowohl der ‚Report of the Secretary-General, 17 March 1999' als auch der ‚Letter from the OSCE Chairman-in-Office to the Secretary-General, 20 March 1999' oder der ‚NATO compliance report for Kosovo, 16 January–22 March 1999' zeigen, dass die serbischen Sicherheitskräfte und die UÇK im ersten Vierteljahr 1999 weiter Gewalt ausübten und auch zunehmend gegen Zivilisten richteten, von einer jugoslawischen Militäroffensive ist dort aber nicht die Rede. Allerdings stellte die NATO für Mitte März verstärkte Bewegungen von Truppen und militärischem Gerät ins Kosovo fest.[383]

Ein komplexes Bild der Lage zeichnen auch die ‚Kosovo-Updates' des Office of South Central European Affairs des Bureau of European Affairs im U.S. State Department: Einerseits wird von einer zunehmenden Massierung serbischer Kräfte im Kosovo berichtet, die auf eine bevorstehende Militärkampagne schließen ließen (so am 1., 9. und 17. März 1999); andererseits steht dort Folgendes:

> Prior to the intensification of fighting late in December 1998, the UNHCR reports there had been a major return to homes by IDP's created in earlier fighting. The report says, however, that since Christmas there have been 60,000 new IDP's generated in Kosovo. *The number of Serbs* who have fled their homes has increased dramatically over the period, with estimates running to as high as 30,000. They have left 90 previously ethnically mixed villages and most have resettled in central Serbia. Official Belgrade statistics indicate that 50,000 of the 200,000 Kosovo Serbs have left the province since the fighting started a year ago. (5. März)

> The exodus of Serbian residents of the city [Priština/Prishtina] continues, including the families of some Serbian officials who fear for their safety after the recent incidents of violence. (9. März)

> The UNHCR report agrees with the KVM observation that civilian casualties have

---

[381]   Ebd., Abschnitt ‚About the OSCE-KVM Human Rights Division'.

[382]   Im Abschnitt ‚After 20 March 1999 – Killings of Kosovo Albanians by Yugoslav/Serbian forces'.

[383]   *The Crisis in Kosovo 1989–1999*, S. 335–337 (Bericht des Generalsekretärs), S. 338–342 (Brief), S. 342–346 (‚NATO compliance report'; S. 344: verstärkte Truppenbewegungen). In Letzterem ist auch von vielen Fällen massiver Behinderung der KVM die Rede: S. 343f.

been "relatively light" in the recent fighting. The report says that in at least some places, VJ forces have apparently made deliberate attempts to avoid targeting non-combatants. Overall, the humanitarian situation is worsening, with a new mini-crisis in a different village seemingly every day. Both the F.R.Y. and KLA forces are closing roads to the relief agencies, making their efforts to help more difficult. (17. März)[384]

Auch in einem *Lagebericht des Auswärtigen Amtes* drei Tage vor Beginn des Krieges ist keine Rede davon, dass eine Vertreibungsaktion der jugoslawischen Sicherheitskräfte angelaufen wäre:

> Im Rahmen von lokalen Operationen der jugoslawischen Armee (VJ) gegen die UCK kam es in den letzten Tagen auch wiederholt zu vorsätzlichem Beschuß von Dörfern ... Die Zivilbevölkerung wird, im Gegensatz zum letzten Jahr, in der Regel vor einem drohenden Angriff durch die VJ gewarnt. Allerdings ist laut KVM [...] die Evakuierung der Zivilbevölkerung vereinzelt durch lokale UCK-Kommandeure unterbunden worden. Nach Beobachtungen des UNHCR [...] ebnet die VJ die Dörfer entgegen der Vorgehensweise im letzten Jahr nicht völlig ein und zieht ihre Kräfte nach Beendigung der Aktion rasch wieder ab. Nach Abzug der serbischen Sicherheitskräfte kehrt die Bevölkerung meist in die Ortschaften zurück. Das UNHCR schätzt, daß bisher lediglich 2000 Flüchtlinge im Freien übernachten müssen. Noch ist keine Massenflucht in die Wälder zu beobachten ... anders als im Herbst/Frühwinter 1998 droht derzeit keine Versorgungskatastrophe.[385]

Selbst auf der letzten Tagung des NATO-Rats vor Kriegsbeginn, am 14. März, soll berichtet worden sein, dass die Gewalt eher von terroristischen Aktionen der UÇK ausgegangen sei; allerdings habe die serbische Seite mit unverhältnismäßiger Härte reagiert — eine schon gewohnte Lagemitteilung.[386]

Das deckt sich mit der Einschätzung der britischen Regierung vom Januar:

> Noch bis zum Januar 1999 gingen die Briten davon aus, dass die meisten Gräueltaten von den Verbänden der UÇK, der Albanischen Befreiungsarmee, verübt wurden. Die UÇK versuchte nach eigenen Angaben, die Serben über die Grenze hinweg anzugreifen und zu überzogenen Reaktionen zu provozieren, damit man mit den begangenen Menschenrechtsverletzungen die öffentliche Meinung im Westen für sich gewinnen konnte. Mit Kriegsbeginn eskalierten dann die Menschenrechtsverletzungen in dramatischer Weise.[387]

---

[384] Im Internet unter www.state.gov/www/regions/eur/rtps (Hervorh. C. P.).

[385] Zit. in ‚Dichtung & Wahrheit', S. 20. Das steht allerdings etwas im Widerspruch zum ‚NATO compliance report for Kosovo, 16 January–22 March 1999', in dem es heißt: „Serb Security Forces revert to the previous practice of destroying homes and villages in UCK areas by direct weapons fire, deliberate burning or demolition." (*The Crisis in Kosovo 1989–1999*, S. 343. Sp. 2)

[386] Angerer/Werth: ‚Es begann mit einer Lüge'.

[387] Chomsky: ‚Kommando-Unternehmen Angst', Interview v. Stefan Fuchs, *Freitag*, 27.12.2003, S. 3. Zur Strategie der UÇK vgl. a. Volmer: ‚Krieg in Jugoslawien', S. 59.

Das alles klingt nicht nach planmäßigen ‚ethnischen Säuberungen'; vielmehr scheint die serbische Regierung mit allen Mitteln versucht zu haben, die UÇK zu vernichten. Diese Beschreibungen ähneln der Situation in Mazedonien in der ersten Hälfte des Jahres 2001, wie sie gerade aufgrund des Erfolgs der UÇK im Kosovo und vor allem der großen Menge an Waffen, die dort nicht mehr gebraucht wurden und trotz der NATO-geführten KFOR über die Grenze geschmuggelt werden konnten, entstanden war. Auch in Mazedonien gab es zu dieser Zeit Flüchtlinge, aber sie wurden nicht als Beweis für eine ‚humanitäre Katastrophe' hingestellt. Auch sie wurden aufgefordert, während der Kampfhandlungen ihre Dörfer zu verlassen, aber niemand sprach von ‚ethnischen Säuberungen'.[388]

Miloševićs Politik ist jedenfalls im März 1999 mit dem Krieg der NATO gegen Jugoslawien an ihr Ende gelangt. Doch selbst wenn die äußeren Umstände für den jugoslawischen Präsidenten günstiger gewesen wären, wenn sich also beispielsweise Russland fest hinter ihn gestellt und so die Bombardierungen der NATO verhindert hätte,[389] hätte das an der völlig festgefahrenen Situation im Kosovo nichts geändert, selbst dann nicht, wenn der serbischen Regierung das Unwahrscheinliche gelungen wäre und sie die UÇK erst einmal erfolgreich zerschlagen hätte.

Und selbst dann, wenn sie getan hätte, was ihr viele im ‚Westen' unterstellten, die systematische Vertreibung der albanischen Bevölkerung, wäre sie gescheitert. Um diese Möglichkeit einmal konkreter durchzuspielen, stelle man Milošević einmal Vojislav Šešelj gegenüber, der in Anlehnung an das Memorandum von Čubrilović von 1937 ein eigenes Programm zur Serbisierung des Kosovo in der Zeitschrift *Velika Srbija* (Großserbien) vom 14. Oktober 1995 veröffentlicht hatte. Es sieht unter anderem die Ansiedlung von etwa 400 000 Flüchtlingen aus anderen Teilen des ehemaligen Jugoslawiens im Kosovo, die „Eliminierung" albanischer Emigranten und die Rückkehr vorübergehend im Ausland lebender Albaner vor. In bestimmten Berufen sei Albanern, vor allem den gebildeteren, eine Anstellung zu verweigern, wodurch sie zum Verlassen des Landes gezwungen würden, was den Rest leicht manipulierbar machen würde. Auch zur Kolonisierung des Kosovo und zur Neustrukturierung der ethnischen Verteilung der Bevölkerung entwickelte Šešelj ein detailliertes Programm, das auf die Aufteilung und Isolierung der Albaner zielte. Sollten Serben weiterhin Interesse an albanischem Besitz haben, könne man ihnen diesen durch inszenierte Zwischenfälle verschaffen. Der Drogenhandel biete einen geeigneten Vorwand, gleich eine große Zahl von Albanern zu bestrafen. Führende albanische Persönlichkeiten sollten – vor allem in der westlichen Öffentlichkeit – diskreditiert oder durch inszenierte Verkehrsunfälle, Eifersuchtsmorde oder die Infizierung mit AIDS auf Auslandsreisen ausgeschaltet werden. Solche Ansteckungen könnten zudem, wenn man sie entsprechend hochspielte, den Eindruck eines untragbar hohen

---

[388] Michael Jäger: ‚Milošević und Mazedonien', *Freitag*, 6.7.2001, S. 1.

[389] Darauf soll Milošević in diesem Krieg gebaut haben, so Follath u. a.: ‚Der etwas andere Krieg', Teil III, S. 164.

Anteils an Infizierten erwecken und so die Isolation großer Personengruppen recht-fertigen. Er drängte auch zur Eile: „Wenn wir zur Verteidigung von Kosovo und Metohija einen Krieg führen müssen, sollte dieser mit allen Mitteln ausgetragen und sobald wie möglich zu Ende gebracht werden."[390]

Das wäre eine halbwegs durchdachte Vertreibungsstrategie gewesen. Eine *Lösung* hätte allerdings auch sie nicht gebracht. Šešelj scheint sich mit großer Fantasie in die Möglichkeiten einer erfolgreichen Unterdrückung der Albaner hineingestei-gert zu haben, er lässt jedoch zwei Aspekte völlig außer Acht: Erstens haben der-gleichen Gewaltmaßnahmen in der Regel entsprechende Reaktionen der Gegenseite zur Folge, einschließlich deren verstärkter Unterstützung aus anderen und durch an-dere Staaten; zweitens erscheint es in einer solchen Lage höchst unwahrscheinlich, dass die serbische Regierung freiwillige Kolonisten in ausreichender Zahl gefunden hätte – der marode serbische Staatshaushalt hätte deren notwendigerweise großzü-gige finanzielle Unterstützung weitgehend ausgeschlossen. Aller Wahrscheinlichkeit nach wäre ein solches Programm ebenso gescheitert wie die Versuche zwischen den beiden Weltkriegen.

Nun war Milošević zwar mit Šešelj und dessen SRS im März 1997 eine Koali-tion eingegangen, aber das führte nicht dazu, dass nun beide gemeinsam Šešeljs Programm umgesetzt hätten. Vielmehr scheint die Koalition ein wenig erfolgreicher Versuch gewesen zu sein, den Extremisten zu diskreditieren, indem man ihn durch den Regierungsalltag zu Kompromissen zwang – ein auch in anderen Ländern ge-nutztes Mittel gegen erfolgreiche extreme Parteien.

Schauen wir uns vor diesem Hintergrund die Begründung der NATO für ihren Krieg gegen Jugoslawien im Einzelnen an.

5.9. Die Rechtfertigung des Krieges

Im Wesentlichen ging es der NATO nach eigenem Bekunden darum, eine drohende ‚humanitäre Katastrophe' abzuwenden, die zudem Gefahr lief, auch die Nachbarlän-der, wenn nicht sogar den gesamten Balkan zu destabilisieren.[391] Nachdem die Ver-

---

[390] Nach Sundhaussen: ‚Kosovo: Eine Konfliktgeschichte', S. 84f., der darauf hinweist, es habe noch am 1.9.1999 auf http://web.eunet.ch/government/RADICALG.html eine „unzu-reichende deutsche Übersetzung" gegeben. Bei anderer Gelegenheit propagierte Šešelj, im Kosovo die Bevölkerungszusammensetzung, die am 6. April 1941 bestanden haben soll, wiederherzustellen (Judah: *Kosovo*, S. 152, der sich auf Biserko/Stanojlović: *Radi-calisation of the Serbian Society*, S. 162f. bezieht).

[391] *Kosovo Report*, S. 85; Petritsch/Pichler: *Kosovo/Kosova*, 2004, S. 134 (keine Verbesse-rung der Menschenrechtslage). Die Haltung der Kommission selbst findet sich im *Ko-

handlungen in Rambouillet und Paris gescheitert waren, habe die NATO daher ihre Drohung wahr machen müssen, die vom UN-Sicherheitsrat beschlossenen grundlegenden Forderungen zur Verbesserung der Lage im Kosovo militärisch durchzusetzen.

Ein zentrales Problem der Intervention war nun, dass durch sie der Rechtspazifismus[392] grundlegend infrage gestellt worden ist. So schreibt der Friedensforscher Dieter S. Lutz:

> Die Stärke des Rechts, Kernelement des zivilisatorischen Projektes, wurde spätestens 1999 im Kosovo-Krieg durch das Recht des vermeintlich Stärkeren in ihr Gegenteil verdreht – ein erster, aber entscheidender Schritt auf dem Weg zum Strategiewechsel, weg von der Abschreckung hin zum Präventivkrieg, wie er nunmehr nachdrücklich in der aktuellen ,National Security Strategy of the United States of America' vom 17. September 2002 legitimiert wird: „Wir dürfen unsere Feinde nicht zuerst zuschlagen lassen."[393]

Es war das erste Mal, dass die NATO sich ohne Mandat der UNO militärisch einmischte.[394] Dabei verstieß allerdings bereits die Androhung von Gewalt, wie sie von der NATO seit dem 13. Oktober 1998 Jugoslawien gegenüber aufrechterhalten wurde, nach Artikel 2 Absatz 4 der UN-Charta gegen internationales Recht.[395]

---

sovo Report auf S. 186. Auf S. 289 betont diese noch einmal die Unausweichlichkeit des Vorgehens der NATO. Daher sei es zwar illegal, aber dennoch legitim gewesen.

Der Begriff ,humanitäre Katastrophe' ist die wohl groteskeste Begriffsbildung im Zusammenhang mit der neuen Menschenrechtspolitik ,des Westens', die Krieg als Mittel einschließt. ,Humanitär' bedeutet ,menschenfreundlich'. Nun mag es ,menschenfreundliche Interventionen', vielleicht sogar ,menschenfreundliche Kriege' geben (*Kosovo Report*, S. 165), aber was soll eine ,menschenfreundliche Katastrophe' sein? Der Begriff hat inzwischen jedoch eher die Bedeutung einer ,von Menschen verursachten Katastrophe, die für Menschenfreunde unerträglich ist' erhalten.

[392] „Der Rechtspazifismus will den lauernden [!] Kriegszustand zwischen souveränen Staaten nicht nur völkerrechtlich einhegen, sondern in einer durchgehend verrechtlichten kosmopolitischen Ordnung aufheben." (Habermas: ,Bestialität und Humanität', S. 52; auch bei Habermas besitzt der Krieg also offenbar personale Züge oder doch wenigstens die eines eigenständig agierenden Raubtiers)

[393] ,Frieden durch Angriffskriege?', *FR*, 27.11.2002, S. 14.

[394] Noch am 25.3.1999, dem zweiten Tag der Angriffe, wandten sich fünf der 15 Mitglieder des UN-Sicherheitsrats auf einer Dringlichkeitssitzung gegen die NATO-Angriffe auf Jugoslawien, nämlich Russland, China, Weißrussland, Indien und Jugoslawien selbst. (,Nato setzt ihre Angriffe auf Serben fort', *FR*, 26.3.1999, S. 1) Außer Russland waren es dann aber nur China und Namibia, die für eine Verurteilung der NATO-Angriffe stimmten (Eisele: ,Die Vereinten Nationen und Kosovo', S. 488; *taz*, 27. /28.3.1999, S. 2)

[395] Vgl. *Kosovo Report*, S. 148.

August Pradetto, Professor am Institut für internationale Politik an der Universität der Bundeswehr in Hamburg, macht geltend, dass ‚Intervention‘, egal ob ‚humanitär‘ oder sonst wie, das Gegenteil völkerrechtlich sanktionierten Handelns sei: „Damit wird der subjektiven Interpretation Tür und Tor geöffnet, was eine ‚gerechte‘ und was eine ‚ungerechte‘ Intervention sei – womit der Schritt zurück zur Unterscheidung zwischen ‚gerechten‘ und ‚ungerechten‘ Kriegen de facto vollzogen wäre.“ Dass der Sicherheitsrat ein legitimes Vorgehen blockiert habe, ist daher kein zutreffendes Argument. „Die Möglichkeit einer Blockade des Sicherheitsrates aufgrund des Vetorechts einer der fünf Mächte ist systembedingt und rechtlich geradezu eingeplant.“ Die Bewertung der Handlungsfähigkeit sei im Übrigen „äußerst anfällig gegenüber interessenbedingten Einschätzungen.“[396]

Außerdem hätte es im Fall, dass der Sicherheitsrat einer Gefahr für Frieden und Sicherheit nicht entgegengetreten wäre, die Möglichkeit gegeben, unter Berufung auf die ‚Uniting for Peace Resolution‘ die Generalversammlung einzuschalten – eine Überlegung, die bei der Kritik an einer Blockade des Sicherheitsrats meist fehlt. Offenbar erwarteten die NATO-Staaten, dass ihre Initiative auch hier die erforderliche Zweidrittelmehrheit verfehlen würde.[397] Eine solche Zweidrittelmehrheit hat offenbar auch der Gegenseite gefehlt, sonst hätte sie die Intervention von der Generalversammlung verurteilen lassen.

Der Kern des Konflikts lag allerdings darin, dass der Rechtspazifismus sowohl die Wahrung des Friedens als auch den Schutz der Menschenrechte beinhaltet.[398]

Die Mehrheit der ‚westlichen‘ Völkerrechtler ist der Überzeugung, dass der Krieg der NATO gegen Jugoslawien trotz der vorgebrachten Einwände nicht nur völkerrechtlich erlaubt, sondern sogar geboten war. Zwar wird bemängelt, dass offizielle regierungsamtliche Klarstellungen der NATO-Staaten fast vollständig ausgeblieben seien, was zu einer erheblichen Verunsicherung in der Bevölkerung wie in den Streitkräften geführt habe. Armin A. Steinkamm sieht den Grund hierfür in Deutschland darin, dass sich „die zuständigen Ressorts der Bundesregierung auf einen gemeinsamen Standpunkt im Detail nicht einigen konnten“, möglicherweise je-

---

[396] Pradetto: ‚Die NATO, humanitäre Intervention und Völkerrecht‘, S. 33f. Artikel 53 der UN-Charta spricht ausdrücklich davon, dass kein Eingreifen ohne den Sicherheitsrat erfolgen soll.

[397] *Kosovo Report*, S. 166 u. 174, mit Bezug auf Resolution 337A der Generalversammlung vom 3.11.1950, IN Do. A/1775 (1951).

[398] Eine teilweise Übersicht über Veröffentlichungen zu den völkerrechtlichen Aspekten der Intervention findet sich bei Steinkamm: ‚Völkerrecht, Humanitäre Intervention und Legitimation des Bundeswehr-Einsatzes‘, S. 349, Anm. 53. Einen Überblick über die Debatte bietet auch Schubert: *Der Kosovokrieg und das Projekt des Rechtspazifismus*. Kontroverse Aufsätze zum Thema finden sich in *Der Kosovo-Krieg. Rechtliche und rechtsethische Aspekte*, hg. v. Dieter S. Lutz sowie in *Der Kosovo-Krieg und das Völkerrecht*, hg. v. Reinhard Merkel.

doch auch, weil unter den NATO-Staaten nur eine gemeinsame Sprachregelung auf dem „kleinsten gemeinsamen Nenner" zu erreichen war, wie NATO-Generalsekretär Javier Solana der Öffentlichkeit bereits am 10. Oktober 1998 verkündet hatte.[399]

Eins der völkerrechtlichen Probleme bestand darin, dass in der UN-Charta keine klaren Vorkehrungen für einen solchen Fall enthalten waren und auch das Gewohnheitsrecht wenig bot, worauf man hätte zurückgreifen können. Allerdings bestand mit der sogenannten „Kurden-Resolution" des UN-Sicherheitsrats vom 5. April 1991 (Nr. 688) ein Präzedenzfall für eine humanitäre Intervention, da in ihr die Unterdrückung der irakischen Zivilbevölkerung, besonders der Kurden, durch die irakische Regierung als „Bedrohung des Friedens und der internationalen Sicherheit" verurteilt worden war. Diese Formulierung anhand des Artikels 39 der UN-Charta hatte es dem Sicherheitsrat ermöglicht, gemäß Kapitel VII tätig zu werden. In Bezug auf Somalia war der Sicherheitsrat Anfang der 90er Jahre ähnlich vorgegangen. Hierin sahen einige Befürworter einer Intervention eine Legitimierung, im Kosovo, für das in der Resolution 1203 Ähnliches festgestellt worden war, militärisch einzugreifen. Die chinesische Regierung wollte allerdings genau das verhindern – dass aus der „Kurden-Resolution" ein Präzedenzfall wurde – und enthielt sich daher bei der Resolution 1203 der Stimme.[400]

Andere sahen ein militärisches Eingreifen durch das Selbstverteidigungsrecht gemäß Artikel 51 der UN-Charta, das ihnen zufolge auch die kollektive Nothilfe für eine bedrängte Volksgruppe durch Drittstaaten einschloss, gerechtfertigt. Beide Gruppen sahen ein solches Eingreifen allerdings an bestimmte Legitimitätskriterien gebunden.[401] Dabei waren unter anderen die Fragen zu beantworten:

> Wie konnte eine gleiche Anwendung dieser Kriterien garantiert werden, damit der Willkür nicht Tür und Tor geöffnet wurde? [...] Welche Mittel [...] sind verhältnismäßig, wenn das Unrecht, um das es geht, Völkermord ist? Wie lange muss der Krieg geführt werden, damit dieses Unrecht beseitigt wird? Kann in überzeugender Weise festgestellt werden, dass alle Alternativen zum Krieg ausgeschöpft worden sind?"[402]

Lothar Brock nennt vier Grundbedingungen:

> (1) Anlass und Zweck müssen rechtens sein, d. h. es muss sich um zweifelsfrei massives Unrecht handeln, das geahndet wird; (2) die Antwort auf das begangene Unrecht muss legitim sein, d. h. die Opfer sind in ihr Recht zu setzen, während die Täter wissen müssen, dass sie zur Rechenschaft gezogen werden; (3) die Interventionsin-

[399] Steinkamm: ‚Völkerrecht, Humanitäre Intervention und Legitimation des Bundeswehr-Einsatzes', S. 335–338. Zur juristischen Einordnung s. ebd., S. 337, Anm. 8.

[400] Delbrück: ‚Effektivität des VN-Gewaltverbots', S. 28; Eisele: ‚Die Vereinten Nationen und Kosovo', S. 486 (nur mit Bezug auf den Irak) u. 487 (chin. Regierung).

[401] Preuß: ‚Zwischen Legalität und Gerechtigkeit', S. 44 (Selbstverteidigungsrecht); Schubert: *Der Kosovokrieg und das Projekt des Rechtspazifismus*, S. 6f.

[402] Schubert, a. a. O., S. 10f., der dafür z. T. auf Brock: ‚Weltbürger und Vigilanten' zurückgreift.

stanz muss eine autorisierte öffentliche Gewalt sein, und (4) sämtliche Maßnahmen sind rasch und wirkungsvoll zu ergreifen und haben mit Klugheit und Augenmaß zu erfolgen.[403]

Entscheidend sei ferner, so Jürgen Habermas, ob das Vorgehen der NATO gegenüber Jugoslawien zu einer weiteren Herausbildung eines wirklichen Weltbürgerrechts beitragen werde,[404] womit sich seine Legitimität erst noch erweisen muss.

Da durch die Umgehung des Sicherheitsrats bereits gegen die dritte von Brocks Grundbedingungen verstoßen wurde, zog er weitere Kriterien heran:

> Demzufolge muss eine gewaltsame Intervention (1) „das letzte Mittel sein, nachdem zivile Formen der Konfliktbearbeitung versagt haben"; (2) das „Kriterium der Nähe erfüllen – also von einer besonderen geographisch oder historisch vermittelten Sorge über das Geschehen getragen sein, so dass beliebige Interventionen an beliebigen Orten der Welt ausgeschlossen wären"; (3) mit „besonderer Sensibilität für die eigene Fehlbarkeit und damit für die Notwendigkeit einer überparteilichen Kontrolle [...] durchgeführt werden"; (4) unbedingt „eine Ausnahme bleiben".[405]

In gewisser Weise konnte die Intervention nachträglich legitimiert werden, indem der Sicherheitsrat die Ergebnisse anerkannte und die UNO selbst die Verwaltung des Kosovo übernahm. Eine sogleich eingeleitete gerichtliche Überprüfung wäre einer Legitimierung noch dienlicher gewesen. Dadurch hätten „die Kriterien legitimer Gewaltanwendung sowie deren Auslegung auch ohne ein Mandat des VN-Sicherheitsrates im Sinn sich fortbildenden internationalen Rechts" genauer gefasst werden können.[406] Das Kriterium der Nähe ist allerdings zwiespältig, heißt das doch in der Regel, dass auch die Verquickung der Interventionsstaaten in den Konflikt größer ist. Es ist nicht einzusehen, wie auf diese Weise Beliebigkeit, vor allem aber Parteilichkeit aufgrund eigener Interessen verhindert werden sollen. Auch Schubert macht geltend, „dass auch die besten Kriterienkataloge stets an den Sekundärinteressen scheitern. Sie gehen somit immer auf Kosten der Idee des Rechtspazifismus."[407]

Eine Lösung läge darin, die UNO zu stärken, sodass sie die für solche Konflikte „autorisierte öffentliche Gewalt" auch tatsächlich sein könnte:

> Solange die Vereinten Nationen nur ein theoretisches, nicht aber ein praktisches Gewaltmonopol zur Regelung der internationalen Beziehungen besitzt [sic!] – letzteres am besten nicht in Form einer Weltregierung, wohl aber im Sinne einer Kanti-

---

[403] Brock, a. a. O., zit. nach Schubert, a. a. O., S. 9f.

[404] Habermas: ‚Bestialität und Humanität', S. 61.

[405] Brock, a. a. O., zit. nach Schubert, a. a. O., S. 11f.

[406] Schubert, a. a. O., S. 12. Die Bundesrepublik Jugoslawien hatte am 29.4.1999 eine entsprechende Klage beim Internationalen Gerichtshof eingereicht, die NATO-Vertreter aber hatten die Zuständigkeit des Gerichts in dieser Frage bestritten (Meyer/Schlotter: ‚Die Kosovo-Kriege 1998/99', S. 31–33).

[407] Schubert, a. a. O., S. 13.

schen Föderation souveräner Republiken, die das internationale Recht gemeinsam und unter der Aufsicht einer richterlichen Instanz anwenden –, wird die Selbstmandatierung zum Zwecke der humanitären Intervention ein beständiges Problem des modernen Völkerrechts bleiben.[408]

Das hätte allerdings zur Voraussetzung, dass die Fakten, aufgrund derer eine solche Entscheidung getroffen würde, klar wären, vor allem müssten diejenigen, deren fundamentale Menschenrechte verletzt werden, und jene, die sie verletzten, klar zu trennen sein. Wir haben gesehen, dass das im Kosovo längst nicht eindeutig war. Steinkamm und andere Befürworter der Intervention gehen aber von einer gar nicht hinterfragten Eindeutigkeit aus. Die Rolle der UÇK und ihre Verstöße gegen die Resolutionen des Sicherheitsrats fallen bei ihm ebenso unter den Tisch wie die Tatsache, dass sie von den ‚westlichen‘ Staaten kaum thematisiert geschweige geahndet wurden.[409] Dass die NATO deutlich nicht neutral aufgetreten ist, und zwar nicht nur im Vorfeld des Krieges, sondern auch nach seiner Beendigung, fällt allerdings nicht nur aus juristischen Gründen schwer ins Gewicht. Auch wenn die Verantwortung für die katastrophale Lage im Kosovo durchaus weitaus mehr auf serbischer als auf albanischer Seite lag, hätte die NATO als Schlichterin die Aufgabe gehabt, beide Seiten zur Deeskalation zu drängen, wollte sie auch gegenüber der serbischen Bevölkerung und skeptischen neutralen Drittstaaten glaubwürdig sein. Ein Hauptproblem bestand für die NATO ja gerade in der Legitimation des eigenen Vorgehens, nachdem sie den Weltsicherheitsrat ignoriert hatte. Ihr Vorgehen zielte darauf, nach den katastrophalen Erfahrungen in Bosnien und Ruanda ein vorbildliches internationales Krisenmanagement vorzuführen, obwohl dies formal rechtlich illegal war.

Zudem hätten eigene nationale Interessen bei einer mit der Satzung der UNO begründeten Intervention keine Rolle spielen dürfen. Da die NATO sowohl die Neutralität nicht gewahrt als auch eigene Interessen verfolgt hat, wie wir noch sehen werden, spricht viel dafür, „den friedenserhaltenden Strukturen der VN [Vereinten Nationen] absoluten Vorrang gegenüber der Verteidigung der Menschenrechte" einzuräumen, auch wenn damit der Schutz fundamentaler Menschenrechte bewusst und gezielt ignoriert werde, wie Steinkamm meint.[410] Es ist eine große Errungenschaft, dass durch diese Strukturen zwischenstaatliche Kriege weitgehend verhindert werden können. Dass wir es mittlerweile mit neuen Arten gewalttätiger Konflikte zu tun haben, sollte nicht dazu führen, dass wir diese Errungenschaften gefährden. Vielmehr brauchen wir hierfür neue Regelungsmechanismen, vor allem was nationale Konflikte mit einander grundsätzlich ausschließenden Zielsetzungen angeht.

---

[408] Ebd., S. 17.

[409] Steinkamm: ‚Völkerrecht, Humanitäre Intervention und Legitimation des Bundeswehr-Einsatzes‘, S. 346.

[410] Ebd., S. 342 u. 347 (eigene Interessen), 352 (Zitat). Zu den Interessen der NATO s. Abschnitt 5.11. d. vorl. Arbeit.

Für gewichtig halte ich zudem, dass die Situation durch die Intervention eskalierte und während des Krieges weitaus mehr Menschen getötet, verwundet, vertrieben und gequält sowie Häuser zerstört wurden als vorher, was dem eigentlichen Argument, dem Schutz der Zivilbevölkerung, widerspricht.

Unabhängig von der weiteren Entwicklung in den Nachfolgestaaten Jugoslawiens hat das Vorgehen der NATO darüber hinaus eine Signalwirkung für andere Staaten gehabt.[411] „Durch die Nato-Intervention im Kosovo identifizieren eine ganze Reihe von Ländern die Durchsetzung der Menschenrechte jetzt mit der gewaltsamen Durchsetzung westlicher Ideologie", so der slowenische Philosoph und Psychoanalytiker Slavoj Žižek. Sie würden entsprechende Maßnahmen treffen.[412] In der *Times of India* vom 2. April 1999 ist dann auch zu lesen:

> Die Nationen, die ihre strategische Autonomie und ihre politische Souveränität zu behalten wünschen, haben keine andere Wahl, als ihr nukleares Arsenal zu bewahren, ballistische Waffenträger zu entwickeln und insgesamt zu versuchen, ihre militärischen Fähigkeiten zu erweitern. Als günstigste Methode bleibt – bis zur Erlangung strategischer Parität – nur die Konzentration auf die Entwicklung von Raketensystemen.[413]

Kleinere Staaten werden aufgrund der gewachsenen Gefahr einer Erpressung in zunehmende Abhängigkeit gedrängt.[414]

Die Argumentation der Kriegsbefürworter geht allerdings in eine andere Richtung. So konstatieren Petritsch und Pichler, dass unter anderem schwache oder gescheiterte Staaten und die Zunahme innerstaatlicher gewalttätiger Konflikte

> neue Zugangsweisen in der Konfliktprävention und -intervention auf politisch-institutioneller ebenso wie auf normativer Ebene [erfordern]. Dies ist umso dringender, da sich von Bosnien ausgehend über Kosovo, Afghanistan und – mit wechselnder Koalition – im Irak im Westen die Überzeugung durchzusetzen begann, dass sich die häufenden regionalen und globalen Bedrohungen primär mit militärischen Mitteln bewältigen lassen.[415]

---

[411] Vgl. a. *Kosovo Report*, S. 174.

[412] ‚Der Westen braucht eine zweite Aufklärung', S. 48. Žižek führt weiter aus, dass die Regierungen größerer und mächtigerer Staaten in Zukunft mehr auf die eigene Rüstung vertrauen würden als auf eine UNO, die übergangen wird, wenn die Führung des mächtigsten Staats der Welt das für notwendig erachtet.

[413] Zit v. Paul Virillo: ‚Die Infantilisierung des Präsidenten', *FAZ*, 27.4.1999, S. 49. Virillo bemerkt dazu noch: „Diese äußerst düstere Zukunftsvision wird in Rußland, der Ukraine, aber auch in Japan geteilt." Das nordkoreanische Raketen- und Atomprogramm der letzten Jahre ist wohl ebenfalls vor diesem Hintergrund zu sehen.

[414] Pradetto: ‚Die NATO, humanitäre Intervention und Völkerrecht', S. 35.

[415] Petritsch/Pichler: *Kosovo/Kosova*, 2004, S. 19.

Als Beispiel hierfür kann General Clark stehen, der meint, der Erfolg der Operation Allied Force öffne die Tür für weitere humanitäre Interventionen in der Zukunft, er habe einen Präzedenzfall geschaffen.[416] Wie erfolgreich die Aktion letztlich ist, wird sich noch erweisen müssen. Mit militärischen Mitteln lässt sich ein Konflikt lediglich ruhig stellen. Das zumindest ist auch im Kosovo weitgehend gelungen.

Wenden wir uns der weiteren Entwicklung zu, ist noch ein wesentlicher Punkt der völkerrechtlichen Argumentation sehr zweifelhaft, nämlich die „Souveränität und staatsrechtliche Unversehrtheit" Jugoslawiens. Steinkamm sieht die durch die UNO ausgeübte Hoheitsgewalt im Kosovo als „treuhänderische für Jugoslawien" und als „Übergangsverwaltung".[417] Die Entwicklung driftet aber immer mehr auf eine, wie auch immer gestaltete Unabhängigkeit des Kosovo zu. Sollte es dazu kommen, wäre eine weitere Begründung der humanitären Intervention hinfällig. Eine ihrer Folgen wäre dann tatsächlich, dass Serbien, als Nachfolgestaat der Bundesrepublik Jugoslawien, einen Teil seines Territoriums verloren hätte, was einer „humanitären Intervention" zumindest rechtlich massiv widerspräche.[418]

Die Dringlichkeit der Menschenrechtslage und die vom ‚Westen' postulierte Handlungsunfähigkeit des UN-Sicherheitsrats rechtfertigten schließlich die Umgehung von Letzterem.[419] Diese wurde am 8. Oktober bei einem Treffen der Außenminister Frankreichs, Großbritanniens, Deutschlands und der USA sowie des US-Sonderbeauftragen Richard Holbrooke, des US-Sondergesandten Christopher Hill, zahlreicher weiterer Minister und Vertreter der OSZE mit dem russischen Außenminister Igor Iwanow in der VIP-Lounge des Londoner Flughafens Heathrow ausgelotet. Iwanow meinte, der Einsatz militärischer Gewalt würde im UN-Sicherheitsrat auf ein Veto der russischen Regierung stoßen; brächte man ihn dort nicht als Antrag ein, würde sie ihn lediglich anprangern. Dennoch war die tatsächliche Reaktion der russischen Regierung schwer einzuschätzen. Innerhalb der NATO spielte das Kalkül, Russland sei abhängig von westlichen Krediten, allerdings eine gewichtige Rolle.[420]

---

[416] Clark: *Waging Modern War*, S. 422.

[417] Steinkamm, a. a. O., S. 355f. u. 359. Die übrigens auch mehrfach von der deutschen Regierung anerkannt worden ist.

[418] Vgl. die Argumentation des Bundesverfassungsgerichts zur Beteiligung Deutschlands am Krieg, wie sie Steinkamm ebd., S. 359 wiedergibt. Dieser Fall ist mittlerweile eingetreten.

[419] Petritsch/Pichler: *Kosovo/Kosova*, 2004, S. 134.

[420] Judah: *Kosovo*, S. 183 (Treffen am 8.10.); Petritsch/Pichler, a. a. O., S. 135 (Kalkül der NATO), die, was die große Inkonsistenz der russischen Außenpolitik angeht, auf Levitins Ausführungen ‚Inside Moscow's Kosovo Muddle' hinweisen; Levitin war vormals Sekretär der russischen Botschaft in Belgrad gewesen.

Für eine militärische Intervention sprach auch das schnelle Einlenken der serbischen Seite in Bosnien, nachdem die NATO begonnen hatte, ihre Stellungen zu bombardieren. In Bezug auf das Kosovo erwarteten die betreffenden US-Politiker die gleiche Reaktion.[421] Auch fühlten sich ‚westliche' Politiker zusätzlich durch zwei Erfahrungen im Jahr 1998 bestärkt: Die im Juni durchgeführten Militärmanöver der NATO in Mazedonien und Albanien hatten anscheinend wesentlich dazu beigetragen, dass Milošević, nachdem er Jelzin konsultiert hatte, einer internationalen Beobachtermission, der KDOM, zugestimmt hatte; und die ACTORD der NATO, die Luftangriffe innerhalb von vier Tagen ermöglichte und zu der Zeit beschlossen worden war, als Holbrooke mit Milošević verhandelt hatte, hatten auch diese Verhandlungen zu einem erfolgreichen Abschluss geführt. Es war offenbar auch in Bezug auf das Kosovo mit militärischem Druck einiges bei dem jugoslawischen Präsidenten zu erreichen.[422]

Die Intervention der NATO wird jedoch noch aus weiteren Gründen fragwürdig. Warum etwa hat sie in Jugoslawien eingegriffen, in so vielen anderen Konflikten aber nicht?

5.10. Vergleich mit ähnlichen Konflikten

Es gibt einige Konflikte, die dem im Kosovo stark ähneln: Die Bevölkerung einer Region ist eine Minderheit im Gesamtstaat. Hinzu kommt häufig eine schlechtere wirtschaftliche Lage in dieser Region, wenn nicht sogar weit verbreitete Armut. Der Konflikt ist bereits über längere Zeit eskaliert, als er zu einem bewaffneten nationalen Unabhängigkeitskampf führt.

So ähnelt beispielsweise das Vorgehen der türkischen Regierung in den 90er Jahren gegenüber den Kurden dem der serbischen im Kosovo in vielen Aspekten, und die Rechte, die diese den Kosovo-Albanern zugestand, gingen teilweise immer noch weit über die den Kurden gewährten hinaus, etwa was den Gebrauch der eigenen Sprache oder die schulische Vermittlung der eigenen Geschichte anging.[423] Ein wesentlicher Unterschied zwischen der Lage der Kosovo-Albaner in Jugoslawien und der der Kurden in der Türkei bestand allerdings darin, dass die Unterdrückung der Kurden schon sehr lange andauerte, während die Rechte der Albaner nach einer Zeit sehr weitgehender Autonomie seit 1989 wieder massiv beschnitten wurden und

---

[421] Judah: *Kosovo*, S. 123.

[422] Petritsch/Pichler, a. a. O., S. 249f.

[423] Vgl. etwa Strohmeyer/Yalçın-Heckmann: *Die Kurden*, S. 111–115.

sie keine Möglichkeit hatten, sie mit demokratischen Mitteln wiederzuerlangen,[424] was die Lage dort zwangsläufig verschärfen musste.

‚Der Westen' hatte über viele Jahre Gelegenheit, die türkische Regierung dazu zu bewegen, ihre kurdische Minderheit anzuerkennen und deren Rechte zu achten. Er hätte bei einem Staat, mit dem er verbündet ist, zeigen können, wie ein Prozess der Integration und zugleich der Selbstbestimmung in einer relativ vergleichbaren Situation erfolgreich durchgeführt werden kann. Die Türkei aber gehört zur NATO, die US-Regierung bemüht sich seit Längerem, die EU dazu zu bewegen, sie aufzunehmen, und viele EU-Politiker halten dies ebenfalls für wünschenswert. Dahinter stehen unter anderem strategische Interessen, die nicht allein die Türkei betreffen, sondern einerseits die islamischen Staaten insgesamt und andererseits die mit den Türken sprachverwandten Turkvölker. Es sollen keine neuen Machtblöcke entstehen und den islamischen Ländern soll eine Perspektive eröffnet werden, sich allmählich in ‚die westliche Welt' einzuordnen. Für schwere Menschenrechtsverletzungen in einem solchen Land gelten daher andere Maßstäbe; vor allem wird anders mit ihm umgegangen.

Das hat nicht nur dazu geführt, dass die türkische Regierung recht ungestört ihre Politik gegen die Kurden betreiben konnte, und zwar mit westlicher, auch deutscher, Militärhilfe, sondern dass sie just den Krieg der NATO gegen Jugoslawien dazu nutzte, erneut gegen diese Minderheit vorzugehen. Anfang April 1999 begann sie eine Offensive gegen kurdische Rebellen.[425]

Die Entwicklung seitdem ist ein Beispiel dafür, dass es auch anders geht. Der dringende Wunsch zweier türkischer Regierungen, ihr Land möge Mitglied der EU werden, hat sie dazu bewegt, den Beitrittsbedingungen der EU mehr und mehr zu entsprechen und die Situation der Kurden zu verbessern.

Auch das Vorgehen der russischen Regierung in Tschetschenien übertraf das der serbischen im Kosovo. Wladimir Putin rechtfertigte seinen Luftkrieg gegen Tschetschenien gut dreieinhalb Monate nach Ende des Krieges der NATO damit, muslimische ‚Terroristen' hätten Russland den Krieg erklärt. „Sie wollen unserem Volk einen Teil seines Landes stehlen und dort eine blutige mittelalterliche Herrschaft errichten."[426] Das klingt kaum anders als die Verlautbarungen der jugoslawischen Regierung zu ihrem gewaltsamen Vorgehen gegen Kosovo-Albaner. Aber Russland

---

[424]   Vgl. Petritsch/Pichler, a. a. O., S. 236 nach Public International Law and Policy Group: ‚Intermediate Sovereignty as a Basis for resolving the Kosovo Crisis', auf: www .crisisweb.org/projects/sbalkans/reports (Stand: Juli 2000).

[425]   ‚Türkische Soldaten töten kurdische Untergrundkämpfer', *FAZ*, 19.4.1999, S. 2. S. a. Chomsky: *The New Military Humanism*. In Abs. 3.2, ‚Humanitarian Concerns in the '90s: A Small Sample' geht er unter anderen auf die Konflikte im Irak, in Somalia und Kolumbien ein, die die USA (bzw. ‚der Westen') verschärft haben.

[426]   ‚Putin rechtfertigt Krieg', *Kölner Stadt-Anzeiger*, 29.9.1999, S. 9. Vgl. a. Segbers/Zürcher: ‚Russland und der Kosovo-Konflikt', S. 392f.

ist eine Großmacht, die noch dazu über ein Vetorecht im UN-Sicherheitsrat verfügt und im US-amerikanischen ‚Krieg gegen den Terror' gebraucht wird. Exempel werden an kleinen Staaten statuiert.

Im Kongo wurden ebenfalls zu jener Zeit Menschen ermordet, von 1998 bis 2003 möglicherweise 3,5 Millionen. Dort gibt es, wie im Kosovo, inzwischen eine Friedenstruppe. Es sind UN-Soldaten, 10 000, während im Kosovo nach Kriegsende zeitweise 50 000 stationiert waren. Dabei ist der Kongo etwa so groß wie Westeuropa.[427] So viel zur Höhe der Getöteten, die eine Intervention erforderlich machen. Ansonsten unterscheidet sich die Situation im Kongo in mehrfacher Hinsicht von der in Jugoslawien. Es geht sehr viel mehr um Reichtümer, vor allem um Bodenschätze, nicht um einen nationalen Unabhängigkeitskampf.

Gegen derartige Vergleiche ist eingewandt worden, man könne nicht überall eingreifen, allein schon, weil eine Konfrontation zwischen Atommächten ausgeschlossen werden müsse. Zudem seien diejenigen Staaten, die eine Intervention durchführten, dazu nur bereit, wenn diese mit ihren Interessen übereinstimme und von ihren Bevölkerungen bejaht werde. Dabei spiele die geografische Nähe keine unwichtige Rolle. Im Übrigen lehne eine große Zahl von Staaten, vor allem ehemals kolonisierte, ‚humanitäre Interventionen' als neue Form ‚westlicher' Dominanz ab. Dennoch habe in einer Reihe von Fällen eine große Dringlichkeit für eine Intervention bestanden. Die Internationale Kommission hat daher vorgeschlagen, dass die UNO auch Interventionen, die sie nicht ausdrücklich gebilligt hat, als legal akzeptiere, solange diese nach bestimmten Grundsätzen erfolgten.[428]

---

[427] So die Kritik von Louise Fréchette, stellvertretende UN-Generalsekretärin, am 27.1.2004 in Indien, nach ‚News Coverage' von UNMIK unter www.unmikonline.org/news.htm in der Aktualisierung vom 3.2.2004. 50 000: Vgl. S. 438, Anm. 556.

[428] *Kosovo Report*, S. 187–195. An dieser Argumentation wird die Nähe der Internationalen Kommission zur Politik ‚des Westens' besonders deutlich. Sie zeigt sich schon an ihrer Zusammensetzung. So kommen ihre Mitglieder fast ausschließlich aus Ländern, die als Nationen, gerade auch was ihre Grenzen angeht, sehr viel gefestigter sind als Jugoslawien oder Serbien, bis auf Grace D'Almeida aus Benin. Mit Hanan Ashwari aus Palästina und Oleg Grinevsky aus der Russischen Föderation, die zur Mitarbeit eingeladen worden waren, aus unterschiedlichen Gründen jedoch nicht mitarbeiten konnten, fielen just die beiden Teilnehmer aus, die aus Ländern mit annähernd vergleichbaren Erfahrungen kamen. Vorsitzender war, auf Einladung der schwedischen Regierung, der südafrikanische Richter Richard Goldstone, sein Stellvertreter der Generalsekretär des Olof Palme International Center in Stockholm, Carl Tham. Diese ernannten die übrigen Mitglieder. Neben den Genannten waren das Akiko Domoto (Japan), Richard Falk (USA), Michael Ignatieff (Kanada), Mary Kaldor (Großbritannien), Martha Minow (USA), Jacques Rupnik (Frankreich), Theo Sommer (Deutschland) und Jan Urban (Tschechien). (*Kosovo Report*, S. 21f.) Dass von elf tatsächlichen Mitgliedern, einschließlich der Vorsitzenden, sieben aus NATO-Staaten kamen, spricht ebenfalls nicht für eine kluge Auswahl. Leider ist auf diese Weise, trotz aller Sorgfalt und allen Bemühens, der Vielschichtigkeit und den unterschiedlichen Sichtweisen gerecht zu werden,

Nach den bisherigen Ausführungen erscheinen diese Einwände in mehrfacher Hinsicht zweifelhaft. 1. unterliegt die Dringlichkeit eines militärischen Eingreifens in einem solchen Fall der Einschätzung derjenigen Staaten, die zum Eingreifen bereit sind, und damit ihren eigenen Interessen, was 2. auch bedeutet: ihrer bereits erfolgten Verwicklung in den Konflikt, die 3. tendenziell steigt, je näher der betreffende Staat liegt; dabei besteht die Gefahr, dass Menschenrechte und der Schutz von Minderheiten, zumindest zum Teil, instrumentalisiert werden. 4. gehört zu den eigenen Interessen häufig auch der Vorrang militärischen Vorgehens vor zivilem. 5. sind nicht nur Atombomben das Problem bei Konflikten in mächtigen Staaten wie etwa Russland oder China, sondern das, was sich hinter dem unkonkreten Wort ‚Interessen' vornehmlich verbirgt: wirtschaftliches Kalkül. Der springende Punkt gegenüber der russischen Politik in Tschetschenien oder der chinesischen in Tibet ist gar nicht, dass dort nicht militärisch eingegriffen worden ist, sondern dass die dort begangenen eklatanten Verletzungen von Minderheiten- und Menschenrechten nur wenig offiziell kritisiert, geschweige denn mit Sanktionen belegt worden sind. 6. lässt diese Argumentation völlig außer Acht, dass nicht alle Staaten der Welt denselben Entwicklungsstand teilen und die Achtung von Menschenrechten eine sehr junge, noch dazu ‚westliche' Entwicklung ist, die einer ganzen Reihe gesellschaftlicher, technischer und wirtschaftlicher Bedingungen bedarf. Das steht nicht im Widerspruch zu der Tatsache, dass sich die Unterzeichnerstaaten der UN-Menschenrechtscharta selber zur Einhaltung der Menschenrechte verpflichtet haben, denn als positive Vision gilt diese wohl weltweit.

Dass die NATO in so vielen anderen Fällen nicht nur nicht interveniert hat, sondern eins ihrer Mitglieder eine nationale Minderheit auf ähnliche Weise unterdrückt hat, legt zudem den Verdacht nahe, dass noch andere Interessen von Bedeutung waren als die postulierten. Zudem dürfte es nicht ohne weitreichende Folgen sein, dass gerade die NATO sich dafür entschieden hat, an der UNO vorbei zu handeln.

5.11. Weitere Kriegsgründe

An ‚westlichen' Interessen, die zur Entscheidung, militärisch in Jugoslawien einzugreifen, beigetragen haben, werden verschieden genannt, unter anderen, das Mi-

---

im Kern eine Rechtfertigung des Vorgehens der NATO herausgekommen. Besonders hinderlich für die Arbeit hat sich zudem ausgewirkt, dass die jugoslawische Regierung die Zusammenarbeit verweigerte, da sie Goldstone nach seinem Auftreten als Chefankläger des Internationalen Strafgerichtshofs für das ehemalige Jugoslawien für antiserbisch eingestellt hielt. (S. 23) Das hätte man sich vorher denken können.

litärpotenzial Serbiens zu zerstören;[429] einen wachsenden Einfluss Russlands in Südosteuropa zu verhindern; „Zugang zu Regionen, die für den Westen von vorrangigem Interesse sind – im Hinblick auf den arabisch-israelischen Konflikt, den Irak und den Iran, Afghanistan, das Kaspische Meer und Transkaukasien" zu schaffen sowie „die Eindämmung von Gefahren, die weiterhin aus dem Osten drohen".[430] Für Letzteres spricht die Einrichtung etlicher NATO-Stützpunkte im Kosovo, darunter das US-Militärlager Bondsteel bei Uroševac/Ferizaj, dem größten, das die USA seit dem Vietnamkrieg gebaut haben.[431]

Welches Gewicht derartige Überlegungen gehabt haben, lässt sich im Einzelnen schwer sagen. Auf jeden Fall hat dieser Krieg zweierlei bewirkt: Zum einen hat er den überwiegenden Teil der ‚westlichen' Regierungen ihren Wählern als entschlossen und energisch handelnd präsentiert, wenn es darum geht, gewalttätigen Regimen entgegenzutreten. Man ist nicht „zum Gespött geworden".[432] Man schaut eben *nicht* mehr zu, wenn ‚vor der eigenen Haustür' unschuldige Zivilisten von den Sicherheitsorganen eines Staats oder mit deren Duldung umgebracht werden. Man hat ‚die Lektion von Bosnien' und vor allem von Srebrenica gelernt, man greift militärisch ein, auch wenn gerade eben *keine* eigenen wirtschaftlichen oder machtpolitischen Interessen auf dem Spiel stehen. Man hat einen sogenannten ‚ethnischen Krieg' in einen ‚ethischen' verwandelt. Was nach dem Krieg weiter geschah, versank für die meisten Fernsehzuschauer schon wieder in der undurchdringlichen Dunkelheit jenseits der Bildschirme.

---

[429] Ernst-Otto Czempiel, Mitbegründer der Hessischen Stiftung für Friedens- und Konfliktforschung: ‚Eine neue Nato-Strategie?' *FR*, 3.4.1999, S. 9. Im Übrigen nannte Clinton selbst in seiner Rede an die Nation am 24.3.1999 als drittes von drei Zielen, dass man das jugoslawische Militärpotenzial nachhaltig beschädigen wolle (Martin Winter: ‚Kein Wort vom Friedensvertrag', *FR*, 26.3.1999, S. 7; *Kosovo Report*, S. 85). Angesichts dessen, wie dieses Potenzial von der serbischen Führung die 90er Jahre hindurch genutzt worden ist, bedeutet das allerdings nicht notwendigerweise einen Widerspruch zu den humanitären Zielen. Die Serie von Kriegen sollte auf diese Weise endlich beendet werden.

[430] Paul-Marie de la Gorce: ‚Die Nato und ihre Südosterweiterung', *Le Monde diplomatique*, 17.3.2000, S. 10f., der Robert E. Hunter, Exbotschafter der USA bei der NATO und später Berater der Rand Corporation, nach der *Washington Post* vom 21.4.1999 zitiert.

[431] Samary: ‚Geordneter Nachkrieg', *Le Monde diplomatique*, Mai 2003, S. 1 u. 8f., hier S. 8; Bondsteel: Judah: *Kosovo*, S. 311, der es als Zeichen dafür sieht, dass sich die US-Regierung darauf eingerichtet zu haben scheint, für längere Zeit, möglicherweise wie in Westdeutschland für ein halbes Jahrhundert, als friedenserhaltende Macht zu bleiben.

[432] General Naumann sah die NATO vor Beginn des Krieges „schon fast zum Gespött geworden" (‚Die Nato nach dem Kosovo-Krieg', Auszüge einer Rede auf dem „10. Forum Bundeswehr und Gesellschaft", *Die Welt*, 7.7.1999, S. 10).

Zum anderen hat dieser Krieg der größten Militärallianz der Welt die Existenz gesichert und eine neue Perspektive gegeben, weg von der Landesverteidigung ihrer Mitglieder, hin zu ,humanitären Einsätzen'.[433]

Selbst die Internationale Kommission schreibt zur Unbeweglichkeit der US-Regierung und der NATO gegenüber der jugoslawischen Position in Rambouillet:

> NATO was seeking to clarify its longterm mandate after the end of the Cold War, and the upcoming fiftieth anniversary scheduled for April 1999 was to be a key step in this process. Closely related, the reliance on threat diplomacy was at odds with any wavering on the part of NATO. [...] Negotiations in the sense of actual bargaining would seem inconsistent and costly to the credibility of NATO as a political actor.[434]

Auch US-Präsident Clinton hatte in seiner Fernsehansprache zum Kriegsbeginn als erstes Ziel genannt: „to demonstrate the seriousness of NATO's response to aggression".[435]

Auf der Konferenz zu ihrem fünfzigjährigen Bestehen vom 23. bis 25. April 1999 schrieb die NATO ihre neue Aufgabe noch einmal fest. Unter Punkt 7 der dabei verabschiedeten *Washingtoner Erklärung* heißt es: „Wir sind entschlossen, hart gegen diejenigen Länder vorzugehen, die Menschenrechte verletzen, Kriege führen und Gebiete erobern."[436]

Auch der Sonderausschuss des Britischen Unterhauses zur Außenpolitik bemerkt, dass die NATO offenbar in sich uneins über die Kriegsziele gewesen sei, ob es in erster Linie um die Glaubwürdigkeit des Bündnisses oder um die Verhinderung einer ,humanitären Katastrophe' gegangen sei. Dennoch zögerte die NATO, sich auch im Kosovo militärisch einzuschalten, da sie nach dem aufwendigen Engagement in Bosnien-Herzegowina vor einem weiteren solchen Einsatz zurückscheute.[437]

Dass die Etablierung der NATO als politischer Akteur Vorrang vor anderen Optionen hatte, wird zudem daran deutlich, dass solche anderen Optionen in der Vergangenheit auch an den NATO-Staaten selbst gescheitert waren, etwa die in Kapitel

---

[433] Vgl. hierzu etwa die Aussage von Wayne Merry, einem politischen Berater der US-Regierung, in: Angerer/Werth: ,Es begann mit einer Lüge'. Die Orientierungskrise der NATO nach dem Ende der Ost-West-Konfrontation hat bereits im Bosnienkrieg eine Rolle gespielt; sie folgte der Parole „NATO must go out of area or it will go out of business". (Vgl. Petritsch/Pichler: *Kosovo/Kosova*, 2004, S. 247.) Zu den Argumenten einer Neuausrichtung der NATO nach dem Ende des Kalten Kriegs s. Simma: ,Die NATO, die UN und militärische Gewaltanwendung: Rechtliche Aspekte', S. 34–36, der aus einer Rede des Stellvertretenden US-Außenministers Strobe Talbott zitiert.

[434] *Kosovo Report*, S. 157f.

[435] Ebd., S. 85.

[436] Aus dem auszugsweisen Abdruck in der *FR* vom 26.4.1999, S. 5.

[437] House of Commons: ,Fourth Report', Paragraf 77, nach *Kosovo Report*, S. 86; Gustenau/Feichtinger: ,Der Krieg in und um Kosovo', S. 470 (Zögern).

VII der UN-Charta vorgesehene Bereithaltung und Bereitstellung von Streitkräften und die Einsetzung eines Generalstabsausschusses.[438]

Diese Strategie wurde nach den Anschlägen vom 11. September 2001 noch weiter ausgebaut, als die NATO das erste Mal seit ihrer Gründung den kollektiven Bündnisfall ausrief, der bis heute nicht aufgehoben ist. Inzwischen werden die Armeen der Mitgliedstaaten mit großem finanziellen Aufwand umstrukturiert und umgerüstet, um ihren ‚neuen Aufgaben‘, dem schnellen Eingreifen und dem Stabilisieren unsicherer Weltgegenden, nachkommen zu können. Die Möglichkeit, nach dem Ende der Blockkonfrontation große Summen für die Entwicklung der ärmeren Staaten und die Angleichung der materiellen Lebensverhältnisse auf der Welt auszugeben, ist zwar nicht erst hierdurch vergeben, aber nun definitiv ad acta gelegt worden.

Und noch ein weiterer Faktor hat hier eine Rolle gespielt. Das unentschiedene Agieren ‚des Westens‘ im Bosnienkrieg, vor allem in Gestalt der ‚westlichen‘ Kontingente in den UN-Schutzzonen, hatte die Fähigkeit ‚westlicher‘ Regierungen, mit derartigen Gewalteskalationen umzugehen, nachhaltig infrage gestellt. Hinzu kamen die Erfahrungen mit dem UN-Sicherheitsrat, der mehrfach ‚robuste Einsätze‘ verhindert und so Blauhelmkontingente zu bloßen Zuschauern mörderischer Kämpfe verurteilt hatte. Schon nach den Erfahrungen im Bosnienkrieg wurde die Drohung ausgesprochen, so etwas werde man nicht noch einmal zulassen. Im Verlauf des Jahres 1998 geriet der Konflikt im Kosovo in eine Dynamik, in der die zunehmende Gewalt in den Interpretationen ‚westlicher‘ Politiker und Medien als drohende Wiederholung der Katastrophe in Bosnien erschien. Damit aber waren sie gezwungen, ihre Drohung wahr zu machen, zumal Verhandlungen anscheinend zu keiner nachhaltigen Änderung der Lage führten.

Die Absicht, angesichts des Endes der Ost-West-Konfrontation neue Aufgaben für die NATO zu finden, war also keine Ursache für die Entscheidung, Milošević durch die Androhung von Luftangriffen zum Einlenken zu zwingen, aber sie legte diese Entscheidung nahe. Sobald man die NATO allerdings durch solche Drohungen ins Spiel gebracht hatte, musste man sie im Falle fortgesetzter Verstöße auch tatsächlich einsetzen – sonst wäre man unglaubwürdig geworden. Wir haben jedoch gesehen, dass diese Verstöße so eindeutig (und einseitig) nicht waren.

Wir haben ebenfalls bereits gesehen, dass und aus welchen Gründen die deutsche Politik spätestens seit Beginn der 90er Jahre deutlich antiserbisch geprägt war, unabhängig davon, welche Parteien an der Regierung gewesen sind. Ähnliches gilt für Österreich. Beide Staaten haben sich zudem wirtschaftlich stark in allen jugoslawischen Nachfolgestaaten engagiert, sobald sich diese ‚westlich‘ orientiert hatten.[439]

---

[438]   *Kosovo Report*, S. 170f.

[439]   Beispielhaft sei hier auf die Essener *WAZ*-Gruppe verwiesen, die einen großen Einfluss auf den Zeitschriften- und Zeitungsmarkt einiger dieser Länder gewinnen konnte (R. Flottau: ‚Komischer Kochtopf‘, *Der Spiegel*, 12.8.2002, S. 109). Geschäftsführer des

Das zeigt sich nicht zuletzt daran, dass von 1999 bis zur Einführung des Euros die D-Mark offizielles Zahlungsmittel in Montenegro und im Kosovo gewesen ist. Inwieweit wirtschaftliche Motive hinter dieser Parteinahme standen und ob diese gar einer Strategie folgte, kann ich aufgrund der mir vorliegenden Quellen nicht entscheiden.[440]

Je stärker sich ‚der Westen' aber in die Konflikte des sich auflösenden Jugoslawiens einmischte, umso mehr bedurfte sein Vorgehen auch einer übergeordneten Rechtfertigung. Das gilt besonders für Deutschland.

5.11.1. Wider die ‚Wiedergeburt des Faschismus'

Mit Beginn des Krieges am 24. März 1999 wurden die Anschuldigungen gegen die serbische Regierung fast zwangsläufig schwerwiegender. Damit aber verschob sich auch deren Inhalt. Vor allem in Deutschland wurde der Krieg in Verbindung mit der ‚Pflicht der Deutschen' gebracht, dafür zu sorgen, dass ‚so etwas wie Auschwitz nie wieder geschehe'. Besonders die mit dieser Argumentation einhergehenden Bilder

---

Medienkonzerns ist seit Februar 2002 Bodo Hombach, der 1999–2001 EU-Sonderkoordinator für den Stabilitätspakt in Südosteuropa war (www.waz-mediengruppe.de/Bodo_Hombach.179.0.html).

[440] Jürgen Elsässer hat in einem Vortrag in der Berliner Urania im April 2004 auf wirtschaftliche Hintergründe hingewiesen. Leider tut er das in seinen *Kriegslügen* nicht. Dort macht er ‚den Westen', vor allem Deutschland, pauschal für die Zerstörung Jugoslawiens verantwortlich (s. z. B. S. 15–18; auf S. 21 fasst er zusammen: „Die Krauts waren die Brandstifter, die Yankees löschten mit Benzin.") Ich verdanke dem Buch trotz seiner Einseitigkeit und Polemik eine Fülle wichtiger Hinweise. Es ist unter den zahllosen ‚westlichen' Publikationen mit einer deutlich antiserbischen Einstellung eine der wenigen Gegenstimmen, die auf die Beteiligung ‚des Westens' an den Konflikten hinweisen. Das Ziel – eine Anklage der NATO und vor allem der beteiligten deutschen Regierungen sowie eine Entlastung der Regierung Milošević – scheint jedoch von vornherein festzustehen, Fakten, die dem zuwiderlaufen, werden einfach weggelassen. Das führt Elsässer dazu, dass er mit großer Einseitigkeit schreibt, z. B. indem er Aussagen, die die serbische Seite belasten, sehr kritisch hinterfragt, während er solche, die die anderen Konfliktparteien belasten, in der Regel für seriös hält. So seien etwa die Exhumierungen der muslimischen Behörden in Bosnien „interessengeleitet", da Ejup Ganić, zur Zeit der Eroberung Srebrenicas durch serbische Truppen Vizepräsident der muslimisch-kroatischen Föderation, erklärt habe: „Die Knochen aus Srebrenica sind das Fundament unseres Staates." (S. 69, Anm. 90) Dass für die serbischen Exhumierungen (S. 67f.) angesichts der enormen Bedeutung der Opferzahlen Ähnliches gelten könnte, kommt ihm nicht in den Sinn. Darüber hinaus reißt er häufig einzelne Sätze oder gar Worte aus Artikeln heraus, die insgesamt eine völlig gegenteilige Sicht vertreten, ohne dass diese auch nur erwähnt würde. Auf die innerjugoslawischen Konflikte, die in der Tito-Ära eben nicht gelöst werden konnten, geht er fast gar nicht ein. Damit bleibt die zerstörerische innere Dynamik unbeachtet.

zeigen, wie sehr ‚der Westen' in dem Moment, als er sich einmischte, selbst von dem erfasst wurde, was er zu bekämpfen meinte. Krieg ist eine existenzielle Bedrohung, auch wenn eine Regierung ihn nicht so nennt[441] und ihn im sicheren Gefühl enormer Überlegenheit beginnt und nur mit Raketen und Flugzeugen zu führen gedenkt, was heißt, dass der Tod eigener Soldaten kaum zu befürchten ist und in diesem Fall tatsächlich auch vermieden werden konnte.

Tote aber sind von vornherein so wenig auszuschließen wie eine Eskalation des Krieges. Auch dieser Krieg war nicht so schnell erfolgreich beendet wie zu Anfang erwartet.[442] Je länger er dauerte, umso wahrscheinlicher wurde der Einsatz von Bodentruppen, der Tod eigener Soldaten damit unausweichlich.

Zudem konnte er auch jederzeit in Nachbarregionen getragen werden. Da die montenegrinische Regierung sich weigerte, den Krieg der serbischen Teilrepublik als einen gesamtjugoslawischen mitzutragen, bestand die Gefahr, dass die serbische Armee auch gegen sie vorging. Das Ersuchen der NATO um Überflugrechte stellte

---

[441] So verkündete Bundeskanzler Schröder in seiner Fernsehansprache zum begonnenen Krieg am 25.3.1999: „Wir führen keinen Krieg, aber wir sind aufgerufen, eine friedliche Lösung im Kosovo auch mit militärischen Mitteln durchzusetzen. Die Militäraktion richtet sich nicht gegen das serbische Volk." Etwas später nannte er diesen Nichtkrieg „Kampfeinsatz", bereits im ersten Satz spricht er von „Luftschlägen" – als würde hier lediglich Luft geschlagen oder schlage gar die Luft, nach der analogen Bildung von „Steinschlag". (Vgl. ‚Nicht tatenlos zuschauen‘«, *FR*, 26.3.1999, S. 6.) Dabei handelte es sich bei den am 24.3.1999 begonnenen Luftangriffen der NATO eindeutig um einen „bewaffneten Konflikt internationalen Charakters", so die juristische Formulierung für einen Krieg. (vgl. Steinkamm: ‚Völkerrecht, Humanitäre Intervention und Legitimation des Bundeswehr-Einsatzes‘, S. 335). Steinkamm selbst spricht allerdings in seinem Aufsatz im Weiteren kaum noch von einem „Krieg", sondern fast ausschließlich von einer „militärischen" bzw. „humanitären Intervention" oder von „Luftschlägen". Auch General Naumann betont, man habe „eine partielle Operation geplant, nicht aber einen Krieg, bei dem wir immer den Grundsatz kennen und anwenden, militärische Gewalt geballt und konzentriert einzusetzen, um den Gegner niederzuwerfen. Das aber war nicht die Planungsaufgabe, die uns gestellt war." (‚Der nächste Konflikt wird kommen‘, S. 12) Dabei hatte er kurz zuvor, am 1.10.1999 einen Artikel unter dem Titel ‚Der Krieg gegen Serbien war ein Erfolg‘ veröffentlicht, indem er mehrfach von „Krieg" spricht (*FAZ*, S. 6). Der NATO-Oberbefehlshaber, General Wesley Clark meint hierzu: „In fact, we were never allowed to call it a war. But it was, of course." (*Waging Modern War* – wie sein Buch zum Krieg dann auch konsequenterweise heißt –, S. XXIII) Auf den S. XXII–XXIV beschreibt er die Veränderungen zu den für uns klassischen Kriegen zwischen Nationalstaaten um Territorien. In seiner Widmung bedauert er: „We should have celebrated our success, but because we couldn't call it a war, we couldn't call it a victory, even though it was." (S. V) Dass es hier nicht um die Eroberung fremder Territorien ging und die Beendigung einer Unterdrückungspolitik eine bedeutende Rolle spielte, spricht allerdings dafür, eine andere Bezeichnung, zumindest eine Zusatzbezeichnung zu finden. Auch das hat bei der Vermeidung des Begriffs „Krieg" eine Rolle gespielt.

[442] Vgl. *Kosovo Report*, S. 92f.

Bulgarien vor eine Zerreißprobe. Es wurde befürchtet, dass Serben an der bulgarischen Minderheit in Südostserbien Vergeltung üben würden. Die große Zahl albanischer Flüchtlinge, die nach Mazedonien strömte, gefährdete die Stabilität auch in diesem Land.[443] Die Flüchtlinge sollten dann allerdings weniger zum Problem werden als die vielen im Kosovo arbeitslos gewordenen UÇK-Kämpfer und deren Waffen. Auch für Ungarn, das erst am 12. März NATO-Mitglied geworden war, stellte der Krieg eine schwere Belastung dar. Die 370 000 in der Vojvodina lebenden Ungarn waren nicht nur von den Luftangriffen betroffen, sie wurden auch zum Ziel serbischer Vergeltungsaktionen.[444]

Und schließlich bestand für einen Moment die Gefahr eines Weltkriegs, zumindest aber einer militärischen Konfrontation der NATO mit Russland, als russische Einheiten in der Nacht vom 11. auf den 12. Juni vor dem Eintreffen der KFOR-Truppen den Flughafen von Priština/Prishtina besetzten und der Oberbefehlshaber der NATO-Truppen, US-General Wesley Clark, befahl, die Russen daran „militärisch zu hindern". Der britische KFOR-General Michael Jackson kam diesem Befehl glücklicherweise nicht nach, da er „nicht den Dritten Weltkrieg anfangen wollte".[445] Es handelte sich um ein Gerangel um die russische Bedeutung im militärisch kontrollierten UN-Protektorat Kosovo. In der Vereinbarung vom 3. Juni zwischen dem finnischen Präsidenten Martti Ahtisaari und dem früheren russischen Premier Viktor Tschernomyrdin, die sowohl von der jugoslawischen Bundesregierung als auch vom serbischen Parlament akzeptiert worden war, lauten die entsprechenden Punkte zur

---

[443]   Karl Grobe: ‚Die Sorgen der Nachbarn', *FR*, 21.4.1999, S. 3. Zur Bedrohung Mazedoniens durch den Krieg s. a. Paasch: ‚Helfen kann so kompliziert sein', *FR*, 3.4.1999, S. 3.

[444]   Clark: *Waging Modern War*, S. 428f.

[445]   Erste der ‚Top Acht vernachlässigten Nachrichten des Jahres 1999' (unter www.nachrichtenaufklaerung.de) der Initiative Nachrichten-Aufklärung, an deren Jury mehrere Medienwissenschaftler und Journalisten, darunter der Vorsitzende der Deutschen Journalistenunion, Jürgen Bischoff, beteiligt waren. Sie verweisen dabei u. a. auf folgende Quellen: *SPIEGEL Online* vom 3.8.1999; Rainer Rupp: ‚Den Dritten Weltkrieg wagen. US-General Wesley Clark befahl im Juni Angriff auf russische Truppe nahe Pristina', *junge welt*, 14.9.1999; Frank Herold: ‚Nato-General im Streit um Kosovo', *Berliner Zeitung*, 3.8.1999; Manfred Quiring: ‚Jelzin lobt Militär für Flughafen-Aktion', *Die Welt*, 29.6.1999, S. 7. Laut Clark hat Jackson dieses Argument auch ihm gegenüber vorgebracht (a. a. O., S. 394).

Die Behauptung von Follath u. a., dass die russische Armeeführung hierbei an der Regierung vorbei handelte, scheint nicht zu stimmen. Die Diplomaten und ihr Chef, Außenminister Igor Iwanow, waren nicht informiert, der Befehl zum Einsatz ist aber offenbar von Jelzin selbst gekommen, zumindest aber von ihm gebilligt worden. (Quiring, a. a. O.; Naumann: *Frieden – der noch nicht erfüllte Auftrag*, S. 60)

Vgl. a. Segbers/Zürcher: ‚Russland und der Kosovo-Konflikt', S. 388, die in der russischen Aktion einen „karnevalesken Schlusspunkt" der „Geschichte der russischen Kosovo-Politik" sehen. Sie gehen allerdings mit keinem Wort auf die Brisanz des Zwischenfalls ein.

Besetzung des Kosovo: „3) An international civil and security presence under the auspices of the UN. 4) Substantial NATO participation in the security presence, under a unified command and control [...].“[446] De facto nahm die NATO die militärische Besetzung aber allein vor. Die Russen versuchten offenbar, mit diesem Überraschungscoup einen eigenen Sektor im Kosovo durchzusetzen.[447]

Clark sah diese Gefahr und befürchtete, die NATO könnte die Kontrolle über die Operation verlieren. Zudem wäre ein eigener Sektor seiner Ansicht nach auf eine Teilung des Kosovo hinausgelaufen. Allerdings hatte er den Eindruck, dass sich die US-Regierung in dieser Frage nicht einig war und jemand dort immer noch die Idee erwog, Russland einen eigenen Sektor zuzugestehen.[448]

Dabei widersprachen sich die Angaben des russischen Außenministers und die der eigenen Aufklärung. Es bestand nicht nur die Gefahr einer militärischen Konfrontation mit Russland, sondern auch mit den serbischen Soldaten, die den Flugplatz damals noch schützten.[449]

Der Konflikt mit Jackson entspann sich am Morgen des 13. Junis um Clarks Befehl, dass Jackson mit seinen Soldaten die Rollfelder besetzen und so die russische Seite daran hindern sollte, ihre Truppen vor Ort zu verstärken. Jackson hielt es für ausreichend, die russischen Truppen weiterhin zu isolieren, auch wenn sie Nachschub erhalten sollten. Für Clark ging es einerseits um die prinzipielle Frage, ob die NATO, wie vereinbart, die Führung über die Operation habe oder nicht, und andererseits darum zu verhindern, dass die russische Armee ihre Position auf dem Flughafen verstärkte, was eine Konfrontation in seinen Augen nur wahrscheinlicher gemacht hätte. Schließlich musste er sich damit begnügen, dass Jackson lediglich die Zufahrtsstraßen zum Flugplatz sperrte, denn die britische Regierung stand hinter ihm – für Clark ein Beispiel für die komplizierten und militärisch nicht hilfreichen Entscheidungsstrukturen und -verläufe innerhalb der NATO. Viel hing nun vom NATO-Neuling Ungarn sowie von den Nichtmitgliedern Rumänien und Bulgarien ab, ob sie dem russischen Begehren nach Überflugrechten würden standhalten kön-

---

[446] *Kosovo Report*, S. 324.

[447] Giersch: ‚NATO und militärische Diplomatie im Kosovo-Konflikt‘, S. 463. Neben der schriftlichen Vereinbarung scheint es allerdings noch weitere Absprachen gegeben zu haben, über die sich die russische Seite dann hinweggesetzt hat (vgl. Quiring, a. a. O. u. Follath u. a.: ‚Der etwas andere Krieg‘, Teil III, S. 164 u. 168f.). Auch der *Kosovo Report* bringt in dieser Frage wenig Klarheit: „Although in theory Resolution 1244 allows any UN member state to station troops in Kosovo, in practice it was assumed that KFOR would be the only international force present.“ (S. 102) Letztlich wurden die Differenzen in einer am 18. Juni in Helsinki erzielten Übereinkunft beigelegt. (ebd.)

[448] Clark, a. a. O., S. 377 (seine Befürchtungen) u. 387 (Uneinigkeiten in der US-Regierung). Seine ausführliche Darstellung des Vorfalls gibt er auf S. 375–403; er misst ihm also ein ziemliches Gewicht bei.

[449] Ebd., S. 381, 386 u. 382f. (Konfrontation mit serbischen Soldaten).

nen. Im Verlauf des Tages erklärte dann der russischen Außenminister Iwanow nach einem Gespräch der beiden Präsidenten, Clinton und Jelzin, Russland werde keine zusätzlichen Truppen hereinbringen.[450]

Die Gefahr einer Konfrontation mit Russland hat wohl noch anderweitig Einfluss auf das Vorgehen der NATO gehabt. So scheint Jelzins Drohung, es könne „einen europäischen Krieg, möglicherweise sogar einen Weltkrieg" auslösen, wenn die NATO Bodentruppen einsetzen würde, eine – damals nicht öffentlich diskutierte – Rolle gespielt zu haben, dass die NATO sich trotz des unerwartet langen Krieges bis zum Schluss nicht für einen solchen Einsatz entschieden hat.[451]

Dies macht die existenzielle Dimension der ‚humanitären Intervention' deutlich, die mehr als rationale Begründungen wie die Verhinderung eines drohenden oder bereits begonnenen Völkermords forderte. Besonders deutlich wird das am Beispiel Deutschlands, das sich mit der Beteiligung an den Angriffen zum ersten Mal seit dem Zweiten Weltkrieg wieder in größerem Umfang an einem Krieg beteiligte, also eine grundlegende, wenn auch bereits in vielen Schritten vorbereitete Wende in seiner Politik und damit in seinem Selbstverständnis vollzog.[452] Damit war die Begründung des Staats Bundesrepublik Deutschland mit betroffen, auch wenn das Parlament am Tag nach Beginn der Angriffe zur Tagesordnung übergehen wollte.[453] Möglicherweise war die Tatsache, dass der Staat in seinen Fundamenten berührt war, der Grund, weshalb fast alle Abgeordneten hinnahmen, dass Bundestagspräsident Wolfgang Thierse und die Fraktionsvorsitzenden aller Parteien außer der PDS darüber hinweggehen wollten, dass Deutschland wieder Krieg führte – sie waren schlicht überfordert. Die Sprache ihrer führenden Politiker aber war hier deutlich, allen voran die Rudolf Scharpings, der als Kriegsminister auf einmal die Hauptlast der Rechtfertigung zu tragen hatte.

Außenminister Joschka Fischer verglich die Politik der jugoslawischen Regierung mit starker Emphase mit der „verbrecherischen Politik der dreißiger und vierziger Jahre" und Miloševićs Truppen mit Hitlers Waffen-SS, während Scharping von

---

[450]   Ebd., S. 394f. u. 398–401.

[451]   Follath u. a., a. a. O., Teil II, S. 137. Die NATO schien sich allerdings dadurch nicht unbedingt davon abschrecken zu lassen, kamen doch die Vorbereitungen für den Einsatz von Bodentruppen im Mai immer mehr voran (vgl. S. 427 d. vorl. Arbeit).

[452]   Bereits während des Bosnienkriegs flogen am 22.8.1995 deutsche Piloten Tornados im Auftrag der NATO (*M-A*, 3/96, Bosnien-Herzegowina, Chronik 1995, S. 83).

[453]   Günter Bannas: ‚Im Beifall schwingt Sorge mit', *FAZ*, 26.3.1999, S. 4; Helmut Lölhöffel: ‚Parlamentarier in Gewissensnöten', *FR*, 26.3.1999, S. 6. Nach Scharping lag der Grund für eine Verschiebung der Debatte im Bonner Bundestag (mit Regierungserklärung) auf den folgenden Tag darin, dass der Kanzler und der Außenminister auf einer Sitzung des Europäischen Rates in Berlin weilten (*Wir dürfen nicht wegsehen*, S. 77). Diese Rechtfertigung geht jedoch daran vorbei, dass sich Deutschland seit dem Vorabend im Krieg befand und das Parlament zwar tagte, sich aber nicht dazu äußern sollte.

KZs sprach und sich durch die Ermordung albanischer Lehrer, Journalisten und Intellektueller an das erinnert fühlte, „was die Deutschen im Zweiten Weltkrieg angerichtet haben, zum Beispiel in Polen". Und noch am 23. Juli 1999 meinte Bundeskanzler Gerhard Schröder anlässlich eines Besuchs der deutschen KFOR-Truppe in Prizren, der Einsatz der Bundeswehr im Kosovo sei geeignet, die „historische Schuld" Deutschlands auf dem Balkan verblassen zu lassen.[454]

Die dahinter stehende Haltung hat Scharping gleich zu Beginn des Krieges sehr treffend ausgedrückt, als er verkündete, er sei sich „voll bewußt, daß es keinen anderen Weg gibt", es sei denn, man wolle „zuschauen, wie uns in einem Teil Europas die Fratze der eigenen Vergangenheit wieder einholt". Am folgenden Tag wiederholte er diese Formulierung bei seiner kurzen Erklärung im Bundestag.[455]

Die Boulevardpresse griff das Szenario des Zweiten Weltkriegs gerne auf – mit den Serben als Nazis und einem Deutschland, das diesmal auf der richtigen Seite stand. ‚Serben-Killer treiben Albaner in KZ-Zonen', titelte der *Berliner Kurier* am 30.3.1999. Und am 1.4.1999 zog die *Bild*-Zeitung nach: ‚›… Sie treiben sie ins KZ‹' lautet der Aufmacher über einem unscharfen Bild, das mehr als die Hälfte der Zeitungsseite einnimmt; wer da zitiert wird, bleibt unerwähnt. Zu sehen ist eine große Menge von Menschen, die, wohl in einer Stadt, alle in dieselbe Richtung zu gehen scheinen. Der Text unter dem Bild lautet:

> KZ. Konzentrationslager. Ein Alptraum ist wieder auferstanden. Aus dem Kosovo verstärkten sich gestern Berichte, daß die Serben Tausende von Albanern in riesige Lager zusammentreiben, in Züge einpferchen. Auch Verteidigungsminister Rudolf Scharping bestätigte: Es gibt „ernste Hinweise" auf Konzentrationslager der Serben.

> Das serbische Fernsehen zeigte am Dienstag abend dieses Bild aus der Kosovo-Hauptstadt Pristina: ein endloser Treck verzweifelter Menschen. In der Hand nur das, was ihnen Armee, Polizei und Sondereinheiten erlaubten mitzunehmen.

---

[454]   Verbrecherische Politik d. dreißiger u. vierziger Jahre sowie KZs: Gunter Hofmann: ‚Kampf um die Köpfe', *Die Zeit*, 8.4.1999, S. 7; Waffen-SS: ‚Kosovo-Einsatz spaltet die Grünen', *SZ*, 12.4.1999, S. 1; KZs u. Ermordung v. Lehrern: Kurt Kister: ‚Metamorphosen eines Ernstfalles', *SZ*, 1./2.4.1999, S. 3; zu Schröder: ‚Kanzler: Kosovo-Einsatz läßt Schuld verblassen', *FR*, 24.7.1999, S. 1.

Nach Elsässer hatte Scharping am 28.3. in der ARD-Talkshow *Christiansen* als erster von einem Konzentrationslager „im Norden von Pristina" gesprochen, drei Tage später habe das dann auch Albright im französischen Fernsehsender *Europe 1* getan. (*Kriegslügen*, S. 132) In Scharpings *Wir dürfen nicht wegsehen* steht kein Wort mehr von Konzentrationslagern. Lediglich auf S. 128 schreibt er, in die unterirdischen Teile des Stadions von Priština seien ab dem 1.4. Albaner gebracht worden.

[455]   Richard Meng: ‚Angst vor dem falschen Signal', *FR*, 25.3.1999, S. 3; Wiederholung: Lölhöffel, a. a. O. Für seine Fähigkeit, die öffentliche Meinung in Deutschland „zu formen", ist Scharping von dem NATO-Sprecher Jamie Shea ausdrücklich gelobt worden (Angerer/Werth: ‚Es begann mit einer Lüge').

Zynischer TV-Kommentar dazu: Es sind Albaner, die vor den NATO-Bomben flüchten ...

Was ist aus dem Treck geworden? KZ? Erschütterte Augenzeugen berichten von Mord, Vergewaltigung und Opfern, denen das serbische Kreuz mit glühenden Eisen eingebrannt wurde.[456]

Das Bild hatte *Associated Press* geliefert. Die Bildunterschrift hatte dort jedoch noch folgendermaßen gelautet:

> Serbian television shows Tuesday what they claim are ethnic Albanians, leaving Pristina, the Kosovo capital in this image made from television Tuesday March 30 1999. Yugoslav television reports blamed the exodus on the NATO strikes and said the refugee crisis had been sparked by the ethnic Albanian's fear of being hit by enemy fire.

Der *Bild*-Text bringt die Flüchtlinge jedoch nicht nur mit Konzentrationslagern in einen direkten Zusammenhang, wo „Serben" sie „zusammentrieben", sondern durch das Wort selbst sowie durch die Berichte der „Augenzeugen" mit Vernichtungslagern.

Auch das Bild ist von *Bild* verändert worden. Die Redaktion hat lediglich einen Ausschnitt genommen, sodass dieser fast ganz von der dichten Menschenmenge eingenommen wird – während im Original die rechte Bildhälfte nahezu menschenleer ist, wodurch man dort auch den Eindruck gewinnt, dass die Menschenmenge nicht von Militär oder Polizei begleitet wird, was bei einem Marsch zur Deportation in ein KZ der Fall gewesen wäre. Außerdem ist der Ausschnitt aufgeblasen und unscharf gemacht worden, was dem Bild zusätzlich eine dramatische Atmosphäre verleiht, etwa so, als hätte es ein Albaner aus einem Versteck und in großer Eile mit einer veralteten Kamera aufgenommen und dabei die Linse nicht mehr scharf stellen können.

Auf der nächsten Seite lautet der vollständige Kommentar von Peter Boenisch, einst Regierungssprecher von Helmut Kohl:

> **KZ – wer dachte**, diese Schreckenseinrichtung sei mit Hitler und Stalin gestorben, hat sich geirrt.

---

[456] Nach der von Otto Köhler und der *konkret*-Redaktion zusammengestellten Zitatensammlung über die Existenz von KZs hatte auch das ZDF in einer Sendung am 31.3.1999 davon berichtet. In *konkret* heißt es dazu: „Bald darauf dementierte das ZDF in einer ausführlichen Sendung den eigenen Bericht: Die Menschenmassen, die ins angebliche KZ getrieben wurden, waren in Wahrheit aus Furcht vor den Bombenangriffen der Nato auf dem Weg zum Bahnhof." („Dichtung & Wahrheit', S. 21) Tatsächlich aber haben serbische Soldaten durchaus die Bewohner eines Stadtviertels nach dem anderen dazu aufgefordert, ihre Wohnungen zu verlassen und zum Bahnhof zu gehen, von wo aus sie zur Grenze deportiert wurden (Gjeraqina Tubina: ,In der Mittagszeit klopft es energisch an der Tür', *FAZ*, 7.4.1999, S. 5). Klarheit darüber, aus welchen Gründen die auf dem Foto zu sehenden Menschen zum Bahnhof gingen, habe ich nicht gewinnen können.

Völkermord – wer glaubte, die Völker hätten aus den Vernichtungskriegen gelernt, hat geträumt.

„Ethnische Säuberung" – schon das Wort klingt grauenvoll. KZ-Vokabular. Nun wird der Alltag im Kosovo zur KZ-Wirklichkeit.

Hitler und Stalin sind in Milosevic wiederauferstanden.

Menschenfeinde, Menschenjäger, Menschenvernichter.

Im Kosovo geht es darum, ob ihnen die Zukunft gehört oder denen, die friedlich zusammenleben wollen.[457]

Es ist, im eingängigen Stil der *Bild*-Zeitung, eine Zusammenfassung der staatlichen Kriegspropaganda.

Das KZ, um das es hauptsächlich ging, sollte im Stadion von Priština/Prishtina errichtet worden sein. Bereits am 7. April aber erschien in der *Frankfurter Allgemeinen* ein Bericht von Gjeraqina Tubina, einer Korrespondentin des „Institute for War and Peace Reporting" (IWPR), die zwei Tage zuvor Priština/Prishtina hatte verlassen müssen. Sie gab an, dass im Stadion, das sie von ihrer Wohnung aus hatte einsehen können, keine Menschenmassen zusammengetrieben worden seien. Auch deutsche Aufklärungsdrohnen widerlegten diese Behauptung schon bald.[458]

Allerdings sollen nördlich des Stadions mindestens 10 000 Menschen zusammengetrieben worden sein, um sie von dort aus zu deportieren. So jedenfalls der ehemals bei einer serbischen Behörde angestellte Shaban Kelmendi nach Aussage des Dolmetschers Besnik Hamiti. Kelmendi war für den Film *Es begann mit einer Lüge* von Jo Angerer und Mathias Werth interviewt worden. Diese Aussage ist offenbar eine von mehreren gewesen, die den Filmemachern nicht genehm waren und die sie daher nicht verwendet haben.[459]

Aber auch seriöse Zeitungen scheuten den Vergleich mit der Vernichtung der Juden durch das nationalsozialistische Deutschland nicht. So begann Rolf Paasch seinen Bericht ‚Helfen kann so kompliziert sein' in der *Frankfurter Rundschau* im Stil des schwer betroffenen Augenzeugen mit folgenden Sätzen:

---

[457] Hervorhebungen dort.

[458] Tubina, a. a. O. Drohnen: Follath u. a.: ‚Der etwas andere Krieg', Teil II, S. 139; danach soll UÇK-Führer Hashim Thaçi die Behauptung gestreut haben. Das ist allerdings fraglich. Er hatte zwar am 28.3. im Schweizer Fernsehsender SF1 zu einer Munitionsfabrik in der Region von Drenica/Drenice gesagt: „Die Serben haben in der Fabrik eine Art Konzentrationslager eingerichtet" (‚Albanien prangert »barbarische« Gewalt an', *FR*, 29.3.1999, S. 1), aber es gibt dort keinen Hinweis darauf, dass auch das ‚KZ' von Priština/Prishtina auf ihn zurückgeht. Zudem hatte Scharping bereits am 28.3. von einem dortigen KZ gesprochen (vgl. S. 400, Anm. 455 d. vorl. Arbeit.

[459] Rüb: ‚Ein Fall von Bulldozer-Journalismus', *FAZ*, 1.3.2001, S. 51; ganz ähnlich Malzahn: ‚Schöngeredete Apartheid', *Der Spiegel*, 12.3.2001, S. 157–159, hier S. 158.

Es sind Szenen wie aus dem weltbekannten Film „Schindlers Liste". Kosovo-Albaner werden in Pristina aus ihren Häusern vertrieben und in einen Zug gepfercht. Auf halber Strecke ins erzwungene Exil zündet die serbische Soldateska die Lokomotive an. Als die Mütter in den hinteren Waggons den Rauch sehen, versuchen sie zuerst, ihre Kinder aus dem Zug zu heben. Serbische Soldaten werfen die Kleinen in die Abteile zurück.[460]

Die Gegenseite hat ebenfalls mit NS-Vergleichen gearbeitet. So ist in Tim Judahs *Kosovo* als 26. Foto ein „NATO"-Graffito auf einer Mauer in Novi Sad zu sehen, in dem das „T" ein Hakenkreuz ist. Es ist nicht erkennbar, ob das Foto das vollständige Graffito zeigt. In dem Heft *„Mars greift an"* der Internationalen Jugoslawien Solidarität wird mehrfach der Eindruck erweckt, der Krieg der NATO setze die antiserbischen Grausamkeiten des nationalsozialistischen Deutschlands während des Zweiten Weltkriegs fort.[461] Und der Schriftsteller Peter Handke, immer wieder ein Verteidiger der serbischen Seite, hat in einem Interview der *Süddeutschen Zeitung* festgestellt: „Die Nato sagt, es geht uns nicht um Geld oder Macht, es geht uns um die Sache. Wir wollen ein neues Auschwitz verhindern. Gut, jetzt hat die Nato ein neues Auschwitz erreicht." Auf den Einwand des Interviewers Willi Winkler, Auschwitz sei aber doch etwas anderes, erwidert er:

> Der Horror der Geschichte wiederholt sich nicht seitengleich oder spiegelbildlich. Dieser Krieg zeigt auf fürchterlich unvermutete Weise die ewige Barbarei: Nur bricht die im Jugoslawien-Krieg in grundanderer Gestalt aus als in der planen Wiederholung. Damals waren es Gashähne und Genickschußkammern; heute sind es Computer-Killer aus 5000 Meter Höhe.

Etwas später bezeichnet er die 68er, die zu dieser Zeit an der Macht waren, als „Killer, die sich durch den Staat beglaubigen". „Sie wollten immer gegen irgendwas kämpfen. Für die Nazis war's zu spät." Für anderes auch, aber nun hätten sie endlich die Gelegenheit bekommen, „die Helden zu spielen". Er nennt sie „Turnlehrer des Grauens". Auf Winklers Bemerkung hin, der Historiker Daniel J. Goldhagen wolle die Serben umerziehen, bezeichnet er diesen als „Pimpf".[462]

---

[460] Am 3.4.1999 (Ostern), S. 3. Paasch kann kaum dabei gewesen sein, da Korrespondenten aus NATO-Ländern im Kosovo nicht zugelassen waren, aber er verschweigt, woher er diesen „Augenzeugenbericht" hat, den er als den seinen ausgibt. Der anfängliche Vergleich mit der Judenvernichtung via Hollywood wird im Folgenden ungeheuerlich, denn trotz aller Angst werden diese Menschen nicht in ein ‚KZ', sondern an die Grenze deportiert, auch wenn sie das letzte Stück bis nach Mazedonien zu Fuß gehen müssen. Eine solche „Berichterstattung" erstaunt umso mehr, als Paasch im Folgenden kenntnisreich und nachdenklich die Lage in Mazedonien schildert.

[461] S. 7, 13, 18–20 u. 24. Der Titel des Hefts ist von einem Aufruf Peter Handkes übernommen, der damit auf Tim Burtons Film *Mars Attacks!* anspielte (vgl. ‚Moral ist ein anderes Wort für Willkür', Interview von Willi Winkler, *SZ*, 15./16.5.1999, S. 18).

[462] ‚Moral ist ein anderes Wort für Willkür', a. a. O. Im nationalsozialistischen Deutschland wurden ab 1933 die Mitglieder des Deutschen Jungvolks, also die zehn- bis 14-jährigen

Die Vergleiche mit dem Nationalsozialismus waren also nicht auf Deutschland beschränkt, hier aber besonders stark. Goldhagen hatte in einem mehrfach veröffentlichten Artikel gefordert, die Serben wie die Deutschen im Zweiten Weltkrieg vollständig zu besiegen, um sie anschließend umzuerziehen.[463] Auch der britische Außenminister Cook soll die Morde an den Kosovo-Albanern mit dem Holocaust

---

Jungen, offiziell als „Pimpfe" bezeichnet. Handke wirkt in diesem Interview, in dem Winkler es auch darauf abzusehen scheint, ihn genau zu solchen Äußerungen zu provozieren, wie einer, der in die Enge getrieben ist und um sich schlägt. Dabei gehören seine Bücher *Winterliche Reise zu den Flüssen Donau, Save, Morawa und Drina oder Gerechtigkeit für Serbien* und *Sommerlicher Nachtrag zu einer winterlichen Reise* sowie der *SZ*-Artikel ‚»Und wer nimmt mir mein Vorurteil?«' zu den wenigen Versuchen, der Rechthaberei der Kriegssprache etwas entgegenzusetzen: eine Sprache, die schon in ihrem Duktus vorsichtig ist, fragt, nachdenkt, vergleicht, aber vor allem sehr genaue eigene Beobachtungen wiedergibt. Handke hat versucht, gegen die Fertigware der von Medien und Politikern verbreiteten Überzeugungen von der eigenen Wahrnehmung auszugehen und damit einen Ort zu gewinnen, von dem aus er überhaupt sprechen kann. Handkes Tragik ist, dass er unterschätzt hat, wie sehr er damit die Kriegsbefürworter herausfordert. Er wirkt von der Heftigkeit der auf ihn zielenden Attacken gänzlich überrascht und ist dann nicht mehr in der Lage, anders als in ihrer Sprache zu antworten. Das Interview von Winkler ist hierfür ein trauriges Beispiel.

[463] Daniel Jonah Goldhagen: ‚German lessons', Beilage G2 des *Guardian*, 29.4.1999, S. 2f.; in einer erstaunlich schlechten Übersetzung unter dem Titel ‚Eine »deutsche« Lösung für den Balkan' in der *SZ* vom 30.4./1.5./2.5.1999, S. 17; mit kleineren Korrekturen unter dem Titel ‚A New Serbia' in *The New Republic* am 17.5.1999, S. 16–18. In der deutschen Übersetzung der *SZ* gibt es eine ganze Reihe nicht gekennzeichneter und z. T. recht merkwürdiger Kürzungen. Besonders bezeichnend ist folgender Übersetzungsfehler: „The Serbs did not begin their imperial and mass murdering wars, as the Germans did, without suffering injury or any conceivable threat, but did so in the context of simmering ethnic conflicts and having suffered some injuries themselves at the hands of Croats and even of Bosnians and ethnic Albanians", lautet auf Deutsch: „Die Serben haben zwar ihren völkermörderischen Krieg begonnen, ohne selbst verfolgt oder bedroht worden zu sein. Aber er wurde entfesselt in einer Atmosphäre ethnischer Konflikte." Zu weiteren Merkwürdigkeiten der Übersetzung und deren Bewertung s. a. Elsässer: *Kriegslügen*, S. 134. Ob es sich dabei um bewusste Manipulationen oder unbewusste Fehlleistungen handelt, weiß ich nicht. Die Verdrehung der Aussage entspricht jedenfalls der „Lesart" des Vorgehens der serbischen Seite in diesen Konflikten, die damals von fast allen deutschen Medien geteilt wurde. Dann liest man eben auch den Text eines US-amerikanischen Historikers in dieser Weise, noch dazu, wenn er einem sonst so sehr entspricht. Entscheidend dürfte allerdings gewesen sein, dass in diesem Satz die Deutschen während des Zweiten Weltkriegs ausdrücklich als die weitaus schlimmeren Mörder genannt werden, Mörder, die nicht einmal bedroht waren. Dass dieser Vergleich fehlt, dürfte eine ganz bewusste Entscheidung gewesen sein. Dass der Vorwurf dann aber in völliger Verdrehung der ursprünglichen Aussage die Serben trifft, zeigt eine Projektion, wie man sie so klar und deutlich selten findet.

verglichen haben.[464] Da auch das Fundament ‚Europas' – wobei sich die EU mittlerweile mit ‚Europa' gleichsetzt – von der Überwindung von ‚Krieg und Faschismus' bestimmt ist, verwundert es nicht, dass auch dieses Projekt von den gewalttätigen Konflikten in Jugoslawien bedroht schien. Potenziell gehörten auch diese Völker zur ‚europäischen Familie', der eigene, sich mehr und mehr heranbildende und zu erschaffende neue Großkörper ‚Europa' war damit direkt betroffen. Das hat ein noch größeres Gewicht, als wenn sich das Entsetzliche ‚vor der eigenen Haustür' oder – abwertender – ‚im europäischen Hinterhof' abgespielt hätte (auch die Bilder des ‚Hauses' sind allerdings Körperbilder, man denke nur an Redewendungen wie „Altes Haus, wie geht's dir?").

Die Bedeutung des Nationalsozialismus für die Rechtfertigung des Krieges kam oberflächlich gesehen daher, dass die Regierung mit dem bis dahin ehern wirkenden Grundsatz deutscher Außenpolitik nach 1945 brach, nämlich Waffen nur noch zu gebrauchen, wenn sie Deutschland oder seine Verbündeten verteidigen müsse. War dieser damit begründet worden, so etwas wie der deutsche Angriffskrieg von 1939 bis 1945 dürfe nie wieder geschehen, so sollte nun das gleiche gewichtige Argument einen Krieg zur Deeskalation rechtfertigen. Da diesmal, so wurde behauptet, von Serbien die Gefahr eines Vernichtungskriegs ausging, sei es die Pflicht der Deutschen, dem nachgewachsenen Drachenkopf des Nationalsozialismus ins Auge zu sehen und ihn abzuschlagen. Wie Scharping treffend bemerkt hat, trug dieser Drachenkopf die Fratze der eigenen Vergangenheit.

Erschwerend kam hinzu, dass die Deutschen in Jugoslawien bereits zweimal Krieg geführt hatten, und zwar gegen Angehörige derselben Nation wie jetzt, das letzte Mal noch dazu gerade in dem Krieg, der nie wieder passieren durfte. Und schließlich hatte dieser zweite Krieg einen kaum zu unterschätzenden Einfluss auf die Zerstörung Jugoslawiens in den 90er Jahren bis hin zum Krieg der NATO gehabt. Nicht nur für viele Serben sprach also einiges dafür, dass es sich um eine Fortführung des damaligen Krieges in neuem Gewand handelte. Da war es gut zu betonen, dass sich die Seiten inzwischen verkehrt hatten und sich der größenwahnsinnige Diktator diesmal auf Seiten der einstigen Opfer befand.

Aber ist es nur eine ‚Ironie der Geschichte', dass die NATO gleich am ersten Tag des Krieges Kragujevac bombardierte und dabei auch das Denkmal für die Opfer der Wehrmacht im Jahr 1941 traf?[465]

Am 20. und 21. Oktober 1941 waren hier und in umliegenden Dörfern insgesamt mindestens 2300 Menschen jeglichen Alters als ‚Sühne' für zehn getötete und 26 verwundete deutsche Soldaten ermordet worden.[466]

---

[464]   Follath u. a.: ‚Der etwas andere Krieg', Teil III, S. 169. Zu ähnlichen Stimmen in der französischen Presse s. Halimi/Vidal: ‚Chronik eines angekündigten Vertreibungskrieges', S. 12.

[465]   Vgl. Elsässer, a. a. O., S. 28.

Kragujevac ist, anders als etwa Lidice oder Oradour-sur-Glane, in Deutschland allerdings kaum bekannt. Noch die 32. Auflage des *Großen Ploetz* von 1998 nennt zwar das tschechische und französische Dorf, nicht aber die serbische Stadt. Gleiches gilt für die 20. Auflage des *Brockhaus* von 1996–1999 – und alle vorhergehenden seit dem Zweiten Weltkrieg. Zu Oradour-sur-Glane gibt es dort eine ausführlichere Notiz zum Verbrechen, das eine Wehrmachtskompanie am 10. Juni 1944 verübt hat. Daraus ist zu entnehmen, wie viele Frauen und Kinder umgebracht und dass insgesamt 642 Menschen ermordet worden sind. Ausführlicher wird auch auf eine Verurteilung von Angehörigen der Kompanie eingegangen. Etwas sparsamer fällt die Beschreibung des Massenmords in Lidice aus. In beiden Orten wurden weit weniger Menschen umgebracht als in Kragujevac.

Auch ist Kragujevac in Jugoslawien kein Einzelfall gewesen. Seit Juni 1941 hat die deutsche Besatzung in Serbien Zivilisten als Geiseln genommen und sie bei Anschlägen und Angriffen von Partisanen oder Tschetniks ermordet. So sind zum Beispiel in Kraljevo am 16. Oktober 1941 1755 Geiseln „als Sühne für die eigenen Verluste erschossen" worden – die 717. Infanteriedivision war damals von Partisanen und Tschetniks in der Stadt eingeschlossen.[467]

Für diese Morde hat es meines Wissens keine offizielle Entschuldigung eines führenden deutschen Politikers in Serbien gegeben. Johannes Rau, der sich als erster Bundespräsident – nach 60 Jahren! – im griechischen Kalavrita entschuldigt hat, ist Kragujevac ferngeblieben. Und Joschka Fischer hat zwar am 5. Oktober 2003 eine Gedenkrede aus Anlass des 59. Jahrestags des Massakers im italienischen Marzabotto gehalten, wo am 29. September 1944 780 Zivilisten zur ‚Sühne' ermordet worden waren – das größte Verbrechen der Wehrmacht in Westeuropa –, für Menschen in einer serbischen Stadt hat er dergleichen Worte jedoch nicht gefunden. Allerdings gedachte er in seiner Rede in Marzabotto auch der „furchtbaren Kriege und Massaker auf dem Balkan"[468] – es waren die Kriege und Massaker der jüngsten Zeit. Da verwundert es nicht, dass zum 60. Jahrestag des Massakers in Kragujevac weder in der *Frankfurter Allgemeinen* noch in der *Frankfurter Rundschau* noch in der *Süddeutschen Zeitung* auch nur eine Notiz erschienen ist.

Oradour-sur-Glane, Marzabotto, Coventry und andere Städte und Dörfer sind von Orten der Zerstörung und Ermordung zu Orten der Verständigung und Versöhnung geworden. Nach einem deutsch-französischen Jugendwerk ist in den 90er Jahren auch ein deutsch-polnisches gegründet worden. Gegen ein nahezu ganz auf Serbien reduziertes Jugoslawien hat Deutschland hingegen 1999 erneut Krieg geführt.

---

[466] Manoschek: ‚Serbien', S. 54. So die offizielle deutsche Zahl. Jugoslawische und ausländische Quellen nennen meist 7000 Ermordete, und auch die deutschen Quellen stimmen in ihren Angaben nicht überein und nennen schon mal 4300 oder an die 6000 Ermordete (Stojilović: *Kragujevac – Oktober 1941*, S. 29 u. 36–38).

[467] Manoschek, a. a. O., S. 32 u. 50 (Kraljevo).

[468] Die Rede ist im Internet unter www.inidia.de/marzabotto.htm zu finden.

Auf ein weiteres Motiv für die Begründung des Kriegs gegen Jugoslawien mit dem Kampf gegen den reinkarnierten Faschismus hat Christina Thürmer-Rohr hingewiesen: „Mit jedem weiteren Tag wird das Holocaust-Argument fader. Es wurde entwertet und, wie zu befürchten ist, seiner Überzeugungskraft auch für den Fall beraubt, für den es zutreffen könnte."[469] Dieses Benutzen der nationalsozialistischen Vergangenheit hat in der Bundesrepublik eine lange Tradition. Dass die Entwertung der Shoah eins seiner Motive ist, lässt sich an seiner Wirkung erkennen. Ob und inwieweit das bewusst getan wird, ist schwer zu sagen. Zuweilen wird es mit blindwütiger Vehemenz eingesetzt. Da wird spürbar, dass der Sprechende von etwas getrieben wird, was sich ihm selbst zumindest teilweise entzieht. Diejenigen hingegen, die es in kühler Selbstverständlichkeit benutzen, wissen einerseits das mythische Instrumentarium so einzusetzen, dass es wirkt; sie verstehen ihr politisches Geschäft. Zum anderen ist deutlich, dass ihnen die Entwertung der Shoah ganz geläufig ist.

In einer tieferen Schicht aber war die Bundesrepublik mit diesem Krieg in ihrem Selbstverständnis, in ihrem Fundament – dem Auftrag ‚Nie wieder (Auschwitz)!' – getroffen.[470] Dieser Auftrag ist sicher kein Mythos im von uns bestimmten Sinn; eine Geschichte wird hier nicht erzählt. Aber lässt sich denn diese ‚Wunde', die sich nicht lokalisieren lässt, sondern die die Nation als solche ist, überhaupt *erzählen*? Die ‚Nation' war nicht nur jahrzehntelang geteilt, sie war auch wie nicht vorhanden und wurde allenfalls beschworen. Die Deutschen sahen sich weitgehend als deutsche Bevölkerung (im Westen) oder als DDR-Bürger.

Wo verorten wir uns selbst? Unter die Täter will sich so direkt niemand zählen, deren Verbrechen sind übermäßig. Mitläufer oder Verführte, das ist fürs Kollektiv aus Faktengründen nicht mehr haltbar.[471] Mangels tauglicher Akteure kann die eine umfassende Geschichte nicht erzählt, nur ihre Moral verkündet werden.

Andererseits werden viele Teilgeschichten erzählt, nur sind es keine Heldengeschichten, allenfalls Widerstandsgeschichten – gegen die nationalistische Euphorie der eigenen Nation und deren Folgen. Kollektive Helden sind auf der Seite der Opfer zu finden, nicht auf der der Täter. So bleibt es beim Aufruf des ‚Nie wieder!', dem eine Hilflosigkeit angesichts des Unfassbaren anzumerken ist. Zudem ist er mehrfach paradox: Einerseits formuliert er einen nationalen Auftrag, der wiederum

---

[469]   ‚Verstummt angesichts des Krieges', *taz*, 17./18.4.1999, S. 20.

[470]   Zur Gründung der deutschen nationalen Identität auf den Holocaust vgl. Hanno Loewy: ‚Ein kurzer, verschämter Augenblick des Eingeständnisses', *FR*, 7.10.2000, S. 9 (a. abgedruckt in: *Jüdisches Leben und jüdische Kultur in Deutschland. Geschichte, Zerstörung und schwieriger Neubeginn*, hg. v. Hans Erler u. Ludwig Ehrlich, Frankfurt/M. 2000).

[471]   Das war es allerdings lange. Bezeichnenderweise schwingt auch in der ‚Verführung' eine erotische Komponente mit – und wieder ist ‚das Volk' weiblich konnotiert. Am Ende wurde es ‚ins Unglück gestürzt'.

ein Auftrag der Toten, der Ermordeten ist, durch eine Katharsis ihren Tod im Nachhinein zu etwas Sinnvollem zu machen – darin den üblichen nationalen Mythen wesentlich verwandt –, und doch, das ist untrennbarer Teil des Auftrags, mit der Katharsis die Überwindung des Nationalen hin zum allgemein Menschlichen fordernd. Andererseits bleibt es ein nationaler Auftrag, der einen Hang hat, die Deutschen als Volk zur kollektiven Heldengestalt zu machen: Seht her, wir waren die größten Verbrecher der Geschichte, aber wir sind auch die größten Büßer, die größten Umkehrer, wir sind endlich ein Volk, das aus seiner Geschichte gelernt hat; heute sind wir empfindlicher als irgendein anderes Volk (ausgenommen die Israelis) für die Wiederkehr des Bösen, für einen zweiten Hitler. Um dieses Paradox und dessen Überwindung kreisen unsere kollektiven Geschichten, die zum größten Teil Spielfilme sind. Sie sind nie nur Versuch einer Vergangenheitsrekonstruktion, sondern immer auch Fingerzeige auf die kollektiv verpasste Alternative. Filme, die sich auf die Täter konzentrieren, gibt es kaum, *Der Untergang* ist eine seltene Ausnahme. Stattdessen stehen wieder und wieder einzelne Widerstandskämpfer, mit Vorliebe Sophie Scholl, und Widerstandsgruppen oder gar jüdische Opfer im Vordergrund, vor allem Anne Frank. Nationale Helden können sie nicht sein, auch wenn sie von vielen und auch in offiziellen Feiern verehrt werden. Vielleicht ist die ‚deutsche Wunde‘ aber auch einfach noch zu jung, als dass sie in irgendeiner verdichteten und für die Gesellschaft grundlegenden Form erzählt werden könnte. Vielleicht sind wir zu individualistisch geworden, als dass eine einzelne Geschichte, auch wenn es mehrere Varianten von ihr gäbe, zu einer tragfähigen Aussage für die gesamte Gesellschaft in der Lage wäre.

Die Verkürzung eines Mythos auf ein Bild oder einen Aufruf ist allerdings auch ein allgemeiner zu beobachtender Vorgang, wie wir am Beispiel Serbiens gesehen haben: Der Amselfeldmythos ließe sich in dem Aufruf „Bewahret die Einheit und wehret dem Verrat!" zusammenfassen. Ob Mythos ‚Marilyn Monroe‘ oder Mythos ‚Wirtschaftswunder‘, es sind zu Bildern und Begriffen eingedampfte Komplexe, deren Zusammensetzung und Faszination es im Einzelnen zu analysieren gilt. Immer ist hier eine Begründung von etwas für die Gesellschaft Wesentlichem und Charakteristischem eingeschlossen, sei es der Star*kult* um die Schauspielerin (die Verehrung und ‚Anbetung‘ einer modernen Göttin, die bezeichnenderweise nicht nur schön, sondern deren Leben auch geheimnisvoll und tragisch gewesen ist) oder der phönixhafte Aufstieg (des westlichen) Deutschlands aus Ruinen.

Bis heute basiert die Legitimation des deutschen Staates darauf, dass ‚das nie wieder geschehen darf‘, dass man ‚den Anfängen wehren muss‘. Und dieser Gründungsauftrag wird, wie sonst ein Gründungsmythos, im Moment einer existenziellen Krise aktiviert, damit man sich seiner selbst vergewissern und vor allem das eigene Vorgehen, noch dazu da es ‚Opfer‘ ‚fordern‘ wird, rechtfertigen kann. Es geht hier eben um einen ‚höheren Wert‘ als das Leben einer Anzahl Soldaten. Die Rettung einer von Völkermord bedrohten fremden Bevölkerung reicht nicht aus, es muss offenbar etwas im *eigenen* Selbstverständnis Wesentliches sein.

Dass in Deutschland bei den verschiedensten Gelegenheiten Politiker, Journalisten und Intellektuelle vor der Wiederkehr des Nationalsozialismus warnen, zeigt, wie fixiert die deutsche Gesellschaft weiterhin auf ihn ist. Es ist, als würde sie von einem Gespenst heimgesucht, das sich in alle möglichen Gestalten verwandeln kann und trotzdem ungreifbar bleibt. Gerade der prominente Stellenwert der Vergleiche des nationalsozialistischen Deutschlands mit Serbien Ende der 90er Jahre zeigt, was die eigene Gesellschaft weiter umtreibt. Die immer wieder angestachelte Angst vor der Wiederkehr des scheinbar Bewältigten spricht davon, wie groß hierzulande die Angst ist, erneut ‚vor der Geschichte zu versagen und schuldig zu werden‘. Man muss sich beweisen, dass man ‚das dunkelste Kapitel der deutschen Vergangenheit‘ ‚bewältigt‘ hat, dass man tatsächlich ‚aus der Geschichte gelernt‘ hat. Aber gelernt ist weitgehend nur eine Schul- und Medienlektion, auswendig gelernt, nicht gelernt im Sinne von „erfahren“, im Sinne von etwas, das man sich selbst erarbeitet hätte und das einem einen freien und eigenständigen Umgang mit einer Bedrohung ermöglichte.

Die Fixierung ist zugleich eine Verewigung. Überall, wo etwas an den Nationalsozialismus erinnert, wird es reflexhaft in eine direkte Beziehung zu ihm gebracht, meist sogar mit ihm gleichgesetzt, wodurch er wie die aus dem Erdboden wachsenden Fruchtkörper eines unterirdischen Großpilzes erscheint. Zugleich gewinnt man Entlastung, denn nun kann man sich mit aller Kraft und rechten Gesinnung auf diesen kleinen (oder auch schon etwas herangewachsenen) ‚Faschismus‘ werfen und ihn im Keim ersticken, womit man sich ein ums andere Mal beweist, dass man ihn selbst überwunden habe.

Das Grundproblem hierbei scheint mir zu sein, dass die Geschichte des Nationalsozialismus so unfassbar schrecklich ist, dass sie kaum als eigene angenommen werden kann. Ich kenne das gut von mir selbst. Ob ich Filme zum Nationalsozialismus sehe oder Bücher lese, immer ist da der unwillkürliche Hang, mich mit den Widerstehenden zu identifizieren. Und in jeder Auseinandersetzung mit den Tätern versuche ich zu begreifen, wie sie zu diesen Verbrechern hatten werden können, um meinerseits dagegen gefeit zu sein.

Ich denke, dass diese Fixierung viele Deutsche daran hindert, wieder ‚normal‘ zu sein, ‚eine Nation wie die anderen‘, trotz aller Bemühungen in dieser Richtung. Am 23. Mai 2004 sagte der eben gewählte Bundespräsident Horst Köhler in seiner ersten Rede: „Ich habe die Erfahrung gemacht, Patriotismus und Weltoffenheit bedingen einander“, um dann den merkwürdigen Satz anzuschließen: „Nur wer sich selbst achtet, achtet auch andere.“ Merkwürdig, weil hier die Selbstachtung der Person mit der Selbstachtung ‚der Nation‘ in eins gesetzt ist, womit wir wieder, auf subtile Weise, beim ‚Körper‘ wären. Er schloss mit der Bitte – oder dem Gebet –: „Gott schütze unser Land", wobei ich eine gewisse Unsicherheit in seiner Stimme zu hören meinte.[472]

Die Bemühungen, die ‚Nation' zu rehabilitieren und damit in gewisser Weise erst wieder neu erstehen zu lassen, haben insgesamt, auch unter Sozialdemokraten, weiter zugenommen und werden es, angesichts der wirtschaftlichen Probleme, wohl auch in Zukunft. Dennoch scheint dabei immer noch etwas quer zu liegen im Hals. Die patriotischen Worte kommen selten leicht und selbstverständlich heraus, es klingt meist, als müssten sie eine Kontrolle passieren. Die Nationalsozialisten haben ihren deutschen Staat so sehr auf die ‚Nation' gegründet, dass jeder Bezug auf diese Gefahr läuft, dass darin der Nationalsozialismus wieder mitschwingt. Wer in Deutschland von Deutschland öffentlich als ‚Nation' redet, kann nicht sicher sein, dass er nicht versehentlich die ‚falschen' Worten gebraucht, die ‚falschen' Assoziationen weckt oder, wie es dann in der Regel heißt, ‚falsch verstanden' wird. Das ganze Begriffsfeld ‚Nation' ist so nachhaltig von den Nationalsozialisten besetzt worden, dass sie daraus – bisher – nicht fortzudenken oder wegzureden sind.[473]

Neben dem ‚gewachsenen Selbstbewusstsein' der Berliner Republik, das in der Außenpolitik mitunter zu Kritik am Vorgehen der US-Regierung geführt hat, entsteht auch allmählich wieder so etwas wie ein nationaler ‚Körper'. Diese immer noch durch den Zweiten Weltkrieg und die Vernichtungslager behinderte ‚Nation', dieser gelähmt wirkende ‚Körper' kommt allmählich wieder in Bewegung, indem er ‚gut' geworden ist, ‚auf der guten Seite steht', was ihr unter anderen Daniel J. Goldhagen bescheinigt hat.

Die NS-Vergleiche deutscher Politiker und Journalisten sagen daher mehr über die Lage in Deutschland als über die in Jugoslawien, und zwar nicht in dem Sinn, dass der deutsche Staat faschistisch wäre, sondern dass die fundamentale Frage des Neuaufbaus, genauer: des Aufbaus von etwas Anderem, Nichtfaschistischem nicht erledigt, dass der zugrunde liegende Konflikt nicht gelöst ist. Das wird auch daran

---

[472]   Die Rede ist in Auszügen unter dem Titel ‚»Ein Land der Ideen werden«' in der *SZ* vom 24.5.2004, S. 5 abgedruckt. Im Internet ist sie unter www.bundespaesident.de/top/ dokumente/Rede/ix_95138.htm zu finden. Das Wort ‚Nation' kommt in dieser Rede nicht vor, Köhlers Schlüsselwort ist ‚unser Land'. Er benutzt es insgesamt sechsmal, davon einmal in der Steigerungsform ‚unser Vaterland'. Köhler verstärkt hier eine in der gesamten deutschen Gesellschaft stärker werdende Tendenz: Er betont den eigenen Patriotismus und legt ihn seinen Mitbürgern nahe. ‚Patriotismus' erscheint dabei als die positive, tolerante, weltoffene Gegenform zum engstirnigen, aggressiven ‚Nationalismus'. Aber was ist ‚Patriotismus'? Er ist das Gefühl, das ein Nationalist empfindet, ein Gefühl der Liebe und des Stolzes, während ‚Nationalismus' die Ideologie, den Glauben meint. Ob ein Patriotismus nun aggressiv oder tolerant ist, ist eine andere Frage und hängt sehr von der gerade herrschenden Lage und Stimmung ab.

[473]   Was für Deutschland in extremer Weise gilt, trifft dennoch für Nationalismen allgemein zu: Viele ihrer Bilder erinnern an den Nationalsozialismus, einfach weil dieser eine extreme Verwirklichung nationalistischer Bilder gewesen ist.

deutlich, dass gerade die 90er Jahre eine Zeit nationalsozialistisch begründeter Gewalttaten in Deutschland waren. Diesen gegenüber, da sie ‚im Innern‘ verübt wurden, brachte man viel eher das Differenzierungsvermögen und die Analyse auf, die dann gegenüber der Situation in Jugoslawien so sehr gefehlt haben. Hier war man darauf angewiesen, wirklich nach den Ursachen zu fragen und auch an ihnen anzusetzen. Wie viel einfacher war das doch gegenüber diesem bösen ausländischen ‚Diktator‘! Wie leicht ließ sich die Lage dort schwarzweiß malen und wie verlockend war es, sich vorzumachen, man würde das Problem schon lösen, indem man das Schwarze nur energisch bekämpfte.

Ein besonders gutes Beispiel dafür, wie hier die eigene Vergangenheit projiziert, wie anschließend die Projektion zum Faktum und schließlich dieser Prozess ‚aufgedeckt‘ wurde, ist eine Milošević zugeschriebene Äußerung. In *konkret* vom Mai 2000 war in der Dokumentation ‚Dichtung & Wahrheit‘ auf S. 21 unter der Zwischenüberschrift ‚Die Quelle des Ministers‘ Folgendes zu lesen:

> Schon früher hatte Außenminister Joschka Fischer von den zynischen Sprüchen berichtet, die er sich hatte anhören müssen: „One village a day keeps Nato away.“ – „Wenn wir jeden Tag ein Dorf im Kosovo ausradieren, dann wird die Nato nicht eingreifen.“ Oder: "Der entscheidende Unterschied ist: Ich (Milosevic) kann über Leichen gehen, ihr (die westlichen Staaten) könnt das nicht.“ (Scharping, „Tagebuch“, Ergänzung zum Datum 24.3.99)

> „Bisher, so scheint es, hat der Westen keine Antwort auf die schreckliche Wette von Milosevic gefunden: ‚Ich kann über Leichen gehen, ihr könnt es nicht.‘“ (Peter Schneider in der „FAZ“, 26.5.99)

> „Ziemlich erschrocken erinnerte Joschka Fischer sich später einmal an diesen Moment. Milosevic sei ihm vorgekommen wie einer, der ihm in die Augen sieht und schweigend mitteilt: ‚Ich gehe über Leichen, und das kannst du nicht!‘“ („Die Zeit“, 12.5.98)

Der Satz von Milošević gehört seitdem zum historischen Allgemeingut. So rekapitulieren Erich Follath und seine Koautoren die frühen Erfahrungen des deutschen Außenministers mit dem jugoslawischen Präsidenten am 10. Januar 2000 im *Spiegel*: „Fischer bleibt die Erkenntnis, dass Milošević sich durch nichts von seiner mörderischen Politik abbringen lässt. Er sei im Stande, ‚über Leichen zu gehen‘, verkündet Milošević zynisch, nicht so der Westen.“[474]

Die von *konkret* angeführten Zitate stehen tatsächlich so in den drei Publikationen.[475] Mit einer kleinen Ausnahme: ‚Die Quelle des Ministers‘ wurde nicht schon am 12. Mai 1998 publiziert, an diesem Tag ist gar keine *Zeit* erschienen, sondern genau ein Jahr später. Das stört die schöne Chronologie zwar etwas, muss sie aber

---

[474] Follath u. a.: ‚Der etwas andere Krieg‘, Teil II, S. 135.

[475] *Wir dürfen nicht wegsehen*, S. 13; Schneider: „»Ich kann über Leichen gehen, ihr könnt es nicht«‘, *FAZ*, 26.5.1999, S. 52; Hofmann: ‚Wie Deutschland in den Krieg geriet‘, S. 21.

nicht falsifizieren. Schließlich steht Scharpings Behauptung zwar unter dem Datum des 24. März, aber als später hinzugefügte Ergänzung.

Nun nennt Elsässer in *Kriegslügen*, wo er im Übrigen der Logik der *konkret*-Dokumentation folgt, für das *Zeit*-Dossier allerdings das richtige Datum angibt, eine weitere Publikation, in der dieser Satz auftaucht. Ludger Volmer, Staatssekretär im Außenministerium und langjähriger Weggefährte Fischers, schreibt unter dem Titel ‚Krieg in Jugoslawien – Hintergründe einer grünen Entscheidung' in der Dokumentation *Der Kosovo-Krieg* der Bundestagsfraktion von Bündnis 90/Die Grünen von 1999 auf Seite 60:

> Die grüne Vorstellung, mit Verhandlungen und auf friedlichem Wege auch die schwierigsten Konflikte lösen zu können, brach sich am Charakter Milosevics. Mehreren Gesprächspartnern gegenüber betonte M., er sei der Stärkere in diesem Konflikt, denn er sei bereit, über Leichen zu gehen, während der Westen Rücksicht zu nehmen habe auf die Sensibilitäten der zivilisierten Welt.

Elsässer lässt jedoch unerwähnt, dass der 22. April 1999 der Redaktionsschluss der Dokumentation gewesen und Volmers Aufsatz mit dem Datum des 26. März versehen ist. Eine bewusst betriebene oder durch Schlamperei zustande gekommene Verfälschung der Stelle aus dem *Zeit*-Dossier ist zumindest hier ausgeschlossen. Naheliegender ist, dass der angeblich von Milošević stammende Satz schon vor seiner Veröffentlichung unter den Politikern die Runde machte und schon deshalb in verschiedenen Versionen kursierte. Es ist wahrscheinlich, dass Fischer sein Urheber ist, und es ist möglich, dass er selbst ihn einmal so, einmal anders erzählt hat.

Das Beispiel macht deutlich, dass 1. eine Projektion eine starke, wahrscheinlich die alleinige Rolle beim Zustandekommen dieses Satzes gespielt hat; 2. die Projektion gut ins Bild der Politiker wie der Medien passte und daher gerne aufgegriffen und verbreitet wurde; 3. kritische und ‚um Aufklärung bemühte' linke Journalisten dies in einer Weise darstellten, die selbst Züge einer Projektion trägt und den Eindruck einer bewussten Manipulation erwecken sollte.

Ein weiteres Beispiel für Projektionen von Deutschen ist die Art und Weise, in der Klaus Naumann, damals Vorsitzender des Militärausschusses der NATO, den Krieg rechtfertigt. Milošević ist für ihn nicht nur der Verursacher des Krieges, er sei dabei auch auf eine Weise vorgegangen, die die Vorstellungskraft Naumanns und der anderen Verantwortlichen überstiegen habe. An asymmetrische Reaktionen nach Kriegsbeginn hätten sie gedacht. „Aber Deportationszüge und Selektionsrampen – das ist einfach nicht unsere Gedankenwelt."[476] Es ist im Gegenteil gerade „unsere Gedankenwelt", die Deportationszüge, die es gegeben hat, mit Selektionsrampen verbindet, die es im Kosovo nicht, sehr wohl aber in deutschen Vernichtungslagern gegeben hat.

---

[476]   ‚Der nächste Konflikt wird kommen', S. 11.

Als in Jugoslawien verschiedene Nationalitäten aufeinander losgingen, erinnerte einiges, zumindest oberflächlich, an den Nationalsozialismus. In Deutschland – und nicht nur hier – waren die Medien in dieser Zeit voll von Rufen nach einem ‚energischen Durchgreifen', immer wieder wurde darüber lamentiert, dass die EU ‚nicht handlungsfähig' sei. Vor allem waren viele überzeugt davon, dass sich an solchem ‚energischen Durchgreifen' erweise, wie viel man tatsächlich ‚aus der Vergangenheit gelernt' habe. Dieses Denken ist gerade von dem geprägt, was es überwunden zu haben glaubt. Es ist der Ruf nach dem ‚starken Mann' – einer Vaterfigur also –, der eine Krise souverän mit einem Schlag, ‚kurz und schmerzlos', beenden soll.[477] Dass die NATO gegenüber Jugoslawien wie ein Vater aufgetreten ist und es wie ein böses Kind behandelt hat, noch dazu ungerecht, denn andere, die Ähnliches taten, wurden nicht bestraft, hat die Grundstruktur sowohl der mythischen Bilder als auch der Gewalttätigkeit gestärkt.

Dabei erwiesen sich die in den EU-Staaten seit dem Zweiten Weltkrieg stattgefundenen Veränderungen viel eher im Entsenden von OSZE-Beobachtern, im Drängen zu verhandeln, in wirtschaftlicher Unterstützung, die an Bedingungen geknüpft war, und in energischem wirtschaftlichen Druck. Dass all dies halbherzig und spät betrieben wurde, während ‚wir' schließlich militärisch sehr energisch und keine Kosten scheuend einschritten, zeigt allerdings, dass wir in dieser Richtung noch nicht so weit gekommen sind, wie wir gerne glauben.

Ich vermute, dass das, was mit Beginn des Krieges gegen Jugoslawien in Deutschland an Bildern und Vorstellungen zum Vorschein kam, bereits 1991 bei der Anerkennungspolitik gegenüber Slowenien und Kroatien eine Rolle gespielt hat. Wir haben in Abschnitt 5.5 gesehen, wie die damalige deutsche Regierung sich zwar bemühte, das Gewicht des wiedervereinigten Deutschlands außenpolitisch einzubringen, ohne dabei Erinnerungen an die nationalsozialistische Raub- und Mordpolitik zu wecken, aber auch, wie sehr ihr das in Bezug auf Serbien misslang. Das bedeutet nicht, dass die damaligen serbischen Vorwürfe, etwa die eines ‚Vierten Reichs', gerechtfertigt gewesen wären, aber sie wiesen auf eine merkwürdig sowohl – gegenüber der serbischen Seite – empfindungslose als auch – gegenüber allem, was an den Nationalsozialismus erinnerte – empfindliche Stelle in der deutschen Außenpolitik hin, die sich mit dem Kriegsbeginn deutlicher zeigte.

Im Übrigen war auf diese Weise nicht nur eine antiserbische Haltung vorgeprägt, sondern auch eine Verbindung zu den Albanern und ihren nationalen Träumen. Das Ziel einer Vereinigung aller von Albanern besiedelten Gebiete zieht sich wie ein roter Faden durch die nationale albanische Geschichte. Am nächsten kamen ihm seine

---

[477]   Eine Vielzahl von Artikeln in vielen Zeitungen der EU über die ‚Untätigkeit' der EU-Staaten und ihrer Repräsentanten hatte diesen Tenor. Mir scheint das Problem in der EU weniger ‚Uneinigkeit' und ‚Unentschlossenheit' zu sein als eher große Schwächen in der politischen und medialen Darstellung der verwickelten Gründe und Ursachen derartiger Konflikte.

Verfechter unter italienischer und dann deutscher Besatzung während des Zweiten Weltkriegs. Dieses Ziel wurde später auch von der Regierung in Tirana verfolgt. Zu diesem Zweck soll sie extreme Nationalisten im Kosovo finanziert haben.[478]

Doch nicht nur die Einheit stand während des Zweiten Weltkriegs auf dem Programm albanischer Nationalisten, sondern auch die Reinheit: Die mit deutscher Unterstützung 1943 gegründete „Zweite Liga von Prizren" forderte ein ‚ethnisch reines Großalbanien'. Da verwundert es nicht, dass Deutsche, die nach dem Krieg der NATO ins Kosovo kamen, mitunter von Albanern freudig auf die alten freundschaftlichen Verbindungen angesprochen wurden.[479]

Eine Mischung aus Patriotismus und Verbundenheit mit den Albanern scheint auch der deutsche Journalist Matthias Rüb beim Einmarsch der deutschen Protektoratseinheiten in eben diesem Prizren empfunden zu haben:

> Die Stadt flirrt förmlich vor Erregtheit. Die Menschen sind jede Sekunde zum Jubeln bereit. [...]
>
> Am Montag [dem 14. Juni] war die kosovo-albanische Befreiungsarmee (UCK) im Triumphzug von den Wäldern in die Stadt am Fuße des Berges Opoje herabgestiegen und hatte sich bejubeln lassen. In der Nacht zum Sonntag [dem 13. Juni!] schließlich waren die ersten Panzer und Lastwagen der Nato-Truppe Kfor in Prizren einmarschiert, mit flatternden deutschen und bayerischen Fahnen.
>
> Jeden Tag gab es für die Albaner in Prizren – und es leben vor allem Albaner in der malerisch gelegenen Stadt im Südwesten des Kosovo – etwas zu feiern. Und es dürfte so weitergehen.[480]

Wo die in Prizren lebenden Serben geblieben sind, erfährt der Leser eher beiläufig: „Am Mittwoch erst waren fast alle verbliebenen serbischen Zivilisten aus der Stadt geflohen, angeführt vom serbischen orthodoxen Bischof Artemije." Welche Rolle die deutschen Soldaten dabei gespielt haben, dass fast alle Serben die Stadt verlassen haben, welche Gründe diese zur Flucht bewogen haben – offenbar sahen sie sich nicht ausreichend von der Schutztruppe geschützt –, und wie es dazu kommen konnte, dass die UÇK nach dem Einmarsch der Deutschen in die Stadt einrückte, berichtet Rüb nicht. Allerdings vermittelt er ein Bild vom Verhältnis zwischen Schutztruppe und UÇK:

> Vor dem Hauptquartier der UCK, die sich sogleich nach ihrem siegreichen „Einmarsch" in der verlassenen Präfektur von Prizren eingerichtet hat, stehen zwei Panzer der Bundeswehr. Die Soldaten plaudern miteinander, denn viele UCK-Kämpfer haben in Deutschland oder in der Schweiz gearbeitet und dort Deutsch gelernt.

---

[478]   Hedges: ‚Leaders of Kosovo Rebels Tied to Deadly Power Play', S. A14.

[479]   *650 Jahre Roma-Kultur im Kosovo und ihre Vernichtung: Das Pogrom*, S. 20.

[480]   ‚Die Wiederauferstehung des Zaren Dušan', *FAZ*, 18.6.1999, S.3. Der seltsame Titel spielt darauf an, dass die Bundeswehr ein von Albanern umgestürztes Bronzestandbild des Zaren wieder aufgestellt hatte, was sie und Rüb als Zeichen der Neutralität werteten.

Neben dem Empfang als Befreier gab es für deutsche Militärs in jener Zeit noch einen anderen Grund für Hochgefühle: „Wer hätte schon je zu hoffen gewagt, irgendwann einmal deren [der Russen] Bataillone befehligen zu dürfen?“, fragt Hans-Joachim Noack im *Spiegel*, man weiß nicht, wen – vielleicht den Leser? –, und zitiert dann Hauptmann Kress: „Ein Traum“ – was wie eine Antwort klingt. Ein Traum obendrein, „den man sich nicht leichtfertig zerstören lassen will.“[481]

Anders als die britischen Soldaten in Priština/Prishtina, die Aktionen von Freischärlern beider Seiten unterbanden, ließen die deutschen Soldaten in Prizren, wo die UÇK im Krieg so gut wie nicht präsent gewesen war, diese die Stadt übernehmen und das Rathaus besetzen. Schließlich vertrieben Albaner die serbischen Bewohner und plünderten deren Geschäfte, ohne dass die Deutschen eingegriffen hätten.[482]

Am 28. Juni berichtete die *Süddeutsche Zeitung* von der Entdeckung eines mutmaßlichen Folterkellers der UÇK:

> Wie der Kommandant des deutschen Kontingents, General Fritz von Korff, am Sonntag [dem 21. Juni] mitteilte, führten drei Roma die Soldaten an den Ort in […] Prizren. Die Roma, die allesamt Verletzungen aufwiesen, hatten sich zuvor bei der KFOR gemeldet und angegeben, sie seien von der UCK mißhandelt worden. In dem Keller eines Gebäudes in Prizren, in dem sich etwa 130 UCK-Kämpfer eingenistet hatten, fanden die deutschen Soldaten Folterwerkzeuge. Die UCK-Leute seien alle unbewaffnet gewesen, sagte Korff. Festnahmen habe es nicht gegeben: „Die mutmaßlichen Täter waren maskiert. Ich kann nicht 130 Leute festnehmen.“[483]

Am 29. Juni meldet dieselbe Zeitung, der in einer Schule gelegene Folterkeller sei erst einmal versiegelt worden, und betont, es sei keineswegs der erste Vorfall dieser Art gewesen. Zur Verantwortung gezogen worden sei bislang niemand.

> Vor einer allzu harschen Gangart gegenüber der oft zwielichtigen Albaner-Truppe hüten sich die Deutschen. Es lähmt sie die Angst, das kürzlich als Durchbruch gefeierte Abkommen über die Entwaffnung der Befreiungskämpfer zu gefährden. Auch glaubt die Bundeswehr, die UCK im Kampf gegen die drohende Anarchie gut brauchen zu können, gewissermaßen als untergeordnete Ordnungsmacht.[484]

---

[481] Hans-Joachim Noack: ‚»Oben die Mörder und ringsherum ihre Opfer«‘, *Der Spiegel*, 30.8.1999, S. 150f., hier S. 151.

[482] Mappes-Niediek: ‚Artemijes Flucht vor drohender Lynchjustiz‘, in: *Dokumentation zum Krieg der NATO in Jugoslawien*, S. 42f., zuerst: *Freitag*, 25.6.1999.

[483] ‚Albaner rächen sich an den Serben‘, S. 7. Dass dies kein Einzelfall gewesen ist, zeigt ein Artikel im *Spiegel* vom 21.6.1999: Deutsche Soldaten hatten eine von der UÇK besetzte Polizeistation inspiziert. „Sie fanden 15 mißhandelte Albaner und Roma, angeblich Kollaborateure der Serben. Einer von ihnen war tot.“ Wie die Soldaten mit den UÇK-Kämpfern verfuhren, wird nicht mitgeteilt. (Carolin Emcke/Susanne Koelbl/Andreas Ulrich: ‚Der Geruch verwesenden Fleisches‘, S. 166–168, hier S. 167)

[484] Münch: ‚In Prizren regiert die Rechtlosigkeit‘, *SZ*, 29.6.1999, S. 8.

Andere Berichte legen nahe, dass es für diese Zurückhaltung noch andere Gründe gegeben hat. So berichtet Hans-Joachim Noack von der „immer wieder schwärmerisch vorgetragene[n] Überzeugung [der Albaner], in den deutschen Kfor-Verbänden die einzigen wirklichen Freunde begrüßen zu dürfen." Das harte Durchgreifen gegen mutmaßliche serbische Kriegsverbrecher verstärke dies noch. Wie bereits während der Besetzung Serbiens durch die Wehrmacht im Zweiten Weltkrieg, die den Kosovo-Albanern den Anschluss an Albanien brachte, preisen sie den „historisch belegten Pakt".[485] Ähnlich äußerte sich auch der Chirurg Bajram Rexhepi, der Bürgermeister des albanischen Teils von Kosovska Mitrovica/ Mitrovica e Kosovës. Er war zwar nicht gewählt worden, aber da sich sein Büro im Hauptquartier der UÇK befand, sei seine Legitimität von kaum einem Albaner bezweifelt worden. „Ich wollte, die Deutschen kämen!", soll er geseufzt haben. Es würde dann gerechter zugehen. „Viel mehr Serben würden aus Angst die Stadt verlassen. Die Franzosen aber seien immer Freunde der Serben gewesen, ‚sie werden sie auch jetzt wieder bevorzugen'."[486]

Bereits Mitte Juni waren dann erst einmal fast alle Serben aus dem deutschen Sektor des Kosovo geflohen.[487]

Historische Kontinuität spielte allerdings nicht nur zwischen Albanern und Deutschen oder Franzosen und Serben, zumindest in der Wahrnehmung vieler Albaner, eine Rolle. Auch die Russen waren ihnen als ‚Serbenfreunde' verhasst. In Orahovac/Rrahovec im Zentralkosovo haben sie sogar wochenlang mit Straßensperren gegen die Anwesenheit russischer Truppen protestiert. (Man stelle sich umgekehrt ein solches Vorgehen von Serben gegen deutsche Truppen vor!) Die serbische Minderheit sollte nicht auf ‚Freunde' rechnen können, die hatten hier nichts zu suchen. Einen eigenen Sektor hat die NATO den russischen Protektoratstruppen auch nicht zugestanden. Diese haben dann sowohl das Kosovo als auch Bosnien bereits im Frühjahr und Sommer 2003 wieder verlassen.[488]

Zudem haben Kriege, auch wenn sie ‚humanitäre Interventionen' genannt werden, ihre eigene Dynamik, in deren Verlauf Deutsche durchaus wieder so handeln können, dass einem unheimlich werden kann. Das Beispiel des ‚Helden' David Ferk, von dem Susanne Koelbl im *Spiegel* vom 7. Februar 2000 berichtet hat, möge dies

---

[485] Noack, a. a. O., S. 151.

[486] Malzahn: ‚»Unsere Mauer ist der Fluss«', *Der Spiegel*, 5.7.1999, S. 133f., hier S. 134.

[487] Emcke/Koelbl/Ulrich, a. a. O., S. 166.

[488] Franzosen: Malzahn, a. a. O., S. 134; Russen: Martens: ‚Die Russen gehen heim', *FAZ*, 5.6.2003, S. 7. Ein Hintergrund der Proteste der albanischen Bevölkerung ist allerdings, dass sie russische Freischärler beschuldigte, an den wahrscheinlich zahlreichen Morden an ortsansässigen Albanern beteiligt gewesen zu sein (Noack, a. a. O., S. 150).

verdeutlichen.[489] Das Exposé lautet: „Erstmals seit dem Zweiten Weltkrieg hat im vergangenen Sommer ein deutscher Soldat den Befehl gegeben, im Gefecht das Feuer auf einen Menschen zu eröffnen. Seither wird der schwäbische Leutnant von Kameraden und Vorgesetzten wie ein Held hofiert."

Das „Gefecht" war laut Koelbl folgendermaßen verlaufen (sie berichtet im Präsens, damit der Leser „dabei sein" kann): Ein gelber Lada mit zwei bewaffneten Männern hat eine Fahrzeugsperre am Ortseingang von Prizren durchbrochen. An einer Kreuzung versuchen Ferk und seine Untergebenen, den Wagen aufzuhalten. Zuerst fährt der Wagen in Schlangenlinien weiter, der Fahrer hält in der Linken eine Handgranate, der Beifahrer feuert mit einer Kalaschnikow in die Luft. Als die Deutschen einen Warnschuss abgeben, legen sie nicht die Waffen nieder, sondern lassen den Motor aufheulen und fahren rückwärts. Da werden sie auch schon durchsiebt. Ferk soll dazu am selben Abend gesagt haben: „Ich habe nicht getötet, weil ich es wollte, sondern weil ich es musste – und glatt getroffen. Wenn schon, denn schon."

Die Soldaten haben aus ihren Gewehren rund 180 Schüsse und aus Maschinengewehren weitere 40 abgegeben, was nebenbei gegen die KFOR-Vorschriften verstieß, denn die schrieben vor, dass „nicht mehr Schüsse als notwendig" abgegeben werden sollten. Der Fahrer war sofort tot, der Beifahrer, von mehr als einem Dutzend Schüssen getroffen, starb später im Krankenhaus. (S. 48)

In Äußerungen von Ferks Untergebenen ist neben Bewunderung auch Neid zu spüren. „Ganz unverhüllt hoffen sie auf einen neuen, mindestens ebenso spannenden Einsatz [...]." Ferk selbst hat „für beispielhafte Erfüllung der Soldatenpflicht" im Auftrag von Scharping das Ehrenkreuz in Gold erhalten, die höchste Auszeichnung der Bundeswehr. (S. 49)

Bei so viel Begeisterung für den Krieg darf es vielleicht nicht verwundern, dass auch die Autorin des Artikels, trotz aller kritischer Einzelheiten, von dieser Stimmung angesteckt gewesen zu sein scheint.

Insgesamt wird deutlich, dass unter den deutschen Motiven, einen Krieg gegen Jugoslawien zu unterstützen und mit zu führen, auch das Fortwirken der eigenen Vergangenheit eine Rolle gespielt hat und dass gerade das Bemühen, sich als gute Schüler der eigenen Geschichte zu erweisen, zu neuen Verwicklungen in eben diese Geschichte beigetragen hat. Auch dass die Regierungen Kohl und Schröder den nationalen Charakter der jugoslawischen Konflikte weitgehend ignorierten, scheint mit den Einstellungen zu tun gehabt zu haben, die sich in Deutschland durch den Umgang mit der Shoah herausgebildet hatten. Selbst ‚westliche' Staaten begründen einen Krieg offenbar immer noch auch mythisch – es scheint auch schwer vorstellbar,

---

[489] „»Der Kampf ist das Äußerste«', S. 48f. Eine etwas andere Darstellung ist, ohne Namensnennung des Leutnants in Emcke/Koelbl/Ulrich, a. a. O., S. 166 zu finden. Unter anderem ist dort von einem verletzten Feldwebel die Rede.

wie das anders möglich sein sollte, seit der Anreiz wegfällt, in einem Krieg „Beute zu machen" und ein tragfähiges überpersönliches Motiv bisher nicht gefunden worden ist. Damit aber ist es ihnen nicht möglich, sich außerhalb der von ihnen beklagten und verurteilten Dynamik zu stellen – sie sind ein Teil von ihr, ohne dass sie sich dessen bewusst wären. Es ist diese mythische Begründung, die die anderen Motive durchdringt und einkleidet, zum Teil auch verbirgt. Erst durch sie erhalten sie das Gewicht und die Aufladung, die einen Krieg rechtfertigen – nicht durch juristische oder philosophische Abwägungen, so wichtig diese auch sind, denn sie vermögen kaum, die notwendigen Emotionen zu erzeugen.

Dass dieser Krieg tatsächlich zu einem wesentlichen Teil aus dem Bestreben geführt wurde, eine verfahrene, von Gewalt und Unterdrückung geprägte Situation zu beenden, ist dennoch ein Entwicklungsfortschritt und sicherlich kein Rückfall in die nationalsozialistische Vergangenheit. Die Beispiele zeigen allerdings auch, wie heikel jegliches Kriegführen angesichts dieser Vergangenheit bleibt. Die Vorstellung, man könne aus moralischen Motiven ‚saubere' Kriege führen, ist ein Irrtum; sie negiert die Dynamik, in die jeder Krieg gerade die Soldaten, die ihn konkret führen sollen, hineinreißt.

In seiner Regierungserklärung vom 19. April 1999 – also noch während des Kriegs der NATO – zitierte Gerhard Schröder den albanischen Schriftsteller Ismael Kadare mit den Worten:

> Mit seiner Intervention auf dem Balkan hat das atlantische Europa eine neue Seite in der Weltgeschichte aufgeschlagen ... Es geht nicht um materielle Interessen, sondern ums Prinzip: die Verteidigung der Rechte und der Existenz des ärmsten Volkes auf dem Kontinent. So wird Europa zum Europa der Menschen ... Dies ist ein Gründungsakt, und wie stets geschieht ein solcher Akt nicht im Jubel, sondern im Schmerz.

Und der Kanzler fügt hinzu: „ Selten – ich gebe es zu – habe ich die Worte eines Schriftstellers zu einem solchen Problem so treffend gefunden. Das sage ich auch ganz persönlich."[490] Gemeint ist „ein Europa [...] der Rechte der Menschen – der Menschenrechte", wie er kurz darauf erläutert. Die merkwürdig pathetisch aufgeladene und zugleich inhaltslose Formel eines „Europas der Menschen" – so als habe es bis zu diesem Krieg nur ein ‚Europa der Fürsten', ‚der Staaten' oder von wem auch immer gegeben oder als hätten vorher in Europa keine Menschen gelebt – zeigt in mythisierenden Worten, wie sehr gerade Deutschland solcher europäischer Gründungsakte und der Mitarbeit an ihnen bedarf und wie wenig sicher es sich dabei offenbar des Bodens ist, auf dem es steht.

An dieser Stelle wird zudem – bei allen Unterschieden – eine Parallele zwischen dem serbischen und kosovo-albanischen Umgang mit dem Konflikt einerseits und

---

[490]   ‚Plenarprotokoll 14/33' des Deutschen Bundestags vom 19.4.1999, S. 2673, Sp. 2, zu finden auf den Datenbanken des Deutschen Bundestags auf http://dip.bundestag.de/cgi-bin/getdoks?s=++bt+p+14/33+2673 oder direkt auf http://dip.bundestag.de/btp/14/14033.pdf.

dem ‚westlichen' andererseits deutlich: Kämpfe und Verbrechen des Zweiten Weltkriegs hatten bei allen beteiligten Gruppen eine Art Matrix geschaffen, die von großer Bedeutung für ihr Handeln war. Sie zeigt sich in Voreinstellungen, die sich immer mehr verstärkt haben, je länger der Konflikt dauerte und je gewalttätiger er wurde. Dadurch hat sie wesentlich zu dieser verheerenden Dynamik beigetragen, und es ist offensichtlich keiner Seite gelungen, sich aus ihr zu lösen.

Dennoch bestehen gewichtige Unterschiede zwischen den emotional aufgeladenen Bildern, die im Krieg der NATO gegen Jugoslawien auf beiden Seiten kursierten, und jenen, die die nationalistischen Bewegungen vor und während der Aufteilung und Zerstörung Jugoslawiens gegeneinander benutzten. Hingewiesen sei hier nur darauf, dass beim Krieg der NATO gegen Jugoslawien eine Stimmung von „bösen Serben " usw. gegen „gute Deutsche" und „gute Amerikaner" und umgekehrt nur wenig aufgekommen ist. Die Feindbilder waren eingeschränkter: auf der einen Seite „der letzte Diktator Europas"[491], der „Schlächter" sowie „irre Serben"[492] beziehungsweise „Serben-Killer" (womit „serbische Killer" gemeint waren, Miloševićs Handlanger, so wurde behauptet; die Wortbildung hätte nach dem Vorbild der „Killerbienen" eigentlich „Killerserben" lauten müssen, aber dann hätte die Betonung nicht auf ‚Serben' gelegen)[493], auf der anderen der US-Imperialismus. ‚Feinde' waren auf beiden Seiten sehr viel eher die gegnerischen Regierungen als die Völker, die sie regierten. Tony Blair, der Margaret Thatcher kritisiert hatte, als sie Großbritannien gegen Argentinien in den Krieg führte, und nun selbst ein Kriegspremier geworden war, hat diesen Wandel in seinem Beitrag ‚A New Generation Draws the Line' für das US-Magazin *Newsweek* folgendermaßen begründet: „In this conflict we are fighting not for territory but for values." Eine Sicht, die nicht nur von Klaus Naumann geteilt wird.[494] Und doch bleibt der Widerspruch bestehen zwischen dem Anspruch, man bekämpfe lediglich einen Diktator und seine Gefolgsleute, und der Wirklichkeit eines Krieges, der auch die Zivilbevölkerung trifft.

---

[491] Theo Sommer: ‚Unvermeidlich', *Die Zeit*, 25.3.1999, S. 3.

[492] So zitierte der Vorsitzende der Deutschen Journalisten- und Journalistinnen-Union, Hermann Meyn, nach einer Meldung der *FR* vom 30.3.1999, S. 7 (‚Journalisten-Verband rügt »Hetzsprache« in Medien') die Äußerungen einiger deutscher Medien.

[493] Im Aufmacher des *Berliner Kuriers* am 30.3.1999.

[494] *Newsweek*, 19.4.1999, S. 37. Naumann: ‚Der nächste Konflikt wird kommen', S. 8: „Im Kosovo wurde einer Idee wegen Krieg geführt, nicht wegen Interessen." Allerdings räumt Naumann ein, dass es durchaus strategische und politische Interessen im Kosovo gegeben hat, auch wenn diese nicht „absolut identisch" gewesen seien. (S. 12)

5.12. Opferzahlen als Rechtfertigung des Krieges

Wir haben bereits bei anderen Gelegenheiten gesehen, welche immense Bedeutung der Zahl der ‚Opfer' zukommt. Sie sind die stärkste moralische Stütze der eigenen Position. Der Krieg der NATO gegen Jugoslawien wurde ja geführt, um weitere ‚Opfer' zu vermeiden. Im Grunde hätte es gar nicht zum Krieg kommen dürfen, denn das bedeutete natürlich, dass es nun doch zu ‚Opfern' kommen würde. Hatte er aber einmal begonnen, so steckte die NATO in einem Dilemma: Einerseits musste sie selbst ‚Opfer' vermeiden, an erster Stelle unter den eigenen Soldaten, aber auch unter den Kosovo-Albanern und sogar unter der serbischen Zivilbevölkerung; andererseits brauchte sie von Serben zu verantwortende ‚Opfer', um die große Gefahr, der die Albaner ausgesetzt waren, und damit ihren eigenen Krieg weiterhin zu rechtfertigen. ‚Der Westen' wertete sie als Beleg dafür, dass die Vertreibung und Ermordung der albanischen Bevölkerung bereits seit Monaten geplant war – egal, ob man nun die Behauptung eines ‚Hufeisenplans' weiter aufrechterhielt oder nicht.

Mit Beginn des Krieges begannen serbische Sicherheitskräfte und Paramilitärs, die Albaner massenhaft zu vertreiben. Das war abzusehen gewesen, unter anderen soll CIA-Chef George Tenet davor gewarnt haben. Auch hatte der Oberbefehlshaber der dritten Armee des Kosovo, General Nebojša Pavković, am 19. März 1999 erkärt, dass seine Truppen „keine Schwierigkeiten haben werden, uns den übrigen Terroristen [in der Provinz] entgegenzustellen, und wir werden es tun, sobald unser Land angegriffen wird, unabhängig davon, ob es sich um Luft- oder Bodenangriffe handelt."[495] Da verwundert es, dass die NATO von der massenhaften Vertreibung der Kosovo-Albaner völlig überrascht worden sein soll.[496]

Die vielen Menschen, die dann in Albanien und Mazedonien über die Grenze kamen, erzählten von Gräueln serbischer Paramilitärs und Soldaten, die sie allerdings selbst oft nur vom Hörensagen kannten. Das hinderte Politiker nicht daran, diese Geschichten in ihre Propaganda aufzunehmen. Die Zahl der vermeintlich ermordeten Albaner schnellte in die Höhe.

Am 29. März erklärte Rudolf Scharping: „Hier beginnt ein Völkermord und das muss man unterbinden." Am nächsten Tag verkündete er schon: „Der Völkermord ist begonnen." Und am übernächsten sprach auch die Helsinki-Federation davon, im Kosovo finde ein Völkermord statt. Tony Blair verkündete: „I pledge to you now: Milosevic and his hideous racial genocide will be defeated." Das UN-Flüchtlingshilfswerk UNHCR ging während des Krieges von 44 000 ermordeten Albanern aus.

---

[495] Elsässer: ‚Tödliche Lügen', *konkret*, Mai 2000, S. 12f., hier S. 13, der sich, was Tenet betrifft, auf die Befragung eines Mitglieds des US-Repräsentantenhauses durch die BBC bezieht (ohne genauere Angaben). Zitat von Pavković: Schmidt: ‚Menschenrechte, Politik und Krieg in Kosovo 1989 bis 1999', S. 204.

[496] So Krause: ‚Deutschland und die Kosovo-Krise', S. 412.

Von US-amerikanischer Seite wurde mehrfach mit Zahlen von 100 000 bis 500 000 hantiert.[497]

Nach Beendigung des Krieges sank die Zahl bereits im Juni auf 10 000. Bis November 1999 hatte der Internationale Gerichtshof 2108 Leichen gefunden, von denen jedoch nichts über Alter, Geschlecht oder Nationalität ausgesagt wurde. Die meisten von ihnen seien im Übrigen in Einzelgräbern gefunden worden.[498] Die Exhumierungen von Massengräbern im Kosovo wurden von der Staatsanwaltschaft des Gerichts im Jahr 2000 beendet. Ungefähr 4000 Leichen oder Leichenteile waren exhumiert worden. Im Sommer 2001 wurden in Serbien noch einige Massengräber mit Dutzenden ermordeten Kosovo-Albanern geöffnet.[499] Auch sind die Leichen zahlreicher ermordeter albanischer Zivilisten auf Anordnung der Regierung in einem Kühlwagen nach Zentralserbien transportiert und dort in der Donau versenkt worden.[500]

Die Internationale Kommission betont in ihrem Anhang zu Menschenrechtsverletzungen, dass es schwer sei, genaue Zahlenangaben für Menschenrechtsverletzungen vor dem Krieg der NATO zu machen. Das gelte in noch stärkerem Maß für die Zeit vor 1998 und die Eskalation von Mai bis August 1998. Für die Zeit des Krieges gelte, dass die meisten Informationen durch Interviews mit Flüchtlingen außerhalb des Kosovo oder nach Ende der Bombardements erhoben werden mussten.[501]

---

[497] Zu Scharping: ‚Nato nimmt Soldaten ins Visier‘, *FR*, 29.3.1999, S. 1 u. ‚Zehntausende fliehen aus Kosovo‘, *FR*, 30.3.1999, S. 1; Helsinki-Federation: Info-Radio des SFB, 30.3.1999, 19 Uhr 30; Blair (rückblickend): ‚The forgotten war‘, *The Guardian*, 28.10.1999, S. 23; UNHCR: Karl Gersuny/Rüdiger Rossig: ‚Das Wort Völkermord missbraucht?‘, *taz*, 3.12.1999, S. 3; US-amerikanische Angaben: Halimi/Vidal: ‚Chronik eines angekündigten Vertreibungskrieges‘, S. 12.

[498] Halimi/Vidal, a. a. O., S. 12, die sich für die Angaben des ICTY auf John Laughland im *Spectator* vom 20.11.1999 beziehen. Scharping hielt allerdings eisern an seiner Sicht fest. In einem Nachtrag zum 30. Juni schreibt er: „Die Entdeckung von Massengräbern und schwersten Verbrechen gegen die Menschlichkeit überbot alles, was wir uns während der Luftangriffe hatten vorstellen können." (*Wir dürfen nicht wegsehen*, S. 208)

[499] Exhumierungen der Staatsanwaltschaft: *Jahresbericht 2001* des ICTY, Punkt IV.C.2. ‚Exhumations 2000–2001‘. Massengräber in Serbien: *M-A*, 16/02, Jugoslawien, Chronik 2001, S. 212–216.

[500] So zwei Titelgeschichten der serbischen Wochenzeitschrift *Vreme*: Jovan Dulović: ‚Kako su uklanjani tragovi zločina, gde su završili leševi hladnjače, da li je postojala »dubina 1«‘, 31.5.2001, S. 14–18 und Aleksandar Ćirić: ‚Leševi iz hladnjače zakopani na »13. mai«‘, 7.6.2001, S. 12–16. In Letzterem ist von 86 Toten, vor allem Frauen, Kinder und alte Männer, aber auch einige Männer in UÇK-Uniformen, die Rede. Die Polizei gehe von weiteren ähnlichen Fällen aus. (S. 14) Die Leichen seien dann geborgen worden und erneut verschwunden, und zwar auf ausdrücklichen Befehl Miloševićs (S. 13).

[501] *Kosovo Report*, S. 301–304.

Trotz dieser Bedenken folgt sie dann aber verschiedenen Berechnungen, die alle primär auf Hochrechnungen von Interviewdaten basieren und darin übereinstimmen, dass etwa 10 000 Albaner während des Krieges ermordet worden seien. Die Chefanklägerin des Internationalen Gerichtshofs Carla Del Ponte geht in ihrem Bericht an den UN-Sicherheitsrat vom 10.11.1999 von 11 000 Ermordeten aus; das US-Außenministerium nennt in seinem Bericht *Ethnic Cleansing in Kosovo. An Accounting* insgesamt etwa 10 000, von denen 6000 in Massengräbern verscharrt sein sollen. Die „American Association for the Advancement of Science" (AAAS) schätzt die Zahl für die Zeit vom 20. März bis zum 12. Juni 1999 auf um die 10 500, wobei sie betont, diese statistische Erhebung erfülle die Anforderungen vor Gericht. Konkret heißt das, dass als sehr wahrscheinlich eine Zahl von 7494 bis 13 627 aufgrund der erfolgten Befragungen hochgerechnet worden ist, wobei bei 100 weiteren solcher Befragungsreihen das Ergebnis zu 95 Prozent ebenfalls innerhalb dieses Rahmens liegen würde. Das „Center for Disease Control" (CDC) kommt auf etwa 12 000 mit einer Toleranz zwischen 5500 und 18 300, wobei neben Befragungen auch Angaben über die Sterblichkeit und Todesursachen für diesen Zeitraum verwendet worden sind, während die „Physicians for Human Rights" (PHR) eine Toleranzbreite von 6911 bis 11 627 angeben. Die Internationale Kommission unterstreicht, dass diese Zahlen eher das Minimum der getöteten Menschen wiedergäben und sich mit weiteren Daten erhöhen dürften.[502]

Nicht berücksichtigt wird in diesen Schätzungen, dass die UÇK eng mit der lokalen Bevölkerung verbunden war und in der Regel von dieser unterstützt worden ist. Wie wir gesehen haben, ist es oft schwer gewesen zu unterscheiden, wer zur UÇK gehörte und wer nicht. Dass die UÇK sich in der albanischen Bevölkerung wie ein Fisch im Wasser fühlen konnte, ist ihre größte Stärke gewesen. Aussagen über die Ermordung von Zivilisten und vor allem über die Umstände solcher Morde ist daher mit Skepsis zu begegnen. Hinzu kommt, dass die UÇK durchaus selber sowohl albanische Zivilisten als auch eigene Leute ermordet hat. Für die Zeit nach dem Krieg sind solche Morde belegt. Nach Angaben der UNMIK sind von August 1999 bis Anfang Juni 2000 etwa 500 Menschen im Kosovo getötet worden, von denen 36 Prozent Serben, der Rest aber zum größten Teil Albaner waren.[503] Auch solche Morde dürften schwerlich von anderen Albanern zu erfahren gewesen sein, teils weil sie diese Morde selbst als gerechtfertigt ansahen, teils aus Angst, nach einer Aussage ihrerseits bedroht zu werden.

Zum Teil sind sie auch den Serben angelastet worden. So sollen im April 1999 die UÇK-Führer Agim Ramadani, der als Hauptmann in der JNA gedient hatte, und Sali Çeku jeweils durch einen Hinterhalt getötet worden sein. Zumindest Çeku sei

---

[502] Ebd., S. 306f., der sich für die Daten von AAAS bezieht auf: American Bar Association/Central and East European Law Initiative (ABA/CEELI) und AAAS: ‚Political killings in Kosova/Kosovo, March–June 1999', 2000, S. 8.

[503] Rüb: ‚Anleitung zur Selbstjustiz', *FAZ*, 6.6.2000, S. 9.

zuvor nahegelegt worden, die UÇK zu verlassen, was er aber halsstarrig abgelehnt habe.[504]

Andererseits haben die serbischen Behörden die von der UÇK an Albanern verübten Morde auch benutzt, indem sie Tote pauschal sofort der UÇK zuschrieben. Insgesamt scheint sich die serbische Polizei wenig um eine Aufklärung von Verbrechen gekümmert zu haben, selbst wenn Serben die Betroffenen waren.[505]

Auch an den Begräbnissen und am Auffinden der Leichen sind immer wieder UÇK-Kämpfer beteiligt gewesen. So haben einige von ihnen deutsche und holländische KFOR-Soldaten zu verbrannten Leichen in Velika Kruša geführt, die anscheinend von einem am 26. März 1999 verübten Massaker stammten. Auch in Bela Crkva soll es ein Massaker gegeben haben. Die Leichen seien von UÇK-Kämpfern und Bewohnern der Nachbardörfer begraben worden, erzählte ein Überlebender.[506]
Sich bei der Klärung von Todesumständen auf die Aussagen der albanischen Bevölkerung zu verlassen, obwohl diese den Kampf um die Unabhängigkeit so energisch mitgetragen und die UÇK unterstützt hat, erscheint mir fahrlässig. Die einschlägigen Berichte ,westlicher' Medien aus den ersten Wochen nach dem Krieg sind sehr stark geprägt von der Gegenüberstellung einer brutalen serbischen Soldateska und grausam unterdrückten Albanern. Gerade dass in Zusammenhang mit den Massakern die UÇK immer wieder in der einen oder anderen Form auftaucht, macht skeptisch. Ich habe den Eindruck, dass sich die UÇK, die wie die NATO ein Interesse an hohen Opferzahlen hatte, bemühte, die nötigen Beweise herbeizuschaffen.

Wie zweifelhaft albanische Angaben über Morde waren, zeigt sich an den leeren „Gräbern", aus denen Serben die Leichen fortgeschafft haben sollen. So schreibt George Friedman, Geschäftsführer des US-Nachrichtendienstes *Stratfor Intelligence*:

> Es ist möglich, daß Leichen abtransportiert oder sonstwie weggeschafft worden sind. Deshalb sind die gerichtsmedizinischen Teams vor Ort. Sie sind darin ausgebildet, Verbrechen zu erkennen, auch lange nachdem die Leichen weggeschafft worden sind. Deshalb haben wir auch sorgfältig die Sprecher verschiedener Teams interviewt, einschließlich des FBI. Wir fragten spezifisch, ob sie Beweise für weggeschaffte Leichen gefunden hätten. Als Beweismittel gelten z. B. Blutspuren oder Körperfragmente und so weiter. Nach Aussagen des FBI und der anderen Teams haben sie keine Be-

---

[504] Hedges: ,Leaders of Kosovo Rebels Tied to Deadly Power Play', S. A14. Bereits im April 1998 soll der Mord an dem UÇK-Führer Ilir Konushevci den serbischen Sicherheitskräften angelastet worden sein, obwohl er in einer von den Rebellen kontrollierten Gegend verübt worden ist. Einige Tage zuvor soll Konushevci Xhavit Haliti, einen Vertrauten Thaçis, beschuldigt haben, von Waffenlieferungen an die UÇK profitiert zu haben. (Ebd.)

[505] OSCE: *Kosovo/Kosova. As seen, As Told*, Teil 3, Kap. 5: ,Violation of the Right to Life', Abschnitt ,The phenomenon of unattributed killings'.

[506] Münch: ,Auf der Spur des Dunklen', *SZ*, 28.6.1999, S. 3.

weise dafür gefunden, daß in den Gräbern je Leichen gelegen haben, in denen nach Angaben der Kosovo-Albaner die Serben ihre Opfer zuerst begraben hätten, um sie anschließend wieder wegzuschaffen.

[...]

In anderen Fällen des Massenmordes hat es sich stets als unmöglich erwiesen, besonders unter Kriegsbedingungen, die Örtlichkeiten so gründlich zu säubern, daß gerichtsmedizinische Teams Schwierigkeit gehabt hätten, Beweise zu finden.[507]

Serbische Angaben über Todesumstände und die Zahl der Toten erscheinen allerdings ebenfalls zweifelhaft. So sollen serbische Polizei- und Streitkräfte in zahlreichen Fällen Albaner auf eine Weise getötet haben, die sie als Opfer von Luftangriffen erscheinen ließen.[508]

Darüber hinaus kann ich auch die Datenerhebung nicht nachvollziehen. In *Ethnic Cleansing in Kosovo: An Accounting* des U.S. State Department etwa ist eine 76-seitige Ortsliste von Gräueln und Kriegsverbrechen abgedruckt, von denen die meisten mutmaßlich sind. Zum Teil ist eine mehr oder weniger deutlich geringere Zahl von Leichen gefunden worden, als die vorher erhaltenen Berichte vermuten ließen, manchmal sind gar keine Leichen gefunden worden. Auch ist immer wieder von nicht näher genannten internationalen Quellen die Rede, die, vor allem in der Zeit kurz nach der Besetzung des Kosovo durch die NATO, oft von sehr viel mehr Toten berichtet hatten, als später von der KFOR gefunden worden sind. Wie mit so vielen fraglichen Daten umgegangen worden ist und wie aus ihnen Schätzungen von angeblich so hoher Verlässlichkeit abgeleitet werden können, wird nicht erläutert.

Insgesamt scheint wohl die Einschätzung zuzutreffen, zu der Serge Halimi und Dominique Vidal in *Le Monde diplomatique* vom März 2000 gekommen sind:

Neun Monate nach der Stationierung der KFOR im Kosovo stützt nichts, was in den Schlußfolgerungen der Ermittler des Internationalen Tribunals für Verbrechen im früheren Jugoslawien (ICTY) wie anderer internationaler Organisationen enthalten ist, die Anschuldigung eines „Völkermordes". Es sei denn, man verharmlost den Begriff, indem man ihn als Synonym für „Massaker" verwendet.[509]

---

[507] ‚»Weit unter den Erwartungen«', *Junge Welt*, 29.10.1999 (Internetfassung unter www.jungewelt.de), aus der dort abgedruckten Übersetzung eines E-Mail-Rundbriefs von Friedman vom 19.10.1999.

[508] U.S. State Department: *Ethnic Cleansing in Kosovo*, Overview.

[509] Halimi/Vidal: ‚Chronik eines angekündigten Vertreibungskrieges', S. 12. Auch bei Karl Gersuny/Rüdiger Rossig: ‚Das Wort Völkermord missbraucht?', *taz*, 3.12.1999, S. 3 heißt es mit Berufung auf Emilio Perez Pujol, den Leiter des Instituts für Anatomie und Gerichtsmedizin in Cartagena sowie des spanischen Untersuchungsteams, das im Auftrag des ICTY im Norden des Kosovo gerichtsmedizinische Untersuchungen durchgeführt hat, unzweifelhafte Belege für einen Völkermord hätten sie nicht gefunden. Statt der erwarteten 2000 Toten seien sie lediglich auf 187 gestoßen.

Das soll nicht darüber hinwegtäuschen, dass der jugoslawische Staat, der nahezu vollständig serbisch dominiert war, mit großer Härte und Brutalität gegen die albanische Zivilbevölkerung im Kosovo vorgegangen ist. Neben einer Vielzahl von Morden werden in den verschiedenen Untersuchungen eine ganze Reihe weiterer Menschenrechtsverletzungen angeführt, darunter Vergewaltigungen und sexuelle Übergriffe, weit verbreitete willkürliche Verhaftungen und Verletzungen des Rechts auf einen fairen Prozess, Zerstörungen, Plünderungen und Niederbrennen von Eigentum, besonders von Geschäften, Vieh sowie religiösen und historisch oder in anderer Hinsicht national bedeutsamen Gebäuden, Missbrauch von Albanern als menschliche Schilde sowie Folter, Grausamkeiten und unmenschliche Behandlung. Fabian Schmidt berichtet auch davon, dass Brunnen vergiftet wurden, indem Leichen oder Tierkadaver hineingeworfen wurden.[510]

Mussten für die Kriegspropaganda die Gewalttaten der serbischen Seite riesige Dimensionen annehmen, so wurden die Folgen des eigenen Vorgehens heruntergespielt. So versuchte die NATO mit großer Sorgfalt zu vermeiden, dass einer ihrer Soldaten ums Leben kam, selbst wenn das das Kriegsziel, nämlich den Schutz der albanischen Bevölkerung, ad absurdum führte. Auch dies folgte aus dem Vorrang des Militärischen vor dem Zivilen. Die NATO nahm zivile Opfer ihrer Bombardements in Kauf, da aus einer Höhe von fast 4500 Metern die Bombenziele nicht mehr klar zu bestimmen waren, und nannte sie beschönigend ,collateral damage', als handelte es sich um ein paar Fensterscheiben, die in umliegenden Häusern zu Bruch gegangen wären. Zudem weigerte sie sich, Lebensmittel für im Kosovo herumirrende albanische Flüchtlinge abzuwerfen, und zwar unter Hinweis auf die Gefährdung der Besatzungen, die zum Zweck des gezielten Abwurfs sehr viel niedriger hätten fliegen müssen. Das Ziel aber wurde erreicht: Auf Seiten der NATO ist tatsächlich kein einziger Pilot umgekommen.[511]

---

[510] *Kosovo Report*, S. 307–311; Schmidt: ,Menschenrechte, Politik und Krieg in Kosovo 1989 bis 1999', S. 205f., der sich auf den *Report of the High Commissioner for Human Rights on the Situation of Human Rights in Kosovo*, Genf, 7.9.1999 bezieht. Während des Krieges seien 50 Prozent des Viehs und 85 Prozent des Geflügels vernichtet worden oder verloren gegangen, ebenso die Hälfte der landwirtschaftlichen Maschinen (Calic: ,Die internationale Gemeinschaft und der Wiederaufbau Kosovos', S. 527).

[511] Vgl. *Kosovo Report*, S. 93f. Nach Angaben von Human Rights Watch in ,Civilian Deaths in the NATO Air Campaign' haben die NATO-Bombardements zwischen 488 und 527 jugoslawische Zivilisten das Leben gekostet. Es sind jedoch auch Albaner getötet worden.

Zu den zivilen Opfern s. a. Halimi/Vidal: ,Chronik eines angekündigten Vertreibungskrieges', S. 13; Lebensmittelabwurf: Lothar Baier in: ,Allied Force – Allied Farce', in: *Dokumentation zum Krieg der NATO in Jugoslawien*, S. 40f., hier S. 41, zuerst: *Freitag*, 18.6.1999. Nach Scharping: *Wir dürfen nicht wegsehen*, S. 182 war auch hieran Belgrad schuld, das den Abwurf „verhindert" habe.

5.13. Das Kriegsende

Ab etwa Mitte Mai führte die unerwartet lange Dauer des Krieges dazu, dass die NATO verstärkt Ziele von großer wirtschaftlicher Bedeutung angriff. Sie hat damit den Druck auf die Regierung in Belgrad erhöhen wollen. Allerdings war damit die serbische Bevölkerung zunehmend von den Bombardements betroffen – etwas, was die NATO ausdrücklich hatte ausschließen wollen.[512] Zugleich aber war man damit weiter vom Konzept eines ‚humanitären Einsatzes‘ abgerückt und verstieß erneut gegen das Völkerrecht. Ein Krieg hat seine eigene Dynamik, noch dazu ein von ‚westlichen‘ Demokratien geführter, der von ausgiebiger Berichterstattung in den Medien und ständigen Umfragen begleitet wird. Die beteiligten Regierungen hatten ein großes Interesse, den Krieg möglichst schnell erfolgreich zu beenden. General Naumann führt hierzu aus:

> [...] wenn man militärische Mittel zur Durchsetzung eines politischen Ziels anwendet, dann muß man sich fragen: Wo treffe ich den Gegner am empfindlichsten? Und was hätte Milosevic denn getroffen? Doch nicht die Zerstörung von Bodentruppen. Einem kommunistischen Diktator ist es egal, wieviel Menschen sterben. Was ihn trifft, ist der Verlust jener Mittel, die seine Macht stützen. Das ist die Polizei, das ist die Beherrschung der Medien und das sind die Industriebarone, die ihn mit seinem [ihrem, C. P.] Geld unterstützen, und natürlich dann auch deren Anlagen. Als wir diese Ziele mit phantastischer Präzision zerstört haben, da fing der Prozeß des Einlenkens an.[513]

Es ist wahrscheinlich, dass Milošević kalkuliert hatte, dass er Risse in der feindlichen Koalition hervorrufen könne, die schließlich, wenn Serbien nur lange genug durchhielte, zu deren Auseinanderfallen führen würden. Möglicherweise hatte er sogar gehofft, Russland würde ihm militärisch zu Hilfe kommen, etwa durch Waffenlieferungen, Freiwilligenverbände oder sogar reguläre Truppen.[514] Als die US-Regie-

---

Für die große Sorgfalt, die die NATO darauf verwendet hat, dass keiner ihrer Piloten ums Leben kam, dürfte zudem von Bedeutung gewesen sein, dass jeder tote Soldat die Kriegsunterstützung in der Bevölkerung verringert hätte und die Produktionskosten für die Flugzeuge sehr hoch waren.

[512] Änderung d. Bombardierungsziele: ‚»Die Qualität unserer Ziele hat sich verändert«‘, SZ, 29./30.5.1999, S. 7; serbische Bevölkerung: Gustenau/Feichtinger: ‚Der Krieg in und um Kosovo‘, S. 480.

[513] ‚Der nächste Konflikt wird kommen‘, S. 19. Vgl. a. Scharpings Erwähnung eines „interessanten Treffens" zwischen amerikanischen und russischen Abgeordneten und Vertretern serbischer Unternehmen vor dem 2. Mai in Wien. (Wir dürfen nicht wegsehen, S. 146f.)

[514] Reuter: ‚Die Kosovo-Politik der internationalen Gemeinschaft in den neunziger Jahren‘, S. 330 (Miloševićs Kalkül); Krause: ‚Deutschland und die Kosovo-Krise‘, S. 412 (russ. Hilfe). Bereits im Februar 1999 hatte die Duma eine Erklärung verabschiedet, derzufolge Russland Jugoslawien im Fall eines Angriffs seitens der NATO gemäß Artikel 51

rung im März ihren Flugzeugträger *USS Theodore Roosevelt* aus der Adria abzog und in den Persischen Golf schickte, dürfte ihm, so General Clark, die Ambivalenz, die in diesem Handeln zum Ausdruck kam, nicht entgangen sein.[515]

Dass er schließlich nachgab, lag wohl weniger am zunehmenden Bombardement der Infrastruktur und Industrie als daran, dass ein Einsatz von NATO-Bodentruppen immer wahrscheinlicher wurde. Clinton soll sich hierzu bereits vor dem NATO-Gipfeltreffen vom 23. bis 25. April in Washington entschlossen haben, falls die Bombardements den erwarteten Effekt verfehlen sollten; und auch die Vorbereitungen hierzu kamen immer mehr in Gang. Nach allem, was bisher geschehen war, dürfte Milošević an Jelzins Drohung gezweifelt haben, er werde in diesem Fall in den Krieg eingreifen.[516]

Seit Ende Mai wurden aufseiten der NATO die Überlegungen und Planungen zum Einsatz von Bodentruppen intensiviert. Auch soll Milošević von westlichen Geheimdiensten suggeriert worden sein, Bodentruppen würden nicht an der Grenze des Kosovo zu Serbien Halt machen, sondern auf Belgrad marschieren; nach der Einnahme der Stadt würde er an den Internationalen Gerichtshof in Den Haag überstellt.[517]

Auch die UÇK war nicht gänzlich ohne Bedeutung für den Verlauf des Krieges. Nach anfänglichen Verlusten war sie vor allem ab Mitte Mai in der Lage, aus Nordalbanien in den Westkosovo vorzustoßen, was die serbische Armee nicht mehr rückgängig machen konnte. Auf diese Weise haben NATO und UÇK faktisch zusammengewirkt.[518]

Neben der Verschlechterung der militärischen Lage für Jugoslawien spielte auch die Diplomatie keine geringe Rolle. Ausgangspunkt hierfür war offenbar ein am 8. April in Luxemburg entwickelter Forderungskatalog der EU-Außenminister, den Joschka Fischer zur Grundlage für einen eigenen Plan machte. Dieser sah eine UNO-Übergangsverwaltung bis zu einer endgültigen politischen Regelung vor – für Serbien ein Vorteil gegenüber dem Rambouillet-Abkommen – und beteiligte Russ-

---

der UN-Charta zu Hilfe kommen solle (‚Duma stellt sich auf die Seite Belgrads‘, *SZ*, 4.2.1999, S. 8).

[515] Clark: *Waging Modern War*, S. 421.

[516] Giersch: ‚NATO und militärische Diplomatie im Kosovo-Konflikt‘, S. 460, der sich hierfür auf Dana Priest: ‚A decisive battle that never was‘, *Washington Post*, 19.9.1999 bezieht. Zu Jelzin vgl. S. 399 d. vorl. Arbeit.

[517] Reuter, a. a. O., S. 330f.; Dana Priest: ‚NATO Secretly Planned An Invasion of Kosovo‘, *IHT* (Frankfurter Ausg.), 20.9.1999, S. 1 u. 5 (Bodentruppen). Letztere sieht eine Bombardierung von 700 serbischen Soldaten am 7.6. auf dem Berg Pastrik durch zwei B-52-Bomber für nicht unwesentlich an, dass Milošević schließlich einlenkte (S. 5).

[518] Gustenau/Feichtinger: ‚Der Krieg in und um Kosovo‘, S. 476; ‚Wie wirksam war »Allied Force«?‘ *NZZ*, 3./4.7.1999, S. 3.

land wieder am weiteren Vorgehen, indem es die Gruppe der führenden Industriestaaten plus Russland (G-8) als Beratungsgremium benannte. Diese stellte dann einen Forderungskatalog aus neun Punkten zusammen, über den die deutsche Regierung den schwedischen Bankier Peter Carstenfelt informiert haben soll. Carstenfelt soll daraufhin seit dem 29. Mai in Belgrad gewesen sein und Milošević von dem Plan überzeugt haben. Als der neue EU-Gesandte, der Präsident des nicht zur NATO gehörenden Finnland, Martti Ahtisaari den Plan am 2. Juni zusammen mit dem russischen Sonderbeauftragten Tschernomyrdin Milošević offiziell vorlegte, nahm dieser ihn überraschend schnell an. Er wurde tags darauf von beiden Seiten unterzeichnet und am 10. Juni in der Resolution 1244 auch vom UN-Sicherheitsrat legitimiert.[519]

So hat die NATO, bei allen Schwächen und Widersprüchen in ihrem Vorgehen, eins ihrer Kriegsziele allerdings erreicht: „Wir müssen ein autoritäres Regime davon abhalten, sein Volk [beziehungsweise einen Teil davon, C. P.] in Europa am Ende des 20. Jahrhunderts zu unterdrücken. Das ist unsere moralische Verpflichtung."[520] General Clark zieht eine noch positivere Bilanz des Krieges:

> NATO's five conditions were met: a cease-fire, Serb military and police out, international security presence in, refugees returned, an opportunity for a political settlement. Moreover, a ground invasion was avoided, no airmen died, the precious Danube bridges in Belgrade were not struck, the war did not spread into the surrounding states, and the financial costs were surprisingly little.[521]

Letztlich hat die NATO mit ihrem Sieg auch zu Miloševićs Sturz beigetragen. Das alles ist nicht wenig. Allerdings sind die Nebeneffekte gravierend gewesen und Alternativen scheinen im Vorfeld unzureichend genutzt worden zu sein. Auch konnte der eigentliche Konflikt – und das ist wesentlich – auf diese Weise nicht gelöst werden.

Milošević musste im Grunde nach dem Krieg das akzeptieren, was ihm ‚der Westen' schon in Rambouillet vorgelegt hatte. Die Situation im Kosovo hatte sich nach den systematischen Vertreibungen und den vielen Morden und Zerstörungen aber noch weiter zu Ungunsten Serbiens verschlechtert. Eine Mitsprache bei der politischen Gestaltung des Kosovo hatte die serbische Regierung jetzt praktisch nicht

---

[519] Giersch: ‚Die Europäische Union und der Krieg in Kosovo', S. 511; Krause, a. a. O., S. 413f. Nach Giersch war es allerdings Jelzin, der die Gruppe der Industriestaaten G-8 als neues Konsultationsforum ins Spiel brachte (‚NATO und militärische Diplomatie im Kosovo-Konflikt', S. 461). Unterzeichnung und Resolution 1244: Chomsky: ‚Die kühne Behauptung von der Unausweichlichkeit des Kosovokrieges', S. 11.

[520] ‚»Unsere moralische Verpflichtung«. Nato-Generalsekretär Solana erklärt den Einsatzbefehl', FR, 25.3.1999, S. 6. Vgl. a. Kosovo Report, S. 176.

[521] Clark: Waging Modern War, S. 417f. Es handelt sich um die von der NATO am 12.4.1999 diktierten fünf Bedingungen (vgl. für eine etwas detailliertere Aufzählung: Giersch: ‚NATO und militärische Diplomatie im Kosovo-Konflikt', S. 456).

mehr. Milošević versuchte jedoch zu erreichen, dass Russland einen eigenen Sektor im Norden des Kosovo übernähme. Die NATO lehnte dies ab, da sie befürchtete, das würde auf eine Teilung der Provinz hinauslaufen.[522] Sie hat Jugoslawien und Russland damit über den Tisch gezogen, denn in der Vereinbarung mit der NATO hatte die jugoslawische Regierung „eine internationale Sicherheitspräsenz unter substantieller Beteiligung der Nato" akzeptiert. Die Besetzung des Kosovo wurde nun aber *unter dem Kommando* der NATO vollzogen, wogegen Jugoslawien und Russland Protest einlegten. Sie sollen daraufhin der arglistigen Täuschung bezichtigt und die Ölraffinerien in Novi Sad und Pančevo erneut bombardiert worden sein, um die serbische Führung zur Räson zu bringen.[523]

5.14. Was ist aus Jugoslawien unter ‚westlichem' Einfluss geworden?

Durch den Krieg gegen Jugoslawien ist die NATO, und in ihrem Gefolge die EU, zur Ordnungsmacht des gesamten Balkans geworden. Die Politik der neu entstandenen Staaten folgt weitgehend den Vorgaben ‚des Westens', wenn die führenden Politiker, wie im Fall Sloweniens und teilweise auch Kroatiens, nicht schon von sich aus diese Richtung einschlagen. Im Folgenden werde ich auf einige Aspekte der Lage nach den jugoslawischen Teilungskriegen eingehen, vor allem auf das Ziel ‚des Westens', die nationalistische Ausrichtung in den neuen Staaten zu überwinden.

5.14.1. Kosovo

Die größte Verantwortung beim Wiederaufbau und der Neuorganisation des Kosovo wurde am 10. Juni mit der Resolution 1244 des UN-Sicherheitsrates der UNO übertragen, nämlich die zivile Verwaltung der Provinz – ein Novum in der Geschichte der Weltorganisation. So entstand die „United Nations Mission in Kosovo" (UNMIK). Außerdem waren folgende internationale Organisationen beteiligt: Für die militärische Sicherheit war die NATO zuständig, für die humanitäre Unterstützung der UN-Hochkommissar für Flüchtlinge (UNHCR), für die Demokratisierung und den Aufbau staatlicher Institutionen die OSZE und für den wirtschaftlichen

---

[522]   Giersch, a. a. O., S. 462.

[523]   Chomsky, a. a. O., S. 11. Zu den Vereinbarungen s. a. *Kosovo Report*, S. 96; entsprechende Passagen der Resolution 1244: ebd., S. 329 (Beteiligung der NATO) u. S. 325 (Souveränität Jugoslawiens). Von dem Konflikt um den Flughafen von Priština/Prishtina war bereits auf S. 397–399 die Rede.

Aufbau die EU.[524] Nach dem umstrittenen und von der UNO nicht legitimierten Krieg der NATO war eine solche Einbindung internationaler Organisationen mit möglichst vielen Staaten zwar durchaus sinnvoll, für die konkrete Arbeit im Kosovo aber bedeutete sie eine Belastung, zumal auf diese Weise Kompetenzkonflikte und schwerfällige Entscheidungsfindungen wahrscheinlich wurden. Die UNO selbst ist von der außerordentlich umfangreichen Aufgabe überrascht worden. Zudem war sie zu diesem Zeitpunkt praktisch zahlungsunfähig, weil einige Mitglieder ihren Zahlungsverpflichtungen seit Jahren nicht nachgekommen waren, allen voran die USA, die sich mit etwa 1,6 Milliarden Dollar im Rückstand befanden – das waren weniger als ein Prozent ihres Verteidigungshaushalts.[525]

An die Spitze der UNMIK berief Kofi Annan den französischen Gesundheitsminister Bernard Kouchner, der über „alle legislativen und exekutiven Vollmachten [...] einschließlich Verwaltung und Rechtswesen" verfügte.[526] Für ihn und die UNMIK kam es nun darauf an, „rasch die Initiative zu ergreifen und den Bürgern in Kosovo eine professionelle Polizei zu demonstrieren, an deren überzeugendem Beispiel sich die von Grund auf neu aufzustellende Zivilpolizei des Kosovo orientieren kann," so Eisele. In einem ersten Schritt sollten dazu 1800 Zivilpolizisten im Kosovo stationiert werden, vorgesehen waren insgesamt 3000. Bis zum 18. August seien lediglich etwa 750 eingetroffen gewesen, von denen nur etwa 200 auf Streife hätten geschickt werden können, weil der Rest noch einer notwendigen Einweisung bedurft habe. Auch habe Kouchner mittlerweile erkennen lassen, dass er fast doppelt so viele Polizisten wie vorgesehen für erforderlich halte, also etwa 6000. Diese Situation änderte sich jedoch auch in der Folgezeit nur sehr schleppend.[527] Das hatte

---

[524] Eisele: ‚Die Vereinten Nationen und Kosovo', S. 490.

[525] Ebd., S. 498.

[526] Calic: ‚Die internationale Gemeinschaft und der Wiederaufbau Kosovos', S. 533.

[527] Eisele, a. a. O., S. 494. Für die Zahlen vom 18.8. bezieht er sich auf *Newsweek*, 30.8.1999, S. 19, wo allerdings von der Woche vor dem 30.8., bereits 758 eingetroffenen und 3150 geplanten Polizisten die Rede. Die Zahlen und Daten sind insgesamt uneinheitlich: Im *Kosovo Report* ist angegeben, die ersten Polizisten seien am 8.8. eingetroffen (S. 110). Der KFOR-Sprecher Wolf van der Osten hatte jedoch bereits am 3.8. in der ARD mitgeteilt, dass bis dahin bereits 400 Polizisten eingetroffen waren (‚Wieder Morde im Kosovo', *Stuttgarter Zeitung*, 4.8.1999, S. 1). Laut *Kosovo Report* sollen auch nach drei Monaten erst 1400 von 3000 vor Ort gewesen sein, und selbst im Juni 2000 verfügte die UNMIK gerade einmal über 77 Prozent der inzwischen vom UN-Generalsekretär angeforderten Zahl von 4718 (S. 110f.). Jens Reuter nennt 6000 Polizeibeamte, die der UNMIK von 42 Staaten (!) zugesagt worden seien, von denen im Dezember 1999 erst lediglich 1900 im Kosovo Dienst geleistet hätten. Zudem hätten der UN-Mission 25 Millionen US-Dollar zur Bewältigung ihrer Aufgaben gefehlt. (‚Die Kosovo-Politik der internationalen Gemeinschaft in den neunziger Jahren', S. 332.) Dérens spricht ebenfalls von 6000 Polizisten, von denen bis Ende Dezember 1999 erst 2000 eingetroffen gewesen sein sollen (‚Albaner unter sich', *Le Monde diplomatique*, März 2000, S. 14f., hier S. 14). Nach einem Bericht im Info-Radio Berlin (SFB) vom

zur Folge, dass viele polizeiliche Aufgaben gar nicht erfüllt werden konnten oder von KFOR-Soldaten übernommen werden mussten. Darüber hinaus waren einige Abteilungen für diese Situation nicht angemessen ausgebildet und mussten nach Hause geschickt werden.[528] Vor allem das französische Engagement war unbefriedigend, hatte die Republik doch bis Anfang 2000 noch bei Weitem keine hundert Beamte entsandt.[529]

Aufgrund dieser Situation war anfangs vor allem die NATO gefragt, die zudem nach den Erfahrungen des Bosnienkriegs auf eine solche Situation hätte vorbereitet sein müssen. Stattdessen war sie in den ersten Tagen offenbar vorrangig mit dem Schutz ihrer eigenen Soldaten beschäftigt. Dergleichen Versäumnisse seitens ‚des Westens‘ veranlassten den Botschafter Daan Everts, Chef der OSZE-Mission im Kosovo, zu der Bemerkung: „Die internationale Gemeinschaft ist offenbar eher bereit, einen Krieg zu führen, als sich für den Frieden einzusetzen."[530]

Die schwerste Hypothek war auch für das Protektorat der nationale Gegensatz zwischen Serben und Albanern, der sich durch den Krieg noch weiter verschärft hatte, nur dass nun nicht Albaner, sondern Serben flohen. Am 3. August 1999 kritisierte die Menschenrechtsorganisation Human Rights Watch, die KFOR schütze Serben und Roma im Kosovo nicht ausreichend. Die meisten Übergriffe gingen von der UÇK aus. Am 20. August sagte UN-Flüchtlingskommissarin Sacako Ogata, dass von 200 000 Serben 170 000 aus der Provinz geflohen seien. Die Serbische Orthodoxe Kirche gab an, dass über 40 Kirchen geplündert oder zerstört worden seien.[531]

26.2.2000 sollen 5000 Polizisten vereinbart worden sein – eine offenbar fehlerhafte Angabe. Auch hier war von 2000 Polizisten die Rede, die bis dahin vor Ort eingesetzt waren.

[528] *Kosovo Report*, S. 110.

[529] Eisele, a. a. O., S. 497.

[530] *Kosovo Report*, S. 105. Bereits in Rambouillet war eine solche Entwicklung zumindest für einige Teilnehmer absehbar. In einem vertraulichen Dossier an die deutsche Regierung hieß es damals: „Wenn hier nicht noch ein kleines Wunder geschieht, so wird der Kosovo künftig UÇK-bestimmt sein." (Hofmann: ‚Wie Deutschland in den Krieg geriet‘, S. 20)

[531] *M-A*, 17/00, Jugoslawien, Chronik 1999, S. 181. Rütten: *Dossier Kosovo*, S. 14 spricht von 200 000 aus dem Kosovo geflohenen Serben und 120 zerstörten serbisch-orthodoxen Kirchen. Außerdem sollen „mindestens 75 000 Häuser, Wohnungen und andere Einrichtungen aus serbischem Besitz" besetzt sowie 30 000 weitere geplündert und niedergebrannt worden sein. Auch viele serbische Gräber seien verwüstet worden.

Das Jugoslawische Rote Kreuz soll 247 391 Personen registriert haben, die aus dem Kosovo vertrieben worden oder aus ihm geflohen seien, die meisten, wenn auch nicht alle, Serben und Roma (nach Angaben des UNHCR). Die KFOR spricht in einer Übersicht vom Herbst 1999 davon, dass 100 000 Serben im Kosovo verblieben sein könnten. Beides ist wiederum nur möglich, wenn deutlich mehr als 200 000 Serben in der Provinz gelebt hatten. (Judah: *Kosovo*, S. 287) Marie-Janine Calic nennt eine Zahl von „rund

In der albanischen Öffentlichkeit wurden Serben zumeist prinzipiell als Kriegsverbrecher betrachtet, denen das Recht abgesprochen wurde, im Kosovo zu leben.[532] Nahezu alle Albaner seien innerhalb von Wochen nach der Beendigung der Kämpfe zurückgekehrt, während die meisten geflohenen Serben, trotz der Anstrengungen der UNMIK, auch nach über vier Jahren noch nicht wieder zurückgekehrt seien. „Even though some of them do return, many Serbs feel that the interethnic security situation is too fragile and the unemployment too high, to allow to settle again in Kosovo," so Jean-Christian Cady, stellvertretender Sondergesandter von UN-Generalsekretär Kofi Annan im Kosovo.[533]

Doch auch die Lage derjenigen Serben und Roma, die im Kosovo blieben, war erbärmlich. Amnesty International nennt Schätzungen, nach denen 90 Prozent von ihnen arbeitslos gewesen seien. Im Juni 1999 wurden Serben darüber hinaus erst einmal von allen Jobs in der Verwaltung und in den staatseigenen Betrieben ausgeschlossen – eine Umkehrung der Vorkriegsverhältnisse also. Angehörige von Minderheiten trauten sich häufig nicht mehr, ihre Siedlung zu verlassen, weil sie dann Gefahr liefen, von albanischen Extremisten angegriffen zu werden.[534]

Der Vorsteher der jüdischen Gemeinde in Priština/Prishtina, Cedda Prlincević, der mit einer Serbin verheiratet ist und im Sommer 1999 flüchten musste, sagte, die UÇK sehe unterschiedslos alle, die nicht für die Abtrennung des Kosovo von Serbien seien, als Kollaborateure an, die gesamte nicht albanische Bevölkerung werde verjagt.[535]

Der Herausgeber der kosovo-albanischen Tageszeitung *Koha Ditore*, Veton Surroi, der in Rambouillet eine wichtige Rolle bei den Verhandlungen gespielt hatte, schrieb im August 1999 angesichts dieser gewalttätigen Vertreibungen:

---

237 000" Vertriebenen und Flüchtlingen, von denen nur wenige hätten zurückkehren können. (‚Sturzflug ins Chaos', *Die Zeit*, 25.3.2004, S. 8)

Nach einer Schätzung, die die Internationale Kommission angibt, lebten 1998 2,2 Millionen Menschen im Kosovo, davon 7 Prozent Serben, was eine serbische Bevölkerung von 154 000 ergibt (auf S. 108 gibt sie allerdings selbst etwa 200 000 an). Nach der letzten offiziellen Volkszählung von 1981 waren damals von 1,9 Millionen Einwohnern 13,2 Prozent Serben, das sind 250 800 (*Kosovo Report*, S. 319). Selbst wenn man annimmt, dass die Abwanderung der vergangenen 17 Jahre deutlich weniger als 100 000 betragen hätte, wären mit 200 000 fast alle Serben aus dem Kosovo geflohen.

[532] Prochazka: ‚Vom Krieg zur UN-Verwaltung', S. 340.

[533] Auf dem Internationalen Forum zu Völkermord in Stockholm am 28.1.2004, nach dem ‚News Coverage' der UNMIK unter www.unmikonline.org/news.htm, in der Aktualisierung vom 3.2.2004.

[534] Zyber: ‚»Gefangen im eigenen Heim«'.

[535] *650 Jahre Roma-Kultur im Kosovo und ihre Vernichtung: Das Pogrom*, S. 32.

Ich muss gestehen: Ich schäme mich. Ich schäme mich zu sehen, dass wir Kosovo-Albaner zum ersten Mal in unserer Geschichte auch zu solch monströsen Taten fähig sind. Ich kenne natürlich die offensichtliche Entschuldigung, dass wir durch einen barbarischen Krieg gegangen sind, in dem Serben die abscheulichsten Verbrechen begingen. Die Intensität der Gewalt hat bei vielen Albanern den Wunsch nach Vergeltung hochkommen lassen. Aber das ist keine Rechtfertigung. [...] Die heutige Gewalt, mehr als zwei Monate nach Ankunft der NATO-Truppen, ist mehr als nur eine emotionale Reaktion. Das ist eine organisierte und systematische Einschüchterung aller Serben, aus dem einen einzigen Grund, dass sie Serben sind und daher für alles verantwortlich gemacht werden, was in Kosovo geschah. Dieses Verhalten ist faschistisch.

Radikale Kräfte riefen daraufhin indirekt dazu auf, Surroi zu töten.[536]

Die Stimmung in der albanischen Bevölkerung zeigt auch ein Angriff auf Kinder aus Goraždevac, die am 13. August 2003 am Rand des Dorfs, am Flüsschen Bistrica spielten, und das anschließende Verhalten gegenüber einem verletzen Jungen. Ein junger Mann und ein Junge starben bei dem Angriff. Ein schwer verletzter, kaum fünfzehn Jahre alter Junge musste ins Krankenhaus nach Peć/Peja gefahren werden. Die örtliche KFOR hatte eine rumänische Eskorte dafür abgestellt, die mit ihren alten Militärfahrzeugen den serbischen Helfern aber zu langsam war. Sie transportierten den Jungen auf dem Rücksitz ihres Wagens auf eigene Faust in die Stadt. Dort verfuhren sie sich jedoch, und ausgerechnet auf dem belebten Marktplatz ging ihnen das Benzin aus. Menschen sammelten sich um den Wagen, bedrohten die Insassen und versuchten, sie herauszuzerren. Die Serben hatten Glück, dass zufällig eine Sondereinheit der UNMIK-Polizei vorbeifuhr und sie aus dieser Lage befreien konnte. Seit jenem 13. August ist bereits die Bistrica für die Bewohner von Goraždevac feindliches Gebiet.[537]

Zu der scharfen Konfrontation trug allerdings bei, dass – zumindest bis Ende August 2000 – noch 1500–2000 von serbischen Sicherheitskräften verhaftete Kosovo-Albaner in serbischen Gefängnissen waren. Die serbischen Behörden hatten bis dahin keine Übersicht der Gefangenen herausgegeben und erlaubten weder internationalen humanitären Organisationen noch Angehörigen oder selbst gewählten Verteidigern Zugang zu ihnen.[538]

An der prekären Lage sind auch viele Nichtregierungsorganisationen beteiligt gewesen, die nach Beendigung der Bombardierungen ins Kosovo strömten. Sehr wenige von ihnen sollen willens gewesen sein, mit Serben zusammenzuarbeiten, und kaum etwas wurde unternommen, um Patrouillen aufzustellen und den Schutz von Zivilisten zu verbessern. Die bei humanitärer Hilfe notwendige Unparteilichkeit

[536] Reuter: ‚Die Kosovo-Politik der internationalen Gemeinschaft in den neunziger Jahren', S. 332, das Zitat von Surroi nach *Koha Ditore* vom 18.8.1999.

[537] Martens: ‚Die Gefangenen von Goraždevac', *FAZ*, 13.10.2003, S. 3.

[538] *Kosovo Report*, S. 207.

wurde nicht eingehalten[539] – auch das eine Auswirkung der durch den Krieg noch weiter verstärkten antiserbischen Stimmung im ‚Westen', zumal viele Hilfsorganisationen für Spenden intensiv mit den Medien zusammenarbeiteten.

Besonders schlimm war die Situation der Roma und der mit ihnen verwandten Aschkali und Kosovo-Ägypter. Sie waren seit 1990, als die Autonomie der Provinz aufgehoben wurde, einer „aggressiven Serbisierung" ausgesetzt, einige wurden Opfer von serbischen Übergriffen. Seit dem Ende des Krieges und dem Beginn der Besetzung des Kosovo durch die KFOR kam es dann zu einer regelrechten Verfolgung durch Albaner. Dabei wirkte sich das Kollektivurteil, Roma, Aschkali und Kosovo-Ägypter seien allesamt Verräter an den Albanern und Kollaborateure der Serben, besonders verheerend aus.[540] Die Angehörigen dieser Minderheiten, die meist pauschal als Roma bezeichnet werden, wurden von vielen Albanern ganz zur serbischen Seite gerechnet, da sie den Militärdienst in der jugoslawischen Armee in der Regel nicht verweigert hatten und dadurch auch an Militäraktionen gegen Albaner beteiligt gewesen waren. Außerdem hatten sich Roma, zumindest in einigen Fällen, an Plünderungen beteiligt oder von Serben geplünderte Häuser noch nach Brauchbarem durchsucht. Zudem hatten sie in der Zeit vor dem Beginn des Konflikts unter starkem Druck gestanden, dem BdKJ beizutreten, um einen Arbeitsplatz zu bekommen. Auch waren sie von der serbischen Regierung an deren Delegation in Rambouillet beteiligt worden, um die „hegemonialen Ansprüche" der Albaner anzuprangern.[541]

Der Bericht des UNHCR und der OSZE zur Lage der Minderheiten im Kosovo (November 1999 bis Januar 2000) verzeichnet eine Abnahme der Romabevölkerung und fortgesetzte Vertreibungen.[542] Der im Auftrag der Gesellschaft für bedrohte Völker im November 1999 in das Kosovo gereiste Paul Polansky berichtet von vielen niedergebrannten Häusern sowie entführten und ermordeten Roma. Auch die internationalen Hilfsorganisationen hätten an der katastrophalen Lebenssituation der Roma wenig geändert, da deren Personal vorwiegend aus Albanern bestehe, die versuchten, die Weiterverteilung an Roma zu verhindern. Von den über dreißig in Priština/Prishtina verbliebenen Romafamilien berichtet er, die meisten hätten sich seit über sieben Monaten nicht mehr auf die Straße getraut, da sie immer noch angegriffen würden. Ein ehemaliger UÇK-Offizier, der nun ein hoher Funktionär der Hilfsorganisation ‚Mutter Theresa' sei, habe ihm gesagt, „dass Roma und Aschkali in Zukunft in Pristina nicht mehr geduldet würden. Das gelte auch für jeden, der sie

---

[539]   Ebd., S. 206 u. 211.

[540]   Yvonne Bangert: ‚Volksgruppen mit einem Schicksal', *pogrom*, Nr. 205, 2000, S. 15f.

[541]   Dérens: ‚Kein Platz für die Roma im Kosovo', *Le Monde diplomatique*, November 1999, S. 8f., hier S. 8.

[542]   Yvonne Bangert: ‚Unter den Augen der KFOR', *pogrom*, Nr. 205, 2000, S. 13f., hier S. 14. S. a. den Report der Gesellschaft für bedrohte Völker: *Unter den Augen der KFOR: Der Exodus der Roma, Aschkali und Kosovo-Ägypter*, auf dem dieser Artikel beruht.

unterstützt." Die meisten der nach Serbien geflohenen Roma und Aschkali seien zur Rückkehr gezwungen worden, da sie albanische Namen hätten und Muslime seien. Sie hätten schließlich in Kosovo Polje/Fushe Kosove oder im Lager von Kruševac im inneren Serbien Zuflucht gesucht. Andere lebten in Montenegro, hauptsächlich in Flüchtlingslagern. Darüber hinaus wurden nach Serbien und Montenegro geflohene Roma auch dort Opfer von Übergriffen.[543]

Nach Einschätzung des IWPR haben seit Mitte Juni 1999 120 000 Roma das Kosovo verlassen. Vor dem Beginn des Konflikts sollen 150 000 Roma im Kosovo gelebt haben, Ende Juli 1999 sollen es nur noch 10 000 gewesen sein.[544]

Ende 2002 waren die gewalttätigen Übergriffe deutlich zurückgegangen, kamen jedoch immer noch vor und führten dazu, dass die Betroffenen in ihren Siedlungen wie in Gettos lebten, aus denen sie sich kaum heraustrauten. Insgesamt sollen damals lediglich 15 000 Angehörige von kleineren Minderheiten im Kosovo gelebt haben, fast alle von ihnen arbeitslos. Von den 19 000 Häusern, die ihnen gehörten, sollen 14 000 noch immer zerstört gewesen sein. Die bewohnbaren Häuser waren oft von Albanern besetzt, die albanischen Gerichte aber unterstützten die Eigentümer meist nicht.[545]

Möglicherweise werden die Anschläge und Übergriffe auf Serben, Roma und andere Minderheiten nur von einer kleinen Zahl von Albanern verübt. In jedem Fall

---

[543]   ,Rückkehr von Roma und Aschkali unrealistisch', Interview von Yvonne Bangert, *pogrom*, Nr. 205, 2000, S. 17f.; Zyber: ,»Gefangen im eigenen Heim«' (Übergriffe in Serbien u. Montenegro).

[544]   Dérens, a. a. O., S. 8, der sich auf den Bericht Nr. 61 des IWPR bezieht; er ist im Internet auf der Homepage des *Courrier des Balkans*, http://bok.net/balkans zu finden. Zur Vertreibung von Roma und Ashkali aus dem Kosovo s. a. Achenbach: ,Es gibt kein drittes Land', *Freitag*, 15.10.1999, S. 3.

Ich rechne weiter mit: 150 000 Roma wären bei einer Bevölkerung von 2,2 Millionen (*Kosovo Report*, S. 319) fast 7 %. Zusammen mit 7 % Serben – es scheinen eher 9 % gewesen zu sein – sind das fast 14 % Nichtalbaner, andere Minderheiten noch gar nicht eingerechnet. Die im *Kosovo Report* genannte Zahl von 90 % Albanern – diese Zahl ist fast durchweg genannt worden – kann demnach kaum zutreffen. Der Grund hierfür könnte darin liegen, dass viele Roma ihre Nationalität verschweigen und sich, je nach politischer Lage und Möglichkeit, mal als Serben, mal als Albaner ausgeben. Das dürfte aber auch den Erstellern solcher Statistiken bekannt sein. Ärgerlich ist, dass selten weder auf die große Unsicherheit dieser Zahlen noch auf ihr Zustandekommen hingewiesen wird. Für die tatsächliche Situation im Kosovo spielt es keine Rolle, ob dort zu 90 % Albaner leben oder nur zu 84 %, aber im nationalen Kampf ist jede Zahl ein Argument, um Rechte zu untermauern.

[545]   Claudia Blaschke: ,Angefeindet, ausgegrenzt, bedroht', *bedrohte Völker* (die Nachfolgezeitschrift von *pogrom*), 1/2003, S. 12f.

aber genießen sie die passive Unterstützung eines wesentlichen Teils der albanischen Bevölkerung.[546]

Zur Situation zwischen Albanern und Serben im Jahr 2003 schreibt Ursula Rütten:

> Ethnisch motivierte Gewaltakte sind bis heute an der Tagesordnung. Je mehr sich die Serben jedoch in ihren von KFOR-Checkpoints bewachten Enklaven verschanzen oder davon absehen, wieder in ihre Häuser zu den albanischen Nachbarn zurückzukehren, desto weniger tauchen sie folglich in der Opferbilanz auf. Mordanschläge mit politischem Hintergrund – und das ist überwiegend der Fall – gelten zunehmend Angehörigen der eigenen Nationalität. Bedroht ist jeder, der früher für einen Serben gearbeitet hat, ebenso wie jene, die während der NATO-Luftangriffe nicht vor den Serben geflohen sind.[547]

Der letzte Satz weist darauf hin, dass Flucht möglicherweise bereits während der NATO-Luftangriffe als eine Verpflichtung jedes ‚wahren‘ Albaners angesehen wurde, die Höhe der Flüchtlingszahlen also auch etwas hiermit zu tun gehabt haben dürfte.

Auch auf der politischen Ebene sind die Minderheiten diskriminiert worden. Kofi Annan kritisierte, dass, trotz einiger Fortschritte, nicht jede ethnische Gemeinschaft sinnvoll in den provisorischen Institutionen, der Präsidentschaft, der Regierung und der Kosovo-Versammlung teilnehme. Er zeigte sich besorgt darüber, dass die Versammlung „is once again refusing to take into account legitimate minority concerns in the legislative process, [and is] over-stepping its competencies.“[548] Offenbar versuchte ‚der Westen‘ erneut in einer Region des früheren Jugoslawien, Vorstellungen zu verwirklichen, die denen der lokalen Bevölkerungen zuwiderliefen. So meint etwa Jens Reuter: „Die multikulturelle Gesellschaft in Kosovo ist zerstört. Alle Versicherungen der dortigen Repräsentanten der internationalen Gemeinschaft, man werde am multiethnischen Charakter der Provinz festhalten, klingen angesichts der Fakten hohl.“[549]

Dass die von Hass geprägte Situation auch knapp fünf Jahr nach dem Krieg keineswegs überwunden war, wurde besonders drastisch durch die gewalttätigen Übergriffe in mehreren Orten des Kosovo seit dem 17. März 2004 deutlich, bei denen 19 Personen getötet wurden, darunter acht Serben, und 888 verletzt, mehr als 4000 mussten aus ihren Häusern fliehen. 561 Gebäude der serbischen Minderheit wurden zerstört und 22 orthodoxe Gotteshäuser niedergebrannt sowie elf Kirchen

---

[546] Vgl. *Kosovo Report*, S. 260.

[547] Rütten: *Dossier Kosovo*, S. 17.

[548] ‚News Coverage‘ der UNMIK: www.unmikonline.org/news.htm (Aktualisierung v. 3.2.2004).

[549] Reuter: ‚Die Kosovo-Politik der internationalen Gemeinschaft in den neunziger Jahren‘, S. 332.

und Klöster zum Teil schwer beschädigt. Bereits am Vortag hatten Albaner bei Protesten in mehreren Orten die Freilassung aller inhaftierten UÇK-Kämpfer gefordert. Auch in Serbien gab es Massendemonstrationen, in Niš und Belgrad zündeten Serben als Racheakt für die Gewalttaten mehrere Moscheen an, auch andere Objekte in albanischem Besitz wurden verwüstet. Anlass für die Ausschreitungen war, dass drei albanische Jungen – später war zum Teil von zweien die Rede – am 16. März im Dorf Čabra/Çabra im Fluss Ibar ertrunken waren. Ein überlebender Spielkamerad hatte berichtet, sie seien von Serben mit einem Hund gehetzt worden und hätten sich durch einen Sprung in den eiskalten Fluss zu retten versucht. Nach Angaben der UNMIK-Polizei war jedoch noch nicht klar, ob diese Behauptung zutraf. Am Vortag war bereits ein serbischer Jugendlicher im Dorf Čaglavica bei Priština/Prishtina durch Schüsse schwer verletzt worden, was am Abend zu ersten Ausschreitungen geführt hatte. Eine Verbindung zwischen beiden Geschehnissen konnte allerdings nicht ermittelt werden. In der Tageszeitung *Epoka e Re* wurde dann am 17. März als Tatsache verbreitet, die Kinder seien in den Tod getrieben worden, was die Stimmung unter den Albanern weiter aufheizte. In der Folge forderten mehrere tausend Demonstranten die Rückkehr der UÇK. Ramush Haradinaj, der ehemalige UÇK-Führer für das Gebiet Peć/Peja, Dečani/Deçan und Djakovica/Gjakove, rechtfertigte die Gewalttaten als „Revolte" gegen den Status quo. Diesem zu entkommen, bedeute auch, sich dem ersehnten Ziel der Unabhängigkeit zu nähern.[550]

Der Koordinator der serbischen Regierung für das Kosovo, Nebojša Čović, sprach davon, dass hier „ethnisch gesäubert" werde. „Wenn die internationale Friedenstruppe Kfor nicht in der Lage ist, die serbische Bevölkerung im Kosovo zu schützen, dann werden das die serbischen Streitkräfte tun müssen."[551] Offenbar haben sowohl UNMIK-Polizei als auch die deutsche KFOR-Einheit, zumindest in Prizren, sehr lange gebraucht, um überhaupt am Ort des Aufruhrs zu erscheinen, und das, obwohl Letztere von dem albanischen Menschenrechtsaktivisten Bashkim Hisari informiert worden war.[552] Häufig waren UNMIK und KFOR jedoch einfach von

---

[550] Prochazka ‚Vom Krieg zur UN-Verwaltung', S. 333f.; *FAZ*, 19.3.2004: ‚Nato verstärkt Truppen im Kosovo', S. 1; Martens: ‚Asche und Scherben in der Bajrakli-Moschee', S. 3. Zu Haradinaj: Dérens: ‚Vier Jahre nach dem Kosovokrieg – der Solana-Staat zerfällt', *Le Monde diplomatique*, 16.2.2003, S. 10f., hier S. 10 (ehemaliger UÇK-Führer), ‚Bekannte Töne', *FAZ*, 19.3.2004, S. 1 u. R. Flottau/Alexander Szandar/Erich Wiedemann: ‚Im Hass vereint', *Der Spiegel*, 22.3.2004, S. 122–124, hier S. 124 (sie beziffern die Zahl der Toten auf 31). Zu den Zahlen der Toten, Flüchtlinge, Gebäude u. Gotteshäuser s. a.: Martens: ‚Reger Pendelverkehr', *FAZ*, 31.3.2004, S. 6 (hier fallen sie allerdings geringer aus als bei Prochazka, nur die Zahl der zerstörten orthodoxen Gotteshäuser ist mit 35 höher). Anfangs war von 28 Toten die Rede gewesen, offenbar seien in der Verwirrung Leichen doppelt gezählt worden. Die meisten Toten waren demnach von KFOR-Soldaten und UNMIK-Polizei erschossene albanische Extremisten. Verletzte: Andrej Ivanji: ‚Zwischen Trauer und Rache', *Der Standard*, 20./21.3.2004, S. 3.

[551] Ivanji, a. a. O.

[552] Flottau/Szandar/Wiedemann, a. a. O., S. 122f.

den Ereignissen überrascht worden und dem Ansturm der albanischen Demonstranten nicht gewachsen.[553]

Alarmierend an den Übergriffen war zudem, dass sich der Hass von Kosovo-Albanern nun auch gegen die UNMIK richtete. So sollen mehrere hundert von ihnen durch Prizren gezogen sein und „‚Unmik armik!' Unmik, unser Feind!" skandiert haben.[554]

Bezeichnend für die unverändert tiefen Gegensätze ist auch die Behandlung der Vorfälle in den Medien und durch die Politiker der beiden Nationalitäten. Martin Prochazka schreibt:

> In einer funktionierenden Demokratie wäre es die Aufgabe der Zivilgesellschaft, also von unabhängigen Medien, Intellektuellen oder NGOs, mahnend die Stimme gegen derartige Gewaltexzesse zu erheben und auch den eigenen Standpunkt zu hinterfragen. Leider existieren im Kosovo weder bei den Serben noch unter den Albanern wirklich tragfähige zivilgesellschaftliche Strukturen. Stattdessen dominiert der allgegenwärtige nationalistische Diskurs, der die Gegenseite kollektiv als Mörder und Kriegsverbrecher diffamiert, denen jede nur erdenkliche Grausamkeit zuzutrauen ist.[555]

Seitdem wurde intensiver die Möglichkeit eines Autonomiestatus für die Serben diskutiert. Kleinere Enklaven wären allerdings wohl auch mit fünfmal so vielen KFOR-Soldaten wie den damaligen 20 000 nicht zu schützen gewesen. Die Vorstellung eines multinationalen Kosovo wurde zumindest stellenweise aufgegeben.[556]

Ähnlich schleppend wie die Entsendung von Polizisten verlief die von Experten für den Aufbau der Verwaltung, der Justiz, der Infrastruktur und der Wirtschaft.[557] Auf diese Weise ist auch der Aufbau der Judikative nur langsam in Gang gekommen, was dazu geführt hat, dass viele Verbrechen nicht bestraft werden konnten. Unklarheiten, nach welchen Gesetzen geurteilt werden sollte – denen Jugoslawiens oder denen des Kosovo aus der Zeit vor 1989 –, stellten ein weiteres Hindernis dar.[558] Die Anwendung serbischer und jugoslawischer Gesetze stieß bei Albanern auf heftigen Widerstand; Richter, Staatsanwälte und Rechtsanwälte weigerten sich andere Gesetze als die kosovarischen vor 1989 zu akzeptieren. So gab es fünf Monate

---

[553] Prochazka, a. a. O., S. 333f.

[554] Flottau/Szandar/Wiedemann, a. a. O., S. 122 u. 124.

[555] Prochazka, a. a. O., S. 336.

[556] Martens, a. a. O. Marie-Janine Calic gibt an, dass sich von den zeitweise 50 000 im Kosovo stationierten KFOR-Soldaten dort vor den Ausschreitungen gerade einmal noch 17 500 befanden (‚Sturzflug ins Chaos', *Die Zeit*, 25.3.2004, S. 8.). Zur Statusfrage s. a. 5.13.1.1.

[557] Eisele: ‚Die Vereinten Nationen und Kosovo', S. 498.

[558] *Kosovo Report*, S. 112f.

lang ein rechtliches Vakuum, bis ein neues Gesetzeswerk mit Übergangscharakter eingeführt wurde.[559]

Bis zum 13. Oktober 1999 konnten auf diese Weise lediglich 13 Strafprozesse geführt werden, obwohl es Hunderte von Kriminalfällen gab. Ein Richter verdiente 300 DM im Monat, ein Angehöriger der Sicherheitskräfte, die die Gebäude internationaler Organisationen bewachten, hingegen 1300 DM. „Die Richter – fast alle albanischer Nationalität – nehmen einen tatverdächtigen Landsmann nur in Haft, wenn er geständig ist. Leugnet er die Tat, wird er auf freien Fuß gesetzt."[560]

Die mangelnde Strafverfolgung war auch deshalb besonders gravierend, weil die UÇK seit Langem schon Gewalt auch gegen Albaner ausübte. Da waren zum einen jene, die konkurrierenden politischen Gruppen, vor allem Ibrahim Rugovas LDK angehörten, die einfach das gewalttätige Klima kritisierten, oder denen vorgeworfen wurde, die Serben unterstützt oder mit ihnen paktiert zu haben, wobei für diese Anschuldigung bereits ausreichen konnte, dass jemand die UÇK nicht unterstützt habe. Für manchen Albaner stellte das ein echtes Problem dar, denn es dürfte solche Leute eigentlich gar nicht gegeben haben. Eine schlüssige nationalistische Erklärung konnte dann etwa lauten: „Wahrscheinlich sind es keine reinen Albaner. Falsches Blut. Da waren mal Serben dazwischen."[561]

Außerdem aber wurden Leute aus der UÇK selber umgebracht. Derartige Vorwürfe waren spätestens seit dem 25. Juni 1999 öffentlich.[562] Bereits zu Beginn des Krieges der NATO war es zu einem Machtkampf innerhalb ihrer Führung gekommen, in dessen Verlauf mehrere Anführer hingerichtet wurden.[563]

Aktuelle und ehemalige UÇK-Führer sowie westliche Diplomaten warfen der Führungsriege der UÇK und vor allem Hashim Thaçi vor, Konkurrenten aus den eigenen Reihen umgebracht zu haben. Keiner der Ankläger konnte bezeugen, dass Thaçi oder seine Gehilfen jemanden umgebracht hatten, doch konnten sie mehrere Fälle nennen, in denen Rivalen kurze Zeit nach einer entsprechenden Drohung er-

---

[559] Reuter: ‚Die OSZE und das Kosovo-Problem', S. 519.

[560] Ebd.

[561] Konkurrierende politische Gruppen, Kritiker der Gewalt: Dérens: ‚Albaner unter sich', *Le Monde diplomatique*, November 1999, S. 8f., hier S. 14; diejenigen, die die Unterstützung verweigerten: Uwe Buse: ‚Ein Volk auf Leichensuche', *Der Spiegel*, 21.6.1999, S. 162–165, hier S. 165. Buse zitiert hier Xhemal Burniku aus dem Dorf Runjevo/Runjeve.

[562] Als der ausführliche Artikel ‚Leaders of Kosovo Rebels Tied to Deadly Power Play' von Chris Hedges in der *New York Times* erschienen war.

[563] ‚»Die UCK führte blutigen Machtkampf«', *SZ*, 26./27.6.1999, S. 6 mit Bezug auf Hedges, a. a. O., der sich auf frühere UÇK-Kommandeure und westliche Diplomaten beruft. Dérens berichtet von Übergriffen gegen interne Konkurrenten nach dem Krieg (a. a. O., S. 14).

mordet worden waren. Mehr als ein halbes Dutzend UÇK-Führer soll dabei ums Leben gekommen sein. Einer von ihnen ist Blerim Kuçi, der an einen Wagen gebunden zu Tode geschleift worden sein soll, was von einem leitenden Beamten des US-Außenministeriums und einem westlichen Diplomaten bestätigt worden ist. Auch auf den Premier der Schattenregierung, Bujor Bukoshi, soll Thaçi ein Attentat geplant haben, das jedoch scheiterte. Auch soll es bei den Morden eine enge Zusammenarbeit mit der albanischen Regierung gegeben haben, die Agenten ihrer Geheimpolizei bereitstellte.[564]

Ein besonders spektakulärer Fall ist die Ermordung des ehemaligen UÇK-Führungsoffiziers Ekrem Rexha, bekannt unter dem Namen „Kommandant Drini", am 8. Mai 2000, für die Abit Haziraj vom Bezirksgericht in Prizren im Jahr 2002 für schuldig befunden wurde. Wegen Beihilfe wurden außerdem Xheamli Beqiraj und Halil Qadraku verurteilt. Angeregt und befohlen hatte den Mord der TMK-General Sali Veseli, der ebenfalls verurteilt wurde. Die drei Letztgenannten sind ehemalige Führungskader der UÇK.[565]

Viele Albaner waren nach der Aussage eines Journalisten aus Priština/Prishtina schon im Winter 1999/2000 empört über diese Gewalttaten, aber sie wagten nicht, ihre Ansichten öffentlich zu äußern. Das Tabu, die ‚eigenen' Leute zu kritisieren, war offenbar weiterhin sehr wirksam.[566]

Bei einer so gewalttätigen, kriminellen Lage ist es erstaunlich, dass die KFOR und vor allem die UNMIK-Polizei, trotz ihrer mangelhaften Ausstattung nicht konsequenter gegen Verbrecher aus den Reihen der UÇK vorging. So hat es bis Mitte August 2002 gedauert, bis die UNMIK-Justiz im Kosovo erstmals frühere Anführer der UÇK wegen von ihnen begangener Verbrechen verfolgte: Rrustem Mustafa, der als „Kommandant Remi" den Kampf im Nordkosovo mit großem Erfolg angeführt hatte und nach dem Krieg einer von sechs Regionalführern des Kosovo-Schutzkorps TMK war, dem nun die Ermordung von fünf Gefangenen und Folter zur Last gelegt wurden, und Ramush Haradinaj, inzwischen Führer der „Allianz für die Zukunft des Kosovo" (AAK), wegen Gefährdung der öffentlichen Sicherheit. Mehrere tausend Albaner sollen am 13. August gegen die Festnahmen demonstriert haben.[567] Erst am 18. Februar 2003 lieferte die KFOR erstmals ehemalige UÇK-Mitglieder an den Internationalen Gerichtshof aus. Die drei waren angeklagt, 1998/99 als Wächter in einem Gefangenenlager der UÇK serbische und albanische Zivilisten als Geiseln genommen, gefoltert und ermordet zu haben. Hauptangeklagter war Fatmir Limaj,

---

[564] Ebd. US-Außenamtssprecher James P. Rubin konnte diese Anschuldigungen nach Prüfung einer Vielzahl von Quellen allerdings nicht bestätigen.

[565] Rütten: *Dossier Kosovo*, S. 18f. u. 21.

[566] Dérens, a. a. O., S. 14.

[567] ‚Kfor geht gegen militante Albaner vor', *FR*, 14.8.2002, S. 5 u. *M-A*, 15/03, Jugoslawien, Chronik 2002, S. 227.

Fraktionsvorsitzender und Vizepräsident von Thaçis „Demokratischer Partei des Kosovo" (PDK) sowie Vizepräsident des Übergangsparlaments, der am selben Tag in Slowenien verhaftet wurde.[568] Dabei hatten bereits am 7. August 1999 KFOR-Soldaten in einem Haus, das der UÇK-Führer Suleiman Selimi benutzte, zahlreiche, auch automatische Waffen, Munition, Funkabhörgeräte, deutsche Banknoten und Ausweise gefunden, die offenbar dazu dienten, eine illegale UÇK-Polizeieinheit aufzubauen. Viele Albaner hatten für ein solches Vorgehen der Polizei gegen ehemalige UÇK-Mitglieder kein Verständnis. So kommt es seitdem wieder vermehrt zu Unruhen. Für Limaj wurde ein Unterstützungsfonds gegründet und eine bis dahin beispiellose Medienkampagne gestartet.[569]

Ein grundlegendes Dilemma bestand – ähnlich wie vier Jahre später im Irak – darin, dass die Besatzer, die die Protektoratsmächte faktisch sind, sinnvollerweise keine Besatzung aufbauen wollen, sondern die Bevölkerung beziehungsweise ihre Führer beim Aufbau eigener demokratischer Institutionen unterstützen wollen. Die Strukturen im Land, vor allem die der UÇK, sind jedoch stark autoritär und gewalttätig geprägt. Wer als ausländische Macht gegen sie vorgeht, läuft Gefahr zum verhassten Besatzer zu werden, denn verständlicherweise hält ein Großteil der Albaner jegliches Vorgehen gegen die ‚Helden' ihres nationalen Befreiungskampfs für unzulässig und empfindet es als gegen sich und ihre Nation gerichtet. Damit drohen die Besatzer just die Position einzunehmen, die zuvor die Serben innehatten. Vielen Serben wiederum ist die Zurückhaltung von UNMIK und KFOR ein weiterer Beweis für deren Parteilichkeit, wodurch sich diese in einer prekären Lage befinden.

Andere einflussreiche albanische Parteien oder Gruppierungen als diejenigen, die aus der UÇK hervorgegangen waren und die bereitwilliger kooperiert hätten, gab es nicht. Die als gemäßigt geltende LDK von Ibrahim Rugova war als Partner noch unbequemer. Immer wieder attackierte Rugova die Protektoratsmächte auf populistische Weise. Aber Thaçi, nach dem Krieg Gründungsvorsitzender der PDK, der sich

---

[568] *M-A*, 15/03, Jugoslawien, Chronik 2003, S. 233; *Fischer Weltalmanach 2004*, Sp. 765. Inzwischen sind auch UÇK-Kämpfer wegen Menschenrechtsverletzungen angeklagt worden, u. a. am 8.3.2005 der mittlerweile zum Ministerpräsident aufgestiegene Ramush Haradinaj, der daraufhin zurücktrat. Im April 2008 ist er allerdings freigesprochen worden. Ausschlaggebend hierfür war, dass eine Reihe von Zeugen abgesprungen waren. Das hatte viel damit zu tun, dass die UNMIK, die für den Zeugenschutz im Kosovo verantwortlich war, diesen nur sehr mangelhaft gewährleistet hat. (Boris Kanzleiter in einem Vortrag zu den Ergebnissen der serbischen Parlamentswahlen im Berliner Kolleg für Vergleichende Geschichte Europas der Freien Universität am 22.5.2008; vgl. a. *Die „Faust Gottes" vor dem UN-Tribunal. Freiheitskampf und organisierte Kriminalität im Kosovo*, Radiofeature von Dirk Auer und Kanzleiter, am 8.1.2008 vom DLF ausgestrahlt.)

[569] Selimi: ‚Zusammenstöße im Kosovo', *FAZ*, 9.8.1999, S. 2; Vermehrt Unruhen: ‚Verkürztes UN-Engagement?', Interview von Markus Bickel mit Michael Steiner, *Berliner Zeitung*, 9.11.2002, S. 7; Prochazka ‚Vom Krieg zur UN-Verwaltung', S. 341.

kooperativer gab und deshalb von UNMIK-Leiter Michael Steiner bevorzugt wurde, war, wie wir gesehen haben, eine sehr zwielichtige Person.[570]

Die Umwandlung der autoritären Strukturen des bewaffneten Kampfes in zivile und demokratische stieß noch auf andere Schwierigkeiten. Das gilt vor allem für die UÇK selbst. Schon im September 1999, als auf Seiten der KFOR die Rede davon war, die UÇK-Kämpfer sollten teilweise einer zu bildenden kosovarischen Polizei eingegliedert werden, hieß es, dass zumindest Teile der UÇK beabsichtigten, aus ihrer Organisation die Armee eines künftigen unabhängigen Kosovo zu bilden.[571] Das aus Teilen der UÇK am 20. September gebildete „Kosovo Protection Corps" (KPC) – so die Bezeichnung in der von der UNMIK benutzten englischen Sprache – heißt auf Albanisch „Trupat ë Mbrojtjës te Kosovës" (TMK), was zuweilen mit „Kosovo-Verteidigungskorps" übersetzt wird, da *mbrotje* sowohl Schutz als auch Verteidigung bedeuten kann.

> Modeled after the US National Guard, funded by US military aid, the KPC is trained by Military Professional Resources Inc (MPRI), a mercenary outfit based in Alexandria, Virginia. The MPRI had also been involved in the training and command of the Croatian forces that drove over 200,000 ethnic Serbs from the Krajina region of Croatia in 1995.[572]

Die Gründung des Kosovo-Schutzkorps sollte wenigstens einigen ehemaligen UÇK-Kämpfern die Rückkehr ins Zivilleben erleichtern, da es insgesamt noch an Arbeit mangelte und daher auch Ausbildungsmaßnahmen und Kleinkredite nur bedingt weiterhalfen. Problematisch daran war, dass wichtige UÇK-Führer ihr Ziel, eine kosovarische Armee zu schaffen, noch nicht aufgegeben hatten. Wenn sie es energisch betrieben hätten, wäre es ihnen in kürzester Zeit möglich gewesen, das Schutzkorps in eine bewaffnete Truppe umzuwandeln, zumal bereits damals 200 Mann mit leichten Waffen für den Personen- und Objektschutz ausgerüstet waren.[573]

---

[570] Vgl. a. Mappes-Niediek: ‚Ein flexibler Charakter', *Berliner Zeitung*, 2.7.2003, S. 1.

[571] *Zeitspiegel* auf RadioKultur (SFB), 20.9.1999.

[572] Chossudovsky: ‚The UN appoints an alleged war criminal in Kosovo'. Allerdings soll die TMK nach dem Vorbild der französischen „Sécurité Sociale" aufgebaut worden sein (*Kosovo Report*, S. 118). Beide ähneln dem deutschen Technischen Hilfswerk.

Nach Judah: *Kosovo*, S. 282 arbeitete eine Gruppe pensionierter US-Offiziere für MPRI. Der Hintergrund ist, dass das US-Verteidigungsministerium zunehmend militärische Aufgaben an Privatunternehmen vergibt. Damit schützt es die Armee vor Kritik und ist nicht auf die Zustimmung des Kongresses angewiesen.

[573] Calic: ‚Die internationale Gemeinschaft und der Wiederaufbau Kosovos', S. 535f. Von den Verstrickungen von TMK-Führern in die blutigen Machtkämpfe innerhalb der UÇK ist bereits die Rede gewesen (vgl. S. 440).

Der Kommandant des TMK, der ehemalige UÇK-Generalstabschef Agim Çeku,[574] sah, ebenso wie andere TMK-Angehörige, in ihm von Anfang an die zukünftige Armee eines unabhängigen Kosovo – und das, obwohl das TMK nur eine „zivile Organisation für Ausnahmesituationen", zum Beispiel Naturkatastrophen, sein sollte, wobei ihr allerdings militärische Ränge zugestanden worden waren. Wie sehr sich das TMK in der Nachfolge der UÇK sah, wird auch daran deutlich, dass es die ersten Festnahmen ehemaliger UÇK-Kommandanten im August 2002 als direkten Schlag gegen die Werte des Freiheitskampfs, die Opfer und die glorreiche UÇK-Miliz bezeichnete. Gegen Agim Çeku selbst, der im Übrigen ein enger Vertrauter von Hashim Thaçi ist, ermittelte der Internationale Gerichtshof in Den Haag nur wenige Wochen nach seiner Ernennung wegen seiner Rolle bei „summarischen Hinrichtungen, unterschiedslosem Beschuss der Zivilbevölkerung und ethnischen Säuberungen" während des Krieges in Bosnien.[575] Außerdem ist nahe Çekus Hauptquar-

---

[574] Çeku verließ 1991 die Jugoslawische Volksarmee und trat den neu formierten kroatischen Streitkräften bei. In verschiedenen Kämpfen spielte er eine wichtige Rolle, vor allem war er 1995 als Brigadegeneral einer der fünf Kommandanten in der Operation „Sturm". Im Februar 1999 wurde er pensioniert, was seiner Familie ihr Einkommen sicherte, und am 2. April ernannte ihn die politische Führung der UÇK zum Oberbefehlshaber. In Kürze wandelte er die UÇK in eine Armee um, die internationalen Standards entsprach. (Vgl. das Interview mit Arjana Barabas in der Zagreber Zeitschrift *Nacional* vom 23.3.2000, engl. Übersetzung unter http://free.freespeech.org/ex-yupress/nacional/ nacional5.html, März 2000, u. Judah: *Kosovo*, S. 282.)

Çeku war nicht der einzige albanische Militärführer, der zuvor auf kroatischer Seite gegen Serben gekämpft hatte. Rahim Ademi etwa hatte 1990 beim Aufbau der kroatischen Streitkräfte in der Gegend von Sinj geholfen, 1993 den Rang eines Unterbefehlshabers im Militärbezirk Gospić bekleidet und war nach der unrühmlichen Operation „Medak-Tasche" entlassen worden. Später war er Unterbefehlshaber im Militärbezirk Split und wurde 1995 für seinen Einsatz bei der Operation „Sturm" zum Brigadegeneral befördert. 2001 ist er vom Internationalen Gerichtshof wegen Kriegsverbrechen gegen die Krajina-Serben während der Operation „Medak-Tasche" angeklagt worden. (www.worldhistory .com/wiki/R/Rahim-Ademi.htm)

Der erfahrenste ehemalige Offizier der JNA unter den albanischen Militärführer war zeitweilig Ahmet Krasniqi, der seine Kaserne in Gospić 1991 der kroatischen Regierung übergeben hatte und später etwa 600 ehemalige Offiziere, von denen die meisten in der Schweiz und in Deutschland lebten, für den Kampf im Kosovo zusammenholte. Bukoshi übergab ihm 4,5 Mio. $ aus dem Spendenfonds der LDK-Verwaltung, um sie an die Rebellen weiterzuleiten. Krasniqi baute schnell Trainingscamps in der Grenzregion auf und schuf Spezialeinheiten. Bukoshi ernannte ihn zum Oberbefehlshaber einer Konkurrenzorganisation zur UÇK, den „Streitkräften der Republik Kosova". Mit dieser sollte der Rückstand zur UÇK wieder aufgeholt werden, was allerdings misslang. Krasniqi wurde am 21.9.1998 ermordet. Auch hier existieren mehrere Versionen, doch es gibt Zeugen, dass er bei einer Polizeikontrolle in Tirana offenbar gezielt erschossen wurde. (Hedges: ‚Leaders of Kosovo Rebels Tied to Deadly Power Play', S. A14)

[575] Rütten: *Dossier Kosovo*, S. 16; Chossudovsky: ‚The UN appoints an alleged war criminal in Kosovo', der sich auf eine Nachricht von *AFP* vom 13.10.1999 stützt. Zukünftige

tier Mitte Juni 2000 ein umfangreiches geheimes Waffenlager entdeckt worden. Der TMK-Kommandant Ruzhdi Saramati ist mehrfach als „Gefahr für die öffentliche Sicherheit" verhaftet worden.[576]

Dass das TMK eine solche Armee bereits in Ansätzen sein konnte, hat wiederum mit dem mangelnden Engagement der Besatzungsmächte zu tun. Da auch Mitte März 2000 noch nicht genügend Polizisten in der Provinz waren, haben frühere Mitglieder der Policia Ushtarahe (PU), der Militärpolizei der UÇK, sowie das TMK vielfach deren Aufgaben übernommen, was nach einem zu dieser Zeit veröffentlichten OSZE-Bericht vor allem Schutzgelderpressung, Einschüchterung, Verhaftung, Folter und Mord bedeutete. Der Bericht moniert außerdem, dass durch die mangelhafte Strafverfolgung das Vertrauen der Bevölkerung in die Strafverfolgungsbehörden schwinde, was die Kriminalität weiter fördere.[577]

Gleich nach der Besetzung der Provinz durch die NATO hatten sich Hashim Thaçis Leute die Tankstellen gesichert und erpressten Schutzgelder. Vor den ersten Wahlen wurden Kandidaten der LDK im Drenica-/Drenice-Gebirge, Thaçis Hochburg, erschossen. Seinen Bruder Gani erwischte die Polizei mit einer halben Million US-Dollar in bar – offenbar Gelder aus Bauimporten.[578]

Die UÇK hat also nicht nur im Zusammenhang ihres Unabhängigkeitskampfes und interner Machtkämpfe Verbrechen verübt. War das Kosovo schon länger für den Drogenhandel innerhalb Jugoslawiens und darüber hinaus von Bedeutung, so hat sich das durch die UÇK und den Krieg noch weiter verstärkt, nach Aussage eines zivilen Mitarbeiters der UNMIK als Geschäft zwischen albanischen Mafiabanden und der UÇK: Jene lieferten Waffen und konnten dafür im Kosovo Fuß fassen.[579] Nach

---

Armee: Mario Vigl: ‚»Gegen diese Mafia kommen wir nicht an«‘, *Hamburger Abendblatt*, 24.3.2000, S. 3. Dass die UNMIK mit einem solchen Mann kooperiert, kommentiert Rütten so lapidar wie treffend: Die UNMIK könne kaum gegen ein Volk regieren, das seine Helden feiere (Rütten, a. a. O., S. 15). Chossudovsky betont, der UNMIK-Leiter Bernard Kouchner habe von Çekus Rolle wissen müssen, da die UNO vollständigen Zugang zu den Unterlagen des Internationalen Gerichtshofs gehabt habe. Er zitiert mehrere namentlich nicht genannte westliche Diplomaten, die es für eine politische Katastrophe hielten, würde man Çeku verhaften. Çekus Name ist bis Februar 2004 nicht auf der Liste der Angeklagten des Internationalen Gerichtshofs aufgetaucht. Seine Unersetzlichkeit bei der Schaffung stabiler Verhältnisse im Kosovo könnte ein Grund hierfür sein. (Daran hat sich offenbar auch vier Jahre später nichts geändert.)

[576] Waffenlager: *Kosovo Report*, S. 119. Zu Saramati: Walter Mayr: ‚Der Traum der Adlersöhne‘, *Der Spiegel*, 3.9.2001, S. 142–145, hier S. 144.

[577] ‚OSZE: Es geht nur mit null Toleranz‘, *Hamburger Abendblatt*, 24.3.2000, S. 3.

[578] Mappes-Niediek: ‚Ein flexibler Charakter‘, *Berliner Zeitung*, 2.7.2003, S. 1.

[579] Dérens: ‚Albaner unter sich‘, *Le Monde diplomatique*, November 1999, S. 8f., hier S. 14. Auch die Internationale Kommission sieht in der wachsenden Macht der Mafia eins der Hauptprobleme für die Zukunft des Kosovo (*Kosovo Report*, S. 125).

Meinung von Experten sollen mittlerweile 40 Prozent des Heroins für Europa und die USA im Kosovo umgeschlagen werden. Für die Mehrheit der Albaner der Provinz aber ist die UÇK weiterhin keine kriminelle Vereinigung, sondern eine ‚heldische'. Dies ist ein entscheidender Grund für die Zurückhaltung der Strafverfolgungsbehörden. Das *Hamburger Abendblatt* berichtete im März 2003, wie die Staatsanwaltschaft erfolgreich die Strafverfolgung eines Mannes vereitelt hatte, nur weil er ein verdienter UÇK-Kämpfer war. Ihm waren Schutzgelderpressung, zwölf Anschläge mit Handgranaten und eine Hinrichtung zur Last gelegt worden.[580]

Konkrete Beweise für eine Vernetzung zumindest von Teilen des TMK mit Leuten, die den ‚Befreiungskampf der Albaner' fortsetzten und in die Nachbarregionen und -länder trugen, hat es mehrfach gegeben. So ist durch einen Sprengstoffanschlag auf eine Eisenbahnbrücke bei Zvečan/Zveçan im serbisch besiedelten Norden der Provinz herausgekommen, dass TMK-Soldaten an der „Albanischen Nationalarmee" (AKSh) beteiligt waren, die für die Schaffung eines ‚Großalbaniens' kämpfte. Nach dem Anschlag hätten das TMK „urplötzlich 50 Angehörige verlassen", so der britische UNMIK-General Andrew Cumming. Im April 2003 hatte die UNMIK die AKSh zur terroristischen Organisation erklärt. Geführt wird sie von dem Gründer der „Partei der Nationalen Einheit", Idajet Beqiri, der im Internet auch unter dem Pseudonym Alban Vjosa bekannt ist.[581] Wie schon bei der UÇK ist die Definition entscheidend: ‚Terrorgruppe' oder ‚Befreiungsarmee'? Die Wahl ‚des Westens' gibt jeweils den Ausschlag.

Ob das Ziel, mit der Bildung des TMK zu verhindern, dass sich erneut ein bewaffneter Untergrund bildet und mafiöse Strukturen gestärkt werden,[582] erreicht werden kann, erscheint unter diesen Umständen fraglich.

Unter diesen Umständen verwundert es nicht, dass das TMK keine Institution ist, an der Nichtalbaner nennenswert beteiligt wären. Von seinen 5000 Soldaten waren Anfang Juni 2003 nur dreißig Serben, die vor allem der relativ hohe Monatslohn von 72 Euro dazu bewogen hatte. Die Beteiligung von Serben am TMK wurde von ihren politischen Führern ausdrücklich verurteilt.[583] Auch die Aufnahme von Angehörigen

---

[580] Mario Vigl: „»Gegen diese Mafia kommen wir nicht an«', 24.3.2003, S. 3.

[581] Sprengstoffanschlag und Beteiligung von TMK-Leuten an der AKSh: Küppers: ‚Kursprobleme im Kosovo. Wie ethnischer Hass und Terror die Arbeit des scheidenden Gouverneurs Michael Steiner erschwert hat', *SZ*, 5.6.2003, S. 10. Zur AKSh: ‚New concerns over Albanian guerrillas', *BBC*, 6.9.2003, im Internet unter www.balkanpeace.org/hed/archive/sep03/hec5986.shtml. Zu Beqiri: R. Flottau: ‚Aufstand der Skipetaren', *Der Spiegel*, 10.11.2003, S. 158.

[582] Vgl. Gustenau/Feichtinger: ‚Der Krieg in und um Kosovo', S. 483.

[583] Küppers, a. a. O.

anderer Minderheiten – vorgesehen sind zehn Prozent – kam nur sehr schleppend in Gang.[584]

Die gleiche mafiöse Struktur gilt im Übrigen auch für Bosnien-Herzegowina, Mazedonien und Albanien, sodass die Internationale Kommission feststellt: „Bosnia, Kosovo, Albania, and Macedonia all rely on this system of internationally financed dependency on one hand, and the criminalization of the economy on the other (drugs, arms, prostitution)." Daher vermutet sie: „Perhaps the only truly functional transnational organization in the region is the mafia."[585]

Von serbischer Seite erhielt die UNMIK erst recht keine Unterstützung. Aufgrund der weiterhin nationalistisch polarisierten Lage weigerte sie sich weitgehend, die Verwaltung im Protektorat mitzutragen und sich an die neuen Gesetze und Verordnungen zu halten. So wurde etwa die Benutzung kostenloser Autokennzeichen für das Kosovo noch Anfang Juni 2003 von zwei Dritteln der Serben boykottiert. Sämtliche serbische Lehrer wurden weiterhin von Belgrad bezahlt. Von der UNMIK-Verwaltung gab es nur eine Zuzahlung, da die Finanzierung eines parallelen serbischen Schul- und Gesundheitssystems von ihr nicht zu bezahlen gewesen sei. Auch die Lehrpläne und Lehrbücher kamen aus Belgrad. Ebenso waren Post und Telekommunikation nach Belgrad ausgerichtet. Zahlungsmittel war der Dinar, nicht, wie im restlichen Kosovo, der Euro – und vorher die D-Mark. Serben aus Kosovska Mitrovica/ Mitrovica e Kosovës haben sogar ihre im nun albanischen Süden der Stadt begrabenen Verwandten umgebettet, um nicht mehr auf die Begleitung von KFOR-Soldaten angewiesen zu sein, wenn sie die Gräber besuchen.[586]

Von den im Abkommen mit der NATO festgehaltenen „Grundsätzen der Souveränität und territorialen Integrität der Bundesrepublik Jugoslawien" blieb de facto kaum etwas übrig. Die nun im Kosovo eingesetzten Behörden trafen ihre Entscheidungen mit Unterstützung der dort stationierten NATO-Truppen, aber ohne vorherige Absprache mit Belgrad.[587]

Dass für die Kosovo-Bewohner eigene Ausweise und Autokennzeichen eingeführt wurden, die keine jugoslawischen Staatssymbole mehr trugen, dass die D-Mark und später der Euro eingeführt, Zahlungen mit dem jugoslawischen Dinar mit Gebühren belegt sowie Staatseigentum ohne die Zustimmung der jugoslawischen Regierung privatisiert wurde, verstieß ebenfalls gegen die weitere Zugehörigkeit des Kosovo zu Jugoslawien beziehungsweise Serbien und wurde auch entspre-

---

[584] *Kosovo Report*, S. 118.

[585] Ebd., S. 250f.

[586] Autokennzeichen, Schul- und Gesundheitssystem, Gräber: Küppers, a. a. O.; Lehrpläne u. -bücher, Zahlungsmittel: Rütten: *Dossier Kosovo*, S. 3. Diese parallelen Strukturen werden von der serbischen Regierung bis heute aufrechterhalten.

[587] Paul-Marie de la Gorce: ‚Die Nato und ihre Südosterweiterung', *Le Monde diplomatique*, 17.3.2000, S. 10f., hier S. 11.

chend von der russischen Regierung kritisiert.[588] Zudem wurden seit Anfang September 1999 an der Grenze zu Mazedonien Zölle erhoben, um zusätzliche Einnahmen zu erzielen, was dem jugoslawisch-mazedonischen Freihandelsabkommen zuwiderlief.[589] Die Wiederzulassung von jugoslawischen Sicherheitstruppen auf dem Gebiet der Provinz oder die Wiedereinführung des Dinars wäre allerdings von der albanischen Bevölkerung nicht geduldet worden[590] – wie jeder andere symbolische oder faktische Akt, der auch nur die geringste Zugehörigkeit zu Serbien angezeigt hätte.

Um der nationalistischen Stimmung auf beiden Seiten entgegenzuwirken, um zu verhindern, dass erneut ein Informationsmonopol herrschte, und um für die eigenen Ziele und das eigene Vorgehen zu werben, wandte sich die UNMIK in einer einstündigen Radiosendung täglich an die Bevölkerung – ein Fortschritt gegenüber bisherigen UN-Friedensmissionen.[591]

Über ihre Befriedungspolitik hinaus hatte die UNMIK vor allem die Folgen der jahrelangen Unterdrückung und des Krieges zu bewältigen. So kehrten nach den Unterlagen des UNHCR etwa 760 000 Menschen, ganz überwiegend Albaner, in das Kosovo zurück. Mehr als 500 000 von ihnen benötigten noch im selben Jahr winterfeste Behausungen. 60 Prozent der 649 Schulen waren zerstört, weitere 21 Prozent schwer beschädigt.[592] Zwischen zehn und 40 Prozent aller Einwohner besaßen 1999 keine Personalpapiere, wohl vor allem, weil die serbische Regierung diese systematisch vernichtet hatte. Die UNMIK wollte keine ausstellen, da das gegen die jugoslawische Souveränität verstoßen hätte. Andererseits akzeptierten die Kosovo-Albaner ihre jugoslawischen Pässe nicht mehr.[593]

---

[588] *Kosovo Report*, S. 103; Einführung der D-Mark sowie Gebühren auf Zahlungen mit dem Dinar: Calic: ,Die internationale Gemeinschaft und der Wiederaufbau Kosovos', S. 535 (es handelt sich um Kouchners Verordnung Nr. 4 vom 2.9.1999).

[589] Calic, a. a. O., S. 535.

[590] *Kosovo Report*, S. 270. Auch dass Ersteres unterblieb, hat die russische Regierung als Verletzung der Resolution 1244 kritisiert, nämlich als Negierung von Anhang 2, Punkt 6 über eine beschränkte Präsenz jugoslawischer Sicherheitskräfte. Diese sollten eine Verbindung zur internationalen zivilen und militärischen Verwaltung unterhalten, Minenfelder kennzeichnen und räumen, Orte des serbischen nationalen Erbes schützen und an Hauptgrenzübergängen präsent sein. (Ebd., S. 261f.; zur diesbezüglichen Stelle in der Resolution: S. 329)

[591] Eisele: ,Die Vereinten Nationen und Kosovo', S. 493.

[592] Ebd., S. 492f.

[593] Ebd., S. 495 (Vernichtung von Identitätspapieren); Reuter: ,Die OSZE und das Kosovo-Problem', S. 521, der sich auf Blerim Shala: ,Kosovo waits for the vote', *Balkan Crisis Report*, 26.11.1999, S. 1–3 bezieht.

Unter all diesen Umständen verwundert es nicht, dass auch der zukünftige Status der Provinz lange Zeit unklar blieb. Die ganz überwiegende Mehrheit der albanischen Bevölkerung wünschte offenbar die Unabhängigkeit. Führende albanische Politiker betonten immer wieder, dass für sie klar sei, dass das Kosovo unabhängig werden müsse – so Rugova nach seinem Wahlsieg bei den Parlamentswahlen am 17. November 2001 oder der PDK-Vorsitzender Thaçi Ende Mai 2003.[594] Die Internationale Kommission sah das ähnlich. Sie empfal die „bedingte Unabhängigkeit" des Kosovo. Internationale Organe sollten für die äußere Sicherheit und den Schutz der Minderheiten zuständig sein sowie für die Integration des Kosovo in einen effektiven Stabilitätspakt, der neben einer ökonomischen Perspektive auch eine politische umfassen sollte. Nach dem, was Kosovo-Albaner seitens der jugoslawischen Behörden seit 1989 hätten erleben müssen, scheine es keine wirklichen Aussichten zu geben, dass sie einer wie auch immer verfassten serbischen Oberhoheit zustimmen würden.[595] Sie wollte damit auch die paradoxe Situation beenden, in der sich die UNMIK befand:

> The aim of reconstruction and the development of democracy and a market economy depend on the capacity to establish the rule of law and other essentially statebuilding institutions. Yet the explicit goal of the Kosovo protectorate is not to build a state, but rather to prevent its formation.[596]

---

[594] Rugova: *M-A*, 16/02, Jugoslawien, Chronik 2001, S. 217; Thaçi: ‚»Teilung des Kosovo wäre gefährlich«', Interview von Küppers, *SZ*, 28./29.5.2003, S. 7.

[595] *Kosovo Report*, S. 9 u. 270–274. Auch Carl Bildt, der Balkan-Sondergesandte des UN-Generalsekretärs, hat sich in seinen Bemerkungen vom 23.6.2000 für „a clear constitutional separation" ausgesprochen (ebd., S. 263).

Diese Einschätzung übersah, dass die verbliebenen Serben einer albanischen Oberhoheit ebenso ablehnend gegenüberstanden wie die Albaner einer serbischen. Das war erst einmal eine Frage der Quantität, und es wirft wieder einmal die weitere Frage auf, wie oft man solche Teilungen eigentlich fortsetzen wollte, da es in jedem Teilgebilde wiederum Minderheiten geben würde, die sich gegen ihre Zugehörigkeit zu diesem wehren würden. Außerdem greift auch hier das Argument, man habe einer gewalttätigen sezessionistischen Bewegung zum Erfolg verholfen, was es wahrscheinlich machte, dass unter anderen Russland und China einen solchen Schritt ablehnen würden. (Vgl. ebd., S. 269.)

Zudem hat das Projekt einer „bedingten Unabhängigkeit" einen unangenehmen paternalistischen Beigeschmack, etwa wenn die Kommission schreibt: „It [the European Stability Pact] must develop a secretariat and a structure capable of reconciling political tensions in the region and above all, *gradually guiding Kosovo to its proper place as a functioning state within the Balkan region*." (Ebd. S. 274f., Hervorh. C. P.)

[596] Ebd., S. 241.

Eine unbefristete Dauer des Protektorats desavouiere zudem den Anspruch, die UNMIK schaffe Institutionen für den Übergang zu einem Autonomiestatus. Dieser Übergang müsse spürbar sein, solle sich die albanische Bevölkerung nicht von der UNMIK abwenden. Ansonsten wäre auf längere Sicht eine Konfrontation zwischen der lokalen albanischen Bevölkerung und den Protektoratsstaaten unausweichlich. Für diesen Fall bestand die Gefahr, dass die schnell wachsende albanische Bevölkerung Mazedoniens den Anschluss an ein unabhängiges Kosovo forderte.[597]

Die Gefahr, dass die mazedonischen Albaner in den Konflikt hineingerieten, bestand allerdings sowieso, sie wäre durch eine Konfrontation der Kosovo-Albaner mit den Protektoratsinstitutionen möglicherweise nur weiter gewachsen. Teile der albanischen Freischärler strebten weiterhin eine Vereinigung aller albanisch besiedelten Regionen an. „Kommandant Vjosa", nach eigenen Angaben Oberbefehlshaber der 116. Brigade der mazedonischen UÇK, war zum Beispiel „ausgebildet an den Militärschulen Tiranas, jahrzehntelang im Dienst der albanischen Armee", dann „1999 als militärischer Berater im Kosovo tätig" gewesen und seit 2001 Mitglied des Generalstabs der mazedonischen UÇK und zwischenzeitlich Sprecher der „Befreiungsarmee von Preševo, Medvedja und Bujanovac" (UÇPMB). In dieser Eigenschaft habe er auch „an den Dienstagstreffen mit deutschen Kfor-Offizieren in Priština teilgenommen. ‚Stellen Sie sich vor, Ihr Land wäre zerstückelt und hätte fünf Hauptstädte – was würden Sie tun?', habe er sie gefragt. ‚Sie haben mich umarmt und gemeint, sie würden so handeln wie wir.'" Was der Dichter Pashko Vaso im 19. Jahrhundert geschrieben hat, scheint noch immer zu gelten: „Die Religion des Albaners ist das Albanertum."[598] Eine Aussage, die freilich für andere Nationalismen nicht weniger gilt.

Offiziell hielten sich die führenden albanischen Politiker mit der Befürwortung eines ‚Großalbaniens' zurück. Unter den Ausnahmen war der weiterhin wenig einflussreiche Thronprätendent Leka I. Zogu. Häufiger aber wurde von einem ‚ethnischen Albanien' oder dem ‚nationalen Traum' der Albaner gesprochen, was de facto nichts anderes meint, aber in den Ohren westlicher Politiker offenbar besser klingen sollte. Diese waren im Übrigen der Grund für die Zurückhaltung.[599]

---

[597] Spürbarer Übergang: ebd., S. 265. Unausweichliche Konfrontation: ebd., S. 277. Mazedonische Albaner: Paasch: ‚Helfen kann so kompliziert sein', *FR*, 3.4.1999, S. 3. Mittlerweile ist diese Entwicklung an ihr vorläufiges Ende gekommen: Am 17.2.2008 hat der kosovo-albanische Premier Hashim Thaçi die Unabhängigkeit des Kosovo erklärt. Die USA waren unter den ersten Staaten, die sie anerkannt haben, Großbritannien, Frankreich und Deutschland folgten bald nach. Die bisherige UN-Verwaltung soll nun von der EU übernommen werden und zugleich nach und nach vollständig in die Hände der Bevölkerung übergehen. Dem aber müsste der UN-Sicherheitsrat zustimmen, was er bisher, vor allem wegen des drohenden russischen Vetos, nicht getan hat.

[598] Walter Mayr: ‚Der Traum der Adlersöhne', *Der Spiegel*, 3.9.2001, S. 142–145, hier S. 145.

[599] Küppers: ‚Ein Traum, ein Herzenswunsch und viele Gespenster', *SZ*, 4.8.2003, S. 3.

Daneben gab es allerdings bei manchen Kosovo-Albanern gegenüber einem ‚Großalbanien' wegen des vormaligen Wirtschaftsgefälles zu Albanien und aus Unbehagen über eine Ausweitung der Mafiastrukturen auch Skepsis. Offensiv vertreten wurde ein vereinigtes Albanien vor allem von der AKSh, die auch bereit war, dafür zu kämpfen.[600] Sollte die Vereinigung von politischen Führern offensiver vertreten werden, vermute ich, dass die nationale Begeisterung die Sorgen und Vorbehalte in den Hintergrund drängen würde.[601]

Für die Unabhängigkeit des Kosovo sprachen jedoch nicht nur die Befriedigung albanischer Ansprüche, sondern auch, dass sich auf diese Weise das Verhältnis zwischen den Protektoratsstaaten einerseits und den politischen Führern der Kosovo-Albaner und ihren zum Teil erregten Anhängern andererseits deutlich entspannen sowie endlich eine relativ stabile politische und rechtliche Grundlage geschaffen werden würde. Sie bot auch den Vorteil, dass die albanische Mehrheit endlich selbst für ihr Handeln verantwortlich sein würde und die traurige Lage der Region nicht mehr ‚den Serben' würde anlasten können.

Obwohl eine wachsende Zahl ‚westlicher' Politiker und Beobachter eine wie auch immer bestimmte Unabhängigkeit des Kosovo aus diesen oder anderen Gründen befürworteten, war die Generallinie der ‚westlichen' Kosovopolitik erst einmal der Kompromiss einer Rückkehr zu den Verhältnissen der 80er Jahre, was heißt, dass sich die Albaner faktisch selbst regieren sollten, während das Kosovo formal ein Teil Serbiens blieb. Das aber hätte den Grundkonflikt zwischen den Ansprüchen der beiden nationalen ‚Körper' nur zementiert und wäre von beiden Volksgruppen bekämpft worden.

Aber auch die Unabhängigkeit war mit großen Problemen verbunden. Die serbische Regierung kündigte schon einmal an, sie werde in diesem Fall auf einer Teilung des Kosovo bestehen, was zu Schwierigkeiten geführt hätte, denn die Kosovo-Serben leben weniger im Grenzgebiet zum engeren Serbien, sondern verstreut weiter südlich.[602]

Von der großen Mehrheit der Albaner wurde eine Teilung ebenso kategorisch abgelehnt wie jeder Verbleib in einem gemeinsamen Staatsverband mit Serbien, wie viel Autonomie auch immer dabei garantiert werden sollte. Wer die Maximalforde-

---

[600] R. Flottau: ‚Aufstand der Skipetaren', *Der Spiegel*, 10.11.2003, S. 156/158, hier S. 158.

[601] Ein Ende dieser Prozesse ist auch 2009 nicht absehbar. Die genannten militärischen Versuche, ein ‚Großalbanien' zu schaffen, sind erst einmal weitgehend versandet. Aber die Situation in Mazedonien ist weiterhin labil. Bisher bestand das vorrangige Ziel darin, die Unabhängigkeit des Kosovo durchzusetzen. Das ist nun erreicht, wenn auch aufgrund des starken Einflusses der EU nur mit Einschränkungen. Nun dürfte der wirtschaftliche Aufbau im Fordergrund stehen. Die ‚albanische Frage' ist damit jedoch nicht ‚gelöst' und kann bei entsprechenden Umständen schnell wieder auf die Tagesordnung kommen.

[602] Küppers: ‚Kursprobleme im Kosovo', *SZ*, 5.6.2003, S. 10.

rung nach voller Unabhängigkeit auch nur hinterfragte, schien schon in den Ruf zu kommen, ein ‚Verräter‘ zu sein.[603]

Die EU lehnte damals eine Unabhängigkeit des Kosovo noch mit dem Verweis auf die Resolution 1244 des UN-Sicherheitsrats vom 10. Juni 1999 ab.[604] Dort heißt es unter Punkt 11: „[The Security Council] Decides that the main responsibilities of the international civil presence will include: [...] (e) Facilitating a political process designed to determine Kosovo's future status, taking into account the Rambouillet accords (S/1999/648)“. Damit war jedoch das Bekenntnis zur territorialen Integrität ausdrücklich nicht infrage gestellt: „Reaffirming the commitment of all Member States to the sovereignty and territorial integrity of the Federal Republic of Yugoslavia“.[605] Auch die Interventionsstaaten schienen noch Anfang 2003 einen Verbleib des Kosovo bei Serbien zu befürworten. Ein unabhängiges Kosovo wäre nicht lebensfähig, die Mafiastrukturen würden ebenso weiter zunehmen wie der albanische Irredentismus, besonders in Mazedonien und im Preševo-Tal in Südserbien. Daher wurde der Staatenbund „Serbien und Montenegro“ auch Rechtsnachfolger Jugoslawiens, die Rechte Jugoslawiens bezüglich des Kosovo wurden ausdrücklich auf Serbien übertragen.[606] Da eine regelrechte Rückkehr unter serbische Verwaltung ausgeschlossen schien, befand sich ‚der Westen‘ in einer recht ausweglosen Lage.[607]

Für einige ‚westliche‘ Politiker und Kommentatoren aber war die Unabhängigkeit des Kosovo in der einen oder anderen Form nur eine Frage der Zeit. So schreiben Petritsch und Pichler:

> Die westliche Politik war durchgehend darauf ausgerichtet, den Status des Staates Jugoslawien zu erhalten und den kosovo-albanischen Unabhängigkeitsforderungen eine klare Absage zu erteilen. Dieses Ziel lässt sich nun, nach dem Rückzug der Serben aus dem Kosovo, nur gegen den erklärten Willen praktisch der gesamten albanischen Bevölkerung durchsetzen. Die UN-Resolution 1244 lässt die Entscheidung über den endgültigen Status des Kosovo offen.[608]

---

[603] ‚Vergangenheitsbewältigung in Kosovo‘, *NZZ*, 19./20.7.2003, S. 3.

[604] *M-A*, 16/01, Jugoslawien, Chronik 2000, S. 199.

[605] Zu finden unter: www.un.org/documents/scres.htm und als Anhang im *Kosovo Report* auf den S. 325–330.

[606] Dérens: ‚Vier Jahre nach dem Kosovokrieg – der Solana-Staat zerfällt‘, *Le Monde diplomatique*, 16.2.2003, S. 10f.

[607] Vgl. *Kosovo Report*, S. 269–271.

[608] Petritsch/Pichler: *Kosovo/Kosova*, 2004, S. 15. Jens Reuter etwa, der Direktor des „Center for Democracy and Reconciliation in Southeast Europe“ in Thessaloniki stellte bereits 2000 Überlegungen über die Unabhängigkeit an (‚Die Kosovo-Politik der internationalen Gemeinschaft in den neunziger Jahren‘, S. 334). Jürgen Habermas dachte darüber schon während des Krieges der NATO nach (‚Bestialität und Humanität‘, S. 56).

Das ist ein Beispiel dafür, wie die Formulierung „determine Kosovo's future status" taktisch genutzt wurde. Dieser Satz zur Statusfrage und der zur territorialen Integrität Jugoslawiens liegen in der Resolution weit auseinander. Aber schon im Rambouillet-Vertrag war den Kosovo-Albanern mit einem internationalen Treffen nach einer Interimszeit von drei Jahren, das die Statusfrage endgültig regeln sollte, suggeriert worden, sie könnten auf diesem Weg die ersehnte Unabhängigkeit erreichen.[609] Aufgrund der festgefahrenen Lage lief die Antwort auf die Statusfrage nach dem Krieg dann mehr und mehr auf die Unabhängigkeit hinaus. Mit „dem Rückzug der Serben" kann hier im Übrigen nur der militärische, durch die NATO erzwungene gemeint sein.

Die Politik, die die ‚westlichen' Protektoratsstaaten gegenüber dem Kosovo verfolgten, vergleicht Jens Reuter mit der gegenüber „afrikanische[n] Kolonien in der Spätphase". Er erläutert:

> Nun ist Kosovo zwar keine Kolonie, aber die Repräsentanten von KFOR, Unmik und OSZE sind sich darüber einig, dass die Bevölkerung von Kosovo einen längerfristigen Erziehungs- und Ausbildungsprozess im demokratischen Geist durchlaufen muss, bevor man die Provinz sich selbst überlassen, d. h. ihr die Unabhängigkeit geben kann.[610]

Dieser Ansatz ging davon aus, demokratische Institutionen, bürgerschaftliches Engagement und Rechtsstaatlichkeit ließen sich durch pädagogische Bemühungen entwickeln. Die Erfahrungen gerade mit afrikanischen Kolonien zeigen, wie illusorisch er ist. Der Vergleich mit der *reeducation* in Westdeutschland und der Umgestaltung der japanischen Gesellschaft nach 1945 führt hier kaum weiter. Dabei wird übersehen, dass das generelle gesellschaftliche Entwicklungsniveau (institutionell, wirtschaftlich, kulturell) damals weitgehend dem der Siegermächte entsprach; weder Deutschland noch Japan war eine von Familienclans und Klientelismus geprägte Gesellschaft. Die in weiten Teilen unzerstörte Wirtschaft musste reaktiviert und die zerstörten Teile konnten mit den vorhandenen Fachkräften auf modernem Stand wiederaufgebaut werden. Indem die westlichen Siegermächte beide Staaten nicht mit Reparationen belasteten und sie sogar wirtschaftlich unterstützten, ermöglichten sie ihnen einen relativ leichten Start trotz des katastrophalen Krieges. Der wirtschaftliche Aufschwung unterstützte zudem das neue demokratische System und verhalf ihm zum Erfolg. Die Situation im Kosovo unterschied sich hiervon grundlegend.

Die westdeutsche Nachkriegsentwicklung gilt etwa Prochazka auch in Bezug auf die Aufarbeitung der nationalistischen Verbrechen als Modell, wobei er durchaus auch auf die zeitlichen Dimensionen, die ein solches Unterfangen in Anspruch nimmt, hinweist. Wie das Ideal eines friedlichen, multinationalen Kosovo in der näheren Zukunft verwirklicht werden könnte, weiß allerdings auch er nicht. Er kann

---

[609] Vgl. S. 361.

[610] ‚Die Kosovo-Politik der internationalen Gemeinschaft in den neunziger Jahren', S. 334.

nur hoffen: „Wenn Reisepässe und Grenzbalken an Bedeutung verlieren, wird vielleicht einmal der Tag kommen, an dem die nationalen Trennlinien zwischen den beiden Völkern verblassen werden."[611] Dass die EU via Integration die nationalen Gegensätze aufheben werde, erscheint angesichts der Tatsache, dass auch in ihr solche Gegensätze fortbestehen und sich zum Teil in jüngerer Zeit sogar eher wieder verschärfen, wenig wahrscheinlich. Derzeit spricht viel dafür, dass multinationale Staaten unter dem Dach der EU obsolet werden und zumindest die politische Führungsschicht nationaler Minderheiten nicht mit einem Gesamtstaat *und* der EU mühsam verhandeln, sondern den anderen europäischen Nationen gleichgestellt werden will. Flandern, Schottland und Katalonien sind Beispiele hierfür, wobei immer auch erhoffte wirtschaftliche Vorteile eine wesentliche Rolle spielen.

Teile des ehemaligen Jugoslawiens unter die erziehende Gewalt der EU zu stellen, erscheint jedoch noch aus anderen Gründen fraglich. Erstens setzte es die Verantwortungslosigkeit der nationalen und regionalen Politiker aus der Zeit des sozialistischen Jugoslawiens verstärkt fort. Statt auf die Zentralregierung könnten nun weiterhin alle Mängel auf die UNO beziehungsweise die EU geschoben werden. Da die albanischen Politiker (und damit indirekt auch ihre Wähler) als unmündig oder bestenfalls bedingt mündig angesehen wurden, verwundert es nicht, dass sie sich auch entsprechend verhielten. Zweitens handelten UNO und EU hierbei so, als wüssten sie besser, wie die Probleme zu lösen seien, was auf viele Menschen in der Region überheblich wirkte, einer Lösung daher wenig förderlich war und neue Aggressionen und Ressentiments hervorgebracht haben dürfte. Beide Institutionen bestätigten mit diesem Vorgehen, dass ihre Forderung nach Demokratie nicht ganz stimmen konnte, errichteten sie doch selbst autoritäre Strukturen. Es ist ein Eingeständnis gewesen, dass die Situation solche Strukturen erforderte. Nur hätte dann der augenscheinliche Konflikt zwischen Anspruch (vor allem an die anderen) und (von einem selbst mitgestalteter) Wirklichkeit thematisiert werden müssen.[612]

Bei einigen beteiligten ‚westlichen' Politikern habe ich den Eindruck, dass die Betonung der Multinationalität im Kosovo weniger ein reales Ziel als ein taktisches Argument gegenüber der kosovo-albanischen Führung war, um deren nationalistische Ambitionen zu bremsen. Wie auch immer die Ausrichtung, beide Optionen –

---

[611] Prochazka: ‚Vom Krieg zur UN-Verwaltung', S. 341 u. 345.

[612] Problematisch war in diesem Zusammenhang auch, dass sämtliche Vertreter der NATO und der UNO im Kosovo Immunität genossen, also selbst nicht der kosovarischen Justiz, die sie selbst mit aufbauten, unterlagen. Da diese Vertreter nur eine sehr begrenzte Zeit vor Ort eingesetzt waren und sich in einem Milieu bewegten, in dem kriminelle Praktiken verbreitet waren, scheinen nicht wenige von ihnen ihre Stellung sehr zum eigenen Vorteil genutzt zu haben. (Vgl. Maciej Zaremba: ‚Wir kamen, sahen und versagten', *SZ-Magazin*, 24.8.2007, S. 16–25.) Dies scheint sich auch nach der Unabhängigkeit mit der Rechtsstaatlichkeitsmission der EU im Kosovo, EULEX Kosovo, mit deren Hilfe der weitere Aufbau rechtsstaatlicher Strukturen gewährleistet werden soll, fortzusetzen.

ein multiethnisches Kosovo, das nominell weiter zu Serbien gehören würde, oder ein unabhängiges unter EU-Kontrolle – waren wenig attraktiv, nur schien es angesichts der verfahrenen Situation keine anderen zu geben.

Das hat viel damit zu tun, dass eine weitere Möglichkeit von ,westlicher' Seite nahezu kategorisch ausgeschlossen wurde: eine Teilung des Kosovo. *„Keine neuen Grenzen!"* war das Prinzip, „das sich wie ein roter Faden durch den gesamten Verlauf der Auseinandersetzungen von 1991 bis in die jüngste Zeit" zog, wobei hierüber zwischen der EU, Russland und den USA Konsens herrschte.[613] Dabei ist ein notwendiger Schritt für eine erfolgreiche Entwicklung der gesamten Region des ehemaligen Jugoslawiens die Bildung leidlich stabiler Nationalstaaten. Davon sind Bosnien-Herzegowina, Mazedonien, Serbien und das Kosovo bisher weit entfernt. Einem möglichen anderen Vorgehen werden wir uns in den ,Schlussfolgerungen' zuwenden.

5.14.2. Mazedonien

Eins der erklärten Ziele der NATO im Krieg gegen Jugoslawien war, eine Ausweitung des Konflikts auf andere Länder der Region zu verhindern. Was die Situation in Mazedonien angeht, fällt die Bilanz eher negativ aus. Die von der NATO unterstützte Stärkung der UÇK, vor allem die vielen Waffen, die sie bis zum Ende des Krieges in ihren Besitz gebracht hatte, führten nach Kriegsende zu einer Verschärfung der Spannungen im Nachbarland.

> Die UÇK, eine Schwester bzw. partielle Nachfolgeorganisation der im Kosovo aufgelösten albanischen UÇK, rekrutierte ihre Kämpfer zwar vorwiegend aus mazedonischen Albanern, doch konnte sie sich seit Anfang 2000 nahezu ungehindert mit militärischer Ausrüstung aus dem Kosovo versorgen.[614]

Außerdem soll sie laut NATO mit der UÇPMB in Südserbien in Verbindung gestanden haben,[615] möglicherweise ein Argument, um dem serbischen Vorwurf zu begegnen, die KFOR komme ihrer Verpflichtung, die Grenze zwischen dem Kosovo und Mazedonien zu sichern, nicht nach.

Militärischer Anführer der mazedonischen Rebellen war Gezim Ostremi, den die UNMIK als Stabschef des TMK eingesetzt und bezahlt hatte. Offenbar wurden die

---

[613] Petritsch/Pichler: *Kosovo/Kosova*, 2004, S. 258.

[614] *Fischer Weltalmanach 2002*, Sp. 540.

[615] Vgl. *M-A*, 20/02, Mazedonien, Chronik 2001, S. 47. Im Preševo-Tal machte die UÇPMB mit Gewaltakten von sich reden, um einen Anschluss an das Kosovo zu erzwingen. Anfang 2003 verschärften sich die Spannungen in dieser Gegend wieder. (Pörzgen: ,Spannungen am Ehrenmal', *FR*, 22.2.2003, S. 3)

Aktivitäten der TMK-Führer so wenig kontrolliert, dass seine Abwesenheit wochenlang nicht auffiel.[616]

Die KFOR schien tatsächlich kaum bereit zu sein, die UÇK davon abzuhalten, den bewaffneten Kampf nach Mazedonien hineinzutragen. So sollen US-amerikanische KFOR-Truppen Anfang März 2001 mehr als zwei Dutzend UÇK-Kämpfer in der Nähe des mazedonischen Dorfs Tanuševci umstellt haben.

> Da es aber keinen Befehl gab, diese festzunehmen, zogen die Kfor-Soldaten wieder ab ins Kosovo und ließen die albanischen Terroristen laufen. Diese zogen sich weiter auf mazedonisches Gebiet zurück – und griffen sogleich einen Konvoi der mazedonischen Regierung an, wobei ein Polizist getötet wurde.[617]

Das Problem scheint also nicht nur darin bestanden zu haben, dass eine wirkungsvolle Grenzsicherung in dieser bergigen Region nur schwer möglich ist, wie die *Neue Zürcher Zeitung* meinte.[618] Verdächtige Grenzgänger kamen laut *Spiegel* spätestens im US-Stützpunkt Bondsteel wieder frei.[619]

Laut Geheimdienstberichten lieferten „Special forces" den albanischen Rebellen im Kosovo, in Albanien und in Mazedonien bereits im Jahr 2001 neun Container mit Abhör- und Funktechnik, womit sie am mazedonischen Geheimdienst vorbei miteinander kommunizieren konnten. Darüber hinaus sollen 150 Mudschaheddin, die im Bosnien-Krieg zusammen mit den Truppen der Muslime gekämpft hatten und vom MPRI zur Spezialausbildung in die Türkei geschickt worden waren, 2001 auf albanischer Seite in Mazedonien im Einsatz gewesen sein.[620]

Am 12. Februar 2001 begannen die Kämpfe mit der Besetzung des Grenzdorfs Tanuševci durch die neue UÇK und eskalierten in den folgenden Monaten. Ihre Beendigung wurde dadurch erschwert, dass die slawischen Mazedonier überzeugt wa-

---

[616] Chris Stephen: ‚Rebel Chief Worked for UN Funded Force in Kosovo', *Irish Times*, 5.7.2001; im Internet unter www.globalpolicy.org.

[617] Rüb: ‚Die Kämpfer aus den Schwarzen Bergen', *FAZ*, 13.3.2001, S. 7.

[618] ‚Vergangenheitsbewältigung in Kosovo', *NZZ*, 19/20.7.2003, S. 3; Rüb hat sich fünf Monate nach obigem Artikel ähnlich geäußert (‚Was steckt hinter den Gerüchten über Washingtons Unterstützung der mazedonischen UÇK?', *FAZ*, 22.8.2001, S. 3). Seine Antwort auf die Frage der Überschrift fällt negativ aus. Während die USA schon Wochen vorher ein Einreiseverbot für die Führer und Hintermänner der mazedonischen UÇK erlassen und die Konten mutmaßlicher Unterstützungsorganisationen gesperrt hätten, stünde ein Einreiseverbot der EU bislang aus, und das, obwohl sich beide Maßnahmen als durchaus wirkungsvoll erwiesen hätten.

[619] Walter Mayr: ‚Der Traum der Adlersöhne', *Der Spiegel*, 3.9.2001, S. 142–145, hier S. 143.

[620] R. Flottau: ‚Der Aufstand der Skipetaren', *Der Spiegel*, 10.11.2003, S.156/158, hier S. 158.

ren, sie seien von außen ins Land getragen, stellten also kein Problem dar, an dem sie selbst Anteil gehabt hätten.[621]

Seitdem entwickelt sich Mazedonien eher zu einem Staat mit zwei Gesellschaften, von einer Identifikation mit einem *gemeinsamen* Staat kann weder in der albanischen noch in der slawischen Bevölkerung die Rede sein. So wurde auch durchaus über eine Veränderung der Grenzen nachgedacht.[622] Der Friedensvertrag von Ohrid am 13. August 2001 und seine legislative Umsetzung in den folgenden Monaten hat zwar die Kämpfe beenden können, das Zusammenleben von slawischen und albanischen Mazedoniern jedoch nicht wesentlich verbessert. Seit dem NATO-Beschluss über eine Stationierung von Truppen in Mazedonien am 22. August 2001 sind fremde Soldaten zur Friedenssicherung im Land; inzwischen wurden sie von Truppen aus EU-Staaten abgelöst.[623]

Wegen des Staatsnamens befindet sich die mazedonische Regierung überdies im Konflikt mit der griechischen, die mazedonische Ansprüche auf ihre Region Makedonien fürchtet, weshalb Erstere international in der Regel „Die ehemalige jugoslawische Republik Mazedonien" als offiziellen Namen verwendet und unter diesem auch am 8. April 1993 in die UNO aufgenommen worden ist.[624]

5.14.3. Bosnien-Herzegowina

Wie im Kosovo und in Mazedonien ist auch in Bosnien-Herzegowina durch die Teilungskriege und die sie beendenden Verträge ein politisches Gebilde entstanden, das vorübergehend erscheint, ohne dass klar wäre, zu welchen dauerhafteren Strukturen es führen soll.

Unter dem Druck der US-Regierung wurde ein Doppelstaat etabliert, der von einem Großteil seiner Bürger nicht als der ihrige angesehen wird. So nennen etwa die Muslime die serbischen Bosnier ganz selbstverständlich „Serben",[625] und alle

---

[621] Beginn der Kämpfe: *M-A*, 20/02, Mazedonien, Chronik 2001, S. 47; von außen ins Land getragen: Pörzgen: ,Ein Land, zwei Welten', *FR*, 27.7.2002, S. 3.

[622] Vgl. Dérens: ,Mazedonische Albträume', *Le Monde diplomatique*, 12.10.2001, S. 3

[623] *M-A*, 20/02, Mazedonien, Chronik 2001, S. 51 u. *M-A*, 20/03, Mazedonien, Chronik 2003, S. 59.

[624] Vgl. die Resolution der UN-Generalversammlung A/RES/47/225, zu finden unter: www.un.org/documents/resga.htm.

[625] Wolfgang Bauernfeind: *Am liebsten würde ich morgen zurückfahren. Bosnische Flüchtlinge auf der Suche nach ihrer Heimat*, Radiofeature auf RadioKultur (SFB), 25.5.2003, Produktion: SFB-ORB. Allein, dass nie von serbischen, kroatischen oder muslimischen Bosniern, sondern immer nur von bosnischen Serben, Kroaten und Muslimen gesprochen wird, ist bezeichnend.

Nationalitäten achten darauf, dass sie „ihre eigene Sprache" – Serbisch, Kroatisch beziehungsweise Bosnisch – sprechen, sich also bereits sprachlich von den anderen unterscheiden.

Wenigstens konnten die Kämpfe und vor allem die Angriffe auf die Zivilbevölkerung unterbunden werden. Ansonsten ist der Konflikt, der zum Krieg geführt hat, keineswegs gelöst. Die ausländischen Soldaten, die mit der Implementation Force (Ifor) ursprünglich für ein Jahr stationiert werden sollten, sind mit der Umbenennung in Stabilization Force (SFOR) zur ständigen Einrichtung geworden.[626]

Wirklich gut funktioniert auch die Kooperation zwischen dem im Daytoner Friedensabkommen geschaffenen Friedensimplementierungsrat und den bosnischen Institutionen bislang nicht. Der Hohe Repräsentant, der von ihm berufen wird und ihm rechenschaftspflichtig ist, überwacht die Umsetzung des Dayton-Vertrags im zivilen Bereich und ist mit umfangreichen Kompetenzen ausgestattet:

> Ohne einem gewählten Gremium verantwortlich zu sein, kann der Hohe Vertreter Minister entlassen, Medien verbieten, die Verfassung ändern, Gesetze rückgängig machen oder erlassen und Politiker auf Lebenszeit von allen Staats- und Parteiämtern ausschließen. Die haben nicht einmal die Möglichkeit, sich rechtlich dagegen zur Wehr zu setzen.[627]

Wolfgang Petritsch, der bis Mai 2002 knapp drei Jahre dieses Amt bekleidete, hat von diesen Machtbefugnissen ausgiebig Gebrauch gemacht. In 146 Fällen änderte oder annullierte er von den Legislativen des Gesamtstaats oder der beiden Teilrepubliken verabschiedete beziehungsweise dekretierte Gesetze gegen deren Willen. „In 70 Fällen enthob er Politiker, Beamte oder Richter, denen er Obstruktion des Dayton-Friedensprozesses vorwarf, ihrer Ämter."[628]

In einem von Bürgerkrieg und Bandenkämpfen zerrissenen Land braucht es wahrscheinlich eine autoritäre Staatsführung. Ob das eine von außen oktroyierte sein sollte, erscheint fraglich. Zudem ist unklar, wie die Bevölkerung und vor allem die einheimischen Politiker unter ihr ein demokratisches Verständnis entwickeln sollen.

Zu den Schwierigkeiten, auf die die Kooperation stößt, gehört auch, dass die Rückkehr der Flüchtlinge in ihre Heimatorte wesentlich langsamer und schwieriger verlaufen ist als geplant. Zwar führten der verstärkte Druck in den Aufnahmeländern und der Erlass des Hohen Repräsentanten vom Oktober 1999, nach dem Flüchtlinge und Vertriebene Anspruch auf ihre Wohnung und ihr Eigentum aus der Vorkriegszeit geltend machen können, dazu, dass 2000 und 2001 deutlich mehr Menschen zurückgekehrt sind, doch galten auch 2002 bei einer Gesamtbevölkerung von 3,6 Millionen noch immer etwa 500 000 Menschen als intern Vertriebene und rund 600 000

---

[626] Samary: ‚Geordneter Nachkrieg', *Le Monde diplomatique*, Mai 2003, S. 1 u. 8f., hier S. 8.

[627] Martens: ‚Der Mächtige', *FAZ*, 23.6.2003, S. 10.

[628] *Fischer Weltalmanach 2003*, Sp. 132.

lebten weiterhin als Flüchtlinge oder Emigranten im Ausland. Auch bis 2004 hatte lediglich die Hälfte der Flüchtlinge zurückgeführt werden können.[629]

5.14.4. Die Auflösung Restjugoslawiens

Schließlich hat sich auch das, was von Jugoslawien noch übrig war, durch den Krieg der NATO nicht stabilisiert. Obwohl Milošević im Oktober 2000 gestürzt werden konnte, sind bislang keine stabilen Verhältnisse in Serbien und Montenegro eingekehrt. Was von Jugoslawien seit 1991 noch übrig war, nämlich ein aus Serbien und Montenegro bestehender Bundesstaat, hat inzwischen auch nominell aufgehört zu bestehen. Der Krieg gegen die NATO hat die beiden politisch bereits weit auseinandergedrifteten Republiken noch weiter voneinander entfernt. Schon zur Zeit des Krieges galt jedes zweite jugoslawische Gesetz in Montenegro nicht mehr. Auch schützte die dortige Regierung ihre Bürger vor dem Zugriff der jugoslawischen Armee, als diese sie vor Kriegsbeginn einziehen wollte. Viele Montenegriner missbilligten damals allerdings diese Politik.[630]

Im Jahr 2002 gestalteten sich die Verhandlungen zwischen der serbischen und der montenegrinischen Regierung über den neuen Staatenbund sehr schwierig. Erst am 4. Februar 2003 bestand dann, nach der Zustimmung des jugoslawischen Parlaments, der neue Staatenbund „Serbien und Montenegro" offiziell. Er war eine merkwürdige Konstruktion: ohne gemeinsame Hauptstadt oder gemeinsame Währung (in Montenegro war bereits der Euro Zahlungsmittel[631]) und nach dreijährigem Versuch mittels Volksabstimmung aufkündbar. Und doch war er, auf außenpolitischen Druck der EU zustande gekommen,[632] ein Versuch, aus den Fehlern der vorangegangenen fünfzehn Jahre zu lernen. Eine Sperrklausel verhinderte, dass die 91 serbischen die 35 montenegrinischen Abgeordneten überstimmen konnten. Sie wurden durch indirekte Wahl vom serbischen beziehungsweise montenegrinischen Parlament gewählt. Die gemeinsame Regierung der Union war auf fünf Ministerien (Äußeres, Verteidigung, Außenhandel und Innenwirtschaft sowie Schutz der Menschen- und Minderheitenrechte) reduziert. Die Gründung des Staatenbunds galt nicht nur

---

[629]   Ebd., Sp. 129. Zu den Schwierigkeiten bis Ende 1998 s. *Fischer Weltalmanach 2000*, Sp. 121. 2004: Petritsch: ‚Kosovo, die Internationale Gemeinschaft und Europa', S. 361.

[630]   Alexander Dragicevic: ‚Gegenkurs zu Belgrad bringt Montenegriner auf', *FR*, 30.3.1999, S. 6.

[631]   Schon seit dem 3.11.1999 galt dort die D-Mark neben dem weiterhin gültigen jugoslawischen Dinar als offizielles Zahlungsmittel (*M-A*, 17/00, Jugoslawien, Chronik 1999, S. 184f.).

[632]   Die Pläne hierfür hat Javier Solana ausgearbeitet, weshalb der neue Staat auch schon „Solanija" genannt worden ist. (*Politik am Mittag* auf RadioKultur [SFB], 4.2.2003)

als Voraussetzung für eine Mitgliedschaft im Europarat, sondern sollte auch den Weg in die EU ebnen.[633]

Damit wurde ein Zusammenschluss in lockerer Form für einen Zeitraum von drei Jahren, versehen mit Anreizen von außen, ausprobiert, der, wenn die Erfahrungen gut sein würden, auch wieder zu einer stärkeren gegenseitigen Bindung führen sollte. Würden die Schwierigkeiten weitergehen, würden sich beide Staaten nach dieser Übergangsphase wohl leichter trennen können. Hilfreich war hierfür auch, dass Montenegro, wo die Bestrebungen, sich ganz von Serbien zu lösen, weiterhin stark waren, für diesen Zeitraum auf ein Unabhängigkeitsreferendum verzichtete.[634] Das hinderte Politiker, die, aus welchen Gründen auch immer, die Unabhängigkeit Montenegros betrieben, nicht daran, während dieser drei Jahre die Zusammenarbeit zu behindern. Ein Gelingen der Union hing jedoch in erster Linie davon ab, ob der Staat wirtschaftlich auf die Beine kommen würde.[635]

Die Bemühungen um Stabilität wurden allerdings unter anderem von den in Montenegro herrschenden mafiösen Strukturen konterkariert. Nach einem im Sommer 1999 veröffentlichten Bericht der Anti-Mafia-Kommission des italienischen Parlaments sollen 50 Prozent des montenegrinischen Bruttosozialprodukts aus dem Zigarettenschmuggel gestammt haben. Eine zentrale Figur war hierbei Branko Perović, der 1993 im Prozess gegen den neapolitanischen Camorra-Boss Ciro Mazzarella mit auf der Anklagebank gesessen hatte. Trotz erdrückender Beweise konnte Perović ungehindert aus Italien ausreisen: Präsident Milo Djukanović hatte ihm diplomatische Immunität verliehen. Einige Zeit später wurde er Außenminister. In seinem Bemühen, Milošević zu stürzen, hat ‚der Westen‘ Djukanović unterstützt und damit zugleich derartige Strukturen gefördert.[636]

In Serbien ist die Politik nationalistisch bestimmt geblieben. Die sogenannten demokratischen Kräfte – unter ihnen auch Draškovićs monarchistisch ausgerichtete SPO – haben sich immer wieder zerstritten und nur mit Mühe phasenweise einigen können, um gemeinsam zu regieren.

---

[633] M-A, 15/03, Jugoslawien, Chronik 2003, S. 233 u. Chronik 2002, S. 223.

[634] M-A, 15/03, Jugoslawien, Chronik 2002, S. 223.

[635] Inzwischen ist die oben vermutete Entwicklung eingetreten: Wirtschaftlich haben sich beide Landesteile nicht stabilisiert und die nationalen Probleme Serbiens sind weiterhin ungelöst. Am 21.5.2006 stimmten 55,4 % der montenegrinischen Wähler bei einer Wahlbeteiligung von 86,3 % für die Unabhängigkeit, die die Regierung dann auch am 3.6. erklärt hat. Am 12.6. erkannte die EU den neuen Staat an. (Referendum: 12-Uhr-Nachrichten im DLF am 22.5.)

[636] Ladurner: ‚Der Mafiastaat‘, Die Zeit, 23.9.1999, S. 8.

5.14.5. Wirtschaftliche Situation

Neben den immensen politischen Problemen der weitgehend ungelösten nationalen Konflikte leiden fast alle Nachfolgestaaten Jugoslawiens unter großen wirtschaftlichen Schwierigkeiten, die zu einem großen Teil eine Folge der Teilungen und der mit ihnen einhergehenden Kriege sind. Sie erhalten ein Klima aufrecht, in dem existenzielle Unsicherheit und Misstrauen herrschen und nach Schuldigen, die außerhalb der eigenen Gruppe stehen, gesucht wird.

Dabei ist die weit verbreitete hohe Arbeitslosigkeit besonders problematisch, vor allem im Kosovo, wo durch die hohe Geburtenrate der 80er Jahre sehr viele junge Leute auf den Arbeitsmarkt drängen.[637] Auch diese Entwicklung fördert das organisierte Verbrechen.

Dabei müsste die wirtschaftliche Entwicklung absoluten Vorrang haben, stellt sie doch die einzige Chance dar, dass das vom ‚Westen‘ postulierte Ziel doch noch aufgeht: die Entwicklung stabiler multinationaler Staaten. Dafür aber müssten genug Positionen und Geld vorhanden sein, damit es nicht zu scharfen Verteilungskämpfen und der weiteren Herausbildung krimineller Strukturen bis in die Staatsapparate kommt.

5.14.6. Die Last der Vergangenheit

Gerade weil die wirtschaftliche Entwicklung nur mühsam in Gang kommt und sich die politische Führung massiven Forderungen ‚des Westens‘ gegenüber sieht, beruhigt sich die nationale Erregung in weiten Teilen der Bevölkerung nicht. Vor allem, dass die mutmaßlichen Verantwortlichen der Kriege, Massaker und Vertreibungen an den ICTY ausgeliefert werden sollen, spielt dabei keine geringe Rolle.

---

[637] In Bosnien-Herzegowina, wo die Arbeitslosenquote 1995 bei durchschnittlich 80 % gelegen hatte, betrug sie 2001 immer noch durchschnittlich 40 % (*Fischer Weltalmanach 1997*, Sp. 77; *Fischer Weltalmanach 2003*, Sp. 128). In Kroatien erreichte sie Ende 2003 mit ungefähr einem Drittel der Bevölkerung den höchsten Stand in 13 Jahren (‚Parteiübergreifender Stolz in Kroatien‘, *FAZ*, 22.4.2004, S. 5). In Mazedonien lag sie in den letzten Jahren bis 2004 regelmäßig über 30 % (Ausgaben des *Fischer Weltalmanachs* von 2000, Sp. 526; von 2001, Sp. 540; von 2002, Sp. 540 und von 2004, Sp. 574). In Serbien belief sie sich 2002 auf fast ein Viertel (*Fischer Weltalmanach 2004*, Sp. 758). Im Kosovo lag sie 2003 bei 49 %, bei den 16- bis 24-Jährigen sogar bei 70 (Marie-Janine Calic: ‚Sturzflug ins Chaos‘, *Die Zeit*, 25.3.2004, S. 8). Angesichts der sich seit dem Herbst 2008 verschärfenden weltweiten Finanz- und Wirtschaftskrise erscheint eine grundlegende Verbesserung der Wirtschaftslage in den südlichen und östlichen Teilen des ehemaligen Jugoslawiens noch unwahrscheinlicher.

Das gilt besonders für die Verhaftung Miloševićs, die auf Druck ‚des Westens‘, vor allem der US-Regierung, zustande gekommen ist; diese hatte eine Frist bis zum 31. März 2001 für die Fortsetzung ihrer Finanzhilfen gesetzt. Nachdem an diesem Tag eine gewaltsame Verhaftung zuerst gescheitert war, ließ sich Milošević am 1. April nach langwierigen Verhandlungen festnehmen.[638] Bereits nach der Anklage des Internationalen Gerichtshofs gegen Milošević am 27. Mai 1999 hatte die US-Regierung ein Kopfgeld von fünf Millionen Dollar auf ihn ausgesetzt.[639]

Milošević wurde schließlich einen Tag vor der internationalen Geberkonferenz von 42 Staaten und 26 Organisationen in Brüssel ausgeliefert. Das hatte zur Folge, dass sich die Teilnehmer auf eine Finanzhilfe von 1,28 Milliarden Dollar für Jugoslawien einigten, 30 Millionen mehr als vorher beabsichtigt. Nicht nur Anhänger Miloševićs, auch ‚westliche‘ Kommentatoren sprachen daher davon, die neue Regierung habe ihn „verkauft".Unter anderem hatte der deutsche Bundeskanzler Gerhard Schröder in einem Brief an den serbischen Premier Zoran Djindjić darauf hingewiesen, dass die Finanzhilfe an eine Auslieferung Miloševićs gebunden sei.[640] Bereits damals war allerdings klar, dass Jugoslawien mit dem zugesagten Geld gerade mal ein Stück aus seiner tiefen wirtschaftlichen Misere würde herauskommen können.[641] Zudem sind in den folgenden zweieinhalb Jahren von den USA weit weniger Kredite eingeräumt worden als ursprünglich versprochen.[642]

Der Tag von Miloševićs Auslieferung war just der 28. Juni, der Veitstag, was in Serbien auch jedem bewusst war. So bezeichnete ein Führer der SPS, Ivica Dačić, vor 3000 aufgebrachten Demonstranten auf dem Platz der Republik diesen 28. Juni als den „schmachvollsten Tag für das serbische Volk seit dem Vidovdan 1389". Es hieß auch, die Masken der Verräter seien gefallen. Und natürlich hat Milošević selbst gewusst, an welchem Tag er verhaftet wurde. Als er den Hubschrauber bestieg, der ihn dann außer Landes flog, soll er gefragt haben: „Wissen Sie eigentlich, dass heute Veitstag ist?"[643]

---

[638] Küppers: ‚UN-Tribunal fordert Auslieferung von Milosevic‘, SZ, 2.4.2001, S. 1.

[639] Küppers: ‚Überraschungscoup mit Nebenwirkungen‘, SZ, 30.6./1.7.2001, S. 3.

[640] ‚Auslieferung Milosevics wird großzügig belohnt‘, SZ, 30.6./1.7.2001, S. 1; Küppers, a. a. O. („verkauft"); ‚westliche‘ Kommentatoren: etwa Münch: ‚Der Preis der Gerechtigkeit‘, SZ, 30.6./1.7.2001, S. 4 oder ‚Milosevic – in Den Haag am richtigen Ort‘, NZZ, 29.6.2001, S. 3.

[641] Cornelia Bolesch: ‚Lohn des Mutes‘, SZ, 30.6./1.7.2001, S. 2. Die Summe belief sich auf nicht ganz ein Neuntel der damaligen Auslandsschulden von 11,74 Milliarden Dollar (Fischer Weltalmanach 2004, Sp. 758).

[642] Dérens: ‚Die Heimkehr der Nationalisten‘, Le Monde diplomatique, März 2004, S. 11.

[643] Küppers, a. a. O.; Masken der Verräter: ‚Slobodan Milosevic an Den Haag überstellt‘, NZZ, 29.6.2001, S. 1.

Djindjić hatte für dieses Vorgehen auf Artikel 135 der serbischen Verfassung zurückgegriffen, den Milošević 1989 hatte verabschieden lassen. Dieser Artikel berechtigt die Republik Serbien, Maßnahmen zum Schutz ihrer Interessen zu ergreifen, wenn diese von Organen des Bundes gefährdet werden. Eine solche Situation sah Djindjić gegeben, nachdem das noch zurzeit von Milošević besetzte jugoslawische Verfassungsgericht eine Zusammenarbeit mit dem Internationalen Gerichtshof erst einmal außer Kraft gesetzt hatte.[644]

As he later described events to foreign reporters, Djindjic decided that he had to honor a pledge given to U.S. Secretary of State Colin Powell, who said the United States would participate in a 29 June conference of international aid donors if Djindjic would promise that Milosevic would be in the Hague before the conference began.[645]

Warum aber hat Djindjić, der sehr genau wusste, welchen Tag er für die Auslieferung wählte – bezog er sich in seiner öffentlichen Stellungnahme doch selbst darauf –, Milošević nicht vorher ausliefern lassen? Ich vermute, dass er die Entscheidung des Verfassungsgerichts abwarten wollte. Vielleicht bestand doch eine Chance, dass es der Auslieferung zustimmte. Im Übrigen konnte er nach der Ablehnung mit mehr Berechtigung davon sprechen, dass die Richter eben ein Überbleibsel der Ära Milošević seien. Durch die von den Geberländern gesetzte Frist blieb ihm dann kein anderer Tag mehr als just der 28. Juni.[646]

Nach allem, was in den zehn oder zwölf Jahren vor dieser Verhaftung in den ‚westlichen‘ Medien über die Bedeutung des Kosovo-Mythos in der serbischen Politik zu lesen und zu hören war, mag es erstaunen, wie den ‚westlichen‘ Regierungen ein solcher Fehler unterlaufen konnte. Und doch erscheint ein solches Vorgehen symptomatisch für die ablehnende Haltung aufgeklärter Europäer und Nordamerikaner gegenüber nationalen Mythen: Man entlarvt sie als Lügenpropaganda, ansonsten kümmert man sich nicht weiter darum. So sind die Verantwortlichen offenbar gar nicht auf die Idee gekommen, dass sie selbst an der Fortschreibung des Kosovo-Mythos mitwirken könnten. Milošević steht nun endgültig in einer Reihe mit den großen Opferfiguren der serbischen Geschichte, die durch Verrat zu Fall gebracht wurden. Es ist, als hätte der Mythos selbst das Drehbuch geschrieben und alle Beteiligten hätten eifrig ihre Rolle gespielt.

Auch die Prozessführung des Internationalen Gerichtshofs in Den Haag verstärkt ungewollt die Heroisierung von Milošević. Die Ausrichtung der Anklage auf Verantwortliche und Schuldige, die Mordtaten begangen oder befohlen haben, blendet zwangsläufig eine nationale Stimmung aus, in der solche Morde zu etwas allgemein

---

[644] Küppers, a. a. O.

[645] Sell: *Slobodan Milošević and the Destruction of Yugoslavia*, S. 356.

[646] Zur Chronologie der Maßnahmen, die Djindjić ergriff, um ausliefern zu können, und des Widerstands dagegen – auch innerhalb von DOS – s. *M-A*, 16/02, Jugoslawien, Chronik 2001, S. 213. Eine Auswahl von Nachrichten des Belgrader Radiosenders B 92 findet sich im Kapitel ‚Die Auslieferung‘ in Hartmanns *Der Fall Milošević*.

Gewolltem oder zumindest einem notwendigen Übel geworden waren. Milošević wird als vermeintlicher Befehlsgeber zum eigentlichen Verursacher der jugoslawischen Teilungskriege, was die tatsächliche Entwicklung stark verzerrt – eine Sicht, die sich auch bei vielen ‚westlichen' Politikern und Journalisten finden lässt und die mittlerweile zumindest das ‚westliche' Geschichtsbild der gewaltsamen Aufteilung Jugoslawiens entscheidend geprägt hat.[647]

Eine angemessene, den gesellschaftlichen Gesamtzusammenhang untersuchende Aufarbeitung kann freilich nicht Aufgabe eines Gerichts sein, auch nicht des Internationalen Gerichtshofs in Den Haag, sondern nur der betreffenden Länder selbst. Dennoch bleibt die Frage, welche Rolle die Interventionsstaaten und ein Internationaler Gerichtshof dabei leisten können. Hilfreich erscheint erst einmal, dass sich nun auch politische Führer der Gefahr bewusst sein müssen, dass sie für ihre Verbrechen zur Rechenschaft gezogen werden können. Ob es sie von diesen abhält, erscheint zweifelhaft, vor allem in mächtigen Staaten, womit wir bei einem alten Problem einer solchen Anwendung internationalen Rechts wären: dass es für alle gleichermaßen gelten müsste. Das aber ist bisher nicht durchsetzbar. Positiv ist jedoch, dass die Kriegsverbrechen überhaupt ausführlicher thematisiert worden, dass sie als Verbre-

---

[647] So behauptet etwa Scharping in *Wir dürfen nicht wegsehen*, S. 19 in Bezug auf die Gedenkfeier zum 600. Jahrestag der Kosovo-Schlacht: „An diesem Tag sprach Milošević von ‚Groß-Serbien' und davon, daß dieses Land ein ethnisch reines sein solle." Im Anhang dieser Arbeit ist zu lesen, was Milošević tatsächlich gesagt hat. Aber auf der Grundlage solcher „Fakten" wird Politik gemacht, von Scharping offensichtlich auch mit voller Überzeugung. Wie aber kommt ein doch hoffentlich gut unterrichteter Minister zu solchen Informationen?

Daniel Brössler schreibt in ‚Ende eines Kriegstreibers' in der *SZ* vom 30.6./1.7.2001, S. 2, Milošević habe 1987 die bedrängte serbische Minderheit gegen die albanische Mehrheit *aufgewiegelt* und nach der Unabhängigkeitserklärung Bosnien-Herzegowinas 1992 die bosnischen Serben in einen Eroberungsfeldzug gegen Muslime und Kroaten *getrieben*. So wird Geschichte umgeschrieben.

Auch für Peter Schneider: „»Ich kann über Leichen gehen, ihr könnt es nicht«', *FAZ*, 26.5.1999, S. 52, ist die katastrophale Entwicklung in Jugoslawien allein Sache des „Tyrannen" und „Diktators" Milošević und seiner „Schergen" und „Mörderbanden". Allein schon die Bezeichnung Miloševics als ‚Diktator' erscheint fragwürdig. Ein nationaler Führer, der mit mehreren oppositionellen Parteien koalieren musste, und zwar nicht übergangsweise bis zur totalen Machtübernahme, und der einen oppositionellen Ministerpräsidenten zugelassen hat, lässt sich kaum als solcher bezeichnen. *Diktatorische Züge* sind in seiner Politik allerdings sehr deutlich.

Die Verengung der nationalistischen Probleme in Jugoslawien seit den 80er Jahren auf die Person Milošević hat auch zu der irrigen Annahme geführt, so lange, wie er regiere, werde „das Risiko einer nationalistischen und ethnisch-orientierten Politik fortbestehen" (Scharping: *Wir dürfen nicht wegsehen*, S. 205). Diese Ansicht war damals weit verbreitet.

chen deutlich geworden und dass viele der Opfer dadurch, dass sie in Den Haag als Zeugen der Anklage gehört wurden, etwas entlastet worden sind.

Das Haager Tribunal für die Verbrechen im ehemaligen Jugoslawien stellt somit einen Schritt auf dem schwierigen Weg einer Verrechtlichung auch der internationalen Beziehungen dar. Er wird jedoch nur dann dauerhaft erfolgreich sein, wenn es gelingt, alle Staaten an diesem Prozess zu beteiligen, was auch bedeutet, die unterschiedlichen Entwicklungsniveaus und die mit ihnen einhergehenden Prioritäten zu berücksichtigen. Wird einseitig eine ‚westliche' Sicht durchgesetzt, sind gegenläufige Entwicklungen wahrscheinlich. Schlimmstenfalls könnten die Menschenrechte und ihr Schutz mehr und mehr als ‚westliche' Ideologie und ‚westliches' Machtinstrument angesehen werden.

Milošević, der sich vor dem Internationalen Gerichtshof selbst verteidigte, hat es jedenfalls geschickt verstanden, die Anklage gegen ihn in eine gegen das serbische Volk und seine Geschichte zu verkehren, wobei er selbst als dessen legitimer Repräsentant und Verteidiger auftrat. Auf diese Weise erschien er vielen Serben als einsamer und standhafter Kämpfer für die Sache Serbiens gegen die serbenfeindliche Übermacht ‚des Westens'. Auch imponierte vielen die Art und Weise, wie er sich verteidigte.[648] Der Prozess wurde vom serbischen Fernsehen übertragen. In dem Film *Connections* von Jelena Marković ist häufig im Hintergrund ein Fernseher zu sehen mit Übertragungen der Gerichtsverhandlungen, sie wirken wie etwas Alltägliches. In einer Szene unterhält sich die Filmemacherin mit ihrer Familie über den Prozess und den angeklagten Expräsidenten. Ihre Schwester sagt: „Hier sind alle für Slobo, sogar seine früheren Gegner. Es ist psychologisch verständlich. Er ist allein in Den Haag, gegen all die anderen. Er verteidigt die serbische Ehre. In diesem Film ist er ein *bad guy*. Alle sind gegen ihn, deswegen sind wir für ihn." Das Gericht selbst gilt ihren Angehörigen als einseitig, Bill Clinton und Javier Solana, aber auch Tudjman und Izetbegović lasse man laufen – Ansichten, die in Serbien weit verbreitet waren.[649]

---

[648] ‚Milosevic beschwert sich über Zeugen', *FR*, 26.2.2002, S. 2 (Wirkung auf viele Serben). Zu Miloševićs Agieren vor Gericht vgl. Hartmann, a. a. O., S. 215.

[649] In der Tat ist der ‚Internationale Strafgerichtshof für das ehemalige Jugoslawien' eine etwas seltsame Konstruktion. Eingerichtet worden ist er aufgrund der Resolution 827, die der UN-Sicherheitsrat am 25.5.1993 als Antwort auf die schwerwiegenden Verletzungen von Menschen- und internationalen Rechten auf dem Territorium des ehemaligen Jugoslawiens seit 1991 verabschiedet hat. Auch damit wurde an Jugoslawien ein Maß angelegt, das für viele andere Länder offensichtlich nicht gilt. Finanziert wird der Gerichtshof zum Teil durch die Beiträge einzelner Staaten und privater Spenden wie der Soros Foundation. (Klaus Bachmann: ‚Außer der Presse weiß jeder Bescheid', *FR*, 20.3.2002, S. 21)

Zudem ist er vielfach als einseitig kritisiert worden. Nach dem französischen Rechtsanwalt Jacques Vergès, der Milošević juristisch beriet, soll NATO-Sprecher Jamie Shea auf einer Pressekonferenz am 17.5.1999 gesagt haben: „Die Nato-Länder haben die Mittel bereitgestellt, um das Tribunal einzurichten, wir sind die größten Geldgeber.

Eine wirkliche Aufarbeitung der katastrophalen Politik der letzten zwanzig Jahre hat in Serbien bisher kaum begonnen. In scheinbarem Gegensatz zur Verehrung Miloševićs als einsamen Held steht die Beschuldigung, er sei schuld an der Lage Serbiens. Als am 12. Februar 2002 der Prozess gegen ihn vor dem Internationalen Gerichtshof eröffnet wurde, meinte in seiner Heimatstadt Pozarevac Bürgermeister Slavoljub Matić, die Serben seien die größten Opfer seiner Regierung gewesen, eine Haltung, die bei seiner Festnahme bereits seitens der serbischen Justiz zu hören gewesen war.[650] Beide Haltungen aber bestätigen die eigene Ohnmacht und damit Unschuld, und beide bleiben den Bildern des Mythos von ‚Heldentum‘ und ‚Opfer‘ verhaftet. Dass Serbien in seinem ‚heroischen‘ Kampf von ‚aller Welt‘ verlassen wurde, hat dies eher verfestigt als infrage gestellt.

Es besteht die Gefahr, dass diese ‚Wunde‘ die Entwicklung Serbiens auf absehbare Zeit blockiert beziehungsweise behindert. Möglicherweise gelingt die ‚westliche‘ Politik der Anreize und Strafen insofern, als sie doch noch zu einer EU-Orientierung und einem soliden und umfassenden wirtschaftlichen Aufbau führt. Doch auch in diesem Fall würde die serbische Gesellschaft ein mythisches Bild mit sich tragen, das in schweren Krisen erneut kräftig zu einer gewalttätigen Dynamik, wie der hier beschriebenen, beitragen würde.

Auch in Kroatien stand eine Aufarbeitung bis 2001 noch weitgehend aus, der Widerstand gegen sie war groß. Erst die sozialdemokratisch geführte Regierung von Ivica Račan hat damit begonnen. Sie stimmte nicht nur einer Zusammenarbeit mit dem Internationalen Gerichtshof zu, auch in Kroatien selbst wurden Prozesse angestrengt. Justizminister Stjepan Ivanisević gab am 20. September 2001 bekannt, dass bis dahin 1522 Personen wegen Kriegsverbrechen angeklagt, 691 von ihnen verurteilt worden seien und gegen 715 weiter ermittelt werde. Allerdings ist der Widerstand gegen die juristische Verfolgung immer noch groß. So hatten bereits am 15. Februar mehr als 10 000 Menschen in Zagreb gegen die Zusammenarbeit mit dem Internationalen Gerichtshof demonstriert, wobei der kroatische Präsident Stipe Mesić mit dem serbischen Vornamen „Stevan" gerufen und als „Zigeuner" und „Sprecher des jugoslawischen Präsidenten Koštunica" beschimpft worden war. Am 8. April 2002 erklärte die Komitatsversammlung von Split die vom Internationalen Gerichtshof angeklagten Generäle Mirko Norac, Rahim Ademi und Ante Gotovina zu Ehrenbürgern. Im Fall des früheren Oberbefehlshabers der kroatischen Armee,

---

Wenn Frau Arbour Ermittlungen führt, dann macht sie das, weil wir es ihr erlauben." (Michaela Wiegel: ‚Die Lust an der Provokation‘, *FAZ*, 12.2.2002, S. 3)

Fatal ist, dass Milošević noch vor Beendigung seines Prozesses am 11.3.2006 im Gefängnis von Scheveningen starb, was seiner Heroisierung als einsamer Kämpfer für die Sache Serbiens weiter Vorschub geleistet hat.

[650] Fehlende Aufarbeitung: Achenbach: ‚Die Erregung verfliegt wie ein Irrtum‘, *Freitag*, 27.12.2002, S. 9; Bürgermeister: S. Israel: ‚Bambiland ist geschlossen, geblieben sind nur Opfer‘, *FR*, 13.2.2002, S. 2; Justiz: Küppers: ‚Des Kriegsherrn verlorene Kraftprobe‘, *SZ*, 2.4.2001, S. 3.

Janko Bobetko, waren sich die Sozialdemokraten und die HDZ sogar einig, die Anklage zurückzuweisen. Die Krise, die dadurch zwischen der Regierung und dem Gerichtshof entstand, wurde schließlich durch Bobetkos Tod am 29. April 2003 beendet.[651]

Der Protest der Bevölkerung hatte sogar, anders als in Serbien, Einfluss auf den Internationalen Gerichtshof: Das Verfahren gegen General Mirko Norac wurde an ein kroatisches Gericht abgegeben, nachdem es zu massenhaften Sympathiekundgebungen für ihn gekommen war. Norac wurde schließlich am 24. März 2003 von einem Gericht in Rijeka zu zwölf Jahren Haft verurteilt.[652] Serbischen Angeklagten gegenüber ist ein solches Einlenken nicht vorstellbar, ebenso wenig allerdings eine so hohe Verurteilung durch ein serbisches Gericht.

Das vehemente Eintreten vieler Kroaten für die hohen Militärs ist nicht verwunderlich, sind sie es doch gewesen, die Kroatien nicht nur durch mehrere Kriege in die Unabhängigkeit geführt, sondern auch dafür gesorgt haben, dass das Staatsterritorium in vollem Umfang erhalten geblieben ist. Die Serben, die hier gelebt hatten, sind, soweit sie überhaupt geblieben oder wieder zurückgekehrt sind, dauerhaft zur Minderheit degradiert worden. Kroatien hat sich also erfolgreich als Nationalstaat konstituieren können. Welches Land würde solche nationalen ‚Helden' verurteilen? Man errichtet ihnen Denkmäler. So hütete sich selbst die sozialdemokratisch geführte Regierung, eine wirkliche Auseinandersetzung mit dem ‚vaterländischen Krieg' zu beginnen. Diese Zurückhaltung gilt auch gegenüber der nationalistischen Elite, die mit der kroatischen Nation in den Jahren 1991–94 ‚geboren' worden ist und sich die Reichtümer des Lands angeeignet hat.[653]

Auch die durch die Parlamentswahlen am 23. November 2003 an die Macht gekommene Regierung des neuen HDZ-Vorsitzenden Ivo Sanader hat die Kooperation mit dem Internationalen Gerichtshof fortgesetzt. Am 5. April 2004 stellten sich diesem sechs angeklagte führende bosnisch-kroatische Militärs und Politiker.[654]

Insgesamt werden nicht nationalistische Strömungen stärker, und bei vielen Kroaten ändert sich die Sicht auf den Krieg spürbar. Ein Anzeichen hierfür ist beispielsweise der 2003 mit erheblichem Aufwand gedrehte Film *Svjedoci* (Die Zeu-

---

[651] Widerstand: *Fischer Weltalmanach 2001*, Sp. 482f., wo Proteste mit mehreren Zehntausend Teilnehmern am 11. und 15.2.2001 in Split und Zagreb erwähnt werden. Zusammenarbeit mit ICTY und Proteste: Rathfelder: ‚Proteste gegen Präsident Mesic', *taz*, 16.2.2001, S. 9; Prozesse in Kroatien und Ehrenbürger: *Fischer Weltalmanach 2003*, Sp. 487; Krise um Bobetko: Dérens: ‚Die Heimkehr der Nationalisten', *Le Monde diplomatique*, März 2004, S. 11.

[652] *Fischer Weltalmanach 2004*, Sp. 519.

[653] Vgl. Dérens, a. a. O.

[654] ‚Parteiübergreifender Stolz in Kroatien', *FAZ*, 22.4.2004, S. 5 (Sanader); ‚Sechs bosnische Kroaten stellen sich in Den Haag', *FAZ*, 6.4.2004, S. 2.

gen) von Vinko Brešan, der auf der Berlinale 2004 im Wettbewerb lief. Anhand weniger Figuren zeigt er den Wahnsinn des Krieges, in den sich fast alle verstrickt haben und der sie in einer Weise handeln lässt, wie sie es von sich selbst nie gedacht hätten. Die Stärke des Films liegt darin, dass er die Zwangsläufigkeit zeigt, der die einzelnen Personen unterworfen zu sein scheinen – ohne dass er diese verabsolutieren würde: Am Ende gelingt es einer Frau, sie zu durchbrechen.

In Kroatien wie auch in den anderen ehemaligen jugoslawischen Republiken bedauern inzwischen viele die unsinnigen Kriege: Die Aufteilung hätte man auch unblutig und vor allem billiger regeln können. Für die beiden Gewinner der gewaltsamen Teilungen, den stabilen Nationalstaat Slowenien und den weitgehend gesicherten Nationalstaat Kroatien, ist der Krieg und damit die nationalistische Stimmung ferner gerückt. Die Bevölkerung Sloweniens hat sich anderem zugewandt. Am 1. Mai 2004 ist das Land der EU beigetreten. Schon heute gilt es als vorbildliches Beitrittsland.[655]

---

[655] Mittlerweile hat es zum 1.1.2007 den Euro als Währung einführen können – vor Polen, Tschechien und Ungarn, deren Beitritt zum gemeinsamen Währungsraum bisher nicht absehbar ist.

Schlussfolgerungen

Unsere Ausgangsfrage war, wie der Nationalismus es vermag, Menschen massenweise für einen Krieg zu begeistern. Die Untersuchung der Entwicklung in Jugoslawien während der 80er Jahre hat als Grundbedingung hierfür eine existenzielle gesellschaftliche Krise ergeben. Sie wurde von einer schweren wirtschaftlichen, politischen, ideologischen und gesellschaftlichen Krise ausgelöst, entscheidend kam jedoch hinzu, dass der eigene nationale ‚Körper‘ existenziell bedroht erschien.

Jedenfalls haben serbische Nationalisten die Krise wesentlich in diesem Bild zum Ausdruck gebracht, und zwar indem sie eine Reaktivierung (‚Auferstehung‘) der zentralen Motive des Kosovo-Mythos verkündeten. Wesentlich war daran vor allem sein moralischer Imperativ, seine dringliche Warnung vor ‚Verrat‘, seine Beschwörung der ‚Einheit‘ und sein pathetisches Lob des ‚Heldentums‘. Er forderte dazu auf, ‚Verrat‘ aufs Äußerste zu bekämpfen und sich ‚heldenhaft‘ für den Erhalt der ‚Einheit‘ einzusetzen – eine im 15. Jahrhundert, als die Legenden und Sagen um die Schlacht entstanden, ebenso wesentliche Botschaft wie in den 80er Jahren des 20. Jahrhunderts.

Damit waren für die damalige Situation wesentliche und vor allem sonst nicht behandelte Konflikte und ungelöste Fragen thematisiert, freilich in einer erstarrten Form mit unbedingter Handlungsanweisung, die die in der ausführlichen Fassung des Mythos einmal miterzählte Ambivalenz unterschlug. Doch sie rührte an den ‚Verrat‘ der sozialistischen Ideen von ‚Einheit‘ und ‚Brüderlichkeit‘ angesichts der Krise, die eben jener Sozialismus mit all seinen wirtschaftlichen und gesellschaftlichen Konzepten nicht hatte verhindern können und nun nicht zu bewältigen in der Lage war. Auch der ‚Verrat‘ an den fortbestehenden Gegensätzen, vor allem den nationalen, die eben nicht hatten gelöst werden können, deren grausame Geschichte sogar hatte verschwiegen werden müssen, war darin enthalten. Damit war das alte Thema des jugoslawischen Staates – die Balance zwischen dem Zusammenhalt und der Autonomie seiner Teile – berührt.

Zu diesem Verständnis sind wir assoziativ gelangt, indem wir die mythischen Bilder auf gesellschaftliche Vorgänge bezogen haben, auf die sie zuzutreffen schienen. Auf diese Weise wurde die Resonanz, die sie in weiten Teilen der Bevölkerung erzeugten, verständlicher.

Wir sind den Aufladungen dieser mythischen Bilder dann weiter nachgegangen und haben dabei vor allem auf ihre Attribute und ihren Zusammenhang geachtet. Besonders die auffälligen familialen Bilder haben uns auf die Spur gebracht, dass damit sehr frühe Schichten der individuellen Entwicklung angerührt waren, was uns die erstaunliche ergreifende Wirkung der öffentlichen Aufladung des Mythos fassbarer gemacht hat. Sie verhieß nicht nur die Lösung aktueller gesellschaftlicher Konflikte, sondern zugleich auch grundlegender persönlicher und hat so den Erlösungscharakter einer nationalistischen Bewegung und damit ihre stark religiöse Ausrichtung deutlich gezeigt.

Indem wir das Netz oder „elektrische Feld" der vielfach miteinander verknüpften Bilder und Begriffe sichtbarer machten, konnten wir auch die verdrängten Ambivalenzen wieder zum Vorschein bringen. Deren Stärke und zugleich scheinbare Aufhebung in der Harmonie der angestrebten ‚Einheit' und der Entäußerung der ungewollten Anteile in den ‚Feinden' und ‚Verrätern' scheint ebenfalls wesentlich zur Attraktivität nationaler Mythen in existenziellen gesellschaftlichen Krisen beizutragen.

Wenn die hier unternommene Analyse des Kosovo-Mythos und seiner Verwendung in Serbien während der 80er und 90er Jahre zutrifft, dann dürfte uns auch die Reaktivierung anderer nationaler Mythen wichtige und bisher wenig erkannte Ansatzpunkte liefern, einer existenziellen Krise wirksamer und mit weniger katastrophalen Folgen zu begegnen. In Zukunft können wir an der zunehmenden Verwendung solcher Bilder im öffentlichen Diskurs einer Gesellschaft ein Anwachsen ihrer inneren Konflikte bemerken. Auch dass diejenigen, die sie äußern, sich nicht mehr am gesellschaftlichen Rand oder in eher separaten Gruppen, sondern zunehmend in ihrem Zentrum befinden, weist auf ein solches Anwachsen hin. Zugleich können uns die mythischen Bilder Hinweise auf den Charakter der Konflikte geben.

Für die demokratische Opposition gegen Milošević hätte eine große Chance für eine wirkungsvolle Kritik an dessen nationalistischer Politik darin liegen können, den Kosovo-Mythos in dieser Weise analytisch zu nutzen. Dabei hätte sie an den in ihm formulierten ethischen Forderungen ansetzen können, wobei vor allem der Begriff des ‚Heldentums' in Bezug auf die bedrohte ‚Einheit' kritisch zu präzisieren gewesen wäre. Auch Milošević hat das ‚Heldentum' und die ‚Einheit' in seiner Rede zur 600-Jahr-Feier der Kosovo-Schlacht thematisiert, aber eben gerade ohne kritische Konkretisierung. Damit hat er das in seinem Publikum vorhandene psychische Geflecht aus Existenzängsten, Mangel, Sehnsucht, Verdrängung, antagonistischer Polarisierung, Projektion, Idealisierung und Allmachtsphantasien, angerührt, ohne Wege zu dessen Bearbeitung zu weisen. Die Folge ist, dass die auf diese Weise mobilisierte psychische Energie nach bestehenden Mustern ausagiert wurde, was die inszenierten ‚Einheits'-Erfahrungen dieses Angerührtseins noch verstärkt haben.

Eine Kritik dieses Vorgehens hätte den damit einhergehenden ‚Verrat' ebenso aufdecken müssen wie die Gefahr, von Neuem nicht aus der Geschichte zu lernen und die katastrophalen Fehler des ersten jugoslawischen Staates zu wiederholen, durch die die beschworene ‚Einheit' eben gerade nicht erreicht worden war.

Dabei wäre gerade auch dieser Begriff der ‚Einheit' neu zu füllen gewesen. Was ist das für eine Einheit, die nur um den Preis so vieler Ausschlüsse möglich wird? Was konnte Einheit angesichts wirtschaftlich und kulturell bedingter sehr unterschiedlicher Interessen heißen? Wie war sie konkret herzustellen, ohne dass dies wieder nur zu einer verlogenen ‚Einheit' geführt hätte, einer, die viele Widersprüche einfach ignorierte?

Und schließlich hätte gefragt werden können, wie aus einer Spirale auszusteigen sei, in der man einander immer wieder von Neuem zu ,Opfern' macht. Um das Kosovo zu behalten, hätte es so, wie es war, das heißt mit seiner albanischen Bevölkerung, integriert werden müssen. Das ,Herz' Serbiens ist in der mythischen Tradition immer beides gewesen: das Territorium Kosovo *und* die damit unauflösbar verknüpften moralischen Forderungen, die als unabdingbar für den Erhalt ,Serbiens' und ,der Serben' angesehen wurden. In der Integration des Territoriums waren die Forderungen zu erfüllen. Damit aber war das ,Herz' letztlich immer etwas Ideelles, das Territorium nur seine Probe. Wie aber konnte unter den gegebenen Umständen das Kosovo integriert werden? Das ist eine sehr umfassende Frage. Eine Lösung hätte die ganze Zeit über nur dann eine Chance gehabt, wenn sie die Albaner überzeugt hätte, dass die Zugehörigkeit zu Serbien für sie von wirklichem Vorteil wäre.

Dafür wäre ein Eingeständnis serbischer Verbrechen an Albanern und Mitgefühl mit den davon Betroffenen ein notwendiger Schritt gewesen. Bloße Worte hätten nicht genügt. Das Mitgefühl hätte in der vollständigen konkreten Gleichberechtigung Gestalt gewinnen müssen. Der Staat hätte grundsätzlich als ein gemeinsamer verstanden werden müssen – so wie es die Serben in Kroatien während der sozialistischen Zeit durchgesetzt hatten.

Die Richtung der politischen Entwicklung wäre damit eine zur tatsächlich stattgefundenen genau entgegengesetzte gewesen: Statt sich immer mehr auf die eigene Nation zurückzuziehen und in ihr einzuigeln, hätte das Ziel eine Erweiterung der südslawischen Idee auf eine balkanische sein können – Ansätze, auf die man hierbei wirkungsvoll hätte zurückgreifen können, lagen bereit. ,Heldentum' hätte in diesem Prozess der Mut sein können, die Widersprüche und Fehler – und zwar die eigenen – zu benennen und gemeinsam anzugehen. Auf diese Weise hätte sich möglicherweise eine Gemeinschaft herstellen lassen, die tragfähig gewesen wäre, der es hätte gelingen können, ihre inneren Widersprüche auszuhalten und zu balancieren sowie gemeinsam geduldig nach Lösungen für die vorhandenen Konflikte zu suchen. Eine Gemeinschaft, die sich auf Ausschluss von allem Unerwünschten und Bedrohlichen gründet und daher von einer Schwarzweißsicht geprägt ist, ist letztlich, trotz allen Heldenpathos, eine ängstliche, feige.

Einheit bedeutet letztlich das Zusammen- und Aufeinanderbezogensein *aller* Teile. Jedes ist wichtig, keins kann verleugnet, ,verraten' werden. Es wäre eine gesellschaftliche Aufgabe gewesen, dies zu konkretisieren – eine Aufgabe, die nicht nur in Serbien bis heute aussteht.

Unter dergleichen Umständen hätten sich die Albaner möglicherweise nicht mehr von Serbien trennen wollen. Damit ein solcher Versuch Aussichten auf Erfolg hätte haben können, hätte er früh erfolgen müssen, also bereits Mitte der 80er Jahre, als der Kosovo-Mythos begann, Teil des öffentlichen Diskurses zu werden. Eine Initiative der Akademie der Wissenschaften und Künste *in dieser Richtung* hätte ein erhebliches Gewicht haben können. Voraussetzung hierzu wäre allerdings gewesen, den Ängsten zu begegnen, die einer solchen Integration bislang entgegengestanden hatten.

Die Mehrheit der Serben ist unter der politischen Führung von Milošević einen anderen Weg gegangen. Sie haben ebenfalls versucht, das ideelle Kosovo und das reale in Übereinstimmung zu bringen – indem sie das Vorhandensein einer albanischen Mehrheit im Kosovo, die entsprechende Rechte forderte, bekämpften. Perspektivisch lief das auf deren Vertreibung oder Vernichtung hinaus, da sie nicht bereit war, sich dieser Forderung unterzuordnen.

Sich daraufhin als Außenstehende damit zu begnügen, dies zu verurteilen, hat sich nicht nur als fruchtlos erwiesen; vielmehr ist deutlich geworden, dass ein solches Verurteilen die Situation noch verschärft. Beispiele hierfür sind die deutsche Anerkennungspolitik gegenüber Slowenien und Kroatien, die ‚westliche' Politik gegenüber der Regierung Milošević 1998/99 bis zum Krieg der NATO gegen Jugoslawien und die Umstände der Auslieferung des ehemaligen Präsidenten 2001.

Dabei spielte auch eine Rolle, dass sich ‚der Westen' aufgrund seiner eigenen Erfolgsgeschichte zum Maßstab gemacht hatte. Dabei wurde übersehen, dass in weiten Teilen Jugoslawiens die Voraussetzungen für eine Gesellschaft und ein politisches System nach diesem Vorbild fehlten. Zudem stellten die Kriege im zerfallenden Jugoslawien mit ihren zum Teil sehr brutalen Übergriffen auf die Zivilbevölkerung das deutsche und europäische Selbstverständnis infrage, ‚so etwas' überwunden zu haben. Dass man selbst von dem, was dort ‚auf dem Balkan' geschah, getroffen war, scheint zu teilweise reflexhaften Solidarisierungen mit der einen oder anderen Partei geführt zu haben, ohne dass die verwickelten Verhältnisse vor Ort wirklich verstanden worden wären. Dass dies in den Medien ein sehr starkes Echo fand, drängte ‚westliche' Politiker zusätzlich zum Eingreifen, letztlich auch militärisch.

Die ‚westliche' Politik wurde dabei von zwei widersprüchlichen Tendenzen bestimmt: Dem Widerstand gegen die Nationalismen in Jugoslawien und seinen Nachfolgestaaten sowie der Unterstützung der weniger nationalistischen, stärker die Menschenrechte respektierenden Seite – wobei diese Einschätzung teilweise fehlerhaft war – sowie der jeweils schwächeren Seite, die schnell als ‚Opfer' gesehen wurde.[1] Das führte dazu, dass ‚westliche' Politiker der eskalierenden Entwicklung hinterherliefen, Schritt für Schritt die Veränderung der jugoslawischen und sogar der serbischen Grenzen anerkennen mussten, dennoch aber in den neu entstandenen Staaten weiterhin auf einer multiethnischen Politik bestanden. Sie unterstützten dabei durch-

---

[1] Diese beiden Tendenzen haben wir in dieser Arbeit feststellen können. Sie scheinen jedoch nicht auszureichen, um die Parteinahme ‚des Westens' im serbisch-albanischen Kosovo-Konflikt zu erklären. Wir haben gesehen, dass eigene Interessen eine Rolle gespielt haben, etwa die, der NATO nach dem Ende des Ost-West-Konflikts ein neues Aufgabenfeld zu schaffen und damit ihre weitere Existenz zu sichern. Inwieweit ökonomische Interessen eine entscheidende Rolle gespielt haben, konnten wir nicht beantworten.

aus auch nationalistische Gruppen, etwa die HDZ-Regierung von Tudjman oder die UÇK.

Damit konnten sie die Konflikte zwar weitgehend stillstellen, blockieren aber seitdem zum Teil die weitere politische Entwicklung, da einige Staaten aus nationalen Gründen keinen Rückhalt in großen Teilen der Bevölkerung haben (Bosnien-Herzegowina, Mazedonien) und andere weiterhin durch Revanchismus oder Angst davor behindert sind (Serbien, Kosovo). Da die jeweilige Nation auf diese Weise immer noch nicht ‚zu sich gekommen' ist, bleibt auch aus diesem Grund eine Tendenz zu einer autoritären Führung bestehen, die die ersehnte ‚Vollendung der Nation' bewirken sollen. Die weiter bestehenden gravierenden wirtschaftlichen und sozialen Probleme verstärken diese Tendenz.

Welche Möglichkeiten aber bestehen nach dieser Einschätzung eigentlich für die Regierungen nicht direkt beteiligter Staaten, bei der Lösung derartiger Konflikte zu helfen?

Zunächst scheint es mir notwendig, sich die eigene Ratlosigkeit angesichts gewalttätiger gesellschaftlicher Konflikte einzugestehen. Den Außenstehenden erscheint das Handeln der Beteiligten grauenhaft sinnlos. Es ist auch dieses Gefühl, das viele zum Eingreifen drängt. Andere fliehen vor ihm in Teilnahmslosigkeit.

Doch selbst wer, im Einverständnis mit den Konfliktparteien, Soldaten zur Sicherung von Grenzen schickt, wird die Lage bestenfalls ruhigstellen, nicht aber lösen können. Möglicherweise kann auf diese Weise über einen sehr langen Zeitraum auch in der Tiefe eine Beruhigung eintreten und so die Voraussetzung für eine erneute Annäherung geschaffen werden. Zypern ist ein Beispiel hierfür, das aber zugleich zeigt, wie eingeschränkt und gefährdet ein solcher Prozess bleibt.

Wer eingreift, um der vermeintlich schwächeren Partei zu Hilfe zu kommen, ist automatisch kein Helfer mehr, sondern selber Partei, allein schon deshalb, weil ihn die vermeintlichen Aggressoren so sehen. Außerdem bringt er das Kräfteverhältnis durch sein Eingreifen zum Kippen: Der Stärkere ist nun der Schwächere. Ein grundsätzliches Problem hierbei ist, dass es angesichts eines Konflikts zwischen Staaten keine Unbeteiligten geben kann – anders als bei einer Prügelei auf der Straße. Selbst dort ist das Problem offenkundig, dass man meist erst darauf aufmerksam wird, wenn der Streit bereits im Gange ist; man kennt also die Vorgeschichte nicht. Dennoch kann es hilfreich und sogar geboten sein, die Streithähne erst einmal zu trennen.

Ein unbeteiligter Staat aber ist nicht denkbar. Selbst in weit entfernt liegenden Staaten wird die Mehrheit der Bevölkerung Sympathien für die eine oder andere Seite hegen: weil man mit ihr mehr Handel treibt oder das in Zukunft zu tun hofft; weil die eine Seite, wie man selbst, eine von Rebellen bedrohte Mehrheit ist; weil die andere Seite gegen Unterdrückung aufbegehrt, wie man es vor wenigen Jahrzehnten selbst getan hat; weil man sich religiös-kulturell verbunden fühlt; weil es von eben dieser Seite viele Einwanderer im eigenen Land gibt, die sich entweder durch gelungene Assimilation ausgezeichnet oder durch ihr Anderssein einen schlechten Ruf erworben haben; weil der wichtigste Verbündete und Beschützer vehement Position bezogen hat; weil ‚die Weltöffentlichkeit‘ eine Seite verurteilt …

Andererseits aber gibt es bei innerstaatlichen Konflikten allein schon durch die Berichterstattung in den Medien, besonders im Fernsehen, die Illusion, man wäre ein unbeteiligter Zuschauer. Die moralische Verlockung spielt hier eine große Rolle, einmal eindeutig auf der Seite ‚des Guten‘ zu stehen, was im konkreten ‚kleinen‘ Alltag so schwer ist. ‚Im Großen‘ scheint es nun ganz leicht erreichbar, da man eben meint, nicht beteiligt zu sein – aber just in diesem Moment wird man es, und zwar genau auf der mythischen Ebene: Die Verlockung besteht gerade darin, dass man aus den leicht quälenden und oft lähmenden Verstrickungen, Blockaden und Konflikten des eigenen Lebens, in denen sich vieles uneindeutig mischt, auf eine ‚höhere‘ Ebene zu springen scheint, auf der sich alles eindeutig ordnet und es plötzlich ganz einfach ist, ein guter und edler Mensch zu sein, der noch dazu dafür kaum mehr tun muss, als seine Gesinnung zu verkünden. Das krude Schwarzweißdenken und der eilfertige Ruf nach der ‚starken Hand‘ (des ‚starken Mannes‘) oder auch nur einem ‚entschlossenen Eingreifen‘ weisen darauf hin, dass hier keineswegs eine ‚höhere‘ Ebene erreicht worden ist. Auch hier ist der Betreffende in einer Situation, die ihm Angst macht (‚der erste Krieg in Europa seit dem Zweiten Weltkrieg‘), regrediert. Über diesen Mechanismus schließen sich die Medien und mit ihnen große Teile der Bevölkerungen sogenannter unbeteiligter Staaten an die Dynamik eines gewalttätigen Konflikts in einem anderen Land an.

Wichtig wäre zudem eine genaue Analyse des Konflikts, und zwar unter Einbeziehung des eigenen Landes. Uns berühren Konflikte umso mehr, je näher sie uns sind. Das ist erst einmal räumlich gemeint, schließt aber gleich eine Vielfalt anderer Ebenen mit ein. Die räumliche Nähe bedeutet zugleich auch eine ‚gemeinsame‘ Geschichte, wiewohl diese in beiden Ländern häufig sehr konträr gesehen wird, sie bedeutet ‚Interessen‘, möglicherweise eine eigene nationale Minderheit im anderen Staat, Verwandte dort usw. Welchen Anteil hat der eigene Staat an dem Konflikt, auch wenn dies vielleicht ein paar Generationen zurückliegt? Ist dies geklärt? Hat eine Aussöhnung stattgefunden?

Das ermöglicht zweierlei: Zum einen bringt es einen dazu, sich der Seite anzunähern, von der man historisch weiter entfernt ist; man kann auf diese Weise vermeiden, in der Spur der Tradition einfach fortzufahren. Zum anderen kann man eigene Fehler und Verbrechen beziehungsweise solche der eigenen Vorfahren öffentlich nennen und so die Ebene gegenseitiger Beschuldigungen verlassen, die unter anderem einen existenziellen Konflikt charakterisiert, und eine des Dialogs eröffnen. Man steigt bewusst nicht ein in die zerstörerische Dynamik, sondern beginnt mit einer anderen Bewegung. Ob die Beteiligten einem darin folgen, ist offen, man hätte jedoch wenigstens eine Möglichkeit eröffnet – und zwar nicht nur mit gut gemeinten Ratschlägen oder energisch vorgetragenen Forderungen, sondern ganz real im eigenen Handeln.

Sicherlich kann ein solches Bemühen kippen, etwa weil einem bewusst wird, wie viel Leid das eigene Volk einer der beiden Seiten in der Vergangenheit angetan hat, und man nun durch deren Unterstützung versucht, diese ‚Schuld' abzutragen. Doch genau das ist der Punkt: Man merkt, dass man selbst beteiligt ist, dass man mit Unerledigtem und Ungelöstem zu tun hat, dass man hin- und hergerissen ist. Erst wenn man sich hierauf einlässt, kann man einer wirklichen Lösung näherkommen.

Die genaue Analyse der Genese des Konflikts dürfte des Weiteren dazu führen, dass man mit beiden Seiten mitempfinden kann, dass man das Verwickelte, auch ausweglos Erscheinende der Situation begreift und eine Schwarzweißsicht unmöglich wird.

Damit sind allerdings lediglich Voraussetzungen für eine hilfreiche Vermittlung in einem Konflikt beschrieben. Über die Vermittlung selbst ist damit noch wenig gesagt.

Unter anderem legen diese Überlegungen eine veränderte Rolle der UNO nahe. Gut ausgebildete Fachleute zu allen Weltregionen, die in Konfliktfällen als kenntnisreiche Beobachter vor Ort fungieren können und der UNO direkt unterstellt sind, erscheinen wünschenswert. Sie werden die Tötung von Menschen auch in Zukunft oft nicht verhindern können, doch sie können eine gewisse Beruhigung und Nüchternheit in einen Konflikt hineinbringen, wenn sie dem Sog einer Schwarzweißsicht widerstehen. Nicht wie von einem Feind nur verurteilt zu werden, sondern zu erleben, dass sämtliche Probleme benannt werden, auch die von der Gegenseite herrührenden, kann Vertrauen schaffen. Die Ansätze, die es zum Beispiel im Oktober 1998 hierfür im Kosovo-Konflikt gab, sind vertan worden, eben weil die beteiligten ‚westlichen' Akteure selbst zu sehr in den Konflikt involviert waren und beide Seiten, vor allem aber die serbische, zu wenig wahrgenommen haben.

Gelingt es, den Konflikt in seinen wesentlichen Teilen zu erfassen, können ausländische Regierungen Vorschläge zu einer Lösung unterbreiten. Spielen wir das im Folgenden einmal für den Sommer 1991 durch.

Zum Verständnis der Situation erscheinen mir einige grundlegende Überlegungen zur Bildung von Nationalstaaten in Europa nötig. Sie ging immer wieder mit Unterdrückung, Vertreibungen oder gar Massenmorden einher und hat an zwei Weltkriegen einen wesentlichen Anteil gehabt. Erst wo sich Demokratie, Rechtsstaat und freie Marktwirtschaft so weit entwickelt haben, dass sie tatsächlich das Fundament der Gesellschaft bilden, können nationale Minderheiten anerkannt und mit weitgehenden Rechten ausgestattet werden. Möglicherweise gibt es andere Entwicklungswege, aber wenn der Nationalismus bereits an Dynamik gewonnen hat und den politischen Diskurs beherrscht, halte ich eine klassische Nationalstaatsbildung für unumgänglich. Miteinander rivalisierende Nationalitäten werden hier sonst die weitere Entwicklung blockieren.[2]

Bereits im Sommer 1991, als mit der Unabhängigkeitserklärung Sloweniens und Kroatiens der Konflikt mit Serbien eskalierte, wurde die Veränderung innerjugoslawischer Grenzen diskutiert. Ernsthaft behandelt wurde dieses Thema, auch aufgrund der Weigerung der EG, der USA und der Sowjetunion, jedoch nicht.

Ebenso gab es später in Bezug auf das Kosovo mehrfach Spekulationen in der Presse, dass Milošević zu einer Teilung bereit gewesen sei, sie sogar gewünscht habe, zumal der größte Teil der Bodenschätze im Norden, dem wahrscheinlich abzuspaltenden Gebiet, liegt.[3] Sicherlich wären die albanischen Führer vehement gegen eine Teilung gewesen, aber ebenso waren sie für eine vollständige Unabhängigkeit. Beides schien wegen der Verhältnisse ausgeschlossen, und so hätte die Teilung einen wirklichen Kompromiss bedeutet, der noch dazu Aussicht auf relativ stabile Verhältnisse in absehbarer Zeit gehabt hätte, da er wirkliche nationale Einheiten geschaffen hätte. Seit dem Ende des Krieges, der auf albanischer Seite verständlicherweise als Sieg gesehen wird, sind die Chancen für einen solchen Kompromiss deutlich geringer. Dies ist eine der negativsten Folgen des Krieges.

Viele nationale Vertreibungen des 19. und 20. Jahrhunderts zeigen, dass das Gefühl der ‚Amputation‘ nicht allein am Territorium hängt. Sobald die eigene Bevölkerung von dort vertrieben war, verschwanden auch der Schmerz und die Wut relativ schnell – nicht unter den Vertriebenen selbst, wohl aber in der restlichen Bevölkerung; und die Vertriebenen sterben nach und nach aus. Eine ‚Amputation‘ war es immer dann, wenn die eigenen ‚Brüder‘ (und gelegentlich ‚Schwestern‘) jenseits der Grenze ‚in Unterdrückung‘ leben mussten. Der Verlust nationalen oder national beanspruchten Bodens hat kaum nationalistische Folgen gehabt, wenn die Konationalen dort weitgehend verschwunden waren – er hörte auf, im nationalen Bewusstsein ein solcher zu sein. Griechenland und die Türkei, Deutschland und Polen haben auf

---

[2]   Zu solchen grundlegenden gesellschaftlichen Veränderungen siehe *Spiral Dynamics* von Beck und Cowan, vor allem auch deren Unterscheidung eines in Bezug auf eine weitere Entwicklung offenen, blockierten oder geschlossenen gesellschaftlichen Zustand (S. 118–128). Das Buch präsentiert eine allgemeine Theorie menschlicher Entwicklung, die beansprucht, ebenso für die Menschheit insgesamt als auch für einzelne Gesellschaften, Gruppen und Individuen zu gelten. Dabei ist sie notwendig in vielem recht grob. Gegenüber Entwicklungstheorien des 19. Jahrhunderts hat sie den großen Vorteil, nicht von einer „Höherentwicklung" auszugehen, sondern von zunehmender Komplexität. Diese ist *immer* eine Antwort auf die vorhandenen Lebensbedingungen. Es geht bei der Einschätzung von Entwicklung daher auch nicht darum, wer am „weitesten fortgeschritten" ist, sondern wer am angemessensten auf seine Lebensbedingungen reagiert. Zudem ist das Modell nicht teleologisch, sondern, was die weitere Entwicklung angeht, offen angelegt. Auch Regressionen, als Folge veränderter Lebensbedingungen, sind berücksichtigt.

[3]   Clark: *Waging Modern War*, S. 384.

diese Weise neue akzeptierte ‚Körpergrenzen' erhalten. Und die Politik der serbischen wie der albanischen Seite lief im Kosovo seit Anfang 1998 auf eine Vertreibung der jeweils anderen hinaus. Warum dann die Trennung nicht durch friedliche Umsiedlungen mit Entschädigungen vollziehen? Für solche Entschädigungen hätte man durch die Vermeidung eines kostspieligen Krieges zudem sehr viel Geld gehabt.

Zudem hatte sich die Mehrheit der Bevölkerung in allen jugoslawischen Republiken (außer Mazedonien) bei den ersten freien Wahlen für eine nationalistische Politik entschieden, indem sie die entsprechenden Parteien gewählt hat. Sie hat damit selbst für Trennungen gestimmt.[4] Auch deshalb hätte die Frage durchaus sein können: Wie führt man sie mit den geringsten Schäden durch?

Einer Neuaufteilung wurde, wie wir gesehen haben, unter anderem die „Dominotheorie" entgegengehalten, nach der dieses Beispiel in anderen Ländern der Region – und nicht nur dort – Schule gemacht hätte. Die bosnischen Serben etwa hätten mit dem gleichen Recht eine Loslösung von Bosnien-Herzegowina fordern können oder die albanischen Mazedonier eine Teilung Mazedoniens. Angesichts der wachsenden Frontstellung der Nationalitäten gegeneinander erscheinen neue Grenzen auch hier im Nachhinein so abwegig nicht. Das aber wirft sogleich die nächste Frage auf: Wie klein hätten die dabei entstehenden Staaten noch werden sollen und wie lebensfähig wären sie dann gewesen?

Ehrlicherweise müssten diejenigen, die bei Teilungen die Gefahr eines Dominoeffekts sehen, eingestehen, dass dieser auch durch die Anerkennungspolitik ‚des Westens' und den Krieg der NATO gegen Jugoslawien nicht verhindert werden konnte, dass beides im Gegenteil zu sechs neuen Staaten geführt hat und auf die Unabhängigkeit des siebten hinauszulaufen scheint.[5] Die Grenzen der jugoslawischen Republiken wurden geachtet, die Staatsgrenzen aber nicht.[6] Das erscheint absurd angesichts nationaler Konflikte, die aufgrund eben dieser Grenzen eskaliert sind. Wesentlich wäre es daher gewesen, ein Verfahren zu entwickeln, das zumindest in seiner groben Struktur als Modell für ähnliche Konflikte hätte dienen können.

Dass dies dann in anderen Teilen der Welt neue separatistische Bewegungen anregen oder schon bestehende hätte verstärken können, ist nicht auszuschließen, aber

---

[4] In Bosnien-Herzegowina und im Kosovo ist das bis heute so geblieben.

[5] Die mittlerweile erfolgte Unabhängigkeit hat am 26.8.2008 der russischen Regierung prompt als Argument gedient, ihrerseits Abchasien und Südossetien anzuerkennen, was sie damit begründete, der georgische Präsident Michail Saakaschwili habe sich für den Völkermord entschieden und Abchasen und Osseten hätten nach dem, was passiert sei, das Recht, über ihr Schicksal selbst zu bestimmen. Der russische Präsident Dmitrij Medwedjew erwähnte auch die einseitige Unabhängigkeitserklärung des Kosovo. (Auszüge seines Redetextes in ‚»Georgien wollte Völkermord«', SZ, 27.8.2008, S. 7)

[6] Auch das ist überholt, da die Unabhängigkeit des Kosovo zu einer Veränderung der serbischen Grenzen geführt hat.

weitgehend Spekulation, da solche Entwicklungen immer von vielen Faktoren abhängen. Bedeutsam ist in einer solchen Situation, ob sie bereits von einem beträchtlichen Teil der jeweiligen Minderheitsbevölkerung als ungerecht und belastend empfunden wird. Für solche Fälle aber hätte das neue Instrument eines Schlichtungsverfahrens durchaus einen Ausgleich bieten können, zumal es, rechtzeitig angewandt, auch zu ganz anderen Lösungen als einer Teilung führen könnte, ginge es doch immer darum, alle Probleme und Sichtweisen auf den Tisch zu bringen und daraufhin einen umfassenden Ausgleich zu erzielen, der immer auch auf die Gefühle der verschiedenen Bevölkerungsgruppen einzugehen hätte.

Was Jugoslawien angeht, so sind auf seinem Boden im 20. Jahrhundert mehrere Versuche gescheitert, einen stabilen multinationalen Staat zu schaffen. Die staatlichen Grenzen sind hier vor und nach dem Ersten Weltkrieg nicht zuletzt nach den Interessen der damaligen europäischen Großmächte gezogen worden.[7]

Betrachtet man das Kosovo, so wurden seine Grenzen in den vergangenen 150 Jahren mehrfach geändert: 1864 wurde das Vilayet Donau gegründet, zu dem das frühere Elayet von Niš (dem das Elayet von Skopje, das auch das gesamte Kosovo umfasste, Anfang 1865 zugeschlagen wurde) und ein großer Teil Bulgariens gehörten. 1867 wurde das Kosovo unter zwei Vilayets aufgeteilt, 1868 wurde das von Prizren gegründet, zu dem auch das Kosovo gehörte. 1877 wurde es vergrößert, reorganisiert und in Vilayet Kosovo umbenannt. Unter serbischer Herrschaft hatte es von 1913 bis 1921 und von 1921 bis 1941 wiederum eine andere Kontur, ganz zu schweigen von der unter italienischer und deutscher Besetzung im Zweiten Weltkrieg.[8] Eindeutige historische Grenzen hat es also nicht gegeben, was es erleichtert hätte, die bestehenden sinnvoll zu ändern.

Bei einer Neuaufteilung wäre es wesentlich darauf angekommen, alle Probleme der Region zu thematisieren. Wir haben gesehen, dass die mythischen Bilder stark durch massenhaftes persönliches Erleben und dessen Deutung geprägt waren, etwa, dass die Leistungen der serbischen Nation für den Bundesstaat nicht genügend gewürdigt worden seien, sondern Serbien im Gegenteil immer wieder für bestehende Probleme die Schuld zugeschoben bekommen habe. Eng verknüpft hiermit waren wirtschaftliche Fragen. Und selbst die eigentliche Teilungsfrage hätte sich nicht nur mit Quadratkilometern im Verhältnis zu Bevölkerungszahlen oder einem Austausch etwa gleich großer Flächen auseinanderzusetzen gehabt. Hätte beispielsweise der Norden des Kosovo mit Serbien vereinigt und die serbische Bevölkerung aus anderen Teilen des Kosovo dorthin umgesiedelt werden sollen, so hätte zusätzlich das Problem bestanden, dass sich in diesem Nordteil die Minen von Trepča/Trepça und damit die bedeutsamsten Bodenschätze der Region befinden. Auch die Vielzahl bedeutender serbischer Klöster im Kosovo wäre von Bedeutung gewesen.

---

[7] Vgl. Eberhard Straub: ,Die Balkanisierung des Balkans', *FAZ*, 17.4.1999, S. II.

[8] Malcolm: *Kosovo*, S. xxii, xxiv u. xxv (Karten) sowie S. 191f. (Vilayets).

Eine solche öffentlich geführte Diskussion hätte beispielsweise in Serbien den Widerspruch deutlicher machen können zwischen der Forderung nach Vereinigung von Siedlungsgebieten (etwa in Bezug auf die Krajina, Ostslawonien und Teilen Bosniens) und der nach einem Zusammenhalt nach historischen Gesichtspunkten beziehungsweise nach solchen der nationalen Genese (in Bezug auf das Kosovo). Es ist billigerweise nicht möglich, von anderen zu fordern, was man ihnen selbst verweigert.

Um das Problem von Minderheiten nicht auf immer kleinere Einheiten zu verschieben, hätten die Teilungen und neuen Grenzen mit Umsiedlungen einhergehen müssen, wobei die davon Betroffenen finanziell, logistisch und psychologisch zu unterstützen gewesen wären. Gerade für viele auf dem Land lebende Menschen wäre es sicherlich sehr schmerzlich gewesen, ihre alte Heimat zu verlassen. Bereits 1991 war jedoch absehbar, dass ansonsten Vertreibungen oder zumindest Krieg mit unabsehbaren Zerstörungen drohten. Wer trotz der Entschädigungsangebote hätte bleiben wollen, hätte dies tun können – es wären sehr wahrscheinlich Minderheiten gewesen, die nicht mehr als Gefahr für die eigene Nationalstaatlichkeit, für den ‚Körper' der eigenen Nationen angesehen worden wären, da sie aufgrund ihrer geringen Größe keine konkurrierenden politischen Forderungen mehr gestellt hätten, sondern einzig aufgrund der starken Verbundenheit mit dem jeweiligen Ort geblieben wären.

Ein Problem bei einem solchen Vorgehen wäre wohl gewesen, dass die Konflikte im Sommer 1991 bereits lokal eskalierten. Es hätte sich daher nicht auf die staatliche Ebene beschränken dürfen, sondern hätte auch die lokale mit einbeziehen müssen. Auch hier hätte am Anfang stehen müssen, die verschiedenen Probleme zu erfassen und einander zuzuordnen. Die Verhandlungen auf der staatlichen Ebene wären unbedingt mit denen auf der lokalen zu koordinieren gewesen.

Das Ergebnis solcher Verhandlungen ist nicht absehbar. Eine Teilung des Kosovo wäre, verglichen mit einer Teilung Bosniens oder Mazedoniens, noch einfach gewesen. Der Verlust eines kleineren Teils seines Territoriums an Serbien hätte durch die Perspektive einer Vereinigung aller mehrheitlich albanisch besiedelten Gebiete mehr als ausgeglichen werden können (die Verwirklichung des ‚albanischen Traums'). Solche neuen Zusammenschlüsse hätten im Übrigen einer immer weiter gehenden Zersplitterung entgegengewirkt. Das hätte aber bedeutet, neue Zusammenschlüsse nach nationalen Gesichtspunkten, also ‚Groß-'Staaten, nicht zu verteufeln, denn wie groß wäre etwa ein Serbien mit nur einem kleinen Teil des Kosovo, aber mit Teilen von Bosnien und eventuell von Kroatien?

Im Fall Bosniens und Mazedoniens hätte eine Teilung ohne solche Kompensationen bleiben müssen. In Bosnien wären zudem besonders umfangreiche Umsiedlungen notwendig gewesen, da hier keine klaren nationalen Siedlungsgebiete bestanden. Die Frage wäre auch gewesen, ob sich neben den bosnischen Muslimen auch die bosnischen Kroaten mehrheitlich mit diesem Staat identifiziert oder ob sie einen Anschluss an Kroatien befürwortet hätten. Fragen der Größe des nationalen Territoriums – die für das nationale Selbstverständnis von großer Bedeutung sind –

wären solchen der wirtschaftlichen Schwierigkeiten gegenüberzustellen gewesen. Wie viel kosten diese ständigen Spannungen, Querelen, Rangeleien, Kämpfe und Kriege? Welches Hindernis stellen sie für die wirtschaftliche, politische und soziale Entwicklung dar? Ein muslimisches Bosnien, das sich wirklich auf seine Bevölkerung hätte stützen können, erscheint lebensfähiger als ein zusammengeflickter Drei-Völker-Staat, in dem sich alle mehr oder weniger gegenseitig blockieren.

Trotz der nationalistischen Mehrheiten, ist keine nationale Gruppe in ihrer politischen Ausrichtung einheitlich gewesen. Die Größe abzutrennender Gebiete wäre also auch von der Zustimmung in der betreffenden Bevölkerung abhängig zu machen gewesen.

Zudem wären ‚Verliererstaaten‘ wie ein muslimisches Bosnien oder ein slawisches Mazedonien zu entschädigen gewesen, das heißt, für sie hätte ein Ausgleich für die Verkleinerung ihres Staatsgebietes gefunden werden müssen – sei es durch Geld, durch verhältnismäßig mehr Territorium oder durch wesentliche Infrastruktur. Diesen Ausgleich hätten vor allem die ‚gewinnenden‘ Nachbarn zu leisten gehabt, zum Teil aber auch die EG, möglicherweise die Sowjetunion und die UNO. Der 1991 drohende Krieg hätte auf diese Weise möglicherweise abgewendet werden können; der menschliche und ökonomische Gewinn wäre für alle Seiten enorm gewesen, was der betroffenen Bevölkerung sehr deutlich hätte vor Augen geführt werden können. Zu dieser Zeit hätte sich auch Slowenien, das aus den jugoslawischen Teilungen mit dem größten Gewinn hervorgegangen ist, sie zugleich aber mit bewirkt hat, an einem solchen allgemeinen Ausgleich beteiligt, hatte es doch damals noch seine Unabhängigkeit zu gewinnen. Wesentlich wären immer zwei Gesichtspunkte gewesen: der Gewinn eines Nationalstaats, der nicht mehr von einem Teil der Bevölkerung abgelehnt wird, und Ausgleich für territoriale Verluste, die häufig auch mit wirtschaftlichen einhergegangen wären.

Wären die nationalen Gegensätze innerhalb der bestehenden Staaten auf diese Weise erst einmal überwunden gewesen, hätten diese ganz andere Grundlagen gehabt, auf zwischenstaatlicher Ebene die Entwicklung der gesamten Region voranzubringen. So hätte auch die Erkenntnis reifen können, dass diejenigen Lösungen am sinnvollsten sind, bei denen alle Beteiligten gewinnen. Die neu geschaffenen Staaten hätten durch eine solche verstärkte regionale Zusammenarbeit (Handel, Bildung, Forschung, Kultur) und eine klare EU-Perspektive zusätzlich stabilisiert werden können.[9]

---

[9] Der Ende Juli 1999 in Sarajevo vorgestellte Stabilitätspakt für Südosteuropa ist ein solcher Schritt, der wirtschaftliche und demokratische Entwicklung sowie die Integration in die EU miteinander verbindet. Aber ohne dass die grundlegenden Konflikte angepackt würden, führt das dazu, dass die Staaten, die diese Konflikte entweder nicht haben oder in denen sie nicht virulent sind (Slowenien, Rumänien, Bulgarien), aufgenommen werden und jene, die sie auf ihre Weise – d. h. gewaltsam – bereits ‚gelöst‘ haben (Kroatien), gute Chancen haben, bald aufgenommen zu werden, während diejenigen, in denen

Um einen guten Verlauf des Prozesses zu gewährleisten, hätte jede Gewaltanwendung ausgeschlossen werden müssen. Hierzu zählen auch Versuche, auf die andere Seite Druck auszuüben oder sich einseitig Vorteile zu verschaffen (etwa indem man die Unabhängigkeit ausruft, obwohl die Verhandlungen noch nicht abgeschlossen sind). Wäre dagegen verstoßen worden, hätte ein umfassender, effektiver Boykott durchgeführt und etwaige Flüchtlinge ohne Behinderungen aufgenommen werden müssen.

Nun haben wir gesehen, dass in Fragen des nationalen ‚Körpers' nicht nur seine ‚Einheit' und ‚Unverletzlichkeit', sondern auch seine ‚Größe' eine bedeutende Rolle spielt. Die international vermittelten Teilungs- und Entschädigungsverhandlungen hätten daher auch diesen Aspekt zu berücksichtigen gehabt. Vor allem wäre der Stolz auf und das Verlangen nach eigener ‚Größe' zu würdigen gewesen, etwa indem man die Verdienste jeder einzelnen Nation herausgestellt hätte.

Zu den Verlierern solcher Neuaufteilungen hätten auch jene Menschen gehört, die nicht nationalistisch waren, die sich als Jugoslawen verstanden und Multinationalität schätzten – doch sie verloren in jedem Fall. Vorerst hätten sie in Nationalstaaten leben müssen, deren Bevölkerung und vor allem Führung die eigene Nation gefeiert und aus ihr einen großen Teil ihres Selbstbewusstseins geschöpft hätte. Dadurch, dass die nationale Existenz nun aber gesichert gewesen wäre, wäre auch die nationalistische Ausrichtung schrittweise einem liberaleren Verständnis gewichen.

Ein solcher Ansatz hätte auch später als 1991 noch versucht werden könne, etwa zur Zeit der Verhandlungen in Dayton und selbst 1998/99. Möglicherweise sind auch heute noch Teile davon verwirklichbar – die Konflikte sind ja zu einem großen Teil immer noch nicht gelöst. Die dabei zu berücksichtigenden Grundprinzipien dürften auf alle nationalen Konflikte anwendbar sein: 1) alle Probleme und Streitfragen kommen auf die Tagesordnung und werden als zu lösende Aufgaben angesehen; 2) die verdrängten Konflikte werden mithilfe der propagierten mythischen Bilder öffentlich thematisiert; 3) es wird nach einer Einigung gesucht, die zum Ziel hat, stabile Nationalstaaten zu schaffen; 4) dafür werden gegebenenfalls Teile der Bevölkerung mit staatlicher und internationaler Hilfe umgesiedelt; 5) der Einsatz von militärischer Gewalt, Zwangsmaßnahmen oder ein Vorgehen, das der eigenen Seite einen Vorteil auf Kosten der anderen verschafft, sind ausgeschlossen und werden vom UN-Sicherheitsrat sofort mit einem umfassenden Boykott beantwortet, während etwaige Flüchtlinge sofort aufgenommen werden.

Um in einer ähnlichen Situation allerdings entsprechend vermitteln zu können, bedarf es der Vorbereitung, die auch eine entsprechende Schulung von Mitarbeitern in den Außenministerien und beim Kommissar für Außenbeziehungen und europäische Nachbarschaftspolitik der EU erfordert.

---

sie mit internationaler Militärpräsenz stillgestellt sind, ohne eine solche Perspektive bleiben. (Vgl. *Kosovo Report*, S. 252–254.)

Bei all diesen wohlmeinenden Überlegungen bleibt, worauf ich am Ende des 4. Kapitels hingewiesen habe: die Zerstörungswut, die auch Zerstörungslust ist. Sie stellt viel vom eben Gesagten radikal infrage. Es ist auffällig, dass in Konflikten, die von beiden Seiten mit großer Verbissenheit und Gewalttätigkeit bis zu einer enormen Zerstörung und einer Unzahl von Toten geführt worden sind, eine Art Erschöpfung eintreten kann, die zugleich ernüchternd ist. Die Menschen sind des ständigen Krieges überdrüssig und sehnen sich nach Frieden. In der Regel ist eine Seite dabei die unterlegene und muss sich vielem unterwerfen. Wenn auch die siegreiche Seite erschöpft ist und ihr vor allem daran liegt, den Frieden zu sichern, ist es oft leichter, sich zu einigen. Es gibt endlich wieder ein Gefühl für die Notwendigkeit, miteinander zu leben. Die Dynamik, die auf permanente Steigerung angelegt ist, bricht zusammen, die Beteiligten kommen allmählich wieder zu Sinnen.

Die eben skizzierten Aufgaben für eine friedliche Beilegung von Konflikten negieren diese Dynamik der Zerstörung weitgehend. Zugespitzt lautet die Frage: Sollten die Konfliktparteien den Konflikt nicht austragen? Bringt man sie nicht um eine Klärung, wenn man zu schlichten versucht?

Verbunden hiermit sind auch folgende Überlegungen: Ein militärisches Eingreifen nicht direkt Beteiligter scheint einen Konflikt entweder zu verschärfen oder zu verstetigen. Verschärft wird er, indem man dem – vermeintlich – Schwächeren zu Hilfe eilt und ihm Waffen, wenn nicht sogar Truppen schickt. Die Kämpfe nehmen tendenziell zu und dauern länger. Verstetigt wird er hingegen durch Versuche, die Konfliktparteien zum friedlichen Zusammenleben zu zwingen, also zum Beispiel multinationale Staaten aufrechtzuerhalten. Der Konflikt wird dann nicht ausgetragen, sondern schwelt unter der Decke weiter, die die ‚internationale Gemeinschaft‘ über ihm ausgebreitet hat. Zudem ist ein solches Vorgehen mit einem großen Maß militärischer, polizeilicher und sonstiger institutioneller Präsenz verbunden. Die Schlichtungsmächte werden zum Wirtschaftsfaktor, schaffen damit neue Abhängigkeit und Unmündigkeit und ein neues wirtschaftliches Gefälle (zwischen Angehörigen der Besatzungsmacht und Befreiten/Besetzten).

Andererseits – und das ist nicht zu vernachlässigen – hat dieses Deckeln wahrscheinlich zur Folge, dass der Konflikt nicht weiter eskaliert, also weit weniger Menschen umgebracht und Güter zerstört werden. Das ist auch insofern von Bedeutung, als die Schwere der Verletzungen, die die Beteiligten einander zufügen, die verborgene Ladung für den nächsten Ausbruch des Konflikts schafft – wenn er nicht zu klaren Verhältnissen geführt hat, zum Beispiel anerkannten Staatsgrenzen.

Schlagen die Konfliktparteien die Schlichtungsangebote aus, so ist es möglicherweise sinnvoller, einen solchen Staat nicht nur zu isolieren, sondern abzuriegeln – wenn, und das ist wesentlich, die Grenzen zugleich für Flüchtlinge aus ihm offen gehalten werden.

Ruanda scheint dem zu widersprechen. Hier sind 1994 Zigtausende mit einfachsten Waffen totgeschlagen worden – Waffenlieferungen von außen scheinen also nicht unbedingt nötig zu sein. Es sei aber daran erinnert, dass ein militärischer Konflikt bereits vorher in vollem Gange war, die Regierung mit dem Rücken zur Wand stand und zugleich massiv von der französischen gestützt wurde.[10]

Mir scheint es notwendig, noch in einer anderen Richtung weiterzudenken: Brauchen wir nicht andere gesellschaftliche Äußerungsformen für Wut, Hass, Verzweiflung? Unsere Vorschläge zur Konfliktlösung haben etwas so blendend Rationales wie eine Schulbehörde. Etwas Wesentliches der Konflikte, die mitreißenden Gefühle, ist daraus merkwürdig ausgeklammert.

Zur Frage, was die direkt Betroffenen eines schweren Konflikts tun können, möchte ich zum Schluss noch einen Hinweis auf günstige Voraussetzungen geben. In jeder existenziellen gesellschaftlichen Krise gibt es offenbar Menschen, die nicht den Kopf verlieren und nicht Zuflucht bei einer Idee suchen, die die nationale oder sonst eine ,Einheit' verheißt, Menschen, die weiterhin die Probleme klar benennen und auf ihre Ursachen und damit mögliche Lösungen hinweisen. Für sie scheint die Gesellschaft als Ganzes weiter Bestand zu haben, ohne dass aus ihr einzelne Gruppen ausgeschlossen werden müssten. Was unterscheidet sie von den anderen, die pathetische Parolen verkünden, die in der großen Idee aufgehen wollen oder die einfach den Kopf einziehen und hoffen, dass alles möglichst schnell vorbei ist? Was befähigt sie, sich der bedrohlichen Situation zu stellen?

Dass Menschen zu sich gekommen sind, dass ihre Körper belebt sind und von ihnen ausgefüllt werden können, dass sie in ihrer Wahrnehmung nicht teilweise betäubt sind, scheint eine wesentliche Voraussetzung dafür, dass sie einer schweren Krise, einer persönlichen wie einer gesellschaftlichen, begegnen können. Eine solche Belebung von Menschen lässt sich nicht als gesellschaftliches Programm verwirklichen, schon gar nicht durch Gesetze. Aber denkbar ist eine gesellschaftliche Stimmung, in der mehr Menschen empfänglich für derlei Entwicklungen sind.

Dabei könnte zur Orientierung der „Bundesgedanke" dienen, den Klaus Heinrich, ausgehend vom Alten Testament und Überlegungen Paul Tillichs, dem mythi-

---

[10]   Ryszard Kapuscinski schreibt, das Massaker sei sorgfältig vorbereitet worden. Zuerst, indem die Armee von 5000 auf 30 000 Soldaten vergrößert worden sei, trainiert von französischen Ausbildern, die nicht nur diese Einheiten ausgebildet hatten, sondern auch zwei weitere, fürchterlichere: die Präsidentengarde und das „Netzwerk-Null", eine Art Todesschwadron. Eine Untersuchung des Abschusses der Präsidentenmaschine, von der die französische Regierung wohl die *black box* kaufte, ist unterblieben, Ergebnisse aus einer Untersuchung der *black box* sind nicht veröffentlicht worden. Die Vorgeschichte ist eine unvollendete Revolution in Ruanda gewesen. Die französische Regierung hatte den schwer bedrängten Präsidenten Juvénal Habyarin gestützt. Das Massaker ist eine Reaktion auf diese Bedrohung gewesen – auch das also *kein* ,ethnischer' Krieg. (,Massaker im Paradies', *Lettre international*, Nr. 26, 3. Vj./1994, S. 4–11, hier S. 6–8)

schen Denken gegenübergestellt:[11] eine Vereinigung, die das Trennende überwindet und zugleich das Getrennte in der Vereinigung bestehen lässt,[12] ein Unternehmen, das nie abzuschließen und beständig neu zu beginnen ist. Es bedeutete auch, Remythisierungen nicht zu verdammen oder als ‚irrational‘ abzutun und damit wegzustoßen, sondern als Äußerungen zu begreifen, aus denen sich Wesentliches über die Entwicklung und Lage der jeweiligen Gesellschaft erfahren lässt.

---

[11] So in ‚Parmenides und Jona. Ein religionswissenschaftlicher Vergleich‘, in: ders.: *Parmenides und Jona*, S. 61–128 u. in *vom bündnis denken*.

[12] Heinrich, *Versuch über die Schwierigkeit nein zu sagen*, S. 152f.

Anhang

Slobodan Miloševićs Rede auf dem Gazimestan am 28. Juni 1989[1]

Die Rede, die Slobodan Milošević am 28. Juni 1989 zur 600-Jahr-Feier der Schlacht auf dem Amselfeld gehalten hat, gilt vielen als das Fanal für die folgenden Kriege. Dabei kursieren mittlerweile eine Reihe von falschen Aussagen, die zum Teil sogar ungeprüft weiterverbreitet werden. Von Rudolf Scharpings Behauptung „An diesem Tag sprach Milosevic von ‚Groß-Serbien' und davon, daß dieses Land ein ethnisch reines sein solle" war bereits die Rede. Natalija Bašić erwähnt, Milošević habe damals zum serbischen Volk gesagt: „Niemand wird euch jemals mehr schlagen", was er aber tatsächlich im April 1987 anlässlich seines ersten Besuchs im Kosovo aufgebrachten serbischen Demonstranten zugerufen hatte. Und Ed Vulliamy führt an, Milošević habe für seine Zuhörer die Botschaft gehabt: „Nie wieder soll der Islam die Serben unterjochen", was dann Vamik D. Volkan von ihm übernimmt.[2]

Es ist jedoch gar nicht so einfach, herauszubekommen, was Milošević an diesem nationalen Feiertag wirklich gesagt hat. Ein vollständiges Tondokument scheint nicht zu existieren – die Rundfunk- und Fernsehanstalten in Serbien, Deutschland und Österreich scheinen lediglich jeweils die Bruchstücke der Rede archiviert zu ha-

---

[1] Gazimestan ist der Ort, an dem der Legende nach Sultan Murad I. ermordet worden sein soll. Zu Passagen, die bei den Teilnehmern einen stärkeren Eindruck bewirkt haben sollen, s. Zirojević: ‚Das Amselfeld im kollektiven Gedächtnis', S. 59f.

[2] Scharping: *Wir dürfen nicht wegsehen*, S. 19; Bašić: *Krieg als Abenteuer*, S. 100 (woher sie das Zitat hat, ist nicht ersichtlich, jedenfalls nicht aus dem als allgemeine Quelle zur Geschichte des Kosovo-Mythos angegebenen Aufsatz von Sundhaussen); Vulliamy: *Seasons in Hell*, S. 51; Volkan: *Das Versagen der Diplomatie*, S. 93. Da verwundert es nicht, wenn Bruno Schirra „Miloševićs große Rede an die Serben des Kosovo" als „Miloševićs Kampfruf" bezeichnet (‚Die Gräuel der Frenkie Boys' S. 18).

Bašićs Buch ist ansonsten sehr beeindruckend und vermittelt über die Interviews sehr unterschiedlicher Kriegsteilnehmer ein ungewöhnlich eindringliches Bild der Jugoslawienkriege, vor allem auch der Absurdität des Kriegsalltags. Zudem weist sie darauf hin, wie stark das öffentliche Leben von der Mythisierung des Partisanenkriegs und die Bildung der Kinder und Jugendlichen von den Werten des Kampfs geprägt waren. Diese Werte, die Staat und Partei zur Abwehr äußerer Feinde gepflegt hatten, richteten sich nun gegen die eigene Gesellschaft. Ich bin so spät auf dieses Buch gestoßen, dass ich es in dieser Arbeit nicht mehr berücksichtigen konnte.

Auch Volkans Buch ist durchaus lesenswert; vor allem seine Beschreibung, wie Großgruppenidentitäten entstehen, erscheint mir hilfreich. Ich bin auch darauf zu spät gestoßen, als dass es noch möglich gewesen wäre, es in dieser Arbeit kritisch zu würdigen.

ben, die sie für eigene Sendungen verwendet haben. Es scheint mir unfassbar, dass in unserer Zeit eine solche Rede, von der bereits am Tag, da sie gehalten wurde, feststand, dass es sich bei ihr um eine historische handelte, nicht archiviert wird. Mir liegt jedoch die Direktübertragung der 600-Jahrfeier von Radio Belgrad vor, in der Ausschnitte der Rede zu hören sind. Ich habe diese Ausschnitte im Text kursiv gesetzt. Zudem habe ich in eckigen Klammern die zu hörenden Reaktionen des Publikums vermerkt. Dabei ist allerdings zu beachten, dass die Mikrofone nur das erfasst haben dürften, was die Nahestehenden gerufen haben. Ob es sich dabei um eine kleinere Gruppe Begeisterter oder doch um große Teile der Versammelten handelt, ist also nicht zu sagen.

Ich kenne drei serbische Fassungen: den Abdruck in der *Politika* vom 29. Juni 1989 auf der dritten und vierten Seite, den in Djordje Jevlić *Bitka za Kosovo* auf den Seiten 204–208 und die Fassung auf wikisource mit einer englischen Übersetzung[3]. Jevlić Fassung enthält gegenüber der *Politika*-Fassung nicht nur eine ganze Reihe Fehler sowie eine andere Einteilung der Absätze und eine andere Zeichensetzung – was bei der Verschriftlichung einer Rede durchaus verständlich ist, solange kein offizielles Manuskript vorliegt –, sondern auch, was bedeutsamer ist, eine erhebliche Veränderung der Reihenfolge mehrer Absätze, und das in einer Weise, dass man als Leser stellenweise den Eindruck hat, Milošević müsse bei ihrer Abfassung etwas konfus gewesen sein. Zudem ist diese Fassung unvollständig, denn es fehlt eine längere, gekennzeichnete Stelle. All diese Unterschiede verändern die Aussagen der Rede allerdings nicht wesentlich.

Die deutschen Übersetzungen, die mir vorliegen, beziehen sich auf unterschiedliche Vorlagen. Diejenige, welche die *FAZ* am 28.6.1999, also zum zehnten Jahrestag der Rede und kurz nach dem Krieg der NATO gegen Jugoslawien, veröffentlicht hat, folgt einer Vorlage, welche die slowenische Nachrichtenagentur *STA* übermittelt hat, und ist unter der Mitarbeit von Tamara Labas übersetzt worden. Die von Jürgen Elsässer präsentierte Übersetzung ist von Donka Lange und folgt dem Abdruck in der *Politika*. Schließlich hat Ralph Hartmann Teile der Rede nach Miloševićs eigenen Ausführungen vor dem Tribunal in Den Haag übersetzt.[4]

Spannender als die inhaltlich unwesentlichen Unterschiede der beiden serbischen Fassungen sind die Abweichungen und Auslassungen, die in der Übersetzung der *FAZ* zu finden sind („eine von Chauvinismus durchwirkte Rede", heißt es in der Einleitung). Sie lassen die Rede deutlich aggressiver erscheinen. Unklar ist allerdings, ob diese Veränderungen schon im von der *STA* übermittelten Redetext standen oder erst durch die Übersetzung zustande gekommen sind. Ein Teil der Auslassungen in der *FAZ* sind in *Kriegslügen* gekennzeichnet, wobei Elsässer manchmal

---

[3]   http://en.wikisource.org/wiki/Gazimestan_speech

[4]   *FAZ*: »Die Zeit der Erniedrigung Serbiens ist abgelaufen«', 28.6.1999, S. 11; Elsässer: *Kriegslügen*, S. 283–286, zuerst in *konkret*, August 2001, S. 16f.; Hartmann: *Der Fall Milošević*, S. 221–223, der sich hierfür auf www.sps.org-yu./index-ie.htm bezieht.

Stellen geltend macht, die auf die fantasievolle Übersetzung Donka Langes zurückzuführen sind. Ihre Übersetzung neigt zudem dazu, Miloševićs Rede die nationalistisch gefärbten Spitzen zu nehmen. Das wird besonders daran deutlich, dass sie gegen Ende *bitka* mit „Kampf" (das wäre *borba*) statt mit „Schlacht" und *junaštvo* mit „Tapferkeit" statt mit „Heldentum" übersetzt.

Ich selbst folge hier der Fassung in der *Politika*, wobei ich besonderen Wert darauf gelegt habe, den Duktus des Originaltextes zu erhalten. Was im Deutschen holprig erscheint, ist es also auch im Original. Zudem habe ich die Umstellungen, die in Jevlićs Fassung zu finden sind, durch Nummerierung in geschweiften Klammern kenntlich gemacht. Auch der kurze Stimmungsbericht am Schluss ist aus Jevlićs *Bitka za Kosovo* entnommen.

Daneben liegen mir drei englische Fassungen vor: die ziemlich sorgfältige Transkription der BBC, die allerdings eine ganze Reihe von Stellen als akustisch nicht verständlich oder mit Fragezeichen markiert, die auf ihr basierende Fassung, die der Internationale Gerichtshof verwendet hat und in dem die zweifelhaften Stellen von Miloševićs Verteidigern ergänzt oder geändert worden sind, sowie eine offenbar ebenfalls auf der BBC-Fassung basierende des US-Handelsministeriums.[5]

Milošević selbst hat seine Rede mehr als zwölfeinhalb Jahre später vor dem Internationalen Gerichtshof in Den Haag zu seiner Verteidigung ausführlich zitiert, nachdem ihm die folgenden beiden Sätze von der Anklage vorgeworfen worden waren: „Heute, sechs Jahrhunderte später, stehen wir wieder in Schlachten und vor Schlachten. Sie werden nicht mit Waffen geführt, obwohl auch solche noch nicht ausgeschlossen sind." Er hat diese Rede ausdrücklich gelobt: „[...], die, und das darf ich Ihnen sagen, eine sehr gute Rede war, eine ausgezeichnete Rede, zu [an] der es tatsächlich nichts zu beanstanden gibt".[6]

Nach Louis Sell warteten über eine Million Menschen stundenlang auf Milošević. Überall waren Poster von ihm und Fürst Lazar zu sehen. Leute sangen „Wir lieben Slobo" und „Europa, erinnerst du dich nicht, dass wir dich verteidigt haben!". R. Scott Appleby berichtet, die Menge habe „Kosovo ist serbisch" und „Slobodan, wir lieben dich, weil du die Muslime hasst" gesungen. Just, als die Menge ungeduldig zu werden begann, landete Milošević mit einem Hubschrauber direkt auf dem Versammlungsplatz. Der frei gewählte slowenische Präsident Janez Drnovšek, der vor kurzem den Vorsitz im Staatspräsidium übernommen hatte und in dieser Funk-

---

[5]   Die BBC-Fassung ist auf den 28.6.1989 datiert und ebenso wie die des US-Handelsministeriums im Internet unter http://emperors-clothes.com/milo/milosaid2.htm bzw. über dort verzeichnete Links zu finden, und zwar auch in einer Kopie des Originals. Die Fassung des US-Handelsministerium findet sich auch, wie erwähnt, unter: http://en.wikisource.org/wiki/Gazimestan_speech. Die Fassung des ICTY habe ich von der dortigen Dokumentenabteilung erhalten.

[6]   So zitiert bei Hartmann, a. a. O., S. 221.

tion an der Feier teilnahm, berichtet, Milošević habe sich in einer euphorischen Stimmung befunden.[7]

[Spricht in den Jubel, der von „Slobo!"-Rufen dominiert wird, hinein] Kameradinnen und Kameraden! ... *[wartet noch, bis sich der Jubel gelegt hat] Kameradinnen und Kameraden![8] An diesem Ort im Herzen Serbiens, auf dem Feld der Amseln[9], hat sich vor sechs Jahrhunderten, vor genau 600 Jahren, eine der größten Schlachten jener Zeit[10] ereignet.* Ebenso wie andere große Ereignisse wird auch dieses von vielen Fragen und Geheimnissen begleitet, es ist Gegenstand ununterbrochener wissenschaftlicher Forschung und der gewöhnlichen Neugier des Volkes.[11]

Den gesellschaftlichen Umständen entsprechend hat sich diese große 600-Jahr-Feier der Kosovo-Schlacht in dem Jahr ereignet[12], in welchem Serbien nach vielen Jahren, nach vielen Jahrzehnten seine staatliche, nationale und geistige Integrität wiedererlangt hat. [länger anhaltender Jubel, der in „Slobo!"-Rufe übergeht] Daher ... [er muss wegen des Jubels noch einmal ansetzen] fällt es uns heute nicht schwer, jene alte Frage zu beantworten: Womit werden wir vor Miloš treten? Durch den Lauf der Geschichte und des Lebens sieht es so aus, als ob Serbien eben in diesem Jahr 1989 seinen Staat und seine Würde zurückgewonnen hat, um so das historische Ereignis aus ferner Vergangenheit zu feiern, das eine große historische und symbolische Bedeutung für seine Zukunft gehabt hat. [Jubel]

Heute ist schwer zu sagen, was an der Kosovo-Schlacht historische Wahrheit und was Legende ist. Heute ist das aber auch nicht mehr wichtig.[13] Das Volk erinnerte sich und vergaß, niedergedrückt von Leid und voller Hoffnung, wie übrigens auch jedes andere Volk auf der Welt. Es schämte sich des Verrats[14] und verherrlichte das Heldentum. Darum ist es heute schwer zu sagen, ob die Kosovo-Schlacht eine Niederlage oder ein Sieg des serbischen Volkes war, ob wir ihretwegen der Sklaverei verfielen oder dank ihrer in der Sklaverei überlebt haben.

---

[7] Sell: *Slobodan Milošević and the Destruction of Yugoslavia*, S. 88f., der sich für Drnovšek auf dessen Buch *Escape from Hell*, S. 60 bezieht; Appleby: *The Ambivalence of the Sacred*, S. 70.

[8] Diese Anrede findet sich nur in der Tonfassung und in der Übersetzung der BBC. Die *FAZ* schreibt: „Freunde! Kameraden!". In allen anderen Fassungen gibt es keine Anrede.

[9] Sowohl nach der *Politika* als auch in den Ausschnitten der B 92-Sendung wählte Milošević – bis auf eine Stelle – diese an den Ton der Sagen erinnernde, aber nicht antiquierte Formulierung (*na polju Kosovu*), in Jelićs Fassung und in der des US-Handelsministeriums gebraucht er meist die gängige (*na Kosovu polju*).

[10] Die *FAZ* schreibt: „aller Zeiten".

[11] Die Fassung des US-Handelsministeriums beginnt erst mit dem folgenden Absatz.

[12] Milošević gebraucht hier tatsächlich die Vergangenheitsform.

[13] Dieser Satz fehlt in der *FAZ*.

[14] Die *FAZ* schreibt: „Es verschmähte den Verrat".

Die Antworten[15] auf diese Fragen werden Wissenschaft und Volk unablässig suchen. Fest steht, durch alle Jahrhunderte, die hinter uns liegen, dass uns im Kosovo vor 600 Jahren die Zwietracht heimgesucht hat.[16] Wenn wir die Schlacht verloren haben, dann ist das nicht nur das Ergebnis der gesellschaftlichen Überlegenheit und der vorteilhafteren Waffen des Osmanischen Reiches, sondern auch der tragischen Zwietracht an der Spitze des serbischen Staates. Damals, im fernen Jahr 1389, war das Osmanische Reich nicht nur stärker als das serbische Reich, es war auch glücklicher.

Zwietracht und Verrat im Kosovo werden das serbische Volk seine ganze Geschichte hindurch als ein übles Schicksal weiter begleiten. Auch im letzten Krieg haben diese Zwietracht und dieser Verrat das serbische Volk und Serbien in die Agonie geführt, deren Folgen in historischem und moralischem Sinn die faschistische Aggression[17] übertrafen.

Aber auch später, *als das sozialistische Jugoslawien errichtet war, blieb die serbische Führung gespalten und in diesem neuen Land Kompromissen zum Schaden des eigenen Volkes zugeneigt. Die Zugeständnisse, die viele serbische Führer auf Kosten ihres Volkes machten, hätte kein Volk auf der Welt, weder historisch noch ethisch[18], akzeptiert.* Vor allem, da die Serben ihre ganze Geschichte hindurch andere niemals erobert und ausgebeutet haben. Ihr nationales und historisches Wesen ist ihre ganze Geschichte und zwei Weltkriege hindurch wie auch heute – eines der Befreiung. Stets haben sie sich selbst befreit, und wenn sie die Gelegenheit dazu hatten, haben sie auch anderen geholfen, sich zu befreien. Und dass sie in diesem Raum ein großes Volk[19] sind, ist weder eine Sünde noch eine Schande der Serben. Es ist ein Vorteil, den sie nicht gegen andere genutzt haben. *Aber ich muss es hier sagen,* auf diesem großen, legendären Feld der Amseln, *dass die Serben diesen Vorteil, dass sie groß sind, auch niemals für sich selbst genutzt haben.*

{Nach dem folgenden Satz weicht die Reihenfolge bei Jevlić erheblich von der in der *Politika* ab} {1} *Dank ihrer Führer und Politiker und deren Vasallenmentalität [unvermittelt sind wieder „Slobo"-Rufe zu hören] fühlten sie sich deshalb nicht nur schuldig gegenüber anderen, sondern sogar auch gegenüber sich selbst.* {7} *Die Zwietracht unter den serbischen Politikern hat Serbien zurückgeworfen und ihre Minderwertigkeit hat Serbien erniedrigt.[20] [bis hierhin sind „Slobo"-Rufe zu hören, die nun wieder in Jubel übergehen]* {8} So war es für Jahrzehnte, für Jahre[21]. So sind wir

---

[15] Jevlić: „Antwort" (S. 204).

[16] Der Nebensatz fehlt in der *FAZ*. Dass etwas „fest steht", bezieht sich dort auf den folgenden Satz.

[17] Jevlić: „Agonie" (S. 205).

[18] Die *FAZ* schreibt: „unter *ethnischen* und historischen Gesichtspunkten" (Hervorh. C. P.); Jevlić: „politischen" statt „historischen".

[19] In der BBC-Fassung ist diese Stelle unsicher. Sie vermerkt in Klammern: „?they are in the majority". In der ICTY-Version lautet die Stelle: „the major people".

[20] In der Fassung des US-Handelsministeriums ist dieser Satz mit dem folgenden vertauscht.

[21] In der Tonfassung fehlt „für Jahre", in allen anderen Fassungen kommt es aber vor.

heute auf dem Feld der Amseln, um zu sagen, dass es nicht mehr so ist.[22] Es gibt keinen günstigeren Ort in Serbien als das Feld der Amseln, um das zu sagen. Und es gibt daher auch keinen günstigeren Ort als das Feld der Amseln, um zu sagen, dass die Eintracht dem serbischen Volk und Serbien und jedem seiner Bürger, unabhängig von seiner nationalen oder religiösen Zugehörigkeit, Wohlstand ermöglichen wird.[23]

{9} Serbien ist heute geeint, gleichberechtigt mit den anderen Republiken und bereit, alles zu tun, damit sich das materielle und gesellschaftliche Leben all seiner Bürger verbessere. Falls es Eintracht, Zusammenarbeit und Ernsthaftigkeit gibt, wird es darin auch Erfolg haben.[24] Daher ist der Zukunftsoptimismus, der heute in Serbien in großem Umfang anzutreffen ist, insofern real, als er auf Freiheit gründet, die allen Menschen ermöglicht, ihre positiven, schöpferischen und humanen Fähigkeiten zur Verbesserung der gesellschaftlichen Verhältnisse und des eigenen Lebens auszudrücken.[25]

{3} In Serbien haben nie nur Serben gelebt. Heute leben in ihm mehr Bürger anderer Völker und Nationalitäten als früher. Das ist kein Handikap für Serbien. Ich bin ehrlich davon überzeugt, dass das sein Vorteil ist. In diesem Sinn verändert sich die nationale Zusammensetzung fast aller, vor allem der entwickelten Länder der gegenwärtigen Welt. Immer mehr und immer erfolgreicher leben Bürger unterschiedlicher Nationalität, unterschiedlichen Glaubens und unterschiedlicher Rasse zusammen.[26]

{4} Vor allem der Sozialismus als fortschrittliche und gerechte demokratische[27] Gesellschaftsform dürfte nicht erlauben, dass die Menschen nach ihrer Nationalität und ihrem Glauben aufgeteilt werden. Die einzigen Unterschiede, die im Sozialismus erlaubt sein können und erlaubt sein müssen, sind die zwischen den Arbeitenden und den Untätigen[28], zwischen den Ehrlichen und den Unehrlichen[29]. Daher sind alle, die

---

[22] Die letzten vier Sätze (Absätze 1 und 7 sowie die beiden ersten Sätze von Absatz 8) lauten in der *FAZ*: „Die Uneinigkeit unter den serbischen Politikern, verbunden mit einer Vasallenmentalität, trug zur Erniedrigung Serbiens und dazu bei, es minderwertig erscheinen zu lassen. So ging es über Jahre und Jahrzehnte. Heute nun sind wir hier auf dem Amselfeld versammelt, um zu sagen, daß diese Zeit abgelaufen ist." Daraus ließ sich dann die scheinbar zitierende Überschrift ‚»Die Zeit der Erniedrigung Serbiens ist abgelaufen«' machen.

[23] Die letzten drei Sätze fehlen in der *FAZ*, die Auslassung ist aber gekennzeichnet.

[24] Der folgende Satz fehlt bei Jevlić ebenso wie die Absätze 10 und 11, was allerdings gekennzeichnet ist (S. 207).

[25] In der *FAZ* bricht der Satz ab: „Daher ist der Optimismus, der heute in Serbien mit Blick auf seine Zukunft vorherrscht, realistisch …"

[26] Die letzten zwei Sätze fehlen in der *FAZ*.

[27] Jevlić: „demokratische" fehlt (S. 206).

[28] Lange: „den Menschen, die nicht arbeiten wollen" (Elsässer: *Kriegslügen*, S. 284).

[29] Lange macht aus „izmedju poštenih i nepoštenih" einen ganzen Satz: „Zwischen Menschen, die füreinander da sind und sich gegenseitig achten, und solchen, die keinen Respekt vor ihren Mitmenschen haben." (Ebd.) Hartmann (S. 223) und die *FAZ* übersetzen: „ehrenhaften und unehrenhaften Menschen".

in Serbien ehrlich von ihrer Arbeit leben und andere Menschen und andere Nationalitäten achten – in dieser Republik zu Hause.[30]

{5} Überhaupt ist auf diesen Grundsätzen unser ganzes Land aufzubauen.[31] Jugoslawien ist eine multinationale Gemeinschaft, und sie kann nur unter der Bedingung der völligen Gleichberechtigung aller in ihr lebenden Nationen bestehen.

{6} Die Krise, die Jugoslawien getroffen hat, hat zu einer nationalen, aber auch zu einer sozialen, kulturellen und zu vielen anderen weniger wichtigen Spaltungen[32] geführt. Unter all diesen Spaltungen haben sich als die dramatischsten die nationalen Spaltungen gezeigt. Ihre Beseitigung wird die Beseitigung anderer Spaltungen erleichtern und die Folgen, die diese anderen Spaltungen hervorgerufen haben, mildern.[33]

{2} Seitdem Vielvölkergemeinschaften bestehen, sind ihr Schwachpunkt die Beziehungen, die zwischen den verschiedenen Nationen entstehen. Wie ein Schwert über ihren Köpfen besteht die ununterbrochene Drohung, dass eines Tages[34] die Frage nach der Bedrohung der einen Nation durch die andere aufgeworfen und dadurch eine Welle der Verdächtigungen, Anklagen und Abneigungen ausgelöst wird, die in der Regel wächst und schwer aufzuhalten ist.[35] Die inneren und die äußeren Feinde solcher Gemeinschaften wissen das, und deshalb organisieren sie ihre Aktivitäten gegen multinationale Gesellschaften hauptsächlich, indem sie zu nationalem Streit aufstacheln. Zurzeit verhalten wir uns in Jugoslawien, als ob uns diese Erfahrung überhaupt nicht bekannt wäre. Und als ob wir nicht in der eigenen Vergangenheit, in der ferne-

---

[30] Lange: „Die Bürger Serbiens, die von ihrer eignen Arbeit leben, verdienen die Achtung aller, sie müssen einander respektieren, *unabhängig von ihrer nationalen Zugehörigkeit.*" (Elsässer, a. a. O., S. 284) Der Nebensatz ist kursiv gesetzt, weil er in der *FAZ*-Fassung fehle. Er fehlt allerdings auch in allen anderen Fassungen.

[31] Lange übersetzt: „Gerade auf solchen Prinzipien der gegenseitigen Achtung und des gegenseitigen Respekts basiert unser Land." (Ebd.)

[32] Dies.: „sowohl nationale als auch soziale, kulturelle und religiöse Zwietracht" (ebd.).

[33] Dies.: „Dabei ist der Nationalismus das schlimmste Problem. Ihn zu überwinden ist die Voraussetzung dafür, die anderen Mißstände zu beseitigen und die Konsequenzen zu mildern, die der Nationalismus hervorgebracht hat." (Ebd.) Da wird Milošević zu einem Gegner des Nationalismus! ‚»Der Nationalismus ist das schlimmste Problem!«' ist dann auch die vermeintlich zitierende Überschrift der Rede (S. 283). In der *FAZ* fehlt der ganze Abschnitt, was aber gekennzeichnet ist.

[34] Jevlić teilt hier die Sätze anders ein: „Seitdem Vielvölkergemeinschaften bestehen, sind ihr Schwachpunkt die Beziehungen, die zwischen den verschiedenen Nationen entstehen – wie ein Schwert über ihren Köpfen. Es besteht die ununterbrochene Drohung, dass eines Tages" (S. 205)

[35] An dieser Stelle steht in Langes Übersetzung: „Diese Gefahr bedrohte uns die ganze Zeit." (Elsässer, a. a. O., S. 284) Dieser Satz kommt im Original jedoch nicht vor.

ren wie in der jüngeren, all die Tragik des Nationalitätenstreits erfahren hätten, die eine jede Gesellschaft erleben kann, wobei sie trotzdem erhalten bleibt.[36]

{10} Gleichberechtigte und einträchtige Beziehungen unter den jugoslawischen Völkern sind die unabdingbare Voraussetzung für den Bestand Jugoslawiens, für die Überwindung seiner Krise und erst recht für seine ökonomische und gesellschaftliche Prosperität.[37] Darin unterscheidet sich Jugoslawien nicht vom zeitgenössischen sozialen Rahmen, insbesondere der entwickelten Welt. Diese Welt zeichnet sich immer mehr durch nationale Toleranz, nationale Zusammenarbeit und sogar nationale Gleichberechtigung aus. Die moderne ökonomische und technologische, aber auch politische und kulturelle Entwicklung führt die verschiedenen Völker zusammen und macht sie voneinander abhängig und zunehmend gleichberechtigt. In die Zivilisation, auf die sich die Menschheit zubewegt, können vor allem gleichberechtigte und vereinte Menschen eintreten. Auch wenn wir auf diesem Weg in die Zivilisation nicht an der Spitze stehen können, müssen wir uns sicherlich nicht in ihrer Nachhut befinden.[38]

{11} In der Zeit, als sich diese berühmte historische Schlacht auf dem Kosovo abspielte, schauten die Menschen zu den Sternen und warteten auf ihre Hilfe. Heute, sechs Jahrhunderte später, schauen sie erneut zu den Sternen und warten darauf, sie zu erobern[39]. Das erste Mal konnten sie sich Entzweiung, Hass und Verrat erlauben, denn sie lebten in kleineren, miteinander nur schwach verbundenen Welten. Heute können sie als Bewohner des Planeten entzweit nicht einmal ihren eigenen Planeten erobern, ganz zu schweigen von anderen Planeten, sofern sie untereinander nicht einig und solidarisch sind.[40]

Deshalb haben die Worte Eintracht, Solidarität und Zusammenarbeit auf dem Boden unserer Heimat nirgendwo mehr Bedeutung als hier auf dem Feld der Amseln, das ein Symbol für Zwietracht und Verrat ist.

Im Gedächtnis des serbischen Volkes ist diese Zwietracht für die Verluste und das Verhängnis entscheidend gewesen, die Serbien ganze fünf Jahrhunderte ertragen musste.

---

[36] Lange: „Gegenwärtig wird das in Jugoslawien versucht – nie zuvor hatten wir solche tragischen nationalen Konflikte zu ertragen, die die Existenz unserer Gesellschaft in Frage stellten." (Ebd., S. 285)

[37] In der *FAZ* ist das gekürzt und verkürzt auf: „Gleichberechtigte und harmonische Beziehungen zwischen den Völkern Jugoslawiens sind die unumgänglichen Bedingungen für den wirtschaftlichen und sozialen Wohlstand des Landes."

[38] Hartmann drückt es weniger militärisch aus: „Wenn wir den Weg in eine solche Zivilisation auch nicht anführen können, so brauchen wir uns auch nicht hinten anzuschließen." (S. 221) Und Lange: „[…] so möchten wir doch auch nicht die letzten sein." (Elsässer, a. a. O., S. 285)

[39] *FAZ*: „und bitten für den Sieg". BBC: „aiming to conquer them."

[40] Dieser Absatz ist in der *Politika* fett gedruckt, in ein Kästchen gesetzt und mit dem Titel versehen: ‚Erneut blicken die Menschen zu den Sternen, darauf wartend, sie zu erobern'. Daher ist seine Position im Text nicht klar. Doch in allen Fassungen außer denen von Jevlić und Hartmann (als Auslassung gekennzeichnet) taucht er an dieser Stelle auf.

Und selbst dann, wenn es vom historischen Gesichtspunkt aus nicht so wäre,[41] bleibt die Gewissheit, dass das Volk seine Zwietracht als sein größtes Unglück erlebt hat. Und die Pflicht des Volkes ist es daher, selbst die Zwietracht zu beseitigen, um sich künftig vor Niederlage, Misserfolg und Stagnation zu schützen.[42]

Das Volk in Serbien ist sich in diesem Jahr seiner inneren Einigkeit als unentbehrlicher Voraussetzung für sein gegenwärtiges Leben und seine weitere Entwicklung bewusst geworden.

Ich bin überzeugt, dass dieses Bewusstsein der Eintracht und Einheit Serbien ermöglichen wird, nicht nur als Staat, sondern auch als erfolgreicher Staat zu funktionieren[43]. Daher denke ich auch, dass es sinnvoll ist, dies gerade hier, im Kosovo[44], zu sagen, wo die Zwietracht Serbien einst tragisch und für Jahrhunderte zurückgeworfen und ihm geschadet hat und wo die erneuerte Einigkeit ihm den Fortschritt bringen und ihm seine Würde zurückgeben kann. Und ein solches Bewusstsein der gegenseitigen Beziehungen stellt eine elementare Notwendigkeit auch für Jugoslawien dar, denn sein Schicksal liegt in den vereinten Händen all seiner Völker.[45]

Die Kosovo-Schlacht beinhaltet noch ein weiteres großes Symbol. Das ist das Symbol des Heldentums[46]. Ihm sind Lieder, Tänze, die Literatur und die Geschichte gewidmet. Das kosovarische Heldentum inspiriert schon sechs Jahrhunderte lang unsere Schaffenskraft, nährt unseren Stolz und verbietet uns so zu vergessen, dass wir ein großes, tapferes und stolzes Heer waren,[47] eins von den seltenen, die in der Niederlage unbesiegt geblieben sind.[48]

Sechs Jahrhunderte später stehen wir heute wieder in Schlachten und vor Schlachten.[49] Sie werden nicht mit Waffen geführt, obwohl auch solche noch nicht

---

[41] Fehlt in der *FAZ*.

[42] Lange: „das ist die unbedingte Voraussetzung, um künftig Niederlagen, Mißerfolge und Stagnation durchzustehen." (Elsässer, a. a. O., S. 285)

[43] Jevlić: „nicht nur als erfolgreicher Staat zu funktionieren" (S. 207).

[44] Ders.: „auf dem Amselfeld" (ebd.).

[45] Dieser Satz fehlt in der *FAZ*, was aber gekennzeichnet ist.

[46] Lange übersetzt hier und im Folgenden „Tapferkeit" statt „Heldentum". (Elsässer, a. a. O., S. 285f.)

[47] Lange hebt die starke Identifizierung auf: „daß es einmal eine Armee gegeben hat, die tapfer und stolz war" (ebd., S. 285).

[48] Dieser Absatz fehlt in Miloševićs Verteidigungsrede (Hartmann, S. 222), obwohl er doch gerade den Zusammenhang, in dem die folgenden beiden Sätze stehen, erläutern will!

[49] Lange: „Sechs Jahrhunderte später stehen heute wieder Kämpfe bevor." Sie spricht auch im Folgenden von „Kämpfen" (Elsässer, a. a. O., S. 285f.). Ebenso Milošević in seiner Verteidigungsrede – oder Hartmann in seiner Übersetzung – (S. 222). Doch schon im übernächsten Satz ist auch hier von „Schlachten" die Rede, im darauffolgenden steht allerdings wieder nur: „Unser heute wichtigster Kampf [...]" *FAZ*: „Sechs Jahrhunderte

ausgeschlossen sind. Aber egal, was für welche es nun sind, diese Schlachten können nicht gewonnen werden ohne Entschlossenheit, Tapferkeit und Opferbereitschaft. Ohne jene guten Eigenschaften, die damals, vor langer Zeit, auf dem Amselfeld vorhanden waren.[50] Unsere Hauptschlacht verbindet sich heute mit der Verwirklichung wirtschaftlicher, politischer, kultureller und allgemeiner gesellschaftlicher Prosperität. Für die schnellere und erfolgreichere Annäherung an die Zivilisation, in der die Menschen im 21. Jahrhundert leben werden. Für diese Schlacht[51] benötigen wir das Heldentum besonders. Ein etwas anderes Heldentum, versteht sich.[52] Aber jene Beherztheit, ohne die nichts Ernsthaftes und Großes auf der Welt erreicht werden kann, bleibt unverändert, bleibt auf ewig notwendig.[53]

Vor sechs Jahrhunderten hat sich Serbien hier, auf dem Feld der Amseln, heldenhaft verteidigt, aber es hat auch Europa verteidigt. Es befand sich damals auf dessen Wall, der die europäische Kultur, Religion, die europäische Gesellschaft insgesamt schützte.[54] Daher klingt es heute nicht nur ungerecht, sondern auch unhistorisch und ganz absurd, über die Zugehörigkeit Serbiens zu Europa zu diskutieren. Es hat ununterbrochen zu ihm gehört, heute und früher. Auf seine eigene Weise, versteht sich. Aber auf eine solche, die Serbien im historischen Sinn nie seiner Würde beraubt hat.[55] In diesem Geist streben wir heute danach, eine reiche und demokratische Gesellschaft zu errichten. Und so zur Prosperität unseres schönen Landes beizutragen, dem jetzt ungerecht Leid zugefügt wird[56]. Aber auch um so zu den Anstrengungen aller fortschrittlichen Menschen unseres Zeitalters beizutragen, die solche Anstrengungen für eine neue, schöne Welt[57] auf sich nehmen.

Die Erinnerung an das kosovarische Heldentum[58] lebe ewig!
Lang lebe Serbien!

---

später befinden wir uns wieder in Kriegen und werden mit neuen Schlachten konfrontiert."

[50] Den vorigen Absatz und bis hierher – es ist dort ein eigener Absatz – hat Jevlić kursiv gesetzt (S. 207).

[51] BBC: „struggle".

[52] Dieser Satz fehlt in der *FAZ*.

[53] Lange: „Es bleibt aber eine Herzensangelegenheit, ohne die nichts auf der Welt, nichts Ernsthaftes, nichts wirklich Großes erreicht werden kann. Eine Tapferkeit, die aus dem Herzen kommt und immer für die Menschheit lebensnotwendig bleiben wird." (Elsässer, a. a. O., S. 286) Das US-Handelsministerium übersetzt „[…] remains urgently necessary."

[54] Dieser Satz fehlt in der *FAZ*.

[55] „auf seine eigene Weise […] Würde beraubt hat" fehlt ebenfalls in der *FAZ*.

[56] *FAZ*: „unseres schönen und in diesem Augenblick zu Unrecht gefolterten Landes".

[57] BBC und US-Handelsministerium: „a better and happier world". Die BBC-Übersetzung endet nach diesem Satz.

[58] Lange: „die Tapferkeit der Kosovo-Helden" (Elsässer, a. a. O., S. 286).

Lang lebe Jugoslawien!
Lang lebe der Frieden und die Brüderlichkeit unter den Völkern![59]

* * *

Miloševićs Rede ist kurz und effektiv gewesen, sie dauerte alles in allem fünfzehn Minuten. Einige waren enttäuscht, dass er so kurz gesprochen hatte, aber sie haben seine Botschaft weitererzählt.

In der Folge wurde ein 40-minütiges Kulturprogramm abgehalten. Das war die Aufführung des szenischen Musikstücks „Martyrium des heiligen Fürsten Lazar" des Komponisten Rajka Maksimović in der Darbietung des „Branko Krsmanović Chors" und des Chors und Orchesters von „Radio-Fernsehen Belgrad" unter der Leitung der Dirigentin Darinka Matić-Marović.

Nach dem weltlichen Teil des Fests blieb noch eine große Zahl der versammelten Menschen auch weiter auf dem Gazimestan und wartete fast zwei Stunden, um die Gedenkmesse für die kosovarischen Helden zu beginnen, die für 16 Uhr anberaumt war. Die Gedenkmesse wurde zur genau festgesetzten Zeit von Patriarch German mit allen Erzbischöfen der Serbischen Orthodoxen Kirche abgehalten.[60]

---

[59]   Auch dieser letzte Satz fehlt in der *FAZ*.

[60]   Diese drei Absätze bilden den Schluss von Jevlićs Wiedergabe (S. 208f.)

Glossar

Arnaut	Abgeleitet von dem türkischen Wort *arnavut* für Albaner, vor allem für einen muslimischen Albaner oder einen, der im osmanischen Heer dient.
Arnautasch,	Serbische Bezeichnung für einen albanisierten Slawen, die nahelegt,
arnautaš	dass die meisten oder alle Kosovo-Albaner albanisierte Slawen wären oder zumindest bei der „Rückeroberung" des Kosovo 1912 gewesen wären.
Avakum, Diakon	Um 1794 Knez Polje – 1814 Belgrad. Diakon in Klöstern in Bosnien und Serbien. Nahm am Aufstand 1814 gegen die Osmanen teil, wurde gefangen genommen und zum Tod durch Pfählen verurteilt, falls er nicht zum Islam übertrete. Er lehnte das Angebot ab, was die Osmanen so beeindruckte, dass sie ihn töteten, noch bevor sie ihn pfählten.[61]
Boško	Einer der neun Jugovići.
Guslar	Sänger von Volksliedern und -epen, der sich auf der Gusla, einem ein-, seltener auch zweisaitigen Streichinstrument begleitet.
Haiduck	Entwickelte sich aus dem ungar. *hajtó*, „Viehtreiber", und bezeichnete eine Art Freibeutersoldaten, der auf der ungarischen wie auf der serbischen Seite der habsburgisch-ottomanischen Grenze eingesetzt wurde.[62] Das Wort wird aber auch allgemeiner für Räuber verwendet, die es schon vor der Osmanischen Herrschaft auf dem Balkan gab. Sie stilisierten sich selbst zu Widerstandskämpfern gegen die Osmanen und wurden in der Volksdichtung als solche verehrt. Sie bereicherten sich aber durchaus auch an Christen.
Janitscharen	Osmanische Elitetruppe, die aus zum Islam konvertierten Kriegsgefangenen und in den eroberten Gebieten entführten

---

[61] *Vojna Enciklopedija*, Belgrad 1970², I, S. 363.

[62] Malcolm: *Kosovo*, S. 119, der auf Adanır: ‚Haiduckentum und osmanische Herrschaft' als beste Übersicht verweist.

Jungen („Knabenlese") gebildet wurde. Einige Janitscharen hatten hohe Posten im Osmanischen Reich inne.

Jug, Bogdan	Einer der sagenhaften Helden der Kosovo-Schlacht und vorhergehender Schlachten, Vater der neun Jugovići.
Jugovići	Die neun Söhne Jugs, die nach den Volksliedern zusammen mit ihrem Vater heldenhaft in der Kosovo-Schlacht gestorben sein sollen.
Katschak	albanisch *kaçak*, von einem türkischen Wort abgeleitet, das „Flüchtling" bedeutet. Allgemein Gesetzloser oder Bandit; nach 1912 albanischer Aufständischer gegen die serbische Herrschaft im Kosovo.
Kolo	Traditioneller serbischer und kroatischer Reigen.
Kosmet	Abkürzung für „Kosovo i Metohija", die offizielle serbische Bezeichnung für das Kosovo bis 1967.
Nemanjiden	Serbische Dynastie, von Stefan Nemanja im 12. Jahrhundert begründet und mit Zar Stefan Uroš V. Tod 1371 erloschen. Sie umfasst die Glanzzeit des mittelalterlichen serbischen Reiches unter Zar Stefan Dušan (1331–1355).
Pašaluk	Einem Pascha unterstehende osmanische Provinz.
Raja	Eigentlich „Herde" (arabisch/türkisch), ursprünglich die steuerpflichtige, nicht dem Militär oder der Verwaltung angehörige, daher hauptsächlich nicht islamische Bevölkerung unter den Osmanen; im bosnischen Sprachgebrauch später alle osmanischen Untertanen; schließlich die einfache städtische Bevölkerung.[63]
Šahovnica	Altes kroatisches rotweißes Schachbrettwappen, Staatswappen und Teil der Nationalflagge des HDZ-Staats und Kroatiens seit 1990.
Sandžak	türkisch *sancak*; militärisch-administrativer Distrikt im Osmanischen Reich, Untereinheit eines *elayet*, einer Provinz, welche die größte administrative Einheit darstellte.
Sava	(1136–1236) Sohn des serbischen Fürsten Stefan Nemanja. 1219 erlangte er von Konstantinopel die Anerkennung der Selbstständigkeit der Serbischen Orthodoxen Kirche, deren erster Erzbischof er wurde. Nicht nur dadurch spielte er

---

[63]   *Der Jugoslawien-Krieg*, S. 571.

497

	eine zentrale Rolle bei der Konsolidierung der Macht der Nemanjići. 1237 heilig gesprochen.
Schiptari, *šiptari*	Pejorative serbokroatische Bezeichnung für Albaner.
Skupština	Das serbische Parlament. Zwischen den Weltkriegen auch Name des gesamtstaatlichen Parlaments.
Starina Novak	Haiduck in serbischen Heldenliedern. Er kämpfte im 16. Jahrhundert gegen die Osmanen und wurde als vermeintlicher Verräter von Christen verbrannt.[64]
Strahinjić, Ban	auch Banović Strahinja, Held der Volkslieder, historisch nicht nachgewiesen.[65]
Tschetnik	serbisch *četnik*, Plural *četnici*, allgemein Kämpfer in einer serbischen *četa*, einer bewaffneten Schar. In der zweiten Hälfte des 19. Jahrhunderts Bezeichnung von Freischärlergruppen zur Befreiung Mazedoniens von der osmanischen Herrschaft.[66] Im Besonderen 1) Mitglieder einer von Kosta Pećanac seit den 20er Jahren des 20. Jahrhunderts geführten Organisation, die sich auf Veteranen der von ihm befehligten Guerillaverbände während des Ersten Weltkriegs gründete und die er 1941 nach der Besetzung Jugoslawiens zum Kampf gegen die Achsenmächte mobilisierte, nach der deutschen Invasion der Sowjetunion jedoch aus antikommunistischen Motiven dem serbischen Quislingregime zur Verfügung stellte; 2) Mitglieder der von Oberst Draža Mihailović im Zweiten Weltkrieg angeführten royalistischen militärischen Widerstandsgruppen; während Mihailović das Vorkriegsjugoslawien wiederherzustellen trachtete, strebten viele seiner Kämpfer, einschließlich der Mehrzahl der regionalen Anführer, ein Großserbien an; durch die Konfrontation mit den kommunistischen Partisanen wurden sie mehr und mehr an die Seite der deutschen Besatzer gedrängt;[67] 3) Paramilitärs, die mit Bezug auf Mihailović in den jugoslawischen Teilungskriegen für ein von Belgrad zentralistisch regiertes Jugoslawien oder ein Großserbien kämpften.

---

[64] Čolović: *Bordell der Krieger*, S. 170.

[65] Ebd., S. 171.

[66] Sundhaussen: *Geschichte Jugoslawiens 1918–1980*, Anm. S. 126.

[67] Malcolm: *Kosovo*, S. 297f. u. 428.

Ustascha	serbokroatisch *ustaša*, Plural *ustaše*, wörtlich „Aufständischer". Faschistoide Gruppe, die von dem Rechtsanwalt Ante Pavelić 1929 als Reaktion auf die Königsdiktatur Aleksandars gegründet wurde. Sie strebte eine Teilung Jugoslawiens und ein Großkroatien an. Während des Zweiten Weltkriegs konnte Pavelić seine Pläne als Vasall Hitlers im sogenannten „Nezavisna Država Hrvatska" (Unabhängigen Staat Kroatien) umsetzen.
Vidovdan	Veitstag, 28. Juni, Tag der Schlacht auf dem Amselfeld.
Vilayet	Ursprünglich ein kleiner osmanischer Steuerbezirk, nach 1864 eine große Provinz (ersetzte das Elayet).
Wali	Gouverneur eines Vilayets.

Abkürzungen

AAK   Aleanca për Ardhmërinë e Kosovës (Allianz für die Zukunft des Kosovo)

AFP   *Agence France Press*

AKSh   Armata Kombëtare Shqiptare (Albanische Nationalarmee)

ap   *Associated Press*

BBC   British Broadcasting Corporation

BdKJ   Bund der Kommunisten Jugoslawiens, Name der bis Ende der 80er Jahre des 20. Jahrhunderts in Jugoslawien allein die Politik gestaltenden Partei.

DLF   Deutschlandfunk

DOS   Demokratska opozicija Srbije (Demokratische Opposition Serbiens), Oppositionsbündnis gegen Milošević und seine Regierung.

dpa   *Deutsche Presse-Agentur*

DS   Demokratska stranka (Demokratische Partei). Partei von Zoran Djindjić. Zwischen den Weltkriegen treibende politische Kraft für einen jugoslawischen Staat auf der Basis von wechselseitiger Integration und Zentralismus.

DSS   Demokratska stranka Srbije (Demokratische Partei Serbiens). Aus der DS hervorgegangen. Partei von Vojislav Koštunica.

FAZ   *Frankfurter Allgemeine Zeitung*

FR   *Frankfurter Rundschau*

FRY   Federal Republic of Yugoslavia (englische Übersetzung für Bundesrepublik Jugoslawien, so seit 1992 der Name der aus Serbien und Montenegro bestehenden Staates nach der Sezession aller anderen bisherigen jugoslawischen Teilrepubliken.

HPSS/HRSS/HSS Kroatische Volks- und Bauernpartei (Hrvatska pučka seljačka-stranka), seit 1920 Kroatische Republikanische Bauernpartei (Hrvatska republikanska seljačka stranka). Am 27.3.1925 wurde „Republikanische" gestrichen, um einen Ausgleich mit der Monarchie zu erreichen. Seit Dezember 1904 von den Brüdern Antun und Stjepan Radić aufgebaut.[68] *Die* kroatische Partei zwischen den Weltkriegen.

ICTY	International Criminal Tribunal for the Former Yugoslavia
IDP	Internally Displaced People
IHT	*International Herald Tribune*
IWF	Internationaler Währungsfonds
IWPR	Institute of War and Peace Reporting, London.
JMO	Jugoslovenska muslimanska organizacija (JMO). Partei der Muslime in Bosnien zwischen den Weltkriegen.
JNA	Jugoslovenska narodna armija (Jugoslawische Volksarmee)
JVA	Jugoslawische Volksarmee
KDOM	Kosovo Diplomatic Oberserver Mission; am 6. Juli 1998 eingerichtet, entsandte sie zivile Beobachter aus der EU, den USA und der Russischen Föderation ins Kosovo. Am 13. Oktober wurde sie von der KVM abgelöst.
KFOR	Kosovo Force, Protektoratstruppe im Kosovo unter Führung der NATO und im Auftrag der UNO.
KLM	Kosovo Liberation Army (englische Übersetzung für UÇK)
KPC	Kosovo Protection Corps (englischer Name der TMK)
KSZE	Konferenz über Sicherheit und Zusammenarbeit in Europa (eine europäische Sicherheitsinitiative vom 3.7.1973 bis zum 31.12.1994). Zum 1.1.1995 in OSZE umbenannt.
KVM	Kosovo Verification Mission. Löste am 13. Oktober 1998 die KDOM ab und arbeitete im Kosovo bis kurz vor Beginn der NATO-Bombardierungen. Während des Krieges setzte sie ihre Arbeit von Albanien und Mazedonien aus fort.
LDK	Ledhja Demokratike te Kosovës (Demokratische Liga von Kosva)
LKÇK	Lëvizja Kombëtare për Çlirimin e Kosovës (Nationale Bewegung zur Befreiung des Kosovo); kosovo-albanische Untergrundorganisation, im Mai 1993 zusammen mit der LPK aus der LPRK entstanden; hielt, anders als jene, am Marxismus fest und strebte eine *intifada* an.[69]

---

[68] Sundhaussen, a. a. O., S. 44.

[69] Judah: *Kosovo*, S. 115f., 129–131.

LPK	Lëvizja Popullore e Kosovës (Volksbewegung des Kosovo); kosovo-albanische Untergrundorganisation, im Mai 1993 zusammen mit der LKÇK aus der LPRK entstanden; gab, anders als jene, den Marxismus als Ideologie auf und wollte bewaffnete Gruppe organisieren. Im Dezember desselben Jahres gründete sie die UÇK.[70]
LPRK	Lëvizja Popullore për Republikën e Kosovës (Volksbewegung für eine Republik Kosovo), am 17.2.1982 gegründete kosovo-albanische Untergrundorganisation.[71]
M-A	*Munzinger-Archiv/Internationales Handbuch – Zeitarchiv*
MPRI	Military Professional Resources Incorporated. Ein Ausrüster von Söldnern, mit Sitz in Alexandria, Virginia. Das Privatunternehmen wird vom ehemaligen Stabschef des US-Heeres Carl Vuono geleitet und agiert de facto als Privatarmee des Pentagons und Hilfstruppe der CIA.[72] Es war an der Ausbildung und Führung der kroatischen Streitkräfte beteiligt, die 1995 200 000 Serben aus der Krajina vertrieben haben, und hat die Angehörigen der TMK ausgebildet.[73]
MUP	Ministarstvo unutrašnjih poslava (serbisches Innenministerium)
NDH	Nezavisna država Hrvatska („Unabhängiger Staat Kroatien" im Zweiten Weltkrieg, tatsächlich ein vom nationalsozialistischen Deutschland ins Leben gerufener Vasallenstaat)
NGO	non-governmental organization.
NIN	*Nedeljne informativne novine* (üblicherweise wird die Abkürzung gebraucht)
NRS	Radikale Volkspartei (Narodna radikalna stranka). 1881 gegründete, ursprünglich radikal sozialistische, später reformistische serbische Partei. Seit 1903 mehrfach und über längere Zeit bis zum Zweiten Weltkrieg an der Regierung.
NZZ	*Neue Zürcher Zeitung*
OSCE	Organization for Security and Cooperation in Europe (dt. OSZE)

---

[70] Ebd. Nach Stephan Lipsius soll sie bereits seit 1991 bestanden haben (,Aufrüstung oder Bodentruppen', *FR*, 3.4.1999, S. 8).

[71] Lipsius, a. a. O.

[72] R. Flottau: ,Aufstand der Skipetaren', *Der Spiegel*, 10.11.2003, S. 158.

[73] Chossudovsky: ,The UN appoints an alleged war criminal in Kosovo'.

PDSh	Partia Demokratike e Shqiptareve (Demokratische Partei der Albaner in Mazedonien). Ihr langjähriger Führer ist Arben Xhaferi.[74] Küppers nennt jedoch als angeblichen Führer Gafur Adili, der Anfang August 2003 aus Mazedonien kommend in Albanien verhaftet worden ist.[75]
RFE/RL	Radio Free Europe/Radio Liberty
SANU	Srpske akademije nauka i umetnosti (Serbische Akademie der Wissenschaften und Künste)
SDK	Seljačka demokratska koalicija (Bäuerlich-Demokratische Koalition), kurz nach der Wahl vom 11. September 1927 zwischen der HSS und der SDS überraschend geschlossenes oppositionelles Parteienbündnis.
SDP-SKH	Stranka demokratskih promjena–Savez komunista Hrvatske (Partei der demokratischen Veränderung/Bund der Kommunisten Kroatiens). Name des Bundes der Kommunisten in Kroatien, der nun deutlich sichtbar aus zwei Flügeln, einem sozialdemokratischen und einem reformkommunistischen bestand, bei den ersten freien Wahlen im Frühjahr 1990. Auf dem Parteitag am 3. November 1990 benannte sich die Partei erneut um, hieß nun nur noch Stranka demokratskih promjena und wandte sich ganz der Sozialdemokratie zu.[76]
SDS	Samostalna demokratska stranka (Selbstständige Demokratische Partei). Nach dem Rücktritt der Regierung Pašić am 27. März 1924 von Pribićević angeführte Abspaltung der DS, entwickelte sich „in der Folgezeit zur parteipolitischen Vertretung der Serben in Kroatien u. a. vormals habsburgischen Gebieten", der „Serben von drüben" („Srbi iz preka" oder „Srbi Precani"). Strikt zentralistischer Kurs.[77]
	Srpska demokratska stranka (Serbische Demokratische Partei). In Bosnien-Herzegowina und Kroatien unter Führung von Radovan Karadžić. Am 10.7.1990 von Dr. Jovan Rašković in Vukovar gegründet.[78]

---

[74] Flottau, a. a. O.

[75] Küppers: ‚Ein Traum, ein Herzenswunsch und viele Gespenster', *SZ*, 4.8.2003, S. 3.

[76] Nach de.wikipedia.org, Stichwort: Sozialdemokratische Partei Kroatiens.

[77] Sundhaussen: *Geschichte Jugoslawiens 1918–1980*, S. 62f.

[78] *Serbiens Weg*, S. 512. Gründung: *Politika*, 11.6.1990, S. 7.

SFB	Sender Freies Berlin, inzwischen in Radio Berlin Brandenburg (RBB) umbenannt.
SHS-Staat	Andere Bezeichnung für „Königreich der Serben, Kroaten [Hrvati] und Slowenen", seit der Errichtung der Königsdiktatur am 6. Januar 1929 „Königreich Jugoslawien" genannt.[79]
SNS	Srpski nacionalni savet (Serbischer Nationalrat). Nationalistische serbische Vereinigung 1990/91 mit dem Anspruch, eine Institution zu sein. Sie sollte die Idee der „vereinten serbischen Staaten" verwirklichen. Die Initiative hierzu ging von einer Reihe politischer Parteien innerhalb und außerhalb Serbiens, von der orthodoxen Kirche sowie von Wissenschaftlern und Künstlern aus.[80]
SLS	Slovenska ljudska stranka (Slowenische Volkspartei), die bestimmende slowenische Partei zwischen den beiden Weltkriegen, geführt von dem Pfarrer Anton Korošec. 1992 wiedergegründet.
SPO	Srpski pokret obnove (Serbische Erneuerungsbewegung). Partei von Vuk Drašković, nationalistisch und royalistisch ausgerichtet.
SPS	Socijalistička partija Srbije (Sozialistische Partei Serbiens). Partei von Milošević. Aus dem Zusammenschluss von BdK und Sozialistischem Bund der Werktätigen Serbiens am 16.7.1990 hervorgegangen.[81]
SRS	Srpska radikalna stranka (Serbische Radikale Partei). Ultranationalistische Partei von Vojislav Šešelj. Auch in der bosnischen Serbischen Republik vertreten.
STA	*Slovenska tiskovna agencija* (Slowenische Presseagentur)
SZ	*Süddeutsche Zeitung*
taz	*die Tageszeitung*
TMK	Trupat e Mbrojtjes së Kosovës (Kosovo-Schutzkorps)
UÇK	Ustria Çlirimtare e Kosovës (Befreiungsarmee des Kosovo)
UÇPMB	Ustria Çlirimtare e Preshevës, Medvegjës dhe Bujanocit (Befreiungsarmee von Preševo, Medvedja und Bujanovac)
UNHCR	United Nations High Commissioner for Refugees
UNMIK	United Nations Mission in Kosovo

---

[79] Sundhaussen: *Experiment Jugoslawien*, S. 56f.

[80] Milosavljević: ‚Mißbrauch', S. 174, die sich auf die *Politika* vom 30. u. 31.3.1991 bezieht.

[81] *M-A* 17/96, Jugoslawien, Chronik 1990, S. 68.

VJ	Vojska jugoslavije (Jugoslawische Armee). Umbenennung der Jugoslawischen Volksarmee nach der gewaltsamen Aufteilung des Staats.
WAZ	*Westdeutsche Allgemeine Zeitung*
ZK	Zentralkomitee

Verwendete Literatur

Adam, Bo, Roland Heine, Claudius Technau: ‚»Ich spürte, da stimmte etwas nicht«‘, *Berliner Zeitung*, 24.3.2000, S. 8

Adanır, F.: ‚Haiduckentum und osmanische Herrschaft. Sozialgeschichtliche Aspekte der Diskussion um das frühneuzeitliche Räuberwesen in Südosteuropa‘, *Südost-Forschungen* 41 (1982), S. 43 –116

Albaniens Golgatha, hg. v. Leo Freundlich, Wien 1913 (leichter zugänglich in: *Kosovo. In the Powder Keg*, S. 332–360)

Aleksijević, Dimitrije: *Staro-Srbi*, Belgrad 1878

Alsace, Juan A.: ‚In Search of Monsters to Destroy: American Empire in the New Millenium‘, *Parameters*, Herbst 2003, S. 122–129

Anderson, Benedict: *Die Erfindung der Nation. Zur Karriere eines folgenreichen Konzepts*, Berlin 1998, erw. Aufl. (1. dt. Ausg.: Frankfurt/M. – New York 1988; Orig.: *Imagined Communities. Reflections on the Origin and Spread of Nationalism*, London 1983)

Angerer, Jo u. Mathias Werth: ‚Es begann mit einer Lüge‘, Auszüge aus dem Manuskript zu ihrem gleichnamigen Film, der in der ersten Februarhälfte 2001 von der ARD ausgestrahlt worden ist, *FR*, 16.2.2001, S. 9

Appleby, R. Scott: *The Ambivalence of the Sacred. Religion, Violence, and Reconciliation*, Lanham, Md. 2000

Die auswärtige Politik Serbiens 1903–1914, Bd. 2: Diplomatische Geheimakten aus russischen, montenegrinischen und sonstigen Archiven, hg. v. M. Boghitschewitsch, Berlin 1929

Babović, Miloslav: ‚Kosovski mit u Njegoševom »Gorskom vijencu«‘, in: *Kosovski boj u istoriji, tradiciji i stvaralaštvu Crne Gore*, Naučni skupovi Crnogorska akademija nauka i umjetnosti, XXI, hg. v. Miloslav Babović, Titograd 1990, S. 97–112

Bajrami, Hakif: ‚Konventa jugosllavo-turke e vitit 1938 për shpërnguljen e shqiptarëve‘, *Gjurmime albanologjike, seria e shkencave historike*, Bd. 12/13, 1982 (1983), S. 243–271

Baker, James Addison u. Thomas M. DeFrank: *The Politics of Diplomacy. Revolution, War and Peace, 1989–1992*, New York 1995

Baldacci, Antonio: *Studi speciali albanesi*, 3 Bde., Rom 1932–1937

Banašević, Nikola: ‚Le cycle de Kosovo et les chansons de geste‘, *Revue des Etudes Slaves*, Bd. 6, 1926, S. 224–244

Bartl, Peter: *Albanien. Vom Mittelalter bis zur Gegenwart*, Regensburg 1993

Bašić, Natalija: *Krieg als Abenteuer. Feindbilder und Gewalt aus der Perspektiv exjugoslawischer Soldaten 1991–1995*, Gießen 2004

Bataković, Dušan T.: ‚Die Bedeutung der mündlichen Überlieferungen über Kosovo für die Weiterexistenz des serbischen Volkes in Kosovo und Metohija im XIX. Jahrhundert', in: *Kosovksa bitka 1389. godine i njene posledice*, S. 341–353 (Orig.: ‚Značaj kosovskog predanja u održanju srpskog naroda na Kosovu i Metohiji u XIX veku', ebd., S. 121–131)

Ders.: *The Kosovo Chronicles*, Belgrad 1992

Beck, Don Edward u. Christopher C. Cowan: *Spiral Dynamics. Leadership, Werte und Wandel*, Bielefeld 2008²

Behschnitt, Wolf D.: *Nationalismus bei Serben und Kroaten 1830–1914* (Südosteuropäische Arbeiten 74), München 1980

Bellamy, Allex J.: *Kosovo and International Society*, Houndmills – New York 2002

Benjamin, Walter: *Illuminationen*, Frankfurt/M. 1961

Bennett, Christopher: *Yugoslavia's Bloody Collapse. Causes, Course and Consequences*, London 1995

Biro, Mikloš: *Psihologija postkomunizma*, Belgrad 1994

Biserko, Sonja u. Seška Stanojlović: *Radicalisation of the Serbian Society. Collection of Documents*, Belgrad 1997

Blagojević, Marina: ‚Der Exodus aus dem Kosovo. Ein serbisches Trauma im Propagandakrieg', in: *Serbiens Weg in den Krieg*, S. 75–91 (Orig.: ‚Iseljavanje Srba sa Kosova: trauma i/ili katarza', in: *Srpska strana rata*, S. 232–264, zuerst in: *Republika*, Belgrad, 1.–15.11. 1995, S. I–XX)

Bobi; Gani: ‚Kosovska »drama« i kominternovski »greh«', in: *Zbornik Kosovo – Srbija – Jugoslavija*, S. 137–148

Bobrikov, N. I.: *U Srbiji iz uspomena o ratu 1877–1878 god.*, Belgrad 1892

Boeckh, Katrin: *Von den Balkankriegen zum Ersten Weltkrieg. Kleinstaatenpolitik und ethnische Selbstbestimmung auf dem Balkan* (Südosteuropäische Arbeiten 97), München 1996

Bogdanović, Dimitrije: *Knjiga o Kosovu*, Belgrad 1985

Bogosavljević, Srdjan: ‚Der unaufgeklärte Genozid', in: *Serbiens Weg in den Krieg*, S. 63–74 (Orig.: ‚Nerasvetljeni genocid', in: *Srpska strana rata*, S. 159–170)

Bojović, Jovan R.: ‚O Vidovdanu u Crnoj Gori', in: *Sveti knez Lazar. Spomenica o šestoj stogodišnjici kosovskog boja 1389–1989*, hg. v. der Heiligen erzpriesterlichen Synode u. der Serbischen Orthodoxen Kirche, Belgrad 1989, S. 393–406

Boué, Ami: *Recueil d'itinéraires dans la Turquie d'Europe*, Paris 1854

Ders.: *Die europäische Türkei*, 2 Bde., Wien 1889 (Orig.: *La Turquie d'Europe*, 4 Bde., Paris 1840)

Bourdieu, Pierre: ,Ehre und Ehrgefühl', in: *Entwurf einer Theorie der Praxis auf der ethnologischen Grundlage der kabylischen Gesellschaft*, Frankfurt/M. 1960, S. 11–44

Bovan, Vladimir: ,Usmena tradicija o kosovskoj bici na Kosovu', in: *Kosovski boj u književnom i kulturnom nasledju*, S. 305–316

Braun, Christina von: ,Blut', Artikel in: *Metzler Lexikon Religion*, I, Stuttgart – Weimar 1999, S. 169–172

Braun, Maximilian: „*Kosovo*". *Die Schlacht auf dem Amselfelde in geschichtlicher und epischer Überlieferung*, Leipzig 1937

Brock, Lothar: ,Weltbürger und Vigilanten', *HSFK-Standpunkte*, 2/1999 (Internet-Version, o. S.)

Buchenau, Klaus: ,Verspätete Ernüchterung: Die Serbische Orthodoxe Kirche im Kosovokonflikt 1960–1999', *Arbeitspapiere des Osteuropa-Instituts*, Freie Universität Berlin, 2/1999, S. 5–43

Budgen, Frank: *James Joyce and the Making of Ulysses*, Bloomington 1960

Butler, Thomas: *Monumenta Serbocroatica. A Bilingual Anthology of Serbian and Croatian Texts from the 12th to the 19th Century*, Ann Arbor, Mich. 1980

Čajkanović, Veselin: *O vrhovnom bogu u staroj srpskoj religiji*, Belgrad 1994

Calic, Marie-Janine: ,Die internationale Gemeinschaft und der Wiederaufbau Kosovos', in: *Der Kosovo Konflikt*, S. 523–536

Dies.: ,Jugoslawienpolitik am Wendepunkt', *Aus Politik und Zeitgeschichte*, 43 (1993) 37, S. 11–20

Caplan, Richard: ,International Diplomacy and the Crisis in Kosovo', *International Affairs*, Bd. 74, Nr. 4, Oktober 1998, S. 745–761

Canivez, Patrice: ,Widersprüche und Defizite der französischen Jugoslawien-Politik', in: *Die verhinderte Großmacht. Frankreichs Sicherheitspolitik nach dem Ende des Ost-West-Konflikts*, hg. v. Hanns W. Maull, Michael Meimeth u. Christoph Neßhöver, Opladen 1997, S. 174–193

Charta der Vereinten Nationen: Kommentar, hg. v. Bruno Simma, München 1991

Chomsky, Noam: ,Die kühne Behauptung von der Unausweichlichkeit des Kosovokrieges', *Le Monde diplomatique*, 17.3.2000, S. 10f.

Ders.: *The New Military Humanism*, Monroe, Me. 1999

Chossudovsky, Michel: ,The UN appoints an alleged war criminal in Kosovo', http://emperors-clothes.com/articles/chuss/unandthe2.htm

Cigar, Norman: ,The Serbo-Croatian War, 1991', in: *Genocide After Emotion. The Postemotional Balkan War*, hg. v. Stjepan G. Mištrović, London – New York: 1996, S. 51–90

Ćirković, Sima: ,Dimitrije Kidon o Kosovskom boju', *Zbornik radova vizantološkog instituta*, XIII, Belgrad 1971, S. 213–219

Ders.: ‚Serbia on the Eve of the Battle of Kosovo‘, in: *Kosovo. Legacy of a Medieval Battle*, hg. v. Wayne S. Vucinich u. Thomas A. Emmert, Bd. 1, Minneapolis, Minn. 1991, S. 1–17

Clark, Howard: *Civil Resistance in Kosovo*, London 2000

Clark, Wesley K.: *Waging Modern War. Bosnia, Kosovo, and the Future of Combat*, New York 2001

Clewing, Konrad: ‚Mythen und Fakten zur Ethnostruktur in Kosovo – Ein geschichtlicher Überblick‘, in: *Der Kosovo Konflikt*, S. 17–63

Čolović, Ivan: *Bordell der Krieger. Folklore, Politik und Krieg*, Osnabrück 1994

Ders.: ‚Fußball, Hooligans und Krieg‘, in: *Serbiens Weg in den Krieg*, S. 261–276 (Orig.: ‚Fudbal, huligani i rat‘, in: *Srpska strana rata*, S. 419–444, zuerst in: *Republika*, Belgrad, 1.–15.6.1995, S. I–X)

Ders.: ‚Mythen des Nationalismus. Ahnen, Gräber, Gene in der neuserbischen Ideologie‘, *Lettre International*, (3. Vj./1994) 26, S. 19–21

Ders.: ‚Die Rückkehr des Mittelalters in die Moderne‘, *Die Zeit*, 15.1.1998, S. 43

Conference on Security and Co-operation in Europe: *Final Act*, Helsinki 1975 (im Internet unter: www.osce.org/documents/mcs/1975/08/4044_de.pdf)

Ćorović, V.: ‚Siluan i Danilo II, srpski pisci XIV–XV veka‘, *Glas srpske kraljevske akademije*, 86 (1929), S. 13–103

The Crisis in Kosovo 1989–1999. From the Dissolution of Yugoslavia to Rambouillet and the Outbreak of Hostilities, International Documents & Analysis, I, hg. v. Marc Weller, Cambridge 1999

Ćosić, Dobrica: *Čovek u svom vremenu. Razgovori sa Dobricom Ćosićem*, Belgrad 1989 [frz.: Tchossitch, D.: *Un homme dans son époque. Entretiens avec Slavolioub Djoukitch*, Lausanne 1991]

Čubrilović Vasa: ‚Iseljavanje Arnauta‘ (Die Aussiedlung der Albaner), in: *Izvori velikosrpske agresije*, S. 106–124 (engl. in: *Kosovo. In the Powder Keg*, S. 400–424; dt.: [auszugsweise] ‚Die Vertreibung der Albaner‘, *FR*, 28.4.1999, S. 21)

Curipeschitz [Kuripešić], Benedict: *Itinerarium der Botschaftsreise des Josef von Lamberg und Niclas Jurischitz durch Bosnien, Serbien, Bulgarien nach Konstantinopel 1530*, hg. v. Eleonore Gräfin Lamberg-Schwarzenberg, Innsbruck 1910

Cviic, Christopher: ‚A Culture of Humiliation‘, *The National Interest*, Nr. 32, Sommer 1993, S. 79–82

Cvijić, Jovan: ‚Die ethnographische Abgrenzung der Völker auf der Balkanhalbinsel‘, *Petermanns Mitteilungen*, Nr. 59, 1913, 1. Halbbd., S. 113–118, 185–189 u. 244–246

Ders.: *Remarques sur l'ethnographie de la Macédonie*, Paris 1907²

Daalder, Ivo H. u. Michael I. O'Hanlon: *Winning Ugly. NATO's War to Save Kosovo*, Washington 2000

Danner, Mark: ‚The US and the Yugoslav Catastrophe‘, *New York Review of Books*, 20.11.1997, S. 56–64

Dedijer, Vladimir: ‚The Balkans in 20th century politics‘, in: *Srbi i Albanci u XX. veku. The Serbs and the Albanians in the 20th century*, hg. v. Andrej Mitrovic, Belgrad 1991, S. 21–31 (serb. Orig.: ‚Balkan u politici 20. veka‘, in: ebd., S. 9–19)

Ders.: *The Road to Sarajevo*, New York 1966

Delbrück, Jost: ‚Effektivität des VN-Gewaltverbots‘, in: *Der Kosovo-Krieg*, S. 11–29

Demandt, Alexander: *Metaphern für Geschichte. Sprachbilder und Gleichnisse im historisch-politischen Denken*, München 1978

Denich, Bette: ‚Dismembering Yugoslavia: nationalist ideologies and the symbolic revival of genocide‘, *American Ethnologist* 21 (2), 1994, S. 367–390

‚Dichtung & Wahrheit‘, zusammengestellt v. Otto Köhler u. der Redaktion, *konkret*, Mai 2000, S. 20f.

Dinić, Mihailo: ‚Dukin prevodilac o boju na Kosovu‘, *Zbornik radova Vizantološkog instituta*, 8 (Belgrad 1964) 2, S. 53–67

Djaković , Spasoje: *Sukobi na Kosovu*, Belgrad 1984

Djilas, Milovan: *Njegoš oder Dichter zwischen Kirche und Staat*, Wien – München – Zürich 1968

Ders.: ‚»An dem System ist nichts gesund«‘, Interview mit Inge Cyrus u. Klaus Reinhardt, *Der Spiegel*, 14.3.1983, 11/1983, S. 148–161

Djurić, Vojislav: *Ksovski boj u srpskoj književnosti*, Belgrad 1990

Dokumentation zum Krieg der NATO in Jugoslawien der Wochenzeitung *Freitag* (Artikel von März bis Juli 1999)

Dokumenti o spoljnoj politici kraljevine Srbije 1903–1914, Bd. 5/1 u. 5/3, hg. v. Mihailo Vojvodić, Belgrad 1984 bzw. 1986

Drewermann, Eugen: *Tiefenpsychologie und Exegese*, Bd. 1: Die Wahrheit der Formen. Traum, Mythos, Märchen, Sage und Legende, Olten – Freiburg i. Br. 1984

Drnovšek, Janez: *Escape from Hell. The Truth of a President*, Ljubljana 1996

Durham, Mary Edith: *Twenty Years of Balkan Tangle*, London 1920

Eisele, Manfred: ‚Die Vereinten Nationen und Kosovo‘, in: *Der Kosovo Konflikt*, S. 485–498

Elsässer, Jürgen: *Kriegslügen. Vom Kosovokonflikt zum Milosevic-Prozess*, Berlin 2004

Emmert, Thomas A.: *Serbian Golgotha: Kosovo, 1389*, New York 1990

Engel, Pál: ‚János Hunyadi: The Decisive Years of His Career, 1440–1444', in: *From Hunyadi to Rákóczi: War and Society in Late Medieval and Early Modern Hungary* (War and Society in Eastern Europe, Bd. 3), hg. v. János M. Bak u. Béla K. Király, New York 1982, S. 103–123

Filipović, Milenko S.: ‚Etničke prilike u Južnoj Srbiji', in: *Spomenica dvadesetpetogodišnjice oslobodjenja Južne Srbije*, hg. v. Aleksa Jovanović, Skoplje 1937, S. 387–497

Fine, John V. A.: *Late Medieval Balkans. A Critical Survey from the Sixth to the Late Twelfth Century*, Ann Arbor, Mich. 1983

Der Fischer Weltalmanach, Jahrgänge 1995–2004, jeweils Frankfurt/M. im Oktober bzw. November (1994–1996) des Vorjahres

Follath, Erich (mit Beteiligung von Siegesmund von Ilsemann u. Alexander Szandar): ‚Der etwas andere Krieg', Teil II: *Der Spiegel*, 10.1.2000, S. 134–142, Teil III: *Der Spiegel*, 17.1.2000, S. 154–169

Freud, Sigmund: ‚Das Interesse an der Psychoanalyse' (1913), in: *Gesammelte Werke*, VIII, Frankfurt/M. 1990[8] (1945), S. 389–420

Ders.: ‚Massenpsychologie und Ich-Analyse' (1921), in: *Gesammelte Werke*, XIII, London 1955[3] (1940) S. 71–162

Ders.: *Totem und Tabu. Einige Übereinstimmungen im Seelenleben der Wilden und der Neurotiker* (1912/13), in: *Fragen der Gesellschaft, Ursprünge der Religion.* Studienausgabe, Bd. 9, Frankfurt/M. 1994, S. 287–444

Fritscher, Ludwig: ‚Agrarverfassung und agrarische Umwälzung in Jugoslawien', in: *Die agrarischen Umwälzungen im außerrussischen Osteuropa*, hg. v. Max Sering, Berlin – Leipzig 1930, S. 276–340

Funke, Hajo u. Alexander Rhotert: *Unter unseren Augen. Ethnische Reinheit: Die Politik des Milosevic-Regimes und die Rolle des Westens*, Berlin 1999

Garašanin, Ilija: ‚Načertanije (Program spoljne i nacionalne politike Srbije na koncu 1844 godine)', in: *Izvori velikosrpske agresije*, S. 106–124 (zuerst unter dem Titel ‚Program spoljne Ilije Garašanin na koncu 1844g', hg. v. Milenko Vukičević, *Delo*, (1906) 38, S. 321–336; auf Engl. bei Hehn: ‚The Origins of Modern Pan-Serbism', S. 158–169)

Gellner, Ernest: *Nationalismus. Kultur und Macht*, Berlin 1999

Genscher, Hans-Dietrich: *Erinnerungen*, Berlin 1999

Georgevitch, S.: *Serbia and Kosovo*, London 1916

Georgevitch [Djordjević], Vladan: *Die Albanesen und die Großmächte*, Leipzig 1913

Geschichte und Psychoanalyse, hg. v. Hans-Ulrich Wehler, Frankfurt/M. – Berlin – Wien 1974 (um die Bibliografie erw. Auflage)

Gesellschaft für bedrohte Völker: *Unter den Augen der KFOR: Der Exodus der Roma, Aschkali und Kosovo-Ägypter*, Göttingen, März 2000

Giersch, Carsten: ‚Die Europäische Union und der Krieg in Kosovo', in: *Der Kosovo Konflikt*, S. 499–512

Ders.: ‚NATO und militärische Diplomatie im Kosovo-Konflikt', in: *Der Kosovo Konflikt*, S. 443–466

Giesecke, Michael: *Sinnenwandel, Sprachwandel, Kulturwandel. Studien zur Vorgeschichte der Informationsgesellschaft*, Frankfurt/M. 1992

Gopčević, Spiridion: *Makedonien und Alt-Serbien*, Wien 1889

Ders.: *Die Türken und ihre Freunde und die Ursachen der serbisch-bulgarischen Erhebung. Allen Turkophilen gewidmet*, Wien 1878

Grandits, Hannes u. Carolin Leutloff: ‚Diskurse, Akteure, Gewalt – Betrachtungen zur Organisation von Kriegseskalation am Beispiel der Krajina in Kroatien 1990/91', in: *Politische und ethnische Gewalt in Südosteuropa und Lateinamerika*, hg. v. Wolfgang Höpken u. Michael Riekenberg, Köln – Weimar – Wien 2001, S. 227–257

Grégoire, Henri: ‚L'Opinion byzantine et la bataille de Kossovo', *Byzantion*, 6 (1931), S. 247–251

La guerre d'orient et les atrocités des Etats Balkaniques. Rapports et Documents, o. A., Brüssel 1913

Gustenau, Gustav u. Walter Feichtinger: ‚Der Krieg in und um Kosovo 1998/99 – Politisch-strategische Zielsetzungen und operative Merkmale', in: *Der Kosovo Konflikt*, S. 467–484

Habermas, Jürgen: ‚Bestialität und Humanität', in: *Der Kosovo-Krieg und das Völkerrecht*, S. 51–65 (zuerst in: *Die Zeit*, 29.4.1999, S. 1 u. 6f.; a. veröffentl. in: *Der Kosovo-Krieg*, S. 217–226)

Hadri, Ali: *Lëvizja nacionalçlirimtare në Kosovë (1941–1945)*, Prishtina 1971

Hadži-Vasiljević, Jovan: *Arnauti naše krvi*, Belgrad 1939

Ders.: *Muslimani naše krvi u Južnoj Srbiji*, Belgrad 1924

Hahn, Johann Georg von: *Albanesische Studien*, Wien o. J.

Halimi, Serge u. Dominique Vidal: ‚Chronik eines angekündigten Vertreibungskrieges', *Le Monde diplomatique*, 17.3.2000, S. 12f.

Handke, Peter: *Sommerlicher Nachtrag zu einer winterlichen Reise*, Frankfurt/M. 1996

Ders.: *Winterliche Reise zu den Flüssen Donau, Save, Morawa und Drina oder Gerechtigkeit für Serbien*, Frankfurt/M. 1996

Ders.: ‚»Und wer nimmt mir mein Vorurteil?«', *Süddeutsche Zeitung Magazin*, 4.10.2002, S. 8–32

Hartl, Hans: *Nationalismus in Rot. Die patriotischen Wandlungen des Kommunismus in Südosteuropa*, Stuttgart 1968

Hartmann, Ralph: *Der Fall Milosevic*, Berlin 2002

Haxhiu, Ajet: *Shota dhe Azem Galica,* Tirana 1976

Hedges, Chris: ‚Leaders of Kosovo Rebels Tied to Deadly Power Play‘, *New York Times,* 25.6.1999, S. A1 u. A14

Hehn, Paul N.: ‚The Origins of Modern Pan-Serbism. The 1844 Nacertanje of Ilija Garašanin: an analysis and translation‘, *East European Quarterly,* 9 (1975), S. 153–171

Heinrich, Klaus: *Anfangen mit Freud,* Reden und kleine Schriften, Bd. 1, Basel – Frankfurt/M. 1997

Ders.: *vom bündnis denken. Religionsphilosophie,* Dahlemer Vorlesungen, Bd. 4, hg. v. Hans-Albrecht Kücken, Frankfurt/M. – Basel 2000

Ders.: *Floß der Medusa. 3 Studien zur Faszinationsgeschichte mit mehreren Beilagen und Anhang,* Basel – Frankfurt/M. 1995

Ders.: *Parmenides und Jona. Vier Studien über das Verhältnis von Philosophie und Mythologie,* Frankfurt/M. 1966

Ders.: *Vernunft und Mythos,* Frankfurt/M. 1992[3]

Ders.: *Versuch über die Schwierigkeit nein zu sagen* (1964), Frankfurt/M. 1985[3]

Heinsohn, Gunnar: *Söhne und Weltmacht. Terror im Aufstieg und Fall der Nationen,* Zürich 2003

Historia de Jacob Xalabín, hg. v. Arseni Pacheco, Barcelona 1964

La historia de Jacob Xalabin; seguida de La filla de l'Emperador Contastí, hg. v. R. Miquel y Planas, Barcelona 1910

Hobsbawm, Eric J.: *Nations and Nationalism since 1780. Programme, Myth, Reality,* Cambridge 1992, 2. erw. Ausgabe

Hofmann, Gunter: ‚Wie Deutschland in den Krieg geriet‘, Dossier, *Die Zeit,* 12.5.1999, S. 17–21

Holton, Milne u. Vasa D. Mihailovich: *Serbian Poetry from the Beginnings to the Present,* New Haven 1988

Horvat, Branko: *Kosovsko pitanje,* Zagreb 1988

Hoxha, H.: ‚Politika e eliminimit të shqiptarëve nga trualli i Jugosllavisë së vjetër‘, *Përparimi* 16 (1970), S. 430–436

Hübner, Kurt: ‚Die moderne Mythos-Forschung – eine noch nicht erkannte Revolution‘, in: *Wege des Mythos in der Moderne,* S. 238–259

Human Rights Watch: *Humanitarian Law Violations in Kosovo,* Oktober 1998

Huntington, Samuel P.: *The Clash of Civilizations and the Remaking of World Order,* London 1998 (dt.: *Kampf der Kulturen. Die Neugestaltung der Weltpolitik im 21. Jahrhundert,* München – Wien 1996)

Ignotus, Paul: *Hungary,* New York 1972

Igumanov, Sima Andrejević: ‚Sadanje nesretno stanje u Staroj Srbiji i Makedoniji', in: *Savremenici o Kosovo i Metohiji 1852–1912*, hg. v. Dušan T. Bataković (Srpska Književna Zadruga 131/535), Belgrad 1988, S. 71–106

Interallied Commission: *Report of the Interallied Commission on the Violation of the Hague Convention and of the Principles of the International Law Commited in 1915–1918 by the Bulgarians in Occupied Serbia*, Paris 1919

International Criminal Tribunal for the former Yugoslavia (ICTY): *Jahresbericht 2001*, im Internet unter www.un.org/icty/rappannu-e/2001/index.htm

Dass.: Protokoll der Gerichtsverhandlung am 12.3.2003 im Fall Slobodan Milošević [kein offizieller Titel], zu finden unter: www.un.org/icty/transe54 /030312ED.htm

Internationale Jugoslawien Solidarität: *„ Mars greift an ". Der NATO-Terrorismus gegen Jugoslawien*, Hamburg o. J. (wohl 1999)

Islami, Hivzi: ‚Demografska stvarnost Kosova', in: *Sukob ili dijalog*, Subotica 1994

Ders.: ‚Demografski problemi Kosova i njihovo tumačenje', in: *Zbornik Kosovo – Srbija – Jugoslavija*, S. 39–66

Ders.: *Fshati i Kosovës. Kontribut për studimin sociologjiko-demografik të evolucionit rural*, Priština 1985

Ivanković, Nenad: *Bonn. Die zweite kroatische Front*, Gießen 1996

Iveković, Rada: *Jugoslawischer Salat*, Graz 1993

Izvori velikosrpske agresije. Raprave, dokumenti, kartografski prilazi, hg. v. Miroslav Brandt, Bože Čović u. a., Zagreb 1991

650 Jahre Roma-Kultur im Kosovo und ihre Vernichtung: Das Pogrom, hg. v. ROM e. V., Köln 1999

Jens, Walter: *Der Fall Judas*, Stuttgart 1975

Jevlić, Djordje: *Bitka za Kosovo. Šest vekova posle*, Bd. 1, Priština – Belgrad 1998

Johnstone, Diana: ‚Humanitarian War. Making the Crime fit the Punishment', in: *Masters of the Universe? NATO's Balkan Crusade*, hg. v. Tariq Ali, London – New York 2000

Judah, Tim: *Kosovo. War and Revenge*, New Haven – London 2000

Jugoslavija 1945–1985, hg. v. Savezni zavod za statisku, Belgrad 1986

Der Jugoslawien-Krieg. Handbuch zu Vorgeschichte, Verlauf und Konsequenzen, hg. v. Dunja Melcic, Opladen – Wiesbaden 1999

Jung, Carl Gustav: *Die Archetypen und das kollektive Unbewußte* (1934), Gesammelte Werke, Bd. 9, 1. Teil, Olten – Freiburg i. Br. 1976

Jung, Franz: *Der Weg nach unten. Aufzeichnungen aus einer großen Zeit*, Leipzig 1991

Kanić, Feliks: *Srbija, zemlja i stanovništvo od rimskog doba do kraja XIX veka*, 2 Bde., Belgrad 1985

Kappeler, Susanne: ‚Massenverrat an den Frauen im ehemaligen Jugoslawien', in: *Vergewaltigung, Krieg und Nationalismus. Eine feministische Kritik*, hg. v. ders., Mira Renka u. Melanie Bayer, München 1994, S. 30–53

Karadžić, Vuk Stefanović: ‚Srbi svi i svuda', in: *Izvori velikosrpske agresije*, S. 81–98 (zuerst in: ders.: *Kovčežić za istoriju, jezik i običaje Srba sva tri zakona*, Wien 1849, S. 1–27)

Ders.: *Srpske narodne pjesme*, Bd. 2, Belgrad 1895 u. VI, Belgrad 1899

Ders.: *Volkslieder der Serben*, metrisch übers. u. hist. eingel. v. Talvj (Therese Albertine Luise von Jakob), 2 Bde., Leipzig: Brockhaus 1853

Kebo, Ozren: ‚Das Paradoxon von Sarajevo', ergänzt v. Dunja Melcic, in: *Der Jugoslawien-Krieg*, S. 300–307

Kocka, Jürgen: ‚Faszination und Kritik. Bemerkungen aus der Perspektive eines Sozialhistorikers', in: *Nation und Emotion. Deutschland und Frankreich im Vergleich; 19. und 20. Jahrhundert*, hg. v. Etienne François, Hannes Siegrist u. Jakob Vogel, Göttingen 1995, S. 389–392

Kokalari, Hamit: *Kosova, djepi i shqiptarizmit*, Rom 1962

‚Konstantin filosof i njegov život Stefana Lazarevica despota srpskog', hg. v. V. Jagić, *Glasnik srpskog ucenog društva*, 42 (1875), S. 223–328

Konstantin von Kostenec [Konstantin fra Kostenec]: *Den serbiske Despot Stefan Lazarevićs liv og levned*, hg. u. übers. v. G. Svane, Kopenhagen 1975

Koslowski, Gerd: *Die NATO und der Krieg in Bosnien-Herzegowina. Deutschland, Frankreich und die USA im internationalen Krisenmanagement*, Greifswald 1995

The Kosovo Conflict. A Diplomatic History through Documents, hg. v. Philip E. Auerswald u. David P. Auerswald, Cambridge – Den Haag 2000

Der Kosovo Konflikt. Ursachen, Verlauf, Perspektiven, hg. v. Jens Reuter u. Konrad Clewing, Klagenfurt u. a. 2000

Kosovo Report. Conflict – International Response – Lessons Learned, hg. v. The Independent International Commission on Kosovo, Oxford 2000

Kosovo Spring. The International Crisis Group Guide to Kosovo, hg. v. der International Crisis Group, Bruxelles 1998

Der Kosovo-Krieg. Rechtliche und rechtsethische Aspekte, hg. v. Dieter S. Lutz, Baden-Baden 1999/2000

Der Kosovo-Krieg und das Völkerrecht, hg. v. Reinhard Merkel, Frankfurt/M. 2000

Kosovska bitka 1389. godine i njene posledice/Die Schlacht auf dem Amselfeld und ihre Folgen, Internationales Symposium, Himmelsthür 1989, hg. v. Veselin Djuretić, Serbokroatisch und Deutsch, Belgrad 1991

Kosovski boj u književnom i kulturnom nasledju (Naučni sastanak slavista u Vukove dane 19/1), Belgrad 1991

Kostić, Josif H.: *Oslobod[j]enje grada Leskovac*, Leskovac 1907

Kostić, Mita: ‚Iz istorije kolonizacije Južne Srbije krajem prošlog veka', *Glasnik skopskog naučnog društva*, 12 (1933), S. 235–241

Ders.: ‚Opis vojske Jovana Hunjadija pri polasku u boj na Kosovu', *Glasnik skopskog naučnog društva*, 1 (1925), S. 79–91

Kovačević, Ljubomir: *Vuk Branković,* Belgrad 1888

Kraljačić, Tomislav: ‚Der 500. Jahrestag der Kosovo-Schlacht in Bosnien und Herzegowina', in: *Kosovksa bitka 1389. godine i njene posledice*, S. 355–362 (Orig.: *Petstogodišnjica kosovske bitke u Bosni i Hercegovini*, in: ebd., S. 133–139)

Krause, A.: *Das Problem der albanischen Unabhängigkeit in den Jahren 1908– 1914*, Phil. Dissertation, Wien 1970 (Kopie in der Bibliothek des Kriegsarchivs in Wiens)

Krause, Joachim: ‚Deutschland und die Kosovo-Krise', in: *Der Kosovo Konflikt*, S. 395–416

Krstić, Djordje: *Kolonizacija u Južnoj Srbiji*, Sarajevo 1928

Krstulović, Boro: ‚Worum geht es im Sommer 1991?', in: *Das Wort im Krieg. Ein bosnisch-kroatisches Lesebuch*, hg. u. übers. v. Dunja Melčić, Frankfurt/M. 1995, S. 25–28 (Auszug eines Gesprächs aus *Globus*, Zagreb, vom 19.7.1991; dt. Erstveröffentlichung: *Kommune* 8, 1991)

Kumer, Anton, Mirjam Polzer-Srienz u. Miroslav F. Polzer: ‚Politische Ordnungsvorstellungen der Regierungs- und Oppositionsparteien Serbiens sowie einiger ausgewählter serbischer und albanischer Gruppierungen', in: *Gordischer Knoten Kosovo/a: Durchschlagen oder entwirren?*, S. 27–45

Küntzel, Matthias: *Der Weg in den Krieg. Deutschland, die Nato und das Kosovo*, Berlin 2000

Lacoue-Labarthe, Philippe: *La fiction du politique*, Paris 1987

Lampe, John R.: *Yugoslavia as History. Twice there was a country*, Cambridge 1996

Lauer, Reinhard: ‚Das Wüten der Mythen. Kritische Anmerkungen zur serbischen heroischen Dichtung', in: *Das jugoslawische Desaster*, hg. v. Reinhard Lauer u. Werner Lehfeldt, Wiesbaden 1994, S. 107–148

Levitin, Oleg: ‚Inside Moscow's Kosovo Muddle', *Survival. The IISS Quaterly*, 42 (Frühjahr 2000) 1, S. 130–140

Libal, Michael: *Limits of Persuasion. Germany and the Yugoslav Crisis, 1991–1992*, Westport, Conn. – London 1997

Libal, Wolfgang: *Das Ende Jugoslawiens: Selbstzerstörung, Krieg und Ohnmacht der Welt*, Wien – Zürich 1993[2] (erw. Aufl.)

Lider, Julian: *Der Krieg. Deutungen und Doktrinen in Ost und West*, Frankfurt/M. – New York 1983

Loewenberg, Peter: *Fantasy and Reality in History*, New York u. a. 1995

Loewenstein, Bedřich W.: *Wir und die anderen. Historische und kultursoziologische Betrachtungen*, Dresden 2003

Loquai, Heinz: *Der Kosovo-Konflikt – Wege in einen vermeidbaren Krieg. Die Zeit von Ende November 1997 bis März 1999*, Baden-Baden 2000

Madžar, Ljubomir: ‚Wer beutet wen aus?‘, in: *Serbiens Weg in den Krieg*, S. 93–115 (Orig.: ‚Ko koga eksploatiše‘, in: *Srpska strana rata*, S. 171–200, zuerst in: *Republika*, Belgrad, 1.–15.9.1995, S. I–XVI)

Magaš, Branka: *The Destruction of Yugoslavia. Tracking the Break-up 1980–92*, London – New York 1993

Magnusson, Kjell: *Rambouilletavtalet*, Uppsala 1999

Malcolm, Noel: *Kosovo. A Short History*, London 1999, erw. 2. Aufl.

Malinowski, Bronislav: ‚Magie, Wissenschaft und Religion‘, in: ders.: *Magie, Wissenschaft und Religion. Und andere Schriften*, Frankfurt/M. 1973, S. 1–74

Maliqi, Shkëlzen: *Kosova. Seperate Worlds. Reflections and Analyses*, Prishtina 1998

Mališić, V.: ‚Svi Srbi u jednoj legendi‘, *Druga*, 28.5.–10.6.1994, S. 4–7

Manoschek, Walter: ‚Serbien. Partisanenkrieg 1941‘, in: *Vernichtungskrieg. Verbrechen der Wehrmacht 1941 bis 1944*, Katalog zur gleichnamigen Ausstellung, hg. v. Hamburger Institut für Sozialforschung, Hamburg 1996, S. 20–61

Marko, Joseph: ‚Kosovo/a – Ein Gordischer Knoten? Zusammenfassende Analysen und Politikempfehlungen‘, in: *Gordischer Knoten Kosovo/a: Durchschlagen oder entwirren? Völkerrechtliche, rechtsvergleichende und politikwissenschaftliche Analysen und Perspektiven zum jüngsten Balkankonflikt*, hg. v. dems., Baden-Baden 1999, S. 231–259

Marković, Jelena: *Connections*, Dokumentarfilm, Produktion: ZDF 2003 in Zusammenarbeit mit ARTE, Erstausstrahlung: 18.9.2003 im ARTE-Themenabend *Balkan Blues. Verletzte Jugend*

Marković, Zoran M.: ‚Die Nation: Opfer und Rache‘, in: *Serbiens Weg in den Krieg*, S. 319–337 (Orig.: ‚Nacija – Žrtva i osveta‘, in: *Srpska strana rata*, S. 637–661, zuerst in: *Republika*, Belgrad, 1.–15.5,1996, S. I–XII)

Matić, Svetozar: *Naš narodni ep i naš stih. Ogledi i studije*, Novi Sad 1964

Maticki, Miodrag: ‚Slovar kosovske bitke (Kosovo polje)‘, in: *Kosovski boj u književnom i kulturnom nasledju*, S. 175–182

Meier, Viktor: *Wie Jugoslawien verspielt wurde*, München 1999, 3. aktualisierte Aufl.

Mekenzi, Georgina Mjur u. Adelina Paulina Irbi: *Putovanje po slovenskim zemljama Turske u Evropi*, Belgrad 1868

Melcic, Dunja: ,Der Jugoslawismus und sein Ende', in: *Der Jugoslawien-Krieg*, S. 208–226

,»Memorandum SANU« o aktuelnim društvenim pitanjima u našaj zemlji', verfasst v. einer Gruppe der Akademie, *Naše teme*, Zagreb 1989, Nr. 33 (1–2), S. 128–163

Mertus, Julie A.: *Kosovo. How Myths and Truths Started a War*, Berkeley – Los Angeles – London 1999

Mesić, Stipe: *Kako smo srušili Jugoslaviju*, Zagreb 1992

Meyer, Berthold u. Peter Schlotter: ,Die Kosovo-Kriege 1998/99. Die internationalen Interventionen und ihre Folgen', *HSFK-Report*, 1/2000

Mézières, Philippe de: ,Epistre lamentable et consolatoire', in: *Chronique de Froissart*, hg. v. Kervyn de Lettenhove, XVI, Brüssel 1872, S. 444–523

Ders.: *Songe du vieil Pelerin*, Fonds français, Bibliothèque Nationale, Paris, Nr. 22.542

Mihačević, Lovro: *Po Albaniji: dojmovi s puta*, Zagreb 1911 (dt.: *Durch Albanien*, Prag, 1913)

Mihailović, Konstantin: *Memoirs of a Janissary*, hg. v. S. Soucek, Ann Arbor, Mi. 1975

Mikitenko, Oksana: ,Kosovska tradicija u narodnoj tužbalici', in: *Kosovski boj u književnom i kulturnom nasledju*, S. 269–276

Milivojević, Snježana: ,Die Nationalisierung des täglichen Lebens', in *Serbiens Weg in den Krieg*, S. 339–355 (Orig.: ,Nacionalizacija svakidašnjice', in: *Srpska strana rata*, S. 662–684)

Miller, David Hunter: *My Diary at the Peace Conference of Paris. With Documents*, 21 Bde., New York 1924ff.

Milosavljević, Olivera: ,Der Mißbrauch der Autorität der Wissenschaft', in: *Serbiens Weg in den Krieg*, S. 159–182 (Orig.: ,Zloupotreba autoriteta nauke', in: *Srpska strana rata*, S. 305–338, zuerst in: *Republika*, Belgrad, 1.–31.7.1995, S. I–XXX)

Müller, Dietmar: *Staatsbürger auf Widerruf. Juden und Muslime als Alteritätspartner im rumänischen und serbischen Nationscode. Ethnonationale Staatsbürgerschaftskonzepte 1878–1941* (Balkanologische Veröffentlichungen 41), Wiesbaden 2005

Narodna Skupština. Redovni saziv periode 1912–1915 god., 50. redovni sastanak, 1. Marta 1914 goinde, Belgrad 1914

Naumann, Klaus: *Frieden – der noch nicht erfüllte Auftrag*, Hamburg – Berlin – Bonn 2002

Ders.: ,Der nächste Konflikt wird kommen. Erfahrungen aus dem Kosovo-Einsatz', *Europäische Sicherheit*, 11/1999, S. 8–22

Nedeljković, Mile: ‚Kosovo i Metohija u svesti i na usnama naroda‘, in: *Kosovo u pamćenju i stvaralaštvu*, hg. v. Nenad Ljubinković, Belgrad 1989 u. als Ausgabe 55/56 von *Raskovnik*, April–September 1989, S. 261–282

Nenadović, Aleksandar: ‚Die *Politika* im Sturm des Nationalismus‘, in: *Serbiens Weg in den Krieg*, S. 279–298 (Orig.: ‚»Politika« u nacionalističkoj oluji‘ in: *Srpska strana rata*, S. 201–231, zuerst in: *Republika*, Belgrad, 16.–30.4.1995, S. I–XVI)

Le nettoyage ethnique. Documents historiques sur une idéologie serbe, gesammelt, übersetzt u. kommentiert v. Mirko Grmek, Marc Gjidara u. Neven Šimac, Paris 1993

Newhouse, John: ‚Bonn, der Westen und die Auflösung Jugoslawiens. Das Versagen der Diplomatie – eine Skandalchronik‘, *Blätter für deutsche und internationale Politik*, (1992) 10, S. 1190–1205

Nipperdey, Thomas: ‚Der Mythos im Zeitalter der Revolution‘, in: *Wege des Mythos in der Moderne*, S. 96–109

Obradović, Milan: *Slavonski silnici ili prva moja sveta antisemitska poslanica krštenome mome narodu u Slavoniji*, Zagreb 1912

Obradović, Milorad: *Agrarna reforma i kolonizacija na Kosovu (1918–1941)*, Priština 1981

Olesnicki, Aleksej: ‚Turski izvori o kosovskom boju. Pokušaj kritičke analize njihova sadržaja i uzajamne konsekutivne veze‘, *Glasnik skopskog naučnog društva*, 14 (1935), S. 59–99

Olschewski, Malte: *Der serbische Mythos. Die verspätete Nation*, München 1998

Oraovac, Tomo P.: *Arbanaško pitanje i srpsko pravo*, Belgrad 1999 (zuerst 1913)

Orbini, Mauro: *Il regno degli Slavi hoggi corrottamente detti schiavoni*, Pesaro 1601 (serb.: Mavro Orbini: *Kraljestvo Slovena*, Belgrad 1968)

OSCE, Office for Democratic Institutions and Human Rights: *Kosovo/Kosova. As Seen, As Told. An analysis of the human rights findings of the OSCE Kosovo Verification Mission, October 1998 to June 1999*, Warschau 1999 (Internetfassung unter www.osce.org/kosovo/documents/reports)

Oswald, Ingrid: *Nationalitätenkonflikte im östlichen Europa*, Politik – kurz und aktuell, Nr. 49, Berlin 1983

Owen, David: *Balkan Odyssey*, London 1995

Pantić, Dragomir: *Nacionalna distanca gradjana Jugoslavije*, Belgrad 1991

Parin, Paul: ‚Die grausame Regung‘, *du*, Nr. 5, Mai 1993: ‚Balkan. Ein europäisches Desaster‘, S. 68–70

Pejin, Jovan: ‚Die Begehung des 500. Jahrestages der Kosovo-Schlacht in Ungarn und die Verbreitung der Kosovo-Legende‘, in: *Kosovksa bitka 1389. godine i njene posledice*, S. 363–391 (Orig.: ‚Obeležavanje petstogodišnjice kosovskog boja u ugarskoj i širenje kosovske legende‘, in: ebd., S. 141–165)

Percy, Norman: *Der Bruderkrieg. Der Kampf um Titos Erbe*, Film in 3 Teilen, BBC – ORB 1995

Pešić, Vesna: ‚Krieg um Nationalstaaten‘, in: *Serbiens Weg in den Krieg*, S. 15–42 (Orig.: ‚Nacionalni sukobi. Raspad Jugoslavije i rat za nacionalne države‘, in: *Srpska strana rata*, S. 3–59, zuerst in: *Republika*, Belgrad, 1.–15.12.1995, S. I–XXVIII)

Petritsch, Wolfgang: ‚Kosovo, die Internationale Gemeinschaft und das Neue Europa. Persönliche Reflektionen‘, in: ders./Pichler: *Kosovo/Kosova*, 2004, S. 347–364

Petritsch, Wolfgang, Karl Kaser u. Robert Pichler: *Kosovo/Kosova. Mythen – Daten – Fakten*, Klagenfurt 1999

Petritsch, Wolfgang u. Robert Pichler: *Kosovo/Kosova. Der lange Weg zum Frieden*, mit einem Beitrag von Martin Prochazka, Klagenfurt u. a. 2004

Petrović, Ruža, Miloš Macura u. Marina Blagojević: *Migration of Serbs and Montenegrins from Kosovo and Metohija. Results of the Survey Conducted in 1985–1986*, Belgrad 1992

Petrović Njegoš, Petar II.: *Der Bergkranz*, eingel., übers. u. komment. v. Alois Schmaus, München – Belgrad 1963

Ders.: *Gorski vijenac*, Književnost Crne Gore od XII do XIX vijeka, eingerichtet v. Aleksandar Mladenović, Cetinje 1996

Ders.: *The Mountain Wreath*, übers. u. eingel. v. Vasa D. Mihailovich, Belgrad 1989

Pirraku, Muhamet: ‚Kulturno-prosvetni pokret Albanaca u Jugoslaviji (1919–1941)‘, *Jugoslovensko istorijski casopis*, 1–4 (1978), S. 356–370

Pllana, Emin: ‚Les raisons et la manière de l'exode des refugiés albanais du territoire du sandjak de Nish à Kosove (1877–1878)‘, *Studia albanica*, (1985) 1, S. 179–200 [zuerst in einer Langfassung in der Zeitschrift *Gjurmime Albanologjike, Série des sciences historiques*, (1979) 9]

‚Pohvala knezu Lazaru‘, hg. v. Dj. Daničić, *Glasnik društva srbske slovesnosti*, 13 (1861), S. 358–368

Popović, Srdja, Dejan Janča u. Tanja Petovar: *Kosovski čvor – drešiti ili seći?*, Belgrad 1990

Popović, Tatyana V.: *Prince Marko, the Hero of South Slavic Folk Literature; from History to Legend*, Diss. an der Syracuse University, Ann Arbor, Mi. 1975 (Faksimile-Kopie)

Popp, N.: ‚Minoritatea româno-albaneză din Jugoslavia‘, *Buletinul societăţii regale romăne de geografie*, 50 (1931), S. 353–370

Poulton, Hugh: *The Balkans. Minorities and States in Conflict*, London 1991

Pradetto, August: ‚Die NATO, humanitäre Intervention und Völkerrecht‘, *Aus Politik und Zeitgeschichte* (Beilage zu *Das Parlament*), 12.3.1999, S. 26–38

Preuß, Ulrich K.: ‚Zwischen Legalität und Gerechtigkeit', in: *Der Kosovo-Krieg*, S. 37–51 (zuerst in etwas anderer Fassung in: *Blätter für deutsche und internationale Politik*, 7/1999, S. 816–828)

Prochazka, Martin ‚Vom Krieg zur UN-Verwaltung. Kosovo 1999–2004', in: Petritsch/Pichler: *Kosovo/Kosova*, 2004, S. 267–345

Das Programm des Bundes der Kommunisten Jugoslawiens, beschlossen auf dem VII. Kongress in Ljubljana (22.–26.4.1958), Belgrad 1958

Prostorni plan Republike Srbije. Planska i analitičko-dokumentaciona osnova, Belgrad 1996

Protić, Milan St.: ‚Migrations Resulting from Peasant Upheavals in Serbia during the 19th Century', in: *Migration in Balkan History*, hg. Ivan Ninić, Belgrad 1989, S. 91–96

Radić, Radmila: ‚Die Kirche und die »serbische Frage«', in: *Serbiens Weg in den Krieg*, S. 183–203 (Orig.: ‚Crkva i »srpsko pitanje«', in: *Srpska strana rata*, S. 267–304, zuerst in: *Republika*, Belgrad, 1.–31.8.1995, S. I–XXIV)

Radojičić, Djordje Sp.: ‚Pohvala knezu Lazaru sa stihovima', *Istorijski časopis*, 5 (1954/55), S. 241–253 (der Text d. Lobrede auf S. 251–253)

Rainio, Juha, Kaisa Lalu und Antti Penttilä: ‚Independent forensic autopsies in an armed conflict', *Forensic Science International*, 116 (15.2.2001) 2, S. 171–185

Rakić, M.: ‚Iz nove Srbije', *Otadžbina*, 2 (1880) Bd. 4, Heft 13 bis 2 (1881) Bd. 6, Heft 21

Rakić, Milan: *Konzulska pisma 1905–1911*, hg. v. Andrej Mitrović, Belgrad 1985

Ramet, Pedro: ‚Religion and Nationalism in Yugoslavia', in: *Religion and Nationalism in Soviet and East European Politics*, hg. v. Pedro Ramet, Durham – London 1989, durchges. u. erw. Aufl., S. 299–327

Ramet, Sabrina P.: *Balkan Babel. The Destruction of Yugoslavia from the Death of Tito to the War of Kosovo*, Boulder, Colo. 2002[4]

Dies.: ‚Die politische Strategie der Vereinigten Staaten in der Kosovo-Krise: Parteipolitik und nationales Interesse', in: *Der Kosovo Konflikt*, S. 365–380

Razumovsky, Dorothea:‚Kosovo: Die Schlacht auf dem Amselfeld (28.6.1989)', Radiobeitrag in: *Zeitzeichen*, WDR, 28.6.1999 (Typoskript)

‚Rede Himmlers bei der SS-Gruppenführertagung in Posen am 4. Oktober 1943', in: *Der Prozeß gegen die Hauptkriegsverbrecher vor dem Internationalen Militärgerichtshof, Nürnberg, 14. November 1945–1. Oktober 1946*, XXIX, 1948, S. 110–173

Redjep, Jelka: ‚Die Kosovo-Legende und die *Geschichte über die Kosovo-Schlacht*', in: *Kosovska bitka 1389. godine i njene posledice*, S. 289–303 (Orig.: ‚Kosovska legenda i *Priča o boju kosovskom*', in: ebd., S. 77–89)

Dies.: *Priča o boju kosovskom u literaturi*, Zrenjanin 1976

Redžepagić [Rexhepagiq], Jašar: *Zhvillimi i arësimit dhe i sistemit shkollor të kombësisë shqiptare në teritorin e Jugosllavisë së sotme deri në vitin 1918*, Prishtina 1970

Reinert, Stephen W.: ‚From Niš to Kosovo Polje: Reflections on Murad I's Final Years', in: *The Ottoman Emirate: 1300–1389*, Symposion in Rethymnon 11.–13.1.1991, hg. v. Elisabeth A. Zachariadou, Rethymnon 1993, S. 169–211

‚Report of the EU Forensic Team on the Racak Incident, 17 March 1999', in: *The Crisis in Kosovo 1989–1999*, S. 333–335

Report of the International Commission to Inquire into the Causes and Conduct of the Balcan Wars: The Endowment, Aylesbury Bucks 1914 (neuaufgelegt u. d. T. *The Other Balkan Wars. A 1913 Carnegie Endowment Inquiry in Retrospect*, mit einer Einl. v. George F. Kennan, New York 1993)

Reuter, Jens: ‚Die Kosovo-Politik der internationalen Gemeinschaft in den neunziger Jahren', in: *Der Kosovo Konflikt*, S. 321–334

Ristić, Hadži Serafim: *Dečanski spomenici*, Belgrad 1864

Ristić, Lazar: *Nadalj*, Novi Sad 1968

Roux, Michel: *Les Albanais en Yougoslavie. Minorité nationale, territoire et développement*, Paris 1992

Rüb, Mathias: ‚Phönix aus der Asche. Die UÇK: Von der Terrororganisation zur Bodentruppe der NATO?', in: *Krieg im Kosovo*, hg. v. Thomas Schmid, Reinbeck b. Hamburg 1999 S. 47–62

Rupnick, Jacques: ‚Die Welt im Balkanspiegel: das Agieren der Großmächte', in: *Der Jugoslawien-Krieg*, S. 461–477

Rushiti, Limon: *Rrethanat politiko-shoqerore në Kosovë 1912–1918*, Prishtina 1986

Rusinow, Dennison: *The Yugoslav Experiment 1948–1974*, London 1977 (a. Berkeley, Calif. 1978)

Rütten, Ursula: *Dossier Kosovo. Das Problem nach dem Krieg ist der Sieger*, Radiofeature, Produktion: DLF/WDR, gesendet am 7.10.2003 im DLF, Typoskript der DLF-Fassung

Ruvarac, Ilarion: *O Knezu Lazaru*, Novi Sad 1888 (zuerst in Forts. in der Novi Sader Zeitschrift *Stražilovo*: III, 1887, Nr. 7–29, 31, 33–34, 45–52; IV, 1888, Nr. 2–4, 6–18)

Samary, Catherine: *Krieg in Jugoslawien. Vom titoistischen Sonderweg zum nationalistischen Exzeß*, Köln 1992

Scharping, Rudolf: *Wir dürfen nicht wegsehen. Der Kosovo-Krieg und Europa*, Berlin 1999

Schirra, Bruno: ‚Die Gräuel der Frenkie Boys', Dossier, *Die Zeit*, 2.12.1999, S. 17–20

Schmidt, Fabian: ‚Menschenrechte, Politik und Krieg in Kosovo 1989 bis 1999‘, in: *Der Kosovo Konflikt*, S. 187–208

Schneeweis, Edmund: *Serbokroatische Volkskunde*, Berlin 1961

Schubert, Günter: *Der Kosovokrieg und das Projekt des Rechtspazifismus – Eine vorläufige Bilanz der Debatte*, hg. v. Arbeitsstelle Friedensforschung Bonn, Februar 2002

Schwanke, Robert: ‚Das albanische Schulwesen und Österreich-Ungarn während des I. Weltkrieges‘, in: *Dissertationes Abanicae*, hg. v. Peter Bartl, Martin Camaj u. Gerhard Grimm, München 1971 S. 62–77

‚Das schwierige Zusammenleben der Völker im Kosovo-Gebiet‘, *Osteuropa-Archiv*, März 1972, S. A 189–A 203

Segbers, Klaus u. Christoph Zürcher: ‚Russland und der Kosovo-Konflikt‘, in: *Der Kosovo Konflikt*, S. 381–393

Sell, Louis: *Slobodan Milošević and the Destruction of Yugoslavia*, Durham – London 2002

Serbiens Weg in den Krieg, hg. v. Thomas Bremer, Nebojša Popov u. Heinz-Günther Stobbe, Berlin 1998 (Orig. s.: *Srpska strana rata*)

Serbische Volkslieder, ges. u. hg. v. Wuk [Vuk] Stefanović Karadžić, Leipzig 1980

A Short History of Jugoslavia, hg. v. Stephen Clissold, Cambridge 1968

Silber, Laura u. Alan Little: *Bruderkrieg. Der Krieg um Titos Erbe*, Graz – Wien – Köln 1995

Simma, Bruno: ‚Die NATO, die UN und militärische Gewaltanwendung: Rechtliche Aspekte‘, in: *Der Kosovo-Krieg und das Völkerrecht*, hg. v. Reinhard Merkel, Frankfurt/M. 2000, S. 9–50

Sloterdijk, Peter: *Zorn und Zeit. Politisch-psychologischer Versuch*, Frankfurt/M. 2006

Spasojević, Svetislav: *Slučaj Martinović,* Belgrad 1986

‚Der Sprachenstreit in Jugoslawien‘, *Osteuropa-Archiv*, Oktober 1971, S. A 602–A 607

Spremić, Momčilo: ‚Die Kosovo-Schlacht – ein Problem des Verrats‘, in: *Kosovska bitka 1389. godine i njene posledice*, S. 239–253 (Orig.: ‚Kosovska bitka – problem izdaje‘, in: ebd., S. 35–47)

Srbija i Albanci. Pregled politike Srbije prema Albancima od 1878. do 1914. godine, 2 Bde., hg. v. Bojan Korsik u. a., Ljubljana 1989

Srpska strana rata. Trauma i kataraz u istorijskom pamćenju, hg. v. Nebojša Popov, Belgrad 1996 (dt. s.: *Serbiens Weg in den Krieg*)

Srečković, Panta S.: ‚Pregled istoijskih izvora o knezu Lazaru i Kraljeviću Marku‘, *Spomenik*, 36 (1900), S. 7–183

Stambolić, Ivan: *Put u bespuće. Odgovori Ivana Stambolića na pitanja Slobodana Inića*, Belgrad 1995

Steinkamm, Armin A.: ‚Völkerrecht, Humanitäre Intervention und Legitimation des Bundeswehr-Einsatzes. Völker- und wehrrechtliche Aspekte des Kosovo-Konfliktes 1999', in: *Der Kosovo Konflikt*, S. 335–362

Stojadinović, Miloslav: *Kosovska trilogija*, Belgrad 1970

Stojilović, Miodrag: *Kragujevac – Oktober 1941. Eine Stadt mahnt: Vergessen wäre ein neues Verbrechen*, Berlin 1996

Stokes, Gale: *Politics as Development. The Emergence of Political Parties in Nineteenth-Century Serbia*, Durham – London 1990

Stover, Eric (Text) u. Gilles Peress (Fotos): *Die Gräber. Srebrenica und Vukovar*, Zürich 1998

Stranjaković, D.: ‚Vidovdan', *Glasnik službenog lista Srpske pravoslavne crkve*, 6 (1953), S. 8–16

Strohmeyer, Martin u. Lale Yalçın-Heckmann: *Die Kurden. Geschichte, Politik, Kultur*, München 2000

Subotić, Dragutin: *Yugoslav Popular Ballads. Their Origin and Development*, Cambridge 1932

Sundhaussen, Holm: *Experiment Jugoslawien. Von der Staatsgründung bis zum Staatszerfall*, Mannheim u. a. 1993

Ders.: *Geschichte Jugoslawiens: 1918–1980*, Stuttgart u. a. 1982

Ders.: ‚Kosovo: Eine Konfliktgeschichte', in: *Der Kosovo Konflikt*, S. 65–88

Tašić, Predrag: *Kako sam branio Antu Markovića*, Skopje 1993

Theweleit, Klaus: *Das Land, das Ausland heißt. Essays, Reden, Interviews zu Politik und Kunst*, München 1995

Ders.: *Männerphantasien*, I: Frauen, Fluten, Körper, Geschichte, Frankfurt/M. 1977, II: Männerkörper – zur Psychoanalyse des Weißen Terrors, Frankfurt/M. 1978

Tillich, Paul: *Die sozialistische Entscheidung* (1933), Offenbach 1948 (Neuausg.: Berlin 1980)

Todorov, Tzvetan: *Die Eroberung Amerikas. Das Problem des Anderen*, Frankfurt/M. 1985

Tomić, Jaša: *Rat na Kosovu i Staroj Srbiji*, Belgrad 1999 (zuerst Novi Sad 1913)

Trifunović, Djordje: *Srpski srednjovekovni spisi o knezu Lazaru i kosovskom boju*, Kruševac 1968

Troebst, Stephan: ‚The Kosovo War, Round One: 1998', *Südosteuropa. Zeitschrift für Gegenwartsforschung*, (1999) 3–4, S. 156–190

Trotzki, Leo: *Die Balkankriege 1912–13*, Essen 1996

The Truth on Kosovo, hg. v. Kristaq Prifti u. a., Tirana 1993

Tucović, Dimitrije: *Srbija i Albanija. Jedan prilog kritici zavojevacke politike srpske buroazije* (Serbien und Albanien. Ein Beitrag zur Kritik der Eroberungspolitik der serbischen Bourgeoisie), Belgrad 1914 (auf Dt. u. d. T. *Serbien und Albanien. Ein kritischer Beitrag zur Unterdrückungspolitik der serbischen Bourgeoisie*, hg. v. d. Arbeitsgruppe Marxismus [*Marxismus*, Nr. 15, August 1999], Wien 1999)

Tudjman, Franjo: *Bespuća povijesne zbiljnosti*, Zagreb 1990 (dt.: *Irrwege der Geschichtswirklichkeit*, Zagreb 1993)

Ugrešić, Dubravka: *Die Kultur der Lüge*, Frankfurt/M. 1995 (Orig.: *Kultura laži. Antipolitički eseji*, Zagreb 1996)

Uka, Sabit: *Dëbimi i shqiptarëve nga Sanxhaku i Nishit dhe vendosja e tyre në Kosovë, 1878–1912*, Bde. 1/2, Prishtina 1994

U.S. State Department: *Ethnic Cleansing in Kosovo: An Accounting*, 2. Bericht, Dezember 1999, im Internet unter www.state.gov/www/global/human_rights /kosovo/homepage.html

U.S.-State Department, Office of South Central European Affairs des Bureau of European Affairs: ‚Kosovo-Updates', im Internet unter www.state.gov/www /regions/eur/rpt_..._kdom.html, wobei anstelle der drei Punkte das jeweilige Datum einzusetzen ist, z. B. 990301 für den 1.3.1999

Veljanovski, Rade: ‚Die Wende in den elektronischen Medien', in: *Serbiens Weg in den Krieg*, S. 299–317 (Orig.: ‚Zaokret elektronskih medija', in: *Srpska strana rata*, S. 610–636, zuerst als: ‚RTB/RTS od socijalizma do nacionalizma' *Republika*, Belgrad, 16.–30.11.1995, S. I–XII)

Die Verfassung der SFR Jugoslawien, eingel. v. Herwig Roggemann, Berlin 1980

Verli, Marenglen: *Reforma agrare kolonizuese në Kosovë (1918–1941)*, Bonn 1992

Vickers, Miranda: *The Albanians. A Modern History*, London – New York 1995

Dies.: *Between Serb and Albanian. A History of Kosovo*, London 1998

Viefhaus, Erwin: *Die Minderheitenfrage und die Entstehung der Minderheitenschutzverträge auf der Pariser Friedenskonferenz 1919. Eine Studie zur Geschichte des Nationalitätenproblems im 19. und 20. Jahrhundert* (Marburger Ostforschungen 11), Würzburg 1960

Vojna Enciklopedija, Belgrad 1970^2, I

Volkan, Vamik D.: *Das Versagen der Diplomatie. Zur Psychoanalyse nationaler, ethnischer und religiöser Konflikte*, Gießen 2003^3

Volmer, Ludger: ‚Krieg in Jugoslawien – Hintergründe einer grünen Entscheidung', 26.3.1999, in: *Der Kosovo-Krieg*, hg. v. der Bundestagsfraktion v. Bündnis 90/Die Grünen, Bonn, 22.4.1999, S. 58–60

Vučković, Milan u. Goran Nikolić: *Stanovništvo Kosova u razdoblu od 1918. do 1991. godine*, München 1996

Vukanović, Tatomir: *Srbi na Kosovu*, Bd. 2, Vranje 1986

Vulliamy, Ed: *Seasons in Hell. Understanding Bosnia's War*, New York 1994

Wege des Mythos in der Moderne. Richard Wagner. ,Der Ring des Nibelungen', eine Münchner Ringvorlesung, hg. v. Dieter Borchmeyer, München 1987

Wehler, Hans-Ulrich: ,Zum Verhältnis von Geschichtswissenschaft und Psychoanalyse', in: *Geschichte und Psychoanalyse*, S. 7–26

Wilber, Ken: *Eros, Kosmos, Logos. Eine Vision an der Schwelle zum nächsten Jahrtausend*, Frankfurt 1996

Ders.: *Ganzheitlich handeln. Eine integrale Vision für Wirtschaft, Politik, Wissenschaft und Spiritualität*, Freiamt 2001

Ders.: *Wege zum Selbst. Östliche und westliche Ansätze zu persönlichem Wachstum*, München 1986[2]

Winnicott, Donald Woods: *Playing and Reality* (1971), New York 1990

Zbornik Kosovo – Srbija – Jugoslavija (Sammelband Kosovo – Serbien – Jugoslawien), hg. v. Slavko Gaber u. Tonci Kuzmanić, Ljubljana 1989

Zeitler, Klaus Peter: *Deutschlands Rolle bei der völkerrechtlichen Anerkennung der Republik Kroatien*, Marburg 2000

,Der Zerfall Jugoslawiens', *Le Monde Diplomatique*, Mai 1999, S. 16f.

Zinser, Hartmut: ,Theorien des Mythos', in: *Mythen im Kontext. Ethnologische Perspektiven*, hg. v. Karl-Heinz Kohl, Frankfurt/M. 1992, S. 147–161

Zirojević, Olga: ,Das Amselfeld im kollektiven Gedächtnis', in: *Serbiens Weg in den Krieg*, S. 45–61 (Orig.: ,Kosovo u istorijskom pamćenju', in: *Srpska strana rata*, S. 201–231, zuerst in: *Republika*, Belgrad, 1.–15.3.1995, S. 9–24; die verschiedenen Fassungen sind allerdings nicht völlig identisch)

Živanović, Djordje: *Konstantin Mihailović iz Ostrovice. Janičarove uspomene ili Turska hronika* (Spomenik SANU 107), Belgrad 1959

Žižek, Slavoj: ,Der Westen braucht eine zweite Aufklärung', Gespräch mit Kathrin Tiedemann und Ingo Arend, in: *Dokumentation zum Krieg der NATO in Jugoslawien*, hg. v. *Freitag*, S. 48f., (zuerst: *Freitag*, Nr. 28, 9.7.1999)

Županić, Niko [K. Gersin)]: *Altserbien und die albanesische Frage*, Wien – Leipzig 1912[2]

Zyber, Kerstin: ,»Gefangen im eigenen Heim«', Länderbericht aus Serbien und Montenegro, *ai-Journal*, 1.7.2003, im Internet unter www.amnesty.de (nicht identisch mit dem viel umfangreicheren Bericht *Kosovo/Kosova: »Prisoners in our homes«* von Amnesty International, April 2003)

Außerdem das Munzinger-Archiv/Internationales Handbuch – Zeitarchiv (*M-A*) sowie zahlreiche Artikel aus der *Neuen Zürcher Zeitung* (*NZZ*), der *International Herald Tribune* (*IHT*), der *New York Times*, der *Washington Post, Le Monde, NIN, Politika, Pravoslavlje, Večernji list* und *Vreme* sowie von Norbert Mappes-Niediek

u. a. in der *Berliner Zeitung* (von Letzterem auch in *Freitag*), Michael Martens, Viktor Meier, Johann Georg Reißmüller u. a. in der *Frankfurter Allgemeinen Zeitung* (*FAZ*), Stephan Israel, Rolf Paasch, Gemma Pörzgen, Harry Schleicher u. a. in der *Frankfurter Rundschau* (*FR*), Marina Achenbach u. a. in *Freitag*, Jean-Arnault Dérens, Catherine Samary u. a. in *Le Monde diplomatique* (dt. Ausg.), Renate Flottau, Claus-Christian Malzahn u. a. im *Spiegel*, Carl E. Buchalla, Heiko Flottau, Olaf Ihlau, Bernhard Küppers, Peter Münch, Harry Schleicher u. a. in der *Süddeutschen Zeitung* (*SZ*), Gustav Chalupa u. a. im Berliner *Tagesspiegel*, Erich Rathfelder, Roland Hofwiler u. a. in der *Tageszeitung* (*taz*), Carl Gustav Ströhm u. a. in der *Welt*, Johannes Grotzky, Helga Hirsch, Ulrich Ladurner u. a. in der *Zeit* (hier sind nur die Journalisten aufgeführt, auf die ich mehr als einmal Bezug genommen habe).